中國經濟制度變遷

李萍、楊慧玲、
吳垠、李標、李怡樂
編著

財經錢線

導 言

　　如果以 1949 年新中國的誕生之年作為元年,那麼,2019 年正好是新中國建設與發展的 70 年,這是一個值得紀念的年份。今天,我們站在新時代新的歷史起點上,回望、檢視中國社會主義經濟制度的 70 年變遷,描繪和勾勒出中國社會主義經濟制度經歷的建立、探索、改革、轉型與完善過程中艱難曲折的發展脈絡,理解新中國經濟制度 70 年的變遷路徑、特徵及其績效,以使我們更加清醒地認識新時代中國特色社會主義的歷史方位,更加自覺地增強對中國特色社會主義經濟制度的價值認同,更加堅定對中國特色社會主義經濟制度的高度自信,是極具理論與實踐創新的重大而深遠的歷史和現實意義的。

一

　　理解新中國經濟制度 70 年的變遷路徑,內含對理論的抽象性和實踐的具體性辯證關係進行探索,展現中國社會主義經濟制度變遷中「否定之否定」的規律性特徵和演變軌跡的歷史語境和歷史邏輯。

　　對新中國經濟制度 70 年變遷的回顧和檢視,既不是對新中國成立以來經

濟制度變遷的單純轉述和旁觀寫照，也不是簡單地對這一嬗變現實的直接模擬與刻畫，而是力求還原歷史，置身其間，對「特殊歷史背景的認識、國家戰略的選擇、體制機制的建構、政策措施的實施—新的歷史環境的變化、國家戰略的轉變、體制機制的改革、政策措施的調整—……」這一循環深入的歷史進程，從馬克思主義生產力與生產關係、經濟基礎與上層建築辯證關係的基本命題出發，做出 70 年來中國社會主義經濟制度演進變遷特有路徑「全景圖」的歷史書寫，其中既在時間上體現為一個包括改革開放前後兩大時段、各時段內亦包含若干階段的連續性動態變遷的漸進過程，又在空間上體現為包括中央和地方、城市和農村、東部中部和西部、工農業和服務業、微觀及中觀和宏觀等各個層面、各個領域、各個維度、各個方面的關聯性互動變遷的複雜過程。① 其間，有對科學社會主義理論的抽象性和社會主義實踐的具體性辯證關係的探索，也有對中國經濟制度變遷中「否定之否定」的規律性特徵及其演變軌跡的歷史語境和歷史邏輯的展現：服從於新中國成立之初必須盡快完成「變農業國為工業國」和「國家工業化」的趕超戰略及其歷史任務，傳統社會主義計劃經濟體制下單一公有制的社會主義經濟制度的形成，是對過渡時期亦公亦私、公私結合的多種經濟形式混存經濟制度的第一次否定；而改革開放後服從於黨和國家工作中心轉移到經濟建設新的戰略決策，公有制經濟外允許非公有制經濟作為「補充」的存在和發展，及其後的社會主義市場經濟體制確立基礎上以公有制為主體、多種經濟形式並存和共同發展的社會主義基本經濟制度的形成，則是對單一公有制的社會主義經濟制度的第二次否定。

今天，從歷史的角度辯證、客觀地審視這一經濟制度變遷的「否定之否

---

① 研究經濟制度變遷的歷史時間和地域空間特徵及其特有的規律性，正是本書至為重要的一項研究任務。

定」過程①，無疑，傳統社會主義計劃經濟體制下單一公有制的社會主義經濟制度對過渡時期亦公亦私、公私結合的多種經濟形式混存經濟制度的第一次否定，具有警示的歷史性價值。在新中國成立初期極其落後的國情基礎上試圖實現工業化和趕超戰略的強國目標的歷史緊迫性面前，我們試圖通過構建起新的社會經濟制度、發揮生產關係反作用於生產力的作用，在所有制的改造和構建上犯了超越階段的冒進和片面升級過渡的歷史性錯誤，導致超前的生產關係與落後的生產力之間的結構性矛盾，對社會主義建設產生了「欲速不達」的嚴重制約和影響，這也為後來改革開放的制度創新提供了有益的歷史鑒戒。正如鄧小平同志所說，「我們儘管犯過一些錯誤②，但我們還是在三十年間取得了舊中國幾百年、幾千年所沒有取得過的進步」③，我們初步建立起的獨立的、比較完整的工業體系和國民經濟體系，為社會主義工業化和國民經濟的發展打下了堅實的物質技術基礎，公有制的社會主義經濟關係最初的制度表達也得以完成。在這個意義上，為後來的改革開放奠定累積了必要的物質技術基礎和政治經濟基礎④。而改革開放進程中，社會主義市場經濟體制確立基礎上的以公有制為主體、多種經濟形式並存的社會主義基本經濟制度，是對單一公有制的社會主義經濟制度的第二次否定，但並非對新中國之初過渡期亦公亦私、公私結合的多種經濟形式混存的經濟制度的簡單迴歸，

---

① 列寧曾經指出：「在分析任何一個社會問題時，馬克思主義理論的絕對要求，就是要把問題提到一定的歷史範圍之內。」(列寧．列寧選集：第 2 卷 [M]．中共中央編譯局，譯．北京：人民出版社，1995：375.)
② 包括「一化三改造」中存在的改造過急、過粗、範圍過寬，特別是「大躍進」中的瞎指揮、浮誇風，以及「文化大革命」中的「打倒一切」和「全面奪權」等嚴重錯誤。——筆者註
③ 鄧小平．鄧小平文選：第 2 卷 [M]．北京：人民出版社，1994：167.
④ 「社會主義制度的建立，是中國歷史上最深刻最偉大的社會變革，是中國今後一切進步和發展的基礎。」(中共中央文獻研究室．三中全會以來重要文獻選編 (下) [M]．北京：人民出版社，1982：794.)

而是在改革開放凝聚了「發展共識」的新的歷史背景下，在重新認識唯物史觀關於生產力與生產關係辯證關係的基礎上，匡正改革開放前「生產力—生產關係—上層建築」的反向向前推進即以上層建築反作用邏輯為主的內部封閉靜態循環，調整為改革開放後「生產力—生產關係—上層建築」的正向向後推進即以生產力的決定邏輯為主的開放動態演進，在嵌入「生產力—生產關係—上層建築」系統結構互動機制中經濟制度體系適應性調整的創新發展，促進了中國經濟的長期快速增長和人們生活的極大改善以及全社會福利的極大增進，是社會主義初級階段經濟制度自我完善的「中國實踐」。

二

理解新中國經濟制度70年的變遷特徵，其中的一個歷史性視角是觀察改革開放土壤中生長出的新的「生產關係適應發展觀」，從而促成了由先前「生產關係自我中心觀」[①]向「生產關係適應發展觀」[②]的歷史性轉變。

以1978年黨的十一屆三中全會的召開為契機，中國進入經濟體制改革開放的新階段。改革始於改變傳統社會主義計劃經濟體制及其單一公有制格局與中國社會生產力發展總體水準低、多層次、不平衡的現實經濟條件的不適應性，改革使得原有「生產關係自我中心觀」逐漸轉為了「生產關係適應發展觀」。即改革開放前脫離中國社會生產力現實、一味追求社會主義生產關係

---

① 「生產關係自我中心觀」是指偏離社會生產力水準約束，以建立起社會主義生產資料公有制絕對優勢的生產關係為邏輯前提。

② 「生產關係適應發展觀」是指基於現實社會生產力發展水準，以建立起既適應生產力發展客觀要求的社會主義所有制及其經濟形式結構為基礎的生產關係體系又保持與此相適應的經濟體制、運行機制及其政策決策和實施機制的上層建築統一的邏輯關係。

疾風暴雨式的升級過渡，單純以社會主義生產關係的建立和「一大二公三純四平」①的主觀願望為中心，導致社會主義生產關係長期超越生產力現實條件，阻礙了社會主義經濟制度自身客觀求實地探索、創建、發育和成長。其脫離中國現實國情、忽視發展社會生產力而陷入「貧窮社會主義」發展的困境，延緩和抑阻了中國社會主義建設發展的進程；另一方面在客觀上又為之後的改革開放提供了經驗鑒戒和動力支持，並且為始終堅持和深化改革開放也累積了可供反思與創新的「思想成果、物質成果、制度成果」②。

改革正是旨在促使社會主義生產關係適應現實生產力狀況，放開單一所有制的傳統意識的限制，允許與較為落後和低下的、多層次的、不平衡的生產力水準相適應的個體、私營、外資等非公有制經濟的存在和適當發展，促成了社會主義初級階段公有制主體經濟、主導作用與非公有制經濟的補充和互動為基礎的中國特色社會主義基本經濟制度新芽的萌發，以及適應生產力現實和基本國情的以公有制為主體、多種經濟形式共同發展的基本經濟制度的確立和不斷發展。這一過程中，相對於發展和完善社會主義市場經濟體制的要求而言，儘管仍存在著公有制實現形式創新改革的不足及其活力、創造力和競爭力不強，非公有制經濟發展的制度供給不足與制度規範不夠，公有制經濟與非公有制經濟間行業壟斷體制壓縮民企發展空間的一定程度上競爭不平等等諸多問題，但是，從整體上看，伴隨著黨的十一屆三中和四中全會、十二屆三中全會以及黨的十二大、十三大和十四大直至十九大報告對改革共識的凝聚、改革領域的不斷拓展和全面深化，各經濟主體利益激勵的「生產

---

① 「一大」是指基層經濟組織如人民公社、國營企業在規模上追求越大越好；「二公」則是指追求公有化程度越高越好；「三純」追求的是社會主義經濟成分越純越好；「四平」則是在分配上搞平均主義。
② 習近平. 在紀念毛澤東同志誕辰120週年座談會上的講話 [N]. 人民日報，2013-12-27（02）.

性努力」迸發,各要素資源得到充分有效利用,從而迎來了改革開放巨變中迸發出的經濟持續高速增長以及包括農民、工人和非公有制經濟組織中勞動者在內的各經濟主體收入增加的良性發展態勢。

從「生產關係自我中心觀」到「生產關係適應發展觀」,是從抽象定性社會主義公有制的先進性回到「社會主義的優越性歸根究柢要體現在它的生產力比資本主義發展得更快一些、更高一些,並且在發展生產力的基礎上不斷改善人民的物質文化生活」①,一句話,「歸根到底要看生產力是否發展,人民收入是否增加」② 的歷史唯物主義客觀的「生產力標準」的依循之上,是社會主義制度評價標準走向科學尺度和價值尺度的有機統一。這一改革初衷和歷史轉變值得追憶,值得銘記。

三

理解新中國經濟制度70年的變遷績效,分析以改革開放為界其制度供給和需求、制度成本和效率的關係,走過並正在經歷一個典型的政府主導、縱向層級式、制度供需信息非對稱非流動的單向封閉型及政治偏好下較高制度成本和效率漏損的強制性制度變遷,轉向基層訴求與政府頂層設計上下協同、制度供需信息流動的雙向開放型及其「發展共識」一致性偏好下追求制度變遷長期績效的「適應性效率」③、誘致性與強制性耦合聯動的制度變遷歷史過程。

新中國成立後選擇走社會主義制度的道路,受當時特殊歷史環境下國內

---

① 鄧小平. 鄧小平文選: 第2卷 [M]. 北京: 人民出版社, 1994: 250.
② 鄧小平. 鄧小平文選: 第2卷 [M]. 北京: 人民出版社, 1994: 314.
③ 諾思在《理解經濟變遷過程》一書中提出:「在具有適應性效率的社會中,制度矩陣的靈活性使其能夠調整來解決與根本的經濟變遷相關的問題。」(道格拉斯·C. 諾思. 理解經濟變遷過程 [M]. 鐘正生,等譯. 北京: 中國人民大學出版社, 2013: 96.)

外各種複雜因素及條件的約束，無論是實施「國家工業化」戰略、盡快重構工業及國民經濟體系以鞏固和加強新生政權，還是實行「一化三改造」以促成社會主義經濟制度的加快形成，以及之後實行中央集權計劃經濟體制以推進國家主導的現代化建設進程，一方面發揮了資源匱乏條件下社會主義制度能夠集中力量辦大事的優勢[①]——舉全國之力，集中優勢資源，聚焦特定的工程、項目、事件，才成就了「一五」期間「156項工程」和「兩彈一星」等重大戰略、工程跨越性、突破性、高效率發展，迅速奠定了社會主義工業化的初步基礎，鑄就了中國國防安全的戰略基石，並且對國家科技發展乃至整體經濟社會發展都產生了深遠影響；另一方面，也體現出國家憑借政權力量破除舊制度障礙、以行政命令方式強力建構起生產資料公有制占絕對優勢的社會主義經濟新制度的強制性制度變遷，其自上而下、單向封閉的制度供給，以及政治制度和政治權力強勢決定資源配置、缺乏基層制度需求信息來源與反饋的制約及其糾偏機制，此間制度僵化導致制度變遷的「適應性效率」長期趨於低下。

而改革開放以來快速增長和發展勢頭，無不昭示出其對社會主義本質的重新認知，突破單一公有制、排斥市場等傳統社會主義經濟理論圭臬的定式誤區，做出適應生產力發展水準的「所有制結構和產權改革」、市場取向改革及至社會主義市場經濟體制確立和全方位的建設、市場決定資源配置與政府兼具「引導型與推動型」「防護型與進取型」[②]角色及作用制度效應的初步釋放。這中間，從「摸著石頭過河」到與政府頂層設計的結合互動，從民生發

[①] 《增長的極限》的作者之一喬根・蘭德斯教授認為，中國政府能集中力量辦大事，不應迷信西方民主體制。這個因素是蘭德斯對中國發展保持樂觀態度的核心因素。參見：宋麗丹. 國外看「中國道路」取得成就的主要原因 [J]. 紅旗文稿，2015（13）.

[②] 王今朝. 關於市場配置資源決定性與更好發揮政府作用的學術認知 [EB/OL].（2016-12-08）[2019-03-04]. http://ex.cssn.cn/jjx/jjx_gzf/201612/t20161208_3305679.shtml. 防護型的「更好發揮政府作用」就是要解決中國人民由於各種內外部因素所遭受的痛苦；進取型的「更好發揮政府作用」是為了獲得中國本來可以獲得的更大的利益。

展的制度需求到與政府科學發展的制度供給形成的「發展共識」一致性偏好的協調推動，從誘致性制度變遷到與強制性制度變遷的耦合聯動，改革帶來的「制度釋放剩餘」和制度變遷愈益靈活性內含的報酬遞增及其自我強化機制的累積效應，逐漸形成促進長期增長中制度成本相對降低和制度效率提升的良好績效，一定意義上其制度變遷「適應性效率」的增強，在國內外轉型的橫向和縱向比較中都得到了多方面經驗的驗證。

四

本書是一項集體合作、匯聚了集體智慧的研究成果。由李萍教授提出總體框架和研究思路，從制度基本理論入手，以馬克思主義經濟制度理論為基礎，全書隱含且貫穿其間的是一條「雙向度變遷」的理論分析主線和分析框架①，即一定社會的核心經濟制度、基本經濟制度、具體經濟制度三重規定性及其內在關係，以及微觀經濟制度、中觀經濟制度、宏觀經濟制度三個層面的內在關聯及其相互關係構成經濟制度變遷的內在向度；同時，一定社會的生產力與生產關係、經濟基礎與上層建築的內在關係及其矛盾運動構成一定社會經濟制度變遷的外在向度。基於雙向度之間的關係並在其互相作用下形成了一定社會經濟制度變遷與發展的歷史過程。進一步地，從新中國70年來的「特殊歷史背景的認識、國家戰略的選擇、體制機制的建構、政策措施的實施、經濟制度的形成和發展—新的歷史環境的變化、國家戰略的轉變、體制機制的改革、政策措施的改變、經濟制度的相應調整改革和轉型—⋯⋯」循環深入的史實及其歷史進程的多維透視中，把握制度變遷的內生性與階段轉換的自洽性，在一定意義上揭示了新中國社會主義經濟制度變遷的特殊規

---

① 也可以把這理解為一種「雙向度變遷觀」。

律性。本書的開篇緒論和尾論站在科學界說、理論建構、方法論解構的角度比較集中地論述了這一「雙向度變遷觀」的核心思想與基本觀點，各篇也運用其探索了新中國成立以來跨越兩個世紀的社會主義經濟制度形成、改革、轉型及其創新和完善的變遷歷程。其間，把新中國經濟制度變遷進程放在了世界大變革、中國大轉型的背景中，力求在理論與實踐相結合、過去與現實及未來相銜接、縱向與橫向比較相聯繫上做出一定程度上新的理論、方法、結論的探索和研究。

全書除導言外，分緒論、上篇、中篇、下篇、尾論五個部分共十三章，各部分負責人為：緒論，李萍；上篇，吳垠；中篇，李怡樂；下篇，楊慧玲；尾論，王雪苓。具體執筆者依次為：導言，李萍；第一章緒論，李萍（第一節）、韓文龍（第二節）、張鵬（第三節）；上篇，第二章/吳垠，第三章/韓文龍，第四章/劉金石；中篇，第五章/李怡樂，第六章/趙勁松，第七章/李標；下篇，第八章/楊慧玲，第九章/劉書祥，第十章/姜凌等，第十一章/王軍，第十二章/楊海濤；第十三章尾論，王雪苓。全書由李萍負責統稿。自2018年5月起至2019年5月全書定稿，冬去春來歷時一載，共舉行團隊成員集體討論或逐章探討修改大大小小會議二十餘次，大家本著保證研究成果較高質量的初衷和共識的良好意願，對書稿的基本內容、觀點、結構、邏輯、方法等進行充分討論和交流，在寫作團隊內培育出了「知無不言，言無不盡，百人譽之不加密，百人毀之不加疏」的嚴謹學風與和諧氛圍。尤其是在後期的統稿修改過程中，課題組成員間積極合作，愉快地分享討論和交流相長的樂趣，珍視彼此間學科專業知識的互補、思想碰撞火花的閃現以及筆觸之下的文墨友情。特別值得一提的是，李標副教授始終如一地盡心負責與出版社的對接和課題組成員間的聯絡、協調與落實工作，並全程協助統稿事宜，滿腔熱忱地為大家服務，付出了大量時間和努力。借此書成之際，謹向所有參與了本書相關研究的諸位同仁表示真摯的謝意！

本書的研究和完成得到了西南財經大學「新中國經濟社會制度變遷」系列叢書項目經費以及西南財經大學馬克思主義經濟學研究院暨全國中國特色社會主義政治經濟學研究中心重大專項課題「中國特色社會主義政治經濟學理論體系與話語體系構建研究」項目經費資助。寫作過程中還受到學院領導易敏利院長、蓋凱程副院長的高度重視和大力支持，前後多次參加討論會並提出中肯意見。此外，本書在出版過程中，惠蒙西南財經大學出版社各位領導和編輯的鼎力支持和協助，在此一併致謝！

　　希冀《新中國經濟制度變遷》一書，以其既沉潛於歷史縱深對70年來中國經濟制度變遷的特殊史實、經濟現象和社會場域所做的思想檢視與價值辨析，又眺望於時代創新對當下和未來中國特色社會主義經濟制度變遷的歷史價值、發展旨歸的思想建構與理論自覺，提供一個切中肯綮的政治經濟學解釋，值新中國誕生70年之際，為其波瀾壯闊、不斷創新的社會主義經濟實踐和理論探索的研究著上一抹亮色。

李萍謹識

2019 乙亥之春於光華園

目錄

第一章 緒論 … 1

第一節 中國特色社會主義經濟制度體系:理論基礎與實踐探索 … 2
    一、馬克思制度理論的精髓與當代制度理論的一般含義 … 2
    二、經濟制度：內部分層及其關係 … 8
    三、中國特色社會主義經濟制度變遷：三重規定性及其特徵 … 11

第二節 基本經濟制度變遷的理論與實踐探索 … 20
    一、所有制的變遷：從單一公有制向多元化轉變的歷程 … 20
    二、公有制與市場經濟的關係 … 26
    三、非公有制與市場經濟的發展 … 28

第三節 具體經濟制度變遷的理論與實踐探索 … 31
    一、微觀層面：企業制度變遷的理論與實踐探索 … 32
    二、中觀層面：區域經濟制度和產業經濟制度變遷的理論與實踐探索 … 35
    三、宏觀層面：宏觀經濟制度及其調控制度變遷的理論與實踐 … 41
    四、小結：新中國具體經濟制度變遷的理論與實踐探索 … 45

上篇 微觀經濟制度變遷

第二章 城市國有經濟制度變遷 … 49

第一節 改革開放前城市國有經濟制度的建立與發展（1949—1978年）… 50
    一、國營經濟與其他經濟成分並存（1949—1956年）… 50
    二、社會主義經濟制度確立後單一公有制經濟的發展（1957—1978年）
    … 56

第二節 改革開放後城市國有經濟制度的改革與轉型（1978—2012年） … 61
　一、國有經濟改革的基本取向 … 61
　二、「兩權分離」與國有企業產權改革 … 64
　三、股份制與現代企業制度改革 … 68
第三節 新時代城市國有經濟制度的深化改革（2012年—） … 73
　一、國退民進的反思與國進民退的調整 … 73
　二、國有經濟佈局和結構調整 … 78
本章小結 … 89

第三章 農村集體經濟制度變遷 … 91

第一節 農村土地產權制度變遷 … 92
　一、改革開放前農村土地改革及其向集體所有制的轉變
　　（1949—1978年） … 92
　二、改革開放後農村土地集體所有制下的兩權分離與家庭聯產承包
　　責任制（1978—2012年） … 95
　三、新時代農地集體所有制下「三權分置」改革的深化（2012年—）
　　… 96

第二節 農村生產經營制度變遷 … 97
　一、改革開放前農村混合經營向集體經營的轉變（1949—1978年） … 97
　二、改革開放後以家庭承包經營為主的雙層經營體制的「兩權分離」
　　時期（1978—2012年） … 101
　三、新時代堅持土地集體所有制和家庭承包經營為主的「三權分置」
　　時期（2012年—） … 103

第三節 中國農村居民收入分配制度變遷歷程 … 106
　一、改革開放前農村居民收入分配的平均主義時期（1949—1978年）
　　… 106
　二、改革開放後「按勞分配為主體與按要素分配並存」的農村居民
　　收入分配制度時期（1978—2012年） … 109

三、新時代「堅持按勞分配原則，完善按要素分配體制機制」的
　　　　農村居民收入分配制度時期（2012 年—） ………………… 110
本章小結 ……………………………………………………………… 112

第四章　新中國非公有制經濟制度變遷 …………………………… 113

第一節　改革開放前非公有制經濟制度變遷（1949—1978 年）………… 114
　　一、第一階段：限制、利用階段（1949—1952 年） ………… 114
　　二、第二階段：改造、合作化階段（1953—1956 年） ……… 119
　　三、第三階段：取締、湮沒階段（1957—1978 年） ………… 125

第二節　改革開放後非公有制經濟制度變遷（1979—2012 年）………… 128
　　一、第一階段：非公有制經濟恢復發展階段（1979—1992 年）… 128
　　二、第二階段：非公有制經濟平穩發展階段（1992—2002 年）… 134
　　三、第三階段：非公有制經濟飛速發展階段（2002—2012 年）… 138

第三節　新時代非公有制經濟制度變遷（2012 年—）……………… 143
　　一、明確「兩個不動搖」「兩個都是」 ……………………… 143
　　二、明確「兩個不可侵」「兩個健康」 ……………………… 144
　　三、明確「三個平等」「三個沒有變」 ……………………… 145
　　四、明確建立「親」「清」新型政商關係 …………………… 146
　　五、明確弘揚企業家精神和非公有制經濟的發展重點 ……… 147

本章小結 ……………………………………………………………… 149

中篇　中觀經濟制度變遷

第五章　城鄉二元經濟制度變遷 ……………………………………… 155

第一節　改革開放前的城鄉二元經濟制度（1949—1978 年）………… 156
　　一、國民經濟恢復期相對開放的城鄉經濟關係（1949—1952 年）…… 157
　　二、傳統計劃經濟體制時期嚴格隔離的城鄉經濟關係（1953—1978 年）
　　　　……………………………………………………………… 158

三、計劃經濟體制時期城鄉二元經濟制度的客觀評價 …………… 164

第二節　改革開放後的城鄉二元經濟制度（1978—2012 年）………… 166

一、以農村改革為先，農產品流通市場化啓動與農村工業化探索
（1978—1984 年）………………………………………………… 166

二、以城市改革為重，城鄉二元勞動力市場與土地市場的確立
（1985—2002 年）………………………………………………… 171

三、從城鄉二元分割到城鄉統籌發展（2002—2012 年）………… 177

第三節　新時代城鄉融合發展的推進（2012 年—）…………………… 182

一、新時代以來城鄉融合發展的基本政策支持 …………………… 182

二、全面建成小康社會背景下惠農與扶貧政策的落實 …………… 185

三、市場化、工業化視閾中城鄉融合發展的歷史與邏輯必然 …… 187

四、城鎮化與鄉村振興戰略交互作用下新型工農城鄉關係的未來 … 190

本章小結 ……………………………………………………………………… 194

第六章　　業制度變遷 …………………………………………………… 197

第一節　改革開放前的產業制度變遷（1949—1978 年）……………… 198

一、優先發展重工業戰略的確立 …………………………………… 198

二、服務於工業化的農業產業政策 ………………………………… 200

三、通過技術引進實現工業化的產業政策 ………………………… 203

四、優先發展重工業戰略下的第三產業 …………………………… 206

第二節　改革開放後的產業制度變遷（1978—2012 年）……………… 208

一、市場取向改革探索階段的產業戰略 …………………………… 208

二、農業產業制度變遷 ……………………………………………… 211

三、工業產業制度變遷 ……………………………………………… 215

四、第三產業制度變遷 ……………………………………………… 219

第三節　新時代的產業制度變遷（2012 年—）………………………… 225

一、新時代的產業轉型升級戰略 …………………………………… 225

二、新時代的農業產業政策 ………………………………………… 227

三、新時代的工業產業政策 …………………………………… 231
　　　四、新時代的第三產業政策 …………………………………… 235
　本章小結 …………………………………………………………… 238

第七章　區域經濟制度變遷 …………………………………………… 239
第一節　改革開放前區域經濟制度的形成（1949—1978 年）………… 240
　　　一、生產力平均佈局的指導思想 ……………………………… 240
　　　二、趕超發展與重工業優先發展戰略 ………………………… 242
　　　三、沿海與內陸地區的均分發展格局 ………………………… 244
第二節　改革開放後區域經濟制度的優化（1978—2012 年）………… 249
　　　一、效率優先的差異化發展指導思想 ………………………… 249
　　　二、梯度發展與三沿、四沿發展戰略 ………………………… 251
　　　三、三大地帶與四大板塊的異化發展 ………………………… 253
第三節　新時代區域經濟制度的再探索（2012 年—）………………… 260
　　　一、注重公平的均衡化發展指導思想 ………………………… 260
　　　二、全面協調可持續的區域發展戰略 ………………………… 262
　　　三、多點多極與內外聯動的協調發展 ………………………… 264
　本章小結 …………………………………………………………… 270

下篇　宏觀經濟發展及其調控制度變遷

第八章　宏觀經濟制度的形成及其演變 ……………………………… 273
第一節　改革開放前計劃經濟管理體制下單一行政管理方式的確立
　　　　（1949—1978 年）………………………………………………… 275
　　　一、國民經濟恢復時期對國民經濟實行行政管理（1949—1952 年）… 275
　　　二、過渡時期總路線標誌著對國民經濟全局實行計劃統籌管理
　　　　（1953—1956 年）………………………………………………… 276

三、傳統計劃經濟體制時期計劃經濟管理制度的曲折探索
     （1957—1978 年） ………………………………………… 277
  第二節 改革開放後與市場化改革相適應的宏觀經濟制度演變
     （1978—2012 年） ………………………………………… 279
   一、改革開放進程中計劃與市場相結合的管理體制的形成
     （1978—1992 年） ………………………………………… 279
   二、社會主義市場經濟體制初步建立時期的宏觀經濟制度改革
     （1992—2002 年） ………………………………………… 281
   三、制度性開放條件下的宏觀經濟制度改革（2002—2012 年）…… 287
  第三節 新時代中國特色社會主義宏觀經濟制度創新與發展（2012 年—）
     …………………………………………………………… 291
   一、經濟「新常態」下圍繞供給側結構性改革的宏觀經濟制度創新
     …………………………………………………………… 291
   二、新時代中國宏觀經濟制度的改革方向定位 ………………… 296
  本章小結 ……………………………………………………… 297

 第九章 勞動就業制度變遷 ……………………………………… 299
  第一節 改革開放前計劃經濟時期的勞動就業制度（1949—1978 年）……
     …………………………………………………………… 300
   一、新中國成立初期的勞動就業制度 ……………………… 300
   二、統包統配就業制度的建立和演變 ……………………… 301
   三、統包統配就業制度的運行特點 ………………………… 302
   四、計劃就業制度的缺陷 …………………………………… 304
  第二節 改革開放後勞動就業制度的變遷（1978—2012 年） ……… 306
   一、國有企業的漸進式改革與就業雙軌制 ………………… 306
   二、市場化就業制度的初步探索 …………………………… 312
   三、市場化就業制度的深化改革 …………………………… 317
   四、非正規就業與勞動力市場的進一步發育 ……………… 319

五、探索建立城鄉一體化的就業制度 ………………………… 321

第三節　新時代下勞動就業制度的變遷（2012 年—）………… 325
　　一、新時期就業優先戰略的重要意義 ………………………… 325
　　二、供給側結構性改革與就業結構的調整 …………………… 326
　　三、通過發展新經濟促進自主擇業、創新創業 ……………… 329
　　四、創新驅動與提高就業質量 ………………………………… 331
　　五、建立更加積極和完善的就業保障體系 …………………… 332

本章小結 ……………………………………………………………… 334

第十章　收入分配制度變遷 ………………………………………… 335

第一節　改革開放前收入分配制度變遷（1949—1978 年）…… 336
　　一、過渡時期「混雜型」收入分配制度的歷史演變（1949—1956 年）
　　　………………………………………………………………… 336
　　二、計劃經濟時期「單一型」收入分配制度的確立和演變
　　　（1957—1978 年）…………………………………………… 340

第二節　改革開放後收入分配制度變遷（1978—2012 年）…… 348
　　一、收入分配制度的改革與啟動（1978—1992 年）………… 348
　　二、收入分配制度的改革創新（1992—2012 年）…………… 351

第三節　新時代收入分配制度變遷（2012 年—）……………… 358
　　一、收入分配制度的改革深化（2012 年—）………………… 358
　　二、新時期深化收入分配制度改革的路徑：走共享發展的中國道路
　　　………………………………………………………………… 363

本章小結 ……………………………………………………………… 370

第十一章　經濟開放制度變遷 ……………………………………… 371

第一節　改革開放前獨立自主但有限的開放（1949—1978 年）… 372
　　一、獨立自主對外經濟開放思想的確立及其淵源 …………… 372

二、新中國國民經濟恢復和過渡時期的對外經濟開放（1949—1956 年）
.... 374

三、新中國計劃經濟時期的對外經濟開放（1957—1978 年）...... 378

第二節　改革開放後中國特色社會主義的對外經濟開放（1978—2012 年）
.... 382

一、中國特色社會主義經濟對外開放思想的確立及其發展 382

二、改革開放主動探索時期對外經濟開放（1978—1993 年）...... 385

三、改革開放高速發展時期對外經濟開放（1993—2001 年）...... 396

四、中國加入 WTO 後全面提升時期對外經濟開放（2001—2012 年）
.... 405

第三節　新時代中國創新型對外經濟開放（2012 年—）......... 416

一、新時代經濟全面深化對外開放思想的確立和發展 416

二、「一帶一路」倡議的提出及制度演進 417

三、構建開放型經濟新體制 419

四、中國對外經濟開放的成就及面臨的新挑戰 425

五、構建人類命運共同體是新時代中國開放型經濟發展的必然結果
.... 428

本章小結 430

第十二章　宏觀調控制度變遷 432

第一節　宏觀調控政策工具之一：國民經濟發展計劃或規劃 434

一、「一五」計劃階段：內部集體決策（1953—1957 年）......... 434

二、「二五」計劃到「四五」計劃階段：領導意志主導決策
（1958—1975 年）.. 438

三、「五五」計劃和「六五」計劃階段：重新迴歸「內部集體決策」
（1976—1985 年）.. 442

四、「七五」計劃到「九五」計劃階段：「諮詢決策」（1986—2000 年）
.... 445

　　　　五、「十五」計劃到「十三五」規劃階段：「集思廣益」（2001 年—）
　　　　……………………………………………………………………… 450

　　第二節　宏觀調控政策工具之二：財稅政策 …………………… 457
　　　　一、改革開放前計劃經濟管理時期的財稅政策（1949—1978 年）…… 457
　　　　二、改革開放後社會主義市場經濟體制探索、建立和完善時期的財稅
　　　　　　政策（1978—2012 年）………………………………… 460
　　　　三、新時代中國特色社會主義時期的財稅政策（2012 年—）……… 465

　　第三節　宏觀調控政策工具之三：貨幣政策 …………………… 469
　　　　一、改革開放前計劃經濟管理時期的貨幣政策（1949—1978 年）…… 469
　　　　二、改革開放後社會主義市場經濟體制探索、建立和完善時期的貨幣
　　　　　　政策（1978—2012 年）………………………………… 471
　　　　三、新時代中國特色社會主義時期的貨幣政策（2012 年—）…… 474

　本章小結 ……………………………………………………………… 477

尾論　新中國經濟制度變遷：一個方法論的解釋

第十三章　新中國制度變遷的制度整體主義分析：一個政治經濟學的解釋
………………………………………………………………………… 482

　　第一節　新中國經濟制度演變的政治經濟學理論和實踐雙重邏輯 ……… 483
　　　　一、新中國生產力發展的歷史嬗變：從量變到質變 …………… 483
　　　　二、生產關係的內在制度變遷邏輯：基於制度層級系統的視角 …… 487
　　　　三、新中國上層建築的制度變遷 ………………………… 494

　　第二節　新中國經濟制度變遷路徑：「生產力—生產關係/經濟基礎—上層
　　　　　　建築」互動耦合 ………………………………………… 498
　　　　一、內在向度邏輯分析：社會主義生產關係的制度系統三層級的互動
　　　　　　耦合 ……………………………………………………… 498
　　　　二、外在向度邏輯分析：「生產力—生產關係/經濟基礎—上層建築」
　　　　　　之間的互動關係 ………………………………………… 504

第三節　新中國的經濟制度變遷方式 …………………………………… 511
　　一、時間維度的新中國的經濟制度變遷方式：從強制性為主到誘致性為
　　　　主的漸進性變遷 …………………………………………………… 511
　　二、空間維度的新中國的經濟制度變遷方式：從均衡佈局到非均衡發展
　　　　戰略再到協調發展 ………………………………………………… 517
第四節　新中國經濟制度變遷的演變方向：新時代中國特色社會主義
　　　　制度的完善 ………………………………………………………… 521
　　一、新中國經濟制度演變進路：從外在向度的調整到內在向度的協調
　　　　再到外在向度的協同求變 ………………………………………… 521
　　二、深化開放背景下的經濟制度完善和經濟發展——制度前設、
　　　　路徑選擇 …………………………………………………………… 524
本章小結 ……………………………………………………………………… 526

參考文獻 ……………………………………………………………………… 529

第一章
緒　論

「不知來，視諸往。」2019年，我們迎來新中國的70華誕。回溯新中國經濟制度的形成、演變和發展歷史，探察現實經濟制度的改革、深化和完善，需要我們以長時段歷史（long-term history）的大視野和整體關聯（entirety and relevance）的大視角，全景透視新中國經濟制度的過往、現在和未來，追問和探索20世紀中葉中國經濟制度發生歷史大變革、大轉折中我們為什麼選擇建立了社會主義社會經濟制度和計劃經濟體制，70年代末又何以轉向市場取向的經濟體制改革，90年代初期怎樣進一步確立以社會主義公有制為主體、多種經濟形式並存的基本經濟制度和社會主義市場經濟體制，21世紀前後又如何推進完善社會主義社會基本經濟制度和全面深化經濟體制改革與創新等經濟制度變遷中一系列大問題，以深刻洞悉和把握新中國經濟制度變遷更為深層的結構性變化和縱躍歷史的變遷線索及其大勢和方向。

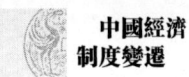

第一節　中國特色社會主義經濟制度體系：
理論基礎與實踐探索

新中國以降，歷經 70 年、跨越兩個世紀的經濟制度的變遷，經濟體制的轉換，中國共產黨領導下的社會主義實踐所處的特殊歷史背景及其階段性發展戰略，政策選擇約束下的複雜性和變異性以及多維性，制約著社會主義社會核心經濟制度、基本經濟制度的本質特徵、具體經濟制度即經濟體制的特殊表徵及其變遷的互動和張力。為解構這一具有豐富而深邃內涵的大問題，本書基於馬克思主義政治經濟學的學理依循，嘗試循著「制度—經濟制度—社會核心經濟制度、基本經濟制度與具體經濟制度及其內在關聯」的致思路徑，並嵌入「生產力—生產關係（經濟基礎）—上層建築」整體系統來詮釋經濟制度的適應性調整和互動性促進，研究中國社會主義社會經濟制度體系變遷、社會基本經濟制度伴隨經濟體制的轉型，尤其是社會主義市場經濟體制創新探索的「中國實踐」的不斷完善。

一、馬克思制度理論的精髓與當代制度理論的一般含義

（一）馬克思制度理論的兩個特點及其核心

制度，是馬克思經濟學理論研究的經典主題①，其制度理論以闡發資本主義經濟制度本質為主線，集中分析的是以資本主義私有制為基礎的市場制度，主要包括所有制與所有權理論、市場制度對經濟增長和社會發展的作用、資本主義社會經濟制度的本質及其動態發展與更替的一般規律以及國家和意識形態理論等內容。馬克思的制度理論主要有兩個特點：一是強調制度對經濟增長的雙重效應；二是強調制度是可變的，制度變遷或變革的根源在於技術和生產力的變化。

---

① 李萍. 經濟增長方式轉變的制度分析 [M]. 成都：西南財經大學出版社，2001：55-60.

首先，馬克思的制度理論強調制度對經濟增長的雙重效應。馬克思的制度理論從研究生產關係、所有制入手，詳細分析了資本主義所有制及其所有權的形成和發展、所有制結構的變遷及其本質，從而馬克思完成了迄今為止對資本主義經濟制度的最深入和最科學的分析。一方面，馬克思認為資本主義私有制的建立是資本主義社會生產力迅速發展的前提條件，他充分肯定了資本主義私有產權的效率及其促進資本主義經濟增長和社會發展的歷史功績；另一方面，馬克思又指出：隨著生產力的日益社會化，資本主義私有制與之越來越不相適應，逐步轉為制約生產力進一步發展的桎梏，成為制約經濟增長和社會發展的關鍵因素。這一點馬克思在《共產黨宣言》中做了精闢的闡述。他指出：「資產階級在它的不到一百年的階級統治中所創造的生產力，比過去一切世代創造的全部生產力還要多，還要大。自然力的徵服，機器的採用，化學在工業和農業中的應用，輪船的行駛，鐵路的通行，電報的使用，整個大陸的開墾，河川的通航，仿佛用法術從地下呼喚出來的大量人口，——過去哪一個世紀能夠料想到有這樣的生產力潛伏在社會勞動裡呢？……資產階級的生產關係和交換關係，資產階級的所有制關係，這個曾經仿佛用法術創造了如此龐大的生產資料和交換手段的現代資產階級社會，現在像一個巫師那樣不能再支配自己用符號呼喚出來的魔鬼了。幾十年來的工業和商業的歷史，只不過是現代生產力反抗現代生產關係、反抗作為資產階級及其統治的存在條件的所有制關係的歷史。」[1] 資本主義經濟週期性循環中席捲而來的危機，表明「社會所擁有的生產力已經不能再促進資產階級文明和資產階級所有制關係的發展；相反，生產力已經強大到這種關係所不能適應的地步，它已經受到這種關係的阻礙；……資產階級的關係已經太狹窄了，再容納不了它本身所造成的財富了」[2]。由此可見，馬克思不僅看到了以資本主義私有產權為基礎的市場制度的確立，為要素的流動提供了誘導機制，各

---

[1] 馬克思，恩格斯. 共產黨宣言（1848）[M] // 馬克思，恩格斯. 馬克思恩格斯選集：第 1 卷. 中共中央編譯局，譯. 北京：人民出版社，1972：256.

[2] 馬克思，恩格斯. 共產黨宣言（1848）[M] // 馬克思，恩格斯. 馬克思恩格斯選集：第 1 卷. 中共中央編譯局，譯. 北京：人民出版社，1972：257.

種要素市場（勞動力市場、資本市場等）的出現，為潛在的獲利機會與要素的結合提供了現實的制度裝置，從而直接推動了經濟增長，同時也看到了制度影響和制約經濟增長和社會發展的一面，強調這種影響具有雙重效應：適合一定的生產力性質的經濟制度，就必然能夠大大地促進經濟增長和社會發展，成為經濟增長和社會發展的巨大推動力；相反，與一定的生產力性質不相適應的經濟制度，就會阻礙經濟增長和社會發展。因而，制度因素既可能是經濟增長和社會發展的增函數，又可能是經濟增長和社會發展的減函數。正因為如此，馬克思在肯定了私有產權的效率及其歷史進步作用的同時，又進一步指出：隨著資本主義社會生產力的發展，生產資料的資本主義私人佔有制又與高度社會化的生產力發展不相適應，成為社會生產力發展的桎梏，因而，只有實現所有制關係的社會化才能適應生產力社會化的進一步發展。這表明，要解放生產力，必須進行制度變革，消滅私有制。在這種意義上可以說：馬克思看到了一定社會的經濟增長和發展，最根本取決於社會經濟制度的狀況，即其是解放、推動生產力發展，還是束縛、阻礙生產力的發展。

其次，馬克思強調制度是可變的，制度變遷或變革的根源在於技術和生產力的變化。制度的變遷或變革，實際上是兩個不同層面的變化發展的過程。制度變遷，一般是指在一定社會經濟制度總體不變的前提下，基本經濟制度特別是具體經濟制度的階段性調整、改革和創新；而制度變革，則主要是社會經濟制度的根本改變、更替，即一種社會經濟制度被另一種社會經濟制度替代。馬克思的制度理論更強調對後者的研究。馬克思的制度理論是在批判地繼承古典經濟學的基礎上形成的。一方面，馬克思批評古典經濟學家「把資本主義制度不是看作歷史上過渡的發展階段，而是看作社會生產的絕對的最後的形式」[1]「把社會的一個特定歷史階段的物質規律看成同樣支配著一切社會形式的抽象規定」[2]。即把資本主義制度看作既定的、不變的、永恆合理的。而在馬克思看來，資本主義制度和其他任何一種社會經濟制度一樣，都

---

[1] 馬克思. 資本論：第1卷 [M]. 中共中央編譯局，譯. 北京，人民出版社，1975：16.
[2] 馬克思. 剩餘價值理論：第1冊 [M]. 中共中央編譯局，譯. 北京，人民出版社，1975：15.

有其產生、發展、成熟並走向衰亡、被更高級和更合理的社會經濟制度替代的歷史。另一方面，馬克思又繼承和吸取了斯密、李嘉圖經濟理論中把社會劃分為資本家、雇傭勞動者和大土地所有者三大階級的制度結構思想，從動態發展的角度分析了生產要素（土地、資本、勞動力等）在這三大階級之間進行分配的所有制和所有權關係，特別是生產資料資本家私人所有制及由此決定的資本家與雇傭工人之間的經濟關係對經濟增長的影響，其目的是要證明資本主義制度的歷史性。

馬克思運用了矛盾分析法和社會發展觀來研究制度變遷和變革的過程。他認為：社會基本矛盾表現為生產力與生產關係、經濟基礎與上層建築的矛盾。其中，生產力是最革命、最活躍的因素，它處於不斷地發展變化之中，這就引起了與原有生產關係的不相適應，從而要求生產關係進行調整、做出相應的改變；而經濟基礎的這種變化進一步引起原有的上層建築的不相適應，從而又要求上層建築也要做出相應的調整和改變。正是這一社會基本矛盾的存在及其運動，引起了制度變遷，並隨著矛盾的不斷累積，最終導致了社會經濟制度的根本性變革。而制度變遷和變革，又是由一定社會經濟制度中相應的利益集團的矛盾及其行動直接推動的。在資本主義社會，這又集中體現為資本家階級與雇傭勞動者階級之間的階級矛盾、階級利益及其階級行動的直接推動。馬克思還在《〈政治經濟學批判〉序言》（1859）中，對制度變革的客觀條件做了進一步分析。他提出一個著名的論題：無論哪一種經濟制度，在它們所能容納的全部生產力發揮出來之前，是不會滅亡的；而新的更高的經濟制度，在它存在的物質條件在舊社會的胎胞裡成熟以前，是決不會出現的。[①] 由此不難看出，馬克思十分強調制度變革的動力、條件的客觀性。此外，在馬克思制度理論中，他還把一定的國家制度、法律制度及相應的意識形態看作建立在經濟基礎的制度之上的上層建築的制度，並闡明了這兩種制度之間經濟基礎的制度具有「決定」作用而上層建築的制度則是「反應」的

---

① 馬克思，恩格斯. 馬克思恩格斯選集：第2卷 [M]. 中共中央編譯局，譯. 北京：人民出版社，1972：83.

作用的關係①，強調作為上層建築的制度，國家和意識形態以其是否與一定的經濟基礎的制度相適應，而對社會經濟的增長和發展起著積極的促進作用或消極的阻礙作用。

概言之，馬克思制度理論的突出貢獻在於他的歷史唯物主義的根本方法。制度理論的核心在於：①看到了一定社會經濟增長與發展、生產力（技術）進步與否，取決於社會經濟制度的狀況，即是解放、推動生產力發展，還是束縛、阻礙生產力的發展；②指出了制度是可變的，制度變遷或變革的根源在於技術和生產力的變化。這對我們今天正確認識和分析制度因素在經濟增長與發展中的作用及其關係，都是極具現實指導意義的。

(二) 當代制度理論的一般含義

在當代，新制度經濟學崛起並成為現代西方經濟學發展中最活躍的學派之一。新制度經濟學以制度分析、結構分析為基礎，分析制度的構成和運行，並發現這些制度在經濟體系運行中的地位和作用。但是需要指出的是，新制度經濟學主張在資本主義現存生產資料所有制基礎即以資本主義私有制為基礎的基本經濟制度之上進行有限的體制性改革，因而注重研究資本主義現實體制問題，批判資本主義經濟體制的缺陷，提出更為具體的體制調整改革的政策建議，旨在維護資本主義根本經濟制度的延續和發展。正是在這一意義上，新制度經濟學關於制度理論的研究更多地具有體制性一般含義。

從一般意義上看，制度首先是在社會活動中由社會強制執行的正式的社會行為規則，以及同樣規範著人們行為的習慣、道德、文化傳統等非正式規則的總和。② 就正式的社會行為規則而言，其主要是指人們有意識地創造出來並通過國家等組織運用權力制定且強制執行的一系列成文規則，包括帶有強制性、懲戒性的憲法、成文法、正式合約等法律及規範的規章制度，目的是要實現國家收益最大化或社會福利最大化。在這種意義上，制度是國家利益

---

① 馬克思指出：「這種具有契約形式的法權關係，是一種反應著經濟關係的意志關係，這種法權關係或意志關係的內容是由這種經濟關係本身決定的。」詳見：馬克思. 資本論：第1卷 [M]. 中共中央編譯局，譯. 北京，人民出版社，1975：102.
② 樊綱. 社會博弈與制度建立 [N]. 中華工商時報，1994-12-06 (7).

實現的「工具」，任何個人、團體的活動都必須接受、遵循和符合這些規則，或者說受其「約束」。因而，「制度是一種約束，也是一種工具」。就非正式的規則而言，其主要是指人們在長期的社會交往中逐步形成並得到社會認可的一系列規則，包括帶有非強制性、廣泛性和具有持續性的價值信念、倫理道德、文化傳統、風俗習慣、意識形態等。相對於正式的社會行為規則，非正式的規則是社會活動的歷史發展過程中利益互相衝突的人及其團體之間相互妥協或相互博弈的產物，因而是一個自發的、內生的、約定俗成的過程。正因為此，制度具有鮮明的時間性、國別性或地域性的特徵。

其次，制度是遵循相同規則而互為條件、互相適應且互動的各種交易活動的集合，它構成一個有機的統一體。一方面，規則的制定、實施離不開一定的人、組織或機構及相關因素；另一方面，制度並非單一的，在人們活動的各個領域，包括政治、經濟、文化、教育、宗教等領域中，都有相應的支配和規範著人們及其團體行為的規則，於是，就有了諸如政治制度、經濟制度、文化制度、教育制度、宗教制度等制度體系。進一步地細分，又有開明的民主制度與專制的獨裁制度、社會經濟制度與具體經濟制度、古典文化制度與現代文化制度、傳統教育制度與現代教育制度等制度。在制度這一統一體中，各種制度之間相互影響、相互聯繫且相互矛盾的運動，通過上層建築與經濟基礎，最終由生產關係與生產力之間適應與不適應反應出來，成為社會發展的推動力或抑阻力。由於不適應性情形的存在，它遲早會引起制度變遷乃至制度的根本變革，使之從不適應轉變為適應，如此循環不已，從而推動社會不斷向前發展。

上述分析表明，在新制度經濟學中制度是一個涵蓋非常廣泛、豐富多義的概念。從不同角度來看，還可以對其做出更多的理解。由於本書主要是從經濟制度角度進行研究的，因而，下面著重對經濟制度做進一步分析。

二、經濟制度：內部分層及其關係

（一）經濟制度的含義及其內部分層

什麼是經濟制度？根據馬克思主義的基本觀點，經濟制度是生產關係的總和，是一定社會現實生產關係或經濟關係的制度化。從社會經濟發展的實踐來看，生產關係包括社會生產關係和生產關係的具體形式兩個層次。因而，經濟制度也同樣包含有社會經濟制度和具體經濟制度兩個層面。

社會經濟制度，理論上一般地說，實質上就是一定社會特定的生產關係或經濟關係的制度化。它是一定社會生產關係的本質規定，包括生產資料所有制性質[1]和由此決定的生產、流通、分配、消費性質及其相互之間的關係等核心內容，反應著特定的社會經濟條件下經濟活動者之間的矛盾、利益關係及其格局[2]。進一步具體來看，實踐中，社會經濟制度不是一成不變、固化的定式，而是有一個從量變到質變的變化發展過程。基於此，社會經濟制度又可以分為社會核心經濟制度和社會基本經濟制度。前者主要反應特定社會經濟制度的內在屬性，是指任何一個國家或地區與前社會相區別的根本特徵或根本標誌，是作為與前社會性質根本不同的生產資料所有制和由此決定的生產、流通、分配、消費性質及其相互之間的關係等核心內容的制度性本質規定，其具有一定社會的一般性和穩定性；後者則是指一個國家或地區反應該社會主要的或居基礎地位的經濟制度的基本屬性，是指一個國家或地區在該社會變化發展的不同階段居主體地位的生產資料所有制及其結構和由此決定的生產、流通、分配、消費性質及其相互之間關係等基本內容的制度性原則

---

[1] 馬克思「特別強調所有制問題，把它作為運動的基本問題」（馬克思，恩格斯．馬克思恩格斯選集：第1卷 [M]．中共中央編譯局，譯．北京：人民出版社，1972：285．），強調所有制是決定一個社會其他制度的基礎。

[2] 馬克思在《資本論》中指出：「任何時候，我們總是要在生產條件的所有者同直接生產者的直接關係——這種關係的任何形式總是自然地同勞動方式和勞動社會生產力的一定的發展階段相適應——當中，為整個社會結構，從而也為主權和依附關係的政治形式，總之，為任何當時的獨特的國家形式，找出最深的秘密，找出隱蔽的基礎。」（馬克思．資本論：第3卷 [M]．北京：人民出版社，1975：891-892．）

规定，其具有一定社会的特殊性和渐变性。

在现实的社会经济发展中，一定的社会经济制度的确立、成熟及其完全实现是不同的过程：前者可以是一个时点的短暂历史事件；后者却可能因不同国家社会经济制度确立所依赖的起点的不同、历史背景的不同或经济社会发展水准的不同从而决定其所走具体道路的不同等，体现为各国或地区虽在时间上仍有差别但相较确立而言却都是一个相对长期的历史发展过程。一定社会经济制度的确立，是以所有制根本变革为基础的新社会经济制度与前社会经济制度区别开来最为本质的特征，作为「初生性社会经济制度」具有了社会核心经济制度内核的基本元素；而一定的社会经济制度确立之后其成熟和完全实现的长期过程，作为「次生性社会经济制度」使其本质特征又具有了一定的阶段性历史特征，正是这一阶段性的历史特征可能赋予不同国家或地区的社会基本经济制度各自特色。

具体经济制度，则是一定社会经济活动中特定生产关系的具体实现形式，或者说是社会经济制度运行的具体组织形式和管理体系，进一步说是构成社会经济活动中各种要素的具体结合方式、行为规则，反应着社会经济采取的资源配置方式和调节机制等，即通常所说的经济体制，其具有一定社会的应变性和灵活性。瑞典斯德哥尔摩大学国际经济研究所所长阿沙·林德白克（Assar Lindbeck）教授给经济制度下的定义，主要着眼於经济运行层面，因而类似於这里所说的具体经济制度的含义。他把这理解为「是用来就某一地区的生产、收入和消费做出决定并完成这些决定的一整套的机制和组织机构」。涉及决策结构（集权还是分权）、资源配置机制（市场还是政府计划）、商品分配（均衡价格机制还是配给制）、激励机制（经济刺激还是行政命令）等八个方面的内容。[①] 具体经济制度又可以进一步细分为：基於微观层面的经济组织制度，即企业制度；基於中观层面的区域经济制度，主要包括城市与乡村关系的经济制度和产业制度等；基於宏观层面的国家经济及其调控制度。

在一定的社会经济条件下，最活跃的总是变化在前的生产力的发展，其

---

① 林德白克.经济制度与新左派经济学［M］.北京.中国经济出版社，1992：620-621.

直接引起具體經濟制度及經濟體制的應變調整和改革。這種改革從本質上說，是在一定社會特定的生產關係或經濟關係的本質關係保持不變的前提下，適應生產力發展要求對經濟運行關係所進行的調整，是基於舊體制的交易規則、內部結構已經不適應甚至嚴重阻礙生產力的發展，同時也基於一定社會利益集團對新體制潛在的收益與制度變遷成本的比較會大於舊體制的預期。通過制度調整，重建新規則，改革原有體制的內部結構，目的是適應社會生產力的性質，以新的更高效率的制度安排取代舊的低效率的制度安排，提高制度績效，從而促進經濟增長和發展。

(二) 經濟制度體系、內部不同層次之間關係及其特點

在社會核心經濟制度、基本經濟制度和具體經濟制度構成的經濟制度體系中，隨著具體經濟制度即經濟體制因社會生產力的變化而做出靈活應變和調適性改革與創新，其對社會基本經濟制度也會產生或快或慢的一定影響。長期來看，社會基本經濟制度也有一個漸進性地改革深化和創新發展使其自身趨於完善，並愈益反應和實現著社會核心經濟制度的本質規定的過程。由此可見，在一定社會經濟制度體系中，具體經濟制度即經濟體制居於連接生產力和基本經濟制度乃至核心經濟制度的仲介環節，呈現出「一定社會生產力發展—具體經濟制度即經濟體制即時反應及調適性改革與創新—社會基本經濟制度相應地漸進式改革與完善—愈益走向實現社會核心經濟制度的本質規定」的演變邏輯。而在該社會整個歷史時期內，特定社會經濟的本質關係則不會改變。

如此看來，經濟制度在社會核心經濟制度、基本經濟制度與具體經濟制度（經濟體制）之間有著內核層、基本層與表面層的不同層次的關係，各個不同層面各具特點。一般說來，具體經濟制度具有更大的靈活性和即時應變性，它要適應生產力發展和其他政治、經濟因素變化的客觀要求而不斷調整、改革或創新；社會基本經濟制度則具有相對的穩定性和漸進適應性，它也要適應具體經濟制度的改革和創新而做出必要的適當的調整、進一步改革和創新並嵌入新的經濟體制之內，另一方面愈益趨向實現社會核心經濟制度的本質規定；社會核心經濟制度就具有持久的穩定性和長期連續性，在該社會整

個歷史時期內特定社會經濟的本質關係不變的前提下，它也會隨著社會基本經濟制度的適當調整、進一步改革、創新和完善而趨於完美實現。下面，以中國社會主義社會經濟制度體系為例給出了一個新中國經濟制度體系理論邏輯圖示（內含「雙向度變遷觀」）（圖1-1）。

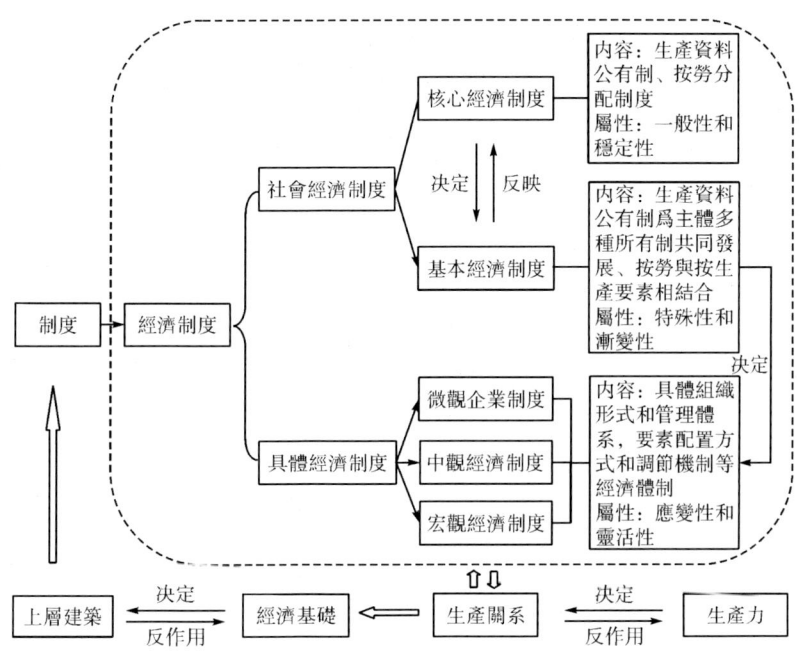

圖1-1　新中國經濟制度體系理論邏輯圖示（內含「雙向度變遷觀」）

三、中國特色社會主義經濟制度變遷：三重規定性及其特徵

按照馬克思主義經濟學的基本原理，所有制是生產關係的基礎。或者說，一定的所有制、所有制形式及所有制結構是該社會生產關係或經濟關係總和的制度化的基礎。進一步說，經濟制度是經濟關係、經濟關係的制度表達、制度運行相應的制度規則、制度規範的總和。一個多世紀以來，社會主義社會經濟制度從產生、形成和發展演變，經歷了從理論到實踐、從一國實踐到多國發展的複雜而艱難曲折的過程。中國特色社會主義經濟制度的歷史選擇

和探索創新，是從中國社會主義初級階段的基本國情出發，探索符合人類社會發展規律、符合科學社會主義基本原理與社會主義建設和社會主義經濟制度變遷規律的與中國實踐相結合的內在要求及其歷史必然。

(一) 馬恩關於未來社會的兩種設想與蘇聯早期實踐的啟示

20世紀初至中葉，無產階級革命不是在發達國家而是首先在經濟文化相對落後的俄國、東歐及中國等國取得勝利，隨之而來的是社會主義經濟制度如何建構、社會主義經濟如何建設和發展、社會主義道路如何行進和拓展等問題。面對實踐提出的這一系列史無前例的嶄新課題，列寧創新性地提出：「一切民族都將走向社會主義，這是不可避免的，但是一切民族的走法卻不完全一樣。」[1]

事實上，早在19世紀中下葉，馬恩在《資本論》《哥達綱領批判》《社會主義從空想到科學的發展》以及《給〈祖國紀事〉雜誌編輯部的信》《共產黨宣言》(俄文版) 等著作中[2]，基於深刻洞悉和揭示資本主義社會經濟制度的本質、內在結構的軸心及其歷史發展趨勢，以及隨著變化客觀地認識資本主義在不同國家發展的不同程度及其發展走勢，先後提出過對未來社會兩種模式的設想：一種是從邏輯上推論和設想了在資本主義高度發展的基礎上建立社會主義的「經典社會主義」模式，即「前資本主義—資本主義—社會主義 (或共產主義)」。這種「經典社會主義」模式的特徵是：消滅了私有制，實行自由人聯合體共同佔有使用生產資料和按勞按需分配，因而，商品、貨幣或市場自然也沒有存在和利用的必要。但到了19世紀70年代後期，當馬恩接觸到完全不同於西方發達資本主義國家的俄國等東方落後國家如何走向社會主義的前瞻性課題時，他們意識到了二者在未來社會主義起始條件上的差異。基於東方農業社會落後的生產方式的特殊社會歷史背景，他們突破了「經典社會主義」的設想模式，果斷地提出了另一種「社會主義的

---

[1] 列寧. 列寧選集：第2卷 [M]. 中共中央編譯局, 譯. 北京：人民出版社, 1995：777.
[2] 馬克思, 恩格斯. 馬克思恩格斯選集：第3卷 [M]. 中共中央編譯局, 譯. 北京：人民出版社, 1995：340, 767-768.

特殊形態」的設想模式①，即「前資本主義—跨越資本主義制度的『卡夫丁峽谷』②—社會主義」。後一種「社會主義的特殊形態」設想模式的科學性在於，馬恩意識到了像俄國這樣經濟文化落後的東方國家，由於各種內外條件的組合，主要是農村公社和資本主義生產體系共存，因而，可以憑借革命手段，縮短資本主義生產方式和經濟組織在西方需要幾個世紀的漫長而痛苦的發展道路，跨越資本主義發展階段，但跨越的是資本主義「制度」的「卡夫丁峽谷」，而不是資本主義時代高度社會化的生產力。③

因此，當俄國在革命勝利從而解放了社會生產力的前提下，還面臨著重構社會主義制度④以進一步發展生產力、推進社會主義經濟建設和發展的新任務。當列寧在短時間內曾試圖按馬恩第一種設想直接過渡到共產主義、取消商品貨幣實行戰時共產主義政策受挫後⑤，他迅速調整和改變了對社會主義的認識⑥，首創了著眼於當時生產力發展要求的「新經濟政策」：在一定限度內利用商品貨幣關係，在將國家所有作為生產資料公有或共同所有的組織形式的基礎上，容納多種經濟成分，允許私有經濟和自由貿易在一定範圍內存在，

---

① 馬克思認為「在俄國，由於各種情況的獨特結合，至今還在全國範圍內存在著的農村公社能夠逐漸擺脫其原始特徵，並直接作為集體生產的因素在全國範圍內發展起來」。「可以不通過資本主義制度的卡夫丁峽谷，而把資本主義制度所創造的一切積極的成果用到公社中來。」（馬克思，恩格斯. 馬克思恩格斯選集：第 3 卷［M］. 中共中央編譯局，譯. 北京：人民出版社，1995：762-765.），從而走向社會主義。恩格斯也讚同馬克思的觀點，認為「這不僅適用於俄國，而且適用於處在資本主義以前的發展階段的一切國家」（馬克思，恩格斯. 馬克思恩格斯選集：第 22 卷［M］. 中共中央編譯局，譯. 北京：人民出版社，1965：502-503.）。
② 馬克思，恩格斯. 馬克思恩格斯選集：第 3 卷［M］. 中共中央編譯局，譯. 北京：人民出版社，1995：762.「卡夫丁峽谷」典故出自古羅馬史。公元前 321 年，薩姆尼特人在古羅馬卡夫丁城附近的卡夫丁峽谷擊敗了羅馬軍隊。後來，人們就以「卡夫丁峽谷」來比喻災難性的歷史經歷。
③ 李萍. 鄧小平理論視閾中的主題與創新觀［J］. 社會科學研究，2005（3）.
④ 這就是馬克思在《法蘭西內戰》中所指出的：「工人階級不能簡單地掌握現成的國家機器，並運用它來達到自己的目的。」（馬克思，恩格斯. 馬克思恩格斯選集：第 3 卷［M］. 中共中央編譯局，譯. 北京：人民出版社，2009：151.）
⑤ 列寧說：「我們……用無產階級國家直接下命令的辦法在一個小農國家裡按共產主義原則來調整國家的產品生產和分配。現實生活說明我們錯了。」（列寧. 列寧論新經濟政策［M］. 中共中央編譯局，譯. 北京：人民出版社，2015：105.）
⑥ 列寧指出：「我們不得不承認我們對社會主義的整個看法根本改變了。」（列寧. 列寧論新經濟政策［M］. 中共中央編譯局，譯. 北京：人民出版社，2015：266.）

允許資本主義國家的企業租賃蘇聯的國有企業,並通過改造農村公社及其土地制度的決議;同時,吸收資本主義生產的一切肯定的成就與文明成果,利用其市場和現代交換機制,利用世界市場,以更好地適應和大力發展社會主義社會生產力,成為另一種「社會主義的特殊形態」設想模式最早的實踐探索。遺憾的是,列寧這一從實際出發的創舉,因其早逝而中斷,且因斯大林時代理論和實踐的轉向、逐漸形成「單一公有制—指令性計劃與商品外殼式交換—按勞分配」的傳統社會主義經濟制度的「蘇聯模式」而改寫了歷史。

(二) 中國社會主義經濟制度形成、構建與發展的歷史回瞻

新中國成立之初的三年國民經濟恢復時期,面對「國家與革命」和「國家與發展」的雙重歷史任務,以毛澤東為核心的黨的第一代中央領導集體基於半殖民地半封建社會的特殊歷史背景,獨創地實行多種經濟成分共存的「新民主主義經濟形態」,並走向社會主義的新的探索路徑,這無疑和列寧早期領導的實踐一樣,是馬克思主義具體化,即俄國化、中國化的一種成功實踐,體現出由特殊國情、特殊社會經濟發展水準、特殊歷史文化背景下實踐導向、實踐選擇、實踐形成的「社會主義的特殊形態」的科學性及其特徵。

之後,為維護和鞏固新生的社會主義關係,追求快速建成社會主義在制度安排上的內在強烈需求和國際資本主義陣營封鎖扼殺的外部環境制約,促成了新中國成立初期具有重大社會變革和深遠歷史意義的過渡時期「一化三改造」總路線的實施,試圖從生產力方面通過國家工業化發展,使中國由落後的農業國逐步變為先進的工業國,使社會主義工業成為整個國民經濟的有決定意義的領導力量,同時從生產關係方面將關於個體農民、手工業者和商販的個體私有制合作化改造為社會主義的集體所有制,將關於資本主義工商業的資本主義私有制公私合營改造為社會主義的全民所有制。1956年底所有制的社會主義改造的基本完成,標誌著中國具有社會主義社會核心經濟制度內核的基本元素,即公有制基礎上的社會主義生產關係和經濟制度的正式確立。從歷史的角度客觀來看,儘管「一化三改造」也存在著改造過急、過粗、範圍過寬等不足和局限,但新中國的歷史卻由此翻開了社會主義建設和社會主義制度建構嶄新的一頁,初步建立起的獨立的、比較完整的工業體系和國

民經濟體系為社會主義工業化和國民經濟的發展奠定了必要的物質技術基礎，公有制占主體地位的社會主義經濟關係最初的制度表達也得以完成。

20世紀50年代末至70年代末的20多年間，在將社會主義從理想進一步轉為現實的進程中，理論上，我們愈益主觀和教條地理解馬克思主義設想的「經典社會主義」模式；實踐中，愈益忽視和脫離中國現實社會經濟條件的制約，為實現「國家工業化」的趕超發展戰略[1]，逐漸形成了以單一公有制和按勞分配為基礎、排斥市場調節的指令性計劃經濟體制的社會主義經濟制度[2]。這一時期，中國社會主義經濟制度嬗變，呈現出試圖趨近前文所說的社會主義社會核心經濟制度[3]和微觀、中觀、宏觀均貫穿著相應的制度安排、制度規則及制度規範，即單一公有制和按勞分配的傳統教條式社會主義基本經濟制度及其指令性計劃經濟體制的具體經濟制度三重規定性特徵。由此產生了雙重的歷史影響：一方面，其脫離中國現實國情、忽視發展社會生產力而陷入「貧窮社會主義」發展的困境，延緩和抑阻了中國社會主義建設發展的進程；另一方面，在客觀上又為之後的改革開放提供了經驗鑒戒和動力支持，並且為始終堅持和深化改革開放也累積了可供反思與創新的「思想成果、物質成果、制度成果」[4]。

(三) 中國特色社會主義經濟制度探索：改革、重構與創新

以黨的十一屆三中全會的召開並做出把黨和國家的工作重點轉移到以經濟建設為中心的社會主義現代化建設上來、實行改革開放的歷史性決策為起

---

[1] 1921年5月，列寧在俄共（布）第十次代表會議上強調指出：「沒有高度發達的大工業，那就根本談不上社會主義，而對於一個農民國家來說就更是如此。」（列寧. 列寧全集：第41卷 [M]. 中共中央編譯局，譯. 北京：人民出版社，1986：331-332.）

[2] 忽略了社會主義社會不同發展階段對所有制形式、所有制結構及其分配形式和分配結構不同的客觀要求。

[3] 前文一般意義地定義了社會核心經濟制度，主要是反應特定社會經濟制度的內在屬性，是指任何一個國家或地區與前社會相區別的根本特徵或根本標誌，是作為與前社會性質根本不同的生產資料所有和由此決定的生產、流通、分配、消費性質及其相互之間的關係等核心內容的制度性本質規定，其具有一定社會的一般性和穩定性。而社會主義社會「核心經濟制度」，則是以社會主義公有制及其由此決定的社會主義生產、流通、分配、消費性質以及相互之間的關係等核心內容的制度性本質規定，作為區別社會主義和資本主義或前社會的根本特徵或根本標誌。

[4] 習近平. 在紀念毛澤東同志誕辰120週年座談會上的講話 [N]. 人民日報，2013-12-27 (02).

點，在40年來的改革開放歷程中，中國特色社會主義經濟制度的探索留下了輝煌的歷史軌跡，顯現出中國特色社會主義經濟制度創新與發展的鮮明特徵和規律。

改革開放新時期，根據新的實際和歷史經驗，以鄧小平為主要代表的黨和國家第二代領導集體堅持實事求是的思想路線，對社會主義進行重新理解、重新認識。鄧小平在1982年黨的十二大開幕詞中提出：「把馬克思主義的普遍真理同中國的具體實際結合起來，走自己的路，建設有中國特色的社會主義，這就是我們總結長期歷史經驗得出的基本結論。」[①] 鄧小平抓住「什麼是社會主義、怎樣建設社會主義」這一基礎性的理論與實踐問題，針對社會主義實踐過程中主觀教條、盲目照抄蘇聯模式形成傳統計劃經濟體制的經驗教訓，提出了「建設有中國特色的社會主義」的歷史命題，本質上是要搞清楚什麼是遵循馬克思主義、遵循人類社會發展一般規律、遵循社會主義建設規律，特別是符合中國社會發展規律、從而促進生產力發展的社會主義，搞清楚搞社會主義要從中國的實際出發，走自己的路，把馬克思主義的普遍真理與中國的具體實際結合起來，尋找實現社會主義共性與個性、一般與個別、普遍性與特殊性相統一的現實路徑。

具體來看，經濟政策的調整和突破，在制度供給上為社會主義經濟制度的創新提供了重要的推動力。早在改革開放初期的1981年，黨的十一屆六中全會通過的《關於建國以來黨的若干歷史問題的決議》中就創新性地提出：「我們的社會主義制度還是處於初級的階段。」「社會主義生產關係的變革和完善必須適應於生產力的狀況，有利於生產的發展。國營經濟和集體經濟是中國基本的經濟形式，一定範圍的勞動者個體經濟是公有制經濟的必要補充。必須實行適合於各種經濟成分的具體管理制度和分配制度。」此後，1984年黨的十二屆三中全會決定、1987年黨的十三大報告都先後強調了堅持以公有制為主體、發展多種經濟形式，發揮個體經濟、私營經濟以及中外合資、合作企業和外資企業對社會主義經濟的有益的、必要的補充作用的方針政策。1992年黨的十四大明確提出了改革的目標是建立社會主義市場經濟體制，指

[①] 鄧小平. 鄧小平文選：第3卷 [M]. 北京：人民出版社，1993：3.

出:「社會主義市場經濟體制是同社會主義基本制度結合在一起的。在所有制結構上,以公有制包括全民所有制和集體所有制為主體,個體經濟、私營經濟、外資經濟為補充,多種經濟成分長期共同發展,不同經濟成分還可自願實行多種形式的聯合經營。國有企業、集體企業和其他企業都進入市場,通過平等競爭發揮國有企業的主導作用。」在此基礎上,1997年黨的十五大對所有制結構與社會主義市場經濟關係認識上有了明確界說和重大創新,正式明確和第一次提出了「公有制為主體、多種所有制經濟共同發展,是中國社會主義初級階段的一項基本經濟制度」「非公有制經濟是中國社會主義市場經濟的重要組成部分」,深刻闡發了堅持公有制的主體地位、堅持多種所有制經濟共同發展兩者缺一不可、相互促進的觀點,特別是明確了非公有制經濟作為中國社會主義市場經濟的重要組成部分並共同構成社會主義初級階段所有制結構及其基本經濟制度的重要特徵。黨的十六大、十七大尤其是十八大、十九大以來不斷深化了對中國社會主義初級階段基本經濟制度的認識,先後賦予更加深刻、更具創新意義的新的內涵。如「必須毫不動搖地鞏固和發展非公有制經濟」「必須毫不動搖地鼓勵、支持和引導非公有制經濟發展」「公有制為主體、多種所有制經濟共同發展的基本經濟制度,是中國特色社會主義制度的重要支柱,也是社會主義市場經濟體制的根基」「國有資本、集體資本、非公有資本等交叉持股、相互融合的混合所有制經濟,是基本經濟制度的重要實現形式,有利於國有資本放大功能、保值增值、提高競爭力,有利於各種所有制資本取長補短、相互促進、共同發展」「堅持以人民為中心的發展思想,不斷促進人的全面發展、全體人民共同富裕」等,使中國特色社會主義基本經濟制度的內容結構愈益豐富、嚴謹和完善。

實踐中,伴隨著所有制、經濟體制和運行機制的漸進性持續深化改革的進行,社會主義經濟制度變遷轉向了制度重構、中國特色社會主義基本經濟制度的形成、社會主義市場經濟體制的堅持完善的重大創新。一方面,20世紀70年代末肇始於農村家庭聯產承包責任制的「兩權分離」改革、鄉鎮企業的異軍突起、「皇糧國稅」的終結以及新時期農村土地產權制度「三權分置」改革與鄉村振興戰略的實施,極大地解放和促進了農村生產力的發展和生產關係的調整與變革;而城市國有企業也相繼實行了「擴權讓利」「利改稅」

「承包制」改革,轉換企業經營機制,實現股份制改造,建立現代企業制度,發展混合所有制經濟,積極探索了適應現實社會生產力水準的公有制特別是國有制的多種有效實現形式。這一過程還伴隨著允許和鼓勵城鄉個體、私營、特區對外開放外資、合營經濟等非公有制經濟形式的出現和發展。中國的所有制形式從過去公有制「一統天下」逐漸演變為多種所有制經濟並存和共同發展的格局,市場主體得以培植和成長;其間,經歷了突出國營經濟主導地位和個體、私營等非公有制經濟是公有制經濟必要補充的「主導—補充」的實踐探索,公有制為主體、個體經濟和私營經濟等非公有制經濟都是補充的「主體—補充」的實踐探索,以及公有制為主體、多種所有制共同發展的「主體—並存」的基本經濟制度的實踐創新探索。另一方面,計劃經濟體制的改革向有計劃的商品經濟、社會主義市場經濟體制轉型和深化發展,商品和要素市場體系逐漸發育,微觀企業組織、中觀區域或各產業發展,宏觀國民經濟活動及其運行,通過市場規則、市場價格、市場供求、市場競爭、市場風險機制對社會資源配置發揮著越來越重要的基礎性乃至決定性作用,政府則在轉變其職能、健全宏觀調控體系的改革深化中也更好地發揮著促進國民經濟持續增長、高質量發展、實現共同富裕的宏觀引導與調控作用。

　　回過頭來看,實際上自黨的十一屆三中全會決定以經濟建設為中心、黨的十三大決定發展有計劃的商品經濟、黨的十四大決定建立社會主義市場經濟體制以來,就將堅持以公有制為基礎還是以私有制為基礎這一區別社會主義和資本主義的重要標誌的核心經濟制度,堅持公有制為主體、多種所有制經濟並存和共同發展的基本經濟制度與社會主義市場經濟體制的具體經濟制度的三重規定性及其結合真正提上了日程。實踐證明,在半殖民地半封建社會的歷史廢墟上經由新民主主義社會進入社會主義初級階段的中國,始終堅持公有制的社會主義性質,是堅持了馬恩科學社會主義的基本原則和社會主義本質的內核,中國特色社會主義經濟制度因此具有了社會主義核心經濟制度根本規定性的本質特徵;進一步地,堅持實行以公有制為主體、多種所有制經濟共同發展的中國特色的社會主義社會基本經濟制度,發展和完善社會主義市場經濟體制這一具體經濟制度,實行市場在資源配置中的決定性作用和更好發揮政府作用,既是社會主義初級階段社會生產力發展的客觀要求和

符合中國國情不斷調適社會主義社會生產關係和上層建築的歷史選擇，更是根據中國實際和時代變化對馬克思主義經典作家關於未來社會所有制理論、消除商品貨幣市場交換關係設想的重大突破與創新性發展，從而賦予了社會主義社會經濟制度體系以鮮明的中國特色的時代特徵。① 中國特色社會主義經濟制度具有的三重規定性特徵，在40年的改革開放實踐中形成、豐富和不斷完善，產生了極其重要而深遠的歷史影響：中國生產力獲得了極大解放和發展，經濟總量已上升為世界第二位，經濟實力、科技實力、國防實力、綜合國力進入世界前列，7億多人擺脫了貧困，人民生活水準有了大幅度的改善和提高，取得了令世人矚目的驕人成就，總體市場化程度已經接近80%，中國特色社會主義市場經濟體制逐步建成並日益完善。②

中國社會主義經濟制度變遷發展70年的理論追問和實踐檢視，揭示了一部不斷探索和創新的歷史。特別是黨的十一屆三中全會以來，中國改革開放和現代化建設不僅取得了歷史性成就，而且累積和形成了一整套中國特色社會主義經濟制度創新與發展的科學理論和寶貴經驗，理解其豐富內涵及其發生邏輯可以通過如下幾個方面來切入：堅持社會主義公有制和社會主義道路、堅持公有制為主體和多種所有制經濟共同發展與發展完善社會主義市場經濟體制內在一致的中國特色社會主義經濟制度創新；堅持遵循制度創新規律與秉持中國國情相一致，誘致性與強制性制度變遷互動結合，改革、發展與穩定相協調的中國特色社會主義經濟制度創新；堅持先易後難、以增量改革帶動存量改革、公有制與市場機制兼容結合、體制內改革與體制外推進相結合的中國特色社會主義經濟制度創新；堅持頂層設計與試點探索相結合、對內改革和對外開放統籌推進、全面推進與重點突破相協調的中國特色社會主義經濟制度創新；如此等等——在社會主義經濟制度變遷的歷史與現實的探索中做出了中國貢獻。

---

① 恩格斯早就明確地指出：「所謂『社會主義社會』不是一種一成不變的東西，而應當和任何其他社會制度一樣，把它看成是經常變化和改革的社會。」（馬克思，恩格斯. 馬克思恩格斯全集：第37卷[M]. 中共中央編譯局，譯. 北京：人民出版社，1971：443.）
② 陳宗勝，等. 新時代中國特色社會主義市場經濟體制逐步建成[J]. 經濟社會體制比較，2018(4).

第二節　基本經濟制度變遷的理論與實踐探索

一、所有制的變遷：從單一公有制向多元化的轉變歷程

（一）單一公有制時期（1949—1978 年）

1. 國民經濟恢復時期多種經濟成分及其結構（1949—1952 年）

在新中國成立初期，中國經濟基礎弱、底子薄、發展極不平衡。當時全國只有17%左右是近代工業經濟，而剩下的都是個體農業經濟與手工業經濟。[①] 1949 年黨的七屆二中全會中規定，新中國成立之後，國家實行「公私兼顧、勞資兩利、城鄉互助、內外交流」的基本政策。首先，積極發展國營經濟，鼓勵和扶持公私合營經濟和合作經濟，同時利用和限制私人資本主義經濟，並對個體經濟主要通過互助合作方式引導其發展，形成五種經濟成分在國營經濟領導下「分工合作，各得其所」的局面。[②] 隨著這一基本政策的實施，國民經濟得到了基本恢復，從經濟上鞏固了新生政權，為邁向社會主義道路奠定了一定的經濟基礎。

2.「一化三改造」時期社會主義公有制的形成（1953—1956 年）

經過三年多的建設，新中國的國民經濟得到了恢復，新民主主義政權建立並得到鞏固。對於如何從新民主主義社會過渡到社會主義社會，中共中央開始考慮過渡時期的總路線。1952 年年底，中共中央提出了黨在過渡時期的總路線，明確規定：「黨在這個過渡時期的總路線和總任務，是要在一個相當長的時期內，逐步實現國家的社會主義工業化，並逐步實現國家對農業、對

[①] 徐濤. 建國初期毛澤東工業發展戰略思想考察（1949—1956）[J]. 湖南科技大學學報（社會科學版），2018，21（3）：26-32.
[②] 李豔秋. 中國特色社會主義所有制結構的演變及啟示 [J]. 中國特色社會主義研究，2014（2）：36-43.

手工業和對資本主義工商業的社會主義改造。」①1953年，中國開始啓動社會主義工業化戰略，並實施了第一個五年計劃（1953—1957年）。1953年2月中共中央通過了《關於農業生產互助合作社的決議》；同年12月16日，中共中央又發布了《關於發展農業生產合作社的決議》，提出要大力發生農業生產合作社。1954年中共中央和國務院開始推出一系列政策推動國有化，其中1954年7月中共中央通過了《關於加強市場管理和改造私營商業的指示》，9月國務院公布了《公私合營工業企業暫行條例》，1955年4月12日中共中央又發布了《關於進一步加強市場領導、改造私營商業、改進農村購銷工作的指示》。

　　過渡時期總路線的主要內容是社會主義的「一化三改造」：一是逐步實現社會主義工業化，這是總路線的主體；二是逐步實現對農業、手工業和資本主義工商業的社會主義改造，這是總路線的兩翼。對農業的社會主義改造主要是通過農業互助組、初級合作社、高級合作社和人民公社等形式逐步實現的；對個體手工業主要是採取「積極領導、穩步前進」的方針，以生產合作小組、供銷合作社、生產合作社等形式，從供銷入手，由小到大，由低到高，對手工業逐步實行社會主義改造，最終全國90%以上的手工業者加入了合作社；黨和國家對資本主義工商業的改造主要是通過「公私合營」和「和平贖買」等方式完成的。

　　「一化」和「三改造」這兩個方面互相聯繫、互相促進、互相制約，體現了發展生產力和改革生產關係的有機統一。通過工業化大力發展使得社會主義由落後的農業國逐步進入先進的工業國，通過「三改造」形成了支持社會主義公有制的國有經濟和集體所有制經濟，進一步解放了生產力，進一步鞏固和支持了社會主義政治和經濟建設。從此，中國的所有制結構開始從多種經濟成分向單一公有制進行轉變。在1956年年底，中國超預期地完成了社會主義改造。隨著社會主義改造的基本完成，一方面，多種經濟成分並存的所有制格局演變為只有集體所有制和全民所有制的單一公有制；另一方面，

---

① 毛澤東. 毛澤東選集：第5卷 [M]. 北京：人民出版社，1977：89.

生產與流通領域的組織形式過於單一，在以前有利於商品生產和流通的多種組織形式逐漸被集體生產、統一經營這種單一組織形式所取代。

3. 傳統計劃經濟體制時期單一公有制及其發展（1956—1978年）

1957年以後，在「左」傾思想的影響下，中國生產關係領域單一的所有權結構得到了進一步強化。在「大躍進」和「文化大革命」期間，中國農村建立起了人民公社「政社合一」的管理體制。在城市主要是國有企業，國有企業是政府的直接控制單位，主管企業的各個部門統一編製計劃，統一分配物資和統一銷售產品，企業的收支等由各部門直接管理，形成了高度集中的國有企業計劃管理體制。此時，國有企業的本質就是中央高度集權計劃經濟體制下的行政附屬物。在這段時期，一方面，公有制以外的其他經濟成分受到排斥，在當時非公有制經濟被認為是「資本主義的尾巴」，應當被割掉[1]；另一方面，將「一大二公」作為判斷所有制是否先進的標準，同時認為社會主義公有化程度越高越好，公有制的範圍越大越好。到1978年，全民所有制經濟在中國工業總產值中的占比為77.6%，集體經濟占比為22.4%[2]，個體和私有經濟是不允許存在的，中國生產資料的所有制已經完全變成了單一的公有制[3]。

在1949—1978年這段時期內，中國社會主義經濟制度由國民經濟恢復時期多種經濟成分並存逐漸演變成單一公有制為主的經濟制度。在公有制內部，城市主要是國營經濟，農村主要是集體經濟。在公有制內部，生產資料由國家及其相關機構統一計劃和配置，流通領域也主要由國家通過計劃部門和供銷社等實行統一管理。在分配領域，主要實行按勞分配：在國營經濟部門，實行平均主義分配；在農村集體內部也實行大鍋飯式的平均主義分配方式。城市居民的消費主要受計劃經濟體制的影響，實行配給制，比如糧票、肉票、布票等。在農村，主要實行工分制，通過工分核算來分配生活資料，消費的

---

[1] 熊德平. 中國所有制改革歷程的制度經濟學探索［J］. 求是學刊，2002（2）：49-53.
[2] 桑東華. 新中國成立以來黨的所有制政策的演變與中國所有制結構的變遷［J］. 中共黨史研究，2010（7）：51-59.
[3] 田暉. 對中國所有制結構演變及趨勢的思考［J］. 經濟問題，2005（5）：5-7.

內容也主要是一些生活必需品。在這一時期，實行指令性計劃和指導性計劃相結合的計劃經濟體制，這也是實現社會主義公有制的獨特形式。

(二) 從單一公有制向多種所有制轉變時期 (1978—2012 年)

1. 堅持公有制為基礎，允許非公有制經濟的存在與適當發展 (1978—1992 年)

1978 年，黨的十一屆三中全會召開，並通過了《中國共產黨第十一屆中央委員會第三次全體會議公報》。這次中央工作會議結束了粉碎「四人幫」之後工作中的徘徊局面，實現了新中國成立以來黨的歷史的偉大轉折。首先，對「文化大革命」結束後黨的領導工作中出現的「兩個凡是」等錯誤思想進行了中肯的批評，實現了思想上的「撥亂反正」。其次，全會做出了把黨的工作著重點從「以階級鬥爭為綱」恢復到社會主義現代化建設上來，集中力量進行經濟建設。再次，全會對黨的組織路線和重大歷史是非進行了撥亂反正，重新恢復了黨的民主集中制原則。最後，全會做出了進行改革開放的新決策，決定啓動農村改革，重點是農村土地改革。黨的十一屆三中全會是黨和國家歷史上偉大的轉折，開啓了改革開放的新徵程，邁出了現代化建設的新步伐。隨後，農村開始了以家庭聯產承包責任制為內容的改革，城市開始了國企「放權讓利」為主線的改革。

1984 年，在黨的十二屆三中全會上第一次明確提出要自覺利用價值規律，在社會主義公有制基礎上發展有計劃的商品經濟。1987 年 1 月 22 日中共中央政治局通過了《把農村改革引向深入》的決定，其中提到在社會主義的初級階段中國的商品經濟在不斷發展這一較長的時間內，個體經濟與少量私營經濟的存在是不可避免的。這是第一次肯定私營經濟。此後，直到黨的十三大才正式地肯定私營經濟的合法性和合理性[①]，提到了發展一定程度的私有制經濟對於生產的促進、市場的活躍以及擴大就業是有利的，能更好地滿足人們多方面的生活需求，是公有制經濟必要的和有益的補充。在這段時期，由於

---

① 白永秀，王澤潤. 非公有制經濟思想演進的基本軌跡、歷史邏輯和理論邏輯 [J]. 經濟學家，2018 (11)：13-21.

出現了各種新興經濟力量，如鄉鎮企業的異軍突起、私營企業的出現、外資企業的進入等，單一的公有制結構在逐漸地突破，非公有制經濟作為公有制經濟的補充而存在。

2. 公有制為主體、多種所有制經濟共同發展的基本經濟制度確立（1992—2012 年）

20 世紀 90 年代初，由於受到國內外政治經濟形勢變化的影響，思想領域再次出現了對姓「資」姓「社」等問題的爭論。鄧小平在 1992 年南方談話中，提出了「三個有利於」標準，對社會主義的本質進行了精確概述，同時指出計劃和市場都是經濟手段，要大膽地吸收和借鑑人類社會的文明成果。這進一步掃清了中國在所有制改革問題上的思想障礙。① 同年 10 月，黨的十四大把建立社會主義市場經濟體製作為中國經濟體制改革的目標，並且提出了多種經濟成分「長期共同發展」的指導方針。之後，1997 年 8 月黨的十五大明確提出中國的基本經濟制度是以公有制為主體、多種所有制經濟共同發展，非公有制經濟是中國社會主義市場經濟的重要組成部分。② 自此中國所有制結構以公有制為主體、多種所有制經濟共同發展的局面正式形成。黨的十五大以後，中國繼續堅持以公有制為主體、多種所有制經濟共同發展的基本經濟制度，並將其進一步完善與發展。2002 年黨的十六大根據解放和發展生產力的要求，將基本經濟制度與全面建設小康社會的目標相結合，提出了「兩個毫不動搖」的思想。2007 年 10 月黨的十七大又提出了「兩個平等」的思想，即堅持平等保護物權，形成各種所有制經濟平等競爭、相互促進的新格局，進一步深化社會主義經濟制度。

1978—2012 年這一段時期，中國的基本經濟制度從單一公有制向多種所有制轉變。農村家庭聯產承包責任制改革以後，農村剩餘勞動力開始尋找出路：一是「離土不離鄉」的鄉鎮企業發展的部分吸納；二是轉移到城市務工。改革開放的不斷推進，改變了城市僅有國營經濟的現狀，同時外資經濟和私

---

① 郭飛. 深化中國所有制結構改革的若干思考 [J]. 中國社會科學, 2008 (3)：52-67.
② 陳宗勝，王曉雲，周雲波. 新時代中國特色社會主義市場經濟體制逐步建成——中國經濟體制改革四十年回顧與展望 [J]. 經濟社會體制比較, 2018 (4)：24-41.

營經濟等非公有制經濟的逐漸放開和發展，使得非公有制經濟表現出空前的活力。從所有制結構來看，單純的公有制，尤其是國有經濟在所有制結構中的占比逐漸下降，非公有制經濟占比逐漸上升。但是，從公有制資產規模來看，公有制經濟還是占優勢，同時國有經濟控制了關係國計民生的關鍵部門，保障了社會主義公有制的影響力和控制力。隨著所有制結構的變化，以及國家通過價格雙軌制逐漸由計劃經濟向市場經濟轉變，從事生產的部門也越來越多元化，不僅有國有經濟部門的生產，還有外資部門、私營經濟和個體經濟等的生產。流通環節中，傳統的「統購統銷」和配給制也逐漸被市場化的流通方式所取代。隨著公有制為主體、多種所有制經濟並存的基本經濟制度的出現，在分配領域，主要實行按勞分配為主體、多種分配方式並存的分配制度。在消費領域，隨著計劃經濟體制配給制向市場經濟體制下的分散化消費為主的轉變，商品日益豐富，人們的消費選擇範圍越來越廣泛，消費的自主化程度越來越高。此時，在公有制為主體、多種所有制經濟共同發展的基礎上，隨著市場經濟體制的建立，呈現了經濟資源商品化、經濟關係貨幣化、市場價格自由化和經濟系統開放化。

（三）進一步完善與發展公有制為主體、多種所有制經濟共同發展的基本經濟制度的新時代（2012 年—）

黨的十八大以後，中國社會進入了新時代。2012 年黨的十八大報告又一次明確指出，公有制經濟和非公有制經濟都是社會主義市場經濟的重要組成部分，都是中國經濟社會發展的重要基礎。2017 年黨的十九大進一步強調指出，必須堅持和完善中國社會主義基本經濟制度和分配制度，毫不動搖鞏固和發展公有制經濟，毫不動搖鼓勵、支持、引導非公有制經濟發展。2018 年習近平在慶祝改革開放 40 週年大會重要講話中再一次強調必須堅持「兩個毫不動搖」，要充分發揮市場在資源配置中的決定性作用，更好發揮政府作用，激發各類市場主體活力。

黨的十八大以後，中國的基本經濟制度仍然堅持公有制為主體、多種所有制經濟共同發展。此時，公有制的結構和質量逐漸優化，具體體現為公有資產在社會總資產中占優勢，國有經濟控制了關係國民經濟命脈的重要行業

和關鍵領域,如金融、交通、電信、能源、電力、水利等傳統行業,以及戰略性新興行業。通過國企的混合所有制改革,國企的影響力和控制力逐漸增加,通過管企業向管資本的轉變,進一步發揮了國有經濟的控制力和影響力。在生產領域,國有經濟對戰略性新興行業和關係國計民生的行業進行佈局,民營經濟對高技術和新技術等行業進行佈局,形成了競爭和合作的新態勢。在流通領域,隨著現代信息技術和物流技術的發展,流通越來越便利。在分配領域,為了解決中國存在的收入分配差距過大等問題,中國共產黨的十八大報告和十九大報告都提出要逐步進行收入分配領域改革,尤其是十九大報告提出要堅持按勞分配原則,完善按要素分配的體制機制,促進收入分配更合理、更有序。鼓勵勤勞守法致富,擴大中等收入群體,增加低收入者收入,調節過高收入,取締非法收入。在消費領域,人們的消費開始高端化,由傳統的生存型消費向享受型消費和發展型消費轉變。與此同時,農村主要通過農地「三權分置」改革及綜合配套改革進一步探索農村集體經濟的有效實現形式。

總之,2012年至今,中國正在發生著重大而深遠的歷史性變化,伴隨著所有制實現形式上新的探索創新,所有制結構和質量不斷優化,經濟發展也從高速增長向高質量發展轉變。

二、公有制與市場經濟的關係

在改革開放進程中,社會主義基本經濟制度的建構、完善與發展面臨著一個公有制與市場經濟能否內在契合的理論與實踐的重大問題。針對這一問題,改革開放前後一段時期國內外學術界的認識是不一致的,大致有公有制與市場經濟的「不兼容論」和「兼容論」兩種觀點。

具體來看,關於公有制與市場的關係,傳統觀點認為公有制與市場經濟是完全對立的、不可兼容的,市場經濟對進入市場的主體的基本要求是產權清晰、具有較強的利益動力和硬的預算約束與財產約束,能夠做到真正的自主經營、自負盈虧;而公有制產權不清晰,缺少市場經濟所需要的動力機制

和約束機制。因此兩者是對立的，無法兼容。東歐經濟學家蘭格、錫克等人則提出了兩者結合的可能性，並掀起了「市場社會主義」的研究思潮。20世紀90年代初，鄧小平明確指出：「社會主義也能搞市場經濟，計劃經濟不等於社會主義，資本主義也有計劃；市場經濟不等於資本主義，社會主義國家也可以有市場。計劃與市場只是經濟手段，不是社會主義與資本主義的本質區別。」[1]該論述從根本上解除了把計劃與市場看作屬於社會基本制度範疇的思想束縛，實現了對馬克思主義經濟學的創新與發展，並促使中國建立了社會主義市場經濟體制及其基本經濟制度，即以公有制為主體、多種所有制相結合的經濟制度。經過40多年的實踐探索及經濟體制的不斷變遷，事實表明，公有制與市場經濟並不是完全對立的，兩者可以兼容。在社會主義初級階段，要進一步解放和發展社會生產力，就必須促使市場經濟與社會主義制度相結合，即在堅持以社會主義公有制為主體的前提下，充分發揮市場對資源配置的決定性作用，更好發揮政府作用。

　　改革開放以來，對於公有制如何與市場經濟兼容，我們一直在實踐和理論上進行探索創新。公有制在城市中主要體現為國有企業。如何實現國有企業成為市場經濟中的獨立經濟主體，經過了「放權讓利」「利改稅」「承包制」以及產權制度改革、建立現代企業制度、企業治理結構改革和混合所有制改革等實踐探索，逐漸把計劃經濟體制下政府與國企的「父子關係」轉變為政企分開的新型關係，使得國有企業不斷做強做大做優，目前正由管企業向管資本轉變，採取更加市場化的方式來實現國有資本的保值增值。同時，公有制與市場經濟的兼容，還體現在公有制實現形式中的混合所有制等，豐富了公有制的實現形式，提升了公有制的質量。進一步說，公有制的實現形式還包括混合所有制中的公有制成分，如股份公司中的公有制成分。通過在資本市場上市，單純的國有企業可能會變成混合所有制企業，既有國有部門的控股或者參股，也有外資、私營和個體股東的股份。這種混合所有制將多種所有制成分更好地融合起來，有利於更好地發揮公有制的控制力和影響力，也

---

[1] 鄧小平. 鄧小平文選 [M]. 北京：人民出版社，1993：373.

有利於社會化大生產條件下促進資本等要素聯合,進一步解放和發生生產力。在農村,主要通過家庭聯產承包責任制,建立統分結合的新型經營體制,實現集體經濟下的經營主體與市場經濟相互結合,也實現了堅持農村集體經濟和基本制度與發揮農戶生產積極性的有效統一。目前實行的發展新型農村集體經濟和農地「三權分置」,進一步探索了農村集體經濟這種公有制類型與市場經濟有效兼容的實現形式。

三、非公有制與市場經濟的發展

改革以來,非公有制經濟的出現和發展主要體現為個人、私營和外資經濟等不同程度的生產資料私人所有及其經營形式。私有制是一種以生產資料私有為基礎和特徵的經濟形式,不能簡單地將私有制等同於資本主義。同樣,在社會主義條件下,市場經濟不斷發展和完善的原因不能完全歸結為私有制,而在於順應社會化大生產的規律,不斷調整生產關係以適應生產力的發展,將社會主義基本制度與市場經濟有機融合。因此,社會主義社會中也可以存在私有經濟,並且是社會主義市場經濟中的重要組成部分。

關於私有制與市場之間的關係,兩者既存在矛盾,也存在統一。私有制經濟與市場的矛盾主要體現在兩個方面:一方面,建立社會主義市場經濟要求生產資料的高度集中和巨額投資,生產資料私有制無法滿足這一要求,從而制約了市場經濟的發展;另一方面,通過市場發展生產力,可能造成私有財產的喪失並最終導致私有制的消亡。私有制是生產資料由私人佔有的形式,私有制的排他性要求生產資料由私人佔有。但私有財產在市場經濟中有喪失的風險,因為從事生產經營活動的私有者在市場競爭中有被淘汰的可能性。關於兩者的統一,首先,馬克思關於私有制和市場經濟結合的論述中心是剩餘價值的生產、流通和分配,圍繞這一中心馬克思認為兩者結合的前提是貨幣轉化為資本,勞動力成為商品。馬克思曾指出:「一旦勞動力由工人自己作為商品自由出賣……從這時起,商品生產才普遍化,才成為典型的生產形式;只有從這時起,每一個產品才一開始就是為賣而生產,而生產出來的一切財

富都要經過流通。只有當雇傭勞動成為商品生產的基礎時,商品生產才強加於整個社會……商品生產按自己本身內在的規律越是發展成為資本主義生產,商品生產的所有權規律也就越是轉變為資本主義的佔有規律。」[1]其次,在私有制內部,因為它是不同的所有制主體,它們之間的經濟聯繫只能通過市場來建立,必須通過市場才能建立起一種交換關係,在非公有制經濟內部產生市場和市場關係,進而形成市場和市場經濟。

改革開放以來,個體、私營及「三資」經濟的出現,與市場經濟先天地、內在地契合,迎來了非公有制經濟快速發展的新時代。今天,民營經濟的發展具有「五六七八九」的特徵,即貢獻了50%以上的稅收、60%以上的國內生產總值、70%以上的技術創新成果、80%以上的城鎮勞動就業、90%以上的企業數量。[2] 民營經濟等已經成為社會主義市場經濟中非常重要的組成部分。中國改革開放的歷程表明,非公有制與市場經濟的發展是相輔相成的。首先,非公有制的發展對市場經濟主體、客體的培育,包括市場結構、市場體系的培育和完善發揮了不可缺少的重大歷史作用,為公有制經濟與市場經濟的相容創設了一個趨向於市場經濟的外部環境。其次,非公有制經濟在市場經濟條件下也有一個自身不斷學習、改革和發展的過程,通過與外資、公有制經濟的競爭學習,非公有制經濟也歷經或正在經歷從小到大、從家族企業到現代企業轉變的艱難過程,發展起來一批以華為、騰訊和阿里巴巴等為代表的先進的非公有制企業。這些非公有制企業成為與國有經濟同行、推動中國經濟高質量發展的積極的有生力量,也成為推動市場經濟體制不斷完善的重要力量。再次,非公有制經濟的大力發展,反過來也倒逼了國有、集體經濟的深化改革。尤其是隨著外資企業、民營經濟的快速發展,倒逼國有經濟不斷借鑑和學習,不斷提高運行效率和經濟績效,最終通過借鑑、學習、改造和提升,國有企業在改革中不斷做大做強。

總體來說,從中國社會主義社會基本經濟制度的演變歷程來看,隨著傳

---

[1] 馬克思. 資本論:第1卷 [M]. 北京:人民出版社,2004:677-678.
[2] 習近平. 在民營企業座談會上的講話 [EB/OL]. (2018-11-01) [2019-03-29]. http://www.xinhuanet.com/politics/2018-11/01/c_1123649488.htm.

統社會主義計劃經濟體制向社會主義市場經濟體制的演變，之前單一的公有制逐漸演變成公有制為主體、多種所有制共同發展的格局。公有制的實現形式也逐漸多元化，既有國有經濟、農村集體經濟，也有混合所有制中的公有制成分；公有制的規模優勢正在向質量優勢轉變，國企經濟對國民經濟的影響力和控制力不斷增強。在中國社會主義社會基本經濟制度的演變過程中，正確處理了公有制與市場經濟的關係以及非公有制與市場經濟的關係，豐富了基本經濟制度內涵，探索和創新了基本經濟制度的實現形式。基本經濟制度的創新和發展，也很好地體現了社會主義本質，解放和發展了社會生產力，極大地豐富了人們的物質生活和精神生活，為最終實現共同富裕奠定了堅實基礎。現階段，堅持以公有制為主體、多種所有制共同發展，堅持「兩個毫不動搖」，堅持按勞分配的原則，完善按要素分配的體制機制等基本經濟制度的安排，為中國構建現代化經濟體系、實現經濟高質量發展奠定了堅實的制度基礎。

第三節　具體經濟制度變遷的理論與實踐探索

1949年新中國成立，標誌著新民主主義革命的勝利，中國人民從此站起來了，步入新民主主義社會。1956年，「三大改造」的完成，標誌著中國建立起社會主義經濟制度。新中國成立70年來，中國社會生產力飛躍發展，經濟高速增長，綜合國力和國際影響力顯著提升，經濟總量穩居世界第二位，經濟結構不斷優化。隨著社會生產力的發展，具體經濟制度包括經濟體制、運行機制也在調整和演變，同時影響著社會主義社會基本經濟制度的演變，並逐漸趨向社會主義核心經濟制度。

據前文所述，本書的具體經濟制度指的是在一定社會經濟活動中特定生產關係的具體實現形式，或者說是社會經濟制度運行的具體組織形式和管理體系，進一步說是構成社會經濟活動中各種要素的具體結合方式、行為規則，反應著社會經濟採取的資源配置方式和調節機制等。具體經濟制度，就通常意義而言，主要包括三個層面：一是基於微觀層面的經濟組織制度，即企業制度；二是基於中觀層面的區域經濟制度，主要包括城市與鄉村關係的經濟制度和東、中、西部三大區域的經濟制度及其產業制度等；三是基於宏觀層面的國民經濟運行管理及其調控制度。在一定社會經濟制度體系中，具體經濟制度即經濟體制居於連接生產力和基本經濟制度乃至核心經濟制度的仲介環節，呈現出「一定社會生產力發展—具體經濟制度即經濟體制即時反應及調適性改革與創新—社會基本經濟制度相應地漸進式改革與完善—愈益走向實現社會核心經濟制度的本質規定」的演變邏輯。因而具體經濟制度具有一定社會的應變性和靈活性。

馬克思主義經濟學認為隨著歷史的演進與客觀社會條件的變化，具體經濟制度因社會生產力的變化而做出靈活應變和調適性改革與創新，其對社會基本經濟制度也會產生或快或慢的一定的影響。因而具體經濟制度的調適性、應變性在整個經濟制度體系的變遷中具有先導性。布羅姆利認為制度變遷的

過程有三個層次：政策層次、組織層次和操作層次。政策層次和組織層次被稱為制度安排，制度安排為經濟主體（企業或者家庭）在操作層次上界定了選擇集；在操作層次上觀察到的行為——某些形式的相互作用——產生了被全體公民認為是好的或壞的結果①。具體經濟制度具有更大的靈活性和即時應變性。它要適應生產力發展和其他政治、經濟因素變化的客觀要求而不斷調整、改革或創新。

新中國成立後，適應「國家工業化」及其趕超戰略的實施，中國建立起了高度集中的計劃經濟體制，及其相應的企業經濟制度、區域經濟制度和宏觀調控經濟制度，推動了工業化的快速發展。但隨著社會主義生產力水準的不斷發展，高度集中的計劃經濟體制的弊端也日益顯露，嚴重影響了社會主義制度優越性的發揮。1978年黨的十一屆三中全會召開，做出了經濟體制改革的決定，並於1992年黨的十四大正式確立起社會主義市場經濟體制改革的目標。直到現在中國仍然在不斷地完善社會主義市場經濟體制及其相應的具體經濟制度。

可以看出，新中國成立以來中國社會主義建設與發展取得的巨大成就都與經濟體制的演進，特別是改革開放的成功密切相關，中國特色社會主義經濟體制改革就是在計劃經濟體制內引入市場機制、逐步建立和完善社會主義市場經濟體制的過程。在這一過程中，新中國成立以來的社會主義具體經濟制度變遷整體上表現出階段性和漸進性的主要特徵。因此，下面對中國具體經濟制度變遷的理論與實踐描述主要基於微觀、中觀和宏觀三個層面和經濟體制改革前後兩個時間節點展開。

一、微觀層面：企業制度變遷的理論與實踐探索

企業是整個社會經濟關係中最重要的生產和交換主體，一方面是產品和

---

① 丹尼爾·W. 布羅姆利. 經濟利益與經濟制度——公共政策的理論基礎 [M]. 陳鬱, 郭宇峰, 汪春, 譯. 北京：格致出版社, 2012：40-42.

服務的供給者，另一方面是生產要素的需求者。企業是經濟活動中最重要的微觀組織。制度與組織之間的互動形成了一個經濟體的制度演化。如果制度是博弈規則，那麼，組織與組織中的活動者就是博弈參與者。組織的產生反應著制度母體所提供的機會。[①] 在中國，以 1978 年經濟體制改革的啓動為界標，企業制度的歷史演變可以分為兩個階段：一是經濟體制改革之前的計劃經濟時期，二是從 1978 年開始至今的經濟體制改革時期。

1. 經濟體制改革以前的企業制度

從企業的性質而言，經濟體制改革以前中國的企業主要是單一的公有制企業，包括國營企業和城鄉集體企業，以國營企業為主。國營企業有的源於解放區的軍工企業，有的是通過沒收官僚資本、對資本主義工商業進行社會主義改造而組建的，主要的還是在大規模工業化進程中在國家財政投資的基礎上建立起來的。從管理制度而言，這一時期的國營企業主要直接由中央政府統一集中管理，由各歸口部委統一編製計劃、統一組織物資供應、統一分配和統一銷售產品，其財務收支、職工工資、人員配備也由各部委直接管理。企業的生產計劃和基本建設接受指令性計劃指導，生產和物資供應大量使用實物指標。這種高度集中統一、直接管理的企業管理體制對於恢復國民經濟和迅速建立完整的工業體系等發揮了重要的作用。但隨著國民經濟的發展，這種高度集權的企業管理模式的弊病逐漸顯現，如政企不分、權責利不明、動力不足等。由於沒有獨立的產權，不能自主經營、自負盈虧和自我發展，因而並非嚴格意義上的企業。

2. 經濟體制改革以來的企業制度

伴隨著經濟體制的市場化改革及轉型，中國企業的性質朝著多元化格局發展，體制外改革逐步形成了民營企業、外資企業和中外合資經營企業、中外合作經營企業等企業形式。隨著改革開放的深入，出現了新興的由體制內外企業組建的混合所有制企業模式。混合所有制企業，是指由公有資本（國有資本和集體資本）與非公有資本（民營資本和外國資本）共同參股組建而

---

① 道格拉斯·C. 諾斯. 制度變遷的經驗研究 [M]. 上海：上海財經大學出版社，2014：313.

成的新型企業形式。

　　基於國有企業在社會主義建設事業中的地位及其作用，國有企業的改革始終是經濟體制改革的中心環節。國有企業的制度改革起初階段圍繞「放權讓利」和「轉換經營機制」的主線展開，其目的主要是對國有企業及其職工形成激勵，以改變企業生產效率低下的狀況。由於沒有涉及產權等體制上的根本性問題，只能算表層化的分權式改革。黨的十四大之後，國有企業的改革開始由分權讓利轉向企業經營機制的改革，由表層的行政性分權轉向企業制度創新——創建公司制，由企業改革的單項突進轉向以企業改革為主線的綜合配套、整體推進式改革。這一階段的國有企業改革基本上是沿著明晰企業產權和實現政企分開的主線展開的，在實踐上則以推行股份制、進行國有企業產權制度變革為基點，深入到對國有企業自身體制的改革。在國有企業建立現代企業制度的目標導向下，推出了價格、稅收、財政、金融及外匯管理體制等諸多方面的總體配套聯動式改革。因而第二階段的國有企業改革是以建立現代企業制度為主線展開的。

　　隨著社會主義市場經濟體制的確立，逐步形成了多元化的企業格局。從性質來說，有公有制企業和私有制企業。公有制企業可以分為國有企業和集體企業，私有制企業可以分為民營企業和外資企業。從法律形式來說，可以分為個人獨資企業、合夥企業、公司制企業。公司制企業，包括有限責任公司、股份有限公司。各種性質的企業組織形式相互競爭、相得益彰。

　　新中國成立以來中國社會主義企業制度演變的核心是伴隨經濟體制的轉型，中國企業的權力結構發生了由行政性集權到市場化分權的逐步演變，企業產權結構逐步清晰。以企業產權結構演變為基礎，企業的規模結構、治理結構、競爭結構等都發生了相應的變化，現代企業制度逐步建立。

二、中觀層面：區域經濟制度和產業經濟制度變遷的理論與實踐探索

（一）區域經濟制度變遷的理論與實踐探索

區域發展不平衡不充分是世界經濟發展中的一個普遍現象。中國作為世界上最大的發展中國家，區域發展不平衡不充分是長期以來存在的問題——這是資源稟賦、區位條件、地理環境等歷史地理因素以及戶籍制度、分配制度及其相關的制度安排等現實政策因素共同作用的結果。中國的區域經濟制度也走過了一條傳統計劃經濟體制下區域不平衡發展向社會主義市場經濟體制下區域不平衡向平衡協調轉型的歷程。解決區域發展不平衡不充分難題，促進區域持續健康發展，歸根究柢要靠區域經濟制度的貫徹落實。區域經濟制度具有協調區際利益關係、控制區域發展差距、優化資源空間配置的本質屬性。

從國際經驗來看，區域經濟制度是美國、歐盟、日本、巴西等國家和地區促進欠發達地區經濟發展、縮小區域發展差距、構建空間治理體系的有效措施和手段。[1] 從國內實踐來看，新中國成立以來，國家在不同發展階段實施區域梯度發展、城鄉統籌等類型的區域經濟政策，對於優化資源配置、協調區域利益、縮小區域發展差距發揮了積極的作用。黨的十九大報告創新性地提出「實施區域協調發展戰略」，並把區域政策放在國家經濟政策體系中的突出位置，旨在通過實施區域政策強化國家的空間治理能力。

本研究主要從城鄉關係經濟制度和東、中、西部經濟制度的變遷[2]兩個方面來分析。

---

[1] 美國啟動了「美國（2050）區域發展新戰略」，對區域發展所要實現的戰略目標、基本原則、發展路徑以及需要政策重點關注的區域和配套政策措施進行了全面規劃。歐盟建立起了多層次、網路狀治理的區域協調政策體系，提出「歐盟2020戰略」的重點是實施關注增長與就業的區域政策，解決歐盟內部經濟發展不平衡問題。日本先後制定了《國土綜合開發法》《國土利用計劃法》《東北開發促進法》等法律及全國綜合開發計劃，形成了完備的區域發展政策體系。

[2] 通常區域經濟研究中常根據地理區域劃分為東部、中部和西部。

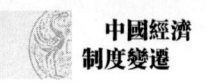

1. 城鄉關係經濟制度變遷的理論與實踐探索

新中國成立以來，黨和政府高度重視城市和農村發展工作，根據國民經濟和社會發展的實際狀況和戰略需要，不斷調整和完善城鄉關係，在處理城鄉發展關係上經歷了城鄉分治、農村和城市順次改革與發展、城鎮化速度加快城鄉差別逐漸加劇、從強調統籌城鄉發展到強調城鄉一體化發展並進一步到強調城鄉融合發展等進程。

中國城鄉關係經濟制度的演變可以大致劃分為兩個階段：一是計劃經濟體制下的城鄉分割、城市偏向階段；二是經濟體制改革以來城鄉關係的調整、變革、協調階段。

（1）計劃經濟體制下的城鄉分割、城市偏向階段

20世紀中葉以來，工業化是發展中國家普遍追求的首要目標。新中國成立後，中國共產黨領導全國各族人民開始了有步驟地從新民主主義到社會主義的轉變。1953年6月中共中央提出了黨在過渡時期的總路線，即「黨在這個過渡時期的總路線和總任務，是要在一個相當長的時期內，逐步實現國家的社會主義工業化，並逐步實現國家對農業、對手工業和對資本主義工商業的社會主義改造」。實現工業化是中國經濟由戰後恢復發展轉入大規模社會主義建設的必然路徑。在一個落後的農業國，要實施以優先發展重工業為目標的工業化趕超戰略，必然導致重工業優先和城市偏向的國家發展戰略，即城市和工業優先發展，更多的經濟資源和政策優惠給予城市和工業，而農村和農業的發展則不受重視。

中國在計劃經濟年代實施了重工業優先和城市偏向的國家發展戰略。城市偏向戰略通過實行「剪刀差」政策，通過政府制定產品價格和生產要素價格，創造一種城市偏向的政策環境，集中農業剩餘以補貼工業化。

（2）經濟體制改革以來城鄉關係的調整、變革、協調階段

經濟體制改革以來，在市場化取向改革進程中，中國城鄉經濟關係制度不斷調整，從而使經濟效率狀況得到有效改進，促進了城鄉經濟社會的協調發展，主要表現在以下幾個方面：

①工農業產品交換的市場化與工農業產品「剪刀差」的逐步消解

20世紀80年代中期以來，國家取消了實行長達多年的農產品統購派購制

度,越來越多的農產品實現了由市場定價,計劃經濟體制下形成的極不合理的工農產品價格關係得到逐步調整。鄉鎮企業異軍突起與農村的自發工業化,有效地推進了中國農村的工業化和城市化進程,改變了傳統體制把農民僅僅局限在農業中的狀況,從而大大改變了中國的城鄉經濟格局。

②「民工潮」與農村剩餘勞動力的非農化

20世紀80年代後期以來,中國經濟社會生活中出現了引人注目的「民工潮」現象,其實質是農村剩餘勞動力向城鎮和非農產業的轉移。農村剩餘勞動力向城鎮和非農產業的大規模轉移,大大加強了城鄉經濟之間的要素交流與經濟聯繫,有效地衝擊了傳統城鄉分割的體制,推動了近年來城鄉戶籍制度等一系列體制變革。

③小城鎮的迅速發展與農村城鎮化

隨著鄉鎮企業的發展,中國農村小城鎮也迅速發展,農村城鎮化步伐大大加快。小城鎮的迅速發展大大密切了城市與農村之間的經濟聯繫,促進了城鄉經濟的協調發展。在中國市場化改革進程中,國家與農民、工業與農業、城市與農村之間的關係發生了深刻的變革。

從總體上看,城鄉關係的調整與改革在很大程度上改進了城鄉經濟發展中的效率狀況,但卻似乎沒有帶來城鄉居民之間公平狀況的明顯改善,城鄉居民的收入分配狀況反而有惡化的趨勢。改革以來城鄉關係發展中存在令人擔憂的問題和趨勢,突出表現在城鄉居民收入差距的擴大。

④城鄉統籌、城鄉一體化向城鄉融合發展

黨的十六大正式提出了統籌城鄉經濟社會發展的重大戰略部署,標誌著中國城鄉發展步入統籌協調發展新階段。黨的十六屆三中全會提出「五個統籌」,其中「統籌城鄉發展」位於首要位置。統籌城鄉發展是新時期中國經濟社會發展的重大戰略舉措,是從根本上解決「三農」問題、全面推進農村小康建設的客觀要求,對於促進城鄉關係的協調健康發展具有重要意義。因此,中國城鄉關係由此進入了一個新的歷史階段。在這一階段,城鄉關係中一些深層次的體制性問題逐步得到解決。

城鄉一體化是中國針對過去實行的城鄉二元分割的經濟社會管理體制和

建設、投資、發展不協調佈局提出的一個重要概念，是比強調統籌城鄉發展更高一個層次的社會要求，也是一個關係經濟社會發展階段、國家發展戰略和長遠發展秩序的問題。

黨的十八大以來，城鄉一體化加速發展。無論是農民收入水準還是農村城鎮化水準，都有明顯提高。黨的十九大報告首次提出實施鄉村振興戰略，以農業農村優先發展作為新時代實現農業農村現代化的重大原則和方針，強調建立健全城鄉融合發展體制機制和政策體系，為構建新型城鄉關係指明了方向。

2. 東、中、西部經濟發展制度變遷的理論與實踐探索

按照國家統計局的劃分標準，將中國（不含港澳臺）劃分為東部、中部和西部三大經濟地區。其中東部地區包括北京、天津、河北、遼寧、上海、江蘇、浙江、福建、山東、廣東、廣西、海南12個省、自治區、直轄市；中部地區包括山西、內蒙古、吉林、黑龍江、安徽、江西、河南、湖北、湖南9個省、自治區；西部地區包括重慶、四川、貴州、雲南、西藏、陝西、甘肅、寧夏、青海、新疆10個省、自治區、直轄市。東、中、西部經濟制度的演變分兩個階段研究。

（1）經濟體制改革前，「三線建設」由東部向西部轉移的戰略大調整

新中國成立初期，由於歷史、現實和地理的原因，中國的重工業和國防工業主要分佈在東北、華北一帶。隨著國際形勢的演變，中國周邊局勢越發嚴峻。中共中央於20世紀60年代中期做出了「三線建設」的重大戰略決策。「三線建設」是在當時國際局勢日趨緊張的情況下，為加強戰備，逐步改變中國生產力佈局的一次由東向西轉移的戰略大調整，建設的重點在西南、西北。

在1964—1980年期間，國家在三線地區共審批1,100多個中大型建設項目。貫穿三個五年計劃的16年中，國家在屬於三線地區的13個省和自治區的中西部投入了佔同期全國基本建設總投資的40%多的2,052.68億元巨資；400萬工人、幹部、知識分子、解放軍官兵和成千上萬人次的民工，大批原先位於大城市的工廠與人才進入西部山區，建起了1,100多個大中型工礦企業、科研單位和大專院校。

雖然三線建設是出於國家戰備國防考慮的，在一定意義上拉動了中西部

落後地區經濟發展，集中推動了一批產業發展，平衡了東、中、西部地區發展；但是由於具體做法並不科學、合理，加之並沒有相應的產業結構政策、有效的資源配置機制，並沒有起到預期的作用。

(2) 經濟體制改革以來由東部地區重點發展到東、中、西部均衡協調發展

改革開放初期，區域發展的思路發生了根本的變化，儘管政府沒有放棄縮小地區差距的目標，但是基本的思路是鼓勵和支持地區不平衡發展，承認在經濟發展的一定階段地區差距存在的客觀性，認為這樣才能通過先進地區的發展提高整個國家的經濟發展水準，並帶動落後地區的發展。在「六五」「七五」「八五」時期，地區政策向經濟基礎好的東部沿海地區傾斜，尤其是將改革開放的一些優惠政策分配給東部。東部地區率先發展起來。

從「九五」開始，區域協調發展的思想和實踐逐漸受到國家的高度重視，開始成為中國指導地區經濟發展的基本方針。區域政策的實施區域從以東部沿海地區為重點發展區域，向東部重點發展區域與西部、中部、東北等區域推進。中央提出了推進西部大開發、加快中部地區發展、振興東北老工業基地、提高東部地區發展水準的政策思路。黨的十九大提出了「實施區域協調發展戰略」，其政策實施的空間範圍除傳統的西部、東北、中部、東部四大板塊外，還包含老少邊窮地區、城市群發展、京津冀協同、長江經濟帶、資源型地區轉型等。這極大地推動了各區域充分發揮比較優勢，深化區際分工；促進要素有序自由流動，提高資源空間配置效率；縮小基本公共服務差距，使各地區群眾享有均等化的基本公共服務；推動各地區依據主體功能定位發展，促進人口、經濟和資源、環境的空間均衡。這標誌著區域協調發展進入完善階段，區域協調發展的政策指向更加明確。

(二) 產業經濟制度變遷的理論與實踐探索

1. 經濟體制改革前的產業經濟制度變遷

新中國成立初期，中國是一個經濟落後的農業國，第二、第三產業發展水準很低。經過三年的國民經濟恢復時期，工業總產值比重逐年提高，而農業總產值的比重逐年下降。在這一產業結構基礎上，加快建立現代工業體系

是產業制度的重要目標。1953年6月中共中央正式提出「黨在過渡時期總路線」，標誌著中國社會主義工業化戰略的最終確定和開始實施。因此，從1953年起，通過制訂第一個五年計劃，快速發展工業產業部門，形成了優先發展重工業產業戰略。在優先發展重工業的戰略下，經過「一五」期間的建設，建立起中國前所未有的新的工業部門，如飛機製造、汽車製造、重型機械製造、機床設備製造、精密儀器製造、發電設備製造、冶金設備和礦山設備製造、高級合金鋼和重要有色金屬冶煉等，與傳統產業部門共同構成了新中國現代工業體系的初步框架。

自新中國成立以來到20世紀70年代末，經過近30年重工業優先導向戰略的實施，中國工業產值在國民經濟產出中的比重有了較快的增長，並對相關產業的發展和技術設備的改造發揮了一定的作用。中國已經開始從農業國向工業國轉變，這是改革開放前中國產業經濟制度演變的基本特徵。經濟體制改革前中國的產業經濟制度變遷總體上表現為：一方面，現代經濟部門迅速發展，產業經濟結構得到升級。另一方面，產業經濟結構還很不合理，存在著重工業過重而輕工業過輕、重生產資料的生產而輕生活資料的生產的現象；在生產資料的生產中重加工而輕原材料；農業發展遲緩，能源、交通運輸等基礎產業成為制約國民經濟發展的瓶頸；重生產，輕流通，輕服務，流通業、服務業等第三產業薄弱。整體上產業經濟結構不能適應國民經濟發展和人民生活水準提高的需要。

2. 經濟體制改革以來的產業經濟制度變遷

基於對傳統計劃經濟體制的批判性認識和產業結構失調的問題，改革開放後產業結構的調整和優化成為經濟發展的頭等重要任務之一。中共中央關於產業發展的指導思想自十一屆三中全會以後發生了根本性的轉變。明確提出要進行產業結構調整，要求繼續把發展農業放在首要地位；進一步加快輕工業的發展，重工業內部採取「重轉輕」「軍轉民」「長轉短」等形式進行結構調整。產業經濟結構逐步趨向合理化。

以黨的十四大為標誌，改革開放步伐明顯加快，建立和完善社會主義市場經濟體制成為改革的重要任務和明確目標。產業政策繼續強調產業結構調

整,重視產業結構升級,同時著力推動各次產業的發展,高度重視基礎產業、支柱產業和高新技術產業的發展,重視產業發展中增長模式轉換問題。隨著社會主義市場經濟體制的逐步建立,產業政策運用大量直接干預方式的現象逐步減少,導向性的間接干預方式不斷增加,綜合運用經濟、法律、行政等多種手段。從總體上看中國產業結構變化與國民經濟水準增長相適應,基本符合產業結構趨向高度化的演進規律:第一產業比重下降,第二、三產業比重上升。在經濟體制轉型過程中,產業制度隨著國家經濟發展的戰略目標相應發生改變。

黨的十九大報告提出了建設現代化經濟體系的戰略目標。現代化經濟體系是指要全面構建比較穩固的現代農業基礎、比較發達的製造業,尤其是高級裝備製造業以及門類齊全、迅速發展的現代服務業。現代化經濟體系的目標就是要從過去追求數量規模的增長轉向質量和效益的增長,以供給側結構性改革為主線,最終建設實體經濟、科技創新、現代金融和人力資源協同發展的產業體系。

三、宏觀層面:宏觀經濟制度及其調控制度變遷的理論與實踐

較之於微觀、中觀層面的經濟制度而言,宏觀層面的經濟制度主要指的是推動經濟總體運行的一系列制度結構及其相互關係,包括國民經濟運行管理和調控制度兩個方面。宏觀層面的經濟制度變遷主要從國民經濟運行管理體制和宏觀經濟調控制度兩個方面與經濟體制改革前後兩個時間節點展開分析。

(一) 國民經濟運行管理體制變遷的理論與實踐探索

國民經濟運行管理體制規定了國家、地方、部門、企業和個人的權責利關係,以確保國民經濟的運轉方向、效率及其質量。根據現代經濟管理體制的基本原理,國民經濟運行管理體制可以分為計劃管理體制和市場管理體制。計劃管理體制是與計劃配置資源方式相匹配的、中央集權的管理體制;市場管理體制則是與市場配置資源方式匹配,通過競爭機制、供求機制和價格機

制,基於市場機制的管理體制。① 中國國民經濟運行管理體制演進的歷史進程以中國經濟體制從計劃向市場的轉軌為前提條件及制度基礎,始終貫穿著政府與市場之間關係的變化這條主線,總體過程呈現漸進性的特點。

1. 經濟體制改革前計劃經濟管理體制下單一行政管理方式

新中國成立後,國家經濟工作開始轉向大規模的經濟建設。國家統籌安排使國民經濟有計劃按比例發展就成了最主要的經濟調控方式。政府通過政策宣傳、精神鼓舞、行政命令的方式調動全國人民的生產積極性,貫徹按勞分配的原則,減少管理層次,加強國民經濟管理,增強了中央政府對國民經濟的直接控制,逐步形成了高度集中的計劃管理體制。在地方層面,加強中央對地方的集中統一領導;在中央層面,成立國家計劃委員會,直接領導各經濟部門,逐步加強了計劃管理的力度。計劃管理體制是與計劃配置資源方式相匹配的、中央集權的管理體制,計劃當局用直接計劃和間接計劃的手段對經濟實施管理,通過政府計劃部門縱向收集、整理和傳遞信息,依靠行政動員、精神激勵及道義力量來實現,具有行政干預的強制性、隨意性和主觀性的特徵,但也具有在短期內動員和集中資源、把握全局和長遠發展方向的優勢。

經濟體制改革前中國國民經濟運行管理體制的主要內容是隨著計劃經濟體制的建立,在全社會確立並完善計劃管理體制。僵化的國民經濟管理體制嚴重束縛了生產力的發展,其缺陷和弊病逐步暴露。經濟發展的客觀現實要求人們解放思想,探索出新的、符合生產力發展要求的、促進國民經濟平穩健康發展的制度安排。

2. 經濟體制改革後市場管理體制逐步建立和完善

隨著中國社會主義市場經濟體制的逐步建立和完善,國民經濟運行管理體制的變革體現為在宏觀經濟領域確立並完善市場管理體制的過程。這一階段經歷了四個歷史時期。

首先是 1992 年之前的市場經濟探索時期,伴隨著「計劃經濟為主、市場調節為輔」的計劃與市場相統一的經濟體制代替過去的計劃經濟體制,中國

---

① 本書編寫組. 中國特色社會主義政治經濟學十五講 [M]. 北京:中國人民大學出版社,2016:35.

國民經濟運行管理體制的變革突出表現在經濟管理體制的轉變上,即由改革開放之前的計劃管理體制轉向混合經濟管理體制,具體表現為單一行政管理方式向行政管理與市場管理方式並舉、行政管理手段和經濟管理手段有機結合。

其次是1992—2002年市場經濟初步建立時期,伴隨著「使市場在社會主義國家宏觀調控下對資源配置起基礎性作用」的社會主義市場經濟體制的建立,以發揮市場配置資源的基礎性作用為目標,圍繞政府職能轉變而展開,主要內容是建立健全市場經濟下的宏觀調控體系,具體包括財稅體制、金融管理體制和投融資體制改革等。

再次是2003—2012年,以加入世界貿易組織為標誌,伴隨著更深層次、更寬領域的對外開放和社會主義市場經濟進一步發展的需要,國民經濟運行管理體制的改革突出表現在三個方面:一是加強政府管理職能的法制化建設;二是完善宏觀調控體系,強調國家計劃和財政政策、貨幣政策相互配合;三是宏觀經濟政策目標上更加側重於調控民生,並且強調防範和化解金融風險。

最後是進入新時代以來,以習近平同志為核心的黨中央,準確把握全球經濟發展大勢和中國經濟發展變化,不斷創新宏觀調控方式,形成了以經濟進入新常態為認識、以新發展理念為指導、以供給側結構性改革為主線、以穩中求進為工作方法論的宏觀經濟政策框架。[1]

(二) 宏觀經濟調控制度變遷的理論與實踐探索

宏觀經濟調控制度是指政府作為經濟調節的主體,運用一定的調節方式和手段,對宏觀經濟運行進行干預和調節,以引導經濟運行達到一定的經濟目標的制度。經濟調控總是根據一定的目標進行,並為實現一定的目標服務。宏觀調控的目標對整個宏觀經濟的運行起著導向的作用,是宏觀調控的基本依據。各種調節手段的運用和各種宏觀經濟政策的實施都是圍繞目標進行的。宏觀調控的目標是宏觀經濟運行的出發點和歸結點。

宏觀調控的基本目標是社會總供求的平衡。在宏觀經濟的若干變量中,總供求是最重要的一對核心變量。社會總供給與社會總需求是否平衡,不僅

---

[1] 李偉. 宏觀經濟政策新框架成功駕馭新常態 [J]. 瞭望, 2017 (33).

反應了其他宏觀經濟變量如貨幣供應量、物價水準、失業率等的變動情況，而且決定著其他變量的變動趨勢。社會總供給與社會總需求平衡是經濟穩定發展的前提。總供求的平衡關係綜合反應了社會經濟運行的全部過程和成果，即總生產、總分配、總流通和總消費的狀況。總供求的平衡單靠市場調節是不夠的，還必須依靠政府的宏觀調控來實現。總供求的平衡包括總量平衡和結構平衡。總量調控的目標是避免總供求之間出現較大差距而導致需求不足或需求膨脹的失衡局面，結構調控的目標是防止結構性的供求失衡，促進產業結構的合理化和資源的合理配置。

1. 經濟體制改革前「三位一體」式計劃主導型宏觀經濟調控制度

正如布瑞斯所指出的，「在全世界，工業化實際上已成為20世紀中葉一個使人著魔的字眼」。因此，在二戰後的最初年代裡，工業化是發展中國家普遍追求的首要目標。中國當然也不例外。在一個落後的農業國，要實施以優先發展重工業為目標的工業化趕超戰略，其結果必然導致傳統計劃主導型宏觀經濟調控機制的形成。在一個經濟發展水準低、資本極度缺乏的國家內優先發展重工業，國家只能人為地壓低資本、外匯、能源、原材料、勞動力和生產必需品的價格，以降低重工業資本形成的門檻，從而造成生產要素和產品價格的極大扭曲，為此就需要借助計劃與行政命令配置資源。為了貫徹資源的計劃配置機制，在微觀上還必須建立以完成計劃任務為目標的國有企業和人民公社體制。

因此，圍繞優先發展重工業為目標的工業化趕超戰略，相繼形成了以扭曲產品和要素價格的宏觀經濟環境、高度集中的資源計劃配置制度和毫無獨立自主權的微觀經營機制為特點的「三位一體」式計劃主導型宏觀經濟調控制度。

2. 經濟體制改革以來，宏觀調控經濟制度漸趨成熟

經濟體制改革以來，政府行為從排斥市場的單一行政控制逐漸轉向了市場調節與政府調控相結合，宏觀經濟調控制度日益成熟。

經濟體制改革以來，隨著家庭聯產承包責任制和國有企業改革的推行，農村微觀經濟主體和城市微觀經濟主體的重構、引進和發展市場調節機制的宏觀經濟調控制度逐步形成。伴隨經濟發展實踐中社會總供求失衡現象的反覆出現，政府在宏觀調控中經歷了「學中干、干中學」的階段，較為熟練地

運用財政和貨幣政策，逐步建立起以財政政策和金融政策為主要手段的宏觀調控體制。

黨的十六大報告提出健全現代市場體系，加強和完善宏觀調控，在更大程度上發揮市場在資源配置中的基礎性作用，健全統一、開放、競爭、有序的現代市場體系。完善國家計劃和財政政策、貨幣政策等相互配合的宏觀調控體系，發揮經濟槓桿的調節作用。黨的十八大報告指出經濟體制改革的核心問題是處理好政府和市場的關係，必須更加尊重市場規律，更好發揮政府作用，明確提出了健全現代市場體系，加強宏觀調控目標和政策手段機制化建設。黨的十九大報告明確指出要創新和完善宏觀調控，發揮國家發展規劃的戰略導向作用，健全財政、貨幣、產業、區域等經濟政策協調機制。

隨著中國社會主義市場經濟體制的不斷完善，中國宏觀調控經濟制度改革將不斷向前推進。

四、小結：新中國具體經濟制度變遷的理論與實踐探索

制度對經濟發展的重要性，這一點無論是西方制度經濟學還是馬克思主義制度經濟學都是具有共識的，他們都相信經濟發展與經濟活動效率的提高，不只是涉及生產要素的投入問題，還與制度有著直接的關係，制度是影響經濟發展和效率的一個重要因素。

（1）新中國成立以來中國具體經濟制度的變遷，從根本上反應了制度變遷的根源在於技術和生產力的變化。馬克思經濟學制度理論強調制度是可變的，制度變遷或變革的根源在於技術和生產力的變化。新中國成立以來社會主義經濟建設圍繞著怎麼使中國從一個人口多、底子薄的發展中農業大國發展成為現代化工業強國，如何促進社會生產力提升以滿足人民日益增長的物質文化需要，不斷探索，持續推進。新中國成立以來中國具體經濟制度的變遷，從根本上反應了中國生產力發展的要求。

（2）新中國成立以來中國具體經濟制度的變遷，反應了制度對經濟增長的雙重效應。馬克思是把制度視為影響經濟增長和社會發展的重要因素之一的，而且強調這種影響具有雙重效應：適合一定的生產力性質的經濟制度，

就必然能夠大大地促進經濟增長和社會發展，成為經濟增長和社會發展的巨大推動力；相反，與一定的生產力性質不相適應的經濟制度，就會阻礙經濟增長和社會發展。因而，制度因素既可能是經濟增長和社會發展的增函數，又可能是經濟增長和社會發展的減函數。[①]

(3) 新中國成立以來中國具體經濟制度的變遷，反應了具體經濟制度的仲介性和先導性、靈活性和應變性。

具體經濟制度、基本經濟制度、社會核心經濟制度共同組成了經濟制度體系。在一定社會經濟制度體系中，具體經濟制度具有仲介性和先導性。具體經濟制度居於連接生產力和基本經濟制度乃至核心經濟制度的仲介環節，呈現出「一定社會生產力發展—具體經濟制度即經濟體制即時反應及調適性改革與創新—社會基本經濟制度相應地漸進式改革與完善—愈益走向實現社會核心經濟制度的本質規定」的演變邏輯。

在一定社會經濟制度體系中，具體經濟制度具有靈活性和應變性。具體經濟制度作為一定社會經濟活動中特定生產關係的具體實現形式，反應著社會經濟採取的資源配置方式和調節機制等。在一定的社會經濟條件下，最活躍的總是變化在前的生產力的發展，生產力的發展直接引起具體經濟制度的應變調整和改革。具體經濟制度的應變調整和改革，其對社會基本經濟制度也會產生或快或慢的影響，社會基本經濟制度也愈益反應社會核心經濟制度的本質規定。

(4) 新中國成立以來中國具體經濟制度的變遷，揭示了中國具體經濟制度供給上誘致性和強制性兩種方式相結合。

以科斯和諾斯為代表的新制度經濟學的制度變遷理論，把制度變遷劃分為誘致性和強制性制度變遷。新中國成立以來到經濟體制改革前中國具體經濟制度供給上主要是政府主導的強制性制度供給。經濟體制改革以來由於中國走的是漸進式改革道路，雙軌過渡，從局部到總體，體制內改革與體制外推進相結合，改革、發展與穩定相協調。因此經濟體制改革以來中國具體經濟制度供給上主要是強制性制度供給和誘致性制度供給兩種方式相結合。

[①] 李萍. 馬克思制度理論的精髓：從方法論角度的認識 [J]. 理論與改革, 2003 (3)：59–61.

上篇
微觀經濟制度變遷

新中國成立以來，社會主義經濟制度在實踐探索的過程中，微觀經濟制度大致經歷了社會主義傳統計劃經濟體制下公有制企業制度與改革開放後體制轉軌、建立社會主義市場經濟體制下的公有制與非公有制企業制度並存的兩大階段。70 年來微觀經濟制度的變遷充分表明，一定體制下城市國有經濟制度和農村集體經濟制度等公有制經濟組織形式的建立與發展以及非公有制經濟組織形式的存在和發展，適應了中國不同發展階段的社會生產力現實水準的客觀要求時，各種微觀經濟組織就充滿活力，成為區域經濟體系乃至國民經濟體系中重要的經濟力量，發揮著促進經濟增長和發展的重要作用；反之亦然。

　　實踐告訴我們，公有制經濟和非公有制經濟都是社會主義市場經濟的重要組成部分，二者相輔相成、相得益彰。[1] 本篇將從城市國有經濟、農村集體經濟[2]、非公有制經濟三個層面展開對中國從 1949 年以來兩類所有制經濟對堅持「兩個毫不動搖」的貢獻分析，並細緻梳理各個時期這幾類所有制經濟發展、演變所遇到的問題以及解決問題的政策手段，以從更長遠的角度完善我們對國有經濟、農村集體經濟、非公有制經濟發展的制度安排。

---

[1] 新華社評論員. 堅持「兩個毫不動搖」必須堅定不移 [EB/OL]. (2018-09-29) [2019-04-26]. http://theory.people.com.cn/n1/2018/0929/c40531-30320741.html.
[2] 公有制經濟一般被認為是由國有經濟和農村集體經濟組成的。

第二章
城市國有經濟制度變遷

　　城市國有經濟制度[①]自新中國成立伊始，就是整個微觀經濟制度變遷的核心環節。本章從城市國有經濟制度的建立、發展、變遷的角度展開分析，主要就新中國成立以來多個階段城市國有經濟的形態、特徵和發展變化趨勢展開探討，從生產力和生產關係角度分析了這一制度變遷的歷史背景、國家戰略選擇、體制機制改革、政策措施調整等問題，力圖展現新中國城市國有經濟制度變遷的歷史進程並為今天的國有經濟改革提供借鑑和思考。

---

① 本書的微觀經濟制度研究中城市以國有經濟制度為典型代表，集體經濟制度變遷則不做展開討論。

第一節　改革開放前城市國有經濟制度的建立與發展（1949—1978年）

一、國營經濟與其他經濟成分並存（1949—1956年）

1949—1956年，是新中國從新民主主義到社會主義的過渡時期。這一時期的國有經濟還被稱為「國營經濟」。由於新中國剛剛建立，國營經濟發展處於起步階段，它和其他多種經濟成分並存；通過社會主義的改造，國營經濟逐漸在整個國民經濟中佔有了主導地位，這也是社會主義國家大力發展國有經濟的題中應有之義。

新中國成立之初，承接的是一個半殖民地半封建社會的經濟格局，整個國民經濟百廢待興，生產力水準處在農業、手工業為主體的發展階段，社會經濟成分以舊中國殘餘的官僚資本、城鄉資本主義工商業和農村的佔統治地位的小農經濟等多種經濟成分為主，社會主義經濟建設與改造的任務十分繁重。從1949年10月中華人民共和國成立到1956年，中國共產黨領導全國各族人民有步驟地實現從新民主主義到社會主義的轉變，迅速恢復了國民經濟並開展了有計劃的經濟建設，在全國絕大部分地區基本上完成了對生產資料私有制的社會主義改造。在這個歷史階段中，黨確定的指導方針和基本政策是正確的，取得的勝利是輝煌的。為了鞏固新生的政權，亟待建立起中國共產黨領導下的以國營經濟為代表的公有制生產關係。

（一）國民經濟恢復時期國營經濟的建立與其他經濟成分的存在（1949—1952年）

1949—1952年是新中國的國民經濟恢復時期。在短短的三年時間裡，新中國的各項經濟指標就恢復到了中國歷史上的最好水準。[1] 這一時期從1949年中華人民共和國成立起到1952年年底結束，其中心任務是鞏固新生的人民

---

[1] 吳承明. 中華人民共和國經濟史（1949—1952）[M]. 北京：社會科學文獻出版社，2010：1.

政權，迅速恢復國民經濟。圍繞這一中心任務，國家沒收了資本額占整個資本主義經濟大部分的全部官僚資本企業，並將其改造成為社會主義國營企業，從而掌握了國民經濟的命脈；實現了全國範圍的財政經濟工作的統一，達到財政收支平衡，制止了通貨膨脹，穩定了物價；調整了工商業，進一步確立了國營經濟的主導地位。

這一時期，中國共產黨實行新民主主義建設方針，實行國營經濟主導下多種經濟成分並存的經濟制度，實施公私兼顧、勞資兩利、城鄉互助、內外交流的新民主主義經濟政策。黨和政府在恢復經濟過程中對私營工商業進行扶植，並對違法經營的私營工商戶加以打擊，同時在私營工商業經營發生困難時前後兩次進行政策調整，保證私營工商戶的合法經營和正常發展。在此基礎上，發揮私營工商業在溝通城鄉流通方面的作用。這一時期實行的經濟制度與工商業政策，使私營下商業獲得較大發展，而這種發展的本身對國民經濟的迅速恢復起到了積極作用。

（二）「一化三改造」時期公有制經濟形成中的國營經濟（1953—1956 年）

中國共產黨在 1953 年提出了過渡時期的總路線，即以「一化三改造」為核心內容的總路線，又稱為公有化改造。其包括兩個方面的內容：中共中央提出要在一個相當長的時期內，一是逐步實現社會主義工業化，這是總路線的主體；二是逐步實現對農業、手工業和資本主義工商業的社會主義改造，這是總路線的兩翼。這兩個方面互相聯繫、互相促進、互相制約，體現了發展生產力和改革生產關係的有機統一，是一條社會主義建設和社會主義改造並舉的路線。

1. 對農業的改造

1953 年 12 月，中共中央通過《關於發展農業生產合作社的決議》，提出黨在農村中最根本的任務就是教育和促進農民逐步聯合、組織起來，實行農業社會主義改造，變農業個體經濟為合作經濟。中國農業合作化的道路是由互助組到初級的半社會主義的合作社，再到完全社會主義的高級形式的合作社。決議還強調：發展農業合作社，必須堅持自願互利、典型示範和國家幫助的原則。

從1954年開始，全國興起大辦初級農業合作社的高潮，到同年年末高達49.7萬多個。1955年7月，毛澤東在《關於農業合作化問題》的報告中，以批判農業合作化運動中的右傾思想為中心。此後，大辦合作社尤其是高級社的勢頭極其迅猛地衝向全國，到1956年年底，全國參加農業合作社的農戶達到96.3%，其中加入高級社的農戶為87.8%。[①] 至此，全國農村基本上實行了農業合作化，而且以高級社為主。農業集體公有制從此產生，中國對農業私有制的社會主義改造基本完成。中國農業經濟開始踏上了複雜而曲折的道路。

後來的歷史證明，在中國社會主義改造中，最大的問題和偏差，就是農業合作化搞得過快、過急、過左。這種不顧當時農業生產物質技術極為薄弱、生產力非常低下的客觀實際，盲目簡單地進行生產關係的大幅度調整和變革的行動，實際上嚴重違背了經濟發展的客觀規律，而太快的工作進程，勢必造成強迫命令、長官意志和行政干涉。其後果是嚴重挫傷了農民的生產積極性，平均主義盛行，影響了農業生產力的發展。這種靠官本位、主觀主義和「左」傾思潮綜合作用而人造出來的社會主義農業經濟體制，只能靠政治手段、行政方法來維持，缺少必要的經濟運行機制和發展動因，為以後的「大躍進」和「人民公社」乃至「文化大革命」等埋下了隱患。

2. 對資本主義工商業的社會主義改造

新中國成立初期，國家對私人資本主義工商業的基本政策是以利用和限制為主。為了統一金融市場，1952年下半年最先對私營金融業實行全行業的公私合營，資本家交出經營、財務和人事三權，只拿股息，安排工作。從1953年開始，逐步擴大到對其他行業私營資本主義工商業的社會主義改造，主要採取排擠私營批發和有計劃擴展加工訂貨的方針。通過各項經濟手段，國家基本上控制了私營企業的原料供應和產品銷售兩個重要環節，使其在經營範圍、價格、利潤、市場條件等方面都受到一定限制，並在不同程度上納入了國家計劃的軌道。在這些企業實行「四馬分肥」，即企業利潤按國家稅

[①] 薄一波. 關於1956年度國民經濟計劃的執行結果和1957年度國民經濟計劃草案的報告 [EB/OL]. (2000-12-23) [2019-04-26]. http://www.npc.gov.cn/wxzl/gongbao/2000-12/23/content_5328388.html.

收、企業公積金、職工福利金和資方股息紅利這四方進行分配,使企業的經營性質有了很大改變。1955年8月以後,形成了對私營工商業改造的高潮。到1956年年底,已實現公私合營的企業占原有私營企業數的99%。私營資本主義經濟在中國已基本上不復存在。在工業企業總產值中國營企業占68.2%,公私合營企業占31.8%。[1]

3. 對個體工商業的社會主義改造

1953年6月全國手工業生產合作會議提出對手工業進行社會主義改造的方針政策,確定了「積極引導,穩步前進」的指導原則,在步驟上,從供銷入手,從小到大,由低到高,以點帶面,逐步實行合作化。到1955年年底,全國手工業合作社發展到20,928個,從業人員97.6萬人,占同類人員總額的11.9%,產值達13.01億元,占12.9%。[2]

在農業的社會主義改造高潮中,手工業也加快了改造的步伐。1956年年底,全國建立手工業合作社10萬個,從業人員達603萬人,占全部手工業人員的91.7%,合作化手工業產值達108億多元,占手工業產值總額的92.9%,基本上實現了手工業的社會主義改造。[3] 對手工業的改造擴大了社會主義公有經濟的力量,為城市手工業的有序發展確立了必要條件。但改造過急過快,使有些生產過於集中,造成產量成本加大,質量下降,經營網點減少,給城鄉人民生活帶來不便,削弱了手工業原本具有的很強的商品性,嚴重制約了價值規律應有的作用,而且在實際上也並沒有從生產技術和經營管理方面改變和提高手工業水準。

這一時期,國營經濟的建立和改造是中國共產黨和政府城市工作的重點,也是新中國經濟成分的重要組成部分。其中首先要恢復通過沒收官僚資本建

---

[1] 中國網. 1949—1956年,社會主義過渡時期[EB/OL]. (2009-08-25)[2019-04-26]. http://www.china.com.cn/photo/xzg60/jgwy/2009-08/25/content_18396106_3.html.

[2] 唐青釗. 卓越的綱領 輝煌的成就——對前三十年農業綱領的評析[EB/OL]. (2018-10-04)[2019-04-26]. http://www.cwzg.cn/history/201810/45002.html.

[3] 薄一波. 關於1956年度國民經濟計劃的執行結果和1957年度國民經濟計劃草案的報告[EB/OL]. (2000-12-23)[2019-04-26]. http://www.npc.gov.cn/wxzl/gongbao/2000-12/23/content_5328388.html.

立起來的國營工業的生產。政府依靠工人階級迅速修復機器設備，使之盡快復工。接著在工礦企業內部進行了民主改革，改造舊的經營管理機構，廢除壓迫工人的管理制度和封建把頭制度，清洗潛伏的反革命分子，建立社會主義的民主管理制度。在民主改革的基礎上進一步發動群眾進行生產改革，創造和推廣先進的生產技術和工作方法，並開展增產節約和勞動競賽運動。由於政策正確，廣大工人的政治熱情和生產積極性很高，這三年國營工業的恢復發展特別迅速。在三年中全國工業產值平均每年增長 34.8%，而國營工業的產值平均每年增長速度達到 57%，因而它在工業產值中所占比重由 1949 年的 26.3% 上升到 1952 年的 41.5%。①

1952 年上半年物價穩定以後，由於虛假購買力②突然消失，私營工商業遇到商品滯銷的困難。政府及時合理調整工商業，根據公私兼顧的原則，在經營範圍、原料供應、銷售市場、財政金融政策等方面，對私營工商業進行必要的照顧，並且採用加工訂貨、統購包銷、經銷代銷等方式，使私營工商業擺脫銷路呆滯、生產萎縮的困境。隨後又大力開展城鄉物資交流運動，積極擴大農副產品的購銷，為城市工商業開闢廣闊的市場，使私營工商業迅速恢復和發展起來。但是資本主義唯利是圖的本性引導許多私營企業走上非法牟取暴利的邪路。為了保護國家利益，1951 年年底到 1952 年，開展了「三反」「五反」運動，限制資本主義工商業的消極作用，使它們循著只能有利於國計民生的方向發展。到 1952 年，私營工業企業的戶數比 1949 年增加了 21.4%，產值增加了 54.2%；私營商業的戶數增加了 7%，零售額增加了 18.6%。③

經過全國人民的努力，在短短三年時間內，就完成了恢復國民經濟的任務。到 1952 年年底，工農業總產值比 1949 年增長 77.5%。④ 其中工業總產值增長 145%，農業總產值增長 48.5%，主要產品產量大大超過了新中國成立前

---

① 三年國民經濟恢復時期：掀開新中國經濟建設第一頁 [EB/OL]. (2013-01-07) [2019-07-28]. http://dwgk.shou.edu.cn/jgxy_jg_njsj/2013/0107/c5071a162577/page.htm.
② 虛假購買力是人為刺激形成、超過實際支付能力需求的那部分社會購買力。
③ 汪海波. 國民經濟恢復時期恢復、發展工業的基本經驗 [J]. 中國社會科學院研究生院學報, 1995 (1).
④ 吳秀才. 中國特色社會主義發展觀的歷史嬗變 [J]. 理論學習, 2017 (9).

第二章　城市國有經濟制度變遷

的最高年產量。國民經濟恢復時期人民生活得到了改善，全國職工的平均工資提高70%左右，各地農民的收入一般增長30%以上。[1] 國家財政經濟狀況根本好轉，為開展有計劃的社會主義建設和社會主義改造準備了條件。

三年中，社會經濟結構也發生了巨大變化，帝國主義在華特權被取消，官僚資本被沒收，封建土地所有制被消滅。到1952年年底，各種經濟成分在國民收入生產中的比重是：社會主義國營經濟占19.1%，集體所有制經濟占1.5%，公私合營經濟占0.7%，資本主義經濟占6.9%，個體經濟（主要是小農經濟）占71.8%，社會主義國營經濟的領導地位已經確立。[2]

縱觀新中國成立初期經濟恢復發展的歷程，1949年平抑物價之後至1956年，在公私關係的處理和市場規律的把握等方面經歷過曲折，留下了需要繼續探索和解決的矛盾、問題，但總體上發展得比較順利，不僅工農業生產迅速恢復並且產量有了明顯提高，尤其是城鄉間、地區間的經濟發展和貿易聯繫逐漸趨於活躍，公營經濟的比重顯著增長，各種經濟成分也獲得相應的發展，國民經濟的恢復任務迅速完成。這幾年經濟工作取得成效的根本原因，在於貫徹了公私兼顧、勞資兩利、城鄉互助、內外交流的新民主主義建設方針，堅持各種社會經濟成分在國營經濟領導下分工合作、各得其所的基本原則，努力做到妥善處理公私之間、勞資之間的關係，並探索按照市場經濟的規律發展生產、發展社會經濟的方法和途徑。這一階段，黨對經濟工作的指導思想符合當時中國社會經濟發展的實際需要，順應了經濟發展的客觀規律。[3] 1953年，中共中央在過渡時期總路線中提出社會主義工業化的主張的同時做出了優先發展重工業的決定，並強調要處理好重工業、輕工業和農業之間的關係。1953年開始實施「一五」計劃，1957年「一五」計劃提前超額完成，初步建立了獨立的工業體系，初步形成了合理的工業佈局，社會主義工業化因此全面展開。

---

[1] 吳秀才.中國特色社會主義發展觀的歷史嬗變［J］.理論學習，2017（9）.
[2] 楊書群，馮勇進.建國以來中國對非公有制經濟的認識及政策演變［J］.經濟與社會發展，2009（10）.
[3] 郭曉燕.北京市國民經濟恢復時期對私營工商業的政策［J］.北京黨史，2008（3）.

二、社會主義經濟制度確立後單一公有制經濟的發展
（1957—1978 年）

20 世紀 50 年代末開展「大躍進」和農村「人民公社化」運動以來，片面追求公有化程度，將包括個體經濟在內的非公有制經濟成分視為社會主義經濟制度的對立物加以排斥。與此同時，城市國有經濟被視為國民經濟中的主導力量，城市集體經濟則被視為「二國營」，在一定意義上發揮著連接城市與農村、工業與農業、生產與流通的作用。在發展中，國有經濟的數量規模日益膨脹升級，國有經濟的角色定位也進入了一個非常特殊的階段，即普遍性角色定位的過度擴張階段。[1]

（一）城市國有經濟

實踐中，國有經濟在傳統計劃經濟體制下被視為無自主經營、自負盈虧的自主權的行政附屬單位，搞「大而全、小而全、企業辦社會」，「扼殺了國有企業的生產經營積極性，生產效率和經濟效益都極其低下。國營經濟的發展處於低水準均衡陷阱之中，嚴重影響了社會主義制度優越性的發揮」。[2]

反思這一段歷史，1957—1966 年，由於「大躍進」運動的影響，城市大搞「以鋼為綱，全面躍進」等運動，導致了國有經濟普遍性角色定位的過度膨脹。就規模角色定位而言，全面建設社會主義的開始年份即 1957 年國有經濟與非國有經濟所占工業產值的比例分別為 53.8%和 46.2%[3]；到國民經濟調整時期前的 1960 年，統計數據上已看不到其他類型企業的產值比例，國有經濟和以集體經濟為內核的非國有經濟所占產值的比例分別為 90.6%和 9.4%[4]。

而從佈局角色定位看，「大躍進」時期各部門、各地方都要把鋼鐵生產和建設放在首位的要求使得新建國有企業大多與鋼鐵等行業相關，並且在鋼鐵

---

[1] 廖桂容. 建國以來國有經濟角色定位：歷史回溯與改革前瞻 [D]. 福州：福建師範大學，2012.
[2] 廖桂容. 建國以來國有經濟角色定位：歷史回溯與改革前瞻 [D]. 福州：福建師範大學，2012.
[3] 國家統計局固定資產投資統計司. 中國固定資產投資統計資料（1950—1985）[M]. 北京：中國統計出版社，1987：217.
[4] 國家統計局固定資產投資統計司. 中國固定資產投資統計資料（1950—1985）[M]. 北京：中國統計出版社，1987：218.

第二章　城市國有經濟制度變遷

生產的推動下，一些基礎工業有了較大幅度的增長。國家統計局固定資產投資統計司編寫的《中國固定資產投資統計資料》顯示，1958 年，清一色姓「社」的大中型項目在整體工業投資建設中所占的規模大、比例高，其中冶金業占 27.1%、電力行業占 11.9%、機械工業（包括農機制造和修理）占 17.9%。[1] 這些數據充分說明了國有經濟的角色定位的絕對優勢地位已經得到確立。

1966—1976 年的十年是中國國有經濟普遍性角色定位過度擴張的最後階段，包括國有經濟在內的各種經濟管理規章制度遭到嚴重破壞，整個國民經濟幾乎處於無政府狀態，因而，這一階段的國有經濟角色定位更多體現為「外強中干」之狀。[2]

儘管如此，國有經濟普遍性角色定位仍是突顯過度擴張的特徵。從規模角色定位看，1976 年，國有經濟在工業總產值中占 81.2%，而非國有經濟（集體經濟）占 18.8%。[3] 從佈局角色定位看，由於備戰的需要，當時國家大力發展與戰備相關的「三線建設」，國有企業重點分佈於重工業和基礎產業領域；而在商業領域，由於大搞「窮過渡」，禁止搞家庭副業、關閉集市貿易、取消城鎮個體經濟，因而流通範圍越來越小，流通渠道越來越少，由此促進了國營商業絕對優勢地位的形成。國有企業在重工業領域的過度投入和在商業領域的控制性經營，造成了國有經濟普遍性角色定位的極度擴張。[4]

（二）城市集體經濟

這一段時期，城鎮集體所有制經濟的發展，脫離甚至超越生產力發展水準，盲目向國營經濟看齊，搞片面的升級過渡，形成實質上的「二國營」，使集體所有制經濟偏離了其集體經濟性質，在行政體制約束下低效率、低效益發展。

中國的集體所有制工業最早出現於 20 世紀 50 年代初期，是通過對個體

---

[1] 國家統計局固定資產投資統計司. 中國固定資產投資統計資料（1950—1985）[M]. 北京：中國統計出版社，1987：6.
[2] 廖桂容. 建國以來國有經濟角色定位：歷史回溯與改革前瞻 [D]. 福州：福建師範大學，2012.
[3] 國家統計局固定資產投資統計司. 中國固定資產投資統計資料（1950—1985）[M]. 北京：中國統計出版社，1987：6.
[4] 廖桂容. 建國以來國有經濟角色定位：歷史回溯與改革前瞻 [D]. 福州：福建師範大學，2012.

手工業、個體商販進行社會主義改造所組織起來的手工業、商業合作社演變而來的。1957—1978 年間，城鎮集體工業經歷了與農村社隊企業極為相似的發展軌跡。1959 年，在全國「大躍進」的形勢下，城鎮集體所有制工業也開始向全民所有制過渡，手工業隊伍大為削弱，全國範圍的日用工業品產量大幅度下降，市場供應緊張。①

1961 年，中共中央發布《關於城鄉手工業若干政策問題的規定（試行草案）》，即《手工業 35 條》，規定在整個社會主義階段，中國手工業應該有多種所有制，其中集體所有制是主要的。「經過調整，到 1965 年，城鎮集體工業得到恢復和發展。但是，在『文化大革命』中，又一次刮起『平調風』，對城鎮集體所有制工業，隨意上收或者下放，轉產或合併，還搞所謂升級、過渡。儘管如此，城鎮集體工業與社隊企業一樣，沒有像全民所有制企業那樣在動亂期間大搞停產鬧革命，基本上能夠進行正常生產。」②

值得指出的是，「在城鎮集體工業的發展中，街道工業是一支活躍的力量。街道工業被稱為小集體工業，一般都是街道辦事處為解決街道青年的就業問題和困難戶的生計問題辦起來的。它的發展，完全靠自己籌集資金、尋找原材料，自己打開產品銷路，實行完全意義上的獨立核算、自負盈虧」③。1958 年中共中央做出嚴格限制和改造城鎮個體工商業者的規定後，大批個體手工業者和個體商販被吸收到街道工業中。1970 年以後，一些國營廠礦、機關、學校和事業單位，為解決本單位子女和家屬的就業問題，也紛紛仿照街道工廠的辦法辦起廠內家屬工業作坊，集體工業得到較快發展。④

城鎮集體工業企業的本義是由勞動群眾按照自願互利的原則組織起來的。

---

① 向新，蘇少之. 1957—1978 年中國計劃經濟體制下的非計劃經濟因素 [J]. 中國經濟史研究，2002（4）.

② 向新，蘇少之. 1957—1978 年中國計劃經濟體制下的非計劃經濟因素 [J]. 中國經濟史研究，2002（4）.

③ 向新，蘇少之. 1957—1978 年中國計劃經濟體制下的非計劃經濟因素 [J]. 中國經濟史研究，2002（4）.

④ 向新，蘇少之. 1957—1978 年中國計劃經濟體制下的非計劃經濟因素 [J]. 中國經濟史研究，2002（4）.

「由於集體工業企業數量較多，分佈面廣，產品品種數以萬計，國家不可能也沒有必要用計劃把它們都統管起來，國家對集體工業企業只是在經濟上給予必要的支持和幫助，但不採取包下來的辦法。除極少數實行指令性生產的計劃產品外，主要實行指導性計劃，對為數眾多的各種小商品則實行市場調節」[1]。《手工業35條》中明確規定，「手工業部門和企業，可以向原料產地的供銷合作社和人民公社直接採購原料、材料，可以用自銷的產品換取所需要的原料、材料」；手工業部門和企業的非計劃產品，「原則上由手工業部門和企業自己銷售」。城鎮集體工業企業在原材料、機械設備、燃料動力供應上，不能享受同國營工業一樣的待遇，多採取自籌資金、自找原料、自產自銷的辦法，其生產經營中計劃以外調節的部分至少佔到70%[2]，是重要的非計劃經濟因素。

（三）單一公有制經濟的得失探討

新中國成立以後，通過「一化三改造」，建立起了以國有經濟為主體、集體經濟為補充的單一公有制經濟。單一公有制經濟對處於社會主義建設起步階段的新中國來講，是一個不可逾越的歷史階段。對於生產力發展水準尚需及時提高，特別是完成工業化、城市化任務較為艱鉅的現實情況而言，單一公有制經濟必然是有助於這些發展任務完成的，這對新中國的現代化建設具有決定性意義。單一公有制經濟對新中國社會主義經濟建設的功，就是體現在集中力量辦大事、辦急事上，這對社會主義新中國盡快建立完備的工業體系以盡快實現現代化是必不可少的。

當然，本著辯證的觀點，我們也應對單一公有制經濟之失進行公允的評價。

（1）單一公有制經濟無法較好地應對生產力發展不平衡的問題。新中國面臨較為複雜的發展不平衡的經濟結構：①社會化的、依靠機械和科學技術

---

[1] 向新，蘇少之. 1957—1978年中國計劃經濟體制下的非計劃經濟因素 [J]. 中國經濟史研究，2002（4）.

[2] 向新，蘇少之. 1957—1978年中國計劃經濟體制下的非計劃經濟因素 [J]. 中國經濟史研究，2002（4）.

進行的生產，同廣大農村的、基本上還是用手工工具搞飯吃的自給半自給生產同時存在；②一部分現代化工業，同大量的落後於現代水準幾十年甚至上百年的工業同時存在；③一部分經濟水準比較發達的地區，同廣大不發達地區和貧困地區同時存在；④少量具有世界先進水準的科學技術，同普遍的科學技術水準不高、為數眾多的文盲半文盲同時存在。多層次的生產力水準，客觀上要求有多種所有制與之相適應。單一的所有制形式同這種多層次的大跨度的生產力發展水準顯然是不相適應的。

（2）單一公有制經濟使國民經濟失去了迅速調整的功能。例如，「某些生產部門的特殊性、消費結構的複雜性特別是中國幅員遼闊、人口眾多、勞動就業的壓力大等因素，使得公有制經濟難以包攬一切，而一旦經濟出現波動或結構問題，單一公有制經濟調整速度很難跟得上實踐的變化。因此，只有發展多種經濟成分，才能適應多層次生產力發展的要求，才有利於調動一切積極因素，廣開就業門路，充分利用各種資源，促進中國國民經濟的發展」①。

（3）單一公有制經濟影響了經濟效率。長期以來，我們受「左」的思想的影響，一直力圖建立一個「一大二公」、純而又純的社會主義所有制結構。這種所有制結構脫離了當前中國生產力發展水準低下而且發展又不平衡這一具體國情，制約了各種生產要素的充分利用，束縛了城鄉勞動者的積極性，因而阻礙了生產力的迅速發展。② 由於要素不能流動，經濟主體積極性不能發揮，也影響了社會主義經濟建設的效率。

---

① 周新城. 劃清社會主義公有制為主體、多種所有制經濟共同發展同私有化和單一公有制的界限 [J]. 中共石家莊市委黨校學報，2010（1）.
② 周新城. 劃清社會主義公有制為主體、多種所有制經濟共同發展同私有化和單一公有制的界限 [J]. 中共石家莊市委黨校學報，2010（1）.

第二節 改革開放後城市國有經濟制度的改革與轉型（1978—2012 年）

整體上，城市國有經濟制度的改革是放在中國經濟體制改革的背景下進行的。1978 年，中國開啓了傳統計劃經濟體制向社會主義市場經濟體制的轉型，其中，城市國有經濟制度是這個改革進程的核心環節，本節將對此進行深入分析。

一、國有經濟改革的基本取向

國有經濟改革的基本取向是還其企業的性質，為此需要從計劃經濟體制下的行政附屬物轉向市場取向改革中具有自主經營、自負盈虧的經濟組織。國有經濟最初的改革受到了農村家庭聯產承包責任制「兩權分離」的改革啓發，分別進行了「兩權分離」下的國有企業「『擴權讓利』—利改稅—承包制」改革、股份制改革背景下建立現代企業制度的改革、產權改革、股份制改革、混合所有制改革。

（一）國有經濟為何改革

國有經濟是指生產資料歸代表全體勞動人民利益的國家所有的一種經濟類型，是社會主義公有制經濟的重要組成部分。國有經濟又稱全民所有制經濟，是國民經濟的主導力量，表現為各種類型、各種規模的國有企業。具體而言，它包括中央和地方各級國家機關、事業單位和社會團體使用國有資產投資舉辦的企業，也包括實行企業化經營、國家不再核撥經費或核撥部分經費的事業單位和從事經營性活動的社會團體，以及上述企業、事業單位和社會團體使用國有資金投資舉辦的企業。

自 1978 年改革開放以來，國企改革進入了起步探索階段，這一階段以「擴權讓利」「兩權分離」為重點。1979 年 7 月，國務院發布了《關於擴大國營企業經營管理自主權的若干規定》等五個文件，率先在首鋼等八個企業進

行了擴大企業自主權試點。隨後試點在全國逐步展開，到 1980 年 6 月底，全國試點企業已達 6,000 多個。擴大企業自主權試點被認為「方向正確、效果顯著」，於是在 1980 年 9 月，國務院批轉國家經濟委員會《關於擴大企業自主權試點工作情況和今後意見的報告》，批准從 1981 年起，把擴大企業自主權的工作在國營工業企業中全面推開，使企業在人、財、物、產、供、銷等方面擁有更大的自主權。1984 年 5 月，國務院發出《關於進一步擴大國營工業企業自主權的暫行規定》，進一步下放權力；同年 10 月，中共十二屆三中全會通過了《中共中央關於經濟體制改革的決定》，提出「增強企業活力是經濟體制改革的中心環節」，要「確立國家和全民所有制企業之間的正確關係，擴大企業自主權」。從 20 世紀 80 年代末到 1992 年，中央還提出了利改稅和承包制的改革思路，但這兩種方案只是針對經營權的改革，尚未深入到所有權層面的改革。直到 1992 年，深入企業所有權層面的「兩權分離」改革逐漸成為這一時期國有企業和國有經濟改革的重點，並引發了熱烈討論以及後來對國有企業股份制改革的進一步探索。

（二）國有經濟向市場化轉型的方向選擇

國有企業改革是中央實施做強做大國有企業方針的重大戰略步驟，推進國有企業改革，要有利於國有資本保值增值，有利於提高國有經濟競爭力，有利於放大國有資本功能。

國有企業改革可劃分為改革的初步探索、制度創新以及縱深推進三個階段。[1] 國企改革是一個「摸著石頭過河」的「試錯」過程，是中央推動與地方實踐上下結合的產物，本質上是生產力與生產關係的相互作用，符合建設社會主義市場經濟的客觀需要。傳統國有企業在體制、機制以及管理制度等方面為適應社會主義市場經濟體制而進行的改革，其中心環節和核心內容是建立現代企業制度，增強國有企業活力，提高國有企業的經濟效益。

經過多年的摸索，中國國有經濟的功能被定位為彌補市場缺陷、鞏固社

---

[1] 張茉楠. 未來國企改革重點是國有資產資本化 [EB/OL]. (2013-11-14) [2019-04-26]. http://opinion.hexun.com/2013-11-14/159668709.html.

會主義制度的經濟基礎和發揮在國民經濟中的主導作用。

國有經濟通過改革,要控制的行業和領域主要包括:涉及國家安全行業、自然壟斷行業、重要公共產品和服務行業以及支柱產業和高新技術產業中的重要骨幹企業。國有經濟這種整體定位,是十分科學的,既滿足了市場經濟共性要求,又滿足了社會主義市場經濟體制的特性要求。但是,上述整體功能定位會造成具體國有企業在生產經營中面臨「盈利性使命」與「公共政策性使命」的訴求衝突。一方面,國有企業要通過追求盈利性來保證自己的不斷發展壯大,從而實現主導地位;另一方面,國有企業要彌補市場缺陷,服務公共目標,這可能會要求犧牲盈利。這會使得國有企業陷入兩難的尷尬境地——不賺錢則無法完成國有資產保值增值、壯大國有經濟的目標,賺了錢又被指責損害了市場公平和效率。

實際上,正是國有企業使命存在矛盾,才引起了這些年國有企業行為出現偏差:一方面,在傳統製造業中過量的國有資本不斷製造新的過剩產能,形成對非公資本的擠出;另一方面,在關係國民經濟命脈、改善民生、國家長遠發展的重要領域中,國有資本的作用沒有充分發揮。為此,必須給國有企業具體明確的使命定位,對國有企業進行具體分類,不同類型的企業應該承擔國有經濟的不同的功能定位。基於國有經濟的功能定位,明確將國有企業分為公共政策性、特定功能性和一般商業性企業三類。這也是國有經濟向市場化轉型的主要方向。

第一類是公共政策性企業,主要指處於自然壟斷的行業、提供重要的公共產品和服務的行業企業,具體行業包括教育、醫療衛生、公共設施服務業、社會福利保障業、基礎技術服務業等。這類國有企業不以營利為目的,主要承擔公益目標。

第二類是特定功能性企業,主要指處於涉及國家安全的行業、支柱產業和高新技術產業的企業。這類企業所處領域相對寬泛,具體包括軍工、石油及天然氣、石化和高新技術產業等,而且這類領域隨著國家的經濟發展及戰略變化而變化,這類企業既需要充當國家政策手段,又需要追求盈利,以促進自身的發展壯大,從而發揮對國家經濟安全和經濟發展的支撐作用。

第三類是一般商業性企業。這類企業是除了上述兩類企業以外所有的現有企業，處於競爭性行業，與一般商業企業一樣其生存和發展完全取決於市場競爭。

二、「兩權分離」與國有企業產權改革

「兩權分離」是中國進入20世紀80年代末、90年代初期國有企業改革的焦點問題，即國有企業所有權和經營權的分離問題。這是深入到企業所有權層面的改革，因而其改革的深度和廣度較之於之前的承包制等企業經營層面的改革要更進一步。

（一）行政性放權框架內的「兩權分離」

「兩權分離」的理論可以追溯到20世紀80年代初蔣一葦先生的「企業本位論」這篇突破性的文獻，文章強調國有企業應當成為「自主經營、自負盈虧的市場主體」[1]，進而把企業經營權與企業所有權相分離的問題提上改革日程，「政企分開」成為企業改革明確的目標取向。此後，「兩權分離」論引領學術發展，指導改革實踐，一直到21世紀初國有資產監督與管理委員會的成立。其間，理論的發展與實踐相呼應，又可區分為兩個相互銜接又有根本區別的子階段，它們是：行政性放權框架內的「兩權分離」；產權改革基礎上的「兩權分離」。

行政性放權框架內的「兩權分離」是改革最初階段的理論。國企改革的最初十餘年是在政府行政指揮鏈上展開的「放權讓利」，從企業擴權試點到利改稅再到普遍推行的企業經營承包責任制，雖然改革形式經歷了多次轉換，其實質始終沒有脫離在政府行政體制內部權責利調整的範圍。政企之間行政等級關係沒有改變，企業經營者作為政府官員的身分沒有改變，企業的自主經營權始終十分有限。十餘年的改革實踐充分證明了這一理論思路的局限。[2]

---

[1] 蔣一葦. 企業本位論 [J]. 中國社會科學, 1980 (1).
[2] 榮兆梓. 國有經濟需要新一輪產權制度改革 [J]. 學術界, 2016 (6): 5-15.

(二) 產權改革基礎上的「兩權分離」

以公司制為特徵的企業產權制度改革標誌著「兩權分離」理論發展的第二個子階段。這一理論的發展，源頭上有馬克思關於股份公司是資本主義「消極揚棄」和向新社會過渡的理論，也有諸如「企業產權明晰」「企業合約性質」（科斯）和剩餘權分享理論（格魯斯曼，哈特）的因子。20 世紀最後十年現代制度經濟學在國內的廣泛傳播，為這一理論發展階段添加了助推力。最遲到 20 世紀 90 年代中期，國有企業已經確定了公司制的改革方向。通過「抓大放小」和「現代企業制度」等一系列舉措，國有企業逐步實施公司制改制，成為產權獨立的市場主體。與實踐的發展同步，理論的演進是明顯的。新的「兩權分離」理論認為，企業經營權的獨立必須建立在企業產權獨立的基礎上。公司法人制度可以是通過公司法人財產權和國家股東財產權的分離，落實經營權和所有權分離的目標。[①]

公司制改革在近十年的時間裡繼續按慣性將擴大企業經營權當作主要目標，而國家股份資本所有權如何落實的問題卻遲遲沒有妥善解決。原有的企業主管部門撤銷了，新國有資產管理機構沒有及時組建。在很長一段時間裡，企業產權制度改革的具體方案往往是由企業經營者推動，而不是由作為產權所有者的國家及其代表機構（各級政府）來推動。這意味著改革在所有者弱勢（甚至缺位）的環境中進行，一系列本該由所有者統籌的事情事先沒有周密步驟，或者因各種既得利益者的阻撓而推進艱難。比如，國有股全流通改革（或稱解決股權分置問題）過程中表現出來的被動與盲目；又如，國有資本轉化為社保基金的困難。尤其在改革需要通過產權交易推進的場合，所有者弱勢甚至缺位的情況更加常見。比如，引起許多爭議的管理者收購，往往蛻變成為企業管理者自編自演的改革鬧劇，國有資產流失也就在所難免。[②]

(三) 延展至 20 世紀 90 年代中後期的國有企業產權制度改革核心舉措

20 世紀 80 年代後期，國企虧損面達到了 30%，這迫使政府意識到必須轉

[①] 榮兆梓. 國有經濟需要新一輪產權制度改革 [J]. 學術界，2016 (6)：5-15.
[②] 榮兆梓. 國有經濟需要新一輪產權制度改革 [J]. 學術界，2016 (6)：5-15.

換國企的經營機制。1991年年底，時任上海市委書記朱鎔基調任國務院副總理兼生產辦主任，討論起草《全民所有制工業企業轉換經營機制的條例》（以下簡稱《轉機條例》）。《轉機條例》在當時是國企改革的頭等大事，其制定過程中曾經討論過產權問題，當時的產權改革問題已經凸顯，在國企改革領域，全民所有制落實到某項國有財產時，責任主體往往是缺位的。① 但20世紀90年代初期，產權改革一度引發爭議。有人認為：誰要提產權改革，就是動搖公有制的基礎。因此《轉機條例》只提賦予企業經營自主權。1992年7月國務院發布該條例，賦予企業生產經營決策權、產品勞務定價權、產品銷售權、物資採購權、進出口權、投資決策權、留用資金支配權、資產處置權、聯營兼併權、勞動用工權、人事管理權、工資獎金分配權、內部機構設置權和拒絕攤派權十四項權利。在張文魁看來，當時的改革非常激進甚至過於激進，「剩餘分配權、投資決策權、資產處置權這些權利肯定應該由股東行使，而不應該放給企業」②。

　　1992年年初，鄧小平南方視察時肯定了股份制。《轉機條例》在肯定企業承包經營責任制的同時，也提出要創造條件試行股份制。當年國務院13個部門還共同制定了《股份制企業試點辦法》《股份有限公司規範意見》等11個法規。到1993年，國企改革在產權問題上取得重大突破。1993年11月，十四屆三中全會通過《關於建立社會主義市場經濟的若干問題的決定》，指出國有企業改革的方向是建立現代企業制度，其對現代企業制度的16字概括——產權清晰、權責明確、政企分開、管理科學，第一句就觸及產權問題。這份決議裡與此有關的不止這16個字，還有一段是關於國有企業的進退，「企業經營不善難以為繼時，可通過破產、被兼併等方式尋求資產和其他生產要素的再配置」。當時，國企改革已刻不容緩。1994年年初，國家經貿委等9個部門成立聯合調查組，對上海、天津、瀋陽等16個重要工業城市的國企財務狀況做調查，結果顯示虧損面已達52.2%。③

---

① 馮禹丁. 30年國企產權改革路 國企改革從哪裡來，到哪裡去 [N]. 南方週末，2015-07-24.
② 馮禹丁. 30年國企產權改革路 國企改革從哪裡來，到哪裡去 [N]. 南方週末，2015-07-24.
③ 馮禹丁. 30年國企產權改革路 國企改革從哪裡來，到哪裡去 [N]. 南方週末，2015-07-24.

調查後，9 部門聯合推出「優化資本結構」試點，主要思路是充實資本金、處理不良債務、剝離企業辦社會職能以及政策性破產，重點是增資、改造、分流、破產。至 1997 年，這項政策基本覆蓋全國所有中等以上城市。1994 年，國務院還確定了 100 家企業建立現代企業制度試點，這 100 家企業分佈於 20 多個行業，其中盈利、虧損和微利的各占 1/3。「好的搞成股份制，最後上市。微利的可能調整，可能淘汰。差的企業首先扭虧、減虧，相當部分要關停並轉退出市場。」

1995 年年初，由國家經貿委和國家體改委牽頭，各部委開始制定國企改制方案的 12 個配套文件。當時有很多人擔心搞現代企業制度會把公有制改成私有制。比如 1995 年黨的十四屆五中全會上提出了「三改一加強」的國有企業改革總體方案。「三改一加強」是指改組、改革、改造和加強管理。但最初的「三改」是改組、改制和改造。其中改組是將不同的國有企業進行優化組合，做大做強；改制是成為多元股東持股的股份制或有限責任公司；改造是進行經營機制改造和技術改造。當時「三改」的初始目標是對確定要發展的國企進行改制，成立股份公司吸收非國有資本，對不符合國家產業政策的國企進行關停並轉的淘汰。黨的十四屆五中全會後，重慶、山東等地率先實施「抓大放小」戰略。

當時中央叫抓大放小，其實就是把中小企業市場化、民營化，搞產權制度改革。由於長期激進的控制權改革，20 世紀 90 年代後期國企出現了較為嚴重的「內部人控制」。這種情況下，職工和管理層搞變相私有化層出不窮。出售國企熱潮中，也出現了不少假買真送、半賣半送、權錢交易等現象。國家經貿委不得不於 1998 年 7 月緊急下發《關於制止出售國有小企業成風有關問題的通知》。

1997 年，國有大中型企業虧損面達 39.11%，黨的十五大和十五屆一中全會提出國有大中型企業改革攻堅和扭虧脫困的三年目標。為實現此目標，國務院提出堅決走「鼓勵兼併、規範破產、下崗分流、減員增效、實施再就業工程」道路。不巧的是，三年目標剛一提出，就遇到了亞洲金融危機和國內特大洪澇災害。據財政部數據，1998 年國有虧損企業虧損額為 3,066.5 億元，

比上年增虧30.9%，成為歷史上國有企業虧損最高的年份。①

在極為困難的情況下，通過剝離不良貸款、抓大放小、戰略性改組和上市融資等手段，1999年出現了轉折性變化，國有及國有控股工業利潤達到967億元，比1998年增長84.2%。2000年，國企利潤達2,392億元，比上年猛增了140%，國有大中型工業企業的虧損面下降到20%左右。② 業績改善的代價之一是職工下崗和企業關閉破產。據陳清泰所著的《國企改革：過關》一書，三年脫困時期，全國下崗分流的職工共有2,100萬人，1997年年底6,599戶虧損的國有大中型企業中，通過兼併聯合和破產註銷等方式退出市場的約2,000戶。③ 1999年，陳清泰、吳敬璉等在《國企改革攻堅15題》一書中提出，國企應該有進有退、有所為有所不為。④ 1999年9月，黨的十五屆四中全會提出，國有資本控制的領域主要包括涉及國家安全、自然壟斷、提供重要公共產品和服務以及支柱產業和高新技術產業這四大領域的重要骨幹企業。2000年以後，各地國有企業改制不斷加速。但正如1997年後那一輪出售國企熱潮中出現的問題一樣，國企出售程序不規範、價格不合理等問題再次出現。

三、股份制與現代企業制度改革

股份制與現代企業制度改革，是中國進入市場化改革年代的產物。國有企業由於長期經營層面的改革成效不佳，在尋求改革方式突破時，選擇了股份制和現代企業制度，這是回應中國市場化改革的必然之舉。

（一）股份制與「混改」

股份製作為現代企業的一種資本組織形式，有利於所有權和經營權的分離，有利於提高企業和資本的運作效率。黨的十五大報告提出，對於股份制，

---

① 馮禹丁. 30年國企產權改革路 國企改革從哪裡來，到哪裡去 [N]. 南方週末, 2015-07-24.
② 馮禹丁. 30年國企產權改革路 國企改革從哪裡來，到哪裡去 [N]. 南方週末, 2015-07-24.
③ 新華社. 中國國企三年改革與脫困的歷程 [EB/OL]. (2000-12-12) [2019-04-26]. http://www.china.com.cn/chinese/2000/Dec/13585.htmL.
④ 新華社. 中國國企三年改革與脫困的歷程 [EB/OL]. (2000-12-12) [2019-04-26]. http://www.china.com.cn/chinese/2000/Dec/13585.htmL.

第二章　城市國有經濟制度變遷

資本主義可以用，社會主義也可以用。不能籠統地說股份制是公有還是私有，關鍵看控股權掌握在誰的手中。

回過頭來看，自20世紀80年代中後期至2012年的20多年所有制改革的實踐，人們對鞏固和發展公有制經濟和其實現形式有一個逐漸深入的認識過程，形成了較為清晰的脈絡。過去人們常認為，股份制和公有制格格不入，但在不斷實踐探索中，國有企業實行股份制後，勞動者利益和企業利益的連接在一定程度上產生的激勵作用，有效地促進企業對內部機制進行改革，鼓舞了企業和職工的干勁。1984—1991年，全國試點股份制轉制的3,200個企業，每年產值和稅利都有較大幅度的增長，高於其他國有企業。

到1992年，中國準備擴大股份制試點。黨的十四大報告指出，股份制有利於政企分開、轉換企業經營機制和積聚社會資金，要積極試點，總結經驗，抓緊制定和落實有關法規，使之有秩序地健康發展。鼓勵有條件的企業聯合、兼並，合理組建企業集團。國有小型企業，有些可以出租或出售給集體或個人經營。

隨著以建立社會主義市場經濟體制為目標的經濟體制改革的深入和對所有制實現形式認識的深化，1997年黨的十五大提出，公有制實現形式可以而且應當多樣化，一切反應社會化生產規律的經營方式和組織形式都可以大膽利用。十五大報告還同時對股份制這一現代企業的資本組織形式給予了明確肯定，做出了重大的理論突破，表明了所有制和所有制實現形式是兩個不同的概念，股份制可以是所有制的實現形式，其本身不姓「社」也不姓「資」。在這樣的精神指導下，公有制的實現形式開始尋找更多的新路子。

經過5年的發展，股份制逐漸成為中國公司所有制的主要形式。股份制企業發展速度很快，1997—2001年間，中國股份制企業從7.2萬家發展到近30萬家；從業人員從643.7萬人增加到2,746.6萬人；全年實現的營業收入從8,311億元增加到56,733億元。[1]

黨的十六大指出，要進一步探索公有制特別是國有制的多種有效實現形

---

[1] 新浪財經. 普查顯示股份制正成為中國公司所有制主要形式［EB/OL］.（2003-05-29）［2019-04-26］. https://finance.sina.com.cn/g/20030529/1135346187.shtml.

式，大力推進企業的體制、技術和管理創新。除極少數必須由國家獨資經營的企業外，積極推行股份制，發展混合所有制經濟，也就是後來被稱為「混合所有制改革」的前身。

十六屆三中全會上首次提出了大力發展混合所有制經濟，實現投資主體多元化，使股份制成為公有制的主要實現形式。這是一個很大的突破。以前的提法主要表明股份制是公有制的一種實現形式，而如今則明確提出了「使股份制成為公有制的主要實現形式」的方針。這意味著，中國在如何全面理解公有制方面有了新的思路，已完全擺脫了計劃經濟條件下對公有制的理解，國有企業多元化的速度會大大加快。

隨著股份制改革的深入，國企混改也進入改革日程表。國企混改，全稱是國企混合所有制的改革，是指在國有控股的企業中加入民間（非官方）的資本，使得國企變成多方持股但還是國家控股主導的企業。但混合所有制的目的並不是為混合多方資本而混合，最終目的是讓國企在改革中能夠增加競爭力和活力，為企業打造一個符合現代企業治理的能夠培養競爭力和創新力的治理體系。回顧近幾年國企改革進程，政策體系已逐漸完善，改革的多項工作也在逐步擴圍。如在央企層面，國家發改委在石油、天然氣、電力、鐵路、民航、電信、軍工等行業和領域，選擇 19 家企業開展重點領域混合所有制改革試點，實現了向社會資本放開競爭性業務。

混改是對企業活力的激發。換言之，不管是國企、私企還是股份制企業是否有活力，均應該表現在企業成員的積極性、主動性等敬業精神是否得到充分發揮，企業對外部環境和內部問題靈敏而準確的反應能力、有力而正確的決策能力和果斷而及時的行動能力是否得到提升。

(二) 國有企業建立現代企業制度的探索

企業制度是企業產權制度、企業組織形式和經營管理制度的總和。企業制度的核心是產權制度，企業組織形式和經營管理制度是以產權制度為基礎的，三者分別構成企業制度的不同層次。企業制度是一個動態的範疇，它是隨著商品經濟的發展而不斷創新和演進的。從企業發展的歷史來看，具有代表性的企業制度有以下三種：

(1) 業主制。這一企業制度的物質載體是小規模的企業組織，即通常所說的獨資企業。在業主制企業中，出資人既是財產的唯一所有者，又是經營者。企業主可以按照自己的意志經營，並獨自獲得全部經營收益。

(2) 合夥制。這是一種由兩個或兩個以上的人共同投資，並分享剩餘、共同監督和管理的企業制度。

(3) 公司制。現代公司制企業的主要形式是有限責任公司和股份有限公司。公司制的特點是：公司的資本來源廣泛，使大規模生產成為可能；出資人對公司只負有限責任，投資風險相對降低；公司擁有獨立的法人財產權，保證了企業決策的獨立性、連續性和完整性；所有權與經營權相分離，為科學管理奠定了基礎。

中國的國有企業探索建立現代企業制度，以上述公司制為基礎，通過以下幾個方面展開改革，時間節點基本上和股份制的建立同步展開：

第一，通過建立和完善現代企業制度，國家依其出資額承擔有限責任，企業依法支配其法人財產，從而改變以往政企不分、政府直接經營管理企業並承擔無限責任、企業則全面依賴於政府的狀況。

第二，企業內部建立起由股東大會、董事會、監事會、經理層構成的相互依賴又相互制衡的治理結構，黨組織在貫徹黨的路線、方針、政策上發揮監督和保證作用，從而改變以往企業領導體制上權利不明、責任不清從而要麼「一元化」領導缺少監督制約、要麼相互扯皮摩擦內耗過大的狀況。

第三，企業以生產經營為主要職責，有明確的盈利目標，改變以往企業辦社會、職工全面依賴企業、企業對職工承擔無限責任的狀況。

第四，企業按照市場競爭的要求，形成適宜的企業組織形式和科學的內部管理制度，從而改變以往作為政府行政體系附屬物，大而全、小而全，內部管理落後的狀況。

第五，企業各種生產要素有足夠的開放性和流動性，與外部的資本市場、經營者市場、勞動力市場及其他生產要素市場相配合，通過資產的收購、兼併、聯合、破產，通過經營者的選擇和再選擇，通過勞動者的合理流動，使企業結構得以優化，競爭力得到有效提高，從而改變以往生產要素條塊分割、

封閉呆滯，優不勝、劣不汰，行政性重複建設嚴重的狀況。

改革至今的實踐表明，國有企業始終是壯大國家綜合實力、保障人民共同利益的重要力量，為此，國有企業改革的深化，必須理直氣壯做強做優做大，不斷增強活力、影響力、抗風險能力，實現國有資產保值增值。①

國企改革必須牢牢把握建立現代企業制度這一關鍵，進一步推進公司制股份制改革，健全公司法人治理結構。現代企業制度的內涵是指以企業法人制度為主體，以公司制度為核心，並能適應市場經濟要求的新型企業制度。雖然現代企業制度的框架結構已經覆蓋多數國有企業，公司治理的完善程度和法制化程度相較之前有了較大提升，但客觀地說，目前國企在企業管理和治理方面，離市場化的要求仍然有很大差距，尤其是治理方面，很多國有企業仍未能按公司法形成有效的法人治理結構，權責不清、約束不夠、缺乏制衡等問題較為突出，一些董事會形同虛設，未能發揮應有作用。真正建立現代企業制度，必須健全公司法人治理結構，讓董事會充分發揮作用，並承擔相應的責任。

建立現代企業制度，就要尊重市場規律，依法落實企業法人財產權和經營自主權，真正確立企業市場主體地位，增強企業內在活力和市場競爭力。市場經濟是一種開放性、競爭性的契約經濟，它要求有明確的、獨立的經濟主體在市場環境下公平競爭，市場主體必須產權清晰，自主經營，自負盈虧。但在現實中，一些企業市場主體地位尚未真正確立，企業在經營決策和管理方面，極易受到舊體制的影響和束縛，管得太嚴、太死，造成企業缺乏活力，動力不足，進而影響了競爭力。當前，國有企業不僅面臨跨國企業、民營企業的競爭，還要走出去參與國際競爭，要想讓國有企業在激烈的競爭中立於不敗之地，當務之急是堅持政企分開、政資分開、所有權與經營權分離，促使國有企業真正成為依法自主經營、自負盈虧、自擔風險、自我約束、自我發展的獨立市場主體，讓企業在市場競爭中逐漸發展壯大。②

---

① 中國網. 習近平希望國有企業這樣做 [EB/OL]. （2017-03-24）[2019-07-29]. http://news.china.com.cn/2017-03/24/content_40498368_2.htm.
② 金輝. 國企改革關鍵在建立現代企業制度 [N]. 經濟參考報, 2017-07-21.

第三節　新時代城市國有經濟制度的深化改革（2012年—）

城市國有經濟制度進入深化改革階段，出現了一些新情況、新問題。其中，對國退民進與國進民退、國有經濟佈局和結構的戰略性調整等問題逐漸成為這一時期城市國有經濟制度深化改革的重要內容，本節將對這些問題進行分析。

一、國退民進的反思與國進民退的調整

國進民退和國退民進是近20年來國有企業改革所呈現出來的兩個方向。起因還是在於對國有企業分類、定位等問題的認識，我們將對這段歷史進行簡要的梳理。

（一）國退民進的反思：起於20世紀90年代中後期

從國退民進的表現來看，證券市場上「國退民進」發軔於1994年，始作俑者為恒通協議受讓棱光國家股以及浙江鳳凰國家股轉讓於康恩貝集團。1996年，國家股或法人股轉讓達十幾起，其中屬於國退民進性質的僅有海虹控股、永生股份和雙虎塗料等。1997年下半年市場掀起重組熱，民營企業通過協議受讓國有股權以借殼上市、買殼上市大行其道。涉及國有股、法人股轉讓的有30多家。其中國有股協議轉讓給民營企業的有國嘉、廣華化纖、貴華旅業、武漢電纜、ST石勸業、湘火炬等。1998年被稱為「資產重組年」，上市公司重組活動高達624起，涉及國有股、法人股轉讓的有70多家。其中屬於國退民進性質的有前鋒股份、ST遼房天、鼎天科技、雙虎塗料、東北華聯（現名ST高斯達）等。1999年，黨的十五屆四中全會提出「有進有退，有所為，有所不為」，國有股轉讓再成熱點，全年涉及公司近百家。其中屬於國退民進性質的有聚友網路、阿鋼、遼物資、吉諾爾、重慶川儀、泰康股份等。2000年國退民進再掀高潮，不計法人股轉讓和國有股劃撥或國有經濟間

的轉讓，屬於國退民進性質的就有40多家。

日益猛烈的國退民進浪潮引發了一些經濟學家的擔憂，代表性的觀點來自郎咸平。他認為，「國退民進」從根本上說是錯誤的。① 應該是國家退出市場，而不是國有企業退出市場，國家和國有企業是兩回事。政府應該退出國有企業，但是國有企業的產權並不需要改變。政府需要做的只是，推動人事改革，用市場化的薪水來吸引職業經理人，政府通過股東會、董事會來監管職業經理人，這才是建立良性的國企改革進步的合適途徑。到2005年前後，經歷高速發展的國退民進浪潮開始降溫。

對此，衛興華教授認為，發展混合所有制經濟就是要銷蝕國有資本、「去國有化」「國企民營化」「國退民進」「國有資本退出控股狀態」等看法均與中央指導思想完全相悖。② 中國實行以股份制為載體的混合所有制經濟，其目的是更好地搞好搞活國有經濟，而不是相反。歷屆中央政府關於發展股份制和混合所有制經濟的論述，講得很明確。中國處於社會主義初級階段，實行中國特色社會主義，既不搞單一的公有制，又不搞私有化，而是實行公有制為主體、多種所有制經濟共同發展的基本經濟制度。搞股份制和混合所有制經濟改革，必須以此為中心，服從於這一中心環節。從歷屆中央文件有關混合所有制的論述中，我們可以清楚地看出，絲毫沒有為「國退民進」、銷蝕國企留下任何空間。

(二) 國進民退的戰略性調整

對於「國進民退」概念的理解，有狹義和廣義之分。狹義上講，表現為國有經濟在某一或某些產業領域市場份額的擴大，以及民營企業在該領域市場份額的縮小甚至退出。廣義上講，除了上述內容外，還表現為政府對經濟干預或者說宏觀調控力度的加強。③ 2003年國資委成立後，要求央企進入行業前三名才能避免被淘汰，這使得央企必須不斷擴張、收購、兼併，這就表

---

① 曹兼善.郎咸平旋風始末 [M].南京：江蘇人民出版社，2005：11.
② 衛興華.怎樣認識混合所有制經濟——兼評「國退民進」論 [EB/OL].(2015-09-28) [2019-07-29].http://theory.people.com.cn/n/2015/0928/c112851-27643481.html.
③ 鳳凰網.國進民退是與非 [EB/OL].[2019-07-29] http://finance.ifeng.com/opinion/fengping/14.html.

現出「國進民退」。

　　從支持國進民退的觀點來看，其理由如下：首先，「國進民退」有利於促進資源合理配置。在中國，重要的資源包括土地、礦山等都歸國家所有。在其中某些領域出現國有企業逐漸收購或者兼併重組民營企業的現象，並不是國有化，因為這些資源本來就是國家所有；同時也不是壓縮民營企業的生存空間，因為民營企業在這些領域並沒有實現健康發展。國有企業進入這些領域，可以改變現有不合理的資源配置方式，體現了「強進弱退、優進劣退」。其次，以國有企業為主導，民營企業為輔助，是解決分配不公乃至兩極分化的根本之道，也是保持國家長治久安的關鍵。再次，從長遠來看，資源領域內的「國進民退」是順乎經濟發展規律的，是大勢所趨。最後，在經濟危機的背景下，特殊類、資源類領域的「國進」能夠起到保持社會穩定的作用。①

　　關於「國進民退」的規模大小和演進趨勢，代表性的觀點有：①「國進民退」涉及很多行業領域，「逆市場化」的趨勢是嚴重的，並且列舉通鋼「7/24」事件、山西煤炭企業重組、地方政府爭搶央企高額投資、央企爭奪房地產市場的「地王」、新《中華人民共和國郵政法》抬高民企快遞門檻等案例作為依據；②中國政府為應對金融危機出抬的十大產業振興規劃和經濟刺激方案，使資源大量流向國有壟斷企業；③2009年出現的「國進民退」浪潮對民營企業和中國的市場經濟造成了致命衝擊，大型央企對民營企業進行了多行業和大規模的兼併、收購等非市場行為，在煤炭等礦產資源領域大批民資退出，在鋼鐵領域民企幾乎都折返，在石油分銷領域民營的小加油站和小分銷企業多數被收購或者因為門檻提高等因素而退出。

　　關於「國進民退」的形態特徵，一些人認為主要表現為三種：①資源壟斷性國進民退。2009年中國國有資本在資源、能源領域中大規模躍進的景象是明顯的，在鋼鐵、煤炭、航空、金融等資源領域中，明顯出現了民營資本的「擠出現象」；在四萬億振興計劃中，國有資本幾乎得到了所有的重要政府

---

① 衛興華，張福軍. 當前「國進民退」之說不能成立 [J]. 紅旗文稿，2014（9）.

訂單；大量中央企業成批次地進入地產領域，成為「地王現象」的締造者；在一向由民營資本把控的互聯網領域，也出現了國有企業加速進入和購並清洗的景象。②「楚河漢界」式「國進民退」。「國進民退」並不發生在所有的行業，國有企業集團聚集在少數上游產業，逐漸形成了寡頭壟斷，盈利能力迅猛增加；數量巨大的民營資本被限定在下游產業，當它們試圖向上游進擊的時候，必然遭到政策性的打擊。③「玻璃門」式「國進民退」。一些行業和領域在准入政策上雖無公開限制，但實際進入條件限制頗多，主要是對進入資格設置過高門檻。人們將這種「名義開放、實際限制」現象稱為「玻璃門」或「彈簧門」，看著是敞開的，實際是進不去的，一進就碰壁。①

「國進民退」現象在2009年頻繁出現的原因，主要有五個方面：一是對市場經濟的原則缺乏真正的理解和把握；二是對國有企業認識上有偏差；三是中國很多人受到「國家經濟安全」或者「國家金融安全」論誤區的影響；四是2008年以來的金融危機，許多中小民企受到直接衝擊，而且是首當其衝；五是部分民營企業本身還有一些不規範的行為，比如環境保護不力，礦區安全保護不力等，造成一些民怨和對行政壟斷的期盼。

另一種觀點認為，總體上不存在所謂「國進民退」，對於個案現象應具體分析。

從國有經濟改革的方針政策、戰略調整的基本思路和幾十年的實踐結果看，改革開放以來的總體趨勢是國有經濟的比重在下降，中國在總體趨勢上不存在「國進民退」現象。中國國有經濟並沒有只進不退，相反，隨著改革的推進部分由國有經濟經營的部門正在逐步向民營經濟開放。② 對於所謂「國進民退」的個案，不應簡單持一概肯定或一概否定的態度，應該結合其背景和方式進行具體分析。

全國經濟普查的數據表明，中國經濟總體上不存在「國進民退」現象。2009年12月25日，時任國家統計局局長馬建堂在國務院新聞辦舉行的發布

---

① 冷兆松.「國進民退」主要分歧綜述 [J]. 紅旗文稿, 2014 (2).
② 辜勝阻, 韓龍艷. 中國民營經濟發展進入新的歷史階段 [J]. 求是, 2017 (4).

第二章　城市國有經濟制度變遷

會上說，第二次全國經濟普查的數據與第一次經濟普查的數據相比，至少在企業單位數量上、企業資本的結構上，國有企業的比重是下降的，非國有企業的比重或者說私營企業的比重是上升的。這意味著，民營經濟有了長足的發展，總體上不存在「國進民退」現象。

被廣泛傳言的山西煤炭企業重組，事實上並沒有形成所謂「國進民退」的格局。2010年1月，針對社會上「國進民退」的傳言，山西省有關領導說，從煤炭企業數量上看，國有企業辦礦的占20%，民營企業辦礦的占30%，混合所有制股份制企業辦礦的占50%，山西已經形成以股份制為主要形式，國有、民營並存的辦礦格局。[①]

2009年以來，以中央企業為代表的國有企業的集體崛起、做大做強，根本原因不是依靠壟斷，而是依靠改革開放，依靠轉機建制，依靠按照市場規律和企業發展規律經營企業、管理企業、監管企業，依靠企業廣大職工的艱苦奮鬥。

發展中國特色社會主義爭論的一個焦點是要不要發揮國有經濟的主導作用。一些人以「反壟斷」為名褻瀆國有經濟，進而削弱乃至取消國有經濟。應該理直氣壯地促進國有經濟發展壯大，確保國有經濟控制國民經濟命脈的主導地位。大肆炒作所謂「國進民退」的危險，這不僅不符合事實，而且在認識上是有害的。在社會主義市場經濟中，國有經濟的主導作用是與社會主義初級階段的基本經濟制度和中國的特殊發展階段相聯繫的，不能局限於補充私人企業和市場機制的不足。

重點考慮如何鞏固和發展公有制經濟是中國特色社會主義的必然選擇。因為沒有公有制的主體地位、沒有國有經濟的主導作用，社會主義將不復存在。應該千方百計加強公有制的主體地位，增強國有經濟的主導作用。在社會主義初級階段，我們還需要保留非公有制經濟，對它們實行鼓勵、支持和引導的政策。但是，在公有制經濟的主體地位減弱情況下，不能再強調「國退民進」。

---

① 佚名. 山西煤礦企業重組經驗有望向全國推廣 [N]. 21世紀經濟報導，2010-01-06.

黨的十八大以來，習近平同志多次重申堅持「兩個毫不動搖」的政策主張，提出要毫不動搖鞏固和發展公有制經濟，推行公有制多種實現形式，推動國有資本更多投向關係國家安全和國民經濟命脈的重要行業和關鍵領域，不斷增強國有經濟活力、控制力、影響力。毫不動搖鼓勵、支持、引導非公有制經濟發展，保證各種所有制經濟依法平等使用生產要素、公平參與市場競爭、同等受到法律保護。這說明，不論是國進民退還是國退民進，都是實現「兩個毫不動搖」的重要手段，不能把手段性質的改革方案當作目標來施行。

二、國有經濟佈局和結構調整

　　國有經濟佈局和結構的調整改革，是國有企業改革進入新時期的戰略性調整，這是從宏觀層面來重新審視和調整國有企業改革所引發的國有經濟的戰略性佈局問題，因而呈現出對國有資產進行管理等問題。

　　(一) 國有資產管理體制與國民經濟的命脈行業

　　2015年8月24日，黨中央、國務院印發《關於深化國有企業改革的指導意見》(以下簡稱《指導意見》)，明確了深化國有企業改革的指導思想、基本原則、目標任務和重要舉措，這是指導國有企業改革的綱領性文件，具有重要的里程碑意義。同時，確立了以《指導意見》為引領、以若干文件為配套的「1+N」政策體系。目前，已相繼制定出抬的13個專項改革意見或方案，共分為三類：第一類是改革完善國有資產管理體制、加強和改進企業國有資產監督防止國有資產流失、深化國有企業改革中堅持黨的領導加強黨的建設等方面的5個專項意見；第二類是深化中央管理企業負責人薪酬制度改革等方面的5個專題方案；第三類是貫徹落實《指導意見》任務分工等方面的3個工作方案。

　　1. 國資監管的體制機制不斷完善

　　一是加快推進國資監管機構職能轉變。國務院國資委按照企業國有資產法、公司法等法律法規，圍繞以管資本為主加強國有資產監管的要求，牢牢

第二章　城市國有經濟制度變遷

把握出資人職責定位，進一步明確國資監管邊界，大力推進簡政放權，全面清理規章和規範性文件，取消下放 21 項監管事項，宣布廢止和失效 33 個規範性文件。

二是探索以管資本為主改革國有資本授權經營體制。明確了國有資產監管機構與國有資本投資、營運公司以及國有資本投資、營運公司與所出資企業的關係，在中糧集團有限公司、國家開發投資公司 2 家中央企業開展國有資本投資、營運公司試點，24 個省級國資委改組組建了 50 家國有資本投資、營運公司。

三是不斷強化國有資產監督。健全規劃投資、財務審計、產權管理、收益管理等制度，加強出資人監督，積極推進中央企業委派總會計師試點；加強和改進外派監事會監督，做深做實做細當期和事中監督，及時發現問題、揭示問題和報告問題。

四是加強指導把關提醒。密切跟蹤地方改革進展情況，及時協調解決改革中的重大問題，對地方出抬的改革文件加強指導把關，確保改革始終沿著既定方向推進。[①]

2. 現代企業制度不斷健全

一是推進國有企業功能界定與分類。明確了國有企業分類改革、發展、監管和考核的基本原則，完成了中央企業功能界定分類，並同步配套分類考核、差異化薪酬分配等措施，選擇部分中央企業啓動工資總額備案制、週期預算等分類管理試點。各地區有序開展國有企業功能界定工作，國有企業目標多元、定位不清、監管針對性不強等問題初步得到解決。

二是推進公司制股份制改革。國有企業積極推進集團層面公司制改革，引入各類投資者實現股權多元化，大力推進改制上市。目前，全國國有及國有控股企業（不含金融類企業，以下簡稱全國國有企業）改制面超過 80%，國務院國資委監管的中央企業（以下簡稱中央企業）及子企業改制面超過

---

① 國務院關於國有資產管理與體制改革情況的報告［EB/OL］．（2016－06－30）［2019－04－26］http://www.npc.gov.cn/npc/zxbg/node_30554.html.

90%。截至2015年年底，中央企業控股上市公司388戶，中央企業61.3%的資產、62.8%的營業收入、76.1%的利潤集中在上市公司。①

三是穩妥發展混合所有制經濟。出抬了國有企業發展混合所有制經濟的意見，有序開展混合所有制改革試點，鼓勵和規範國有企業投資項目引入非國有資本。截至2015年年底，中央企業中混合所有制企業戶數占比達到67.7%。②

四是加強董事會建設。開展了規範董事會建立工作，提高企業科學決策水準和風險防範能力，85家中央企業集團層面建立了規範董事會，寶鋼集團有限公司、中國節能環保集團公司、新興際華集團有限公司、中國醫藥集團總公司、中國建築材料集團有限公司5家中央企業開展了落實董事會選聘高級管理人員、業績考核和薪酬管理等職權試點。

3. 國有資本佈局不斷優化

一是推動企業重組整合。中央企業從2012年年底的115家調整到目前的106家，提高了產業集中度，減少了同質化競爭，提升了專業化水準，增強了產業協同效應。

二是優化佈局結構。國有資本更多向關係國家安全和國民經濟命脈的行業和領域集中，國有資產在軍工、電信、民航、能源等重要領域占比達到90%以上。持續推進國際化經營，積極參與「一帶一路」建設和國際產能合作，境外經營規模不斷擴大，業務範圍不斷拓展。2012—2015年，中央企業境外經營單位資產、營業收入和利潤占總額的比重平均為11.9%、17.3%、8.3%。③

三是加快產業升級。國有企業大力實施創新驅動發展戰略，加大研發投

---

① 國務院關於國有資產管理與體制改革情況的報告［EB/OL］. (2016-06-30)［2019-04-26］. http://www.npc.gov.cn/npc/zxbg/node_30554.html.
② 國務院關於國有資產管理與體制改革情況的報告［EB/OL］. (2016-06-30)［2019-04-26］. http://www.npc.gov.cn/npc/zxbg/node_30554.html.
③ 國務院關於國有資產管理與體制改革情況的報告［EB/OL］. (2016-06-30)［2019-04-26］. http://www.npc.gov.cn/npc/zxbg/node_30554.html.

入，加強自主創新和協同創新，推動大眾創業萬眾創新，改造升級傳統產業，積極發展戰略性新興產業，在新能源、新材料、高端裝備製造等方面逐步形成競爭優勢。目前，中央企業牽頭組建了141個產業技術創新戰略聯盟，發起和參與了179支創新發展基金，構建了247個創新創業平臺。

四是處置低效無效資產。通過進場交易、兼併重組等方式，實現低效無效資產穩妥有序退出，加快退出長期虧損、產業前景不明、缺乏控制力的資產，推進「去產能」和處置「僵屍企業」工作。自2012年以來，中央企業通過產權市場處置低效無效資產1,080億元。①

五是加快剝離國有企業辦社會職能和解決歷史遺留問題。國有企業辦學校、公檢法機構向地方移交工作基本完成，部分企業辦醫院移交地方或進行改制。駐黑龍江省中央企業分離移交「三供一業」試點工作基本完成，河南、湖南、重慶試點工作全面推進，遼寧、吉林、廣東、海南、四川、貴州試點工作正式啓動。②

(二) 國有經濟以資本管理等模式來實現結構調整

國有企業經歷了痛苦的改革和轉型過程，實現了由弱向強的轉變，使得國有資產總量大幅度增加，國有資本佈局和結構不斷優化，國有經濟的活力和競爭力不斷增強，發展質量大幅度提升，已經同市場經濟相融合。國有企業資產總額從1997年的12.5萬億元提高到2013年的104.1萬億元。國有企業成為中國世界性企業的主力軍，到2013年，已有92家中國大陸企業進入世界500強，居世界第二位，其中國有企業共有83家，比2000年增加了74家。③在全球性經濟大轉型的過程中，中國改革與轉型的貢獻在於突破了公有產權和市場經濟不能融合的傳統思維定式，在發展市場經濟的同時，不但沒

---

① 國務院關於國有資產管理與體制改革情況的報告［EB/OL］．（2016-06-30）［2019-04-26］http://www.npc.gov.cn/npc/zxbg/node_30554.html.
② 國務院關於國有資產管理與體制改革情況的報告［EB/OL］．（2016-06-30）［2019-04-26］http://www.npc.gov.cn/npc/zxbg/node_30554.html.
③ 國務院關於國有資產管理與體制改革情況的報告［EB/OL］．（2016-06-30）［2019-04-26］http://www.npc.gov.cn/npc/zxbg/node_30554.html.

有摧毀公有經濟，反而愈益做大做強了公有經濟。

1. 國有經濟要維護全民利益、國家安全

如何做強做大做好國有資本？核心是按照資本營運的規則來增強國有經濟的活力，駕馭並利用好國有資本。[①] 要形成國有經濟的合理佈局，進一步增強國有經濟活力，擴大國有資本對經濟、社會、文化領域的控制力和影響力，從而使得國有經濟真正成為維護全民利益、維護國家安全的經濟基礎。

一是形成新的國有資本戰略佈局。目前，國有企業仍然面臨諸多問題，企業競爭力有待提高，國有資產佈局不合理。2001—2010年，全國國有企業淨資產收益率平均為5.4%。2010年國資委統計的12.4萬戶國有企業中虧損企業約占35%。2010年仍有70%的國有企業分佈在一般生產加工、商貿服務和其他加工行業。[②] 通過國有資產的資本化，就使得國有資產具有流動性，從一般性和虧損的行業退出，而通過資本運作的方式進入關係國家利益的薄弱環節。主要從兩個方面加大國有資本的佈局：一方面，增強國有經濟在保障國家安全方面的主力軍作用，包括傳統的國防安全和非傳統安全（糧食安全、能源安全、信息安全、經濟安全）。另一方面，增強國有經濟在公共服務方面的主力軍作用，服務於節能減排、生態建設、社會保障等公共服務目標的實現。到2020年基本形成國有資本分佈要形成國家戰略性行業與一般性行業合理分佈的格局。

二是加大國有資本對於非經濟領域的控制力、影響力。目前的國有經濟對於國家的戰略支撐主要局限於經濟領域，實現從資產向資本的戰略轉移之後，就有可能擴展到非經濟領域。特別是建設社會主義核心價值體系和提升國家軟實力已經成為突出挑戰。形形色色的輿論背後，都有特定傾向的資本力量在操縱。可以投放國有資本設立具有國家戰略支撐屬性的非營利性基金會，通過資助國內與國外的學術研究、非政府組織活動、新聞媒體報導等活動，促進與中國經濟基礎相適應的上層建築建設和國家軟實力建設。

[①] 鄒一龍. 駕馭資本力量，做大做強社會主義 [J]. 紅旗文稿，2014 (15).
[②] 康怡. 國資委：國新公司或將轉生為「中投二號」[N]. 經濟觀察報，2013-11-29.

第二章 城市國有經濟制度變遷

三是把國有資本和國有企業做成全面建成小康社會的重要基礎。習近平指出，國有企業是推進現代化、保障人民共同利益的重要力量，要堅持國有企業在國家發展中的重要地位不動搖，堅持把國有企業搞好、把國有企業做大做強做優不動搖。國有企業是壯大國家綜合實力、保障人民共同利益的重要力量，國有資產是全體人民的共同財富。當前，中國已經進入全面建成小康社會的決勝階段。只有辦好國有企業、使國有資產不斷增值，才能為全面建成小康社會奠定堅實的物質基礎。為此，要從中國社會主義初級階段的基本國情出發，適應國有企業改革進程，處理好效率和公平的關係，提高國有經濟競爭力。國有資本投資營運要服務於國家戰略目標，更多投向關係國家安全、國民經濟命脈的重要行業和關鍵領域，在提供公共服務、發展重要前瞻性戰略性產業、保護生態環境、支持科技進步、保障國家安全等方面發揮更大作用。[1]

四是放大國有經濟的引領功能。通過發展混合所有制，以及公有經濟和非公有經濟的聯營、協助和一體化營運，放大國有資本的引領功能。通過國有資本的投資撬動全社會的投資，放大國有經濟在新興戰略行業、經濟轉型升級等方面的戰略引領功能。特別是國有經濟已經是中國全球經濟競爭力的骨幹力量，也是實施「走出去」戰略的主力軍，國有經濟和非公有制經濟的相互融合和相互協助，將促進中國企業進一步集體崛起。[2]

五是堅持以人民為中心的發展思想壯大國有資本。以人民為中心的發展思想反應了堅持人民主體地位的內在要求。搞好國有企業，有利於尊重人民的主體地位、保證人民當家做主，有利於充分發揮廣大人民群眾的積極性、主動性和創造性，有利於促進全社會勞動關係的和諧，有利於真正實現發展為了人民、發展依靠人民、發展成果由人民共享。因此，做強做優做大國有企業是堅持以人民為中心的發展思想的現實體現。要完善以職工代表大會為基本形式的民主管理制度，通過進一步推行廠務公開、業務公開，落實職工

---

[1] 董大海，張克. 深入認識做強做優做大國有企業的重要性 [N]. 人民日報，2017-08-21.
[2] 鄢一龍. 駕馭資本力量，做大做強社會主義 [J]. 紅旗文稿，2014 (15).

知情權、參與權、表達權、監督權；在重大決策上充分聽取職工意見，涉及職工切身利益的重大問題必須經過職代會審議；完善職工董事制度、職工監事制度，使職工代表能夠有序參與公司治理，使國有企業在推進基層民主、構建和諧勞動關係上發揮帶頭作用。①

2. 國有經濟要推動共同富裕盡早實現

習近平同志指出：「蛋糕」不斷做大了，同時還要把「蛋糕」分好。② 國有經濟還是中國穩步走上共同富裕道路的經濟基礎。

首先，國有企業利潤要實現全民共享。2013 年中國的國有企業利潤總額達到 2.6 萬億元，大體是財政收入的 1/5，這已經是一個巨大的「蛋糕」，但是目前全民由此獲得的利益有限。2007 年財政部和國資委就發文規定：國有企業上繳比例資源類應達到 10%，一般競爭性達到 5%。根據國務院國資委和財政部公布的數據，2013 年央企實現利潤總額 1.3 萬億元，中央國有資本經營總收入為 1,130.22 億元，央企上繳紅利占其利潤總額的比例為 8.7%；中央國有資本經營支出 978.19 億元，其中調入公共財政預算用於社會保障等民生支出 65 億元，占上繳國有資本收益的 5.8%，僅占央企利潤總額的 0.5%。③ 黨的十八屆三中全會提出，到 2020 年國有資本收益上繳比例提高到 30%，更多用於保障和改善民生。預計如果國有企業改革順利推進，到 2020 年國有企業利潤在 3.5 萬億元以上，上繳的利潤將達到 1 萬億元。到那時，中國的人口數為 14.1 億人左右，攤到每人每年間接分享的紅利為 750 元，但是由於是由政府統籌分配應用於民生，低收入群體實際收益要大得多。下一步可以參考崔之元提出的將上繳利潤建立永久信託基金，並將基金收益進行全民分紅，從而使得全民收益更加摸得著、看得見。④

其次，國有經濟成為中國人民社會保障資金的重要來源。2013 年，中國

---

① 董大海，張克. 深入認識做強做優做大國有企業的重要性 [N]. 人民日報，2017-08-21.
② 習近平. 切實把思想統一到黨的十八屆三中全會精神上來 [N]. 人民日報，2014-01-01.
③ 財政部. 國企去年的收入超千億 僅 65 億用於民生 [N]. 中國經濟時報，2014-06-25.
④ 崔之元. 市場經濟中的公有資產與全民分紅 [J]. 商務周刊，2006-09-05.

第二章　城市國有經濟制度變遷

以五項社會保險為主的社會保險基金收入為 3.5 萬億元，到 2015 年估計會達到 5 萬億元，社會保險資金重安全，只能用於存銀行、買國債。同時，中國於 2000 年成立全國社會保障基金，可以進入資本市場投資，目前資金總規模達到 1.1 萬億元，累計收益 3,493 億元，年均投資收益率為 8.3%。[①] 如果劃轉部分國有資本充實社會保障基金，這就會使得國有經濟為中國彌補養老金缺口，為解決中國未來 14 億人口的社會保障問題特別是養老問題做出最大的貢獻。從更深遠的意義來說，還將成為中國社會主義生產資料公有制實現的一個重要渠道。

再次，鼓勵員工持股，推進共同富裕。黨的十八屆三中全會提出「允許混合所有制經濟實行企業員工持股」。讓員工成為所有者，實際上是在新時代強化工人企業主人翁地位和打破勞資對立關係，「形成資本所有者和勞動者利益共同體」的一條重要渠道，它也將成為推進企業經濟共享的重要經濟基礎。

最後，未來的時間段，完善國有資本市場化運作的三大著力點：

一是，調整優化國有資本佈局結構。讓商業類國企及其資本更充分納入市場，加快實現與其他社會資本的平等競爭；讓公益類國企及其資本更聚焦於宏觀經濟效益與社會效益的統一；做大做強經濟效益和社會效益均優的國企；對「僵屍企業」或落後企業，實行「一企一策」制度，相應進行關停或兼併重組。

二是，促進國企要素的市場化配置。讓國有資本主動進入資本市場，加大上市力度，使國企按照市場機制實行優勝劣汰，促進國有資本合理流動，實現保值增值。通過政企分開，達到所有權與經營權完全分開。加大市場化職業經理人的選聘力度，實行內部培養和外部引進相結合，並根據人才特點和需要，建立不同身分的轉換機制和市場化激勵機制。

三是，完善多元產權結構的良性運行。改革調整國有股權比例，實現股權多元化。繼國有資本進入資本市場後，民營資本開始介入上市或非上市國

---

① 鄢一龍. 駕馭資本力量，做大做強社會主義 [J]. 紅旗文稿, 2014 (15).

企股權的公開有序流轉，同時民資和國企還可以共同組建產業投資基金等，實現國資與民資的共同發展。①

總之，國有資產向國有資本的戰略性轉移，為中國國有經濟做大做強、為實現全體人民共同富裕創造了新的戰略支點。這就需要我們解放思想，勇於譜寫國有經濟改革的新篇章，開拓社會主義基本經濟制度的新境界。國有經濟將成為中國維護國家利益和穩步走向共同富裕的基石。未來的中國不但將成為高收入經濟體，而且也是共同富裕的經濟體。②

3. 國有企業進退有序的制度安排

我們要清楚地看到，從行業分佈上看，中國目前 90% 以上的國企處於競爭性領域。「讓國企從競爭性領域退出」等說法就是變相的私有化論調，將國企私有化的最根本目的就是摧毀我們黨執政的經濟基礎。對於如何科學發展混合所有制經濟並防止出現新的國有資產流失，警惕有人借機掀起新一輪國企私有化浪潮等問題，我們應當高度重視。對於發展混合所有制經濟，應該選擇一部分行業的一部分企業進行試點，總結經驗教訓後方可大範圍推行。要按照中央制定的路線、政策、法規，有序發展混合所有制經濟，防止一哄而上。

必須始終堅持、加強和改善黨對國有企業改革的領導。習近平多次強調：「中國是一個大國，不能出現顛覆性錯誤。」什麼是顛覆性錯誤？顛覆性錯誤就是指背離社會主義的根本性、方向性的錯誤。也正是在這個意義上，黨的十八屆三中全會強調，全面深化改革必須加強和改善黨的領導，充分發揮黨總攬全局、協調各方的領導核心作用，提高黨的領導水準和執政能力，確保改革取得成功。作為中國社會主義事業的堅強領導核心，中國共產黨自然也是中國經濟建設的領導核心，是國企改革的領導核心。在國企改革中，必須發揮好黨組織的戰鬥堡壘作用和黨員的先鋒模範作用，敢於擔當，並同一切錯誤言行做堅決鬥爭。只有始終堅持、加強和改善黨的領導，才能解決當前

---

① 和君諮詢. 國有資本市場化營運三大著力點 [EB/OL]. (2017-09-19) [2019-04-26]. http://www.sohu.com/a/192946093_561855.
② 鄢一龍. 駕馭資本力量，做大做強社會主義 [J]. 紅旗文稿, 2014 (15).

国企存在的贪污腐化、奢靡浪费、任人唯亲等腐敗問題，才能團結和帶領群眾同一切侵吞國有資產的行為做堅決鬥爭，才能保持國企改革的正確方向。混合所有制經濟的性質就是取決於誰控股，這是個很重要的問題。中央應當嚴禁以國企改制為名放棄控股權，更不能改變重點國企的性質，這是始終堅持、加強和改善黨的領導的堅實基礎和有力保障。

发挥國有經濟主導作用，不斷增強國有經濟活力、控制力、影響力，是一個漸進的過程。這些年國有經濟的發展雖然取得了很大成效，但仍面臨體制、機制、結構等深層次問題，亟待在新的歷史起點上繼續深化改革。要繼續完善產權保護制度，積極發展混合所有制經濟。產權是所有制的核心。國有經濟改革的路徑不是私有化，而是市場化。要健全歸屬清晰、權責明確、保護嚴格、流轉順暢的現代產權制度，杜絕過去存在的國企經濟尋租現象；要加快發展國有資本、集體資本、非公有資本等交叉持股、相互融合的混合所有制經濟，促進國有資本放大功能、保值增值、提高競爭力。要繼續完善公司治理結構，加快現代企業制度建設。完善的公司治理結構是現代企業制度的核心。要健全協調運轉、有效制衡的公司法人治理結構，建立職業經理人制度，強化國有企業經營投資責任追究，探索推進國有企業財務預算等重大信息公開，合理增加市場化選聘管理人員比例。要完善國有資本管理體制，加快國有經濟結構調整。完善的國有資本管理體制是優化國有經濟結構的關鍵。要以管資本為主加強國有資產監管，完善國有資本經營預算制度，改革國有資本授權經營體制，支持有條件的國有企業改組為國有資本投資公司。國有資本投資營運要服務於國家戰略目標，準確界定不同國有企業功能，加大對公益性企業的投入，繼續控股經營自然壟斷行業，進一步破除各種形式的行政壟斷。[1]

必須要求國有企業主動接受社會各界的監督，透明化經營。這是不斷增強國有經濟活力、控制力、影響力的重要保證。要積極敞開各種監督渠道，

---

[1] 郭勇. 不斷增強國有經濟活力、控制力與影響力 [N]. 湖南日報，2013-12-04.

主動接受人民群眾的監督，也要接受參與到發展混合所有制經濟過程中的所有企業的監督，借鑑私企、外企的先進理念和管理經驗。中央和地方各級黨委、政府可設立國企改革舉報電話、信箱、網站等，接受社會各界對國企改革中失職、瀆職、腐敗等行為的舉報，徵求社會各界關於國企改革的意見、建議，以凝聚全體人民的智慧和力量搞好國企改革。尤其是隨著互聯網的迅猛發展，網路新聞、微博、微信、論壇、博客、播客等各種傳播形式顯示出越來越強大的威力，為人民監督政府、打擊腐敗提供了最好的陣地和舞臺。有關部門應把國企改革和黨的群眾路線教育實踐活動和純潔性、先進性建設等有機結合起來，積極發動廣大人民群眾參與，進一步利用網路等多種形式，拓寬和暢通群眾舉報腐敗行為的渠道。反腐敗職能部門也要特別注重從網路曝光中發現國有資產流失等線索，鼓勵和引導廣大人民群眾通過合法途徑舉報國企改革中的錯誤做法和腐敗問題，真正堅持好公有制的主體地位。

必須在堅持國有資本主體地位的同時，堅持市場化取向運作。目前，國企改革進入深水區，改組組建國有資本營運投資公司成為本輪國企改革的重點內容。應積極探索國有資本營運公司的發展路徑。一是加快國有資產資本化。將資產轉化為資本，使其處於可交易狀態，提高資本營運效率。將重點發展混合所有制和提高資本流動性，實現資本結構多元化、資產證券化。二是優化國有資本配置結構。建立以區域、行業、流動性、風險等維度為主的符合資產配置要求的營運指標體系，重點解決佈局結構的方向性問題。未來資本營運的核心將圍繞資金、資產、資本（股權）轉化與循環，探索從資本層面實現「退出一批、重組一批、發展一批」，優化自身資本結構。三是改革營運管理體系。從管企業向管資本轉變，對出資企業，以資本為紐帶，以產權為基礎，依法行使股東權利。建立職業經理人市場化招聘制度，合理增加市場化選聘比例，暢通現有經營管理者與職業經理人身分轉換通道。

本章小結

本章回顧了新中國成立以來，社會主義傳統計劃經濟體制下公有制企業制度與改革開放後體制轉軌、建立社會主義市場經濟體制下的公有制與非公有制企業制度並存的兩大階段城市國有經濟制度變遷的歷程。新中國建立70年來，這一城市國有經濟制度的變遷從生產力和生產關係兩個層面影響並適應了中國不同發展階段的客觀經濟規律要求，促使各種微觀經濟組織在特定歷史時期發揮其活力，並總體上保證了國民經濟的增長和發展。

當然，由於對國有經濟定位的認識是隨著歷史發展而逐步清晰的，在這個制度變遷過程中，我們也走了不少彎路，國有經濟發展壯大過程中也出現了相當的損失和低效率，為此，我們逐漸明確，中國的國有經濟必須始終堅持其帶動力、影響力、控制力。

新中國成立70年來經濟建設的經驗教訓告訴我們，不斷增強國有經濟活力、控制力、影響力，數量是基礎，質量是關鍵。在不斷增強國有經濟「三力」的過程中，國有經濟的比重可以有一定程度的下降，但這種下降必須以國有經濟質量的提高為前提。鑒於目前經濟的主要增量來自非公有制經濟，要提高國有經濟質量，不斷增強國有經濟「三力」，一方面，國有經濟必須在關係國家安全、國民經濟命脈的關鍵行業和關鍵性領域具有支配作用。這些關鍵行業和領域包括：涉及國家安全的行業，自然壟斷的行業，提供重要公共產品和服務的行業，支柱產業和高新技術產業中的重要骨幹企業，以及生態環境保護與科技進步支持等領域。另一方面，國有經濟要在宏觀調控中發揮關鍵作用。要在穩定宏觀經濟、調整經濟結構、保障社會公平、維護經濟安全、推動自主創新以及實現科學發展和促進社會和諧等方面發揮關鍵作用，支撐、引導和帶動整個社會經濟的發展。[1]

---

[1] 郭勇. 不斷增強國有經濟活力、控制力與影響力 [N]. 湖南日報，2013-12-04.

必須從戰略層面高度重視和不斷增強國有經濟活力、控制力、影響力。隨著國企通過股份制改造、引入戰略投資者、重組上市等方式實現國有產權多元化，國有經濟的活力、控制力、影響力確實在不斷增強。[①] 但我們也要看到，國有企業存在的問題依然不少：有的國企收入差距較大甚至懸殊，有的國企在履行社會責任方面還有很大差距，有的國企管理粗放、安全事故時有發生，有的國企現代企業制度流於形式甚至搞家長制，還有的國企領導人決策獨斷專行、生活奢靡腐化、用人任人唯親，甚至為了個人私利出賣國家利益……這些問題不僅影響員工的積極性，而且使國有經濟的活力、控制力、影響力受到損害。激發各類市場主體的新活力，對於所有國企都具有極強的現實針對性。所以，增強活力、激發活力、展示活力，確實是所有國企特別是其領導人必須直面的重大問題，必須從戰略層面高度重視。

---

① 郭勇. 不斷增強國有經濟活力、控制力與影響力 [N]. 湖南日報，2013-12-04.

第三章
農村集體經濟制度變遷

　　新中國成立以來，中國的農村集體經濟制度變遷是在中國整體制度變遷的大背景下進行的，經歷了20世紀50年代的農村土改、互助組、合作社到人民公社的新的社會主義經濟制度的形成和確立，由最初農村生產關係適應生產力發展轉向70年代末的不適應的狀態，遂有了肇始於農村家庭聯產承包責任制改革的農村集體經濟制度的創新和變遷。改革後的農村集體經濟制度的變遷涉及農村土地產權制度、農村基本經營制度和農村居民收入分配制度等重要內容。通過梳理農村集體經濟制度變遷的歷史，客觀地展現新中國70年來波瀾壯闊的農業農村改革與發展圖景。

第一節　農村土地　權制度變遷

中國農村土地制度的變遷，是誘致性制度變遷和強制性制度變遷相結合的制度變遷的典範，也是農村社區精英和政治企業家們對現實約束和獲利機會做出反應的結果。考慮到1949年、1953年、1978年及2012年是中國不同性質的農地制度變遷的時間分界點[①]，我們將對農地制度變遷的回顧劃分為四個階段，並依據諾斯（2008）提出的制度變遷的動力、路徑和經濟績效展開論述。[②]

一、改革開放前農村土地改革及其向集體所有制的轉變（1949—1978年）

（一）農地產權的國有化和私有化並存時期（1949—1952年）

早在1947年中共中央就頒布實施了《中國土地法大綱》，新中國成立後1950年中共中央又頒布了《土地改革法》，這兩項法律（或制度）確立了農村土地國有和私有的混合制度，實現了農民（尤其是貧民）「耕者有其田」的革命目的。[③] 在新中國成立前後為什麼會實施國有和私有並存的農村土地制度呢？我們的解釋是，新中國成立前中國共產黨為了奪取政權的勝利，政治

---

① 1947年在解放區開始實行國有化和私有化並存的土地制度，1949年新中國成立，繼續延續了1947年的土地政策，1953年在全國範圍內開始實行農村集體所有制，1978年在全國範圍內開始實現農村土地集體所有制下的家庭聯產承包責任制，2012年開始了農地「三權分置」改革。值得注意的是，我們認為農村集體所有制和農村土地集體所有制是有重大區別的，前者既包括土地的集體所有制，還包括其他生產資料的集體所有制。
② 道格拉斯·C.諾斯. 制度、制度變遷與經濟績效 [M]. 杭行, 譯. 上海：上海人民出版社, 2008.
③ 1947年的《中國土地法大綱》第一條規定：「廢除封建性及半封建性剝削的土地制度，實行耕者有其田的土地制度。」1950年的《土地改革法》第十條規定：「所有沒收和徵收得來的土地和其他生產資料，除本法規定收歸國家所有者外，均由鄉農民協會接收，統一地、公平合理地分配給無地少地及缺乏其他生產資料的貧困農民所有。」

第三章　農村集體經濟制度變遷

上需要取得廣大農民的支持，那麼農民支持革命的條件必然是要求中國共產黨做出和實現讓其獲得土地的承諾；經濟上為了解放和發展農村生產力，允許土地的農民私有和部分國有是必然的選擇。新中國成立初，國家為了兌現對參加革命的農民的政治承諾，也為了恢復農村生產力和發展農村經濟，繼續允許土地的農民私有和部分國有。不過，這一時期的農地制度變革主要是國家推動的，土地的平均分配也是國家支持完成的。由於這一時期農民的土地不是通過市場交換取得，而是國家權力介入分配的結果，這就為後來國家權利重新介入土地財產的分配提供了潛在的可能。[1] 另外，這一時期的農地制度變遷後，其經濟績效如何？依據相關的統計資料，1949—1953 年農、林、牧、副、漁業總產值分別達到了 326 億元、384 億元、420 億元、461 億元、510 億元[2]，出現了連續增產的好局面。

（二）農村集體所有制時期（1953—1978 年）

農村土地部分國有和部分私有後，農業生產率有所上升，但是由於單個農民擁有的農業生產資料和農業技能較少，不能滿足農業生產的需要。在此情況下，局部地區出現了農業生產互助組，這可以看作一種誘致性制度變遷。此時，國家或其代理人在觀察到了互助組的成功實踐後以正式制度的形式肯定了這一制度變遷。[3] 隨後，在「自願互利、典型示範、國家幫助」政策引導下，農民發展了農業合作初級社、高級社。在初級社時期，農民私有的土地產權已經向集體的公有制過渡了。而國家又通過正式制度的安排，推波助瀾地實現了農民土地的集體所有制和農具等生產資料的集體公有制。[4] 此後出

---

[1] 周其仁. 中國農村改革：國家和所有權關係的變化（下）——一個經濟制度變遷史的回顧 [J]. 管理世界，1995（4）：147-155.
[2] 國家統計局國民經濟綜合統計司. 新中國五十年統計資料匯編 [G]. 北京：中國統計出版社，1999：30.
[3] 中共中央於 1951 年 12 月 15 日頒布了《關於農業生產互助組合作的決議（草案）》，肯定了農民群眾的這種制度和組織創新。
[4] 全國人大於 1955 年 11 月 9 日通過了《農業生產合作社示範章程（草案）》。1956 年 6 月 30 日，全國人大一屆三次會議又通過了《高級農業生產合作社示範章程》，該章程第十四條規定：「社員的土地轉為合作社集體所有，取消土地報酬。」

现的政社合一的人民公社，進一步鞏固了農村集體所有制。①

　　這一時期，在國家強制力推動下，農民的土地私有制轉化為集體所有制，甚至是人民公社時期的準國家所有制。其實，開始時出現了誘致性制度變遷，如互助組。這種誘致性制度變遷的動力是什麼呢？我們認為是農民考慮自身的資源稟賦和利益後，選擇互助組可能有利於解決農業生產中單個農戶生產資料不足和農業生產技術低下的困難而採取了集體行動。這是一種在特定的制度環境中，制度創新主體對獲利機會做出的自然反應。後來，國家權力介入互助組這一制度和組織創新後，初級社、高級社以及人民公社都是國家主導下的強制性制度變遷和組織創新的結果。一項制度如果沒有考慮制度使用者的利益，沒有考慮到激勵機制和監督費用，沒有考慮「搭便車」等行為，這種強制性的制度變遷可能會是失敗的。那麼為什麼國家有動力去推動初級社、高級社和人民公社這樣的組織和制度變遷呢？我們的解釋是：①受外部因素的影響，尤其是意識形態的影響。當時蘇聯實行的農村集體化運動初期表現出較好的經濟績效（當然，其後期表現出較差的經濟績效），這種模式的成功給具有相同意識形態的新中國提供了一個較好的土地制度變遷的學習範本。②國家的戰略選擇問題。新中國成立後，國家實施了重工業優先發展的工業化戰略。在「一窮二白」的現實國情下，國家只有通過農村土地的集體所有制安排「剝削」農業的生產剩餘，才能實現工業所需資金的累積。② 那麼這一時期的制度變遷的經濟績效如何？按照林毅夫的估算，1952—1978 年，中國農業年均增長率僅為 2.9%，處於較低的水準。③

---

① 這些正式的制度安排包括：1961 年中共中央頒布的《農村人民公社工作條例（草案）》；1962 年中共中央公布的《關於改變農村人民公社基本核算單位問題的指示》。
② 林毅夫，蔡昉，李周. 中國的奇跡：發展戰略與經濟改 [M]. 增訂版. 上海：格致出版社，上海三聯出版社，1999.
③ 林毅夫. 制度、技術與中國農業發展 [M]. 上海：上海三聯書店，上海人民出版社，2005：63-92.

二、改革開放後農村土地集體所有制下的兩權分離與家庭聯產承包責任制（1978—2012 年）

人民公社制度由於沒有解決激勵問題，出現了「搭便車」問題。在人民公社後期，由於「搭便車」問題越來越嚴重，低下的農業生產率已經不能滿足人們的生存需要。在「天災人禍」的雙重因素作用下，有些地方出現了餓死人的現象。[1] 德姆塞茨（1967）在論述產權形成的原因時認為產權的形成是組織中的人依照新制度產生的預期收益和成本調整自身行為的結果。[2] 其實新制度的形成亦如此。20 世紀 60 年代初期，農村社區精英就開始了新制度的探索，如廣西龍勝縣、甘肅臨夏、河南和安徽的一些縣市已經出現了借地和包干到戶的現象。[3]

隨後，由於農業政策失敗和「天災人禍」的影響，為了應對財政危機和政治危機，國家逐漸放鬆了對農村經濟和社會的管制，允許農民、地方政府進行各種提高農業生產率的試驗。最後在農村社區精英、地方政府和中央政府的長時期的討價還價中，國家最終肯定了類似於安徽鳳陽小崗村的包產到戶的制度模式，並以正式制度的形式在全國推廣。[4]

此階段，農村社區精英創造了「包產到戶」等制度形式，其主要是為了維持自身的生存和利益；國家先是默許後又以正式制度肯定了這樣的制度創新，主要是為了應對財政危機和政治危機等。在農村土地集體所有制下的「包產到戶」這一制度創新或變遷的路徑是自下而上的，即農村社區精英首創類似於「包產到戶」的制度，地方政府進行局部試驗，試驗成功後國家以正

---

[1] 杜潤生. 杜潤生自述：中國農村體制改革重大決策紀實 [M]. 北京：人民出版社，2008.
[2] DEMSETZ H. Toward a theory of property rights [J]. America economic review, 1967 (2)：347-359.
[3] 周其仁. 信息成本與制度變遷——讀《杜潤生自述：中國農村體制改革重大決策紀實》[J]. 經濟研究，2005（12）：120.
[4] 1980 年中央的 75 號文件《中共中央關於進一步加強和完善農業生產責任制的幾個問題的通知》肯定了農業生產責任制；1982 年中央的一號文件《全國農村工作會議紀要》肯定了包產到戶、包干到戶或大包干等集體經濟形式。1982、1983、1984、1985 和 1986 年的中央一號文件以及 1987 年的中央五號文件都是關於農村改革的。

式制度對這些制度創新給予肯定。那麼此階段，制度變遷的經濟績效如何呢？按照林毅夫的估算，1978—1984 年農業年均增長率為 7.7%。他用生產函數法和供給函數法估計的家庭農作制度的改革在 1978—1984 年對農業增長的貢獻度分別為 19.80% 和 17.82%。[①]

三、新時代農地集體所有制下「三權分置」改革的深化（2012 年—）

為進一步解決人地矛盾，中央在以往土地所有權與承包權「兩權分離」基礎上，提出了集體土地所有權、農戶承包權和經營者的土地經營權的「三權分置」。最早，在 2013 年 7 月，習近平總書記在河北省考察農村產權交易所時指出：「深化農村改革，完善農村基本經營制度，要好好研究農村土地所有權、承包權、經營權三者之間的關係。」在此之後，2014 年的中央一號文件中正式提出「在落實農村土地集體所有權的基礎上，穩定農戶承包權，放活土地經營權」，拉開了「三權分置」改革的序幕；2015 年的中央一號文件中著重提出進行農村集體土地確權登記發證，穩步推進農村土地制度改革試點；2016 年的中央一號文件中明確規定農村土地承包關係長久不變，在此基礎上穩定農村土地承包關係，落實集體所有權，穩定農戶承包權，放活土地經營權，完善「三權分置」辦法；在 2017 年的中央一號文件中進一步落實農村土地集體所有權、農戶承包權、土地經營權「三權分置」辦法。加快推進農村承包地確權登記頒證，擴大整省試點範圍。統籌協調推進農村土地徵收、集體經營性建設用地入市及宅基地制度改革試點；2018 年的中央一號文件中在以往一號文件的基礎上深入推進農村集體產權制度改革，深化農村土地制度改革，鞏固與完善農村基本經營制度。

[①] 林毅夫. 制度、技術與中國農業發展 [M]. 上海：上海三聯書店，上海人民出版社，2005：63-92.

第三章　農村集體經濟制度變遷

第二節　農村生產經營制度變遷

在新中國將近 70 年的農村生產經營制度變遷中，從 1949 年新中國成立後的農村混合經營向集體經營轉變，到 1978 年開始對農地「兩權分離」的家庭承包經營為主的雙層經營體制探索，再到 2012 年開始對農地「三權分置」時期堅持土地集體所有制和家庭承包經營為主的新探索，其間經歷了幾次重大的制度變遷。

一、改革開放前農村混合經營向集體經營的轉變（1949—1978 年）

（一）1949—1953 年的混合經營時期

1949 年新中國成立，1950 年 6 月，中共中央頒布了《中華人民共和國土地改革法》，此法律的頒布和實施徹底改變了以前封建半封建的土地所有制，實行了農民的土地所有制，農民擁有完整的土地權利，此時的土地所有權、使用權以及經營權允許農民私人所有。得到土地的農民，主要以個體或家庭為單位進行經營，其從事農業的生產資料主要是自己的，或者是土改中從土改委員會等政府組織中分到的。農戶獨自經營，自負盈虧。同時，一些土地還沒有分到農戶手中，屬於國有，以國有農場等形式存在，主要由國家組織相關人員進行耕作，如東北地區出現過的軍墾田等。在這一時期，中國農村的生產經營制度是典型的混合經營制度。但是，這種制度下也存在一些問題。如土地改革後，給農民分了田，這使得農民擺脫了以往封建剝削制度的束縛，極大地解放了農民的生產力，提高了其生產的積極性，但同時也暴露出一系列問題，譬如農戶缺乏必要的農業生產資料和技術、土地規模小、小農經濟

與工業化發展之間存在矛盾、小農經濟比較分散、農地產權發展不平衡等等。①

(二) 1953—1958 年土地集體所有和實現合作化經營時期

從經濟角度講，為了解決農戶缺乏農業生產資料、土地規模小的問題，以及實施農業支持工業發展的戰略，從政治角度講，為了實現新民主主義向社會主義的過渡，從 1953 年開始，國家啟動了「一化三改造」戰略，在實施工業化戰略的同時，對農業、手工業、資本主義工商業進行社會主義改造。對農業的社會主義改造過程中，農村土地制度和農村經營主要經歷了從最初具有社會主義萌芽的互助組（至 1953 年年底）到土地入股統一經營的初級社（1954—1955 年）再到農具、土地、耕畜等折價歸集體所有的高級社（1955—1956 年）最後到人民公社化（1956—1958 年）這四個階段。② 1953 年年初，一些地方的農民為了解決農業生產資料不足的問題，主動將土改時分到的生產資料，如耕牛、鐵犁等集中起來，實現互幫互助，形成了互助組。互助組中土地的所有權仍然歸農戶所有，僅僅是自願地集中了部分其他生產資料，一定程度上解決了主要生產資料不足的問題。

1953 年 12 月，中共中央發布了《關於發展農業生產合作社的決議》，標誌著農業合作社從試辦進入發展時期，初級社的經營制度逐步建立起來。初級社的產權制度安排，從生產要素的所有權的歸屬情況來看，在初級社時期，農民將大型農具、土地、耕畜等主要生產資料分社統一經營和使用，但是土地等其他主要的生產資料的所有權是屬於農民的，他們擁有比較完整的產權；從收益分配的角度來看，每年農民都可以按照土地的數量以及質量從集體的收入中獲取相應的報酬，除此之外，還包括一些生產資料給付報酬。初級社這種不改變土地所有權的性質而只是集中了農民的其他生產資料的做法，在新中國成立初期中國生產力水準還比較低下的情況下是非常有效的經營制度

---

① 陳金濤，劉文君. 農村土地「三權分置」的制度設計與實現路徑探析 [J]. 求實，2016 (1)：81-89.
② 盧新海，張旭鵬. 農地「三權分置」改革的政治社會學分析 [J]. 新疆師範大學學報（哲學社會科學版），2017，38 (6)：112-120.

第三章　農村集體經濟制度變遷

安排，是一種「半社會主義性質」的改革，也是向完全的社會主義過渡的中間階段。

中國最初的農業合作化是以互助組為主，在互助組時期農民自願互利，互換人工或畜力，共同勞動，但是出現了急躁冒進的傾向。[①] 1955年10月召開的黨的七屆六中全會通過了《關於農業合作化問題的決議》，加速了全國農業合作化的步伐。1956年年底高級社建立基本完成，實現了由農民私人所有制到集體所有制的轉變。高級社與初級社存在著本質上的不同，高級社不再像初級社那樣土地與生產資料屬於私人所有，此時，農民的土地和生產資料譬如耕畜、大型農具等全部折價入股，從以前的農民私人所有轉變為合作社集體經營。農民沒有退社的自由，同時也不再是一個獨立的經濟單元，也不能像初級社時期通過自身對生產資料的私有權而獲得收益，而是實行按勞分配的原則。農民在農業生產中的主體地位也被合作社取代，合作社對於土地和其他的生產資料擁有絕對的掌控權。高級社的出現在一定程度上克服了以往小農經濟生產的缺陷，但是同時弱化了社員關心集體的內在動力，出現了「搭便車」等機會主義傾向。至1956年年底，全國入社農戶占總農戶數的96.3%，其中加入高級社的農戶占總農戶的87.8%。[②] 從初級社到高級社的過程究其本質是混合所有制轉變為集體公有制。1957年冬和1958年春出現了聯隊、聯社，標誌著人民公社的萌芽。在1958年8月，中共中央政治局在北戴河召開擴大會議，通過了《中共中央關於在農村建立人民公社問題的決議》，至此人民公社制度正式建立。到1958年10月底，有1.2億農戶參加了人民公社，占全國總農戶的99%以上，全國的農村基本上實現了人民公社化。[③] 在人民公社化的「一大二公」時期，農民已經失去了對土地和其他主要生產資料的私有產權，同時生產小隊和生產大隊同樣也失去了對社內主要資產的所有

[①] 馮霞，文月. 三權分置：農村土地集體所有制的有效實現形式［J］. 上海農村經濟，2016（12）：26-30.

[②] 馬羽. 試論中國農業合作化的歷史必然性［J］. 社會科學研究，1981（5）：3-7.

[③] 佚名. 50年前今天：全國人民公社化運動開始［EB/OL］.（2008-08-29）［2019-04-26］. http://news.ifeng.com/history/1/jishi/200808/0829_2663_754115.shtml.

權,此時人民公社擁有對各級經濟組織的所有生產資料唯一的支配權,可以實行隨意的徵用和調撥。

(三) 1958—1978年土地集體所有制政社合一的集體化經營時期

在1958年之後的人民公社快速發展的情況下也存在一些問題。農業生產的集體行動單元過大,造成了農戶的生產積極性受挫,與此同時,也增加了對農民勞動計量和監督的困難,從而導致農戶勞動投入激勵不足、農業生產效率低下。1962年9月黨的八屆十中全會通過了《農村人民公社工作條例修正草案》,糾正了人民公社存在的一些問題,同時確立了「三級所有,隊為基礎」的格局。在「三級所有,隊為基礎」這段時期土地和其他主要生產資料分別歸生產隊、生產大隊、人民公社所有和經營,同時實行各自獨立核算,自負盈虧,在這三者之中,生產隊所有和經營是最為基本和主要的部分。① 這種「三級所有,隊為基礎」的生產經營模式從一定程度來看擺脫了人民公社初期經營效率低下的困境,但是它也強化了農村集體所有制。一直到改革開放初,很長一段時間內農村一直實行的是「政社合一」的人民公社制度,也就是把基層政權機構與集體經濟組織的領導機構合為一體,統一管理全社的各種事務,同時農村的生產經營一直處於集體化經營時期。

其後在1966—1976年這十年間,雖然農業勞動力投入以及財政農業支出每年都有所增加,但是農業年均總產值卻每年都在下降。同時人民的生活水準也急遽下降,1976年的農村人均口糧比1957年少了四斤(1斤 = 500克,下同),同時有1.4億農村人口人均口糧在300斤以下,處於半饑餓的狀態,加之農業稅負相對過重,農民在交了公糧之後還要繳納餘糧且國家給予的農業補貼太少,嚴重影響了中國農業生產的發展。② 在1976年以後,國家的經濟發展得到調整並逐步走向正軌,同時農村不斷湧現出各種自發的改革形式,以改變當時中國集體經濟模式下效率低下、農民生產積極性疲軟等狀況。

---

① 王亞華. 農村土地「三權分置」改革:要點與展望 [J]. 人民論壇·學術前沿, 2017 (6):56-60.
② 陸文. 新中國農村土地制度的改革歷程 [J]. 黨政幹部學刊, 2011 (7):49-50.

二、改革開放後以家庭承包經營為主的雙層經營體制的「兩權分離」時期（1978—2012年）

1978年安徽鳳陽小崗村的18位農民打破以前大集體生產的局面，進行大包干，分田到戶，掀起了全國範圍內農村土地改革的浪潮，也帶來了農村經營制度的改變。[①] 在同年12月黨的十一屆三中全會上，提出了實施家庭聯產承包責任制，在實行土地公有的前提下，由農戶承包經營。自此以家庭聯產承包經營為主、統分結合的雙層經營體制成為農村的基本經營制度。為了進一步確立兩權分離的農村土地制度和以家庭聯產承包經營為主、統分結合的雙層經營體制，1982年的《全國農村工作會議紀要》承認了家庭承包經營的合法性，同時打開了土地承包經營權和所有權分置的大門。以家庭聯產承包經營為主、統分結合的雙層經營體制，在堅持農用地、池塘、水利設施、田間道路等基本生產資料和農業基礎設施歸集體所有的背景下，通過包場到戶，以家庭為單位分散經營的方式極大地促進了農村生產力的發展。當時這種分戶經營的生產模式極大地調動了農村勞動人民的生產積極性，提高了農地的經營效率。到1983年年底，全國已有95%的農戶實行了包產到戶，全國實施家庭承包經營的土地面積占耕地總面積的97%左右，糧食產量迅速攀升。[②]

以家庭承包經營為主、統分結合的雙層經營體制中，農地制度的兩權分離和承包權期限問題是關鍵。1982年的《全國農村工作會議紀要》正式提出了所有權與承包經營權分置，1984年將農戶的承包經營權的期限定為15年，1993年將其延長為30年。2003年的《中華人民共和國農村土地承包法》第一次將土地承包經營權寫進了法律，在法律層面上確定了土地所有權與承包經營權的農地雙層經營模式。2004年取消了合同訂購的生產干預，賦予農民更多的生產自主權。2007年的《中華人民共和國物權法》將土地承包經營權

[①] 任榮. 六十年土地改革的演變歷程 [N]. 蕪臺日報，2009-02-16（09）.
[②] 陳丹，唐茂華. 中國農村土地制度變遷60年回眸與前瞻 [J]. 城市，2009（10）：41-45.

定義為用益物權，從法律的角度將土地承包經營權置於與土地所有權相同的位置。2008年10月12日出抬的《中共中央關於推進農村改革發展若干重大問題的決定》標誌著中國農地產權改革進入了快速發展的階段，文件指出，允許農民以轉包、出租、互換、轉讓、股份合作等形式流轉土地承包經營權，發展多種形式的適度規模經營。2011年11月，國土資源部、中央農村工作領導小組辦公室、財政部、農業部聯合下發《關於農村集體土地確權登記發證的若干意見》，要求逐步完成農村集體土地所有權和集體土地使用權等土地權利的確權登記發證。

2000年以後，隨著工業化和城市化的發展，農民的務工收入或打工收入占總收入的比例越來越高，農民依靠種地為生的生產生活方式開始發生轉化，農民的基本經營制度也發生了變化。一方面，在統分結合的雙層經營體制中，統的方面，或者說集體經濟組織開始式微。一些地方的集體經濟組織由於收入有限和對農業生產提供的保障越來越少，農民對農村集體的依賴程度逐漸降低，全國範圍內出現了農村集體經濟式微的變化趨勢。尤其是隨著農業稅和「三提五統」等政策的取消，農村集體經濟組織在一些地方已經「名存實亡」。另一方面，隨著從事農業生產的比較收益降低，農民開始進場務工，傳統的家庭經營也開始發生分化。一些農民已經不再依靠種地維持生產，出現了土地的撂荒問題。另外一些農民則將土地開始流轉給新型農業經營主體，如種糧大戶、家庭農場、合作社和農業企業等。至此，農村的基本經營制度發生新的變化。

1978—2012年，除了以土地制度為核心的生產經營制度外，勞動力制度和農業稅制度也進行了改革。首先，伴隨著改革開放，農村勞動力也由依附於土地，逐漸向非農產業轉移。隨之，戶籍制度也逐漸發生變化，全國範圍內試點取消戶籍制度限制，允許勞動力流動。其次，隨著工業化和城市化的推進，要更好地解決「三農」問題，重點之一是以減輕農民負擔為中心，以取消「三提五統」等稅外收費、改革農業稅收為主要內容的農村稅費改革。2004年，國務院開始實行減徵或免徵農業稅的惠農政策，2006年1月1日起

廢止《農業稅條例》，結束了農民繳納農業稅和「三提五統」的歷史，徹底減輕了農民的負擔。勞動力制度和農業稅制度的變化，也對農村的生產經營制度產生了較大衝擊，統分結合的雙層經營體制面臨著新的挑戰。

三、新時代堅持土地集體所有制和家庭承包經營為主的「三權分置」時期（2012 年—）

隨著近年來中國工業化、城鎮化的快速發展，大量農村人口向城市轉移，中國農村的基本經營制度也發生了新變化。

首先，在堅持農村集體所有制的前提下，農地產權由「兩權分離」向「三權分置」轉變。2013 年 7 月 22 日，習近平總書記在湖北武漢視察農村產權交易所時就提出要深化農村改革，完善農村基本經營制度，好好研究農村土地所有權、承包權、經營權三者之間的關係。這是中央關於將農地權利劃分為所有權、承包權和經營權「三權分置」的思想萌芽。2014 年 1 月 19 日發布的《關於全面深化農村改革加快推進農業現代化的若干意見》中提出「在落實農村土地集體所有權的基礎上，穩定農戶承包權，放活土地經營權」，拉開了中國「三權分置」的序幕。這是中央文件首次提出「三權分置」的政策思想，是中國農村土地產權又一次重大改革，這次改革旨在落實集體所有權、穩定承包權的基礎上，放活經營權，實現多種形式的土地經營權流轉，徹底挖掘農地潛在價值。在 2015 年 2 月 1 日發布的《關於加大改革創新力度加快農業現代化建設的若干意見》中就首次提出了要修改法律法規，確保「三權分置」的合法性。在之後的中央文件中對「三權分置」政策進行了完善，在 2016 年 1 月 27 日發布的《關於落實發展新理念加快農業現代化實現全面小康目標的若干意見》文件中就提出了完善「三權分置」的辦法。2017 年黨的十九大報告中進一步明確了農村土地制度的「三權分置」改革方向。2018 年 1 月 2 日發布的《中共中央國務院關於實施鄉村振興戰略的意見》提出要進一步深入推進農村集體產權制度改革，深化農村土地制度改革，鞏固與完善農村基本經營制度。「三權分置」改革是中國農地產權改革的重大創新，它是

農地產權的第二次細分，在保留農地集體所有的基礎上，將承包經營權細分為承包權與經營權是走出中國當前農村基本經營制度困境的必由之路。

其次，在堅持農村集體所有制的前提下，繼續堅持家庭經營在農業中的基礎性地位，同時探索農業經營組織方式多樣化。農業經營組織方式多樣化，主要方向是推進家庭經營、集體經濟、合作經營和企業經營方式共同發展。2015年11月發布的《深化農村改革綜合性實施方案》，進一步明確了堅持和完善農村基本經營制度。2017年，黨的十九大提出要「實現小農戶和現代農業發展有機銜接」。2017年5月31日國家印發的《關於加快構建政策體系培育新型農業經營主體的意見》進一步明確了要引導和發展新型農業主體。2018年的中央一號文件也強調了要培育新型農業經營主體。2019年的中央一號文件將培育農村新型農業經營主體的重點放在了家庭農場和合作社上。目前，中國新型農業經營主體主要有種糧大戶、家庭農場、合作社和農業企業等。他們與農戶家庭是新時代中國農業生產經營過程中的主體。當然，中央一直強調，家庭經營的繼承性地位不能動搖。

再次，在堅持農村集體所有制的前提下，逐漸探索新型農業社會化服務體系。建立農業服務體系是農業生產經營過程中非常重要的環節。改革開放以來，農村集體經濟組織和供銷社等一直承擔著農業社會化服務的主要功能。但是隨著農村集體經濟組織的弱化和供銷社等的改制，農業生產的服務體系開始向社會化方向轉變。早在2008年，黨的十七屆三中全會的《中共中央關於推進農村改革發展若干重大問題的決定》中就提出要探索建立新型農業社會化服務體系。2012年以後，隨著農地「三權分置」改革的推進，新型農業社會化服務體系的探索開始大規模出現。新型農業社會化服務體系主要是服務於農業生產的產前、產中和產後，主要的主體包括供銷合作社、農民專業合作社、專業服務公司、專業技術協會、農民經紀人、龍頭企業等。

最後，在堅持農村集體所有制的前提下，進一步做實農村集體經濟組織。由於受到市場化改革和農村勞動力轉移等的影響，傳統的農村集體經濟組織弱化了。2012年以後，對進一步做實農村集體經濟組織，進行了一系列探索。在農村集體經濟組織的法律地位方面，新的民法通則修正案給予了農村集體

第三章　農村集體經濟制度變遷

經濟組織一定的法律地位，保障其作為半市場化的主體參與經濟活動。在農村集體資產方面，探索實現「資源變資產」「資金變股金」和「農民變股東」的「三變」改革，通過股份合作社等形式進一步量化集體資產，落實農戶集體成員的資格權和收益權等。在農村集體經濟組織的發展方面，探索了股份合作社和專業合作社等有效途徑，進一步增加集體經濟組織的收益。在農村集體經濟組織的治理方面，既加強了黨的領導核心地位和農村黨支部的戰鬥堡壘作用，也在根據不同的集體經濟組織探索市場化的運作模式。

縱觀1949年至今中國農村經營制度變遷歷程，從混合經營時期，到人民公社時期，到「兩權分離」下的統分結合的雙層經營體制時期，再到「三權分置」下統分結合的雙層經營體制的探索和創新時期，可以說是在不斷探索農村經營制度的「統」與農戶經營的「分」的過程。農村經營制度變遷的過程，究其本質還是生產力與生產關係不斷適應的過程。新中國成立初，土地產權屬於私人所有，這個時期基本上是農戶經營的「分散經營」占據了主要地位，適應了當時的生產力發展要求。「三大改造」以後，互助組、初級合作社、高級合作社到人民公社過度強調了「統」的作用，也是生產力發展的需要，但是生產關係的調整在一定程度上超越了生產力發展的實際。改革開放以後，為了進一步解放和發展農村生產力，在農地「兩權分離」背景下，以家庭經營為主、統分結合的雙層經營體制是「統」與「分」恰當組合的制度形式，也是農村生產關係的又一次重大調整。2012年以後，農地「三權分置」背景下，統分結合的雙層經營體制的探索和創新，也是「統」與「分」的新組合，更是適應生產力發展新要求，做出的新的制度性調整和探索。

第三節　中國農村居民收入分配制度變遷歷程

一、改革開放前農村居民收入分配的平均主義時期（1949—1978 年）

（一）「各盡所能、按勞取酬」的農村居民收入分配制度（1949—1952 年）

1949—1952 年是中國國民經濟恢復時期。在此期間，長期存在於舊社會的私有制分配制度和「不勞而獲」的分配方式被打破。黨和國家以馬克思的「按勞分配」思想為基礎，根據具體國情進行了收入分配制度改革。在農村，實行了土地公有和私有並存的多種所有制，分配方式是各盡所能、按勞取酬，農民主要以自我勞動獲得收入。

1950 年黨中央頒布了《中華人民共和國土地改革法》並廢除地主階級的土地，將其轉為農民所有，農民自己耕種，自食其力，農業生產品除了上繳一定稅收外，剩餘的歸農民自己所有。雖然農民獲得了土地，但其他生產資料的缺乏以及生產基礎的薄弱給單個農民的生產經營帶來了困難，從而各種互助合作組織在生產中應運而生。1951 年 9 月，中共中央第一次農業生產互助合作會議召開。農業生產互助組是具有社會主義萌芽性質的合作組織，包括臨時互助小組和常年互助小組。在臨時互助組階段，土地歸各農戶所有，互助組的成員一般並不固定，利益分配一般以換工方式結算。常年互助組則是一種相對高級的合作形式，生產資料與收入全歸個人所有，農戶們共同使用部分生產資料，如某些牲畜、農具等，並且開始實行記工算帳，採取以工換工或評工計分的辦法。到 1952 年年底，中國有將近 90%的耕地都由貧農、中農佔有。同時，在互助組內部，以家庭為基本生產經營單位，土地、耕畜和其他生產資料仍屬農民個人所有，產品也歸土地所有者所有。

在國民經濟恢復階段，黨中央通過實施相關法令和政策，逐步改變了舊中國極不合理的收入分配制度，各盡所能、按勞取酬的分配方式開始實行。

第三章　農村集體經濟制度變遷

（二）實行「按勞分配」為主和其他分配方式並存的農村居民收入分配制度（1953—1957年）

1859年，馬克思在《政治經濟學批判》的導言中指出：「分配的結構完全決定於生產的結構，分配本身就是生產的產物，不僅就對象說是如此，而且就形式說也是如此。」[①] 這句話表明生產方式決定分配方式，分配與生產力水準相適應。在過渡時期，中國的生產力水準落後，國家實施三大改造政策，農村的生產資料所有制和生產關係發生了巨大變革，分配制度也相應調整。

毛澤東認為，鞏固工農聯盟要保證農民富裕起來，搞合作化則是防止農戶再次貧困的唯一辦法。因此，黨中央在1953年通過了《關於發展農業生產合作社的決議》，並組織建立了以土地入股和統一經營為特點的農業集體經濟組織——初級農業生產合作社。社員按統一計劃參與勞動，既可按勞分配也可按生產要素分配，按生產要素分配主要是通過土地生產資料等入股獲得分紅等。如1953—1956年初級社、高級社就存在著通過土地生產資料入股分紅的做法。隨著社會主義農業改造的不斷深入，農村經營形式也由「初級合作社」上升為「高級合作社」。1956年6月30日，全國人大第一屆三次會議通過了《高級農業生產合作社示範章程》。該章程規定，土地等生產資料歸集體所有，不再有分配權。合作社全面實行「按勞分配」。

在整個過渡時期，從初級社發展到高級社，農村收入分配改革探索的目標就是起點的公平。隨著中國農村社會主義改造的完成，土地轉為國家和集體所有，減少了影響個人分配起點公平的先天因素，消除了擁有生產資料的私人獲得非勞動收入的可能，為農村社會經濟發展和分配公平奠定了堅實的基礎。

（三）「平均主義」的農村居民收入分配制度（1958—1978年）

隨著農業的社會主義改造完成和第二個五年計劃的開啟，土地等主要生產要素被轉歸國家或集體所有。黨中央希望建立一個理想的社會主義農業模式，即人民公社，實現農民的共同富裕。因此，自1958年開始，農村生產經營組合模式從高級社轉變為「政社合一」的人民公社。人民公社時期大致分

[①] 馬克思. 馬克思恩格斯全集：第46卷（上冊）[M]. 北京：人民出版社，1972：32.

为兩個階段：「大公社時期」和「三級所有，隊為基礎」的人民公社時期。

　　1958—1962年被稱為「大公社」時期，該時期農業稅的徵收和農副產品的統購統銷基本與人民公社化前一致，內部分配方式則是糧食供給制與工資制相結合。1959年年初，中國農村人民公社化基本實現。雖然人民公社制度的基礎是按勞分配，但是，全國的大多數地區在實踐中形成了按需分配體制，公社免費向全體社員供給口糧，即在公共食堂免費吃飯，社員的柴、米、油、鹽等一切伙食費用都實行包干，免費供應，並且根據公社的經濟條件和社員的消費情況，確定供給範圍，實行吃、穿、住等各種各樣的所謂「包」。① 由於供給制成為主要的分配方式，各地公社的公共食堂難以為繼。1959—1960年中國發生嚴重困難，全國各地出現大面積的「糧荒」現象。

　　為了緩解幹部與農戶間日趨緊張的矛盾，調整逐漸失衡的利益格局，中央開始關注農村分配問題。1962年2月13日，中央頒布《中共中央關於改變農村人民公社基本核算單位問題的指示》，調整了農村居民收入分配方式。人民公社開始實行「三級所有，隊為基礎」的核算體系。「三級所有」是指農業產品用於繳納國家的農業稅、提留集體公積金和公益金、實現生產隊社員的收入三個部分。「隊為基礎」是指在公社內部實行三級核算，生產隊是基本的核算單位。生產隊有經營的自主權，有權支配自己的生產資料和勞動力，直接組織生產和收益分配，自負盈虧。在這個時期，農民個體的工資水準很低，占個人收入分配的比重小；供給制被廢除，重新推行「工分制」；實行「三包一獎」責任制（包產、包工、包成本，超產獎勵）。因此，1962—1978年這段時期被稱為「三級所有，隊為基礎」的人民公社時期。

　　總之，在1978年以前，中國實行了長達20年的政社合一的農業生產經營制度。這段時期儘管中國在理論上強調按勞分配原則，但因經濟體制等原因，在實際執行過程中並沒有真正貫徹落實按勞分配，反而實行了「平均主義」，此階段的按勞分配基本上背離了馬克思按勞分配理論的原有之義，也沒有實現促進公平和效率有機統一的目的。

---

① 伍仁. 人民公社和共產主義 [M]. 北京：工人出版社，1958：12.

二、改革開放後「按勞分配為主體與按要素分配並存」的農村居民收入分配制度時期（1978—2012 年）

1978—2012 年是改革開放和現代化建設時期，農村的收入分配制度也進行了一系列的理論與實踐創新。

1978 年，黨中央在總結教訓的基礎上對計劃經濟時期推行的具有「平均主義」特點的收入分配制度進行改革。鄧小平在中央工作會議上指出：「在國民經濟發展上，計劃分配制度起到了阻礙作用，要讓一部分工人農民靠著自身的勤勞先富起來，這些人會起到示範積極作用，從而先富的帶動後富的。這樣，就會使全國各族人民都能富裕起來，使整個國民經濟不斷地波浪式地向前發展。」[1] 此後，中國農村地區開始推行家庭聯產承包責任制，所有權歸集體，承包經營權歸農戶，即「兩權分離」。同時，實行以「按勞分配為主體，多種分配方式為補充」的分配原則。1979 年，中共中央實施了以聯產計酬為特點的多種形式的生產責任制，包括包產到戶、包工到戶等。「包產」模式下，勞動成果採用工分形式由生產隊統一分配，超產部分由社員戶自留作為獎勵，虧欠部分由社員戶負責賠償。1980 年 9 月，中共中央在《關於進一步加強和完善農業生產責任制的幾個問題》中，確認「包產到戶」屬於社會主義性質。至此，包產到戶的家庭聯產承包責任制得以推廣。但包產到戶在實際的推廣過程中，仍未從根本上突破舊體制的束縛。隨著家庭聯產承包責任制的不斷完善，出現了「大包干」的形式，即不再統一核算與分配，而是交夠國家的、留足集體的，剩餘的都是自己的，之後這種形式逐漸成為家庭聯產承包制的主要形式。

1992 年以後，中國進入市場經濟時期。中國農村居民收入分配制度依然是家庭聯產承包責任制。1993 年，中央明確提出農民第一輪承包責任制的土地使用權到期後可以再延長 30 年，這對農村的發展與農民收入的穩步增長起到決定性的積極作用。在該階段，中共中央糾正並取消了某些地區損害農民

---

[1] 鄧小平. 鄧小平文選：第 2 卷 [M]. 北京：人民出版社，1994：152.

利益的「兩田制」並進行了農業稅費改革，減輕了農民的負擔。2006年，《農業稅條例》被廢除，在中國存在了長達2,600年的農業稅至此畫上句號。隨著市場化和工業化的不斷推進，農村剩餘勞動力逐漸進入城市，工資性收入也成為農民收入的一部分。並且，隨著生產要素市場不斷健全和完善，農民的工資性收入不斷增加，部分原先以經營性收入為主的農戶轉變為以工資性收入為主。

總之，1978年改革開放以來，隨著生產力水準的不斷提高、市場經濟的不斷完善，中國農村居民的收入分配制度也在不斷發展。在土地兩權分離、家庭承包經營為主的雙層經營體制下，以按勞分配為主體、多種分配方式並存的收入分配體制基本形成，並且有了更加具體的階段性表現形式，如農戶可以獲得經營性收入（務農收入）、工資收入、財產性收入和轉移支付收入等。該制度充分調動了億萬農民群眾的生產積極性，農民整體生活水準也不斷提高，為國民經濟的持續快速發展提供了強力支撐，這是中國農村改革的重大成果，是帶有根本性、基礎性的成果。

三、新時代「堅持按勞分配原則,完善按要素分配體制機制」的農村居民收入分配制度時期（2012年—）

2017年10月，黨的十九次全國代表大會在北京成功舉行。在新的歷史方位，黨中央依舊高度關注「三農」問題，並提出要深化農村改革。土地問題是農村改革的重中之重，因此，以習近平同志為核心的黨中央對農村土地基本經營制度進行了新的探索與實踐，實施土地的「三權分置」便是新一輪改革的重大制度創新。

近年來，隨著生產力水準的不斷提高和市場經濟的日趨完善，農民的收入來源日趨多元化，土地對於人民的生計保障功能也呈現不斷減退的趨勢。農民大量湧入城鎮，投入到二、三產業中，工資性收入逐漸成為農戶家庭收入來源的主要部分。大多數農戶將土地流轉給他人經營，承包主體與經營主體分離的現象越來越普遍。面對這樣的情況，中共中央實行了集體所有權、

農戶承包權、土地經營權「三權分置」並行的政策，即農村土地依舊歸集體所有，農戶享有的土地承包經營權分為承包權和經營權，所有權、承包權、經營權統一於農村的基本經營制度。該制度堅持了土地集體所有權，維護並實現了農民集體、承包農戶以及新型經營主體的權益，為實現農業現代化、增加農民收入提供了新的路徑和制度保證。

除解決農村土地經營問題以外，黨的十九大還提出鄉村振興戰略，指出要堅持農業農村優先發展，鞏固和完善農村基本經營制度，保持土地承包關係穩定並長久不變，第二輪土地承包到期後再延長三十年。[1] 2018 年以來，各地關於鄉村振興的具體規劃也陸續出抬，包括「培育新型農業經營主體」和「多渠道增加農民收入」等內容，旨在拓寬農民的收入渠道，促進農業的規模化、現代化，從而解決農民增收難、基本公共服務水準低以及農村人才短缺的問題。

總之，新時代農村基本經營制度就是在堅持土地集體所有的前提下，實行土地「三權分置」。農村居民收入分配制度就是堅持按勞分配原則，完善要素分配的體制機制。在現階段，具體表現為農戶在獲得工資性收入的同時，還可以同時獲得土地的租金以及其他的財產性收入和轉移支付收入等。當前農村基本經營制度和農村居民收入問題是新時代「三農」工作的主要內容，為實現農業現代化、城鄉協調發展以及全面建成小康社會提供了創新性的理論支撐。

---

[1] 習近平. 決勝全面建成小康社會，奪取新時代中國特色社會主義偉大勝利［N］. 人民日報：2017（10）.

本章小結

　　自 1949 年新中國成立以來，中國農村土地產權制度經歷了從農地產權的國有化和私有化並存向集體所有制的轉變，農村土地集體所有制下的兩權分離與家庭聯產承包責任制，以及農地集體所有制下農地「三權分置」改革的深化等重大轉變。中國農村生產經營制度，也經歷了農村混合經營向集體經營轉變，農地「兩權分離」的家庭承包經營為主的雙層經營體制探索，以及農地「三權分置」時期堅持土地集體所有制和家庭承包經營為主的新探索等重大轉變。中國農村居民收入分配制度也經歷了國民經濟恢復時期、過渡時期、人民公社時期、現代化建設時期以及中國特色社會主義新時代五個歷史階段。在不同的歷史階段，我們黨始終堅持馬克思主義的指導思想，結合中國農村具體實際，努力解決中國農村發展中遇到的重大問題。通過不斷調整生產關係，不斷解放和發展農村生產力，使得中國農村取得了巨大的成就。新時代，我們要繼續以習近平新時代中國特色社會主義思想為指導，在堅持農村集體所有制的基礎上，探索農地「三權分置」的有效實現形式，探索以家庭經營為基礎、新型農業經營主體不斷發展壯大的新型統分結合的雙層經營體制，探索堅持按勞分配原則、完善要素分配的體制機制的新型農業居民收入分配體系。

第四章
新中國非公有制經濟制度變遷

　　新中國成立70年以來，非公有制經濟[①]經歷了從有到無，又從無到有、從小到大、從弱到強的巨大變遷，總體上經歷了三個階段——從新中國建立到改革開放前（1949—1978年）為第一階段，從改革開放到黨的十八大（1978—2012年）為第二個階段，從黨的十八大以後（2012年—）為第三個階段。無論是改革開放前以個體手工業、個體商販和資本主義工商業形式存在的非公有制經濟歷史，還是改革開放後以個體經濟、私營經濟、外資經濟為主的非公有制經濟歷史，抑或是進入新時代非公有制經濟實現全面蓬勃發展的實踐，都展現出了一個非公有制經濟制度艱難曲折、改革創新、不斷前行、努力探索的中國特色社會主義經濟建設史。非公有經濟制度的變遷，豐富了中國所有制結構，推動了中國特色社會主義經濟制度的創新和發展，分析新中國成立以來非公有制經濟制度的變遷具有重要的理論意義和實踐意義。

---

① 本書主要研究新中國非公有制經濟的制度變遷，時間跨度長、空間範圍廣，綜合已有文獻對非公有制經濟的理解，本書將採用學界普遍接受的界定方法，將非公有制經濟定義為公有制經濟以外的其他經濟成分，即主要表現為個體經濟、私營經濟、外資經濟以及港澳臺經濟的經濟形態。

第一節　改革開放前非公有制經濟制度變遷（1949—1978年）

新中國成立初始，中國共產黨制定的《共同綱領》允許國營經濟、合作社經濟、個體經濟、私人資本主義經濟、國家資本主義經濟五種經濟成分並存發展，此時黨和國家對非公有制經濟採取的是限制、利用政策。1956年三大改造完成，標誌著生產資料私有制轉變為社會主義公有制，非公有制經濟逐步消失。「文化大革命」開始後，黨和國家對非公有制經濟進行了最後的「大掃除」，非公有制經濟走上了被取締而逐步湮沒的道路。分析改革開放前非公有制的變遷，更有利於黨和國家把握正確的歷史規律，為社會主義經濟發展指引道路。

一、第一階段：限制、利用階段（1949—1952年）

（一）限制、利用政策的前期演進

馬克思和恩格斯看到了資本主義必將走向滅亡的歷史命運，曾在《共產黨宣言》中將共產黨人的理論概括為消滅私有制，同時指出在創造現有社會所必需的大量的物質資料之前，私有制不會走向滅亡。黨在新中國成立初期，充分吸收馬克思主義理論，對非公有制經濟採取限制、利用政策。

早在第一次國內革命時期，中國共產黨就開始思考如何處理好與民族資本主義和民族資產階級的關係。1931年，中華蘇維埃政府成立，中央政府在鼓勵非公有制經濟的發展方面制定了一系列的政策措施。毛澤東繼承了馬克思和恩格斯的基本思想，認為資本主義的滅亡不是一蹴而就的，要正確處理公有制經濟與非公有制經濟的關係。1934年，毛澤東在瑞金召開第二次全國工農代表大會發表的報告《我們的經濟政策》指出私人經濟的發展只要在法

第四章　新中國非公有制經濟制度變遷

律範圍內，就不應該阻止反而應當大力提倡。① 1935 年，毛澤東在瓦窯堡會議上發表的《論反對日本帝國主義的策略》指出要鼓勵非帝國主義、非封建主義的私營經濟的發展，保護民族資本主義工商業，保護工商業民族資產階級。② 1939 年，毛澤東發表《中國革命和中國共產黨》並指出新民主主義革命在一定程度上幫資本主義的發展掃清了道路，資本主義在中國社會中會有一個相當程度的發展，這是經濟落後的中國在新民主革命取得勝利之後不可避免的結果。③ 1940 年，毛澤東在陝甘寧邊區文化協會第一次代表大會上發表《新民主主義論》，指出要對私有資本採取適當限制的政策，使私有資本不能操縱國民經濟，但與此同時毛澤東並不要求沒收私人資本家的私有財產，允許私人資本在除銀行、鐵路、航道等以外其他行業的適當發展。④ 1947 年，毛澤東在陝北米脂縣楊家溝召集中央委員會議，發表《目前形勢和我們的任務》，指出地主階級與封建主義、大資產階級與壟斷資本主義是新民主主義運動革命的對象，而對於中小資產階級則應當保護其財產不受侵犯，引導其合法地經營。⑤ 這也表明黨對待資本主義工商業的主要任務是保護而不是消滅，拿本國資本主義的發展去代替國外帝國主義和本國封建主義的壓迫，不但有利於民族資本主義的發展，同時也有利於無產階級發展壯大。

此時，中國共產黨對民族資本主義採取溫和的態度，對國外的私人資本也給予了充分的認可。早在 1944 年，毛澤東在同英國記者斯坦因的談話中指出：「不管是中國的還是外國的私人資本，戰後的中國都會給予充分的發展機會，因為中國需要發展工業。」⑥ 事實證明，中國和外國的平等貿易關係促進了當時中國工業的快速恢復與發展，對國外資本給予認可的成功經驗也為中國如何處理外資經濟問題提供了經驗借鑒。

在新民主主義革命時期秉承「發展生產、繁榮經濟、公私兼顧、勞資兩

---

① 毛澤東. 毛澤東選集：第 1 卷 [M]. 北京：人民出版社，1991：133.
② 毛澤東. 毛澤東選集：第 1 卷 [M]. 北京：人民出版社，1991：159.
③ 毛澤東. 毛澤東選集：第 2 卷 [M]. 北京：人民出版社，1991：647.
④ 全國工商聯研究室. 民營經濟重要文獻匯編 [G]. 北京：[出版者不詳]，2010：1.
⑤ 全國工商聯研究室. 民營經濟重要文獻匯編 [G]. 北京：[出版者不詳]，2010：3.
⑥ 全國工商聯研究室. 民營經濟重要文獻匯編 [G]. 北京：[出版者不詳]，2010：2.

利」的方針，允許國營經濟、個體經濟和私人經濟共同發展，使國民經濟得到快速恢復。前期成功經驗為新中國成立後的非公有制經濟政策提供了經驗，也是新中國成立後對非公有制經濟採取限制、利用政策的重要原因。

（二）限制、利用政策的推進

1. 關於私營經濟的限制、利用政策

新民主主義社會如何處理資本主義工商業、如何對待民族資本以及民族資本家是恢復國民經濟的關鍵一步。在這一歷史時期，一切有利於國民經濟恢復和發展的私營經濟都要加以利用，一切不利於國民經濟發展的私營經濟都要加以限制，使其順應社會主義事業的發展。

1949年，周恩來領導起草的《中國人民政治協商會議共同綱領》（以下簡稱《共同綱領》）是集中反應中國共產黨關於中國社會經濟制度、經濟政策和經濟發展方向的思想精華。《共同綱領》明確規定新民主主義社會經濟是由國營經濟、合作社經濟、國家資本主義經濟、私人資本主義經濟和個體經濟五種經濟成分構成，明確指出對於國民經濟有利的私營經濟人民政府要採取鼓勵和支持的政策。

1949年3月，中共七屆二中全會明確提出要對私人資本主義採取「限制、利用」政策。1949年，為了團結好民族資產階級，利用好資本主義工商業經濟，劉少奇通過「天津之行」消除了私營業主對於發展私營工商業的顧慮。在「天津之行」中，劉少奇明確指出民族資產階級是中國共產黨爭取的對象，在一定的時期內新民主主義經濟政策允許私營工商業的發展，全黨和全中國必須貫徹七屆二中全會的重要精神，穩定民族資產階級，攜手民族資本家共同完成新民主主義社會向社會主義社會的過渡，對於對待民族資產階級出現的「左」傾行為要給予嚴厲批評。劉少奇的「天津之行」代表中國共產黨在適度發展非公有制經濟方面做出了承諾，天津私營經濟也取得了顯著的進步，在1949年6月，天津新開張的廠店達到上千戶，政府財政收入也達到了新中國成立前的最高水準。

1950年5月，毛澤東在中共中央政治局會議上發表了「對私營工商業要有所不同、一視同仁」的講話，指出由於私營工商業比較落後的性質，必須

第四章　新中國非公有制經濟制度變遷

由國營經濟占領導地位，這就是有所不同；而在其他原則上，私營工商業和國營經濟應一視同仁，因為私營工商業滿足了人們的日常需要，改善了工人階級的生活，這一點是毋庸置疑的。1950年，中共中央召開全國財政會議並發布《關於統一國家財政經濟工作的決定》（以下簡稱《決定》）。《決定》要求中央財政經濟委員會統一全國財政支出，由此減少了貨幣在市場上的流通量，抑制了通貨膨脹，但由於財政支出、現金管理和物資調度的統一管理，私營經濟遭到排擠，私營企業開始倒閉破產，工人下崗失業。針對這一現象，毛澤東發表「不看僧面看佛面」的著名講話，指出要保護私營企業的發展，因為只有維持了私營企業的生產，才能保護好工人，使工人獲得福利，所以必須把工作重心由統一財經轉移到恢復和發展經濟上。1950年，新中國出抬了第一部《私營企業暫行條例》，該條例的宗旨是在國營經濟的領導下，鼓勵並扶植有利於國民經濟發展的非公有制經濟，要求五種經濟成分統籌兼顧、各得其所、分工合作。

這段時期，黨在私人資本主義的活動範圍、稅收政策、市場價格和勞動條件等多方面採取適當限制的政策，也盡可能發揮私人資本主義的積極性，使私人資本主義朝有利於國民經濟恢復的方向發展。正如毛澤東指出「限制和反限制」是新民主主義國家內部鬥爭的主要形式，黨和國家既允許資本主義的存在和發展，但也決不允許像資本主義國家那樣任資本主義泛濫發展而不受限制。

2. 關於個體經濟的限制、利用政策

在1949—1952年期間，黨中央積極鼓勵建立合作社經濟，把合作社經濟放在國民經濟的重要位置，但與此同時又強調個體經濟的自主性。如何處理好個體經濟與合作社經濟的關係是黨在新民主主義社會的重要任務。只有個體經濟而沒有合作社經濟，就不能領導勞動人民實現由個體經濟向集體經濟的轉化，就不能完成由新民主主義社會向社會主義過渡，就不能鞏固無產階級在新中國的領導權力；只有合作社經濟而沒有個體經濟，就不能調動廣大勞動群眾的積極性。對於廣大孤立的、分散的勞動群眾，黨中央要求根據自願自利的原則，採取典型示範逐步推廣的方法，鼓勵支持他們積極發展合作事業，禁止採取強迫政策將個體所有制轉變成社會主義集體所有制從而挫傷

勞動人民的積極性。

　　黨對個體經濟的限制與利用，主要體現在不斷發展合作社經濟，讓合作社經濟在農業和手工業中占據主導地位，但同時又允許個體經濟適當發展。1949年，毛澤東指出，合作社經濟是國民經濟的重要組成部分，黨中央應該鼓勵和支持廣大勞動群眾根據自願自利的原則，採取典型示範、逐步推廣的方法，積極發展合作事業，將個體所有制轉變成社會主義集體所有制。1950年，中共中央財經委員會召開了全國合作社第一次代表會議。會議指出要把城鄉獨立生產的手工業者和家庭手工業者組織起來，組建手工業生產合作社，建立自己的生產、交換和銷售渠道，由組織內部統一購買原材料和其他生產資料，避免商人從中牟利，提高產品的生產效率和交換效率。1951年，中華全國合作社聯合總社擬定了《手工業生產合作社示範章程》和《手工業生產合作社聯合社章程》，明確規定了手工業合作社成立的方針、政策、步驟和方法。1952年，中華全國合作社聯合總社總結了組織管理合作社的經驗和方法，強調要在與國民經濟發展密切的行業中尋找有覺悟的手工業者，讓他們嘗試著組建手工業合作社。1952年，全國的手工業從業者達到736.4萬人，全國手工業總產值達到73.17億元，手工業合作社達到2,700多個，手工業合作社社員增長到25萬多人。[①]

　　1951年，中央農村工作部部長鄧子恢在全國第一次互助合作會議上指出，土地改革之後，農業經濟中存在個體經濟與互助合作經濟兩種經濟形式，要注意不能挫傷個體農民的積極性，要按照自願互利的原則，提倡廣大農民組織起來進行農業互助合作運動，農業互助合作運動必須堅持穩步前進的方針，反對互助合作運動過程中採取消極態度或者冒進主義態度。1952年，參加農業互助組的農戶達到4,536.4萬戶，參加農業生產合作社的農戶為5.72萬戶，此時雖然全國組織起來的農戶占全國農戶總數的40%，但依然有60%的個體農戶在農業經濟中佔有重要的位置。[②]

---

① 薄一波. 若干重大決策與事件回顧：上卷 [M]. 北京：中共中央黨校出版社，1991：444-445.
② 陳吉元，陳家驥，楊勛. 中國農村社會經濟變遷（1949—1989年）[M]. 太原：山西經濟出版社，1993：121-122.

第四章　新中國非公有制經濟制度變遷

在新民主主義國家建立之後，毛澤東等老一輩革命家認識到由新民主主義向社會主義過渡是一個漫長的過程，為了最終實現社會主義的偉大目標，新民主主義社會有必要繼承列寧的新經濟政策思想，保護私有制，為社會主義公有制的普遍建立奠定堅實的物質基礎。而實踐證明，在新中國成立初期發展非公有制經濟，不但有利於肅清國外的帝國主義和本國的封建主義，還有利於無產階級隊伍發展壯大。在1949—1952年國民經濟恢復時期，黨和國家對非公有制經濟主要以限制、利用為主，此時國營經濟、合作社經濟、國家資本主義經濟、私人資本主義經濟、個體經濟五種經濟成分在國營經濟的領導下並存發展，各種經濟成分在國民經濟中都有一定的發展，各自發揮著重要作用。經濟成分以及占比情況如表4-1所示。

表4-1　經濟成分及其占比情況[①]

經濟成分	國營工業	私營工業	個體手工業	公私合營工業	集體所有制工業
占比	41.6%	30.6%	20.5%	4%	3.3%

二、第二階段：改造、合作化階段（1953—1956年）

（一）資本主義工商業的社會主義改造

1. 私營金融業率先進行社會主義改造

新中國成立初期私人金融資本家哄抬物價、牟取暴利，曾導致國內物價四次巨幅波動。由於私人資本家經營管理體系不成熟，加上國家推行「三反」「五反」運動，很多銀行企業不但不能獲得利息，還損失本金，資不抵債，面臨著倒閉和破產，加速了私營金融業的萎靡。1950年年初，一些力圖改變困境的私人金融資本家開始尋求國家的幫助，希望能夠實現公私合營。在這種背景下，對私營金融業進行社會主義改造進入最佳時機。1952年4月，中央經濟委員會開始對私營金融業進行全面的整治，對資產大於負債的銀行進行

[①] 楊書群，馮勇進. 建國以來中國對非公有制經濟的認識及政策演變[J]. 經濟與社會發展，2009，7（10）：18-22.

資產清理，實施公私合營；對於資不抵債的銀行，責令其停業並逐步淘汰；對於自願停業的銀行，黨和國家則對其提供指導與幫助。隨後中央經濟委員會出抬關於私營金融業的相關政策，要求成立公私合營性質的聯管機構對全部的公私合營銀行和私營銀行進行統一管理。1952年年底，以中央人民銀行為代表的國家銀行實現對金融業的統一監督和管理，確立了國家銀行的主體地位，私營金融業逐步由「聯合管理」走向「公私合營」，最終實現了金融業全行業的公私合營。在社會主義轉型的背景下，私人金融業選擇「公私合營」是唯一的生存道路，同時也使私人金融業走到了發展的盡頭，通過在全行業的社會主義改造，私人資本家交出了經營權、財務權以及人事權，表面上的「公私合營」，實際上已經把管理權交到了國家的手上，金融業成為第一個完成全行業社會主義改造的經濟部門。

2. 私營工商業在資本主義工商業公私合營運動中逐步消亡

在新中國成立初期，中國對非公有制經濟主要採取「限制、利用」的政策，在一定程度上保護了民族工商業。隨著國民經濟的恢復與發展，資本主義工商業的存在與社會主義經濟事業的發展存在一定衝突，對資本主義工商業進行社會主義改造成為過渡時期總路線的戰略任務之一。

1953年，李維漢在向毛澤東報送的《資本主義工業中的公私關係》報告中提出國家資本主義是我們限制、利用資本主義工商業的主要形式，也是將資本主義工業過渡到社會主義的主要形式，隨後中共中央政治局召開兩次擴大會議，會議對李維漢的報告做了深入的討論，毛澤東發表了系列講話，指出確定對資本主義工商業進行社會主義改造是黨在過渡時期的重要任務。1954年9月，《中華人民共和國憲法》明確規定要將資本主義工商業轉變為各種形式的國家資本主義，為資本主義工商業的公私合營運動、實現全民所有制代替資本主義私有制提供了法律保障。

這一時期公私合營工作取得了巨大的勝利。1954年年初，公私合營的企業達到了905家，到年年底公私合營的企業就超過了1,746家，公私合營企

業的總產值占私營工業總產值的 33%，占全國工業總產值的 12.3%。[1] 不過，此時實現公私合營的企業大多數是大企業，一些分散的、落後的中小型企業開始出現經營困難，甚至面臨破產和倒閉，於是中共中央提出了要「通盤規劃、統一安排」的方針，要求能個別合營的企業就採取個別合營，不能個別合營的就採取以大代小、以優帶劣的聯合合併方式，將聯合合併與合營相結合，對於沒有條件進行改組合營的企業，可以有步驟地吸納其從業人員，實現逐步淘汰。

在公私合營的迅速推進之際，工商界資本家開始出現不安情緒。為了穩定民族資本家，1955 年毛澤東出席中華全國工商業聯合執委會的座談會時提出「逐步、和平改造資本主義工商業」的方針，系統地闡述了「和平贖買」政策，並指出對自覺進行社會主義改造的資本家，黨和國家將在政治上和工作上給予安排。此次會議穩定了民族資本家的情緒，使他們對公私合營運動後的生活消除了後顧之憂，全國由此掀起了資本主義工商業公私合營的高潮，同時也加速了私營工商業的消亡。

在全社會公私合營開展的高潮之際，毛澤東設想到 1957 年年底可以使 90% 的工商業完成公私合營任務，到 1962 年全中國將完成資本主義工商業的改造任務，私營工商業將全面消亡。1956 年 1 月，毛澤東在最高國務會議第六次會議上指出農業和手工業由個體的所有制變為社會主義的集體所有制，私營工商業由資本主義所有制變為社會主義所有制，必然使生產力大大地獲得解放，這樣就為大大地發展工業和農業的生產創造了社會條件。在 1956 年年初，全國原有私營工業企業 8.8 萬戶，職工人數 131 萬人，總產值 726,600 萬元；到 1956 年年底，有 99% 的私營工業企業實現了所有制改造，其中有 64.23% 的企業實現公私合營。1956 年年初全國原有私營商業企業 242.3 萬戶，從業人員 313.8 萬人，總產值 84,100 萬元；1956 年年底有 82.2% 的戶數、85.1% 的從業人員以及 99.3% 的資本額實現了所有制的改造，其中私營飲食業有 86% 的企業實現了公司合營，服務業有 77.6% 的企業實現了公司合

---

[1] 沙健孫. 中國共產黨和資本主義、資產階級 [M]. 濟南：山東人民出版社；2005：656.

營，交通運輸業基本實現了全行業的公司合營。①

1953—1956年，資本主義工商業公私合營運動由國家資本主義初級形式逐步推進到國家資本主義高級形式，由最初個別合營的階段進入全行業公私合營階段，後期黨和國家對資本主義生產資料進行和平贖買，私營工商業逐漸走向消亡。到1957年，在國民收入的比重中，國營經濟占33%，合作社經濟占56%，公私合營經濟占8%，個體經濟和資本主義經濟占3%。② 這標誌著資本主義工商業社會主義改造基本完成，非公有制經濟實際上走向消亡。

(二) 個體經濟的社會主義改造

1. 農民個體所有制通過農業合作化運動轉變為社會主義集體所有制

1953年2月，中共中央出抬的《關於農業生產互助合作協議》明確規定發展農業互助組的過程中要堅持「自願互利、循序漸進」的原則。在社會主義改造前期，黨中央對農業中的個體所有制經濟給予了正確對待，對單干農民給予教育和支持，正確處理了國家、農業合作社和農民之間的關係。

1953年下半年，由於統購統銷政策的出抬，全國的糧食問題、農業問題日益突出，阻礙了工業化的發展，與工業化進程不匹配，黨和國家認為對症下藥的唯一方法就是鼓勵農民走上合作化的道路，由農民個體所有制轉變為社會主義集體所有制。1953年12月，中共中央出抬《關於發展農業生產合作社的決議》，明確指出孤立的、分散的、落後的、小規模的農民個體經濟增產有限，阻礙了農村生產力的發展，與社會主義工業化不匹配；黨在農村中的根本任務，就是督促廣大農民朋友組織起來，進行大規模的農業生產合作運動，逐步實現對農業的是社會主義改造，將農民個體所有制轉變為社會主義集體所有制。

1954年，在農業合作化運動初步取得成功時，開始出現冒進主義傾向，偏離了「積極引導、穩步前進」的工作方針。到1956年年底，占全國總數96%的農戶都加入了合作社，其中加入高級社的農戶占87%，標誌著農業社

---

① 中央工商行政管理局，中國科學院經濟研究所. 中國資本主義工商業社會主義改造 [M]. 北京：人民出版社，1962：219-221.
② 沙健孫. 中國共產黨和資本主義、資產階級 [M]. 濟南：山東人民出版社，2005：538.

會主義改造基本完成，農民個體所有制轉變為社會主義集體所有制。農業合作化過程中出現的冒進主義加速了農民個體所有制向社會主義集體所有制的轉變，加快了農業個體經濟消亡的速度。農村合作化運動使農民擺脫了封建地主土地私有制的階級剝削，使農村發展生產的積極性空前高漲，為農村基礎設施建設、農業科技的發展創造了物質基礎，但是農業合作化過程中急躁冒進、盲目自信、形式簡單化也導致了很多歷史遺留問題，農民個體所有制轉變為社會主義集體所有制，使農民剛剛獲得的土地私有權得而復失，嚴重影響了他們的生產積極性。

2. 手工業個體所有制通過手工業合作化運動轉變為社會主義集體所有制

對手工業進行社會主義改造是過渡時期總路線的戰略任務之一。早在1950年，中共中央財經委員會召開的全國合作社第一次代表會議就指出要把城鄉獨立生產的手工業者和家庭手工業者組織起來，組建手工業生產合作社。此時，雖然提出組織建立合作社，但手工業個體經濟依然處於自由的狀態。

1953年，國民經濟建設第一個五年計劃確立，手工業合作社也從代表人物的試辦進入全面建設的新階段，中華全國合作社聯合總社明確提出了手工業社會主義改造要逐步實現手工業生產小組、手工業供銷生產合作社和手工業合作社三種形式。手工業生產小組依然保持原來的生產關係不變，採取分散生產方式，僅從供銷方面把手工業者組織起來，是手工業生產合作社最低級的方面，此時手工業個體經濟依然有生產的自由。手工業供銷生產合作社是對手工業進行社會主義改造期間的過渡形式，其特點是生產資料私有，分散生產，在生產環節開始出現手工業集中生產，統一購置生產工具。手工業合作社實現了由分散生產到集中生產，實現了生產資料公有或半公有，並實施按勞分配的原則，這是社會主義改造階段的高級形式。手工業社會主義改造的三種形式，集中體現了手工業個體經濟演變為集體經濟的程度以及手工業個體經濟消亡的過程。

1954年6月，黨中央向全國各地再次轉發了中華全國合作社聯合總社發布的《關於第三次全國手工業生產合作會議的報告》，強調各地要根據當地的實際情況，落實好開辦手工業合作社的工作，各地政府也必須把手工業經濟

視為地方工業經濟的重要組成部分。1954年11月，在中華全國合作社聯合總社的基礎上，黨中央又成立了手工業管理局專門管理手工業事務，手工業合作社迅速發展。1953—1954年，全國手工業合作社的數目翻了7倍，多達4.17萬個；全國社員人數翻了2.7倍，高達113萬人；手工業生產總值翻了1.2倍，高達11.6億元；各省各市的手工業管理局數目也在直線上升，覆蓋面積多達20多個省市。[①] 合作社數目的不斷增加，表明手工業個體所有制轉變為社會主義集體所有制的速度不斷加快，個體經濟逐步消亡。

　　1955年，中華全國合作社聯合總社組織召開了全國合作社第五次手工業生產工作會議，黨中央在「時間拉長了，問題反而更多」的冒進主義思想指導下，要求手工業的社會主義改造速度應趕超農業的社會主義改造，應該迅速把分散的、個體的手工業者團結組織起來，提出手工業合作社在1957年要達到80%，手工業合作化必須在1957年全部完成的任務。1956年，全國手工業合作化達到高潮階段，在1956年6月底，在全國組織起來的手工業者已經占手工業者總數的90%，手工業合作社的數目超過9.91萬個，社員人數達到509.1萬人。[②] 同年，黨中央在發布的《關於對私營工商業、手工業、私營運輸業的社會主義改造中若干問題的指示》中指出要提高手工業合作社社員的工資，工資水準應該保證在合作化之前的水準之上；若出現工資水準下降，要求退出合作社的成員，應當批准其退社，且歸還全部生產資料和入社現金，但要嚴厲打擊強制退社的行為。這項指示的出抬，激發了人們加入手工業合作社的積極性，再加上在全國手工業社會主義改造期間，對主要的農業產品和工業產品實施統購統銷、統購包銷的政策，導致原材料的供應方面出現了困難，個體手工業者面臨的情況更加嚴峻，個體手工業者開始自願加入合作社來改變困境，這一系列舉措無形之中加速了手工業個體所有制向社會主義集體所有制的轉變。在1956年年底，手工業基本完成了社會主義改造，手工業個體所有制基本完全轉變為社會主義集體所有制。

---

① 中華全國手工業合作社. 中國手工業合作化和城鎮集體工業的發展 [M]. 北京：中共黨史出版社，1992：9.
② 薄一波. 若干重大決策與事件的回顧 [M]. 北京：中共中央黨校出版社，1991：449.

三、第三階段：取締、湮沒階段（1957—1978年）

（一）「大躍進」運動時期非公有制經濟逐步被取締

「大躍進」運動發端於1955年開始的「小冒進」，1955年毛澤東指責農業合作化就像「裹腳女人」一樣速度太慢，並提出了「多、快、好、省」的社會主義建設方針。1957年，毛澤東參加「十月革命」四十週年慶典時對赫魯曉夫說，要在15年內趕超英國，社會主義建設就必須「冒一點」。1958年《人民日報》發表了要用15年的時間在鋼鐵以及其他工業品上趕超英國，用30年的時間趕超美國的社評。在這樣的經濟形勢下，僅存的個體經濟和私營經濟似乎與工農業提出的高額產量不相匹配，要求對非公有制經濟進行逐步取締。

1958年，中共中央政治局在農業建設中提出了「以糧食為綱，全面發展」的方針，要求在全國普遍實現人民公社化，對人民公社實行軍事化管理，以滿足大額的農業產量需求，不允許農民擁有自留地，禁止農民從事農產品貿易以及相關副業，要求農戶將私有房產、家畜、林地等生產生活資料全部轉為全社所有，這種方式以行政手段剝奪了農民的生活資料和生產資料，無疑消滅了農村僅存的個體經濟。

1958年，黨中央發布《關於繼續加強對殘存的私營工業、個體手工業和對小商小販進行社會主義改造的指示》，對城市僅存的個體經濟和私營工商業也進行了嚴厲的改造與取締。該項指示要求以行政手段沒收居民私人財產，對全體居民實行統一管理，禁止任何地下工廠、地下商業的開辦，要求盡快把小商小販改組為替國營商店代購代銷的合作小組或者合作商店，對任何投機倒把的私人副業都要進行嚴厲的查處。在這一系列改造政策下，城市小商小販的數量由1957年的356萬人下降至1959年的206萬人，到1960年，僅存的90萬小商小販也以合作小組和合作社的形式存在，由國家統一經營核算[①]，個體經濟和私營經濟遭到嚴重破壞。

---

① 萬典武. 當代中國商業簡史[M]. 北京：中國商業出版社，1998：130.

1963—1966年，中共中央在全國開展社會主義教育運動，即在農村開展清理工分、清理帳目、清理倉庫、清理財務的「四清運動」，在城市私營企業中開展反行賄、反偷稅漏稅、反盜騙國家財產、反偷工減料、反盜騙國家經濟情報的「五反運動」，嚴格管理大中城市的集市貿易，對投機倒把的行為進行嚴厲的打擊，1965年上半年，全國大部分縣城完成了「四清運動」，個體經濟和私營經濟基本被掃清。1966年中共中央發表的《關於當前反對資本主義勢力的鬥爭和加強市場管理的報告》明確規定凡是不能進入集市售賣的農產品，一律不準流入集市，嚴厲打擊黑市貿易，非公有制經濟逐步被取締。

「大躍進」期間企業管理混亂，經濟結構嚴重失調，資源過度浪費，糧食問題日益突出，社員非正常死亡數增加，非公有制經濟遭到嚴重破壞。黨和國家認為資產階級剝削者正在逐漸演變為公私合營企業的管理者，成為自食其力的勞動者，但是他們剝削階級的本性仍然沒有消除，他們的思想與工人階級相比依然有很大的距離，雖然處理工人階級和民族資產階級的矛盾是人民的內部問題，但是這個問題依然沒有得到解決，而且還需要很長的時間對資產階級分子進行思想上的改造。對主要矛盾的判斷失誤，直接導致黨和國家對非公有制經濟的政策措施出現嚴重的偏差。隨著「左」傾錯誤的不斷加劇，對中國主要矛盾的判斷嚴重偏離正常軌道，無產階級和資產階級的鬥爭成為黨和國家的工作重心，階級鬥爭全面升級，非公有制經濟逐步被取締。

(二)「文化大革命」時期非公有制經濟的湮沒

1966年5月至1976年10月的「文化大革命」期間，非公有制經濟的發展受到一系列嚴重影響。1966年6月，人民日報發表社論明確提出「破四舊」：第一，改換舊商店和服務業中的陳規陋習；第二，取消資本家定息收入，將公私合營企業改為國營企業；第三，大型合作商店改為國營商店；第四，獨立勞動者必須參加合作小組或合作社，小商小販必須接受國家管理，替國營商店代購代銷。後來「文化大革命」的風潮又從城市席捲至農村，在農村社員盲目追求「一大二公」，擴大社隊規模，推行錯誤的平均主義分配方式，削減經濟作物的種植面積，破壞等價交換的原則，嚴厲打擊農民的家庭副業。非公有制經濟進入湮沒時期。

第四章 新中國非公有制經濟制度變遷

1970 年，中共中央發表《關於反對貪污盜竊、投機倒把的指示》，明確規定限制城鄉個體經濟的存在與發展：第一，任何個人和單位都禁止從事商業活動；第二，加強集市管理，未經許可的商品不能進行市場交換；第三，任何單位未經許可不得單獨採購物品；第四，一切地下貿易活動必須嚴厲打擊。在這樣的政治環境中，1966—1970 年，全國商業人員由 805 萬人下降至 775 萬人，個體工商業者由 156 萬人下降至 96 萬人。[1]

在農村，定期檢查和審核農村自留地，嚴厲打擊私自擴大土地耕種面積的行為，定期清查家畜數量，嚴厲打擊私自買賣投機倒把的貿易行為，禁止農民從事任何個體勞動和家庭副業，農村的個體經濟和副業經濟再一次進入全面湮沒狀態。在城市，公私合營企業改造為國營企業，小商小販只能為國營商店代購代銷，個體勞動者必須加入合作小組或者合作社，嚴厲打擊各種資本主義經營作風，絕對禁止發展批發業務，交易活動必須在既定的經營範圍、既定的活動地點、既定的人數、既定的價格下經營，限制有證商販的發展，堅決取締無證商販。

「文化大革命」開始以後，公有制經濟和非公有制經濟從此對立起來，非公有制經濟被堅決予以鏟除，國民經濟遭到重創。在 1976 年年底，全國的農村集市由 1965 年的 7,770 個減少到 2,927 個，即使有幸存的集市，能夠貿易的商品也是少之又少，導致農村個體經濟處於滅絕的邊緣，全國的個體工商業者只剩下 19 萬人，相比「文化大革命」之前減少了 87.8%，私營經濟消失殆盡。1978 年，在全國工業總產值中，全民所有制企業占 77.6%，集體經濟占 22.4%，非公有制經濟幾乎完全被湮沒。[2]

---

[1] 黃孟復. 中國民營經濟史·世紀本末 [M]. 北京：中華工商聯合出版社，2010：134.
[2] 張厚義，明立志. 中國私營企業發展報告（1978—1998）[M]. 北京：社會科學文獻出版社，1999：92.

第二節　改革開放後非公有制經濟制度變遷（1979—2012年）

　　改革開放後非公有制經濟能夠得到恢復和發展，與前期的思想解放運動息息相關。關於「真理」問題的討論破除了「兩個凡是」的束縛，促使了人們解放思想，解決了思想問題和認識問題。伴隨黨的十一屆三中全會的召開，黨中央在穩定國民經濟、調整經濟體制、調整農業經濟方面做出了重大決策，標誌著全黨的工作重心由「以階級鬥爭為綱」轉移到社會主義現代化建設，是具有深遠意義的偉大革命，為非公有制經濟的發展提供了先決條件。同時，鄧小平發表允許部分地區和企業先富起來，先富帶後富，最終實現共同富裕的著名講話，激發了非公有制經濟人士創造社會財富、追求美好生活的熱情。這一系列偉大舉措，為改革開放後非公有制經濟的發展打開了大門，非公有制經濟走向了恢復發展、平穩發展、飛速發展的道路。

一、第一階段：非公有制經濟恢復發展階段（1979—1992年）

（一）鄉鎮企業異軍突起

　　改革開放後，非公有制經濟的恢復，發端於鄉鎮企業的誕生與發展。鄉鎮企業是私營經濟的重要來源之一。1979年7月3日，黨中央頒布了新中國成立以來第一個關於指導社隊企業（社隊企業是鄉鎮企業的前身）發展的文件《關於發展社隊企業若干問題的規定》，文件規定了社隊企業的發展路線以及一系列方針政策。在計劃經濟時期，為了使鄉鎮企業更加靈活自主，黨中央要求除必須按照國家統一計劃執行的事務以外，允許鄉鎮企業自行採購、自行銷售以及自定價格，因此，鄉鎮企業是最早進入市場經濟的企業。隨著中央對鄉鎮企業發展的不斷推進，鄉鎮企業異軍突起。1978—1983年，鄉鎮企業的從業人員由2,827萬人增加到3,235萬人，鄉鎮企業總產值約增加到基

第四章　新中國非公有制經濟制度變遷

年的兩倍，由 515 億元增加到 1,019 億元。[①] 1983 年，黨中央取消了人民公社並建立了鄉鎮政府，社隊企業也正式演變為鄉鎮企業。鄉鎮企業包含鄉辦企業、村辦企業、合作企業以及個體企業等多種所有制企業，不但能解決農村勞動力的就業問題，還可以累積資金，為農村的現代化提供資金支持——鄉鎮企業在農村建設中扮演著重要的角色。1984 年黨中央發布的《關於 1984 年農村工作通知》指出，鼓勵農民在自願自利的原則下將分散的資金統籌起來興辦企業，任何人和組織不得採取強迫政策，激發了農民興辦鄉鎮企業的熱情。1985 年，黨中央抬出了鼓勵鄉鎮企業發展的十六字方針，即「積極扶持、合理規劃、正確引導、加強管理」，鄉鎮企業進入新一輪的快速發展階段。從 1983 年到 1988 年，鄉鎮企業的數量由 135 萬個增加到 1,888 萬個，增加 10 倍之多；就業人數由 3,235 萬人增加到 9,545 萬人，增長近 3 倍；總產值達到了 7,018 億元，利潤達到 526 億元。後期，鄉鎮企業的總產值逐步增加，1992 年鄉鎮企業的總產值達到了 18,051 億元，在 1996 年達到了 76,778 億元。鄉鎮企業不但在總產值方面做出了重大的貢獻，還吸納了大量的剩餘勞動力——1994 年鄉鎮企業吸納農村勞動力 2,867 萬人，1996 年吸納農村勞動力 3,859 萬人[②]，解決了中國農村主要的勞動力就業問題。1996 年，中國制定了第一個保護鄉鎮企業的法律——《中華人民共和國鄉鎮企業法》，鄉鎮企業的地位得到了法律的認可，鄉鎮企業經濟由興起進入快速發展的高峰時期。

（二）個體經濟的興起

十年「文化大革命」嚴重破壞了中國的國民經濟，個體經濟、私營經濟被作為資本主義的殘餘掃除殆盡，加上這段時期人口過度增長，導致大量的勞動力找不到工作，就業問題亟待解決。1978 年，在農村允許農民保留自留地、發展家庭副業以及農村集市貿易，實際上就是恢復了農村的個體經濟。1979 年，黨中央召開了第一次國家工商管理局局長會議，會議指出可以根據各地實際情況的需要，允許個體閒散戶特別是回城知識青年從事服務業、手

[①] 劉仲藜. 奠基——新中國經濟五十年 [M]. 北京：中國財政經濟出版社，1999：255.
[②] 黃孟復. 中國民營經濟史·世紀本末 [M]. 北京：中華工商聯合出版社，2010：199-201.

工業等個體勞動，指出個體經濟可以適當發展，但是不允許存在「雇工」現象，個體經濟開始興起。1979年9月29日，葉劍英委員長在國慶講話中明確指出，中國的社會主義制度還處於「幼年時期」，「目前在有限範圍內繼續存在的城鄉勞動者的個體經濟，是社會主義公有制經濟的附屬和補充」①，表明個體經濟的政治地位得到提升。1980年，黨中央發布《進一步做好城鎮勞動就業工作》，指出不能對個體經濟有歧視行為，應當鼓勵和支持個體經濟的發展，任何為社會主義事業奉獻的個體勞動者，都應該受到尊重，這從思想上解放了人們對個體經濟的束縛。1981年6月，黨的十一屆六中全會通過《關於建國以來黨的若干歷史問題的決議》，提出「國營經濟和集體經濟是中國的基本經濟形式，在一定範圍的勞動者的個體經濟是公有制經濟的必要補充」②。此次會議表明在公有制占絕對優勢的條件下，個體經濟由附屬和補償地位上升為必要的補充地位，同年，黨中央提出特殊的技藝和特殊的行業允許存在不超過5個雇工，表明中國在發展非公有制經濟的探索上又前進了一步。1983年，黨中央又針對個別地區對個體商戶亂收亂罰的行為出抬了一系列保護政策，切實做到保護個體商戶的利益，極大地鼓舞了個體散戶從事個體經濟的信心。同年，中國人民銀行對個體經濟和集體經濟採取了相同的貸款率（月息7.2‰），個體經濟和集體經濟在貸款率上享有了平等的地位。1986年，多個個體勞動者協會在全國成立，從此城鄉個體勞動者有了自己的全國性組織，組織廣泛代表了個體勞動者利益，切實反應個體勞動者的意見，具有廣泛的群眾代表性。隨後黨中央又不斷出抬促進個體經濟發展的政策和措施，個體經濟如雨後春筍般迎來了發展的高峰期，從1979年到1984年，個體工商戶的從業人數大幅增加（見表4-2）③，個體經濟又重獲新生，得到了迅速的發展，成為社會主義市場經濟的重要組成部分。

---

① 中共中央文獻研究室. 三中全會以來重要文獻選編 [M]. 北京：人民出版社，2010：211.
② 中共中央文獻研究室. 三中全會以來重要文獻選編 [M]. 北京：人民出版社，2010：840-841.
③ 黃孟復. 中國民營經濟史·世紀本末 [M]. 北京：中華工商聯合出版社，2010：175-181.

表 4-2　個體工商戶從業人數

年份	1979	1980	1981	1982	1983	1984
人數（萬人）	31	81	227	320	746	1,000

（三）私營經濟的誕生

1982 年，在對「傻子瓜子」的爭議事件中，黨的十二大報告明確提出在農村和城市，要鼓勵勞動者個體經濟在國家規定的範圍內和工商局行政管理的條件下適當發展，個體經濟是公有制經濟必要的、有益的補充。十二大完善了「兩個補充」的內容，進一步明確了對個體經濟指導和幫扶的方針政策，再次表明對個體經濟的認可態度。不過，此時自發成長起來的私營企業卻遭遇尷尬境地，當時溫州柳市鎮出現的被稱為「八大王」的精英私營業主，卻被判為重大經濟犯罪而鋃鐺入獄。關於私營企業的爭論一直到黨的十三大才徹底解決。1987 年，黨在十三大報告中指出私營經濟一定程度地發展，有利於促進生產、活躍市場、擴大就業，更好地滿足人民多方面的生活需求，是公有制經濟必要的、有益的補充。十三大第一次確認了私營經濟的地位，將私營經濟確定為公有制經濟必要的有益的補充。1988 年，黨的七屆人大一次會議將「私營經濟是社會主義公有制經濟的補充，國家保護私營經濟的合法權利和利益」寫進了憲法，標誌著「私營經濟」這個名詞從此出現在中國政治的舞臺上。作為私營經濟的搖籃，溫州經濟模式也就是在當時應運而生。第一代民營企業家——柳傳志、魯冠球、年廣久等也開始了他們的「草根創業」計劃。民營企業家群體開始嶄露頭角。

（四）創立經濟特區與外資經濟的興起

創立經濟特區是對外開放時期的偉大創舉。經濟特區要求在堅持四項基本原則和不損害祖國領土主權的前提下，採取市場調節的經濟機制，引進國外的資金和先進的管理技術為特區服務。這促進了外資經濟的興起。1979 年，廣東省委書記在向中央匯報工作時指出希望中央能夠下放更多的自主權利，讓廣東在對外經濟活動中可以自主經營、創立自主出口加工區等。1980 年《廣東、福建兩省會議紀要》中正式提出了「經濟特區」的定名，同年，《廣

東省經濟特區條例》完成了經濟特區的立法程序，中國經濟特區正式成立。國務院批准了首批經濟特區：深圳、珠海、汕頭和廈門。經過調整，深圳、珠海、汕頭和廈門的特區面積都達到近百平方千米，但此時對於成功創立的經濟特區，有人卻提出了姓「資」和姓「社」的問題。1983年，胡耀邦指出經濟特區是新生事物，特事特辦，但是仍然要堅持黨的基本立場不變、社會主義的立場不變。1984年鄧小平進一步提出創辦經濟特區有利於引進國外的先進技術，有利於學習國外的管理方法從而獲得新知識，有利於擴大中國對外的影響，使中國從各個方面獲得好處。經濟特區的創立，吸引了大量海外資本來華創業投資，外資經濟開始興起。

（五）工商聯的重建

工商聯是中國共產黨統一戰線的重要組織，無論在協助執行黨中央的工商業政策方面，還是在進行工商培訓、教育工商業人員方面都發揮著重要的作用，為非公有制經濟的發展做出了重要的貢獻。1966年，受到「紅衛兵」的影響，全國工商聯組織被扣上了「資本主義」的帽子，被稱為反動的資本家，大批工商聯領導接連遭到迫害。全國工商聯於1966年8月24日正式停辦。在「文革」十年期間，全國工商聯一直處於癱瘓狀態。從1960年到1979年從未舉辦過代表大會。1979年，中共中央出抬《關於對原工商業者的若干具體政策的規定》，指出對待原工商業者要一視同仁，允許他們參加工會、擔任領導幹部、評職稱，恢復原工商業者的工資，對於「文化大革命」期間扣發的工資進行補發，對原工商業者稱呼「資本家」的行為要進行堅決的反對。同年，第四屆全國工商聯合代表大會召開，此次參加會議的有2,533人，包括八個民主黨派的代表以及全國工商聯大會的代表，此次會議秉承黨的十一屆三中全會「解放思想，開動腦筋，實事求是，團結一致向前看」的思想，明確了全國工商聯合會的主要工作。1979年10月22日，《中國工商聯合會章程》重新解讀了全國工商聯的性質和任務，指出中國工商聯合會是在中國共產黨領導下的工商界的人民團體，主要由工商界的社會主義勞動者、擁護社會主義的愛國者和擁護祖國統一的愛國者組成，中國工商聯合會的主要任務是團結和組織全體會員貫徹執行新時期的總任務，實現社會主義現代化。

1988年，中國工商聯合會共擁有 73,000 名新成員，其中有 12,887 家國營企業的代表、15,064 家集體企業的代表、5,645 家鄉鎮企業的代表、719 家「三資」企業的代表以及 1,049 家其他企業的代表①，工商聯逐漸演變成由多種經濟成分組成的民間團體組織。1991 年，黨中央發布了中央 15 號文件《關於批轉中央統戰部〈關於工商聯若干問題的請示〉的通知》，提出在社會主義初級階段非公有制經濟作為公有制經濟的有益補充將在社會主義商品經濟中長期存在、適當發展。在新的全國工商聯合會中，個體戶、私營企業主以及外資企業主占據了主要地位，工商聯合會不但是黨中央統一戰線的愛國組織，而且是為非公有制經濟代表人士服務的民間組織，集統戰性、經濟性與民間性於一體，在非公有制經濟發展過程中扮演著越來越重要的角色。

（六）鄧小平南方談話後非公有制經濟迎來春天

20 世紀 80 年代末期東歐劇變，蘇聯解體。此時中國大力創辦經濟特區，發展外資經濟、鄉鎮企業經濟，在農村實行家庭聯產承包責任制，發展個體經濟以及私營經濟，引發人們對什麼是社會主義、如何建設社會主義和發展社會主義提出了一系列問題。有人認為私營企業、個體經濟、鄉鎮企業經濟和外資經濟是資產階級自由化的根源，甚至出現姓「資」和姓「社」的爭論，影響了非公有制經濟正常發展。數據顯示，1988—1989 年，個體工商戶由 1,452.7 萬戶下降至 1,247.1 萬戶，從業人員由 2,304.9 萬人下降至 1,941.4 萬人，私營企業由 9.06 萬戶下降至 8.8 萬戶。②

1992 年 1 月 18 日，鄧小平在改革開放的關鍵之際視察了南方多個地區，並發表了系列講話。鄧小平南方談話要求堅持市場經濟的方向，從根本上改革阻礙生產力發展的經濟體制，堅持「發展才是硬道理」，把是否有利於發展社會主義生產力、是否有利於增強社會主義國家的綜合國力、是否有利於提高人們的生活水準作為唯一的判斷標準；提出要貫徹十一屆三中全會的精神，以經濟建設為中心，解放生產力、發展生產力；提出要堅持基本路線一百年

---

① 薛暮橋. 建立和發展行業民間自治團體 [M]. 北京：中華工商聯合出版社，2003：509.
② 張厚義，明立志. 中國私營企業發展報告（1978—1998）[M]. 北京：社會科學文獻出版社，1999：42.

不動搖,只有發展才是硬道理,科技就是第一生產力,中國要警惕右的思想,但更要防止「左」傾錯誤等著名論斷;回答了姓「資」和姓「社」的問題。此後,非公有制經濟又迎來了發展的春天。1992年年底,個體工商戶達到1,533.9萬戶,從業人員達到2,467.7萬人,私營企業達到13.9萬戶,從業人員達到231.9萬人。①

二、第二階段:非公有制經濟平穩發展階段(1992—2002年)

(一)非公有制經濟的法律地位的確立

1992年,中國共產黨第十四次全國代表大會提出建立社會主義市場經濟體制,從此社會主義市場經濟的發展開始了新徵程。十四大報告指出社會主義市場經濟體制是同社會主義基本制度結合在一起的,在所有制結構上以包括全民所有制和集體所有制在內的公有制為主體,個體經濟、私營經濟、外資經濟為補充,多種經濟成分長期共同發展。社會主義市場經濟的確立解除了計劃和市場作為劃分社會主義和資本主義的標準的束縛,指出計劃和市場是調節經濟的手段,發展了社會主義商品經濟理論。1993年,中國把發展社會主義市場經濟寫入了憲法,國家應該扮演好經濟立法和宏觀調控的角色,從此「市場」作為資源配置的方式得到了法律的認可,也為非公有制經濟平等參與國民經濟競爭提供了法律保障。十四屆三中全會發布了《關於建立社會主義市場經濟體制若干問題的決定》(以下簡稱《決定》),《決定》指出建立社會主義市場經濟體制就是要使市場在國家宏觀調控的政策下對資源配置起基礎性作用,因此必須堅持多種經濟成分長期共同發展的政策方針。在各項制度逐漸完善的背景下,一些民營企業開始力求在A股市場上市,民企上市開始步入起步階段,非公有制企業開始了「二次創業」,由「求生存」的道路走向「求發展」的道路,企業業主也由「農民、待業青年、無業人員」轉變為「大學教授、大學生、黨政機關退休人員」。例如當時的吉利汽車企業

---

① 黃孟復.中國民營經濟史·世紀本末[M].北京:中華工商聯合出版社,2010:248.

第四章　新中國非公有制經濟制度變遷

快速發展，華為集團也開始「二次」創業，民生銀行成為第一家民營銀行，等等。十四大市場經濟體制的確立，調動了個體戶、私營業主和外資企業管理者建設中國社會主義事業的積極性，使得非公有制經濟在國民經濟中取得了合法的地位，各項事業逐步穩定地發展。

從1982年黨的十二大提出個體經濟是公有制經濟「必要的、有益的」補充，1987年黨的十三大提出私營經濟是公有制經濟「必要的、有益的」補充，1992年黨的十四大提出外資經濟是公有制經濟的補充，並且確立了多種經濟成分長期共同發展的方針，到1997年黨的十五大報告明確提出以公有制為主體、多種所有制經濟共同發展是中國社會主義初級階段的一項基本經濟制度，非公有制經濟的地位由必要的、有益的補充上升為社會主義市場經濟的重要組成部分，由「體制外」轉變為「體制內」，不再作為社會主義市場經濟的「附加」部分。1999年，全國人大九屆二次會議通過憲法修正法將「非公有制經濟人士是中國特色社會主義的建設者」寫入憲法，標誌著非公有制經濟人士的憲法地位得到確認。非公有制經濟發展和非公有制經濟人士的成長，對滿足人們多樣化需求、增加就業、促進國民經濟發展具有重要作用，標誌著黨和國家對非公有制經濟的發展有了更加科學的認識、更加明確的定位。

（二）支持非公有制經濟發展的法律體系的逐步完善

改革開放以來，為實現對非公有制經濟的保護和規範，中國關於非公有制經濟的法律也在不斷完善。1988年出抬《私營企業暫行條例》，之後又陸續出抬了《中華人民共和國公司法》《中華人民共和國合夥企業法》以及《中華人民共和國個人獨資企業法》等。

1987年黨的十三大承認「私營經濟」的合法地位，提出對私營經濟進行保護、支持和引導，但是在1988年以前，只有全民所有制企業、集體所有制企業、中外合資企業以及外資企業能夠取得企業法人資格，私營經濟的企業法人資格以及法律的保護卻始終沒有得到實現。1988年，國家出抬的《私營企業暫行條例》規定私營企業是指雇傭員工在8人以上、企業資產屬私人所有的營利性組織。除此之外《私營企業暫行條例》還規定私營企業除不能從

事軍工、金融以及其他國家禁止經營的行業以外,其他行業可以在法律允許的範圍內經營。1993年2月,法制工作委員會起草了《中華人民共和國公司法》,同年6月、7月在徵集多方意見和借鑒國外經驗的基礎上進行了逐條修改,在1993年12月20日,全國第八屆常務委員會第五次會議通過了《中華人民共和國公司法》草案,新中國歷史上第一部公司法正式誕生。《中華人民共和國公司法》在1999年、2004年和2005年經過三次大的修改和完善後,在促進企業市場渠道的拓展、維護股東的權益、完善公司的治理結構等方面為非公有制經濟發展提供了法律保障。1997年,為了規範市場主體的行為,中國在《中華人民共和國公司法》的基礎上又相繼出抬了《中華人民共和國合夥企業法》,該法律將合夥人的範圍由「自然人」擴大到「法人和其他組織」,同時允許合夥人承擔有限責任,其中由於個人過錯以致合夥企業承擔債務時,應由該合夥人承擔無限連帶責任。1999年,《中華人民共和國個人獨資企業法》規定個人獨資企業是指公民個人投資經營,財產歸個人所有,投資者以其私有財產對債務承擔無限連帶責任的經濟實體,這種規定改變了以人數確定個人企業和合夥企業的弊端。《私營企業暫行條例》《中華人民共和國公司法》《中華人民共和國合夥企業法》以及《中華人民共和國個人獨資企業法》的出抬,標誌著中國非公有制經濟立法日趨完善。

(三) 民間商會興起

中國的民間商會出現的時間比較晚。改革開放以後,中國非公有制經濟獲得了快速發展,傳統的商業協會開始向商會的形式轉變。民間商會作為新興的團體,在輔助政府工作、協助企業從事一系列經濟活動方面具有重要作用。溫州是非公有制經濟發展最快、最具有代表性的地區,但是由於企業家盲目追求利潤以及行業之間惡性競爭,以致假冒偽劣產品泛濫、誠信缺失,部分企業家開始自發地提出建立商會組織解決商業上的難題,於是最早的民間商會在溫州創建,同時全國工商聯合會也開始籌辦自己的民間商會。1988年,溫州的第一批民間商會成立,這包括溫州三資商會、企業聯合商會、食品工商聯合商會等。隨著非公有制經濟的發展環境獲得改善,也開始出現異地交易,於是企業家們又開始籌備異地的民間商會。1995年,昆明溫州商會

成立，這是新中國成立以來第一個取得合法地位的民間異地商會，在 2004 年溫州異地商會達到近百個。民間商會不但在維護行業秩序方面發揮著重要作用，在幫助企業維權方面也扮演著重要角色。中國加入世界貿易組織之後，打開了國際大門，經常遭遇各種貿易壁壘以及反傾銷政策，2002 年 3 月溫州市菸具協會與歐洲菸具進口商就國際貿易爭端進行了多次談判和協商，民間商會第一次走出國門參與國際爭端事件的解決，表明中國民間商會不斷發展壯大，逐漸具備獨自解決國際貿易爭端的能力。民間商會在溝通政府和企業家之間做出了巨大貢獻，是非公有制經濟健康發展的重要助手和推動力。

（四）「七一談話」允許非公有制經濟人士入黨

改革開放以後，隨著非公有制經濟的發展，非公有制企業家是否可以入黨的問題一直存在激烈的爭論。中共十六大以前的黨章規定年滿十八歲的工人、貧下中農、革命軍人和其他革命分子，承認黨的章程，參加黨的一個組織並在其中積極工作，執行黨的決議和遵守黨的紀律，交納黨費的，都可以加入中國共產黨。改革開放後非公有制企業家在發展國民經濟方面做出了重要貢獻，但關於非公有制經濟人士是否可以入黨的問題出現多次爭論。

支持者認為黨的十四大報告指出要建立社會主義市場經濟體制，確立了「多種經濟成分長期共同發展」的政策方針，此時個體經濟、私營經濟和外資經濟地位已經明顯上升，他們中間的企業主有些原來就是共產黨員，還有一部分是積極向黨組織靠攏的積極分子，在複雜多變的國際環境下，應該擴大黨統一戰線的群眾基礎，吸納優秀人才，促進黨組織的發展，增強黨組織的社會影響力。反對者則認為非公有制經濟與公有制經濟存在一定矛盾，特別是私營企業經濟，其剝削勞動者價值的本性始終未發生改變，如果允許非公有制經濟人士加入中國共產黨，相當於允許他們在黨內也進行剝削的行為，勢必會改變黨的性質。

面對這樣的輿論，2001 年 7 月 1 日江澤民在慶祝中國共產黨成立 80 週年的大會上發表了重要講話，指出改革開放以來，個體經濟、私營經濟、外資經濟不斷發展，社會階層的結構已經發生變化，出現了個體戶、私營業主、外企管理人員、民營科技創新人才等，他們也是社會主義事業的建造者，為

社會主義事業做出了偉大的貢獻，能否自覺實現黨的綱領和路線、是否符合入黨條件已經成為是否可以加入中國共產黨的主要標準。江澤民的「七一講話」具有深刻的意義，他不但對當前的爭論做瞭解答，也剖析了改革開放以來中國社會階層的變化，創造性地提出要擴大黨的群眾基礎，吸納各個階層的優秀人才。

2002 年，十六大黨章規定年滿十八歲的中國工人、農民、軍人、知識分子和其他社會階層的先進分子，承認黨的綱領和章程，願意參加黨的一個組織並在其中積極工作，執行黨的決議和遵守黨的紀律，按時交納黨費的，都可以申請加入中國共產黨。黨的十六大召開以後，民營企業家可以當選黨代表，開始進入省級的政協領導層，非公有制企業人士的地位逐步提高。黨和國家創造性地提出非公有制經濟人士可以入黨，調動了一切可以調動的因素，發展了一切可以發展的力量，體現了中國共產黨的包容性、時代性與先進性，在新時期吸納民營企業家入黨，擴大黨的群眾基礎，是黨在非公有制經濟發展史上的重大突破。

三、第三階段：非公有制經濟飛速發展階段（2002—2012 年）

（一）出抬促進非公有制經濟發展的新舊「非公有制經濟36條」

黨的十六大以來，非公有制經濟快速發展，但仍然面臨著一些障礙。2004 年，溫家寶在溫州景山賓館召開「促進非公有制經濟發展座談會」，9 位浙江民營企業家應邀參加並提出非公有制企業在市場准入、融資渠道、社會服務體系、法律保護等方面的問題和意見，這是「非公有制經濟36 條」的原型。2005 年，經過26 個政府部門、中共中央統戰部、全國工商聯的多次協商，最後經過國務院討論，正式發布了《關於鼓勵支持和引導個體私營等非公有制經濟發展的若干意見》（簡稱「非公有制經濟36 條」），全國政協副主席、全國工商聯主席黃孟復指出「非公有制經濟36 條」是國內第一個促進

非公有制經濟發展的系統性政策文件。①「非公有制經濟36條」提出了7個方面的內容：第一，放寬非公有制經濟市場准入原則，允許非公有資本進入法律法規未禁止的行業；第二，加大對非公有制經濟的金融財稅支持；第三，完善對非公有制經濟的社會服務；第四，維護非公有制企業和職工的合法權益；第五，積極引導非公有制企業提高自身素質；第六，改進對非公有制經濟的監管；第七，加強對非公有制經濟的指導和政策協調。在此之後，各地和各部門高度重視，積極出抬了落實「非公有制經濟36條」的配套措施和具體辦法，非公有制企業的發展進入一個新的階段。

在「非公有制經濟36條」出抬一年後，「非公有制經濟36條」在發揮作用方面遇到不少難題。《經濟視點報》記者王海聖報導指出：「許多非公有制經濟企業家和『非公有制經濟36條』所描繪的壯麗畫卷之間，好像隔著一道『玻璃門』，對面有什麼似乎看得見，但暫時卻夠不著、走不進去。」有數據顯示，在2009年全國城鎮資產投資中，國有及國有控股資本投資占44.6%，民營經濟投資占48.1%，但是在實際執行過程中，民間投資仍然遭遇「玻璃門」「彈簧門」，非公有制經濟民間投資再一次陷入窘境。② 為了消除「國進民退」所引起的市場憂慮，國務院在2010年發布了《關於鼓勵和引導民間投資健康發展的若干意見》（簡稱「新非公有制經濟36條」），與舊「非公有制經濟36條」相比，「新非公有制經濟36條」對民間資金進入限制性領域由「允許」變為「鼓勵」，鼓勵和引導民間資本進入法律法規未明確禁止准入的行業和領域，實行「法無禁止即自由」方針。「新非公有制經濟36條」從制度上破除非公有制經濟發展遭遇的「玻璃門」「彈簧門」，也是對原「非公有制經濟36條」的發展，表明黨和國家對非公有制經濟的促進措施不斷走向完善。在2002—2012年這10年間，非公有制經濟在新舊「非公有制經濟36條」的助力下實現了快速發展。

（二）「民進國退」之爭與非公有制經濟參與國有企業股份制改革

2004年，在國有企業進行股份制改革期間，發生了著名的「郎顧之爭」

---

① 許凱. 非公36條：掀去制度天花板 [N]. 國際金融報，2005-03-05.
② 王海聖，桑燕. 「非公36條」遭遇「玻璃門」[N]. 經濟視點報，2006-02-23 (01).

事件。郎咸平認為國有企業股份制改革的實質是將國有資產「賤賣」，將國有資產和集體資產私有化。早在國有企業改革初期，北京大學厲以寧教授指出股份制改革應該作為社會主義市場經濟體制改革的重要任務，經濟體制改革應當拋棄治標不治本的價格改革，將重點放在所有制改革上，減少國家和集體控股，實現多種所有制共同參股。但是這一觀點遭到大量質疑，反對者認為這是「明修棧道，暗度陳倉」，將國有經濟和集體經濟私有化，削弱了公有制經濟。

而北大教授張維迎認為，民營企業創造了大量的就業機會，增加了國家的財政收入，穩定了國家的社會環境，雖然在進行國有企業股份制改革的過程中出現了國有資產流失的現象，但是不可否認這是民營企業與國有企業共同發展的過程，而不是誰瓜分了誰的利益。2003—2006 年的數據顯示，雖然國有以及國有控股企業的數量由 3.66 萬戶減少至 2.61 萬戶，但是企業的總資產卻由 9.54 萬億元增加到 13.4 萬億元，控制力明顯加強。[①]

事實上，早在 1980 年，面對大量知青回城產生的就業問題，有學者指出企業可以通過發行股票來集資興辦企業、擴大企業規模、解決就業難題等。與此同時，鄉鎮企業為了擴大經營規模，率先進行了股份制改革，採取自願集資入股、入股分紅的政策，極大地刺激了村民投資入股的熱情。村民積極將閒散資金和儲蓄用於投資，獲得了豐厚的收益。股份制集合作制和集體制的好處於一身，將企業經營權和所有權進行分離，解決了傳統的國有經濟和集體經濟存在產權不清、權責不明、利益混亂的問題，有利於提高企業生產效率。1986 年，一些國有企業借鑑鄉鎮企業的經驗，開始試行股份制改革。1987 年黨的十三大報告指出改革中出現的所有制形式，包括國家控股和部門、地區企業間參股以及幾個人入股，都是社會主義企業財產的一種組織方式，可以繼續試行。1992 年在黨的十四大報告中，江澤民指出國有小型企業可以採取出租或者出售的方式由集體企業或者個體戶來經營。1997 年，十五大報告首次引入了「混合所有制」的概念，明確提出城鄉大量出現的多種多樣的

---

① 馬建堂. 國有企業改革三部曲：從擴權讓利到戰略性重組 [N]. 21 世紀經濟報導，2008-12-20.

股份合作制經濟，是改革中的新事物，要支持和引導，不斷總結經驗，使之逐步完善。2002年十六大指出除必須由國家控股、進行獨資經營的企業以外，鼓勵其他企業進行股份制改革，實現多種所有制混合持股。

總體來看，可以發現在國有企業股份制改革期間，非公有制起到了積極的作用，促進了國民經濟的發展，在社會主義建設中扮演著重要的角色。在國有企業改革期間，黨和國家鼓勵非公有制企業參與國有企業改革，鼓勵發展非公有資本控股的混合所有制企業，允許各種所有制資本交叉持股、相互融合，國有企業股份制改革間接激發非公有制經濟的經濟活力和創造力，解除了個體經濟、私營經濟、外資經濟進入公有制領域的束縛，發揮了各種所有制經濟的優勢，為非公有制經濟的發展打開了大門。

(三) 平等保護私有財產

2002年，黨的十六大報告指出「要毫不動搖地鞏固和發展公有制經濟，要毫不動搖地鼓勵、支持和引導非公有制經濟發展，把公有制經濟和非公有制經濟統一於社會主義現代化建設進程之中」，並再次確認了非公有制經濟人士是中國特色社會主義事業的建設者，鼓勵多種要素共同參加分配，否定了把公有制經濟和非公有制經濟對立起來的思想。2004年，第十屆全國人民代表大會第二次會議通過憲法修正法，將「國家保護個體經濟、私營經濟的合法權益和利益」修改為「國家保護個體經濟、私營經濟等非公有制經濟的合法的權利和利益」，將「國家依照法律規定保護公民的私有財產權的繼承權」修改為「公民的合法私有財產不受侵犯」，國家加大了對私有財產的保護力度，防止公職人員濫用職權侵犯公民的私有財產，這是非公有制經濟在財產權保護上的一大進步。2007年，黨的十七大報告指出：堅持和完善公有制為主體、多種所有制經濟共同發展的基本經濟制度；要毫不動搖地鞏固和發展公有制經濟，毫不動搖地鼓勵、支持和引導非公有制經濟發展；堅持平等保護物權，形成各種所有制經濟平等競爭，相互促進的新格局。十七大新提出要平等保護物權，是非公有制經濟發展史上的又一突破，保護非公有制經濟的物權有利於非公有制經濟健康發展，有利於維護非公有制經濟人士的合法權益，為非公有制經濟發展提供法律保障。

（四）家族企業開始向企業家族轉變

在非公有制飛速發展的階段，非公有制經濟呈現出了家族企業開始向企業家族轉變的特徵。中國的民營企業一般發源於個體戶和家族企業，所以改革開放以來，民營企業採取的一般都是家族式管理。在民營企業發展初期，企業的規模比較小時，採取家族式管理可以累積資金、減少信息成本，但是當民營企業發展壯大時，家族式管理的弊端就日益顯現。一是家族企業具有排外性，不願意讓其他投資者投資入股，導致企業所有權利集中在家庭成員手中，造成信息閉塞、內部產權不清晰、權責不明確等。二是家族式內部管理存在任人唯親現象，導致企業難以吸納外部優秀人才，難以獲得先進的管理經驗和技術，而且家庭成員在企業中一般手握重要權力，所以導致外來聘用人才晉升困難，極易造成人才流失。三是家族式管理容易造成「過度信任」，導致企業的運作缺乏必要的監督，各方權力沒有得到制衡，以致企業運作效率低下，內部管理混亂，難以應對外部環境的變化，難以做出即時的應對決策。2008年，在對全國私營企業的調研中發現，中國的家族式管理現象依然普遍，家族式管理占所有私營企業的一半左右，而通過股份制改革的股份制企業的收益要比家族式私營企業高數倍。現代企業制度最明顯的特徵就是擁有明晰的產權。家族式企業如何轉變為企業家族，在內部建立清晰的股權，決定著家族企業的生死存亡。早在1992年，希望集團劉氏四兄弟就根據各自的特長，分別進軍科技產業、房地產業以及其他產業，之後又不斷在企業內部進行改革，建立了現代企業制度，成為企業家族中的代表企業，希望集團破除了家族式管理的難題，給其他企業管理提供了示範作用。同時期的吉利企業、浙江正泰集團都是因為逐漸褪去家族式管理的色彩演變為企業家族，在非公有制企業的發展中名列前茅。

第三節　新時代非公有制經濟制度變遷（2012年—）

黨的十八大以來，以習近平同志為核心的黨中央統籌推進「五位一體」總體佈局，協調推進「四個全面」戰略佈局，不忘初心，牢記使命，高舉中國特色社會主義偉大旗幟，全面開創了黨和國家事業的新局面，就非公有制經濟也提出許多新思想、新論斷和新舉措，開啓了非公有制經濟的新時代。習近平在民營企業座談會上的講話指出民營企業貢獻了 50% 以上的稅收、60% 以上的國內生產總值、70% 以上的技術創新成果、80% 以上的城鎮勞動就業、90% 以上的企業數量，在世界 500 強企業中，中國民營企業由 2010 年的 1 家增加到 2018 年的 28 家[①]，非公有制經濟在國民經濟中發揮著越來越重要的作用，同時新時代的來臨，又為非公有制經濟的發展提供了前所未有的機遇。

一、明確「兩個不動搖」「兩個都是」

中國經濟社會發展進入新時代，其主要矛盾發生了根本的變化，以習近平同志為核心的黨中央在十八大以來就如何毫不動搖鼓勵、支持、引導非公有制經濟發展，破解中國新時代發展的主要矛盾，實現高質量的經濟發展，樹立、制定和出抬了許多新理念、新制度和新政策。十八大以來黨和國家多次重申要毫不動搖地鞏固和發展公有制經濟，毫不動搖地鼓勵、支持和引導非公有制經濟發展，把「兩個毫不動搖」放在全面深化經濟體制改革的突出位置。

實踐證明，鞏固、發展好公有制經濟和鼓勵、支持、引導好非公有制經濟是相輔相成、相得益彰的。黨的十八屆三中全會進一步明確提出：「公有制

[①] 央視網. 習近平在民營企業座談會上的講話（全文）. (2018-11-01)[2019-04-26]. http://news.cctv.com/2018/11/01/ARTI62P99SOvRXNoEdFh0zj9181101.shtml.

經濟和非公有制經濟都是社會主義市場經濟的重要組成部分，都是中國經濟社會發展的重要基礎。」「兩個不動搖」「兩個都是」是黨和國家完善社會主義經濟體制、激活非公有制經濟創造力和發展力的重要思想基礎。新時代再次重申「兩個不動搖」「兩個都是」，鼓舞了非公有制經濟人士發展經濟的信心，激發了非公有制創造社會財富的動力。

二、明確「兩個不可侵」「兩個健康」

改革開放以來，中國在產權保護上取得了巨大的進步，但是非公有制經濟在產權上仍然面臨著許多難題。公務人員利用公權力侵害私權利，違法查封、扣押、凍結民營企業財產，對非公有制企業知識產權保護力度不足，侵權事件等問題頻發。全面推進依法治國是保障非公有制企業產權的根本之策，2016年中共中央出抬了《關於完善產權保護制度依法保護產權的意見》（以下簡稱《意見》）。《意見》指出：「產權制度是社會主義市場經濟的基石，保護產權是堅持社會主義基本經濟制度的必然要求，有恒產者才能有恒心，經濟主體財產權的有效保障和實現是經濟社會持續健康發展的基礎。」① 《意見》還明確指出「要健全以公平為原則的產權保護制度，堅持兩個不動搖，公有制經濟產權和非公有制經濟產權都同樣不可侵犯」。完善產權保護制度，需要堅持平等、全面、依法、共同參與、標本兼治的原則，同時健全產權保護的法律法規，為非公有制經濟公平公正地參與市場經濟競爭提供有效的法律支撐。

2015年頒布的《中國共產黨統一戰線工作條例（試行）》指出：「統一戰線是中國共產黨凝聚人心、匯聚力量的政治優勢和戰略方針；是奪取革命、建設、改革事業勝利的重要法寶；是增強黨的階級基礎、擴大黨的群眾基礎、鞏固黨的執政地位的重要法寶；是全面建成小康社會、加快推進社會主義現代化、實現中華民族偉大復興中國夢的重要法寶。」② 非公有制經濟人士是統

---

① 中共中央國務院. 關於完善產權保護制度依法保護產權的意見［EB/OL］.（2016-11-27）［2019-04-26］. http://www.gov.cn/zhengce/2016-11/27/content_5138533.htm.
② 中國共產黨統一戰線工作條例（試行）［N］. 人民日報，2015-09-23（05）.

第四章　新中國非公有制經濟制度變遷

一戰線工作的範圍和對象，非公有制經濟人士的健康成長對於統一戰線具有重要意義。2015年5月，習近平總書記在中央統戰工作會議上提出要正確認識非公有制經濟健康發展和非公有制經濟人士健康成長之間的內在邏輯，堅持「兩個健康」。習近平指出「兩個健康」不但是一個經濟問題，而且還是一個政治問題，明確指出堅持「兩個健康」在奪取新時代中國特色社會主義經濟偉大勝利中的戰略性意義。新時代要求我們要正確認識非公有制經濟健康發展和非公有制經濟人士健康成長之間的內在邏輯，非公有制經濟與非公有制經濟人士之間既有聯繫又有區別，健康的非公有制經濟人士不僅表現為個人財富的增加，更是個人素質和社會責任的提高，健康的非公有制經濟表現在企業規模和企業質量的同步提高。祝遠娟（2013）在工作要求、工作內容、工作方法上指出了兩者的聯繫，她認為非公有制經濟人士健康成長是非公有制經濟健康發展的前提，非公有制經濟健康發展是非公有制經濟人士健康成長的保障。[①] 在新時代，習近平強調要引導非公有制經濟人士特別是年輕一代致富思源、富而思進，做到愛國、敬業、創新、守法、誠信、貢獻，保障非公有制經濟人士的健康成長，同時也強調非公有制經濟健康發展的重要性，要求以「團結、服務、引導、教育」為方針，圍繞非公有制經濟的生產經營活動，促進「兩個健康」協調發展。

三、明確「三個平等」「三個沒有變」

黨的十八屆三中全會通過的《中共中央關於全面深化改革若干重大問題的決定》指出：走非公有制經濟的發展道路要堅持「三個平等」——權利平等、機會平等、規則平等，實行統一的市場准入制度。2016年，國務院派出9個專項督查組，耗時近10天，到18個省、自治區、直轄市走訪座談超過700家企業，發現非公有制企業仍然存在四大問題：第一，屢遭「白眼」，頻

---

① 祝遠娟. 試論非公有制經濟領域「兩個健康」工作的辯證關係 [J]. 廣西社會主義學院學報，2013, 24（3）：21-24.

繁「碰壁」，公平待遇始終沒能落地；第二，抽貸、斷貸現象突出，融資難仍普遍存在；第三，「門好進、臉好看、事不辦」，審批繁瑣依然突出；第四，成本高、負擔重，影響企業投資意願。可見，「三個平等」並沒有得到真正的落實，非公有制企業未享受到與公有制企業同等的待遇，人們對待非公有制企業仍然帶著「有色眼鏡」，而市場准入管理制度是聯繫市場和政府的紐帶，平等的市場准入權利是非公有制企業發揮企業活力和創造力的重要前提。面對這樣的窘境，黨的十九大報告再一次指出：「全面實施市場准入負面清單制度，清理廢除妨礙統一市場和公平競爭的各種規定和做法，支持民營企業發展，激發各類市場主體的活力。」十九大新增了清理廢除妨礙統一市場和公平競爭的各種規定和做法。更為重要的是，在十九大報告的文件中官方第一次使用了「民營企業」的概念，提出「要支持民營企業發展，激發各類市場主體活力，要努力實現更高質量、更有效率、更加公平、更可持續的發展」。相比使用「非公有制經濟」，「民營企業」的用法缺少了歧視的因素，表明黨和政府致力於實現公有制企業和非公有制企業在市場准入制度方面的「三個平等」。

2016年，習近平總書記出席全國政協十二屆四次會議民建、工商聯界別聯組會並發表重要講話，強調在堅持「三個平等」的同時更要堅持「三個沒有變」，即非公有制經濟在中國經濟社會發展中的地位和作用沒有變，我們毫不動搖鼓勵、支持、引導非公有制經濟發展的方針政策沒有變，我們致力於為非公有制經濟發展營造良好環境和提供更多機會的方針政策沒有變。「三個沒有變」再一次明確了非公有制經濟的重要地位以及黨和國家為非公有制經濟提供良好的市場環境的決心。同時，習近平總書記用「六個重要」來評價非公有制經濟，指出「非公有制經濟在穩定增長、促進創新、增加就業、改善民生等方面發揮了重要作用，是穩定經濟的重要基礎，是國家稅收的重要來源，是技術創新的重要主體，是金融發展的重要依託，是經濟持續健康發展的重要力量」。

四、明確建立「親」「清」新型政商關係

在新時代背景下，如何正確處理政商之間的關係影響到社會主義市場環境的健康成長。如果政商關係不合理，政府這只「有形之手」不斷越權、市

場這只「無形之手」不斷缺位，腐敗現象也必然猖獗，正如「一個官員倒下牽出一批商人，一批商人被查暴露系列違規操作」[1]，不利於非公有制企業的健康成長。為了保證權利與資本、政府與企業、官員與商人之間交流「有度」「有信」「有束」，黨的十八大以來，黨和國家明確提出要正確理解「親」「清」新型政商關係的內涵：「對領導幹部而言，所謂『親』，就是要坦蕩真誠同民營企業接觸交往，特別是在民營企業遇到困難和問題情況下更要積極作為、靠前服務，對非公有制經濟人士多關注、多談心、多引導，幫助解決實際困難。所謂『清』，就是同民營企業家的關係要清白、純潔，不能有貪心私心，不能以權謀私，不能搞權錢交易。對民營企業家而言，所謂『親』，就是積極主動同各級黨委和政府及部門多溝通多交流，講真話，說實情，建諍言，滿腔熱情支持地方發展。所謂『清』，就是要潔身自好、走正道，做到遵紀守法辦企業、光明正大搞經營。」[2]「親」「清」新型政商關係不但有利於領導幹部兩袖清風、潔身自好，還有利於企業領導建諍言、敢作為。建立新型政商關係也表明了中國新時代堅決反腐的決心，從 2014 年至黨的十九大召開，中國共追回外逃人員 3,453 人，其中「百名紅通人員」已有 48 人落網。[3]

五、明確弘揚企業家精神和非公有制經濟的發展重點

2017 年 9 月 25 日，中共中央國務院公布了《關於營造企業家健康成長環境弘揚優秀企業家精神更好發揮企業家作用的意見》（以下簡稱《意見》），首次以專門文件明確了企業家精神的地位和價值。習近平在黨的十九大報告中指出：「要激發和保護企業家精神，鼓勵更多社會主體投身創新創業。建設知識型、技能型、創新型勞動者大軍，弘揚勞模精神和工匠精神，營造勞動光榮的社會風尚和精益求精的敬業風氣。」[4] 石軍偉（2018）認為企業家精神，

---

[1] 孫麗麗. 關於構建新型政商關係的思考 [J]. 經濟問題, 2016（2）：32-35.
[2]「平語」近人：習近平談非公有制經濟 [J]. 中國中小企業, 2017（4）：20-21.
[3] 徐伯黎. 堅如磐石 十九大報告宣示反腐決心 [N]. 檢察日報, 2017-10-24（05）.
[4] 習近平. 決勝全面建成小康社會 奪取新時代中國特色社會主義偉大勝利——在中國共產黨第十九次全國代表大會上的報告 [R]. 北京：人民出版社, 2017.

是一個人內心期待成為企業家、期待去創新、期待去創業的一種價值訴求和精神寄託，具有企業家精神就意味著具有創新、創業、執著、貢獻的品質。[1]企業家是經濟活動的重要主體，企業家精神是經濟發展的重要源泉，國家發展改革委負責人就《意見》答記者問時指出：「弘揚企業家精神是貫徹落實中央決策部署的具體體現，是推進供給側結構性改革、增強經濟發展活力的現實要求，是堅持問題導向、回應企業家期盼的必要舉措。」[2] 西安市北大助企商會會長王海舟指出：「企業家的精神地位和價值得到了認可，讓更多的非公有制中小企業家的精神地位和價值也得到了弘揚，非公有制經濟人士的健康發展得到了保障，有利於非公有制經濟人士愛國敬業、遵紀守法、創新創業、服務社會，調動廣大企業家的積極性、主動性、創造性。」[3] 弘揚企業家精神有利於非公有制經濟健康發展，為非公有制經濟的發展提供了高素質的人才保障。

黨的十九大報告指出：「建設現代化經濟體系，必須把發展經濟的著力點放在實體經濟上，把提高供給體系質量作為主攻方向，顯著增強中國經濟質量優勢。」非公有制經濟作為中國社會主義市場經濟的重要組成部分，應當圍繞經濟發展重點，肩負起發展實體經濟、落實經濟政策的重任。2016年，習近平總書記出席全國政協十二屆四次會議民建、工商聯界別聯組會，指出黨和政府要著力解決非公有制經濟企業反應較多的「玻璃門」「彈簧門」「旋轉門」和「市場的冰山」「融資的高山」「轉型的火山」等問題，把涉及金融體制、投融資體制、公共服務體制、行政審批等五個方面的問題放在突出的位置。[4] 這次會議是黨結合時代背景，總結改革開放以來的輝煌成就，分析非公有制經濟所存在的弊端，在十八大的基礎上全面、系統地闡述了非公有制經濟工作的會議，會議決議是非公有制經濟領域統戰工作的綱領性文獻，相比以前的政策，此次會議圍繞經濟發展重點，把「政策實施」放在突出位置，表明了新時代、新時期黨致力於把非公有制經濟政策落到實處的決心。

---

[1] 石軍偉. 高質量發展更要激發和保護企業家精神［N］. 湖北日報, 2018-01-14 (07).
[2] 佚名. 國家發展改革委有關負責人就《中共中央國務院關於營造企業家健康成長環境弘揚優秀企業家精神更好發揮企業家作用的意見》答記者問［J］. 中國產經, 2017 (10)：24-29.
[3] 王海舟. 弘揚優秀企業家精神 激發創新改革活力：我市企業家圍繞十九大報告談弘揚優秀企業家精神體會之四［N］. 西安日報, 2017-11-06 (03).
[4] 佚名. 以習近平總書記講話精神為指導促進非公有制經濟健康發展［N］. 學習時報, 2016-04-18 (01).

本章小結

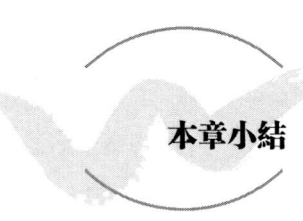

社會主義與非公有制的關係一直是一個重要的熱點問題。新中國成立以來，中國在處理所有制的問題上經歷了漫長的探索，非公有制經濟制度改革與創新完善了中國混合所有制結構，推動了社會主義市場經濟制度的發展。對新中國成立以來非公有制經濟制度的變遷進行總結分析，有利於我們從中獲取歷史教訓與實踐經驗，促進社會主義市場經濟發展。

一、新中國非公有制經濟制度變遷的總體特徵

改革開放前，非公有制經濟制度變遷呈現激進式的「自上而下」的強制性變遷的特徵。新中國成立初期存在國營經濟、合作社經濟、國家資本主義經濟、私人資本主義經濟和個體經濟並存的現象。對農業、手工業、資本主義工商業進行了社會主義改造，個體經濟和私營經濟逐步走向消亡，非公有制經濟從有到無。縱觀改革開放前非公有制經濟的變遷，可以發現政府對「非公有制經濟能否存在」這一主線主要採取的是激進式的「自上而下」的強制性政策，這種強制性變遷成本高、收益小，一度造成國民經濟混亂。

改革開放後，非公有制經濟制度變遷呈現出誘致性的「自下而上」的漸進式變遷的特徵。改革開放後，隨著國民經濟的發展，社會有了新的分層，產生了新的社會關係，出現以公有制為主體、多種經濟形式並存的現象，非公有制經濟的出現使國民經濟快速發展，黨和國家也越來越重視非公有制經濟，非公有制經濟的地位逐漸提高，由「必要的、有益的補充」上升為社會主義經濟的「重要組成部分」，發展非公有制經濟也由國家的「方針」變為「基本國策」，這段時期非公有制經濟的變遷主要表現為誘致性的「自下而上」的漸進式變遷，這種漸進式政策比較溫和，把握了非公有制經濟變遷的特點，與時代相適應。

進入新時代，非公有制經濟制度變遷呈現出頂層設計與底層發展全面推進的特徵。黨的十八大後，關於非公有制經濟的各項基本理論、基本方針、基本政策和基本制度都更加成熟，非公有制經濟的發展進入了新時代。新中國成立70週年的歷史，是社會主義市場經濟、非公有制經濟不斷發展的歷史。新時代，堅持「公有制為主體、多種所有制共同發展」這項基本經濟制度，依然具有重大戰略意義。

二、非公有制經濟制度變遷的展望

當前，非公有制經濟的發展呈現出新的階段性特徵：第一，諸多非公有制企業建立了現代企業制度，企業效率提高，同時大多數非公有制企業實行的依然是以個人為中心的家族式管理，企業管理水準還跟不上時代的需要。第二，「親」「清」的新型政商關係為政府與企業、官員與商人之間的相處模式指明了方向，同時政治關聯給非公有制企業帶來的諸多負效應依然難以避免。例如夏力（2013）指出有政治關聯的企業面臨更小的市場競爭壓力，具有更多的競爭優勢，因此將減少研發上的投資。[①] 第三，完善產權制度，保護非公有制經濟人士的合法權益，同時非公有制企業內部出現個人資產和企業資產混為一談的現象。第四，非公有制經濟的產出增長依賴於內源融資，有助於企業團結協作，減少信息成本等，同時非公有制企業的外源融資卻嚴重不足。如張杰（2000）以民營企業為例指出，在民營企業的主要資金來源中內源融資的比重占65.2%，而外源融資僅占10.7%。[②] 第五，第二產業的比重過高，第三產業的比重偏低，高耗能的產業比例增長過快依舊是一個「老大難」問題。第六，落後的思想觀念歧視依然存在。卿平（2000）認為這主要是因為非公有制經濟一般萌芽於農村，經營者素質偏低，思想保守，缺乏理想和信仰。[③] 第七，非公有制企業成長性弱。張海豐、趙培（2006）指出中

[①] 夏力. 基於政治關聯的中國民營企業技術創新研究 [D]. 南京：南京大學, 2013.
[②] 張杰. 民營經濟的金融困境與融資次序 [J]. 經濟研究, 2000 (4)：3-10, 78.
[③] 卿平. 私營經濟與家族式管理 [J]. 農村經濟, 2000 (5)：35.

國的宏觀經濟環境發生了很大變化，小型民營企業平均壽命不到 3 年。① 第八，非公有制經濟推動國民經濟快速發展的同時，卻出現了「私營經濟退場論」的輿論，表明非公有制經濟的發展仍然面臨諸多挑戰。

進入新時代，我們要站在全局的高度來認識非公有制經濟，以習近平新時代中國特色社會主義思想為理論指導，針對當前非公有制經濟出現的問題，把握國內外發展大勢，發現規律抓住機遇，做出正確的決策，既要看到非公有制經濟成長過程中的成就，也必須承認非公有制經濟在發展過程中面臨的諸多問題。總體上，非公有制經濟面臨的機遇將大於挑戰。

第一，非公有制經濟的地位和價值將持續穩定上升。在新時代，非公有制經濟和公有制經濟將不再對立，兩者相輔相成、相得益彰，統一於社會主義現代化建設。非公有制經濟在穩定經濟增長、促進萬眾創新、增加人民就業、改善社會民生等方面發揮了重要作用，是社會主義市場經濟不可或缺的重要組成部分，地位和價值將持續穩定上升。

第二，非公有制經濟的規模和數量將不斷擴大。隨著國際環境的不斷開放、政策環境的大力支持、市場環境的健康發展、法制環境的逐步完善、社會環境的逐步文明，非公有制經濟將逐步解決融資難、融資貴、創新能力不足、稅費負擔沉重等重大難題，非公有制企業「玻璃門」「旋轉門」「彈簧門」問題將逐步得到解決，非公有制經濟的發展將獲得更加廣闊的空間，規模和數量將不斷擴大。

第三，非公有制經濟的產業結構和區域結構將不斷優化。黨的十八大以來，黨和國家多次重申「要激發非公有制經濟的活力和創造力，鼓勵非公有制企業參與國有企業改革，鼓勵發展非公有資本控股的混合所有制企業，鼓勵有條件的私營企業建立現代企業制度；堅持權利平等、機會平等、規則平等，實行統一的市場准入制度」。在黨和國家政策制度的支持下，非公有制企業將不斷徵服「市場的冰山」「融資的高山」「轉型的火山」，非公有制企業的產業結構將不斷趨於合理，區域結構將進一步優化。

---

① 張海豐，趙培. 中國民營企業發展歷程與前景探析 [J]. 市場論壇，2006（8）：37-39.

第四，非公有制經濟的國際化水準將不斷提高。2001年中國加入世界貿易組織，為非公有制經濟的發展提供了更加廣闊的平臺；2002年黨的十六大報告明確提出要實施「走出去」的戰略。新時期在建設「一帶一路」背景下，非公有制經濟依託於政策溝通、設施聯通、貿易暢通、資金融通、民心相通，在海外開拓市場，訂購價廉質優原料，承包大型國際工程，設立科研機構，日益與國際接軌，成長為具有國際競爭力的跨國公司。非公有制經濟憑借其優勢快速地適應了經濟全球化的規則，實力逐漸強大，條件逐步完善，成為「走出去」的生力軍，國際化水準將不斷提高。

第五，非公有制經濟的管理水準將不斷提升。非公有制企業家族式管理在企業成長初期確實起到了積極作用，隨著非公有制企業規模和數量不斷擴大，家族式管理的弊端就日益凸顯出來——所有權高度集中、內部產權混亂、經營者素質較低都給非公有制經濟的健康發展帶來了阻礙。新時期，黨和政府多次提出要建立現代企業制度，將所有權和經營權分開，將「家族企業」轉變為「企業家族」。伴隨著社會主義市場經濟體制和社會主義非公有制經濟理論的不斷完善，非公有制經濟必將適應新時代的要求，不斷調整自己的發展方向，對營運模式進行進一步改革和創新，不斷健全企業組織結構，逐漸培養企業核心競爭力，打造一支現代化的非公有制企業隊伍。

中篇
中觀經濟制度變遷

本部分描繪了中觀維度上的新中國經濟制度變遷，包括城鄉、區域、產業三大經濟制度的歷史演進過程及其內在邏輯。要理解城鄉經濟制度、產業經濟制度以及區域經濟制度的形成、發展和演變的原因，需要置身於中國特色社會主義經濟發展不同階段的歷史進程，從生產力和生產關係、經濟基礎與上層建築的相互制約與互動演變之中，客觀梳理各個歷史階段城鄉經濟制度、產業經濟制度和區域經濟制度重構的原因和變遷的動力。總體上看，中觀經濟制度及其內部三大經濟制度間互動演變的邏輯，內生於社會主義初級階段生產力發展的客觀現實，同時內含和反應了社會主義具體經濟制度即經濟體制及其機制和基本經濟制度演變的歷史邏輯。

第五章
城鄉二元經濟制度變遷

　　新中國成立70年來，中國城市與農村的經濟關係經歷了複雜的歷史演變。從城鄉二元經濟制度形成、城鄉分治、農業生產剩餘對工業化進程的哺育、農村剩餘勞動人口流入對城市發展的低成本支持，逐漸到城鄉統籌、城鄉一體化、城鄉融合發展戰略下的新型城鄉關係及其格局的形成，出現了工業對農業的反哺，生產要素從城市向農村的回流及其互動發展。城鄉經濟制度的變遷，從一個側面也反應出中國傳統計劃經濟體制的形成、市場取向改革的啟動、社會主義市場經濟體制的確立及其完善發展，社會主義基本經濟制度由單一的公有制轉向公有制為主體、多種經濟形式並存的歷史變遷過程。

　　本章中，我們將分三大歷史階段、六個歷史時期闡述新中國成立以來城鄉經濟制度變遷的軌跡，包括每個階段國家的整體發展目標，有關城鄉關係的指導思想、理論創新、總體佈局和主要政策安排；總結各階段城鄉經濟制度運行的客觀經驗與變化動因；對城鄉經濟制度演變與中國市場化、工業化、城鎮化進程的聯動機制進行研究，探究新時代新型城鎮化與農業農村現代化的相互推動關係與實現路徑。

第一節　改革開放前的城鄉二元經濟制度（1949—1978 年）

新中國成立之初，在 1949 年的國民收入總額中，工業部門的比重為 12.6%，農業部門的比重為 68.4%；到 1952 年，在總經濟活動人口中，農業部門從業人口占比為 83.5%，第二產業從業人口占比僅為 7.4%。[1] 農村地區處在自然經濟或半自然經濟的落後狀態，工業生產大多集中在東部沿海地區。作為一個絕大多數人口尚未擺脫貧困的典型的農業國，中國必須加快推動工業化戰略，才能從根本上推進經濟發展、保障政治獨立、改善人民生活。在第一代黨和國家領導人這一基本認識的歷史背景下，為保證國家工業化趕超發展戰略的順利推進，實行了中央集權的計劃經濟體制，保證國家對資源的集中調度配置能力；同時實行了所有制的社會主義改造，以確立起社會主義公有制的基本經濟制度。

由此可見，新中國成立初期城鄉經濟制度的設定從屬於「國家工業化」的發展戰略及其目標。在工業資本累積嚴重不足的歷史約束下，來自農業和農村部門的累積支持成為工業趕超的重要資金源泉，並逐步確立了「以農支工」的發展道路。

在整個計劃經濟時代，中國城鄉經濟關係大體經歷了兩個發展階段：國民經濟恢復期和傳統計劃經濟體制時期。在國民經濟恢復期（1949—1952 年），中央政府允許多種經濟成分同時存在，要素有一定的自由流動度，城鄉間尚存在著有限度的開放特徵，有學者把這稱為「農本經濟延續下相對開放的城鄉關係」[2]。伴隨著社會主義改造的穩步推進和計劃經濟體制的逐步確立，農業支持工業、為工業化提供資本累積的發展思路得以確立，在以統購統銷、人民公社、戶籍制度為核心的城鄉二元制度作用下，1953—1978 年間

---

[1] 鄭有貴. 中華人民共和國經濟史（1949—2012）[M]. 北京：當代中國出版社，2016：8.
[2] 折曉葉，艾雲. 城鄉關係演變的制度邏輯和實踐過程 [M]. 北京：中國社會科學出版社，2014：64.

第五章　城鄉二元經濟制度變遷

中國形成了「體制分割型」的城鄉關係，政策思路和資源流向呈現出「農村附屬於城市、服務於城市」的整體特徵。

一、國民經濟恢復期相對開放的城鄉經濟關係（1949—1952年）

在1949—1952年的國民經濟恢復期，由於允許農村土地、勞動力、資本等生產要素自由流動，城鄉結構表現出相對開放的特徵，城鄉私營工商業可以相對自由地發展。這一時期有較多農村人口因務工經商遷入城市，使得城市人口從5,765萬上升到了7,163萬。不過，本時段農村人口的自由遷移並未對城鄉關係造成實質性影響，1950年起實行的農民土地所有制和以農民家庭為基本生產、消費單位的休養模式，使得相對開放的城鄉關係結構能夠保持穩定有序，對國民經濟的恢復發展起到了極為重要的穩定作用。[1]

1949—1952年，在中國共產黨的領導下，通過各項經濟與社會政策的實施，有效地恢復了國民經濟的基本發展能力。三年間，國民收入總額增速分別達到了19.0%、16.7%和22.3%，農、林、牧、副、漁產值由1949年的326億元上升到了1952年的461億元，主要工業品產量均有快速增加；政府的財政汲取能力也不斷提高，1951年財政收入占國民收入的比重從上年的15.3%上升至26.8%，為新中國突破原本無法解決的資金瓶頸奠定了堅實的財政基礎。[2]

一方面，國民經濟的恢復為大規模工業建設創造了有利的初始條件。另一方面，此時農業生產中依靠家庭分散作業與銷售的自然經濟、小商品經濟模式，顯現出難以為工業化的快速推進和城市生產、消費需求擴大提供足夠剩餘產品的瓶頸約束。

1952年下半年開始，第一個五年計劃的編製工作開始緊鑼密鼓地進行。工業化成為整個國家經濟建設的重中之重，城鄉經濟關係的建立重在實現這

---

[1] 折曉葉，艾雲. 城鄉關係演變的制度邏輯和實踐過程 [M]. 北京：中國社會科學出版社，2014：67.
[2] 鄭有貴. 中華人民共和國經濟史（1949—2012）[M]. 北京：當代中國出版社，2016：16-17.

一基本目標，即推動農業勞動生產力的提升，在耕地少、人口多的條件下解決好吃飯問題，且為工業化累積資金，保證工業化的迅速實現。1956年，毛澤東同志在《論十大關係》中就重工業、輕工業和農業的關係做出了重要論斷，確立了整個計劃經濟時期城鄉間基本經濟關係的基調：

「重工業是中國建設的重點。必須優先發展生產資料的生產，這是已經定了的。但是決不可因此忽視生活資料尤其是糧食的生產。如果沒有足夠的糧食和其他生活必需品，首先就不能養活工人，還談什麼發展重工業？所以，重工業和輕工業、農業的關係，必須處理好。」①

「我們現在的問題，就是還要適當地調整重工業和農業、輕工業的投資比例，更多地發展農業、輕工業。這樣，重工業是不是不為主了？它還是為主，還是投資的重點。但是，農業、輕工業的比例要加重一點。加重的結果怎麼樣？加重的結果，一可以更好地供給人民生活的需要，二可以更快地增加資金的累積，因而可以更多更好地發展重工業。」②

在生產力發展極其落後、人均收入極低的條件下，走社會主義道路的新中國推動工業化所需的資本累積就不得不依靠農業、依靠農業剩餘的轉化。為此，相關制度設計使農村的生產組織方式、農產品交換與分配體制、農村和城市的社會治理結構都發生了急遽變革，以有效地實施高累積政策，保證優先發展重工業戰略的實現。

二、傳統計劃經濟體制時期嚴格隔離的城鄉經濟關係（1953—1978年）

傳統計劃經濟體制時期，農業生產合作制度（後升級為人民公社制度）、農副產品統購統銷制度、城鄉分隔的二元戶籍制度制約和規定了農村與城市、農業與工業間生產、分配、交換和消費的基本關係。其中，人民公社制度確

---

① 毛澤東. 毛澤東文集：第7卷 [M]. 北京：人民出版社，1999：24.
② 毛澤東. 毛澤東文集：第7卷 [M]. 北京：人民出版社，1999：24.

保了農業生產資料的調配、農村勞動力的動員、農業生產剩餘的集中；統購統銷制度保證了農業剩餘產品和資金向工業與城市部門的輸入；戶籍制度減輕了城市的就業壓力和居民對擴大的生活資料的需要。客觀上，國家行政體制實現了對農民和農業剩餘的全面控制，在人均收入極低的水準上實現了高累積率、高資本形成率，對中國建立起初步的工業體系和國民經濟體系、保持社會的基本穩定，都起到極為關鍵的歷史性作用。[①]

（一）農業生產合作制度的運行和農村工業化的初步探索

要提高農業勞動生產率，推動農業中勞動剩餘的集聚，合作化與集體化是一個必然的選擇。1953 年 12 月，中共中央發布了《關於發展農業生產合作社的決議》（以下簡稱《決議》），提出「逐步實行農業的社會主義改造，使農業能夠由落後的小規模生產的個體經濟變為先進的大規模生產的合作經濟，以便逐步克服工業和農業這兩個經濟部門發展不相適應的矛盾」。《決議》發布後，全國農業生產互助合作運動以較快的速度發展起來。

從理論上講，小農經濟的分散性與社會主義經濟的計劃性不相適應。工業發展要求農業提供大量增產的農、林、牧、副、漁產品，而小農經濟的增產有限，不能適應工業化和人民生活明顯提高的需要。因而毛主席將農民互助合作的道路，作為農業的重要發展路線。[②]

合作化運動從所有制和組織形態上建立起工農聯盟，保障國家工業化戰略的實現，使農村建設與城市建設形成一盤棋。在學者折曉葉等的總結中，城鄉「一盤棋」有了三個層面的重要意義：第一，以農業公有制保證了工業公有制的實施，毛澤東確信「中國是個農業大國，農村所有制的基礎變了，中國以集體經濟為服務對象的工業基礎就會動搖，工業公有制有一天也會變」。第二，農業合作化不僅是新中國工業化的基礎和動力，也是反擊美國戰略包圍的關鍵之舉。毛澤東曾將基礎工業和國防工業比喻為國民經濟的拳頭，農業則是屁股（基礎）。第三，工業化不能離開農業合作化孤立進行，這是因

[①] 武力. 城鄉一體化：中國農村和農民的復興夢 [J]. 紅旗，2014（1）.
[②] 折曉葉，艾雲. 城鄉關係演變的制度邏輯和實踐過程 [M]. 北京：中國社會科學出版社，2014：79.

为：如果沒有農業合作化，農業生產就不能從使用畜力的小規模經營躍進到使用機器的大規模經營；工業部門將提供的拖拉機等農業機械、化肥、煤油、電力等，只有在農業已經形成了合作社的大規模經營基礎上才有使用的可能；工業化和農業技術改造所需的資金，大量地要從農業方面累積，除直接的農業稅之外，就是發展生產生活資料的輕工業，拿這些東西去同農民的商品糧食和輕工業原料交換，而大規模輕工業發展，有待於大規模農業，也就是區別於小農經濟的合作化農業。

值得關注的是，作為農村合作生產組織，人民公社不僅是從事農業生產，也是農村工業化的重要載體。而之所以會發生農村工業化運動，一個重要原因在於，毛澤東意識到農業剩餘勞動人口將增加，在向城市流動的過程中可能發生「城市病」。他指出：「在社會主義工業化過程中，隨著農業機械化的發展，農業人口會減少。如果讓減少下來的農業人口，都擁到城市裡來，使城市人口過分膨脹，那就不好。從現在起，我們就要注意這個問題。要防止這一點，就要使農村的生活水準和城市的生活水準大致一樣，或者還好一些。每個公社將來都要有經濟中心，要按照統一計劃，大辦工業，使農民就地成為工人。公社要有自己的高等學校，培養自己所需要的高級知識分子。做到了這一些，農村的人口就不會再向城市盲目流動。」[①]

毛澤東所設想的人民公社是工農業生產的集合體，他曾批評過蘇聯的集體農莊「不搞工業，只搞農業，農業又廣種薄收，所以過渡不了」「他們要使農民永遠成為農民」[②]。毛澤東在《關於人民公社若干問題的決議》中提出要「廣泛實現國家工業化、公社工業化」[③]「我們的方向，應該逐步地有次序地把『工、農、商、學、兵』組成一個大公社，從而構成中國社會的基本單位」[④]。

客觀地看，由於生產力水準有限，技術起點低，營運經驗有限，計劃經

---

① 張慧鵬.毛澤東構建新型工農城鄉關係的探索與啟示 [J].馬克思主義與現實，2017 (6).
② 張慧鵬.毛澤東構建新型工農城鄉關係的探索與啟示 [J].馬克思主義與現實，2017 (6).
③ 建國以來重要文獻選編：第11冊 [M].北京：中央文獻出版社，1995：599-602.
④ 毛澤東年譜 (1949—1976)：第3卷 [M].北京：中央文獻出版社，2013：403.

第五章　城鄉二元經濟制度變遷

濟體制時期的農村工業化進程遭遇過較大失誤。毛澤東同志後來在總結經驗教訓時指出：公社工業化、機械化、電氣化、文化教育事業等，只能逐步發展，不能一口氣辦得很多很大，否則會犯冒險主義的錯誤。[①] 國外有學者也認為，農村工業化是毛澤東縮小城鄉差別最成功的實踐。農村工業化在很大程度上緩解了農村長期存在的就業壓力，為農業的發展提供了資金和機械。[②]

在今天看來，改革開放前農村工業化的歷史嘗試，事實上包含了中國第一代領導人對農業農村發展與城鎮化、工業化關係的思考，以及歷史實踐的探索。改革開放後，社隊企業的興起、鄉鎮企業的繁榮與人民公社時期一定的工業生產經驗累積有著客觀聯繫。當前「鄉村振興戰略」的實施，加快實現農村農業現代化的要求，農村一、二、三產業融合發展的需要，都意味著我們應該對農業合作生產、農村工業化發展的歷史有更客觀與深入的評析。

（二）統購統銷制度的施行與農業剩餘向工業的輸送

新中國成立之初，中央政府並沒有封閉自由市場，徵收公糧和市場收購是政府獲取糧食的主要渠道。但隨著經濟建設大規模推進，糧食供需量缺口逐漸顯現，供給不足的現象越來越嚴重。陳雲同志在1953年10月提出，如果農業生產沒有很大進步，從長遠來看，農產品徵購不可避免。[③] 1953年11月19日實施《關於實行糧食的計劃收購和計劃供應的命令》，開始對農副產品實行統購統銷，規定農民消費和累積定額後，其餘的由國家徵購。具體說來，在農村的糧食收購計劃、價格、糧種，均由中央統一規定，即統購；對城市居民和農村缺糧居民實行糧食計劃供應，即統銷；國家嚴控糧食市場、嚴禁私商自由經營糧食；中央統一管理，除撥給各大區的糧食在中央與地方間分工外，儲備糧、出口糧、機動糧、救災糧等皆由中央統籌。[④] 至1954年9月，除糧、棉、油三種最重要的農產品外，烤菸、甘蔗、茶葉、生豬、羊毛、

[①] 宮玉松，聶濟冬. 毛澤東關於城鄉關係的思想 [J]. 毛澤東思想研究，1992 (1).
[②] 莫里斯·邁斯納. 毛澤東的中國及後毛澤東的中國 [M]. 成都：四川人民出版社，1990：467.
[③] 鄭有貴. 中華人民共和國經濟史（1949—2012）[M]. 北京：當代中國出版社，2016：31.
[④] 中共中央文獻研究室. 建國以來重要文獻選編：第4冊 [M]. 北京：中央文獻出版社，1993：477－488.

瓜子、木材，乃至家禽、水產品、水果、干果等都進入了統購統銷的網路。

從居民日常消費需要來看，在糧食短缺的年代，統購統銷確實對穩固城市和工業用糧發揮了積極作用，但從微觀經營主體的激勵模式來看，統購統銷的不利影響也在逐漸顯現。例如，統購擴大到了對農民口糧而非餘糧的收購，農產品定價缺乏對生產的刺激，難以反應地區間的品質、品種差異，不能體現成本和質量比較等。統購統銷與農業生產走向集體化道路、穩定物價、避免兩極分化都有著直接關係。為了保障糧食生產和糧食收購數量，不得不由集體組織控制播種面積；為了維護集體生產，不得不控制勞動力的使用方式；為了控制勞動力，又不得不限制各種家庭副業和自留經濟。① 這使得農業生產被編入一個嚴苛管控，缺乏自主經營、分配、交換甚至消費權利的網路。

從歷史發展和宏觀戰略意義來看，統購統銷制度的實施，是重工業優先發展戰略和計劃經濟體制的重要組成部分。通過這種管理方式，農業部門的剩餘大量進入城市和工業部門，為工業化的實現提供了低成本原料和巨額的累積。據資料統計，自此後，國家長期以低於農產品價值的價格徵購農產品，幅度達 35% 以上。如，1957 年為 38.8%，1965 年為 45.5%，1971 年為 40.6%，1978 年為 35.5%；而同年份的工業產品價格高於價值的比例分別為 53.9%、43.7%、36.7% 和 19.7%，由此形成工農業產品的巨大剪刀差。此外，農業稅也是獲取農業剩餘的重要方法。通過工農業產品剪刀差和沉重的農業稅，農村資金源源不斷地流向城市，1952—1978 年，國家通過工農業產品不等價交換形式從農業轉移出資金 3,917 億元，以稅收等形式轉移資金 935 億元，扣除同期財政返還給農業的各項支出，農業向外淨流出資金約 3,120 億元，相當於同期全民所有制非農企業固定資產原值的 73.2%。②

(三) 城鄉嚴格隔離的戶籍制度與城鄉二元結構的固化

從新中國成立初期到第一個五年計劃結束（1949—1957 年），新中國頒布了一系列關於人口管理的制度，初步確立了「戶警一體」的戶籍管理形式。

---

① 杜潤生. 杜潤生自述：中國農村體制變革重大決策紀實 [M]. 北京：人民出版社，2005：43.
② 康金莉. 20世紀中國二元經濟模式變遷與比較研究——基於三農視角 [J]. 財經研究，2017 (9).

「肅反」工作、就業安置、糧食供應計劃、公共秩序維護等都以戶籍為載體聯為一體。這一時期戶籍政策對公民的居住和遷徙尚未做出明確限制，公民居住和遷徙相對自由。

伴隨著工業化進程加速、外來援助減少，城市部門發展面臨的資源約束更加緊張。1955年城市中開始實行糧食配給制，1956年12月《國務院關於防止農村人口盲目外流的指示》發布，防止農民自由進城獲取糧食，城鄉間的嚴密隔離正式形成。1957年中央連續下發通知，規定城市部門不能隨意招工，臨時工等需要優先在城市剩餘勞動力中招聘，並設立勸阻站等遣返「盲流」農民。

1958年1月，中國第一個戶籍管理法規——《中華人民共和國戶口登記條例》頒布，規定「公民由農村遷往城市必須持有城市勞動部門的錄用證明，學校的錄取證明，或者城市戶口登記機關的準予遷入證明，向常住地戶口登記機關申請辦理遷出手續」。由此正式確立了戶口遷移審批制度和憑證落戶制度。首次以法規形式限制農村人口遷往城鎮。

戶籍制度不僅有限制人口流動的功能，而且戶口與糧食供給制度、副產品和燃料供給制度、生產資料供給制度、住房制度、教育制度、就業制度、醫療制度、養老保險制度、勞動保護制度、人才制度、兵役制度、生育制度等幾乎涉及全部日常生活的可能條件掛勾，使不同戶口類型的人口被二元體制徹底結構化了。[1]

與此同時，戶籍制度既限制了農村人口的流動，將農業勞動力及其再生產束縛在農業土地上，也是城市人口獲得基本生活資料和福利供給如糧食配額、醫療、教育、住房等的基本機制。

總體來說，1958年建立的戶籍制度，是為了推行重工業優先發展戰略而制定和實施的，作為人員的身分標示，以及與就業和勞動力再生產相關的安排，共同將勞動力的配置，按照地域、產業、所有制等分類，約束了計劃之外

---

[1] 折曉葉，艾雲. 城鄉關係演變的制度邏輯和實踐過程 [M]. 北京：中國社會科學出版社，2014：83.

的生產要素流動。把城鄉人口分隔開的戶籍制度，以及與其配套的城市勞動就業制度、偏向城市的社會保障制度、基本消費品供應的票證制度、排他性的城市福利體制等，極大地限制和阻礙了勞動力在部門間、地域間和所有制之間的流動，成為城鄉二元體制分治的基本隔離物。① 在改革開放後，相比人民公社、統購統銷制的瓦解，城鄉二元戶籍制度的延續時間最長，並對勞動力市場和中國經濟發展模式形成了更長期、更深遠的影響。

三、計劃經濟體制時期城鄉二元經濟制度的客觀評價

新中國成立以來，在經歷了國民經濟恢復期相對開放的城鄉關係之後，計劃經濟體制時期中國的城鄉二元經濟制度以合作化生產、統購統銷、城鄉戶籍分隔為典型代表。這些制度共同作用，保證了農業剩餘向工業的供給，補貼了工業資本的累積，但也限制了農村人口向城市流動和分享工業剩餘的可能。這主要表現在：資源在城鄉間的合理流動渠道被關閉，農民幾乎失去了直接參與工業化和城市化的條件。農業剩餘向城市的輸入、城市對農村的領導，在幫助中國快速建立起工業基礎的同時，也因為過度剝奪農業、實行城鄉隔離，造成了工農業發展失調和城鄉發展失衡。

當然，值得注意的是，城鎮化進程的問題並非改革開放之後才逐步進入黨的領導集體的視野。新中國成立後，中央領導層面就意識到資源在城市集中的好處是顯而易見的，資源集中程度越高，越能夠產生規模效應和分工效應。從發達國家的經驗來看，英國等早期發展的現代化國家，人口和資源會自發地趨向集中，後來的德國、日本等資本主義國家，以及蘇聯等社會主義國家，為了趕超先進國家，都是通過國家政權的力量加速人口和資源的集中，從而更快地推進工業化和城市化。② 毛澤東本人也曾經認為城鎮化是發展的一般規律。在1945年的《論聯合政府》中，毛澤東同志就提出：「將來還要有

---

① 王美豔, 蔡昉. 戶籍制度改革的歷程與展望 [J]. 廣東社會科學, 2008 (6).
② 張慧鵬. 毛澤東構建新型工農城鄉關係的探索與啟示 [J]. 馬克思主義與現實, 2017 (6).

第五章 城鄉二元經濟制度變遷

幾千萬農民進入城市，進入工廠。如果中國需要建設強大的民族工業，建設很多的近代的大城市，就要有一個變農村人口為城市人口的長過程。」[1]但同時，毛澤東同志對城鎮化可能帶來的城市過度擁擠表達過擔憂，並提出了農村就地工業化的設想。這一思想為前文所述的以人民公社為微觀載體，推行的農村工業化奠定了基礎。

1952—1978 年，中國工業總產值增加了 15 倍，農業總產值只增加了 1.3 倍，農業依然是國民經濟中最落後的部門。直到 1978 年，中國有 82.1% 的人生活在農村，農業總產值只占全社會總產值的 22.9%。國家控制城鄉要素流動的方向，而城市居民、農村居民很難突破二元結構性約束，過剩的農業勞動力難以向非農產業轉移。1955—1977 年間，中國農村人口增加了 55.6%，農業人口的人均佔有耕地面積卻由 3.29 畝（1 畝≈666.67 平方米，下同）減少到 1.85 畝。人民公社「政社合一」的體制和過高累積率，抑制了農民的生產積極性和自主性。農業生產微觀激勵不足、集體生產的監督管理成本過高、生產效率難以提升的弊端越來越顯現。集體化時代末期，農村經濟更趨凋敝，農村社會和國家進行制度變革和利益格局調整的必要性提升。

綜上，新中國成立後第一個三十年的城鄉經濟關係，是以城市領導農村、農業補貼工業、農村承載剩餘人口為重要特徵的。城鄉二元經濟制度在為工業化輸送了重要的累積的同時，工、農業產品長期不等價交換，農業生產效率提升不足，居民的消費水準上升有限，城鄉間要素無法自由流動，農村居民和城鎮居民的公民權利和發展機會嚴重不均，這些矛盾愈加突出。可以說，改革開放前的城鄉關係，是啟動工業化進程的重要制度保障，但是對於農民發展問題、農業和農村的現代化問題的解決尚存在明顯距離。伴隨著中國經濟與社會發展目標的變化，城鄉關係的變革迫在眉睫。

---

[1] 毛澤東. 毛澤東選集：第 3 卷 [M]. 北京：人民出版社，1991：1077.

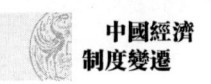

第二節 改革開放後的城鄉二元經濟制度（1978—2012年）

中國經濟體制的改革道路，是以農村改革為先導的。在重工業化戰略和計劃經濟體制中，農村的大量資源外輸，使其成為國民經濟中最薄弱的環節，改革勢在必行。1978年9月，在安徽、四川等局部地區自發地搞起了包產到戶、包干到戶。之後，黨的十一屆三中全會做出經濟體制改革的決定，到1983年1月中央一號文件，進一步肯定並全面推開以家庭聯產承包為主要形式的農業生產責任制改革，農村改革大潮席捲全國，成為中國經濟改革的先鋒，也促進了農村和城市經濟的發展。從改革開放至2012年前後，城鄉經濟制度的發展大體呈現出三階段的特徵：首先是以1985年為時間節點，中國的市場化改革進程經歷了以農村部門改革為主到以城市部門改革為主的變遷，以農村改革為先導的發展，走向了要素單方面大量流向城市、城鄉間差距進一步擴大的二元分治格局；隨後是以2002年為時間節點，城鄉統籌戰略的推出使城鄉關係進入了以城帶鄉、以工促農的新階段，從城鄉二元分割向城鄉一體化乃至城鄉融合發展邁進。

一、以農村改革為先，農產品流通市場化啓動與農村工業化探索（1978—1984年）

1978—1984年，以家庭聯產承包責任制為標誌的農村改革帶來了農村經濟的發展，糧食總產量增長了約10,300萬噸，基本解決了吃飯問題；農村改革的推進，為後來國有企業承包經營、權力下放起到了表率作用；農村經濟中剩餘的累積、農業剩餘勞動人口的增加，也為鄉鎮企業發展和興旺打下了堅實的基礎。

20世紀80年代初，中央還在城鄉間區域協同發展的制度設計層面，推出了「城鄉經濟協作區」。1981年10月、1982年2月、1983年2月，國家先後

第五章　城鄉二元經濟制度變遷

批准在湖北沙市、江蘇常州、四川重慶進行經濟體制綜合改革試點，中心目標是合理建立試點地區的城鄉關係。一些省實行了撤銷專區行署、由市領導縣的城鄉結合新體制。這一改革有利於條塊結合，城鄉結合，發揮中心城市的經濟、科技、文化優勢，充分利用農村資源，以城市支援農村，促進城鄉經濟的協調發展。[1]

（一）統購統銷的廢除與農產品價格市場化的啓動

1980 年，四川廣漢向陽人民公社摘牌標誌著人民公社開始退出歷史舞臺。家庭聯產承包責任制的實行，賦予了農民對土地的控制權、對生產的決策權和對收益的索取權，提升了廣大農戶的生產經營積極性，使農業生產效率大幅度提高，糧食產量激增，農副產品種類極大豐富。伴隨家庭聯產承包責任制的實行、農副產品統購統銷制度的廢除、農業流通制度的改革，糧食等重要農產品價格逐步放開。從 1979 年夏糧上市開始，國家大幅提高了農副產品收購價格，減少了農業剩餘向工業和城市流出的數量，這事實上是對過去扭曲的農業和工業、農村和城市分配關係的調整。經過調整，1983 年農副產品的收購價較 1979 年上升了 47.43%。

1985 年《中共中央 國務院關於進一步活躍農村經濟的十項政策》提出：「除個別品種外，國家不再向農民下達農產品統購派購任務，按照不同情況，分別實行合同定購和市場收購。」至此，替代計劃化的統購統銷，農產品交易的市場化逐漸成為主流。截至 1984 年，糧食的商品率達到了 30% 以上，農副產品的收購額比 1978 年增加了 68%，集市貿易比 1978 年增加了 280%。[2] 不合理的工農業產品價格得到顯著調整，農民的積極性被調動，農村生產力潛能得以釋放。

農村作為中國市場化改革進程的排頭兵，在長期受抑制的市場機制被激活後，其調節資源配置的靈活性、及時性和有用性都充分地顯現了出來。主要農產品供給由長期全面短缺轉向大體平衡、豐年有餘，城鄉居民所能消費

---

[1] 鄭有貴. 中華人民共和國經濟史（1949—2012）[M]. 北京：當代中國出版社，2016：171-172.
[2] 武力. 中華人民共和國經濟史 [M]. 北京：時代經濟出版社，2010：724-726.

的農副食品種類都更為豐富。① 當然,農業作為一個特殊的部門,農產品的價格決定機制並非依託市場就可以取得一勞永逸的最優結果,後文相關部分將會述及。伴隨改革的深入,中國對糧食流通體制、農副產品價格機制還在不斷做出重要調整,以求最大程度保證農民利益和農業發展。

(二) 鄉鎮企業的興起與農村工業化和城鎮化探索

改革開放初期,家庭承包經營的全面推行提升了農民的生產積極性,農業生產的發展也為農村非農產業的發展提供了良好的物質條件,勞動生產率的提高釋放了大量農業剩餘勞動力,迫切需要非農產業予以吸收。在此背景下,以原本的社隊企業為基礎,大量鄉鎮企業興起(延伸到20世紀90年代中期),農村工業化加快,呈現出城市工業對農村工業的初步反哺,一定程度上縮小了城鄉經濟差距。

1. 鄉鎮企業興起的制度支持

1979年9月中共十一屆四中全會正式提出要大力發展社隊企業,只要是在經濟上合理的、易於農村加工的農副產品,要逐步由社隊企業加工。特別值得關注的是,《關於加快農業發展若干問題的決定》指出:城市工廠要把一部分易於在農村加工的產品或零部件有計劃地擴散給社隊企業經營,支援設備指導技術,對社隊企業的產供銷要採取各種形式,同各級國民經濟計劃相銜接,以保證供銷渠道能暢通無阻;國家對社隊企業,區分不同情況,實行低稅或減稅政策。② 這是國家從制度層面對社隊企業有力地支持。1984年3月1日中央《關於開創社隊企業新局面的報告》指出,社隊企業已成為國民經濟的重要力量,農業現代化和安排多餘勞動力都離不開社隊企業的發展,並將社隊企業更名為鄉鎮企業。1984年當年鄉鎮企業數量淨增471.88萬家,各類私營、個體企業都在此基礎上發展湧現。

20世紀80年代中期,鄉鎮企業成為農村經濟的重要支柱;鄉鎮企業也曾是中國工業化過程中的生力軍。伴隨商品經濟的發展,農民家庭需要更多的

---

① 韓俊. 中國城鄉關係演變60年的回顧與展望 [J]. 改革, 2009 (12).
② 中共中央關於加快農業發展若干問題的決定 [N]. 人民日報, 1979-10-06.

貨幣收入，過剩農業勞動力需要進入工業生產領域，在農村基層組織支持下形成的鄉鎮企業是中國農村工業化的一個新組織形態，在鄉農民工的身分也隨之形成。鄉鎮企業一度是吸收農民工就業的最主要渠道，直到 1996 年鄉鎮企業的就業人數達到一個局部頂點 1.35 億後出現下降，且進城農民工的增速超過了在鄉農民工，2000 年之後外出農民工數量才首次大於在鄉農民工的數量。

2. 三元結構特徵與小城鎮的發展

伴隨鄉鎮企業的崛起，在農村和城市的二元結構間，又出現了鄉鎮企業和鄉村工業這一中間結構，表現出三元結構的特徵，傳統的城市工業模式呈現出城鄉雙重工業化模式。由此，中國在地域上形成了城市工業化與農村工業化並存的雙重工業化。同新中國成立後計劃經濟體制推動的城市工業化相比，農村工業化是以市場經濟為基礎，依靠農民自發力量興辦起來的。資金籌措、原料配置、勞動力招聘、能源供應、產品銷售等，都要靠自己到市場上去設法實現，由此他們鍛造出了較強的市場競爭力。農村工業是典型的勞動密集型產業，採取的是分散型、本地化路線，距離農業比較近，對農村剩餘勞動力轉移的拉動、吸收作用也最強。

鄉鎮企業的發展在吸納農村剩餘勞動力、增加農民收入水準、提升農業產業結構、推動小城鎮建設等方面都發揮了重要的作用。鄉鎮企業在小城鎮開辦各類工廠、興辦服務業，吸引了大量農村剩餘勞動力向小城鎮集聚，社會資本和技術也向這裡匯集。1984 年中央一號文件《關於農民進入集鎮落戶問題的通知》，允許務工、經商、辦服務業的農民自帶口糧在集鎮落戶，這是中國小城鎮戶籍制度改革的先聲。為鐵板一塊的二元戶籍制度打開了一個缺口。「後來，伴隨城市改革推進、鄉鎮企業衰落，小城鎮也進入發展停滯期，脫離了鄉村社區性質，又沒有完成城市化的進程。在近年的新農村建設中，才再度進入縣域政策和實踐的核心。」[1] 小城鎮發展始終是中國鄉村振興和城

---

[1] 折曉葉，艾雲. 城鄉關係演變的制度邏輯和實踐過程 [M]. 北京：中國社會科學出版社，2014：107.

鎮化建設依託的重要空間。

　　需要在此說明的是，進入 20 世紀 90 年代中後期，鄉鎮企業發展走向衰落，且其自身含義與性質也在發生變化，從一個包含所有制要求、以農村集體和農民投資為主的企業組織變為以私營企業和獨資企業為主、只帶有地理位置含義的企業類型。至今學界對鄉鎮企業衰落的原因尚存爭議。一種觀點認為農村工業缺乏城市工業的規模優勢和集聚優勢，集體所有制的鄉鎮企業產權結構不明晰，缺乏進一步的發展空間，農村工業化之路是難以走下去的，90 年代中後期，隨著鄉鎮企業自身利潤的下降，其吸納農村勞動力就業的能力和降低城鄉收入差距的能力在年度邊際上相比之前都已明顯下降。① 另一種觀點認為，鄉鎮企業衰落更主要地源於從 90 年代起中國經濟增長模式更傾向於倚重經歷了「抓大放小」「現代企業制度」改造的大型國有企業和利用大型跨國企業的外來投資與經營經驗，以及市場競爭的加劇。1997 年東亞金融危機對出口的抑制，使得由基層政府支持建設的傳統鄉鎮企業破產或轉制，鄉鎮集體企業在農村經濟發展中起到的引擎作用至此消失②，城鄉間發展差距的縮小也由此失去了一個重要渠道。

　　總體而言，中國的城鄉經濟關係在改革開放初年，呈現出聯合發展的特徵。1978 年城市人均收入約為農村的 2.36 倍，這一指標在 1984 年下降到了 1.86 倍，農民收入增長可謂史無前例地快於城市居民。並且，在 1978—1985 年，農村居民人均收入和消費增幅分別為 169% 和 94%，而同期城鎮居民收入和消費增幅分別只有 98% 和 47%。③ 與此同時，由於知識青年和下放幹部返城就業、高考恢復、城鎮集貿市場開放、鄉鎮企業發展帶動小城鎮建設等多方面原因，中國城鎮化一改多年徘徊不前的狀態，從 1978 年的 17.92% 提高到 1984 年的 23.01%。④

---

① 鐘寧樺. 農村工業化還能走多遠 [J]. 經濟研究, 2011 (1).
② 潘維. 農民與市場：中國基層政權與鄉鎮企業 [M]. 北京：商務印書館, 2003：5-20.
③ 趙洋. 中國特色社會主義城鄉關係變遷：歷史、理論與現實 [J]. 思想教育理論導刊, 2016 (9).
④ 武力. 1949—2006 年城鄉關係演變的歷史分析 [J]. 中國經濟史研究, 2007 (1).

二、以城市改革為重,城鄉二元勞動力市場與土地市場的確立（1985—2002年）

1984年10月,黨的十二屆三中全會通過《中共中央關於經濟體制改革的決定》。從1985年起,中國經濟體制轉軌加速,計劃經濟體制逐步向商品經濟、向市場經濟體制轉型。以所有制結構調整、國有企業產權制度改革、國有企業股份制和混合所有制改革攻堅、國有資產管理體制創新、加速對外開放等重大制度變革為代表,中國經濟改革的重點集中在城市部門。在此期間,大量農業剩餘人口通過外出務工、從事農副產品銷售及其他各類個體經營等進入城鎮,為城市部門經濟發展提供了充足的勞動力,也開啓了中國發展進程中的「城鎮化」歷程;但延續的城鄉二元戶籍制度,使流動的農民工呈現出「離土不離鄉」的特徵,較市場化的推進速度而言,城鎮化的推動速度相對緩慢,城鄉居民的收入差距再度擴大,城鄉間仍呈現出二元分治的特徵。

黨的十二屆三中全會通過的《中共中央關於經濟體制改革的決定》,強調了「改革是為了建立充滿生機的社會主義經濟體制」「增強企業活力是經濟體制改革的中心環節」,明確了改革的方向、性質、任務和各項基本方略,將城市作為經濟體制改革的重心。20世紀80年代中前期,在農村發展過程中,農業人口、資金、土地三要素還停留在農村內部生產、營運,幫助農村工業化迅速發展,城鄉差距縮小;伴隨城市部門快速發展,農業三要素無法留在農村,城市擴張大規模無償佔用農村土地,勞動力外流,資金外流,越來越緊的資源約束使「三農」問題更加嚴峻。這其中最具代表性的就是大量外出農民工隊伍的形成,廉價的勞動力成為推動勞動密集型企業、出口導向型企業高速增長以及城市規模擴張的關鍵要素條件。

（一）戶籍制度隔離下城鄉二元勞動力市場的形成和延續

外出農民工的大量增加,起到了供需兩方面的作用:一方面是家庭聯產承包責任制實行後,農業勞動生產率增長,農村隱性剩餘勞動人口的顯現。根據統計資料測算,相比1981年,1990年五類農產品生產所需勞動力實際減少4,909萬。過去由計劃經濟掩蓋的農村勞動力剩餘從隱形轉為顯性,農村

地區出現的勞動力剩餘帶來的潛在人口紅利為中國經濟結構轉型創造了重要條件。① 另一方面是城市改革深入，國有部門和外資企業對更多低價勞動力的需求。儘管城鄉二元分隔的戶籍制度依然延續，但是從 20 世紀 80 年代起制度設定逐漸放寬了對農村勞動力流動的限制。1980—1995 年，國家對農民工外出打工的許可度總體上是上升的，但在各個時期隨宏觀經濟形勢變化不斷經歷艱難的反覆（參見表 5-1）。工資性收入在農民家庭收入中的占比、重要性也不斷上升，相應的經營性收入減少，參與城鎮勞動力市場對農民工家庭生存具有更重大的意義。

表 5-1　關於農村勞動力流動的政策變遷

時期	重要文件	政策特徵
政策限制期（1980—1982）（控制流動）	《關於進一步做好城鎮勞動就業工作的意見》（1980） 《關於廣開門路，搞活經濟，解決城鎮就業問題的若干決定》（1981） 《嚴格控制農村勞動力進城務工和農業人口轉為農業人口的通知》（1981） 《嚴格控制大城市，適當發展中等城市，積極發展小城鎮》（1982）	限制農村勞動力向城市轉移，加強糧食和戶口管理，就地安排農村剩餘勞動力轉移
政策寬鬆期（1983—1988）（允許流動）	《關於城鎮勞動力合作經營的規定》（1983） 《關於 1984 年農村工作的通知》《關於農民進入城鎮問題的通知》（1984） 《關於進一步活躍農村經濟的 10 項政策》（1985） 《城市臨時居住人口管理暫行規定》（1985） 《關於國營企業招用工人的暫行規定》（1986） 《關於加強貧困地區勞動力資源開發工作的通知》（1988）	允許農民自理口糧進城，辦理暫住證，放開部分小商品和服務業，允許從農村招工
政策控制期（1989—1991）（控制盲目流動）	《關於嚴格控制民工外出的緊急通知》（1989） 《關於嚴格控制「農轉非」過快增長的通知》（1989） 《關於做好勞動就業的通知》（1990） 《關於勸阻民工盲目去廣東的通知》（1991）	引導農民離土不離鄉，控制外出，清理農民工返鄉
再度寬鬆期（1992—1995）	城市「藍印戶口」（1992） 《關於建立社會主義市場經濟體制時期勞動體制改革總體設想》（1993） 《關於農村勞動力跨省流動的暫行規定》（1994） 《關於加強流動人口管理工作的意見》（1995）	禁止流動向引導流動轉變。提高流動的組織化和規範化

---

① 馬曉河，劉振中，鐘鈺. 農村改革 40 年：影響中國經濟社會發展的五大事件 [J]. 中國人民大學學報，2018（3）.

表5-1(續)

時期	重要文件	政策特徵
政策保障期 （1996—2000）	《關於小城鎮戶籍管理制度改革試點方案》（1997） 《關於進一步做好組織民工有序流動工作的意見》（1997） 《關於農業和農村工作若干重大問題的決定》（1998） 《關於解決當前戶口管理工作中幾個突出問題的意見》（1998）	就地安置為主，引導有序流動。糧食供應脫離戶籍
促進、保障流動期 （2000年以後）	《關於做好農村多餘勞動力流動就業工作的意見》（2000） 《關於推進小城鎮戶籍管理制度改革的意見》（2001） 《關於全面清退整頓外出或外來務工人員收費的通知》（2001） 《關於做好農民進城務工就業管理和服務工作的通知》（2003） 《進城就業的農村勞動力已經成為產業工人的重要組成部分》（2004） 《進一步改善農民工進城務工的就業環境》（2005） 《國務院關於解決農民工問題的若干意見》（2006）	取消對農民進城就業的不合理限制，積極推動流動，倡導建立城鄉一體的勞動力市場，推動農民工社保體系建設

在城鄉二元戶籍制度依然存續的背景下，「半工半農」的農民工群體對帶動城鄉間勞動力資源和生產力佈局優化配置做出了重大歷史貢獻——在城鄉二元結構尚未根本突破的時代背景下，開闢了一條工農之間、城鄉之間生產要素流動的特別通道，為城市二、三產業發展提供了源源不斷的低成本勞動力，滿足了加快的工業化、城鎮化步伐對勞動力的需求。農民工的大量進入，填補了製造業、建築業、餐飲服務業等勞動密集型產業的崗位空缺，使城市特別是東部地區在激烈的市場競爭中保持了整體的競爭力。這不僅為東部地區吸引外資和發展出口貿易創造了條件，也為其把握機遇承接國際勞動密集型產業轉移創造了條件，使中國迅速發展為「世界工廠」。2000年的第五次全國人口普查資料顯示：農民工在第二產業從業人員中占58%，在第三產業從業人員中占52%；在加工製造業從業人員中占68%，在建築業從業人員中占80%。農民工已成為中國產業工人的重要組成部分。[1]

然而，由於戶籍制度約束，以及改革進程中勞動保護法規的一度缺位，

---

[1] 中國農民工戰略問題研究課題組. 中國農民工現狀及其發展趨勢總報告［J］. 改革，2009（2）.

農民工權益受損的問題也長期存在，突出表現在大量農民工進入了非正規就業部門，工資上漲緩慢甚至被拖欠，勞動保障缺乏，工作環境差，維權難度大。與此同時，農民工難以享受城市地方政府提供的公共服務，子女教育、養老等問題都要依靠身後的土地來解決。許多農民工子女無法入讀全日制公辦中小學校。不少在城市接受過完整義務教育的農民工子女，無法參加中考和高考。農民工參加職工基本醫療、城鎮職工基本養老保險、失業保險的比率相對城市工人也較低。在住房保障方面，城市保障性住房基本不對農民工開放，農民工公積金繳存率也很低。農民工的跨區域就業造成大量社會問題，留守婦女、兒童、老人大量存在，大多數農民工只是這場波瀾壯闊的城市化的過客，他們在超過勞動年齡以後又返回鄉村、迴歸農業。戶籍人口城鎮化率與常住人口城鎮化率差值從20世紀90年代末開始逐步拉大，到2017年，中國的常住人口城化率已經達到58.52%，農民工總量到2016年時已達2.8億，2016年常住人口城市化率與戶籍人口城市化率的差距仍然高達16.2個百分點。[1]

總之，市場化改革進程中，戶籍作為一種「非市場」的制度因素，是城市與農村勞動力再生產體制的分隔，農民工「拆分型」的勞動力再生產模式抑制了其工資成本，一度為處於高速增長期的中國經濟大大減輕了勞動力成本的負擔；但同時也限制了中國城鎮化的正常節奏和步伐，抑制了從要素集聚增加、社會分工深化等方面可能取得的收益。

(二) 土地權利分立與城鄉二元土地制度形成

改革開放初期的農村土地政策，鼓勵農民利用集體土地創辦鄉鎮企業，事實上鄉鎮企業也承接了大量農業剩餘勞動人口，農村建設用地量快速增長。1992年起集體土地必須先徵為國有才能作為建設用地。1998年起對農地進入非農集體建設的限制進一步增強，隨著鄉鎮企業改制和建設用地年度指標管制的加強，農村集體建設用地在大多數地區合法進入市場的通道基本關閉。[2]

---

[1] 劉守英，熊雪鋒. 中國鄉村振興戰略的實施與制度供給 [J]. 政治經濟學評論，2018 (4).
[2] 劉守英，熊雪鋒. 中國鄉村振興戰略的實施與制度供給 [J]. 政治經濟學評論，2018 (4).

第五章　城鄉二元經濟制度變遷

（這種關閉直到 2006 年國務院 31 號文相關規定——「農民集體所有建設用地使用權流轉，必須符合規劃並嚴格限定在依法取得的建設用地範圍內」開始實施才重新開通。）

一方面是農村集體土地入市渠道被關閉，另一方面是地方政府土地徵用制度實施。任何涉及農地變成建設用地的做法，都必須經過政府徵地這一環節，任何單位建設用地都要使用國有土地。這種制度使得政府成為農地變為建設用地的唯一決定者。集體建設用地和國有建設用地權利不平等。

這一徵地制度為土地快速城市化提供了條件，地方政府使用從農民手中低價徵得的土地，興建各類工業園區、開發區，擴大了城市建成區的面積，取得了較高的土地收益。在高土地收益的激勵下，地方政府快速推動了土地的城鎮化，但卻沒有為新增市民提供足夠的公共服務，戶籍制度的庇護減輕了原本應在公共服務方面增加的投入。1990—2000 年，城市建設用地面積擴大了 90.5%，城鎮人口增長僅 52.96%。[1]

城鄉二元土地制度的形成，限制了鄉村用地權力，土地使用的城市偏向進一步加劇了勞動力和資本往城市的單向配置。在政府主導的園區工業化和城市化下，城鄉發展權利差距拉大，鄉村工業化退場，在規劃、土地用途等管制下，鄉村失去發展權，農村產業發展受阻，農業功能窄化，城鄉差距拉大，農民的收入主要依託於外出打工，與不斷繁榮的城市相比，鄉村陷入衰敗。[2] 地方政府獨家壟斷土地市場，客觀上帶來了農民土地權利的喪失和鄉村發展權的喪失，是城鄉差距擴大的重要原因。

綜上，1978 年農村改革之後，農村部門支持工業和城市發展的主要方式發生了重大變化：隨著統購統銷、人民公社的廢止，農產品流通的市場化，通過農業剩餘直接支持工業化和城鎮化的比重減少（特別是在下文所述 2006 年農業稅全面取消之後）。但是農村部門對城市部門的貢獻並未消失，而是表現出三種新的方式：一是大量農業剩餘勞動人口注入新的工業化和城鎮化進

---

[1] 折曉葉，艾雲. 城鄉關係演變的制度邏輯和實踐過程 [M]. 北京：中國社會科學出版社，2014：168-175.
[2] 劉守英，熊雪鋒. 中國鄉村振興戰略的實施與制度供給 [J]. 政治經濟學評論，2018 (4).

程，低成本的勞動力投入為勞動密集型企業、出口導向型企業的快速發展創造了優勢；二是 20 世紀 80 年代初鄉鎮企業的發展不僅為中國企業部門整體的改革與競爭力提升注入了動力和經驗，也通過向城市工業的再投資注入了資金；三是農村提供的廉價土地，使城市拓展的成本低、速度快，為經濟開發區建設、大型基礎設施建設創造了低價的空間條件。

在改革開放初期，農村部門一度成為中國市場化改革和新工業化進程的先鋒，並帶動了小城鎮經濟的發展。農副產品流通體制變化、鄉鎮企業發展等使得 1978—1984 年城鄉居民收入差距、社會發展差距罕見地縮小。

1985 年起，中國市場化進程改革重點在城市，農村改革相對有限，城市發展開始明顯快於農村，在城鄉共同發展的大背景下，城鄉差距不斷拉大。表現之一是城鄉收入差距拉大。1985 年城鎮居民收入相當於農村居民收入的 1.86 倍，1990 年該比例上升至 2.2 倍，1995 年上升到 2.71 倍，2002 年上升到 3.11 倍。若綜合衡量城鄉的社會保障和福利差距，差距將達到 7 倍。究其原因，改革重點轉入城市後，城鎮居民面臨的就業機會、發展機會都進一步增加，收入迅速增加，農民的收入則增加緩慢；與此同時，農民稅費負擔較重，1994—2000 年，農民人均承擔的稅費額從 112.0 元上升至 168.4 元，增加 50.4%。表現之二是城鄉居民、農民工與城市居民所能獲得的公共服務差距進一步加大。在戶籍制度的隔離作用下，農民工在身分地位、教育水準、就業機會、勞動待遇、社會保障等方面與城市居民還相距甚遠，資源和權利分配不公使得城鄉居民及其後代在工作待遇、生活狀況與發展機會等方面差異較大。表現之三是在城鄉二元土地制度作用下，農地問題突出，農民土地權利沒有保障，存在部分農民既失地又無法獲得其他替代性社會保障的問題。[①]

改革開放之後至 2002 年以前，農村對城市的剩餘輸送關係並未真正得到扭轉，而是農村哺育城市，農業哺育二、三產業發展的具體機制在發生變化。

---

① 吳豐華，韓文龍. 改革開放四十年的城鄉關係：歷史脈絡、階段特徵和未來展望 [J]. 學術月刊，2018（4）.

伴隨加快的市場化、工業化步伐，城市部門的現代化速度遠快於農村部門，城鄉間發展差距擴大，二元分治局面強化，城鎮化落後於工業化步伐，人口城鎮化滯後於土地城鎮化速度，「三農」問題更加突出，這一系列矛盾的出現長期來看不僅制約著中國經濟持續增長的潛力和發展模式的改進，也在考驗著全面建成小康社會和共同富裕目標的實現，在 2003 年前後愈加引發了黨中央和全社會的關注，呼喚著城鄉關係的調整與新的城鄉制度的建設。

三、從城鄉二元分割到城鄉統籌發展（2002—2012 年）

改革開放後，農村經濟取得了較快發展，但是城鄉二元結構尚未發生根本變化。伴隨著社會主義市場經濟體制建設，城市部門經濟快速增長，社會公共服務不斷完善，城鄉居民間的收入、教育、醫療等差距進一步擴大。以有效的制度設計統籌城鄉經濟和社會發展，成為黨和政府面臨的重要任務。從 2002 年年底開始，黨中央關於城鄉發展的一系列重大政策的出抬，為城鄉一體化發展奠定了制度條件。此後，農業稅費的減免、農業生產補貼的推行、農村社會保障與公共服務投入的增加，使得工業反哺農業，新型工農城鄉關係的建立正式啟動。

（一）黨的十六大至十七大黨中央有關統籌城鄉發展的重大決議

2002 年中共十六大提出，統籌城鄉經濟社會發展、建設現代農業、發展農村經濟、增加農民收入是全面建設小康社會的重大任務。2003 年中共十六屆三中全會將統籌城鄉發展置於「五個統籌」的首位，將建立有利於逐步改變城鄉二元經濟結構作為完善社會主義市場經濟體制的主要任務。

2004 年 10 月，黨的十六屆四中全會報告指出：「農業是安天下、穩民心的戰略產業，必須始終抓緊抓好。縱觀一些工業化國家發展的歷程，在工業化初始階段，農業支持工業，為工業提供累積是帶有普遍性的趨向；但在工業化達到相當程度以後，工業反哺農業，城市支持農村，實現工業與農業、城市與農村協調發展，也是帶著普遍性的趨向。」「中國現在總體上已到了以工促農，以城帶鄉的發展階段。我們應當順應這一趨勢，更加自覺地調整國民

收入分配格局，更加積極地支持『三農』發展。」

2006 年中共中央關於制定「十一五規劃」的建議提出了建設社會主義新農村的重大歷史任務，宣布我們已進入城市支持農村、工業反哺農業的階段，對農民「多予、少取、放活」；加大各級政府對農業和農村增加投入的力度，擴大公共財政覆蓋農村的範圍，強化政府對農村的公共服務，建立以工促農、以城帶鄉的長效機制。

2007 年 10 月，黨的十七大報告提出「建立以工促農、以城帶鄉的長效機制，形成城鄉經濟社會發展一體化新格局」。2008 年中共十七屆三中全會提出，統籌城鄉經濟社會發展，把著力構建新型工農城鄉關係作為加快推進現代化的重大戰略，把建設社會主義新農村作為戰略任務，推動農村經濟社會又好又快發展。[①] 城鄉經濟社會一體化理論是城鄉關係理論的重大發展，成為中國統籌城鄉發展的新指南。此後，農業和農村發展有了大的跨越，城鄉一體化新格局逐步形成，城鄉關係發生了新的歷史變化。

(二) 農村稅費減免與農業補貼增加

逐步推進農村稅費改革是進入 21 世紀後農村綜合改革的重點內容，其首要目標就是減輕農民的負擔，規範和完善農村分配關係。2005 年 7 月國務院發布《關於 2005 年深化農村稅費改革試點工作的通知》，在為農民減負的基礎上，進一步提出推進建立精幹高效的農村行政管理體制和覆蓋農村的公共財政制度。2006 年 1 月 1 日起農業稅正式停止徵收，農民每年減負達 1,335 億元。

從 2000 年開始，農民承擔的稅費支出從 20 世紀八九十年代 4%～5% 的平均水準驟降，至 2006 年中國農民人均直接承擔的稅費額為 30.95 元，比 2000 年下降了 78.11%（參見圖 5-1）。

2002 年國家還啟動了對農業生產的補貼計劃，包括糧食直補、農資綜合補貼、良種補貼和農機補貼，2007 年種植類直接補貼達 427 億元，2012 年農業補貼資金規模達 1,668 億元；對產糧（油）大縣進行獎勵，實施農業綜合

[①] 鄭有貴. 中華人民共和國經濟史（1949—2012）[M]. 北京：當代中國出版社，2016：269-270.

第五章 城鄉二元經濟制度變遷

開發等；農業生產的技術服務補貼；以農業保險補貼為主的災害損失補助；以退耕還林、退牧還草為代表的生態環境補助獎勵。2003—2007 年的五年間，中央財政用於「三農」的資金投入累計達 1.56 萬億元，相當於 1993—2002 年十年的總和，年均增長 17.8%。[①]

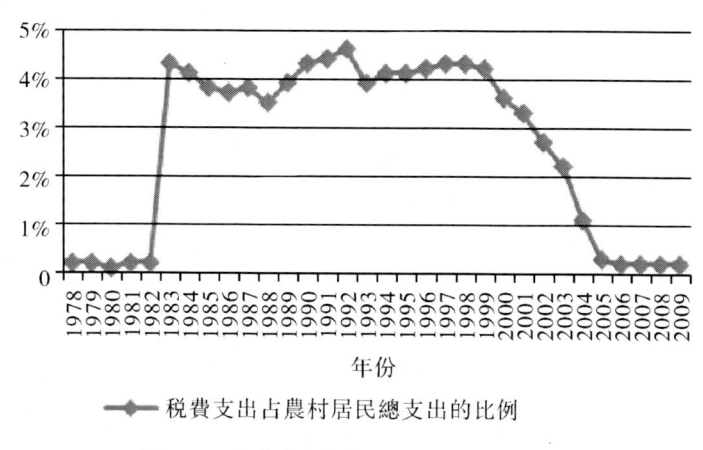

圖 5-1　稅費支出占農村居民總支出的比例

（數據來源：根據《中國統計年鑒》發布的相關數據計算）

（三）農村社會公共服務的增加

要形成城鄉經濟社會統籌發展新格局，需提升農村公共服務，發展農村公共事業。2002—2012 年，中央財政支農投入從 1,905 億元增加到 12,287 億元，占中央財政支出的比重上升了 6 個百分點。中央還加大了對農村教育、醫療、衛生等公共服務的支持。

2003 年首次提出中央財政新增教育、衛生、文化等事業經費主要用於農村。2005—2006 年，將農村義務教育全面納入國家財政保障，免除了農村義務教育階段學生的學雜費，並給予生活補貼。2003 年 1 月，國務院出抬的《關於建立新型農村合作醫療制度的意見》打破了農村衛生醫療「民辦、公

---

① 根據國家統計局提供的相關資料計算。

助」的傳統模式，明確各級政府對農村醫療衛生事業應承擔更大的責任。[①] 2006年，原衛生部、國家發展改革委等部門要求擴大新型農村合作醫療試點。2009年，在農村合作醫療制度試點的基礎上，黨中央、國務院確立了新農合作為農村基本醫療保障制度的地位，並加大了對新農合的財政補助力度，農村醫保、養老保險的覆蓋面不斷擴大。2009年開展新型農村社會養老保險試點，將原有的「五保」對象等農村特困群體的生活從農村集體供養轉為財政供養，並探索建立個人繳費、集體補助、政府補貼相結合的新型農村社會養老保險制度。

(四) 2002—2012年城鄉經濟社會差距擴大的趨勢與變遷動力

2002年之後，一系列減稅政策、惠農政策的實施，農民工流動的增加，工資收入的增長，都使得農村居民的絕對收入水準、家庭物質生活水準不斷提高。統籌城鄉發展在城鄉間公共資源均衡分配方面功不可沒。但是直到2010年前後，城鄉居民間的收入分配差距、城市與農村社會的發展差距依然呈現長期擴大趨勢。

1978年中國城鄉居民人均收入比約為2.57:1，2009年擴大到3.33:1。2010年前後伴隨農村剩餘勞動人口數量減少、勞動力供給年齡結構變化，農民工工資增速顯著提高（2010年和2011年都達到16%，2013年超過15%），國家面向農村居民的社會保障力度加大，城鄉居民收入比才開始呈現小幅下降，2013年約為3.03:1。究其原因，回到收入分配的基本決定機制，改革進程中城市與農村在資本、勞動力、基礎設施等方面的差距越來越大，居民人均佔有的財產差距更大，自然會使得市場機制作用下的城鄉居民收入差距越來越大。而要使城鄉居民收入差距進一步縮小，使農村在城鎮化和工業化的進程中不被荒廢而是得到發展，更需要新時代新型工農城鄉關係的建立，具體包括：城鎮化與戶籍制度改革結合，地方政府積極應對新「市民化」浪潮；鄉村振興激活農村經濟增長潛力；公共服務均等化、農民養老金提升；

[①] 國務院辦公廳轉發衛生部等部門關於建立新型農村合作醫療制度意見的通知，中華人民共和國國務院公報，2003年第6號。

精準扶貧造血和最終兜底。

更要注意的是，不但城鄉居民收入差距較大，2000 年之後，農村居民內部的收入差距也在擴大。2012 年，農村低收入戶與高收入戶人均純收入差距為 8.21 倍。按提高後的貧困標準統計，2012 年，中國尚有 1.28 億的貧困人口。[1] 如果沒有面向農村地區絕對貧困人口的專項扶貧政策，依靠市場機制自發決定，已然處在資源嚴重劣勢的農村深度貧困人口將難以實現脫貧。

此外，城鄉發展實際上還存在鄉村被城市「統籌」，城市繁榮、農村衰落的現象。城鄉分隔的二元體制和城市優先發展戰略，促使大量勞動力、土地、資本等生產要素向城市集聚，制約了鄉村可持續發展，引發了日趨嚴重的「鄉村病」：土地、人口等生產要素高速非農化；農村社會主體過快老弱化，制約了現代農業與鄉村轉型發展。農村青壯年主力軍選擇離開家鄉到大城市闖蕩，他們離土、出村、不願意回村，加劇了農村的衰落；村莊用地嚴重空廢化。據測算，全國空心村綜合整治潛力達 1.14 億畝。[2]

至此，有關城鄉關係的制度設計，不再是通過農民工外流幫助農村家庭增收以及一般性的農村、農業補貼計劃，而是以更有效、更全面的制度設計，協調政府與市場的功能，從根本上縮小城鄉差距、恢復鄉村的發展活力。

---

[1] 馬曉河，劉振中，鐘鈺. 農村改革 40 年：影響中國經濟社會發展的五大事件 [J]. 中國人民大學學報，2018 (3).
[2] 劉守英，熊雪鋒. 中國鄉村振興戰略的實施與制度供給 [J]. 政治經濟學評論，2018 (4).

第三節　新時代城鄉融合發展的推進（2012年—）

21世紀以來，中國城鄉關係的發展目標日漸進入以工促農、以城帶鄉的階段。打破城鄉二元對立、形成城鄉經濟社會發展一體化新格局，實現發展成果的全民共享，取得城鄉融合發展，是新時代城鄉關係演進的基本目標；也在不斷形成新的改革與發展成果。近年來，關於中國城鄉融合發展的體制機制取得了一系列重大突破——不僅強調在城鎮化進程中，通過城鄉間要素的平等交換，推動農民增收、農村發展，還將鄉村本身的發展與振興置於突出位置。伴隨農業補貼的提高、農村公共服務的完善、農民工公共權利的普及、精準扶貧政策的落實，自黨的十八大進入新時代以來，城鄉間的發展差距呈現縮小的趨勢，顯示出融合發展的特徵。十九大在城鎮化與鄉村本身的發展關係方面，一方面突出了形成以城市群為主體的大中小城市和小城鎮協調發展的城鎮格局，加快農業轉移人口市民化；另一方面又進一步糾正了城市偏向發展戰略，並對促進城鄉融合發展的體制機制提出切實要求。

一、新時代以來城鄉融合發展的基本政策支持

2012年，黨的十八大將「農業現代化」列入了新「四化」目標，明確提出了「推動城鄉發展一體化。解決好農業農村農民問題是全黨工作重中之重，城鄉發展一體化是解決『三農』問題的根本途徑。要加大統籌城鄉發展力度，增強農村發展活力，逐步縮小城鄉差距，促進城鄉共同繁榮」；要求「加快完善城鄉發展一體化體制機制，著力在城鄉規劃、基礎設施、公共服務等方面推進一體化，促進城鄉要素平等交換和公共資源均衡配置，形成以工促農、以城帶鄉、工農互惠、城鄉一體的新型工農城鄉關係」。

在全面建成小康社會的背景下，習近平同志特別強調農村作為小康社會的短板區，是建設的重點領域，「全面建成小康社會，最艱鉅最繁重的任務在

第五章　城鄉二元經濟制度變遷

農村,沒有農村的小康,特別是沒有貧困地區的小康,就沒有全面建成小康社會」①。「農業還是『四化同步』的短腿,農村還是全面建成小康社會的短板。中國要強,農業必須強;中國要美,農村必須美;中國要富,農民必須富」②。

2013年11月,黨的十八屆三中全會通過的《中共中央關於全面深化改革的若干重大問題的決定》提出了建立城鄉統一的建設用地市場、加快構建新型農業經營體系、賦予農民更多財產權利、推進城鄉要素平等交換和公共資源均衡配置、完善城鎮化健康發展體制機制等方面具體的改革要求。

2017年黨的十九大做出了「鄉村振興戰略」的重大部署,強調:「農業農村農民問題是關係國計民生的根本性問題,必須始終把解決好『三農』問題作為全黨工作重中之重。要堅持農業農村優先發展,按照產業興旺、生態宜居、鄉風文明、治理有效、生活富裕的總要求,建立健全城鄉融合發展體制機制和政策體系,加快推進農業農村現代化。」對完善農村基本經營制度、深化農村土地制度改革、完善農村土地「三權分置」,構建現代農業產業、生產、經營體系,發展多種形式適度規模經營,實現小農戶和現代農業發展有機銜接,促進農村一、二、三產業融合發展等做出了總的規劃。

2018年中央一號文件《中共中央國務院關於實施鄉村振興戰略的意見》對鄉村振興戰略做出具體的目標規劃和任務分解,分為三大階段漸次實現:2020年鄉村振興的制度框架和政策體系基本形成;2035年鄉村振興取得決定性進展並基本實現農業農村的現代化;2050年鄉村全面振興,「農業強、農村美、農民富」的目標最終實現。長達33年的總體規劃,保證了鄉村振興戰略實現的整體性和連續性,具有影響鄉村發展走向以及重塑中國社會結構的深遠意蘊。③ 文件提出要「使市場在資源配置中起決定性作用,更好發揮政府作

---

① 此話為2012年12月底習近平總書記到貧困地區和革命老區河北省阜平縣看望困難群眾時所講。具體可參考新華社評論員文章《沒有農村小康就沒有全面小康》,新華網,2012年12月30日。
② 習近平總書記系列重要講話讀本 [M]. 北京:學習出版社,人民出版社,2014: 68.
③ 葉敬忠,張明皓,豆書龍. 鄉村振興:誰在談,談什麼? [J]. 中國農業大學學報(社會科學版),2018, 35 (3).

用，推動城鄉要素自由流動、平等交換，推動新型工業化、信息化、城鎮化、農業現代化同步發展，加快形成工農互促、城鄉互補、全面融合、共同繁榮的新型工農城鄉關係」①。

鄉村振興戰略的實施不但是中國三農政策的重大理論和實踐突破，而且標誌著中國城鄉關係進入新的發展階段。農村面貌的改善、農民收入的增加、農業現代化的發展從完全依靠城鎮化進程正外部性效應的釋放轉向了鄉村內源性發展。

現階段城鄉間的不平衡、不充分發展不僅表現為居民收入和消費絕對水準的差距，更表現在多年來伴隨鄉村優質資源外流出現的農村空心化、農業邊緣化、農民老齡化、鄉村治理隱患等嚴重的「鄉村病」問題。葉興慶將中國農業勞動力外流稱為「精英移民」，即相比農業生產經營人員，外出農民工的男性比例更高、文化程度更高。農業勞動力老齡化程度遠大於農民工。② 在這種情況下，如何培育農業農村現代化所需的新型農業經營主體，已成為一個重要挑戰。

根據《2017 年國民經濟和社會發展統計公報》的數據，2017 年年末全國常住人口的城鎮化率為 58.52%，戶籍人口城鎮化率為 42.35%，有 2.25 億戶口在農村但在城鎮工作生活超過半年的人，2017 年年末農村常住人口還有 5.76 億。按照當前的人口增速和城鎮化推進速度測算，當中國總人口數達到 15 億，城鎮化率達到 70%，意味著還有 4.5 億農村常住居民。因而，中國的現代化進程和全面建成小康社會的徵程，勢必意味著對鄉村本身的建設，不能允許在城鎮化和工業化過程中鄉村社會的衰敗。否則就談不上城鄉間的融合發展，也是對農村居民發展權利的損害，以及對共享發展道路的背離。

有學者研究指出，生產要素在城鄉之間的流動與城市化率的高低有關。當城市化率超過 50%，生產要素就會呈現向農業部門流動的趨勢。伴隨農村

---

① 中共中央 國務院關於實施鄉村振興戰略的意見 [EB/OL]. (2018-02-04) [2019-04-26]. http://www.xinhuanet.com/politics/2018-02/04/c_1122366449.htm.
② 葉興慶. 現代化後半程的農業變遷與政策調整 [J]. 中國農業大學學報 (社會科學版), 2018, 35 (1).

第五章 城鄉二元經濟制度變遷

勞動力向城市的流動接近劉易斯轉折點，以及中國工業化進入中後期，農村要素向城市的單向流動或將停止。因而，鄉村振興戰略的提出和實施順應了城市化中後期的歷史發展規律。①

黨的十九大以來，在城鄉制度設計上，中國的政策導向愈加強調尊重城市和農村的不同發展路徑選擇，尊重城市居民和農村居民的不同訴求。既要「改革完善城市規劃，加強對規劃實施情況的監督」，防止城市盲目「攤大餅」，導致「大城市病」發生；也要避免農村「空心化」，提升鄉村發展整體水準，強化鄉村治理體系和治理能力，引導城鄉之間要素雙向合理流動，在城鄉融合發展中實現鄉村復興。

二、全面建成小康社會背景下惠農與扶貧政策的落實

（一）農產品購銷體制完善與市場和政府功能的協調到位

農產品價格市場化是改革開放進程中中國市場化進程的重要先驅。但是農業部門生產環境的特殊性、農產品在國計民生中的重要地位同時意味著，農產品的生產和價格存在市場失靈的情況，是需要政府保護的領域。

為了最大限度地保證農業經營的收益和國家糧食安全，黨的十八大以來，中國的農副產品經營體制改革也在不斷深化，突出表現在：在深入推進農產品價格市場化的進程中，堅守「無形之手」和「有形之手」的協調應用。一方面，減少了政府對農產品市場的直接干預，逐步實現了由市場價格信號引導農業資源配置和農業生產決策；另一方面，2014年起啟動大豆、棉花目標價格補貼改革試點，探索糧食、生豬等農產品目標價格保險試點，繼續執行稻谷、小麥最低收購價政策和玉米、油菜籽、食糖臨時收儲政策。農產品購銷體制改革堅持在發展市場經濟過程中保護農民利益，幫助農民務農收入提

---

① 葉敬忠，張明皓，豆書龍. 鄉村振興：誰在談，談什麼？[J]. 中國農業大學學報（社會科學版），2018，35（3）.

高，也承擔了保護國家糧食安全的重要責任。①

對此，黨的十九大報告中也特別寫入了「完善農業支持保護制度」。陳錫文教授提出，現階段要認真學習發達國家的農業補貼經驗，在 WTO 的政策框架內設計規則。例如，正在進行的玉米定價機制和收售制度改革，提出市場定價、價補分離，就是既要讓市場充分發揮作用，又不能虧待農民。完善各種大宗農產品的定價機制、補貼政策、收儲制度，是發展現代農業的重要方面。②

(二) 精準扶貧脫貧政策的推行和農村社會保障覆蓋面的擴大

農村地區貧困人口的集聚是制約農業農村現代化進程的重要障礙。2014 年 5 月，國務院扶貧辦等七部門聯合發布了《建立精準扶貧工作機制實施方案》，要求對貧困戶進行精準識別、精準幫扶、精準管理和精準考核，構建精準扶貧工作長效機制，並提出了「五個一批」的重大扶貧舉措，包括「扶持生產和就業發展一批、通過易地搬遷安置一批、通過生態保護脫貧一批、通過教育扶貧脫貧一批、通過低保政策兜底一批」。在此背景下，全國上下開展了規模空前、組織空前、力度空前的精準扶貧工作。

黨的十九大進一步強調打贏扶貧脫貧攻堅戰，重點攻克深度貧困地區脫貧任務，確保到 2020 年中國現行標準下農村貧困人口實現脫貧，貧困縣全部摘帽，解決區域性整體貧困，做到脫真貧、真脫貧。

在強有力的扶貧脫貧政策推進下，按照每人每年 2,300 元 (2010 年不變價) 的農村貧困標準計算，2016 年中國農村貧困人口規模為 4,335 萬人，比 2015 年減少 1,240 萬人，比精準扶貧剛開始的 2013 年的 8,249 萬人貧困人口的規模減少了近一半；2017 年，農村貧困人口減少至 3,046 萬人，貧困地區農村居民人均可支配收入達 9,377 元，扣除價格因素，比上年實際增長 9.1%。③

---

① 馬曉河，劉振中，鍾鈺. 農村改革 40 年：影響中國經濟社會發展的五大事件 [J]. 中國人民大學學報，2018 (3).
② 陳錫文. 實施鄉村振興戰略，推進農業農村現代化 [J]. 中國農業大學學報 (社會科學版)，2018, 35 (1).
③ 數據來源：中華人民共和國 2017 年國民經濟和社會發展統計公報。

2017年，各級財政對新型農村合作醫療的人均補助標準上升至450元，相比2010年上升了約4倍。4,047萬人享受農村居民最低生活保障，467萬人享受農村特困人員救助供養。

伴隨著上述政策的實行，近年來中國城鄉居民間的收入差距再次呈現出可喜的縮小趨勢。農村居民人均收入和消費水準的實際增速接連快於城鎮居民，2017年城鎮居民人均收入為農村居民的2.71倍，該數值2016年為2.72，2011年為3.13。2017年，城鎮居民人均消費支出24,445元，扣除價格因素，實際增長4.1%；農村居民人均消費支出10,955元，扣除價格因素，實際增長6.8%。[1]

三、市場化、工業化視閾中城鄉融合發展的歷史與邏輯必然

在中國的市場化改革進程中，農村部門無疑是改革的始點。家庭聯產承包責任制的落實，農產品供銷體制改革，社隊企業再到鄉鎮企業的興辦，外出農民工人數的增加，應該說，農村部門這些改革觸動了中國所有制結構調整、商品價格形成機制變更、企業制度改革和要素市場化流動改革的總開關。伴隨市場化改革的深入、社會主義市場經濟體制的建立和完善，農村又可能成為市場化最滯後的部門。表現之一是戶籍制度隔離的長期延續，改革早些年農民工外出流動與否，不僅取決於市場就業機會的多少，更在於與人口流動相關的政策約束；2001年之後限制人口流動的強力政策幾乎都被廢止，但與戶籍相關的其他社會權利卻長期存在，戶籍制度成為勞動力市場分割最重要的標誌物，事實上背離了市場原則的所謂同等貢獻獲得同等報酬，使得農民工享有的實際勞動回報更低。表現之二是城鄉間土地制度的隔離、農民土地權利的缺失、國有土地和集體所有土地權利不平等，鄉村資源更多地為城市部門的擴張低價使用，未能將土地收益用於鄉村的建設；在土地集體所有權的基礎上，尚沒有落實農民土地承包權的人格化、資本化等問題，土地權利市場化的進程滯後，制約了農民財產權利的獲得。

---

[1] 根據國家統計局發布的相關資料計算。

統籌城鄉發展、推動農業農村現代化不能單純依靠市場力量，而是需要政府與市場功能協調發揮，即「通過政府『有形之手』的作用推動公共資源向農業農村優先配置，通過市場『無形之手』的作用推進城鄉需求的雙向靈敏對接和城鄉產業發展融合化」①。

　　一方面，農業生產經營的特殊性，意味著如果完全依靠小生產者的自主營運和市場機制的自發調節，農業將是風險極高、盲目性極大、滯後期極長的一個部門，要保證種糧戶利益，保證農副產品質量和安全，並進一步推動農業供給側結構性改革，需要農村集體組織的建設、生產、經營體系的創新，需要相應的農業支持制度，這是一切發達國家農業部門已有的經驗。另一方面，在40年的市場化改革進程中，農村大量優質資源外流，各類基礎設施建設、公共服務配套等與城鎮部門相距甚遠，從要素條件決定產出水準的角度看，若任由市場力量自由發揮，只會加劇強者愈強、弱者愈弱的局面。在全面建成小康社會的過程中，農業農村部門客觀上就是短板部門，如若沒有針對性的政策傾斜，農業農村現代化就無法實現。因此，鄉村振興戰略的實施、精準扶貧政策的落實，就是要從本質上去改善農村部門的要素條件，包括：改進農村基礎教育環境，加大對農村勞動力的針對性培訓，這樣才能提升農村勞動力的人力資本素質，帶動農民創新創業，拓寬低收入者向上流動的通道，阻斷貧困代際傳遞；發揮社會救助制度托底線、保穩定的功能，才能保證發展成果為深度貧困群體共享；完善農村基礎設施建設，改進農村的生產、生活環境，政府有意識地保護並進行要素培育，才可能在市場競爭中讓城鄉處於平等的起跑線，引導要素間的雙向流動。

　　在新中國工業化與現代化的建設徵程中，農業支持工業，工業反哺農業的總體演變線索，已成為學界的基本共識。中國工業化是在落後的農業國的基礎上起步的，主要通過統購統銷制度下的工農業剪刀差、較重的農業稅、農村居民極低的消費增長，工業獲得了農業提供的剩餘支持，享受了大量來

---

① 葉敬忠，張明皓，豆書龍. 鄉村振興：誰在談，談什麼？[J]. 中國農業大學學報（社會科學版），2018，35（3）.

第五章　城鄉二元經濟制度變遷

自農業部門的補貼，加速了工業資本累積的進程。改革開放之後，家庭聯產承包責任制實施、統購統銷制度取消、國家集中農業生產剩餘的機制和組織方式不復存在，但是農業對工業的補貼並未完全停止，只是具體方式發生了變化。這主要表現在低成本的農村剩餘勞動力外流對工業化和城鎮發展擴張的支持，農業稅費改革之前農民依然承擔的沉重的稅費，鄉鎮企業累積資金對城鎮工業的投資，農村提供的廉價土地為城市空間低成本擴張創造了條件。世紀之交，農業完成了支持工業化的歷史使命，工業發展不再依賴農業的支持，且有能力反哺農業，同時「三農」問題也更加突出，平衡工業與農業發展，特別是以工促農、以城帶鄉的施政方針確立起來。

為此，政府出抬了更多支持農業發展的政策，這裡對農業、農村定向投入的資金補貼應當說來自之前工業化進程的累積，具體包括推進糧食流通體制改革、實施糧食保護價制度、增加農業基礎設施的財政投入等。政府對農業的價格支持不斷加大，直接補貼不斷提高。2002—2010 年補貼總額從 1 億元增加到 1,344.9 億元，2007—2010 年農業保險保費補貼從 21.5 億元增加到 103.2 億元。[①] 同時，還推進了農村金融改革，為解決農村發展資金困難，多個中央一號文件提出加大農業農村信貸支持力度的要求；改革和健全農村金融體系，以服務「三農」為根本方向，充分發揮政策性金融、商業性金融和合作社性金融的作用；與財政政策相結合，對涉農貸款給予稅收優惠、增量鼓勵等以提高銀行機構貸款積極性；大力推進政策性農業保險；等等。此外，黨的十六大以來中央明確了公共財政覆蓋農村的基本方向，中央財政及地方財政不斷加大對農村基礎設施和社會事業的投入，2002—2012 年，中央財政支農投入從 1,905 億元增加到 12,287 億元，占中央財政支出的比重從 13.5% 提高到 19.2%。[②]

當前中國進入到工業化的中後期，工業有能力為農業現代化的推進提供資本、技術和組織經驗的支持。在「新四化」中，農業現代化離工業化、城

[①] 盧燕平. 中國工業化、農業剩餘和城鄉一體化發展 [J]. 改革與戰略, 2013 (5).
[②] 鄭有貴. 中華人民共和國經濟史（1949—2012）[M]. 北京：當代中國出版社, 2016：268, 271.

鎮化和信息化還有明顯差距。要做到工業化、信息化、新型城鎮化和農業現代化的同步，需要處理好工業化、信息化、城鎮化這樣的「快變量」和農業轉型這樣的「慢變量」的關係。①

一方面，工業化與信息化對帶動農業農村現代化可以發揮更主動的技術支持作用。當前農業科技進步對工業增長的貢獻率已達56%，農業機械化率約為65%。除更先進的農業生產設備、農業生物技術使用之外，近年來在政府引導和國有企業的投入建設中，邊遠鄉村地區移動通信網路建設，對農產品流通、農村社會生活改變等都起到了重要的推動作用，表現為「信息扶貧」的運動。

另一方面，工業化的組織經驗對健全農業社會化服務體系，實現小農戶和現代農業發展有機銜接，促進農村一、二、三產業融合發展也有著重要意義。這既需要以先發展國家相關經驗為參照，運用工業化生產經驗重組現代農業生產經營體系、培育新型農業經營主體，也要尊重中國農村各地的異質性特徵，讓廣大農民成為鄉村振興的真正主體；明確鄉村振興不是「去小農化」、不是鄉村過度產業化，不能無視各地情況差異和農民個人意願而盲目推進土地流轉，不能消滅農民生活方式的差異。

四、城鎮化與鄉村振興戰略交互作用下新型工農城鄉關係的未來

2001年以來，伴隨對農民工外出政策的全面放開，中國的城鎮化率上升速度較快，已從2001年的37.7%上升到了2017年的58.52%，1998—2016年，中國城市建成區面積年均增長率為5.32%。土地城鎮化與人口城鎮化是個並行的過程，都體現了鄉村資源和要素向城市部門的流動。其中，由於戶籍制度的限制，人口城鎮化的速度相對慢於土地城鎮化的速度。城鎮化本身是在市場力量作用下要素自發集聚的過程，有助於規模經濟優勢的發揮、社

---

① 陳錫文. 實施鄉村振興戰略，推進農業農村現代化[J]. 中國農業大學學報（社會科學版），2018，35（1）.

第五章　城鄉二元經濟制度變遷

會分工的深化、生產效率的提升，城鎮化符合生產力發展的要求和市場經濟一般規律。城鎮化是現代化的必由之路，既是中國經濟發展的結果，又是新時代中國經濟發展的重要動力。

黨的十八大以來，關於城鎮化的理論與實踐取得了重大突破，集中表現在：明確了新型城鎮化是以人為核心的城鎮化，而非簡單的城市人口比例增加和規模擴張，強調產業支撐、人居環境、社會保障、生活方式等方面實現由「鄉」到「城」的轉變；同時，城鎮化也要與工業化協調推進，才能使城鎮化具有產業基礎並獲得真正的動力，才能為農村剩餘人口的轉移提供足夠的就業容量。

黨的十八屆三中全會以來，進一步明確了加快農業轉移人口市民化是推進以人為核心的新型城鎮化的首要任務，是破解城鄉二元結構的根本途徑，是擴內需、調結構的重要抓手。新型城鎮化帶來的勞動力更有效配置，依然是保持經濟中高速增長的重要引擎。黨的十九大在強調鄉村振興戰略的同時，也提出了要以城市群為主體構建大中小城市和小城鎮協調發展的城鎮格局，加快農業轉移人口市民化。

在以人為核心的新型城鎮化與鄉村振興戰略的互動中，探究城鄉經濟制度變革的合理方向，或有以下幾點啟示：

其一，積極推進新型城鎮化，落實農業轉移人口市民化的權利，進一步推動農民工勞動力合理流動，是生產效率提升、消費潛力增長、社會分工深化的重要動能。據一般經驗，先行工業化國家在進入高收入階段時，城鎮化率都超過了70％，中國尚存在更大的人口城鎮化空間。在土地流轉、農業適度規模經營的過程中，還將繼續向外轉移新增的剩餘農業勞動力。為此，2016年發布的《國務院關於實施支持農業轉移人口市民化若干財政政策的通知》強調要「加大對吸納農業轉移人口地區尤其是中西部地區中小城鎮的支持力度，維護進城落戶農民土地承包權、宅基地使用權、集體收益分配權，支持引導其依法自願有償轉讓上述權益，促進有能力在城鎮穩定就業和生活的常住人口有序實現市民化，並與城鎮居民享有同等權利」；要求地方政府履行為農業轉移人口提供基本公共服務的義務。總之，伴隨農村土地制度和戶

籍制度改革的深化，面向「新市民」的教育、醫療、社保公共服務體系的完善，農民轉為市民後，「既能使城鎮消費群體不斷擴大、消費結構不斷升級、消費潛力不斷釋放，還會進一步帶來城市基礎設施、公共服務和住宅建設等巨大投資需求，這將為經濟發展提供新動力」①。這將使中國經濟發展獲得更大的市場空間。

其二，新型城鎮化為城鄉融合發展而非「城」對「鄉」的簡單替代提供了理論與政策基礎。隨著中國經濟發展進入新常態以及社會主要矛盾的變化，城鎮化已經從要素的單向城鎮化流動轉向城鄉互動。要徹底打破分割的城鄉二元體制，實現城鄉融合發展，需要在城鄉互動格局下實現鄉村復興。「鄉村振興不是鄉土中國階段的鄉土重建，也不是快速城市化下的以城統鄉，而是城鄉互動下的鄉村復興」②。既不能固守鄉土中國理念，以不變應萬變，導致鄉村發展機會的喪失；也不能繼續沿襲快速城鎮化的慣性，沿用城市過度發展後再補貼鄉村的傳統政策，此時的鄉村社會可能已經衰敗。城鎮化不僅是居住方式的變化，更重要的是生產營運的體制、機制的變化。城鎮化並不意味著放棄農業，農業也可以進入有專門技術標準規範的現代產業鏈條。除了進入城鎮工業、服務業就業，完成市民化的形式外，農民學會和接受現代產業營運方式，就地與現代產業營運方式接軌，也體現了「新型城鎮化」的內涵③。因而，農業農村現代化的方向與新型城鎮化的訴求具有高度的一致性。

其三，從鄉村振興與新型城鎮化的關係來說，新型城鎮化離不開鄉村人口、土地、資金的融入，而鄉村振興也需要要素的回流以及城市人口對鄉村的向往。④ 提升鄉村吸引力、促進生產要素在城鄉之間的對流與配置，必須改變城市偏向的公共政策，實現城鄉兩個空間的平等發展。改革開放四十年來，城鄉二元結構間的差別不僅體現在人均收入水準上，更體現在公共服務水準

---

① 馬曉河，劉振中，鐘鈺. 農村改革40年：影響中國經濟社會發展的五大事件 [J]. 中國人民大學學報，2018（3）.
② 劉守英，熊雪鋒. 中國鄉村振興戰略的實施與制度供給 [J]. 政治經濟學評論，2018（4）.
③ 李強. 新型城鎮化與市民化面臨的問題 [J]. 經濟研究信息，2016（11）.
④ 黃祖輝. 準確把握中國鄉村振興戰略 [J]. 中國農村經濟，2018（4）.

上。外出農民工寄回的匯款可以提升留守家庭成員的收入與消費，卻無法帶回城市優質的教育、醫療、文化資源。對此，必須加強城鄉公共服務均等化，為實現城鄉一體化奠定堅實的物質基礎。要改變公共物品供給「重城市輕農村、重市民輕農民」的傾向。加快改革城鄉公共服務供給體制，大幅度提升農業農村的公共服務供給水準，將基礎設施和公共服務重點向農村延伸、傾斜。現階段，我們已有農村基本醫療、基本養老保障制度，但還要大力提升保障水準和質量。在農業農村基礎設施、義務教育、飲水、道路等各類公共品和半公共品的供給模式上，明確各級政府、組織的責任和資金的來源等。充分發揮公共服務在致富、扶貧、最終兜底各方面的作用。[1]

綜上，新型城鎮化與鄉村振興戰略是相互依存、互為驅動的關係，二者共同推動的城鄉關係演變的趨勢，可徹底打破城鄉二元結構，實現城鎮與鄉村的共存共榮，達到城鄉產業融合、城鄉市場融合和城鄉人口融合。

---

[1] 馬曉河，劉振中，鐘鈺. 農村改革 40 年：影響中國經濟社會發展的五大事件 [J]. 中國人民大學學報，2018（3）.

本章小結

中華人民共和國成立以來，中國共產黨團結帶領全國各族人民不斷艱苦奮鬥，勇於開拓創新，從貧窮落後的農業國躍升為世界第二大經濟體，取得了中國特色社會主義經濟建設的偉大歷史成就。理解中國城鄉經濟制度的變遷，需要遵循時間序列中具體經濟制度即經濟體制機制、基本經濟制度演變的線索，在中國經濟建設的歷史徵程中，觀察每一發展時期具體生產力條件、具體經濟制度、基本經濟制度作用下的城鄉經濟制度演變，也要探究中國經濟體制變遷和經濟發展之關鍵動能——市場化、工業化、現代化、城鎮化進程中城鄉關係演變的內在邏輯與未來趨向。

從具體經濟制度即經濟體制、基本經濟制度變遷的角度來看，計劃經濟體制向市場經濟體制的轉變，單一公有制向公有制為主體、多種經濟形式並存轉變，取決於社會主義初級階段生產力發展的要求和核心經濟制度的性質，依託於中國發展所處的國內外經濟、社會環境的變化。全面公有制和計劃經濟體制下中國城鄉關係呈現出嚴格隔離的特徵，在政府統一的資源配置和剩餘調度過程中，城鄉之間幾乎不存在基於微觀主體自主決策的要素流動過程。有限的生產力條件和快速推進的工業化目標，使得城市和鄉村部門都採用了生產組織管理嚴密、剩餘高度集中以及低消費和高累積的模式。這套系統在幫助資源按計劃目標快速調配的同時，對勞動者的微觀激勵卻不足；同時，信息的不完全導致了資源的低效配置。改革開放前，農村剩餘勞動人口沉澱和城市企業冗員並存的現象都大量存在。改革開放後，多種所有制結構和市場經濟體制的逐步引入，推動了勞動力、土地、資金在城鄉間的流動，要素靈活配置為城鄉經濟的發展注入了活力。

第五章　城鄉二元經濟制度變遷

新中國成立後第一個三十年的城鄉經濟關係，是以城市領導農村、農業補貼工業、農村承載剩餘人口為重要特徵的。城鄉二元經濟制度在為工業化輸送重要的累積的同時，工農業產品長期不等價交換，農業生產效率提升不足，城鄉居民的消費水準上升有限，城鄉間要素無法自由流動，農村居民和城鎮居民的公民權利和發展機會嚴重不均，這些矛盾日益顯現。在重工業化戰略和計劃經濟體制中，農村的大量資源外輸，使其成為國民經濟中最薄弱的環節，改革迫在眉睫。

改革開放後，隨著統購統銷、人民公社的廢止，農產品流通的市場化，通過農業剩餘直接支持工業化和城鎮化的比重減少，但是農村對城市的剩餘輸送關係並未真正得到扭轉，表現為大量農業剩餘勞動人口注入新的工業化和城鎮化進程，低成本的勞動力投入為勞動密集型企業、出口導向型企業的快速發展創造了優勢；農村提供的廉價土地，使城市拓展的成本低、速度快，為經濟開發區建設、大型基礎設施建設創造了低價的空間條件。伴隨加快的市場化、工業化步伐，城市部門的現代化速度遠快於農村部門，城鄉間發展差距擴大，二元分治局面強化，城鎮化落後於工業化步伐，人口城鎮化滯後於土地城鎮化速度，2000年前後，「三農」問題一度更加突出。從2002年年底開始，黨中央關於城鄉發展的一系列重大政策的出抬，為城鄉一體化發展奠定了制度基礎。此後，農業稅費的減免、農業生產補貼的推行、農村社會保障與公共服務投入的增加，使得工業反哺農業，新型工農城鄉關係的建立開始啓動。

進入新時代，黨的十八大將「農業現代化」列入了新「四化」目標，明確提出了「推動城鄉發展一體化。解決好農業農村農民問題是全黨工作重中之重，城鄉發展一體化是解決『三農』問題的根本途徑。要加大統籌城鄉發展力度，增強農村發展活力，逐步縮小城鄉差距，促進城鄉共同繁榮」。十八大至十九大以來，關於中國城鄉融合發展的體制機制取得了一系列重大突破，

不僅強調了在城鎮化進程中，通過城鄉間要素的平等交換，推動農民增收、農村發展，更將鄉村本身的發展與振興置於突出位置。精準扶貧、鄉村振興的推進將徹底打破城鄉二元結構，實現城鎮與農村的共存共榮，達到城鄉產業融合、城鄉市場融合和城鄉人口的融合。

第六章
產業制度變遷

　　新中國成立以來，產業結構經歷了從計劃經濟體制時期優先發展重工業，到改革開放以後輕重工業平衡發展，農、輕、重以及服務業的協調發展，再到新時代強調產業創新、產業現代化發展的演變歷程。這一演進路徑，既體現了後發大國「追趕型」的跨越式發展，也反應了從不完全遵循到基本遵循產業結構演變趨勢和規律的變化，而這一變化體現了立足於現實生產力發展水準、從傳統計劃經濟體制向市場取向改革轉變，從而，社會主義基本經濟制度也發生了單一公有制及其結構向公有制為主體、多種經濟形式並存轉變的歷史進程。本章從產業發展戰略和產業政策兩個層面對新中國成立以來的產業制度變遷進行梳理。通過回顧中國產業制度形成與發展的歷史，為中國產業政策的優化提供歷史借鑑。

第一節　改革開放前的產業制度變遷（1949—1978年）

新中國成立初期，中國是一個經濟極其落後的農業國，第二、三產業發展水準也很低。1949年，農業占了社會總產值的58.5%，工業（包括手工業）只占社會總產值的25.2%。經過三年的國民經濟恢復時期，農業占社會總產值的比重下降到45.4%，工業則上升到34.4%。[①] 在這樣的產業結構基礎上，加快建立起一個初步的工業體系和國民經濟體系成為新中國成立初期產業制度的重要目標。因此，從1953年起，中國政府通過制訂第一個五年計劃，形成了優先發展重工業的產業戰略、體制及其政策，以快速發展工業產業部門。

一、優先發展重工業戰略的確立

為了快速改變貧窮落後的狀態以及為國家的安全提供保障，在蘇聯的示範與直接影響下，新中國選擇了社會主義工業化道路，其特點就是在經濟落後、資本短缺的條件下，通過單一公有制和計劃經濟體制實現「高累積」和優先快速發展重工業。1949—1952年，國家經濟體系基本建立，國營經濟在工業、商業、金融、對外貿易等領域取得絕對優勢，意味著社會主義因素的增長和政府干預經濟能力的增強，這成為政府推動大規模經濟建設的前提條件。中國社會主義工業化戰略的最終確定和開始實施，是以1953年6月中共中央正式提出「黨在過渡時期總路線」為標誌的。過渡時期總路線的提出，不僅確定了優先發展重工業的工業化戰略，更重要的是加快了經濟和社會制度的轉型。原來設想的先工業化再社會主義改造提前到與工業化同步進行。

[①] 吳承明，董志凱. 中華人民共和國經濟史（1949—1952）[M]. 北京：社會科學文獻出版社，2010：61.

第六章　產業制度變遷

這個變化，導致了新民主主義經濟的提前終結，使得這個時期中國經濟和社會制度發生了急遽變遷，無論對當時的經濟發展還是對後來的制度演變都產生了重大的歷史性影響。

1952年年底，農村的土地改革基本完成，國民經濟狀況基本好轉，有計劃的大規模經濟建設開始在全國展開，從1953年起，中國進入第一個五年計劃時期。根據中共中央制定的黨在過渡時期總路線的精神和發展國民經濟「一五計劃」的要求，在全國農村全面掀起生產建設高潮，與此同時，農業合作化運動從互助組、初級農業生產合作社迅速推向高級農業生產合作社，並於1956年年底全國農村基本上實現了高級形式的農業生產合作化。隨著國民經濟的發展和城鎮人口的迅速增加，對商品糧、棉花和油料等農產品的需求急遽增長，黨和政府為了保持物價穩定、社會安定和「一化三改造」的順利進行，對糧、棉、油等重要農產品實行統購統銷制度，這也使得優先發展重工業的戰略有了基礎保證。

在優先發展重工業的戰略下，1953—1957年第一個五年計劃期間，中國共完成基本建設投資550億元，工業部分投資占52.4%，其中用於重工業的投資占工業投資的88.9%。五年新增固定資產460.3億元，其中工業部門新增固定資產200.6億元。五年期間施工的工礦建設單位達1萬個以上，其中限額以上的有921個，比計劃增加227個。蘇聯援建的156個重大建設項目，到1957年年底，有135個已施工建設，有68個已經全部建成或部分建成。[①]通過「一五」期間的建設，建立起中國前所未有的新的工業部門，如飛機製造、汽車製造、重型機械製造、機床設備製造、精密儀器製造、發電設備製造、冶金設備和礦山設備製造、高級合金鋼和重要有色金屬冶煉等，與傳統產業部門共同構成了新中國現代工業體系的初步框架。

同時，國家通過「一五」計劃，也實現了工業佈局的調整。「一五」期間，由國家投資的491.1億元，內地占47.8%，而廣東、廣西、上海、江蘇、浙江、安徽、福建、山東、北京、天津、河北、遼寧等12個省、自治區、直

---

① 中共中央文獻研究室. 建國以來重要文獻選編 [M]. 北京：中央文獻出版社，1993：114.

轄市所在的沿海地區占41.8%。特別是在中部地區建立了一批新的鋼鐵、煤炭、電力、機械、基本化工和國防軍工企業，初步形成了新中國成立初期的工業佈局骨架。這一時期，內地工業增長明顯快於沿海地區。「一五」期間內地工業總產值增長了1.5倍，而沿海地區工業總產值增長了1.19倍。特別是1954年和1955年，兩年內地工業分別增長22.4%和9.9%，而沿海地區分別只增長了13.7%和3.6%，內地增長速度比沿海地區分別快8.7個百分點和6.3個百分點；而上海和天津兩大沿海主要工業城市增長速度分別為7.4%、4.5%和11.6%、2.1%。從一定意義上來說，「一五」期間，工業生產建設的發展，在某種程度上改變了內地與沿海地區經濟發展的不平衡狀況。內地工業產值占全國的比重由1949年28.5%提高到1960年的34.5%；沿海地區相應由71.5%下降到65.5%。[1]

經過「一五」計劃的建設，中國產業結構也有所調整，第一產業比重下降，第二產業和第三產業增加值比重逐年上升，但從業人員結構沒有明顯變化，表明「一五」時期的工業化進程還沒有進入工業化起步時期，而是處於一個起步前的準備階段。從工業內部結構來看，1949年以前，中國工業產值中輕工業占70%以上，而重工業不足30%。1957年輕工業比重下降到55%，重工業上升到45%。1958年，重工業比重首次超過輕工業，達到53.5%。到1960年，156項重大項目大部分建成投產，重工業比重達到66.6%[2]，產業政策面臨再次調整。

二、服務於工業化的農業產業政策

在優先發展重工業的戰略下，意味著政府要在相當短的時期內完成工業體系的構建，政府必須具有強大的調動和配置資源的能力，其方式就是通過互助組、初級農業生產合作社和高級農業生產合作社等由初級到高級的形式，

---

[1] 王天偉. 中國產業發展史綱 [M]. 北京：社會科學文獻出版社，2012：369.
[2] 董志凱，吳江. 新中國的工業奠基石——156項建設研究（1950—2000）[M]. 廣州：廣東經濟出版社，2004：67.

逐步實現由土地私有基礎上的家庭經營向土地公有基礎上的集體經營過渡，這個過渡被稱為「農業合作化」，也被稱為「農業社會主義改造」。到 1956 年，農業合作化在中國迅速得到實現，為工業建設的推進奠定了基礎。

（一）加強農業基礎設施建設的政策

國民經濟恢復時期，水利和農業被列為恢復工作的重點之一，國家用於水利建設的財政支出約 7 億元，占同期預算內基本建設投資額的 10%。除開展群眾性農田水利建設外，水利建設的重點是開展大規模的江河治理、修建灌溉排水工程，對歷史上有名的害河——淮河、沂河、大清河、潮白河等都進行了全流域的根本治理，對長江、黃河也採取了一些有效的防禦措施，建設了「引黃濟衛」工程、蘇北灌溉總灌區、洛惠渠等 280 餘處排灌工程。據統計，三年的水利建設共計擴大灌溉面積 4,600 多萬畝，並在原有 2.1 億畝的農田上，改善了灌溉排水設施，對農業生產的恢復起了顯著的作用。[①]

「一五」時期，全國農田水利建設的重點由整修恢復原有灌排工程，轉為興修新的水利工程設施。這一時期，中央政府對農林水利建設仍然保持高比例投入，實際完成投資 41.9 億元，占 5 年內經濟建設支出的 7.6%[②]，其中最突出的是水利建設，5 年間投資達到 25.51 億元。農田水利建設的普遍開展，極大地改善了農業基礎設施，有效增加了農田灌溉面積，國家投資修建和擴建的灌溉工程增加了灌溉面積 4,100 多萬畝，加上農民自己投資興修數以千萬計的塘壩渠和小型水庫所增加的，到 1957 年 7 月，全國總灌溉面積已由新中國成立前的 2.3 億畝和 1952 年的 3.1 億畝，增加到 5.2 億畝。[③]

1958—1960 年，中國修建了數以萬計的水利工程，這一時期水利建設成就顯著，但也產生了不少問題。過高的目標、「大兵團」式的「作戰方式」導致嚴重的人力、物力浪費等。同時，中央多次發布文件，不準「文化大革

---

① 水利部．中央人民政府水利部關於農田水利工作的報告 [M] //中國社會科學院，中央檔案館．中華人民共和國經濟檔案資料選編 (1953—1957)：農業卷．北京：中國物價出版社，1998：616．
② 陳雲．陳雲文選：第 2 卷 [M]．北京：人民出版社，1995：368．
③ 第一個五年計劃期間水利建設的成績巨大，工程總量可築「長城」四十多座，灌溉面積增長速度占世界首位 [N]．人民日報，1957-10-04 (10)．

命」衝擊農業生產領域，還年年強調農業生產不誤農時，號召各行各業在農忙時節支援農業，如家屬在農村的工人在農忙的春耕、夏收等時節，可以請假回鄉幫助農業生產。而在農業政策上，各種政策和措施都較為有利於農業發展。20世紀70年代末80年代初，中國農田水利系統基本建成，初步控制了洪水災害，全國的有效灌溉面積大幅增加，農田水利事業取得了巨大成就。

(二) 農業機械化和農業技術推廣政策

新中國成立以後，中共中央和中央政府首先著手於增補舊式農具和推廣新式農具的工作。為推廣新式農具，1950年國家開始在各地建立新式農具推廣站；在推進農業機械化方面，創辦國營機械化農場、試辦國營拖拉機站、建立農機工業。1951年年底全國農機具製造廠約有170家，1957年年底發展到276家。在蘇聯幫助下，洛陽第一拖拉機製造廠於1955年10月動工興建。①

1958—1960年的「大躍進」和人民公社化運動使得農業發展遭遇挫折，1961—1965年，恢復和發展農業生產是國民經濟調整的一項中心任務。從1961年開始，中共中央、國務院就著手調整農、輕、重比例關係，從多方面加強農業機械化建設，採取了以下一系列重大措施。

首先，增加對農業投資的比例。從1961年起，中共中央、國務院大幅度壓縮基本建設投資。對農業的投資在全國基本建設投資中所占比例，由1960年的12.8%上升到1961年的14%、1962年的20.2%。從1963年開始，國家基本建設投資總額逐步回升，農業基本建設投資的增加也明顯高於工業。1963年，農業投資為23.19億元，1964年為28.19億元，分別占當年基本建設投資總額的23.6%和19.6%。②

其次，增加農業生產資料的生產和供應。在重工業基本建設投資大幅度削減的時期，國家仍然保持了農業機械、化肥、農藥等農用工業在基本建設

---

① 武少文. 當代中國的農業機械化 [M]. 北京：中國社會科學出版社，1991：28.
② 中共中央文獻研究室. 三中全會以來重要文獻選編 [M]. 北京：人民出版社，1982：167.

投資總額中原有3%的比重，1961年和1965年還有一定提高，分別達到3.8%和5.7%。同時，國家還增加農業生產資料的生產，加大工業對農業發展的支持。1957年與1965年相比，農用鋼材生產增長292%，農用水泥增長538%，農用化肥增長304%，化學農藥增長219%，農機總動力和農村用電量分別增長681%和494%。[1] 政府扶持發展農業機械化，大量生產農用器具和機械。

最後，重視、加強農業科學研究和農業技術推廣。1962年3月，國家科委和中國科學院在全國科學工作會議上共同制定了《關於自然科學研究機構當前工作的十四條意見》，明確了農業科研機構的根本任務。1962年12月，農業部頒布《關於充實農業技術推廣站、加強農業技術推廣的指示》，充實和完善農業技術推廣體系。

總體來看，改革開放前的國家農業政策，主要以服務工業化為目標，國家也在一定程度上通過財力、物力來支持農業，農田水利、農業機械、化肥工業、小水電都有一定發展，農業生產條件得到改善，整個時期農業生產在曲折的發展中維持了緩慢的增長速度。

三、通過技術引進實現工業化的產業政策

如前所述，新中國成立後，中國選擇了以優先發展重工業為目標的發展戰略。由於新中國工業化發展的資金、技術都非常薄弱，在工業發展層面，國家制定了向外國引進技術和設備來推動工業化發展的政策措施。

（一）重工業項目的引進

新中國成立之初，主要從蘇聯和東歐國家引進技術。整個20世紀50年代，中國與蘇聯共簽訂引進304個項目成套設備（包括「一五」時期的156個重點項目）和64個單項車間設備的合同。為建設這些項目，蘇聯政府派出

---

[1] 中共中央文獻研究室. 建國以來重要文獻選編：第18冊 [M]. 北京：中央文獻出版社，1993：443-445.

了大批專家，並為中國培訓了大批實習生。「一五」計劃期間，國家集中主要力量進行以 156 項工程為中心的工業建設。

1960 年中蘇關係破裂後，中國轉向從其他發達國家引進技術。1962 年 9 月，中國從日本引進第一套維尼綸設備，開始了主要從其他國家引進技術的時期。1963—1966 年，先後與日本、聯邦德國、英國、法國、義大利等 11 個國家簽訂了 82 項技術引進合同，消耗外匯 2.8 億美元。同期，還從東歐各國引進成套設備和單項設備，用匯 2,200 萬美元。與 20 世紀 50 年代的引進相比，主要是以中小型成套設備為主，並用於現有企業的技術改造。① 1969 年，國內局勢趨於穩定後，被「文化大革命」初期的動盪所中斷的引進技術重新提上日程。1972 年 1 月，國家決定抓住西方國家在經濟危機中急於出口的有利時機，針對國內需要，進口成套化纖、化肥技術設備。1973 年 1 月，經過一年的擬議，形成一個大致統一的引進方案，在未來三五年內，從日本、聯邦德國、英國、法國、荷蘭、美國等國家，引進一批大型化肥、化纖、石油化工產品成套生產設備、綜合採煤設備、電站設備和一米七軋機等技術比較先進的機器設備。引進項目中，除單機支付現匯外，成套設備項目大部分利用西方國家銀行的賣方信貸，採用延期付款方式，把引進國外的技術同利用國外的資金結合起來。成套設備和先進技術的引進，促進了國內基礎工業，尤其是化肥、石油化工、冶金工業的發展，為中國 20 世紀 80 年代經濟建設的騰飛提供了必要的物質條件。②

(二) 工業內部產業結構的調整

1953—1978 年，重工業一直是工業發展的重點。「一五計劃」結束後，到 1960 年，從蘇聯引進的 156 個重點項目也建設完成，重工業產值已經達到 66.6%。產業結構的調整需求已經凸顯，1961 年，中國進入工業化建設以來的第一個調整期。

---

① 武力. 中華人民共和國經濟史：下冊 [M]. 北京：中國經濟出版社，1999：493-495.
② 馬泉山. 中國工業經濟史 (1966—1978) [M]. 北京：經濟管理出版社，1998：377-401.

第六章　產業制度變遷

1961 年年初中共八屆九中全會正式決定，實行國民經濟「調整、鞏固、充實、提高」的八字方針。基本內容是：調整國民經濟各部門間失衡的比例關係，鞏固生產建設取得的成果，充實新興產業和短缺產品的項目，提高產品質量和經濟效益。

從 1961 年 9 月起，全國大力恢復農業，通過大力壓縮工業特別是鋼鐵工業的發展速度，綜合平衡發展農業、輕工業和重工業，從 1963 年開始工業生產建設轉入良好發展態勢。

1963 年 9 月召開的中共中央工作會議認為，中國國民經濟出現了全面好轉的局面。但是，整個工業，特別是基礎工業仍需要進行大量工作；許多企業的經營管理還要花大力進行整頓，尤其是虧損企業還為數不少，要通過整頓工作改變這一狀況。會議確定，從 1963 年起，再用三年時間繼續進行調整、鞏固、充實、提高的工作，將這三年作為今後的過渡階段。會議要求工業生產水準在 1957 年的基礎上提高 50% 左右；工業和農業之間、工業內部各部門之間的關係應力爭在新的基礎上取得基本協調；工業各部門要認真做好提高質量、增加品種、填平補齊、配套成龍、設備更新和專業化協作；工業部門的經營管理工作走上正常軌道。這次中央工作會議做出的繼續調整三年的決策，對抵制「左」傾思想干擾、繼續堅持「八字」方針、促進國民經濟迅速根本好轉，具有重大意義。

在 1963 年工業生產逐步回升的基礎上，1964 年工業生產建設形勢繼續好轉。1964 年 12 月，周恩來在第三屆全國人民代表大會第一次會議上指出：「經過調整，工業和農業的關係比較協調了，工業支援農業的能力進一步加強了，企業內部的生產能力絕大部分已經填平補齊、配套成龍，設備損壞和失修的情況已經改善。」他宣布，現在「調整國民經濟的任務已經基本完成，工農業生產已經全面高漲，整個國民經濟已經全面好轉，並且將要進入新的發展時期」。1965 年要保持工業生產建設高潮，繼續完成國民經濟調整工作中某些尚未完成的任務。這次會議第一次提出了建設四個現代化社會主義強國的藍圖。到 1965 年年底，工業經濟狀況已經得到全面恢復，並有所發展。工業

生產建設貫徹「八字」方針的任務基本完成。

在第三個五年計劃期間，國民經濟年均增長9.95%，最高年份經濟增長25.7%，最低年份為-9.6%；工農業總產值平均每年增長9.6%，其中農業總產值年均增長3.9%，工業總產值年均增長11.7%。①

四、優先發展重工業戰略下的第三產業

除農業、工業之外的其他產業均歸入第三產業，第三產業成為中國國民經濟最重要的組成部分。但是改革開放以前，長期受計劃經濟體制的制約，第三產業並沒有得到應有的發展②，也未形成系統的產業制度。

首先，商業、貿易產業在管理體制上，形成了一個以集中管理、統一分配為形式的由國營商業獨家經營的商品流通體系。新中國成立後，經過三年的國民經濟恢復和「一五」計劃（1953—1957年）建設，基本形成國內統一的市場。受國內商品生產、產品供應短缺以及險惡的國際環境等因素的制約，為控制貨源，保障人民基本生活需要，商業管理體制均由國營企業全面管理，產品按計劃進行配給。

其次，在金融業方面，新中國成立後，1952年率先對金融業完成了社會主義改造。隨著大規模經濟建設的展開和計劃經濟體制的建立，在取消商業信用、建立高度統一的國家信貸管理體制的情況下，中國沒有真正的銀行存在，利率、外匯等管理高度集中，以適應「大一統」的計劃經濟體制。

再次，在交通運輸業方面，國家持續加大對交通基礎設施的建設投資，1949—1978年，公路運輸業處在一個快速恢復和曲折發展的階段。國民經濟恢復期間，國家不但對原有公路進行修復，而且重點建設一批邊疆地區的公

---

① 全國人大財政經濟委員會辦公室. 建國以來國民經濟和社會發展五年計劃重要文件匯編 [M]. 北京：中國民主法制出版社，2008：89.
② 因此，此處對改革開放前第三產業的發展的分析，受制於資料數據的可得性，主要以商貿、金融、交通運輸、建築業為代表做一個簡略的分析。

路。到 1952 年年底時，公路通車里程達到 12.67 萬千米，民用汽車擁有量增加到 6.63 萬輛，客運和貨運量都有較快增長。[①]「一五」計劃期間，公路運輸業獲得空前發展，公路建設方面的投資占到運輸郵電業基建投資總額的 29%，重點修建通向少數民族地區和廣大農村地區的公路，特別是川藏、青藏公路的修建，結束了西藏地區沒有公路的歷史，增強了西藏與內地的聯繫；到 1960 年年底，全國公路通車里程達到 51 萬千米。

最後，在住房建築業發展方面，新中國成立至改革開放期間，除在國民經濟恢復期間房地產業有所簡潔明瞭外，受社會主義改造和計劃經濟體制實施的影響，私人新建住房受到限制，國家成為城鎮公共住房建設的主體，具有明顯的福利保障特徵。因此，這一時期在中國並沒有真正獨立的房地產業。

總體來看，在改革開放之前，國家對於第三產業的政策，也充分體現了計劃經濟體制下統一管理的特徵，同時，在優先發展重工業的戰略下，對第三產業的發展也重視不夠。

---

① 全國人大財政經濟委員會辦公室. 建國以來國民經濟和社會發展五年計劃重要文件匯編 [M]. 北京：中國民主法制出版社，2008：28.

第二節　改革開放後的　業制度變遷（1978—2012 年）

中共十一屆三中全會後經濟體制改革的啓動和經濟運行機制的轉變，其基本的趨勢是從計劃經濟體制轉向市場化體制改革及社會主義市場經濟體制的建立與完善。在經濟體制改革與轉型過程中，產業制度隨著國家經濟發展的戰略目標相應發生改變。

傳統計劃經濟體制時期，經濟管理體制經過三次較大的變動，基本是圍繞管理權力的收放進行的，而這種權力收放都是在計劃體制的框架內展開的。這一時期全面鋪開的工業化建設，是在趕超型的重工業優先發展戰略指導下開展的。貫穿時間最長的，是在備戰狀態下進行的三線建設。整體來看，改革開放前的工業化建設取得了巨大成就，但國民經濟出現畸重畸輕的結構，經濟效益差。農業發展主要圍繞人民公社化運動和農業學大寨進行的，而人民公社的組織體制、分配體制都未能充分調動農民生產積極性，農業發展緩慢。二十多年的計劃體製造成國民經濟的資源配置效率和利用效率低下。到 20 世紀 70 年代末中國形成的產業結構的特點是：重生產資料的生產，輕生活資料的生產；在生產資料的生產中，重加工，輕原材料；重生產，輕流通，輕服務，這種畸形的結構不利於國民經濟各部門的均衡發展和社會再生產的順利進行，不利於人民生活的改善。因此這一階段的產業制度，主要是從經濟結構調整著眼的。

一、市場取向改革探索階段的產業戰略

1978 年改革開放以來，社會主義基本經濟制度也從單一公有制逐漸轉變為公有制為主體、多種經濟成分並存。同時，整個經濟體制改革經歷了一個從農村到城市、從農業到工業的改革重點的轉變過程。在改革過程中，產業制度的變化也體現了對基本經濟制度和經濟體制轉變的適應性。

第六章　產業制度變遷

（一）產業發展戰略的調整和轉變

面對長期以來突出強調發展重工業、追求經濟增長高速度而累積起來的矛盾和問題，中共中央關於產業發展的指導思想自中共十一屆三中全會以後發生了根本性的轉變。十一屆三中全會指出，國民經濟中一些重大的比例失調狀況沒有完全改變，城鄉人民生活受困於多年累積起來的一系列問題，必須妥善解決，當務之急是恢復和發展生產。全會強調：「全黨目前必須集中主要精力把農業盡快搞上去，因為農業這個國民經濟的基礎，這些年來受到了嚴重的破壞，目前就總體來說還十分薄弱。」

20世紀70年代末80年代初，國務院財經委員會組織長達10個多月的經濟結構調查，當時得出的主要結論是：①農業嚴重落後於工業，阻礙了國民經濟迅速發展。②輕工業落後，不能滿足城鄉人民提高生活水準的要求。③重工業脫離農業、輕工業片面發展。④交通運輸業落後。⑤商業、服務業和國民經濟發展不相適應；基本戰線規模過大，戰線過長；「骨頭」和「肉」的比例關係失調，非生產建設發展過慢，城市住房嚴重；等等。調查組歸納了出現這些問題的主要原因——一是經濟發展的指導思想不正確，盲目追求高速度、高累積，片面強調優先發展重工業；二是經濟管理體制存在嚴重缺陷。①

1979年4月，中共中央召開會議，制定了對國民經濟實行調整、整頓、改革、提高的方針。為貫徹這一方針，1979年6月中共五屆人大二次會議提出：「今後3年調整國民經濟的首要任務是集中精力把農業發展搞得快一點，堅決按照農、輕、重次序安排計劃，促進整個國民經濟的協調發展。同時，要努力把輕紡工業搞得快一點，增產更多更好的輕紡產品供應城鄉市場和外貿出口，為國家提供更多的財政收入。」

1980年12月中央工作會議決定對國民經濟做進一步調整，明確提出把產業結構調整作為調整的主要內容，要求繼續把發展農業放在首要地位；進一步加快輕工業的發展，使輕工業生產繼續快於重工業的發展速度；在基本建

---

① 馬洪，孫尚清. 中國經濟結構問題研究［M］. 北京：人民出版社，1981：3-8.

設大量壓縮的情況下，對重工業內部結構進行調整，使之同整個國民經濟結構調整方向一致。重工業內部採取「重轉輕」「軍轉民」「長轉短」等形式進行結構調整。

（二）系統產業政策的提出

1985年9月中國共產黨全國代表會議通過的《中共中央關於制定國民經濟和社會發展第七個五年計劃的建議》闡述了1986—1990年的國家發展計劃方案，並第一次在國家層面提到「產業政策」一詞，提出產業結構調整的方向和原則，在繼續保持農業全面增長、促進輕工業和重工業穩定發展的前提下，著重改善他們各自的內部結構；加快能源、原材料工業的發展，同時適當控制一般加工工業生產的增長，使兩者的比例關係逐步趨向協調；把交通運輸和通信的發展放到優先地位；大力發展建築業；加快為生產和生活服務的第三產業的發展。這個時期，國家著重於產業結構調整，同時也開始重視產業結構升級。1987年10月，中共十三次全國代表大會通過的政治報告《沿著有中國特色的社會主義道路前進》中，系統地闡述了產業結構理論與產業政策。這次會議也提出了注意效益、提高質量、協調發展、穩定增長的經濟發展戰略。這一戰略的基本要求是保持社會總需求與總供給的基本平衡。

與此同時，中國的產業結構理論主要在三個方面有重大發展。一是論述了產業結構與社會總供求的關係。社會經濟總量的平衡不僅是一種數量上的比例關係，更本質的是產業結構的優化，通過產業結構優化達到資源的優化配置，實現良好的宏觀經濟效益。因此，產業結構的優化是實現經濟總量平衡的最終決定因素。二是正確指明了產業結構變化的基本動因，產業結構要在適應中國工業化發展和消費結構的提高中不斷調整、改造，實現優化。三是提出把產業結構調整放到世界正在迅猛發展的新技術革命的大環境中。

產業政策首次提出後，也確立了今後相當長時期內調整和改造產業結構的基本方向，這就是：「堅持把農業放在十分重要的戰略地位，全面發展農村經濟；在大力發展消費品工業的同時，充分重視基礎工業和基礎設施，加快發展以電力為中心的能源工業，以鋼鐵、有色金屬、化工原料為重點的原材料工業，以綜合運輸體系和信息傳播體系為主軸的交通業和通信業；努力振

興機械、電子工業，為現代化提供越來越多的先進技術裝備；以積極推行住宅商品化為契機，大力發展建築業，使它逐步成為國民經濟的一大支柱。要重視發展第三產業，努力實現一、二、三產業協調發展。我們必須加強基礎工業和基礎設施的建設，否則經濟發展沒有後勁。」

綜上，這段時期在產業政策上突出了發展基礎工業和基礎設施的地位和作用，明確了發展基礎工業和基礎設施的重點，並且要求從產業結構優化的角度促進一、二、三產業的協調發展，這些都是在產業結構問題認識上和方法上的新發展。

二、農業產業制度變遷

1978 年，改革率先從農村起步，此後 20 多年間，農業農村經濟體制改革不斷深化，推動了農業農村經濟的發展，農業總產值在波動中增長，農村經濟結構也得到了極大的改善。

（一）家庭聯產承包責任制與雙層經營體制的形成和完善

隨著家庭聯產承包責任制在農村的推廣和普及，農業農村經營體制發生了很大的變化，原來在人民公社下單一的集體統一經營，逐漸被家庭經營為主體、集體統一經營與農戶分散經營相結合的雙層經營體制所取代，並成為農業農村佔據主導地位的生產經營方式。

由於雙層經營體制是以家庭聯產承包責任制為基礎，要穩定和完善雙層經營體制，首先需要穩定和完善家庭聯產承包責任制。而穩定和完善家庭聯產承包責任制，首先要穩定完善土地承包關係。中共中央的文件多次強調農村土地承包關係要穩定。1984 年，中央一號文件就指出，要繼續穩定和完善生產責任制，延長土地承包期，期限應在 15 年以上。1993 年 10 月，中共中央在中央農村工作會議上提出，在農村 15 年的土地承包期滿以後，將土地承包期再延長 30 年不變。1998 年 10 月中共十五屆三中全會再次強調延長 30 年不變的土地承包政策，並提出要制定相關法律法規，賦予農民長期而有保障的土地使用權。同時，還提出在承包期內，農戶在不改變土地所有權的使用

方向的前提下，可自願、有償地轉讓土地經營使用權，並提倡有條件的地區可以實行「增人不增地，減人不減地」的辦法。這種政策把延長和穩定土地承包合同與促進土地經營使用權的流轉結合起來，使得土地經營制度具有更廣泛的適應性。

農戶的家庭經營有利於擴大農民的經營自主權，但是在生產經營中有許多活動是一家一戶農戶難以承擔的，如機耕、排灌、科技推廣、抗災救災等，需要集體經濟組織統一協調經營。然而實踐中，尤其伴隨著 2006 年農業稅費的取消，農業農村集體經濟組織在管理體制、經營方式以及經營內容上都呈現出了不斷弱化的勢態，致使集體經濟組織統一經營的優勢難以得到充分發揮。

進入 20 世紀 90 年代以來，隨著農村經濟向商品化、現代化的轉變，農業社會化服務體系的發展、農業產業化經營的興起成為完善雙層經營體制一個新的趨向。農民為了克服分散經營的局限，有效地抵禦自然的和社會的雙重風險，要求加強社會化服務。為了適應這種需要，超越地域性集體經濟組織的專業性、綜合性服務組織，以及多種形式的合作與聯合開始在農村湧現出來。這些新型服務組織，有流通領域的國營公司、供銷社和新組建的各種專業公司與農戶的聯合，有國家設在農村的技術推廣單位和農墾企業與農戶的聯合，有農村能人興辦的上聯市場、下聯農戶的中間組織，也有以農村專業戶為主體的各種專業協會和專業公司等。這些組織與農戶之間，大都以書面契約或口頭協議規定相互的權、責、利關係，體現了戶為基礎、統分結合的雙層經營特點。這些組織的出現，表明在家庭經營基礎上，農村雙層經營體制已經突破原來的界定，對於拓寬農村經濟的開發領域、促進農工商銜接、提高商品生產的組織程度，發揮了巨大作用。

(二) 農業結構從「以糧為綱」轉向農林牧副漁協調發展

新中國成立以來，中國長期實行「以糧為綱」的方針。實行這一方針，也是當時的國情決定的。一是迅速增長的人口對糧食產生了巨大的需求，生存是第一位的，糧食是人類最基本的生存資料，糧食問題不解決，就談不上社會穩定和經濟建設；二是中國農業生產基礎很差，農業勞動生產率很低，只有集中精力才能解決糧食問題。因此，糧食生產成為全國農業工作的重心。

第六章　產業制度變遷

中共十一屆三中全會以後，發展農業的指導思想得到根本性的轉變。十一屆三中全會對農業生產的指導方針和政策進行重大調整，糾正了片面強調「以糧為綱」的傾向，大規模調整種植業內部結構和生產佈局，積極促進農業經濟的全面發展；提出了「大力恢復和加快農業生產，堅決地、完整地執行農林牧副漁並舉和以糧為綱，全面發展，因地制宜，適當集中」的方針。而20世紀70年代末以來，各種形式的家庭聯產承包責任制在全國農村蓬勃興起。這一生產關係的根本性變革調整了農民與農業生產最重要的生產資料——土地的關係，使農民的利益與土地的產出直接掛勾，空前地激發了農民的勞動熱情。

1979年9月召開的十一屆四中全會通過的《關於加快農業發展若干問題的決定》指出：「過去我們狠抓糧食生產是對的，但是忽視和損害了經濟作物、林業、畜牧業、漁業，沒有注意保持生態平衡，這是一個很大的教訓……要有計劃地逐步改變中國目前農業的結構和人們的食物構成，把只重視糧食種植業，忽視經濟作物種植業和林業、牧業、副業、漁業的狀況改變過來。」在這一方針的指導下，制定了一系列鼓勵農業生產全面發展的政策，大幅度提高農副產品收購價格。全國共有18種主要農副產品提高收購價格，平均提高24.8%。這項政策對於提高農民收入、調動農民的生產積極性起到了巨大作用。

1984年與1978年相比，農業產值增長1.13倍，年均增長13.4%；同期林業產值增長了2.36倍，年均增長22.4%；牧業產值增長1.81倍，年均增長18.8%；漁業產值增長2.85倍，年均增長25%。這一期間農業產值增長速度很快，但林業、牧業、漁業增長速度更快，因而導致農業經濟內部結構的變化，即農業產值比重下降，林業、牧業、漁業產值比重提高。[1]

農業生產結構的變化還表現在種植業內部結構上。由於經濟作物比糧食生產有更高的比較利益，再加上國家又實行鼓勵多種經營的政策，因而在糧食增產的基礎上，經濟作物播種面積增加，產量提高。農業內部結構的變化，

---

[1] 國家統計局. 新中國六十年統計資料匯編 [M]. 北京. 中國統計出版社，2010：34-37.

有利於國民經濟的發展，適應了人們生活不斷提高及多樣化的需求，同時，也提高了農民的收入水準。農業的超高速發展，從根本上解決了溫飽問題，糧食基本滿足全國人民的消費需要，為取消配給式的定量供應奠定了堅實的基礎。同時，肉、蛋、奶的發展，極大地緩解了供應的緊張狀況。

進入20世紀90年代以來，鑒於農業在國民經濟中的重要地位，國家明顯加強了對農村經濟的宏觀調控。一是加強了對農業資源尤其是耕地資源的保護，1993年11月，明確提出建立農田保護制度；二是建立糧食保護價格制度；三是設立糧食風險基金；四是取消農業稅，並對農業生產提供補貼；五是改革農村金融體制，以支持農村經濟的發展。這些措施也表明中國開始實施農業保護政策。

在這一時期的農業產業制度變遷體現了穩定農村基本經營制度、加強市場機制對農業和農村經濟發展的導向作用、加強對農業的支持和保護、加強對農業的宏觀調控、促進區域經濟的協調發展的特點。通過這一時期的改革，市場機制在中國的農業和農村經濟中的作用進一步突顯出來。

農業產業政策的導向作用，促進了商品經濟和市場經濟的發展、生產力水準的提高，同時也促進了社會分工的深化，推動了農業產業結構的調整，調動了農民的農業生產積極性，農業生產效益也不斷提高，品種結構逐步優化。農業由傳統農業向現代農業、由粗放經營向集約經營逐步轉變，主要農產品供給由長期短缺向總量基本平衡、豐年有餘轉變，種植業、林業、畜牧業、漁業全面發展，結構不斷優化，農民收入不斷增多，農業和農村經濟發生了質的變化。進入20世紀90年代後期，中國農產品的供求由全面短缺走向總量基本平衡與豐年有餘；農業生產目標從追求產量最大化轉向追求品質、結構和效益最優化；農業生產能力由主要受自然條件制約轉變既受自然條件制約，更受市場的制約和科技的制約。特別是近幾年來，中國農業生產持續穩定增長。「大農業」內部的農、林、牧、漁業全面發展，種養業結構發生了明顯變化。在實現糧食生產穩定增長的同時，蔬菜、林果、肉類、水產品的產量均成倍、幾倍、十幾倍地增長，實現了由賣方市場向買方市場的轉變，人民生活水準也得到了極大提高。

三、工業產業制度變遷

（一）加快發展輕工業的產業政策

1979年4月9日，國務院批轉輕工業部《關於輕工業工作著重點轉移問題的報告》，同時指出，輕工業具有投資少、見效快、累積多、換匯率高的特點，把輕工業工作的著重點轉移好，可以加快輕工業的發展速度，改善人民生活，繁榮城鄉市場，擴大對外貿易，為國家增加資金累積和外匯收入，從而加速整個國民經濟的發展。

這一時期增加了對輕工業的投資，壓縮了對重工業的投資。1980年與1978年相比，輕工業基本建設投資增加了21.59億元，增長了73.7%，這是新中國成立以來輕工業投資增加最多的時期之一。輕工業投資占社會基本建設投資總額的比重上升到9.1%。1981年在基本建設大規模減少的情況下，輕工業投資減少了7.51億元，減少幅度為14.8%，而重工業投資減少了52.09億元，減少幅度為23.2%。因而1981年輕工業投資比重提高到9.8%，這是中國輕工業投資比重最高的一年。相反，1978年以後，重工業投資的比重持續降低，1980年（40%）就是1957年以來比重最低的一年，1983年、1984年重工業投資比重有所提高，但增長幅度不大。[1]

各行各業大力支援輕工業。在調整時期重工業生產任務不足，大量資源閒置，冶金、化工、機械等重工業部門轉向為消費資料生產服務，為消費生產提供適合需要的原材料和機器設備，有些重工業工廠轉產輕工業產品，甚至並入輕工業工廠。

這一時期輕工業投資加大，增長速度加快，因而輕工業產值在工業總產值中的比重呈上升趨勢，其中1981年和1982年輕工業產值比重還超過工業總產值，人們把這種現象稱為「輕型化」。這種現象也不符合「霍夫曼比例」，即隨著工業化水準的提高，消費資料工業的比重應逐漸降低。但是中國

---

[1] 國家統計局. 1950—1985中國固定資產投資統計資料[M]. 北京：中國統計出版社，1987：196-205.

20世紀80年代初期輕工業的快速發展帶有很大成分的「還帳」性質，隨著工業化進程的發展，生產資料工業特別是基礎工業需要有更快的發展。

在放慢工業增長速度的同時，政府也在調整工業結構方面邁出了重要的步伐。

首先，採取措施加快輕工業的發展。第一，增加輕工業基本建設投資，提高輕工業基本建設投資在工業基本建設投資中的比重。1979—1982年，輕工業投資占工業基本建設投資總額的15%，而1953—1978年，相應的比重僅為10%。第二，對輕工業實行「六個優先」的原則，即原材料、燃料、電力供應優先，挖潛、革新、改造的措施優先，基本建設優先，銀行貸款優先，外匯和引進技術優先，交通運輸優先。第三，各行業大力支援輕工業生產，如重工業部門採取「重轉輕」「軍轉民」「長轉短」等形式，調整產品結構，努力為消費品生產服務。第四，通過引進先進技術、技術革新和技術改造的辦法，提高勞動生產率。正因為採取了這些措施，輕工業生產有了迅速發展、1979—1981年，輕工業分別比上年增長9.6%、18.4%和14.1%，連續三年超過重工業。主要產品產量都有大幅度增長，同時產品結構也在發生變化，在吃、穿、用三類消費品中，用的比重上升；在吃的方面，經過加工的副食品的比重上升；在穿的方面，中高檔面料和服裝的比重上升；在耐用消費品中，高檔消費品比重上升。[1]

其次，調整重工業的結構和服務方向。長期以來，重工業內部比例失調，造成了部分生產能力閒置，如機床加工能力遠遠大於鋼材供應能力。從1979年開始，重工業在降低速度的同時，著重調整內部結構，調整服務方向和產品結構，減少自我服務的比重，加強對農業和輕工業的服務。如冶金工業，減少了中軌、大型材、中厚板等長線產品的生產，而增加了線材、小型材、薄板、焊管四大短線產品的生產。重工業開始調整後，重工業總產值增長速度降低。1979—1981年，重工業總產值分別為2,611億元、2,648億元、

---

[1] 國家經濟貿易委員會.中國工業五十年：第6部上卷[M].北京：中國經濟出版社，2000：453-455.

2,515 億元。增長速度分別為 7.6%、1.46% 和 -4.7%，這種下降的主要原因就是產業結構調整。1982 年，重工業生產開始回升，發展速度加快，達到 9.9%。這幾年重工業增長速度僅 3.57%，不僅遠低於同期輕工業增長速度，也比 1953—1984 年的年均 12.3% 的速度低。但通過基本建設，重工業生產能力有一定程度的增加，尤其是著重加強了「短線」產品生產能力的增長，為產品尤其是為社會所需的產量的增長準備了條件，同時，重工業各部門努力發展新產品，從而提高了重工業的水準。[①]

國民經濟的調整時期，整個工業的著眼點在調整，因此整體來看放慢了增長速度，但是，輕重工業比例逐步協調，輕重工業各自有效的生產能力得到了增強，為以後中國工業的高速發展奠定了基礎。

1992 年以鄧小平南方談話和黨的十四大為標誌，改革開放步伐明顯加快，建立和完善社會主義市場經濟體制成為改革的重要任務和明確目標。在經過 20 世紀 80 年代產業結構的調整以及各次產業不同程度的發展之後，20 世紀 90 年代產業政策實施的起點、產業政策目標以及主要任務與改革初期有很大不同。

這一階段的產業政策強調產業結構調整，重視產業結構升級，同時著力推動各次產業的發展，高度重視基礎產業、支柱產業和高新技術產業的發展，重視產業發展中增長模式轉換問題。這一時期，市場經濟體制建立，運用產業政策大量直接干預的方式逐步減少，導向性的間接干預方式不斷增加，綜合運用經濟、法律、行政等多種手段。

(二) 工業產業結構的調整、優化和持續升級

伴隨著居民消費重點轉向耐用消費品，1999 年以後重工業表現出強勁的增長，工業中重工業占比持續提升，到 2005 年該比例接近 69%。由於重化工業資本有機構成較高、投資需求大、能源消耗大等特徵，重化工業的快速發展支撐了經濟的高速增長，但也給環境資源承載力提出了極大的挑戰。總體上，這個時期重化工業主導，體現了適應居民消費結構從日用消費品主導到

---

① 國家經濟貿易委員會. 中國工業五十年：第 7 部下卷 [M]. 北京：中國經濟出版社，2000：2873.

汽車和住宅主導的升級需要的產業結構升級。2002年黨的十六大提出中國應該走新型工業化道路，要堅持以信息化帶動工業化，以工業化促進信息化，走出一條科技含量高、經濟效益好、資源消耗低、環境污染少、人力資源優勢得到充分發揮的新型工業化路子，這也從指導思想上明確了進一步推進從資金密集的重化工主導向技術密集的高技術產業主導的產業升級要求。

在2001年12月11日中國加入世貿組織（簡稱「入世」）後，中國充分利用自身比較優勢積極參與全球價值鏈國際分工，深度融入經濟全球化中，通過「干中學」推進產業升級，既快速地推進了自身的經濟增長和工業化進程，又對世界經濟增長做出了巨大的貢獻，成為世界經濟增長的第一發動機。

2002年黨的十六大召開後，中國的經濟發展和改革開放進入新的階段。一方面，產業結構和產業發展已經站到一個更高的水準之上，工業化向中後期邁進。另一方面，新的階段在面臨著舊問題尚未完全解決的情形下，又遇到一些新問題。主要是產業結構調整和優化升級的任務還很重，同時土地、資源、能源、環境約束更加明顯，產業結構和各次各類產業向更高水準發展過程中的一些深層次矛盾變得突出，加之經濟社會發展中的地區差距、城鄉差距、社會矛盾、國際競爭加劇以及不斷增加的不確定性因素等，對該時期產業政策的目標、任務、方向和措施等方面提出了更高的要求。

這一階段產業政策的重點是產業結構的調整、優化和升級，實現工業產業發展從「量」向「質」的根本性轉變。按照走新型工業化道路和轉變經濟增長方式的要求，既重視產業結構合理化，又加快推進產業結構優化升級，引導和推動產業內在素質的改善，通過鼓勵自主創新推動國內產業在全球產業鏈中的地位提升和國際競爭力的提高。節能、環保等因素成為產業結構調整的重要目標。這一時期，市場經濟體制已經初步建立，產業政策更注重市場機制和利益導向機制的作用，更加注重對市場主體行為的引導，措施上綜合運用經濟、法律和必要的行政手段等。

2002年11月，黨的十六大報告提出：「走新型工業化道路，大力實施科教興國戰略和可持續發展戰略。實現工業化仍然是中國現代化進程中艱鉅的歷史性任務。信息化是中國加快實現工業化和現代化的必然選擇。堅持以信

息化帶動工業化，以工業化促進信息化，走出一條科技含量高、經濟效益好、資源消耗低、環境污染少、人力資源優勢得到充分發揮的新型工業化路子。」
「推進產業結構優化升級，形成以高新技術產業為先導、基礎產業和製造業為支撐、服務業全面發展的產業格局。優先發展信息產業，在經濟和社會領域廣泛應用信息技術。積極發展對經濟增長有突破性重大帶動作用的高新技術產業。用高新技術和先進適用技術改造傳統產業，大力振興裝備製造業。繼續加強基礎設施建設。加快發展現代服務業，提高第三產業在國民經濟中的比重。正確處理發展高新技術產業和傳統產業、資金技術密集型產業和勞動密集型產業、虛擬經濟和實體經濟的關係。」

總之，新中國成立70年來工業產業結構的優化有了很大的提升，特別是改革開放以來，工業產業由勞動密集型產業向資金密集型、技術密集型產業發展，產品附加值有了提高，勞動生產率也不斷提高。當然，也應看到產業結構高度化提升所存在的諸多問題，首先，儘管產品附加值有了提高，但在國際產業價值鏈中處於低端，獲取的價值很少，中國的很多製造業企業只承擔了一些加工裝配的工作，加工度和附加值都比較低，附加值很高的產品設計、物流、銷售等環節都由其他國家完成或由外國公司控制。其次，20世紀90年代以來，工業結構再度趨向重工業化，但是在消費品工業和以原材料為重心的重化工業繼續擴張的同時，重加工業尤其是裝備製造業沒有得到應有的較快發展，極大地限制了工業結構向技術集約階段升級。應當說，走新型工業化道路，是在總結改革開放三十多年工業發展正反兩方面經驗的基礎上，在新的歷史時期提出的重大發展戰略，對今後一個較長時期的產業政策起到了指導作用。

四、第三產業制度變遷

改革開放初期，中國第三產業增加值占GDP的比重很低，只有21.4%，第三產業主要集中在商業、飲食、居民服務、交通運輸、郵電等傳統產業領域。經過幾十年來的發展，這種局面得到顯著改善。在數量上，按可比價格

計算，第三產業的增加值從 1980 年的 966.4 億元增長到 2003 年的 38,885 億元，按可比價格計算，23 年間增長了 9.5 倍，年均增長 10.3%，高於同期國內生產總值的增長速度。1999 年，中國第三產業增加值占 GDP 的比重達到 32.9%。[①] 在內容上，第三產業中的傳統服務產業不斷改進，商業飲食服務業多種經濟成分共同發展；物資流通開始變革物流形式，與新型業態相配套的物流中心、商品配送中心不斷發展；交通運輸供不應求的局面得到緩解，初步形成了通達的交通網路。在傳統第三產業持續發展的同時，旅遊、信息、諮詢、科技服務、社區服務、金融保險、房地產、教育、文化等新興產業快速發展，使第三產業中技術密集型、知識密集型的產業逐步成為發展最快的產業。第三產業已經成為國民經濟的一個重要產業。但從總體上看，中國第三產業發展水準仍然比較落後，在國民生產總值中所占的比重不僅大大低於經濟發達國家，而且還低於發展中國家的平均水準。第三產業內部結構不盡合理，在地區之間發展不平衡，這些都影響了一、二、三產業的協調發展和社會再生產的順暢運行，妨礙了經濟效率和效益的提高，也束縛了第三產業自身的發展。

(一) 商業發展和產業制度變遷

改革開放之初，伴隨工農業生產長足發展，進入流通的農副產品、工業消費品日益豐富，原有商品流通體制越來越不適應社會經濟快速發展形勢的需要。為了改變流通渠道單一、多環節的現狀，國家一方面調整了工商關係，把統購包銷改為統購、計劃收購、訂購、選購、經銷、聯營、代銷等多種購銷形式，以發揮生產企業在自銷商品領域中的應有作用；另一方面放寬對農副產品的購銷政策，實行合同訂購和議購，完成國家收購任務後的農副產品和其他商品都可以在市場上自由流通。同時，改革國營商業、供銷合作社的經營體制，鼓勵發展個體商業、開放集市貿易，建立多樣化的貿易中心與批發交易市場。這樣，中國初步建立起一個以國營商業和合作社商業為主、多

---

① 國家統計局. 新中國六十年統計資料匯編 [G]. 北京：中國統計出版社, 2010：10-16. 比重根據前引數據測算.

種經濟成分、多種經濟形式、多種經營方式、多種市場渠道的商品市場格局。

1985—1992年，根據建立有計劃的商品經濟目標，國家加快了流通體制和流通領域的改革。逐步取消農副產品統派購制度，改革日用品批發體制，有步驟地削減生產資料指令性計劃分配指標，這樣，中國在流通領域開始由獨家經營過渡到多渠道經營，從無競爭向鼓勵競爭轉換，從封閉市場向開放市場轉變。

1992年以來，為了適應市場經濟體制的要求，國家首先加強了市場體系的培育和建設，在批發市場的建設上，以中心城市為依託，漸趨建立起以全國性批發市場為龍頭，以區域性批發市場為骨幹，輻射全國、交易集中、信息順暢的具有現代化水準和調節能力的工農業批發市場網路；積極探索期貨交易市場，大力推進城鄉集貿市場的發展。其次，加快了國有流通企業的改革，更新流通方式，連鎖經營、代理制、配送制、企業加農戶、C2C、B2B、B2C等方式的優越性日益顯露，超市、專賣店、便利店、倉儲式商場、購物中心、電商等多樣化業態呈現出快速發展趨勢，特別是電商大有顛覆傳統商業形式的趨勢。再次，強化了流通領域的宏觀調控，理順購銷渠道、減少流通環節，對糧食、棉花、食油等建立了專項儲備制度和相應的風險基金，並對糧食等實行政策性業務與商業性經營分開運作，徹底分開原有的機構、人員。最後，不斷加強對市場秩序的整頓，頒布《中華人民共和國消費者權益保護法》《中華人民共和國廣告法》《中華人民共和國產品質量法》和《中華人民共和國反不正當競爭法》等系列法律法規，以規範市場行為。

(二) 金融業發展和制度變遷

改革開放以來，大一統的金融體系越來越不適應社會經濟發展的需要，為此，中國對原有金融機構體系展開改革，多元化的金融機構漸趨建立和發展起來，形成一個與中國特色社會主義經濟體系相適應的金融機構體系；中央銀行體制的建立，在貨幣政策制定與執行、維護金融穩定等方面發揮著日益重要的作用。1979年開始的金融體制改革，最核心的任務就是逐步確立以中國人民銀行為組織的中央銀行體制。1993年開始，中央銀行制度漸趨完善，1998年，中國人民銀行對分支機構進行了重大調整，撤銷原來的省級分行，

按經濟區域設立九個一級分行和兩個營業管理部；2005年撤銷上海分行，改建為上海總部以分擔央行的職責。伴隨1998年中國證券監督管理委員會（簡稱證監會）、中國保險監督管理委員會（簡稱保監會）和2003年中國銀行業監督委員會（簡稱銀監會）的相繼設立，中國人民銀行的獨立性得以加強。2003年12月《中華人民共和國中國人民銀行法（修正案）》的通過，更加明確中國人民銀行制定和執行貨幣政策、維護金融穩定和提供金融服務的職責。

1992年，中國正式提出國家專業銀行向國有獨資的有限責任公司轉變，開始國有銀行商業化改革。1993年年底，《國務院關於金融體制改革的決定》出台，明確提出加快金融體制改革，建立政策性銀行，實行政策性業務與商業性業務分離，把國有專業銀行盡快辦成國有商業銀行。1994年，中國先後成立國家開發銀行、中國進出口銀行、中國農業發展銀行三大政策性銀行，承擔以前四大國有銀行的政策性業務。到1996年，中國基本形成一個以中國人民銀行為中心，國有銀行、股份制銀行、信用社等組成的完整銀行體系，初步建立起一個充滿活力的競爭性銀行體制。2002年，中央決定對國有商業銀行進行股份制改造，力爭把國有商業銀行改造成國家控股、具有國際競爭力的股份制商業銀行。2003年年底，中央動用450億美元外匯儲備為中國銀行和中國建設銀行補充資本金。2004年，國有獨資銀行取消貸款四級分類制度，全面推行五級分類制度。經過艱難摸索，中國建設銀行在2005年、中國銀行和中國工商銀行在2006年、中國農業銀行在2010年相繼成功上市，實現了銀行產權的真正變遷，標誌著四大國有銀行的股份制改革順利完成。伴隨銀行體系的建立和完善，信託、保險、證券等非銀行金融機構也相繼建立，外資金融機構也獲得了更快發展，一個以中國人民銀行為領導，國有商業銀行和其他商業銀行為主導，政策性銀行、非銀行金融機構、外資金融機構並存的完整的金融組織體系最終形成。

（三）交通運輸業的發展和制度變遷

1978年以來，中國公路運輸業進入一個快速發展的時期，與交通運輸有關的各個領域都得到全面改善。一是公路運輸體制的改革漸趨完善。在所有

第六章　產業制度變遷

制結構上，打破計劃經濟體制下公路運輸由國有運輸企業獨家經營的格局，形成多種經濟成分、多種經營層次和多條經營渠道的新格局；在管理體制上，實行政企分開、轉變職能、簡政放權，實現對內對外開放的運輸局面。20世紀90年代以後，進一步深化公路運輸企業改革，建立與社會主義市場經濟相適應的經營機制和組織、管理模式，加快公路運輸市場的培育，推進外資和民間資金進入公路運輸部門的進程，已經構建起一個多元化的投資機制。二是鐵路網路規模擴大，結構進一步優化。改革開放以來，國家加大了對鐵路建設的投資。2007年中國鐵路建設投資達2,492.7億元，是1978年的75倍。鐵路營業里程達到7.8萬千米。其中，復線鐵路里程2.6萬千米，復線率達到40.5%，電氣化鐵路里程2.4萬千米，電氣化率達到37.8%。[①]到2007年年底中國鐵路營業里程位居世界第三、亞洲第一；復線鐵路和電氣化鐵路里程均位居亞洲第一。青藏鐵路2006年7月1日正式通車，結束了西藏不通鐵路的歷史。目前，中國運輸業已打破了國有運輸業獨家壟斷經營的模式，打破了封閉式管理模式，打破了部門所有、行政限制和地區分割，走向了開放和競爭。

（四）房地產業發展和制度變遷

1978—1997年，隨著城鎮居民住房制度改革的不斷深化，房地產市場體系漸趨形成。改革開放以來，隨著城市化的快速發展和城市居民消費需求的上升，原有的住房制度已經無法適應社會經濟形勢。1991年11月，國務院同意住房制度改革領導小組提出的《關於全國推進城鎮住房制度改革的意見》，明確城鎮住房制度改革目標，以逐漸解決居民住房困難，引導消費和逐步實現住房商品化，發展房地產業。1994年，國務院頒布《國務院關於深化城鎮住房制度改革的決定》，確立了國家、單位、個人三方合理負擔，社會化、專業化運行，工資性貨幣分配，經濟適用房和商品房供應體系，普建公積金，發展住房金融和規範市場交易的改革目標。

---

① 國家統計局綜合司. 交通運輸業實現了多種運輸方式的跨越式發展 [N/OL]. (2008-11-11) [2019-04-26]. http://www.stats.gov.cn/ztjc/ztfx/jnggkf30n/200811/t20081111_65698.html.

到 2003 年，中國住房制度改革漸趨完成，住房需求劇增。受 1998 年亞洲金融危機的影響，中國制定了擴大內需，啓動居民住房消費以拉動經濟增長的戰略。為此，國務院頒布《關於進一步深化城鎮住房制度改革加快住房建設的通知》，提出穩步推進住房商品化、社會化，逐步建立適應社會主義市場經濟體制和中國國情的城鎮住房新制度的改革思路；以及停止住房實物分配、實行住房分配貨幣化、建立和完善以經濟適用房為主的多層次城鎮住房供應體系、著力發展住房金融、大力培養和規範住房交易市場的改革目標。2003 年，中國在《國務院關於促進房地產市場持續健康發展的通知》中，首次明確提出房地產業是中國國民經濟的支柱產業。此後，中國房地產業持續快速發展，2007 年美國次貸危機爆發，中國又從擴大內需的角度，實行加強對房地產業的刺激政策；2008 年國務院出抬房地產業的「國十條」政策，由此使中國房地產業又在前期基礎上獲得更快發展，同時也大大推高房地產市場的價格。房地產業產值在國民經濟中的占比不斷提升，對居民消費、擴大內需、推動國民經濟增長等方面的作用越來越突出。當然，伴隨房地產業高速發展而來的房價上漲過快、房地產泡沫等問題，也相繼而生。為此，政府推出了一系列政策和措施以規範房地產市場的不理性行為。

總體來看，改革開放以來的產業制度變遷過程，反應了產業制度對社會主義基本經濟體制調整的適應，從而也促進了社會主義市場經濟體制改革的進行。

第三節　新時代的產業制度變遷（2012年—）

　　黨的十八大以後，尤其是2013年黨的十八屆三中全會通過了《中共中央關於全面深化改革若干重大問題的決定》，強調經濟體制改革是全面深化改革的重點，核心是處理好政府與市場的關係，使市場在資源配置中起決定性作用。黨的十九大報告指出中國特色社會主義進入新時代，要堅定不移貫徹創新、協調、綠色、開放、共享的發展理念，堅持和完善社會主義基本經濟制度，推動新型工業化、信息化、城鎮化、農業現代化同步發展。在這樣的大的市場化改革背景下，中國經濟正處於一個新的時代。實際上，從2013年開始，中國的經濟運行已經呈現出增速趨緩、結構趨優、動力轉換的「經濟新常態」特徵。中國經濟發展進入新常態，也帶動產業發展進入新階段。產業發展會受制於經濟發展的新常態，這突出表現為中國產業從過去粗放型低附加值的產業轉型為高附加值的質量效率型的產業，產業從製造加工為主的產業轉型為服務經濟充分發展的產業，進一步推動中國重化工產業以及整個產業體系的轉型和升級。這一時期的產業制度，進一步反應了社會主義基本經濟制度，也體現了新時代下黨和政府對產業發展的戰略規劃。

一、新時代的產業轉型升級戰略

　　改革開放以來，中國製造業持續快速發展，然而與世界先進水準相比，中國製造業仍然大而不強，在自主創新能力、能源利用效率、產業結構水準、信息化程度、質量效益等方面差距明顯，轉型升級和跨越發展的任務緊迫而艱鉅。當前，新一輪科技革命和產業變革與中國加快轉變經濟發展方式形成歷史性交匯，國際產業分工格局正在重塑。因此，在2015年5月8日，國務院發布了「中國製造2025」，實施製造強國戰略，力圖把中國建設成為世界製造強國。「中國製造2025」是中國實施製造強國戰略第一個十年的行動綱

領,被外界稱為中國版的「工業4.0」。①

(一) 創新驅動與中國產業轉型升級

在新常態下,中國經濟持續增長急需新的增長動力。傳統產業的發展遭遇瓶頸,鋼鐵、水泥、平板玻璃等許多產業出現產能過剩現象,這些產業的創新要求非常迫切。傳統產業可以通過三條途徑進行轉型升級:一是通過產品技術和商業模式創新取得競爭優勢;二是通過產業升級,使傳統產業成為戰略性新興產業,取得新發展;三是嵌入全球創新鏈,加強競爭優勢。

當前,中國科技創新取得了一定的成果,創新支出不斷提高,專利申請和授權數量快速增長,企業創新能力不斷增強。然而,也存在較多的問題,如創新支出的結構不夠合理,支出效率低;專利的質量有待提高,海外獲取的專利較少;企業的創新大部分還處於跟蹤模仿階段,自主創新較少。這是由很多原因決定的:中國資源環境成本低,未對創新形成有效的倒逼機制;片面追求GDP增速抑制企業技術創新活力和動力;資本市場對企業融資支持力度有限;協同創新不足,商業模式創新滯後於技術創新。結合國際經驗,中國要走創新驅動產業轉型升級的道路,需要做好以下幾個方面的工作:加大創新投入,集聚高端人才;優化投入結構,提高投入效率;加快制度創新,激活創新動力;完善政策措施,建設創新環境;提升企業技術創新開放合作水準,強化科技資源開放共享;加強戰略研究,推動關鍵領域的技術和產業發展;充分利用人力資源和大市場優勢,帶動技術突破和產業化。

黨的十八大明確提出「科技創新是提高社會生產力和綜合國力的戰略支撐,必須擺在國家發展全局的核心位置」,強調要「堅持走中國特色自主創新道路、實施創新驅動發展戰略」。《國民經濟和社會發展第十三個五年規劃綱要》從「強化科技創新引領作用、深入推進大眾創業萬眾創新、構建激勵創新的體制機制、實施人才優先發展戰略、拓展發展動力新空間」五個方面促進實施創新驅動發展戰略。

---

① 李金華.德國「工業4.0」與「中國製造2025」的比較及啟示 [J].中國地質大學學報(社會科學版),2015,15 (5):73.

（二）環境治理與中國產業轉型升級

當前中國經濟發展過程中出現的嚴重污染問題極大地阻礙了中國的經濟發展和社會進步，迫切需要進行環境治理來改善環境質量。中國現行的經濟增長模式和重化工業的產業結構是導致中國環境污染的最重要原因。因此，迫切需要進行環境治理，促進中國產業轉型升級。早在2011年12月，國務院就根據「十二五」規劃發布了《國家環境保護「十二五」規劃》，這是在「十一五」以減排作為主要指標的環境保護計劃得到全面實現之後的進一步規劃，對中國未來經濟發展提出了更高可持續性要求。國務院2016年11月24日印發《「十三五」生態環境保護規劃》，明確提出，到2020年，生態環境質量總體改善，確定了打好大氣、水、土壤污染防治三大戰役等7項主要任務。國家從政策層面正在不斷完善環境規章制度，促進中國產業轉型升級。國民經濟和社會發展第十三個五年規劃綱要提出「支持戰略性新興產業發展，提升新興產業支撐作用，完善新興產業發展環境，構建新興產業發展新格局」。近兩年，戰略性新興產業湧現出一批新技術、新產品、新業態、新模式，成為推動中國經濟平穩增長和經濟結構轉型升級的重要力量。例如高鐵產業、智能裝備製造業、新媒體、移動互聯網、互聯網金融等行業的興起，給中國傳統產業結構升級轉型提供了機遇，也提出了挑戰。

二、新時代的農業產業政策

1978年以來的農業產業政策，主要服務於農業農村改革。從人民公社的所有權經營權高度集中的兩權合一，到家庭聯產承包責任制的集體所有、家庭承包經營的「兩權分離」，再到農村土地所有權、承包權、經營權「三權分置」，改革過程都體現了漸進性、靈活性和包容性。

（一）農村土地三權分置改革

2016年，中央深化改革小組會議審定下發《關於完善農村土地所有權承包權經營權分置辦法的意見》，黨的十九大報告進一步強調，要完善承包地「三權分置」制度。「三權分置」的演變歷程，符合生產關係適應生產力發展

的客觀規律。人民公社時期，農村集體土地所有權和經營權「兩權」合一，土地集體所有、集體統一經營。改革開放以後，農村土地集體所有權和農戶承包經營權「兩權」分離，土地集體所有、家庭承包經營。黨的十八大以來，將土地承包經營權分為承包權和經營權，實行「三權分置」，這是農村改革又一重大創新。農村土地改革從「兩權」分離到「三權分置」，以穩定為基礎，以放活為目標，堅持了土地集體所有權，穩定了農戶承包權，放活了土地經營權，促進農村資源要素合理配置，推動多種形式的規模經營發展，進一步解放和發展了農村社會生產力。

(二) 推動農業產業化經營

農業產業化發端於20世紀80年代中後期，至今已近40年的歷程。農業產業化龍頭企業作為新型農業經營主體的重要組成部分，也是企業經營的重要主體，在構建新型農業經營體系中發揮著重要的引領作用。

「十二五」時期，中央一號文件連續強調農業產業化和龍頭企業發展，各級各部門不斷完善扶持政策，積極推動組織模式創新，全面提升農業產業化經營水準。為支持農業產業化集群發展，農業部提出創建一批國家農業產業化示範基地，出抬了《農業部關於創建國家農業產業化示範基地的意見》《農業部關於印發〈國家農業產業化示範基地認定管理辦法〉的通知》等一系列政策文件，為創建農業產業化示範基地提供了政策指引。

(三) 加快實施農業「走出去」產業政策

2011年，《中華人民共和國國民經濟和社會發展第十二個五年規劃綱要》（以下簡稱《規劃綱要》）重申「走出去」戰略的主要內容。《規劃綱要》中強調了三點：一是不僅要繼續實施「走出去」戰略，而且要加快實施步伐。二是全面推進「走出去」。三是擴大「走出去」領域。2014年，中共中央、國務院《關於全面深化農村改革加快推進農業現代化的若干意見》中提出要「加快實施農業走出去戰略」，強調要培育具有國際競爭力的糧棉油等大型企業。支持到境外特別是與周邊國家開展互利共贏的農業生產和進出口合作。鼓勵金融機構積極創新為農產品國際貿易和農業走出去服務的金融品種和方式，探索建立農產品國際貿易基金和海外農業發展基金。

2015年，中共中央、國務院印發《關於加大改革創新力度加快農業現代化建設的若干意見》，重點提出要「提高統籌利用國際國內兩個市場兩種資源的能力」，包括：支持農產品貿易做強，加快培育具有國際競爭力的農業企業集團；健全農業對外合作部際聯席會議制度，抓緊制定農業對外合作規劃；創新農業對外合作模式，重點加強農產品加工、儲運、貿易等環節合作，支持開展境外農業合作開發，推進科技示範園區建設，開展技術培訓、科研成果示範、品牌推廣等服務；完善支持農業對外合作的投資、財稅、金融、保險、貿易、通關、檢驗檢疫等政策，落實到境外從事農業生產所需農用設備和農業投入品出境的扶持政策，充分發揮各類商會組織的信息服務、法律諮詢、糾紛仲裁等作用。

黨的十八大以來，中國開放的格局初步形成。為加快推進農業「走出去」，各部門多方聯動、多措並舉，通過加強農業「走出去」頂層設計、改善貿易合作環境、實施財政稅收等支持政策、推進合作項目實施以及強化「一帶一路」沿線國家農業合作，為農業「走出去」創造了有利的條件。

（四）實施農業生產經營補貼政策

改革開放初期，隨著工業化戰略的調整，國家逐步加大了對農業的支持。同時，在農村改革中實行家庭承包經營、逐步減少農產品統派統購品種和提高農產品收購價格、放開農產品市場、發展農村多種經營、允許農民進城務工經商、大力發展鄉鎮企業等「放活」政策，極大地解放和發展了生產力，農業實現了高速發展。同時，隨著經濟的發展，國家財政實力不斷壯大，政府開始啟動工業反哺農業的政策，其顯著標誌是中央明確提出「多予、少取、放活」的方針。

2014年5月，習近平總書記做出了中國經濟發展進入新常態的重要判斷，如何在經濟增速放緩背景下繼續強化農業基礎地位、促進農民持續增收，成為必須破解的一個重大課題。《中共中央國務院關於加大改革創新力度加快農業現代化建設的若干意見》提出要提高農業補貼政策效能，強調增加農民收入，必須健全國家對農業的支持保護體系。保持農業補貼政策連續性和穩定性，逐步擴大「綠箱」支持政策實施規模和範圍，調整改進「黃箱」支持政

策，充分發揮政策惠農增收效應。繼續實施種糧農民直接補貼、良種補貼、農機具購置補貼、農資綜合補貼等政策。選擇部分地方開展改革試點，提高補貼的導向性和效能。完善農機具購置補貼政策，向主產區和新型農業經營主體傾斜，擴大節水灌溉設備購置補貼範圍。實施農業生產重大技術措施推廣補助政策。實施糧油生產大縣、糧食作物制種大縣、生豬調出大縣、牛羊養殖大縣財政獎勵補助政策。擴大現代農業示範區獎勵補貼範圍。健全糧食主產區利益補償、耕地保護補償、生態補償制度。

(五) 推動農業產業科技創新

「十二五」期間，中國農業外部生產環境發生了明顯改變。一方面，儘管中國糧食實現了「十二連增」，但是糧食供需長期處於緊平衡的狀態沒有改變，加上國際農產品供給的壓力，保障糧食安全更是面臨嚴峻挑戰。另一方面，中國農業資源短缺，開發過度、污染加重，以往依靠消耗農業水土資源、不斷增施化肥農藥來確保農產品有效供給的方式難以為繼。因此，亟須通過農業科技創新加快農業發展方式轉變，實現農業可持續發展。

在農業科技創新上，2012年以來，中央出抬多個文件要求強化農業科技創新驅動作用。例如，《國務院關於印發〈全國現代農業發展規劃（2011—2015年）〉的通知》明確要求增強農業科技自主創新能力；明確農業科技的公共性、基礎性、社會性地位，加強基礎性、前沿性、公益性重大農業科學技術研究，強化技術集成配套，著力解決一批影響現代農業發展全局的重大科技問題。再如2013年《中共中央國務院關於全面深化農村改革加快推進農業現代化的若干意見》要求採取多種方式，引導和支持科研機構與企業聯合研發；加大農業科技創新平臺基地建設和技術集成推廣力度，推動發展國家農業科技園區協同創新戰略聯盟，支持現代農業產業技術體系建設；加強以分子育種為重點的基礎研究和生物技術開發，建設以農業物聯網和精準裝備為重點的農業全程信息化和機械化技術體系，推進以設施農業和農產品精深加工為重點的新興產業技術研發，組織重大農業科技攻關。

2015年，《中共中央國務院關於加大改革創新力度加快農業現代化建設的若干意見》和《國務院辦公廳關於加快轉變農業發展方式的意見》兩個文件

提出，必須進一步強化農業科技創新驅動作用，健全農業科技創新激勵機制，完善科研院所、高校科研人員與企業人才流動和兼職制度。推進科研成果使用、處置、收益管理和科技人員股權激勵改革試點，激發科技人員創新創業的積極性。在農業科技創新方面，在生物育種、智能農業、農機裝備、生態環保等領域加大投入，推進農業科技協同創新聯盟建設。同時也強調通過農業科技國際交流與合作，著力突破農業資源高效利用、生態環境修復等共性關鍵技術，探索完善科研成果權益分配激勵機制。建設農業科技服務雲平臺，提升農技推廣服務效能。深入推進科技特派員農村科技創業行動，加快科技進村入戶，讓農民掌握更多的農業科技知識。以上各項政策實施後，現代農業產業技術體系建設成績顯著，實用性農業科學技術研發能力明顯增強。

三、新時代的工業產業政策

進入新時代以後，中國工業發展環境已經發生深刻變化，粗放增長模式已難以為繼，已進入必須以轉型升級促進工業又好又快發展的新階段。轉型就是要通過轉變工業發展方式，加快實現由傳統工業化向新型工業化道路轉變；升級就是要通過全面優化技術結構、組織結構、佈局結構和行業結構，促進工業結構整體優化提升。

從產業政策內容看，中國產業政策的重點是政府通過補貼、稅收、法規等形式直接支持、扶持、保護或者限制某些產業的發展，以加快產業結構轉型升級、實現經濟趕超，往往傾向於扶持國有大企業、鼓勵企業兼併、提高集中度、抑制產能過剩、防止過度競爭、補貼戰略性新興產業和激勵技術創新等，這更多地可以歸類為選擇性產業政策或縱向產業政策，而且實施力度比較強。[1] 經濟新常態背景下中國產業成長的重點從追求快速成長到追求質量提升，這具體表現為通過供給側結構性改革提高實體經濟供給質量、積極順應新一輪科技革命和產業變化趨勢、大力培育新興產業和利用新技術改造傳統

---

[1] 黃群慧. 中國工業化進程及其對全球化的影響 [J]. 中國工業經濟, 2017 (6)：26-33.

產業等方面。

(一) 提出創新驅動的新型工業化發展

2011年12月國務院發布《工業轉型升級規劃（2011—2015年）》，該規劃是指導今後五年中國工業發展方式轉變的行動綱領，是落實《中華人民共和國國民經濟和社會發展第十二個五年規劃綱要》的具體部署，是工業領域其他規劃的重要編製依據。該規劃指出「十二五」時期推動工業轉型升級，要以科學發展為主題，以加快轉變經濟發展方式為主線，著力提升自主創新能力，推進信息化與工業化深度融合，改造提升傳統產業，培育壯大戰略性新興產業，加快發展生產性服務業，調整和優化產業結構，把工業發展建立在創新驅動、集約高效、環境友好、惠及民生、內生增長的基礎上，不斷增強中國工業核心競爭力和可持續發展能力。2015年5月，國務院正式發布《中國製造2025》，實施製造業升級計劃。該計劃提出，通過「三步走」實現製造強國的戰略目標：第一步，到2025年邁入製造業強國行列；第二步，到2035年中國製造業整體達到世界製造強國陣營中等水準；第三步，到新中國成立一百年時，綜合實力進入世界製造強國前列。圍繞實現製造強國的戰略目標，《中國製造2025》明確了9項戰略任務和重點，提出了8個方面的戰略支撐和保障。

「中國製造2025」是在新的國際國內環境下，政府立足於國際產業變革大勢，做出的全面提升中國製造業發展質量和水準的重大戰略部署。其根本目標在於改變中國製造業「大而不強」的局面，通過10年的努力，使中國邁入製造強國行列，為到2045年將中國建成具有全球引領和影響力的製造強國奠定堅實的基礎。

(二) 推進工業管理體制改革，優化市場競爭環境

深入推進工業領域行政審批制度改革，除涉及國家安全、生態環保、生產安全等法律法規規定需要審批者外，一律由企業依法依規自主決策，政府不再審查企業投資項目的市場前景、經濟效益、資金來源、產品技術方案等內容。創新工業管理方式和手段，健全工業經濟監測網路和指標體系，加強行業信息統計和信息發布。充分發揮標準的激勵與約束作用，研究制定質量

安全、能耗、環保等行業標準,建立國家統一的產品認證體系,引導企業開發符合行業標準的技術和產品。加強對民間投資的服務、指導和規範管理,拓寬民間投資領域和範圍,不得對民間資本單獨設置市場准入和優惠政策附加條件,進一步落實和細化保護民間投資合法權益的相關政策,清理和修改不利於民間投資發展的法規政策規定。加大專利法、著作權法、商標法等執法力度,嚴厲打擊侵犯知識產權的行為,提高侵權違法成本。堅決查處企業不正當競爭行為,防範企業通過經營者集中、操縱價格等手段阻礙產業自由發展。

(三) 優化產業創新發展環境,加強自主創新能力建設

營造良好的創新發展環境,建立健全鼓勵創新的體制機制,引導企業加大研發投入,大力培育創新型企業,建設網路化多層次製造業創新體系。按照協同創新要求,鼓勵企業聯合高校、科研機構等組建一批官產學研聯盟及其他創新平臺,推動產業通用和共性技術研發,加強基礎材料核心元器件、關鍵技術(工藝)和重大裝備攻關,構建以企業為主體、開放、共享互動的製造業協同創新體系。在信息安全、大數據、儲能技術、重大裝備、重大醫藥等前沿技術領域,考慮以新體制和新模式組建若干國家製造業創新中心和創新平臺,著力加強集成創新和原始創新,切實解決目前科研中存在的投入分散、彼此分割、急功近利等問題。尊重創新創業精神,弘揚敢於創新、勇於創業的社會價值取向,營造崇尚冒險、寬容失敗的社會氛圍,為企業創新發展營造良好環境,最大限度激發全社會創新創業活力。

(四) 實行產業發展的供給側改革

經濟新常態背景下中國產業成長的重點從追求快速成長到追求質量提升,經濟發展面對的主要矛盾正在由需求側轉向供給側,經濟下行的主要原因不是週期性的,而是結構性的,面對的主要是供給側、結構性、體制性矛盾,因而不可能通過短期刺激政策實現經濟反彈,而必須通過供給側結構性改革,重塑經濟發展動力,為經濟持續健康發展創造條件。供給側結構性改革的任務有三個方面:一是針對無效產能去產能、去庫存;二是針對有效供給不足需要補短板;三是針對企業負擔,去槓桿、降成本。這三方面任務必然會觸

動其背後的供給側的體制問題，需要以改革的辦法來解決。對供給側結構性改革目標，2015年年底的中央經濟工作會議有明確要求，這就是：加大結構性改革力度，矯正要素配置扭曲，擴大有效供給，提高供給結構適應性和靈活性，提高全要素生產率。

供給側的結構性改革同時提出了去產能、去庫存、去槓桿、降成本和補短板的任務。去產能要求加強對產能過剩產業的動態監測分析，建立產能利用率定期發布機制，引導企業合理預期和理性投資。結合產業發展實際和環境承載力，通過提高能源消耗、污染物排放、安全生產、產品質量等標準，加快淘汰一批落後、過剩產能。完善淘汰過剩產能的激勵和約束政策，對超過能耗限額標準和環保不達標的企業，實行差別電價和懲罰性電價、水價等，利用市場機制淘汰不具備競爭力的落後產能。理順對產能過剩行業的需求側支持，通過強化需求升級導向、示範性項目建設、政府採購、消費者補貼等措施，消化部分過剩產能。鼓勵優勢企業對落後企業進行跨行業、跨地區、跨所有制的聯合重組，整合壓縮過剩產能優化技術和產品結構。分類妥善處理在建違規項目，清理整頓已建成違規產能，從源頭上遏制產能過剩行業盲目擴張，加快建立過剩產能的退出援助機制，重點做好過剩產能調整中失業人員的社會保障工作，對失業人員再就業提供培訓、信息服務甚至必要的資助。從改革的角度「降成本」，目標是為企業減負，讓企業這個基本經濟細胞活起來。針對企業的「高槓桿」和由此產生的高利息負擔，需要從改革的角度「去槓桿」。對於「補短板」，供給側改革要求通過創新驅動實現補短板。有效供給不足的一個重要方面是市場供給存在短板，不僅涉及產品供給的短板，還存在質量、衛生、安全等方面的短板。這些短板在很大程度上可以歸結為創新能力不足。因此供給側改革的重要方面是增強創新的驅動力，這也成為工業產業制度發展的指導性思想。

（五）引導推進企業節能減排，提高工業綠色發展水準

加強節能環保技術的研發、儲備與推廣應用，編製鋼鐵、建材、有色金屬、石化、化工、裝備等重點行業節能技術推廣目錄和重大節能技術推廣應用實施方案，積極推動傳統製造業綠色改造。推動行業能效對標達標，完善

行業能效對比信息平臺和對標指標體系，制定和修訂一批重點用能產品的能耗限額標準，定期發布主要產品能耗相關數據、節能減排和資源綜合利用技術、最佳節能實踐等信息，引導企業提高能效水準。總結循環經濟試點經驗，推廣循環經濟關鍵應用技術，促進工業園區產業佈局耦合循環連結，形成上下游能源資源和廢物梯級循環利用的循環經濟發展模式。建設綠色工廠，大力推進清潔生產和綠色製造，實現生產過程集約化和清潔化，加快推行產品生態設計，開發綠色技術和綠色產品替代對環境有害的產品。

四、新時代的第三產業政策

「十二五」時期以來，第三產業增長領跑三次產業，已成為新常態下經濟增長的重要特徵。服務業主導格局形成後有助於經濟穩定程度提高、經濟運行效率提高、就業壓力減輕、資源環境壓力減輕。

「十三五」時期，互聯網信息技術的廣泛應用和「互聯網+」戰略的實施，產業轉型升級和居民消費升級對生產生活服務的需求日益增多。[①] 近年來密集出抬的各類服務業政策和體制機制改革推動，內資外資等資本的規模化進入，服務業新技術、新模式、新業態不斷湧現，從「其他服務業」中孕育衍生出研發設計等生產性服務業、互聯網信息服務業、旅遊業、文化產業、生命健康產業和養老產業六大動力性產業，加上現代金融業以及由交通運輸倉儲等轉型發展的現代物流業，共八大產業，這些產業以其高成長性、強帶動性、高附加值和綠色可持續的特徵，將繼續領跑服務業和整個國民經濟，對經濟增長將提供有力支撐。

（一）鼓勵研發設計等生產性服務業發展

「十三五」時期是中國工業實現轉型升級的決勝時期，也是中國經濟實現大突破、大融合、大轉型的關鍵時期。目前生產性服務業仍處於市場培育階

---

① 國務院關於積極推進「互聯網+」行動的指導意見［Z/OL］.（2015-07-04）［2019-05-23］. http://www.gov.cn/zhengce/content/2015-07/04/content_10002.html.

段,對科技創新和產業發展的支撐能力較弱。與發達國家相比,中國生產性服務業增加值占 GDP 的比重長期維持在 15% 左右,落後於發達國家 1 倍還多,還有很大的發展空間。隨著經濟新常態下轉方式、調結構工作的深入推進,新科技革命和產業革命蓄勢待發,政策支持力度不斷增強,服務業與製造業深度融合,科技研發、創意設計、檢驗檢測、商務諮詢、環保服務等生產性服務業和生產性服務環節將得到培育和快速發展。總體預計,「十三五」期間生產性服務業增加值年均增長 12% 以上,2020 年占 GDP 的比重提高至 19% 左右,成為國民經濟增長的主要支撐性產業。[1]

(二) 發展互聯網信息服務業等戰略性新興行業

順應全球信息產業加快向網路化、服務化方向發展的趨勢,雲計算、大數據、移動互聯網、物聯網等新技術新業態迅速興起,依託互聯網和信息技術的信息技術服務、電子商務等新業態、新模式加速發展,加上原有的軟件信息服務業產業優勢,整個互聯網信息服務業成為支撐經濟增長的又一主動力。隨著「互聯網+」國家戰略的大力實施,「基礎平臺+增值服務」的新模式得到廣泛應用,互聯網與各行各業融合發展的時代正在快速到來,中國互聯網信息服務產業也進入由大變強的關鍵時期。保守估計,「十三五」期間軟件信息服務增加值年均增長 12% 以上,互聯網服務業收入年均增長 20% 左右,互聯網信息服務產業的產值規模到 2020 年將超過 10 萬億元,成為國民經濟戰略性新興產業。

(三) 推動文化產業成為新的經濟增長點

文化產業代表著一個國家和區域的軟實力,在引領時尚、形成創意、提升產業文化含量方面發揮著重要作用。2011 年 10 月中共中央《關於深化文化體制改革推動社會主義文化大發展大繁榮若干重大問題的決定》提出「加快發展文化產業,推動文化產業成為國民經濟支柱性產業」「推動文化產業跨越式發展,使之成為新的經濟增長點、經濟結構戰略性調整的重要支點、轉變

---

[1] 劉偉,蔡志洲.中國工業化進程中的產業結構升級與新常態下的經濟增長 [J].北京大學學報 (哲學社會科學版),2015 (3):5-19.

經濟發展方式的重要著力點，為推動科學發展提供重要支撐」。一是構建現代文化產業體系。加快發展文化產業，必須構建結構合理、門類齊全、科技含量高、富有創意、競爭力強的現代文化產業體系。二是形成公有制為主體、多種所有制共同發展的文化產業格局。加快發展文化產業，必須毫不動搖地支持和壯大國有或國有控股文化企業，毫不動搖地鼓勵和引導各種非公有制文化企業健康發展。三是推進文化科技創新。科技創新是文化發展的重要引擎。要發揮文化和科技相互促進的作用，深入實施科技帶動戰略，增強自主創新能力。四是擴大文化消費。增加文化消費總量，提高文化消費水準，是文化產業發展的內生動力。

（四）鼓勵信息產業創新，構建金融科技行業新業態

金融業作為國民經濟發展的血脈行業，隨著金融深化和金融改革的推動，金融業增加值快速增長。未來五年隨著金融市場化、國際化改革持續推進，股票、債券多層次資本市場逐步建立完善，金融業發展重心將更多轉向資本市場，專業化、多元化的消費金融機構不斷產生壯大，基金、融資租賃、信託、互聯網金融等新興金融機構蓬勃發展，健康養老儲蓄理財、保險、基金、信託等健康養老金融業實力逐漸強大，金融業對整體經濟的滲透和對經濟資源的配置功能越來越強大，金融業在服務能力不斷提高的同時，自身也將得到快速發展。短期交易量波動不影響快速增長的長期趨勢。總體預計，「十三五」期間金融業增加值年均增長15%左右，增加值規模在2020年達到11萬億元，成為國民經濟增長的重要支撐性產業。

本章小結

　　本章從產業戰略、產業政策和產業發展的角度分析了新中國成立以來產業制度變遷的歷史進程。新中國成立初期，中國是一個經濟落後的農業國，第二、第三產業發展水準很低。受特殊的政治、經濟條件影響，形成優先發展重工業的產業戰略。依靠政府強大的資源配置能力，在較短時間內基本建立了相對獨立的工業體系，但是付出了產業結構失衡、資源浪費嚴重的代價。

　　1978年以後，經濟指導思想發生了歷史性轉變，中國也開始了從傳統計劃經濟體制向社會主義市場經濟體制的轉型探索。改革開放40年來的產業發展戰略及其產業政策，強調了農、輕、重同步發展，一、二、三產業均衡發展，從而調整和改善了產業結構。1978—2000年，中國產業結構明顯優化，三次產業結構從1978年的27.7：47.7：24.6調至2012年的10.1：45.3：44.6，第三產業貢獻度日漸提升，從工業大國轉變為服務業大國。[①] 在這一過程中，既要看到工業化的巨大成就，也要看到目前產業發展從「工業大國」升級為「工業強國」的歷史挑戰。

　　總體來說，改革開放以來，中國根據自身的實際情況和發展階段變化，始終堅持和不斷完善社會主義市場經濟體制，遵循「改革—開放—創新」的產業發展邏輯，不斷深化改革開放，不斷調整產業發展戰略，走出了一條符合中國國情、具有中國特色的產業發展和結構升級之路，中國產業發展和結構升級取得的成就，是政府和市場充分互動的結果，是尊重市場經濟規律、充分發揮市場資源配置決定性作用和更好發揮政府作用的結果。自20世紀90年代以來，與推進社會主義市場經濟體制建設同步，中國的產業戰略和產業政策既能適應社會主義基本經濟體制，又能靈活發展成為形式多元、層級眾多、內容複雜的龐大的政策體系。總之，中國從一個貧窮落後的農業國發展成為一個工業大國，其中改革開放以來的產業戰略和產業政策的調整與轉型發揮了至關重要的作用。

---

① 劉偉，蔡志洲.中國工業化進程中的產業結構升級與新常態下的經濟增長［J］.北京大學學報（哲學社會科學版），2015（3）：5-19.

第七章
區域經濟制度變遷

　　從時序角度考察，新中國成立以來的區域經濟制度歷經三大階段變遷。觀察制度的整體特徵，三個階段分別體現出顯著的趕超發展特色、重點發展特色和全面協調發展特色。基於中國特色社會主義核心經濟制度、基本經濟制度與具體經濟制度的基本分析框架，立足制度變遷與空間演進雙重視角，本章旨在把握新中國成立以來區域經濟制度的嬗變脈絡，挖掘區域經濟制度演化的理論指導思想、戰略特色及其衍生的發展格局等，為中國區域經濟發展制度的優化發展提供歷史依據。

第一節　改革開放前區域經濟制度的形成（1949—1978年）

新中國成立後到改革開放前中國的區域經濟制度處於摸索形成階段。這一時期的區域經濟制度以馬克思和恩格斯（下文簡稱馬恩）關於生產力平均佈局的基本理念為指導，區域經濟發展戰略的制定深受國內外政治波動的影響，在行政計劃主導資源配置機制的基礎上逐步形成沿海與內陸的生產力均分格局，區域經濟發展方面呈現出簡單的均等化特點。

一、生產力平均佈局的指導思想

該階段下區域經濟制度確立的理論依據和思想之源是馬恩的生產力均衡佈局思想。馬恩生產力平均佈局的經濟理念形成於對勞動分工、產業分工、地域分工以及城鄉分離與結合等基本理論內容的探討研究過程，並體現於《資本論》《反杜林論》和《共產黨宣言》等經典著作中。[1]

勞動分工的思想主要體現於馬克思的《資本論》中。馬克思指出：「在商品生產者的社會裡，作為獨立生產者的私事而各自獨立進行的各種有用勞動的這種質的區別，發展成為一個多支的體系，發展成社會分工。」[2]不同商品生產者之間的「交換沒有造成生產領域之間的差別，而是使不同的生產領域發生關係，從而使它們轉化為社會總生產的多少互相依賴的部門」[3]。勞動分工出現後引發產業部門分工，特別是機器的出現在新部門產生、部門內分工細化以及大工業形成方面有重要的推動作用。機器生產用相對少的工人人數所提供的原料、半成品、勞動工具等等的數量不斷增加，與此相適應，對這

---

[1] 丁任重，李標. 馬克思的勞動地域分工理論與中國的區域經濟格局變遷 [J]. 當代經濟研究，2012 (11)：27-32. 理論思想的內容主要來自此文獻。

[2] 馬克思. 資本論：第1卷 [M]. 中共中央編譯局，譯. 北京：人民出版社，2004：56.

[3] 馬克思. 資本論：第1卷 [M]. 中共中央編譯局，譯. 北京：人民出版社，2004：407-408.

第七章　區域經濟制度變遷

些原料和半成品的加工也就分成無數的部門，因而社會生產部門的多樣性也就增加。①

勞動的社會分工及產業分工伴隨著地域分工。「一方面，協作可以擴大勞動的空間範圍，因此，某些勞動過程由於勞動對象空間上的聯繫就需要協作……另一方面，協作可以與生產規模相比相對地在空間上縮小生產領域。」②「這樣一來，往往整個城市和整個地區都專門從事某種行業。」③由此勞動地域分工產生。把特殊生產部門固定在一個國家的特殊地區的地域分工，由於利用各種特點的工場手工業生產的出現，獲得了新的推動力。④機器生產進一步推動了勞動地域分工發展，其重要表現是城鄉的分離和結合。「一個民族內部的分工，首先引起工商業勞動同農業勞動的分離，從而也引起城鄉的分離和城鄉利益的對立。」⑤

馬克思、恩格斯在研究生產力佈局的基礎上認為，盡可能實現全國生產力平均佈局有利於促進工農結合、消滅城鄉分離。馬克思、恩格斯在《共產黨宣言》中主張：「把一切生產工具集中在國家即組織成為統治階級的無產階級手裡，並且盡可能快地增加生產力的總量。」⑥這要求無產階級採取一系列措施改造自然和生產力佈局等舊有社會經濟關係，如「把全部運輸業集中在國家手裡。按照總的計劃增加國家工廠和生產工具，開墾荒地和改良土壤」⑦。恩格斯在《反杜林論》中進一步指出：「從大工業在全國的盡可能均衡的分佈是消滅城市和鄉村的分離的條件這方面來說，消滅城市和鄉村的分離也不是什麼空想。」⑧

---

① 馬克思. 資本論：第 1 卷 [M]. 中共中央編譯局，譯. 北京：人民出版社，2004：512.
② 馬克思. 資本論：第 1 卷 [M]. 中共中央編譯局，譯. 北京：人民出版社，2004：381.
③ 馬克思. 資本論：第 1 卷 [M]. 中共中央編譯局，譯. 北京：人民出版社，2004：542.
④ 馬克思. 資本論：第 1 卷 [M]. 中共中央編譯局，譯. 北京：人民出版社，2004：409.
⑤ 馬克思，恩格斯. 馬克思恩格斯選集：第 1 卷 [M]. 中共中央編譯局，譯. 北京：人民出版社，1995：68.
⑥ 馬克思，恩格斯. 馬克思恩格斯選集：第 1 卷 [M]. 中共中央編譯局，譯. 北京：人民出版社，1995：293.
⑦ 馬克思，恩格斯. 馬克思恩格斯選集：第 1 卷 [M]. 中共中央編譯局，譯. 北京：人民出版社，1995：294.
⑧ 馬克思，恩格斯. 馬克思恩格斯選集：第 3 卷 [M]. 中共中央編譯局，譯. 北京：人民出版社，1995：647.

可見，他們特別強調全國範圍內平均佈局生產力的必要性。

馬克思、恩格斯的相關著作表明勞動分工是導致社會分工、產業分工、區域分工的本源所在，也蘊含了工農結合、城鄉結合以及生產力平均佈局等基本經濟原則。這也成為新中國成立之初中共中央領導人初步探索建設社會主義事業時期的區域經濟發展、形成社會主義經濟制度主要構成部分的區域經濟制度，指導生產力區域佈局。但是，在之後近三十年的實踐過程中，我們對馬克思主義勞動地域分工理論在區域經濟增長和發展中的指導作用的理解上存在著一定程度的機械、教條式應用的問題。

二、趕超發展與重工業優先發展戰略

鴉片戰爭後，半封建半殖民地的舊中國經濟發展一度遭到破壞，生產力水準遠低於西方列強。以主要工業產品為例，1936年美國鋼、生鐵、原煤、電力的人均產量分別是中國的418、144、42和145倍。[1] 新中國成立之初，中國依然是一個農業大國，工業化與城鎮化進程均處於緩慢起步發展的階段，經濟發展滯後。《新中國統計資料六十年匯編》的數據顯示，1949年工業化率約為12.6%，城鎮化率約為16.5%。與經濟發展水準低下相伴而生的是區域和城鄉等經濟結構失衡。這主要表現為少數東部沿海城市大量佈局工業、商品經濟相對繁榮、城市內部收入差距大，農村地區雖然集中大量人口，但經濟形式主要以自然經濟為主，商品化程度極低，生產資料與消費資料匱乏，生活生產難以為繼。如何擺脫經濟落後的面貌成為中央政府重點考慮的事宜。

為發展經濟，調動各方積極性，中共中央並未直接全面建立社會主義經濟關係，而是經過三年的時間，以「新民主主義經濟關係」快速恢復了國內生產。1952年，國內的工、農、商的產業發展較新中國成立之初均有明顯改善。同時，國際政治局勢緊張以及落後挨打的慘痛經歷，迫使中共中央高層

---

[1] 吳承明，董志凱. 中華人民共和國經濟史（1949—1952）[M]. 北京：社會科學出版社，2010：41.

第七章　區域經濟制度變遷

提前結束新民主主義經濟建設，進入確立社會主義經濟關係的時期，以「重工業優先的國家工業化戰略」推動大規模經濟建設。問題的關鍵是如何趕超，要落實在制度的選擇與機制上。[①] 從戰略目標來看，這能夠在較短時間內實現工業化，並趕超美英等老牌資本主義國家，在物質基礎領域凸顯社會主義制度的優越性具有重要作用。歷史地看，要在較低發展水準上實現此戰略目標需要強有力的資源配置機制保障，確保能夠在全國較大範圍內調配資源用於補償工業化所需的生產和生活資料。新中國通過對農業、個體手工業和資本主義工商業實施社會主義改造，且於「一五」時期建立了計劃特徵突出的物資管理、生產要素價格以及生產計劃管理等體制機制，使得趕超型工業化的實踐探索與制度要求具備了邏輯一致性。

1953—1957年，中央政府借助計劃經濟體制機制內生的強大資源配置和動員能力，圍繞蘇聯為中國設計並援建的156個項目大規模推動經濟建設，並以生產力平均佈局為基本指導，向內地傾斜工業投資，在全國範圍內建立社會主義工業化所需的初步工業基礎，助力新中國突破「貧困陷阱」。1957年年底，經過15年實現「趕超英美」的戰略口號正式被提出。1958年5月召開的中共八大二次會議明確了「鼓足幹勁、力爭上游、多快好省地建設社會主義」的社會主義建設總路線。具體是通過在「二五」時期建立「一大二公」的人民公社體制發動群眾運動踐行趕超戰略，實現共產主義趕超資本主義的代表性制度安排。此後，趕超戰略和國家工業化戰略又經過「三五」「四五」時期的「以階級鬥爭為綱」以及「以戰備為綱」逐步持續到20世紀70年代中後期。

全國一盤棋的趕超發展戰略，是新中國第一代黨中央領導集體基於舊中國擺脫三座大山壓迫後生產力水準低下、人民生活窘迫與經濟結構落後等現實，並結合國際政治形勢與共產主義運動現狀，在中國土壤上進行第二階段的馬克思主義中國化探索，表現出國家領導集體對新中國實現現代化的戰略眼光。儘管中共中央政府對經濟規律的認識不夠深入，但是在諸多複雜因素

[①] 周樹立. 論改革開放前的中國經濟發展戰略[J]. 經濟經緯, 2003 (4): 36-38.

的影響下，新中國依然建立了比較完備的工業體系，產業結構和人民生活水準較新中國成立之初有顯著改善。此外，在勞動地域分工理論和生產力平均佈局的思想指導下，以沿海與內陸為代表的生產力佈局基本形成。需要強調，由此也翻開了新中國區域經濟增長和發展制度設計安排的篇章，區域經濟制度基於馬恩的生產力平均佈局的理論基礎延續至今。

三、沿海與內陸地區的均分發展格局

整體來看，以重工業優先發展的趕超發展戰略，是基於新中國成立初期生產力佈局不均衡的現實，快速調整生產力空間聚集於東南沿海的「一頭沉」狀態，以適應國家工業化，突出國有經濟地位的社會主義生產關係發展的需要。趕超發展戰略主要涉及兩個方面的內容：一是建立獨立的地區工業體系；二是全力平衡沿海和內地的工業佈局，集中資源建設內地。① 由此，空間層面上產生的結果是沿海與內陸生產力趨於平均化的格局，以國有經濟為主的重工業企業在「同一分配制度」下沿海與內陸均等化的分配結果，使得沿海與內陸發展差距有所縮小。

（一）沿海與內陸生產力趨於平均化的空間格局的形成

立足空間視角，沿海與內陸生產力佈局平均化格局是漸次形成的。為契合全國範圍內建立獨立的地區工業體系、實現內陸與沿海生產力佈局的均衡需要，中共中央採用了「經濟協作區」的空間組織架構進行過渡。

1958年6月1日，中共中央印發《關於加強協作區工作的決定》，把全國劃分為東北、華北、華東、華中、華南、西南和西北七個協作區，要求各協作區成立協作區委員會，作為各個協作區的領導機構，並依據自身的資源條件盡快建立大型工業骨幹企業和經濟中心，形成若干個具有比較完整的工業體系的經濟區域。② 這也是中央向地方下放行政管理權限的一次嘗試，在一定

---

① 權衡. 中國區域經濟發展戰略理論研究述評 [J]. 中國社會科學, 1997 (3)：44-51.
② 丁任重, 孔祥杰. 中國區域經濟合作：發展與組織轉型 [J]. 中國經濟問題, 2012 (5)：40-45.

程度上調動了地方發展經濟的積極性，經濟區協作的積極性也有所提高。但是，由於權力下放僅限於中央與地方的分權，權力下放尚未觸及企業層面，因而對調動企業生產積極性的作用不大（參見表7-1）。

表7-1　新中國經濟協作區調整歷程

時間與會議	主要指導文件	區域經濟佈局政策的調整
1954年 中央政治局擴大會議	《關於撤銷大區一級行政機構和合併若干省、市建制的決定》	新中國成立初期相繼成立，又於1954年撤銷東北、華北、西北、華東、中南、西南六大行政區，同時也具有經濟區的功能，其職能之一是促進各行政區內各省、區、市的分工與協作
1958年	《關於加強協作區工作的決定》	成立了七大經濟協作區，即東北經濟協作區、華北經濟協作區、華東經濟協作區、華中經濟協作區、華南經濟協作區、西北經濟協作區以及西南經濟協作區。各協作區都成立了協作區委員會及經濟計劃辦公廳
1961年 中共八屆九中全會	《中國共產黨第八屆中央委員會第九次全體會議公報》	恢復成立了華北、東北、華東、中南、西南和西北六個區黨的中央局，以加強對建立比較完整的區域性經濟體系工作的領導，從而把1958年成立的七大經濟協作區調整為華北、東北、華東、中南、西南和西北六大經濟協作區。後因「文化大革命」，經濟協作區被撤銷
1970年 全國計劃會議	《第四個五年計劃綱要（草案）》	「四五」計劃決定以大軍區為依託，將全國劃分為西南區、西北區、中原區、華南區、華北區、東北區、華東區、閩贛區、山東區、新疆區十個經濟協作區
1978年 全國五屆人大一次會議	《1976年到1985年發展國民經濟十年規劃綱要（草案）》	提出了在全國建立獨立的、比較完整的工業體系和國民經濟體系的基礎上，基本建成西南、西北、中南、華東、華北和東北六個大區的經濟體系，並把內地建成強大的戰略後方基地。要求每個經濟協作區應建立「不同水準、各有特點、各自為戰、大力協作，農輕重比較協調發展的經濟體系」

註：資料根據多個「五年計劃」及網路資料整理所得。

繼經濟協作區架構的初步建立，「三五」和「四五」時期在中共中央「以戰備為綱」的指導方針下，又推出「三線建設」與經濟協作區相結合的

區域發展戰略。1964 年的中央政治局工作會議指出:「要進行備戰,要搞三線工業基地的建設,一、二線也要搞點軍事工業,各省都要有軍事工業。」蘇聯援建的 156 個項目大部分向二、三線地區內遷轉移(參見表 7-2)。

表 7-2 「三線地區」的劃分情況

概念	主要包括的省(自治區、直轄市)
「一線地區」 指位於沿邊沿海的前線地區	北京、上海、天津、黑龍江、吉林、遼寧、內蒙古、山東、江蘇、浙江、福建、廣東、新疆、西藏
「二線地區」 指介於一、三線之間的中間地帶	一線地區與京廣鐵路之間地區的安徽、江西及河北、河南、湖北、湖南四省的東半部
「三線地區」 指長城以南、廣東韶關以北、京廣鐵路以西、甘肅烏鞘嶺以東的廣大地區	四川(含重慶)、貴州、雲南、陝西、甘肅、寧夏、青海 7 個省區及山西、河北、河南、湖南、湖北、廣西等省區的腹地部分,共涉及 13 個省區

需要說明的是,趕超戰略的後半段時期,戰備與區域經濟發展相結合的政治策略一方面在內陸建立了相對完整的工業經濟體系,從而改變了工業佈局沿海「一頭沉」的失衡格局,為改革開放以後區域經濟的梯度推移發展戰略的實施及中西部地區工業化的進程奠定了歷史性的基礎;另一方面,原有計劃經濟體制下,條塊分割、各自為政,大而全、小而全以及「山、散、洞」的工業發展佈局模式也耗費了大量的人、財、物,資源利用效率和發展水準呈現出「雙低」特徵。

(二)沿海與內陸均等化的分配結果

1949—1978 年,為解決新中國成立之初的區域經濟發展失衡問題,基於馬克思主義生產力平均佈局的思想內核,第一代中央領導集體以工業佈局結構調整為突破口,向內陸地區傾斜配置資源,改善內地工業發展基礎,有效推動了內地工業發展。這種特殊時期的處理有效縮小了內陸與沿海地區的經濟發展差距,促進了社會主義生產關係下的空間層面均等化的分配結果產生。

區域經濟發展均等化的首要表現是投資向內地傾斜。以「一五」期間的投資為例,在此期間動工興建的限額以上的 694 個工業建設項目中,有 68%

第七章 區域經濟制度變遷

分佈在內地。① 包括工業在內的基本建設投資總額中,中西部地區占 46.8%,沿海地區占 36.9%。在中西部地區建設中,80%以上的資金投放在湖北、內蒙古、甘肅、陝西、山西、河南、黑龍江、吉林和四川 9 個省區。集中建設了武漢、包頭、蘭州、西安、太原、鄭州、洛陽、哈爾濱、長春、吉林和成都等主要工業基地。在此期間,中西部地區工業總產值平均每年增長 20.5%,比沿海地區高 3.7 個百分點。中西部地區工業總產值占全國的比重由 30.6%提高到 34.1%。在全國基本建設投資總額中,沿海與內地投資之比為 0.79∶1。②

其次,內陸地區的交通設施條件有較大改善。以 1965 年為時間起點看,先後建成了川黔、貴昆、湘黔等 10 條干線,加上支線和專線,共計新增鐵路 8,046 千米,占全國新增里程數的 55%;三線地區的鐵路占全國的比重由 1964 年的 19.2%提高到 34.7%,貨物週轉量增長 4 倍多,占全國的 1/3;公路建設方面,同期新增里程數占全國同期的 55%。③ 內陸地區交通設施水準的快速提升,改變了內陸地區交通閉塞的狀況,在為內陸地區的經濟發展鋪墊了良好的交通基礎的同時,也縮小了與沿海地區的交通水準差距。

再次,內陸地區迅速搭建了獨立於沿海地區的完備的工業體系。一是機械工業、能源工業、原材料工業的重點企業和基地快速建成。1965—1975 年,三線地區共建成 124 個機械工業化大中項目。其中,湖北第二汽車製造廠、陝西汽車製造廠和四川汽車製造廠生產的汽車,占當時全國年產量的 1/3。東方電機廠、東方汽輪機廠和東方鍋爐廠形成了內地電機工業的主要體系。能源工業建設方面,三線地區充分利用自身優勢大力發展水電和火電,1975 年三線地區煤炭產量從 1964 年的 8,467 萬噸增加到 2.12 億噸,占全國同期增加額的 47.9%,年發電量由 1964 年的 149 億度增加到 635 億度。原材料工業建設方面,共建成鋼鐵企業 984 個,工業總產值比 1964 年增長 4.5 倍;建成有色金屬企業 945 個,占全國的 41%。二是內陸地區的國防工業快速發展,拓

---

① 陳棟生. 區域經濟學 [M]. 鄭州:河南人民出版社,1993:85.
② 魏後凱,鄔曉霞. 新中國區域政策的演變歷程 [J]. 中國老區建設,2012 (5):14-15.
③ 鄭有貴. 中華人民共和國經濟史 (1949—2012) [M]. 北京:當代中國出版社,2016:112-113.

展了國家戰略縱深，打造了戰略大後方。比如，貴州、陝西、四川、湖北等地的航空工業基地建成了 125 個項目，1975 年占全國生產能力的 2/3。這也是沿海地區難以望其項背的。三是內陸地區的電子工業取得快速發展。1969 年全國地方電子工業企業僅有 1,600 多個，三線建設恢復後，1970 年快速增加至 5,200 多個，在貴州、四川、陝西、陝西、甘肅、安徽、江蘇、湖南、湖北等地建成了一批內陸電子基地。[①]

最後，工業佈局的調整使得內陸地區的經濟發展和人民生活水準有顯著的改善，尤其是催生了攀枝花、六盤水、綿陽、十堰、西昌等幾十個內陸地區的新興重工業城市，帶動了不發達地區和老少邊窮民族地區的經濟發展，加快縮小了與沿海地區經濟發展的差距，形成區域經濟績效的平均化趨勢。

---

① 鄭有貴. 中華人民共和國經濟史（1949—2012）[M]. 北京：當代中國出版社，2016：112-113.

第二節　改革開放後區域經濟制度的優化（1978—2012年）

改革開放後，中共中央推動計劃經濟體制向市場取向改革、進一步向社會主義市場經濟體制轉變，使得中國經濟增長和發展進入「快車道」。巨大的改革紅利促進了生產力水準迅速提升，區域經濟佈局的劃分也越來越強調經濟區劃而非行政區劃。本節主要從效率優先的差異化發展理論導向、重點推進的競相發展戰略以及市場機制條件下區域空間的異化發展三個維度勾勒1978—2012年中國區域經濟制度的變遷歷程。

一、效率優先的差異化發展指導思想

歷史地看，改革開放前基於馬恩的生產力平均佈局思想，並考慮國內外政治形勢以及新中國落後的物質基礎等因素，在社會主義基本制度與計劃經濟體制下，逐步形成了區域生產力簡單平均佈局的經濟制度導向。在此制度安排的框架下，沿海與內陸的生產力基礎與發展貢獻逐步趨同，但也出現低水準平均增長與增長動力嚴重耗損的不利局面。改革開放後，中國各區域的活力逐步釋放，經濟增長取得顯著進步。審慎考究，其背後深層次的原因是區域經濟制度基礎導向出現了變化。這表現為在計劃經濟體制向市場取向改革、進一步向社會主義市場經濟體制轉型的進程中，區域經濟制度的特色由「平均色彩濃厚」轉為堅持以馬克思主義政治經濟學基本原理、大力發展生產力基礎上調適社會主義生產關係為根本指導的「效率優先」。

基於要素的空間配置視角分析，傳統的計劃經濟體制下強有力的行政命令能夠迅速在全國範圍內調配資源，有助於集中力量實現戰略目標，但也確實存在忽視成本和資源利用效率的「高投入—高消耗—低效率」的經濟增長模式。以制度創新設計解決要素空間配置效率問題是一條有效路徑，這也是中國通過不斷推進的制度改革探索得出的可供實踐檢驗的結論。1978年黨的

十一屆三中全會做出改革決定，拉開了經濟體制改革、制度創新的序幕，中央明確做出「工作重點轉移到社會主義現代化建設上來」的新的戰略決策和「解放思想、實事求是、團結一致向前看」的新的指導方針。黨的十三大又確立了「一個中心、兩個基本點」[①] 路線，黨的十四大正式確立「建立社會主義市場經濟體制」目標，十四屆三中全會首次提出與社會主義市場經濟體制改革相匹配的「效率優先、兼顧公平」的收入分配原則。在一系列新的制度設計和安排下，要素空間配置的效率傾向顯現，並逐漸形成了這一階段區域經濟制度「效率優先」的顯著特徵。

改革開放破除制度阻滯的同時也解除了思想束縛，國外區域經濟學相關思想及其最新理論研究逐步進入國內經濟學界視野，其中代表性的理論有強調區域自身優勢的資源優勢理論[②]、側重發揮區域異質性和「推動型」經濟單位作用的極化理論[③]、主張立足區域動態均衡分析的空間二元經濟結構理論[④]以及重視「極化效應」與「涓滴效應」的「核心區—邊緣區」理論[⑤]等。對於區域經濟增長走勢，這些理論均認為，異質性、市場化以及不完全競爭等因素的存在致使區域尺度視角下的經濟增長難以同步發展，為避免「惡性貧困循環陷阱」[⑥]，通過「先富帶動後富」的區域非均衡增長模式能夠充分釋放區位、規模、範圍、稟賦等優勢，快速提升區域資源配置效率，改善低水準的生產力發展狀況。

認識到區域經濟制度對區域經濟增長的重要作用，中共中央堅持馬克思主義的生產力佈局思想的指導，創新性地借鑑了發展經濟學、區域經濟學等學科關於區域經濟增長的理論精髓，並將之付諸市場化改革乃至中國特色社會主義市場經濟體制改革進程中區域經濟非均衡發展的實踐，形成有效促進區域內部與區域之間資源配置競爭性效率提高、充分體現要素收入空間分配

---

① 「一個中心」指的是以經濟建設為中心，「兩個基本點」是指堅持四項基本原則、堅持改革開放。
② 主要是古典貿易理論中大衛·李嘉圖的「比較優勢」理論和赫克歇爾-俄林的「要素稟賦」理論。
③ 這裡主要指佩魯（Perroux, 1950）提出的「增長極」理論。
④ 特指繆爾達爾（Myrdal, 1957）提出的「地理二元經濟結構」理論。
⑤ 由赫希曼（Hirschman, 1958）分析區域非均衡增長提出的。
⑥ 美國經濟學家R. 納克斯（1953）在《不發達國家的資本形成》一書中提出。

效率優先特徵的區域經濟制度設計導向。

二、梯度發展與三沿、四沿發展戰略

重點推進的競相化發展，是鼓勵不同區域依據自身的優勢相互競爭，在特定發展時期，側重於推動某一區域或領域率先發展、其他區域或領域競相跟進，以激發區域經濟發展活力、提高要素配置效率與生產力水準為目標的戰略。雖然這種戰略與改革開放前全國一盤棋的趕超發展戰略均以馬克思主義的生產力佈局思想為基本指導，但也有著顯著不同，具體表現為：一是綱領路線差異。前者雖然以馬恩的生產力平均佈局為指導，但「階級鬥爭」為綱的主線貫穿其間；後者則側重於以經濟建設為中心，堅持解放思想與實事求是。二是經濟運行體制迥異。前者基於計劃經濟體制，推進區域經濟發展；後者則以市場取向和社會主義市場經濟體制為主發展區域經濟。三是要素配置方式不同。前者主要依靠行政命令與計劃指標的調配；後者則逐步轉變為以市場配置要素資源的方式。四是國際形勢變化顯著。前期主要是社會主義與資本主義兩大陣營對抗背景下不穩定的國際政治經濟形勢；後者則是「冷戰」結束、國際形勢趨於緩和，和平與發展逐漸成為主旋律。

重點推進的競相化發展戰略在1978—2012年的區域經濟發展實踐中具有諸多表現，代表性的有梯度發展戰略、反梯度發展戰略以及「三沿」和「四沿」發展戰略。梯度發展戰略主張基於既有的生產力佈局基礎，正確認識一國範圍內的資源稟賦、技術條件、人力資源等顯著存在的區域異質性，在區域尺度上實施不同的發展策略。這在「七五」發展計劃中體現得尤為明顯：「中國地區經濟的發展，要正確處理東部沿海、中部、西部三個經濟地帶的關係。『七五』期間以至九十年代，要加速東部沿海地帶的發展，同時把能源、原材料建設的重點放到中部，並積極做好進一步開發西部地帶的準備。把東

部沿海的發展同中、西部的開發很好地結合起來,做到互相支持、互相促進。」①

反梯度發展戰略則主張落後的地區基於自身稟賦優勢,並結合創造的技術優勢與人力資本窪地,主動調整產業結構而非被動接受產業與技術轉移,最終可以實現「後來者居上」的趕超發展。中央政府也意識到了這種可能,於2000年10月召開的中共十五屆五中全會明確了「西部大開發戰略」,2006年原則上通過西部大開發「十一五」規劃並開始正式實施此戰略。實際上,梯度發展戰略和反梯度發展戰略均突出了效率,並結合計劃與市場手段,推進區域經濟發展,只是各自的側重點有所不同。

在梯度發展戰略與反梯度發展戰略實施的同時,20世紀90年代也出現了進一步凸顯重點推進特色的區域發展戰略,以「三沿發展戰略」和「四沿發展戰略」最為典型。「三沿發展戰略」即沿海、沿邊、沿江地區同時開發的戰略,主張在沿海選擇有條件的地區建設改革開放的橋頭堡,長江沿線則依託重要港口推進水路開放帶建設,內陸邊境地區著力打造邊貿開放帶,從而形成重點突出、特色鮮明、分工明確的區域經濟發展新格局。然而,「三沿發展戰略」依然有各自為政的特點,沿海與內陸的聯繫尚不緊密。在「三沿發展戰略」基礎上,形成了充分利用「隴海蘭新」交通動脈線路,打造貫穿東、中、西部的對外開放經濟帶,進一步加強沿海與內陸開放口岸聯繫的「四沿發展戰略」。

整體來看,上述四種具有代表性的區域經濟發展戰略是在正確認識區域經濟非均衡發展事實的基礎上,馬克思主義關於生產力與生產關係的基本原理及其規律在區域經濟領域探索的一個具體體現,是立足空間視角發揮市場機制調節生產要素配置作用、以「一部分人和地區先富起來」的政策導向激發經濟活力的中國特色社會主義經濟發展實踐。這一區域經濟發展戰略在重點推進的過程中,逐步表現出效率優先、競爭發展的特色。

---

① 中華人民共和國國民經濟和社會發展第七個五年計劃(摘要)(1986—1990)[EB/OL].[2019-06-06]. http://cpc.people.com.cn/GB/64184/64186/66679/4493897.html.

三、三大地帶與四大板塊的異化發展

改革開放前以「三線建設」與大區協作為具體表現的區域生產力分佈格局，「雖然顧及了生產力均衡佈局的公平，但這種公平背景後的效率代價是巨大的」①。因此，改革開放後立足既有的生產力佈局現實，結合各區域的產業基礎和稟賦條件，在效率優先、差異化、重點化和競爭化區域經濟發展導向下，區域經濟制度優化調整階段的空間結構特徵主要表現為經濟地理版圖上的梯度推移，由沿海與內陸的「二分格局」向東、中、西部的「三大經濟帶」和東、中、西、東北「四分格局」演化。與此同時，在「非均衡」傾向顯著的區域經濟制度安排下，該時間窗口內區域經濟發展呈現異化的特徵，不同區域的主要經濟指標走勢日益發散，區域差距不斷擴大。

（一）三大地帶與四大板塊格局

1. 三大地帶的演化

中國東中西三大地帶經濟格局萌芽於「三五」時期的「三線建設」，經過「六五」和「七五」時期「經濟特區、協作區、沿海沿江沿邊開放區」等經濟格局的發展變化，成形於「八五」時期。「六五」時期（1981—1985年），中國在建設六大經濟協作區的同時把全國從宏觀層面粗略劃分為沿海、內陸和沿邊少數民族三大經濟地區，為發揮不同區域的優勢、加強區域分工與聯繫、建立不同水準和各具特色的區域經濟體系打下了基礎，更在1980年正式設立深圳、珠海、汕頭、廈門四個經濟特區之後於1984年開放沿海14個港口城市和海南島，在建制上1985年進一步決定將海南島改設為海南省，辦成全國最大的經濟特區。「七五」時期（1986—1990年），中央政府領導人依據同質性和集聚性勾勒了東、中、西三大地帶，並將六大經濟協作區擴充為十大經濟協作區以充分顯示區域發展的異質性，1990年4月更是確立開發和開放上海浦東新區的劃時代戰略決策。「八五」時期（1991—1995年），依

---

① 丁任重，李標. 馬克思的勞動地域分工理論與中國的區域經濟格局變遷［J］. 當代經濟研究，2012（11）：27-32.

據地理位置和經濟發展水準，中央政府將中國明確劃分為東、中、西三大中觀經濟區，史稱「老三區」，即東部地區包括 12 個省、中部地區為 9 個省、西部地區為 10 個省，至此中國東、中、西部三大地帶的經濟格局成形。「九五」時期（1996—2000 年），在東、中、西部三大經濟地帶基礎上，為進一步促進區域分工與協作，中央把中國劃分為七大協作區，由此形成了大區協作與東、中、西三大地帶共存的局面（參見表 7-3）。

表 7-3　三大經濟地帶範圍

區域	包含的省（區、市）
東部地區	遼寧、北京、天津、上海、河北、山東、江蘇、浙江、福建、廣東、海南（11 個）
中部地區	吉林、山西、安徽、河南、湖北、湖南、廣西、江西（8 個）
西部地區	黑龍江、內蒙古、四川、雲南、貴州、陝西、甘肅、青海、寧夏、西藏、新疆、廣西（12 個）

註：此為東部 11 省市、中部 8 省區和西部 12 省區的「新三區」。

以開發西部、縮小西部與東部差異為目標的東、中、西三大地帶中觀經濟格局的劃分，是馬克思主義勞動地域分工理論結合改革開放實踐的變化在中國區域經濟發展實踐上的重大突破，其由萌芽到成形的變遷歷程凸顯了不同區域勞動分工的特點、變化及其複雜性。另外，東、中、西三大經濟地帶的經濟格局與東南沿海、環渤海等七大經濟協作區共存的局面，說明了中國的勞動地域分工隨著區域經濟發展也在不斷地變化，同時勞動地域分工發展引致的區域變化不斷衝擊和瓦解東、中、西三大地帶中觀經濟格局，反過來又影響著區域發展戰略的調整和轉變。[①] 具體參見表 7-4。

---

① 丁任重，李標.馬克思的勞動地域分工理論與中國的區域經濟格局變遷 [J].當代經濟研究，2012（11）：27-32.

表 7-4 改革開放到「十一五」之間中國區域劃分發展歷程

時間與會議	主要指導文件	區域經濟佈局政策的調整
1981 年 全國人大五屆 五次會議	《中華人民共和國國民經濟和社會發展第六個五年計劃（1981—1985）》	「六五」計劃將全國劃分為沿海地區和內陸地區，並分別提出了主要任務
1986 年 全國人大六屆 四次會議	《中華人民共和國國民經濟和社會發展第七個五年計劃（摘要）（1986—1990）》	「七五」計劃將全國劃分為東部、中部和西部三大地帶，並對每個帶的發展方向提出了要求
1991 年 全國人大七屆 四次會議	《關於國民經濟和社會發展十年規劃和第八個五年計劃綱要的報告》	「八五」計劃又採用了沿海與內地的劃分，也分別提出了發展要求
1996 年 中共十四屆 五中全會	《中共中央關於制定國民經濟和社會發展「九五」計劃和 2010 年遠景目標的建議》	「九五」計劃在劃分東部與中西部地區的同時，又劃分了長江三角洲及長江沿江地區、環渤海地區、東南沿海地區、西南和華南部分省區、東北地區、中部五省、西北地區七大經濟區
2001 年 全國人大九屆 四次會議	《國民經濟和社會發展第十個五年計劃綱要》	「十五」計劃又將全國分成東部、中部和西部地區，並分別提出了發展重點
2006 年 全國人大十屆 四次會議	《中華人民共和國國民經濟和社會發展第十一個五年規劃綱要》	「十一五」期間將內地劃分為東部、中部、西部、東北四大板塊，並可將四個板塊進一步劃分為東北綜合經濟區、北部沿海綜合經濟區、東部沿海綜合經濟區、南部沿海經濟區、黃河中游綜合經濟區、長江中游綜合經濟區、大西南綜合經濟區、大西北綜合經濟區八大綜合經濟區

註：根據多個「五年計劃」及官方網站資料整理所得。

2. 四大板塊的建構

為進一步體現區域經濟發展的異質性，在市場競爭中實現區域經濟發展的新跨越，縮小東北三省出現衰退、中西部地區發展滯後的區域發展差距，中共中央立足全局提出「東部率先發展、東北振興、中部崛起、西部大開發」的區域經濟發展戰略，推動三大經濟地帶細分為東、中、西和東北四大板塊。「十五」時期（2001—2005 年），傳統的東、中、西三大地帶的經濟格局被分

為東部、東北、中部、西部四個區域經濟格局,其中東部為10個省市、東北為3個省、中部為6個省、西部為12個省份,四大板塊的形成進一步發揮了勞動地域分工推動區域發展的作用;「十一五」時期(2006—2010年),中央政府在東、中、西部以及東北四大宏觀經濟格局的基礎上將國土空間劃分為優化、重點、限制、禁止開發區四類主體功能區域,每個區域均需按照自身的特點佈局生產力,以形成各具特色的勞動地域分工,促進區域間的分工協作。[①]

由上可以看出,生產力與生產關係、經濟基礎與上層建築之間的相互作用主導了該階段的區域空間結構由三大經濟地帶向四分格局的變遷,是馬克思主義勞動地域分工理論在中國區域經濟發展實踐層面的一大突破,說明區域經濟發展制度已經由過去偏重政治目標取向轉變為經濟與政治目標並重取向。國家在以戰略形式引導區域生產力佈局體現計劃調控功能的同時,也鼓勵各區域充分發揮市場作用,利用比較優勢發展適合自身的產業,並積極創造新優勢,發展具備戰略意義的產業,這契合了中國特色社會主義市場經濟體制改革的題中要義,也從區域發展角度反應出社會主義經濟制度體系創造物質財富的能力。

需要強調的是,從同質性、經濟聯繫性和分工協作角度來看,中部地區並不是一個完整的整體,西部地區、東部地區的內部差異性也很大,只有東北地區可以看成一個完整的區域(魏後凱,2008)。[②] 國家層面上分類指導的區域經濟佈局在中央與地方財政分權、「分竈吃飯」的體制下,市場機制作用下的效率優先與競相發展雙重導向,致使不同區域、不同省市基於本位主義的逐底競爭日益激烈,產業發展有同構化傾向,弱化了區域經濟發展戰略效應。

(二) 區域經濟發展差距的擴大

基於前文的分析可知,該時間窗口內的區域經濟制度有顯著的「非均衡」發展傾向,由此使得區域經濟發展呈現異化的特徵,不同區域的GDP、投資、

[①] 丁任重,李標. 馬克思的勞動地域分工理論與中國的區域經濟格局變遷 [J]. 當代經濟研究,2012 (11):27-32.

[②] 魏後凱. 改革開放30年中國區域經濟的變遷:從不平衡發展到相對均衡發展 [J]. 經濟學動態,2008 (5):9-16.

第七章　區域經濟制度變遷

貿易等主要經濟指標走勢日益發散，區域經濟發展差距不斷擴大，尤其是東部沿海地區憑藉區位優勢、政策優勢以及資源集聚優勢等內外部條件的高速增長令中西部地區難以望其項背。① 非均衡發展的區域經濟發展導向的一大特點是「讓一部分人、一部分地區先富起來」。國家首先選擇集中力量發展區位優勢突出、有利於集聚國內外資源的沿海沿邊地區，主要表現在投資政策、對外開放政策等區域經濟政策向這些地區明顯傾斜。

首先，在對沿海地區的投資傾斜方面，沿海地區在全國基本建設投資中所占比重持續提高。與「三五」時期相比，「四五」時期沿海在全國基本建設投資總額中所占的比重上升了近10%，而內地則下降了10.3%；到了「六五」時期，沿海在全國所占比重首次超過內地，高出1.2%。從人均基本建設投資來看，1990年，東部地帶達到184.7元，而西部和中部地區分別僅相當於東部地區的66.9%和52.7%。與此同時，國家還給予了東部地區諸如財政、稅收、信貸、投資等方面的政策優惠。② 這些都形成了拉開東部沿海地區與中西部地區經濟發展差距的重要基礎。

其次，在對外開放方面，率先在東部沿海地區實行對外開放，並給予開放地區種種優惠政策，不斷加大對外開放步伐。1980年，中國正式對外宣布設立深圳、珠海、汕頭、廈門四個經濟特區；1984年國務院進一步開放沿海14個港口城市和海南島；1985年決定將原隸屬於廣東省的海南島建制海南省，辦成全國最大的經濟特區；1990年4月做出開發和開放上海浦東新區的戰略決策，之後在天津、上海、廣州、江蘇等地區設立保稅區；等等。從出口數據來看，1985—1990年間，全國出口額增長了1.1倍，其中東部地帶增長了2.5倍，其占全國總出口的比重由1985年的74.2%上升到1990年的80.8%；中、西部地帶則分別增長了2.1倍和3.1倍。③ 這些制度性的優惠安

---

① 儘管存在個別省市的逆梯度跨越發展，但這依賴於所在區域其他地市的被動支持。
② 段娟. 改革開放初期至90年代中期中國區域發展戰略轉變的歷史考察 [J]. 黨史文苑, 2009 (12)：4-7.
③ 田書華. 中國區域經濟的發展歷程及發展趨勢 [J/OL]. (2014-04-17) [2018-12-23]. http://blog.sina.com.cn/s/blog_51bfd7ca0101e2l7.html.

排，使得東部地區取得了中、西部地區難以取得的發展優勢，東部沿海地區經濟獲得了快速發展，中國經濟發展的重心開始東移，區域經濟格局在較短的時間內已經實現了重大的變化。

經過改革開放後二十幾年的發展，全國各大區域GDP和人均GDP都在迅速上升，除少數年份外，東部11省、直轄市在此過程中GDP增長速度都要快於中西部地區。1981—2000年間，東部地區GDP平均增速為17.96%，比中部高出1.85%，比西部高出1.91%；從總量上看，東部GDP高於中西部GDP的總和，並且二者間差距在不斷擴大，到2000年，東部GDP已經超出中西部GDP總和的36.46%。另一方面，東部人均GDP高出中西部人均GDP的幅度也在不斷加大。國家統計局的數據顯示，1981年東部地區的人均GDP是中部地區的2.32倍，是西部地區的2.08倍。隨著時間的推移，效率優先、差異發展、重點推進的競爭效應開始顯現，與中部和西部地區的人均GDP相比，2000年東部地區的人均GDP分別是二者的2.78、2.42倍。考慮到此期間人口向東部地區的大量聚集，足以看出在1981—2000年東部沿海地區的經濟增長速度明顯遠遠快於中部和西部地區。

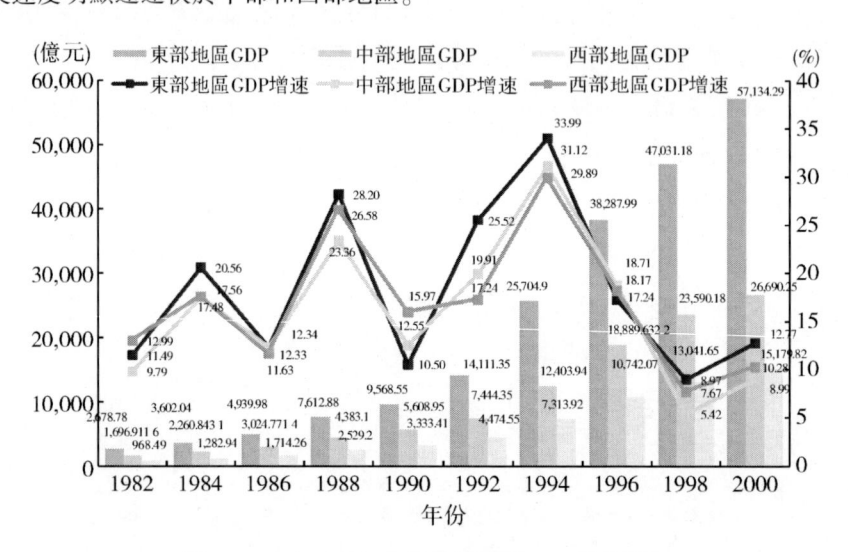

圖7-1　1982—2000年三大區域的GDP及其增速

註：數據來源於《中國統計年鑑》，作者整理所得。

第七章 區域經濟制度變遷

從工業增加值來看（圖7-2），東部明顯領先於中西部，1981年東部工業增加值為1,179.97億元，比中西部的總和高出36.99%，到2000年這一數值增加到24,279.04億元，比中西部的總和高出55.55%。從工業增加值占GDP的比重來看，東部地區比重最大，1981—2000年間平均值為43.65%；中部地區次之，平均值為36.92%；西部地區最小，為33.36%。同時三大區域這一數值的波動都比較平穩，說明三個區域的經濟增長對其工業的依賴程度比較平穩，並且差距不大。東中西部的發展差距擴大也鮮明地表現在工業化進程上。圖7-2的數據顯示，依據世界工業化發展經驗，東部地區始終處於工業化中期，中西部地區的工業化進程則相對滯後，2000年中部和西部的工業化率分別落後於東部3.2個百分點和8.8個百分點。

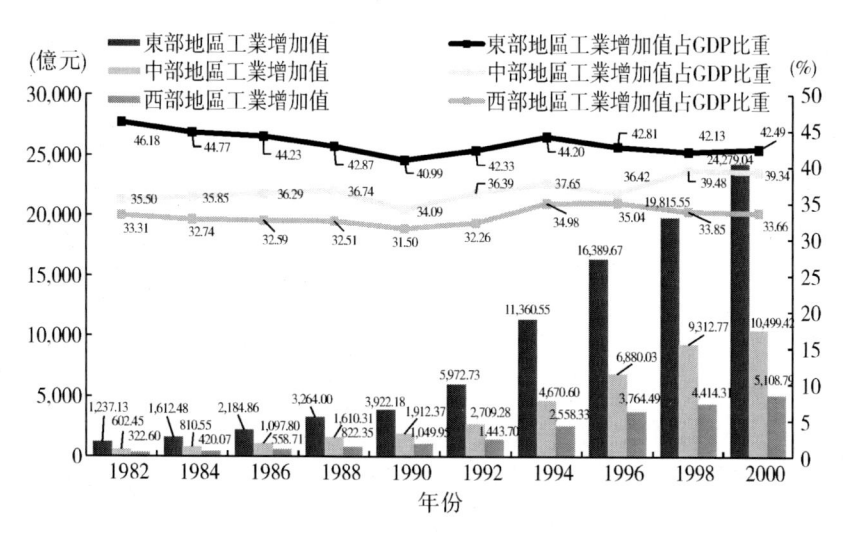

圖7-2　1982—2000年三大區域的工業增加值與工業化率

註：數據來源於《中國統計年鑒》並經作者整理所得。

第三節　新時代區域經濟制度的再探索（2012年—）

上一階段區域經濟制度的設計側重效率優先的理論導向和重點推進的競相化發展戰略，受此影響區域生產力佈局整體呈現由東向西的梯度推移態勢，區域經濟發展顯著異化，這與社會主義經濟制度條件下區域經濟發展收斂的「空間共同富裕」特質相悖。為矯正這一不協調的格局，中共中央基於中國經濟社會轉型發展的新歷史階段，勇於探索，不斷創新區域經濟制度設計，著力推動區域經濟協調發展。本節致力於分析2012年後中國進入社會主義新時代的區域經濟制度演進，依循理論指導、發展戰略、空間發展格局的邏輯架構尋找這一時期區域經濟制度的階段特色。

一、注重公平的均衡化發展指導思想

改革開放後，效率優先和允許一部分人、一部分地區先富起來的政策導向，有效改善了中國的生產力水準，區域經濟也得以迅速發展。然而，效率優先理論導向下的區域經濟制度設計更偏重於效率，區際發展公平沒有得到充分體現，致使部分東部沿海、沿江的發達地區集聚生產要素的能力空前，各大區域的產業基礎、結構以及增長潛力等日益擴大。為扭轉有失公平的區域經濟發展格局，黨的十八大以來，中共中央嘗試在新時代經濟發展新的條件下（如基本建立社會主義市場經濟體制、已成為世界第二大經濟體），基於區域均衡化發展思想與理論設計注重公平的區域經濟制度。最具代表性的均衡理論有三個：羅格納·納克斯（Ragnar Nurkse）的貧困惡性循環和平衡增長理論、諾斯（North）的出口基地理論和完善的平衡增長理論。

美國經濟學家羅格納·納克斯在《不發達國家的資本形成》一書中提出了貧困惡性循環理論。納克斯認為，不發達國家或地區存在需求和供給兩個

第七章　區域經濟制度變遷

惡性循環。從需求角度看，不發達國家或地區的人均收入水準較低，從而導致低購買力，低購買力引致了低投資，投資不足又使生產率難以提高，如此反覆從而形成一個惡性循環；從供給角度看，不發達國家或地區的人均收入水準較低，從而導致低儲蓄能力，低儲蓄降低了資本形成能力，投資形成不足則不利於生產率的提高，如此反覆從而形成另一個惡性循環。這兩個循環彼此交替，經濟狀況不斷惡化，經濟難以實現增長。納克斯認為不發達國家或地區要破除這一惡性循環，需要對多區域和多部門進行大規模投資，不斷擴大市場容量，不斷提高經濟增長率和人均收入水準，最終打破惡性循環從而實現不同地區和不同產業的均衡增長。①

美國經濟學家諾斯提出出口基地理論，後經蒂博特（Tiebout）、羅曼斯（Romans）、博爾頓（Bolton）等人的發展而逐步完善。該理論基於靜態比較分析的思想闡述了對外貿易對經濟增長的重要性，認為一個區域的經濟增長主要取決於輸出產生的增長，不斷擴大的區域外部需求是區域經濟實現內生增長的主要原動力，並且如果每個地區都集中力量發揮自己的優勢，自由貿易使得不同區域間的資本、勞動力、技術等要素以及利息、工資等要素價格趨於均衡，從而逐步縮小區域差距。②

發展經濟學家斯特里頓在其發表的《不平衡增長》論文中，綜合大推進理論、貧困惡性循環和平衡增長理論的優點，提出了均衡增長理論，被稱為「完善的」平衡增長理論。斯特里頓一方面強調擴大投資規模對於克服供給方面的不可分性與需求方面的互補性的重要作用，也強調各經濟部門之間平衡增長的重要性；另一方面，他既主張國民經濟各部門按不同比例全面發展，實現平衡增長，也主張在達到平衡增長的過程中，可以依據各個部門產品的需求收入彈性來安排不同的投資率和增長比例，通過個別部門的優先發展和快速增長來解決經濟發展中的梗阻問題，最終實現國民經濟各部門按適當的

---

① 梁吉義. 區域經濟學通論［M］. 北京：科學出版社，2009：126.
② 陳華，尹苑生. 區域經濟增長理論與經濟非均衡發展［J］. 中外企業家，2006（3）：90-95.

比例平衡增長。①

從理論層面考察，這一時期的區域經濟制度堅持社會主義初級階段的基本經濟制度和馬恩的生產力佈局思想指導，更多地吸收和借鑑了發展經濟學和區域經濟學的均衡增長理論。實踐上，充分注意和考慮了中國社會主義經濟制度的一般性和特殊性，將市場配置資源的決定性作用與區域異質性、區域政策引導以及空間層面上的分配公平原則相結合，推動注重公平與效率並重的區域均衡協調發展制度的建立。需要強調的是，此處的區域均衡發展並不是完全的均等化或平均化發展，也不是各區域發展水準的一致，而是承認區域經濟發展差異基礎上的區域經濟收斂而非發散的協調發展趨勢。

二、全面協調可持續的區域發展戰略

如前所述，上一階段在效率優先指導思想下形成的區域競相發展戰略在促進區域經濟發展邁向新臺階的同時，也加劇了區域經濟發展的不平衡、不協調，新中國成立之初東部沿海地區「一頭沉」的現象在中國區域經濟發展達到更高水準上再次出現，這極不利於整體小康、區域小康的實現。為穩妥推進全面建成小康社會，黨的十八大後中共中央新一屆領導集體從諸多方面予以指導，區域經濟發展戰略凸顯全面協調可持續特色便是濃墨重彩的一筆。

中共十八屆二中全會明確指出「繼續實施區域發展總體戰略和主體功能區戰略」；中共十八屆三中全會審議通過的《中共中央關於全面深化改革若干重大問題的決定》強調「加快自由貿易區建設」和「擴大內陸沿邊開放，推進『一帶一路』建設」；中共十八屆五中全會審議通過的《中共中央關於制定國民經濟和社會發展第十三個五年規劃的建議》進一步明確了「拓展區域發展空間」的重要性，並要求「推動區域協調發展。塑造要素有序自由流動、

---

① 區域經濟差異理論：完善的平衡增長理論 [EB/OL]. (2010-06-12) [2018-12-20]. http://wiki.mbalib.com/wiki/%E5%8C%BA%E5%9F%9F%E7%BB%8F%E6%B5%8E%E5%B7%AE%E5%BC%82.

主體功能約束有效、基本公共服務均等、資源環境可承載的區域協調發展新格局」。由此可見，新時代發展階段，國家層面上的區域協調可持續發展戰略基本形成，並在 2017 年 10 月黨的十九大會議上得到確立。黨的十九大報告有如下描述：「實施區域協調發展戰略。加大力度支持革命老區、民族地區、邊疆地區、貧困地區加快發展，強化舉措推進西部大開發形成新格局，深化改革加快東北等老工業基地振興，發揮優勢推動中部地區崛起，創新引領率先實現東部地區優化發展，建立更加有效的區域協調發展新機制。以城市群為主體構建大中小城市和小城鎮協調發展的城鎮格局，加快農業轉移人口市民化。以疏解北京非首都功能為『牛鼻子』推動京津冀協同發展，高起點規劃、高標準建設雄安新區。以共抓大保護、不搞大開發為導向推動長江經濟帶發展。支持資源型地區經濟轉型發展。加快邊疆發展，確保邊疆鞏固、邊境安全。堅持陸海統籌，加快建設海洋強國。」[①]

可以看出，區域全面協調可持續發展的戰略，既體現了馬克思主義生產力均衡佈局和發展經濟學、區域經濟學相關理論的思想，同時也是中央致力於從空間角度解決中國當前社會主要矛盾的區域經濟發展制度的又一次創新。首先，這一戰略更加強調通過上層建築作用於空間協調機制以促進區域協調發展。其次，進一步凸顯了區域發展的異質性，區域經濟發展政策向落後地區尤其是內陸沿邊沿江地區、革命老區和民族地區傾斜，試圖縮小區域間的發展差距，以空間協調助力全面建成小康社會目標的實現。再次，特別注重了城市空間的協調和陸海空間的統籌開發。最後，融入生態文明理念，全力落實主體功能區戰略，促進區域經濟增長收斂模式的可持續。

[①] 習近平. 決勝全面建成小康社會 奪取新時代中國特色社會主義偉大勝利［N/OL］. 人民日報，2017-10-18（02）［2018-12-13］. http://paper.people.com.cn/rmrb/html/2017-10/19/nw.D110000renmrb_20171019_1-02.htm.

三、多點多極與內外聯動的協調發展

自改革開放以來，以體現地域同質性和經濟聯繫性為特徵的中觀經濟區主導了中國經濟格局的演進，以城市群、開發區、國家級新區、經濟帶等中觀佈局衝擊著舊有的區域經濟格局，引導著區域分工協作和空間格局的變遷。[①] 2012年黨的十八大以來，國家根據當前社會生產力發展的階段狀況，著力推進區域協調發展，形成了「三+四」的區域發展總體格局：以「一帶一路」建設、京津冀協同發展、長江經濟帶發展「三大戰略」為引領，統籌推進西部大開發、東北振興、中部崛起和東部率先「四大板塊」發展。[②] 從空間結構上看，這一時期中國區域經濟空間凸顯了多點多極協同與國內外聯動的結構特徵。從區域發展績效的空間表現看，不同區域間的發展已顯現收斂態勢。

(一) 多點多極與內外聯動的空間格局

從多點多極角度分析，除上一階段不同區域設立的一些開發區、國家級新區以外，區域經濟發展進程中的多點多極更多是由城市群體現，城市群也成為區域經濟發展的主動力。整體上，中國十大城市群（表7-5）以不到10%的土地面積，承載了中國43.57%的非農人口以及33.24%的總人口，創造了近60%的GDP總量，這說明十大城市群在聚集人口、產業等經濟要素方面發揮了巨大的作用，是中國區域發展進程中不可忽視的重要因素。[③]

以具有代表性的長三角、珠三角和京津冀城市群為例，長三角城市群經濟實力強，已逐漸形成多核心網路化格局。2014年，長三角地區GDP高達12.9萬億元，占全國GDP的比重由2001年的17.70%上升到2014年的20.25%，高於珠三角和京津冀地區；從人均GDP來看，2014年長三角地區

[①] 丁任重, 李標. 馬克思的勞動地域分工理論與中國的區域經濟格局變遷 [J]. 當代經濟研究, 2012 (11): 27-32.

[②] 景朝陽. 新時代中國區域協調發展的內涵和重點 [EB/OL]. (2017-12-17) [2018-12-23]. http://www.sohu.com/a/208970931_787066, 2017-12-7.

[③] 孫久文. 中國區域經濟發展報告——中國區域經濟發展趨勢與城鎮化進程中的問題 [M]. 北京: 中國人民大學出版社, 2014: 13.

人均 GDP 為 81,055 元，比珠三角地區高 28.2%，比京津冀地區高 103.4%。①京津冀地區生產總值逐年提升，但增長率呈下降趨勢，尤以河北省最為顯著，資源短缺、產能過剩的困境致使 2014 年河北省 GDP 僅比上年增長 3.34%。②珠三角城市群憑藉毗鄰港澳的優勢，已成為重要的增長極和對外貿易往來的重要陣地，是中國市場化程度最高、最具活力的地區之一。2014 年珠三角實際外商直接投資額為 248.61 億美元，占全國的比重為 20.79%，進出口總額為 10,291.54 億美元，占全國的比重為 23.92%。③

表 7-5 中國十大城市群劃分

城市群	主要城市
長三角城市群	上海、南京、蘇州、無錫、常州、鎮江、揚州、南通、泰州、杭州、寧波、嘉興、湖州、紹興、臺州、舟山
珠三角城市群	廣州、深圳、珠海、惠州、東莞、清遠、肇慶、佛山、中山、江門
京津冀城市群	北京、天津、石家莊、唐山、保定、秦皇島、廊坊、滄州、承德、張家口
山東半島城市群	濟南、青島、菸臺、濰坊、淄博、東營、威海、日照
長株潭城市群	長沙、株洲、湘潭
關中城市群	西安、銅川、咸陽、寶雞、渭南、商洛
遼中南城市群	沈陽、大連、鞍山、撫順、本溪、丹東、遼陽、營口、盤錦
武漢城市群	武漢、黃石、鄂州、黃岡、孝感、咸寧、仙桃、天門、潛江
江淮城市群	合肥、六安、淮南、蚌埠、滁州、馬鞍山、蕪湖、銅陵、池州、安慶
成渝城市群	成都、重慶、資陽、內江、遂寧

資料來源：根據各個城市群規劃整理而得。

國內外聯動的區域經濟發展空間結構特徵主要通過國家級新區、自由貿易試驗區、「一帶一路」和大灣區等描繪。國家級新區是中國新一輪開發開放和改革的新區，總體發展目標、發展定位等由國務院統一進行規劃和審批，

---

① 姚世謀，等. 中國城市群新論 [M]. 北京：科學出版社，2016：186-187.
② 姚世謀，等. 中國城市群新論 [M]. 北京：科學出版社，2016：227.
③ 姚世謀，等. 中國城市群新論 [M]. 北京：科學出版社，2016：254-255.

相關特殊優惠政策和權限由國務院直接批復，在轄區內實行更加開放和優惠的特殊政策，鼓勵新區進行各項制度改革與創新的探索工作。截至2018年6月，中國國家級新區總數共有19個，此外，還有武漢長江新區、合肥濱湖新區、鄭州鄭東新區等地區在申報中。

自由貿易試驗區則是國家致力於打造經濟「升級版」的重要嘗試，其力度和意義堪與20世紀80年代建立深圳特區和90年代開發浦東兩大事件比肩，尤其是內陸地區設立自由貿易區更是國家深入推動內陸開放，助力東、中、西部和東北彼此協同與國內外聯動的重要舉措。其核心是營造一個符合國際慣例的對內外資的投資都要具有國際競爭力的國際商業環境。自由貿易實驗區的成立是中央政府探索中國對外開放的新路徑和新模式，推動加快轉變政府職能和行政體制改革，促進轉變經濟增長方式和優化經濟結構，實現以開放促發展、促改革、促創新，形成可複製、可推廣的經驗，服務全國的發展的區域實踐。① 這對培育中國面向全球的競爭新優勢、構建與各國合作發展的新平臺、拓展區域經濟發展新空間具有極為重要的意義（參見表7-6）。

表7-6 中國自由貿易實驗區及其成立時間

成立時間	試驗區
2013年9月27日	成立中國（上海）自由貿易試驗區
2015年4月20日	擴展中國（天津）自由貿易試驗區實施範圍
2015年4月20日	成立中國（廣東）自由貿易試驗區、中國（天津）自由貿易試驗區、中國（福建）自由貿易試驗區
2017年3月31日	成立中國（遼寧）自由貿易試驗區、中國（浙江）自由貿易試驗區、中國（河南）自由貿易試驗區、中國（湖北）自由貿易試驗區、中國（重慶）自由貿易試驗區、中國（四川）自由貿易試驗區、中國（陝西）自由貿易試驗區7個自貿區
2018年4月13日	支持海南全島建設自由貿易試驗區，支持海南逐步探索、穩步推進中國特色自由貿易港建設

註：依據官方資料自行整理所得。

① 國家發改委. 關於促進國家級新區健康發展的指導意見［EB/OL］.（2015-04-23）［2018-12-23］. http://www.ndrc.gov.cn/zcfb/zcfbtz/201504/t20150423_689064.html.

另外,「一帶一路」和「粵港澳大灣區」的建設推進正成為中國打造全面對外開放格局的新引領。這是中共中央立足區域視角,統籌陸海空間,拓展內外發展空間,匯聚利用全球要素,為內陸地區廣西、雲南、四川等省(區、市)和新疆等沿邊省(區、市)開放升級發展提供新平臺的創新探索,正逐步形成以全方位、多層次的開放態勢促進區域協調發展的機制和新格局。

此階段,全面協調可持續的區域發展戰略導向,使得區域空間格局由稍顯「粗線條」的東、中、西部三大經濟帶或東、中、西部和東北四大板塊向真正意義上的「中觀化」轉變。這是具體經濟制度領域中觀層面的改革通過上層建築反作用於經濟基礎、經由生產關係作用於生產力,進而滿足區域協調發展新要求的創新,特別是更小空間尺度上的協同(多點多極)與更大空間尺度上的聯動(國內國外)相結合,加快了中國區域經濟平衡結構和整體協調性的形成,有利於縮小不斷擴大的區域發展差距。

(二) 區域經濟發展差距有所收斂

新時代發展階段背景下,更加注重區際公平的全面協調可持續發展戰略的區域經濟發展績效趨於優化。全國範圍內多個增長極及新的開放平臺對國民經濟貢獻突出,儘管某些地區極化效應仍然很強,但同時擴散效應也越發明顯,發達地區開始逐步帶動欠發達地區發展。總之,黨的十八大以來,契合中國特色社會主義事業需要的區域經濟制度新探索有效抑制了區域經濟發展差距擴大的趨勢,主要表現為四大區域發展有所收斂,「三大戰略」成效有所顯現。

東、中、西和東北四大區域經濟發展有收斂跡象。2012—2017 年,除了東北地區增長緩慢,全國其他地區生產力水準都有了較大幅度的提升,相比 2012 年,2017 年東部地區 GDP 增長了 51.98%,中部地區 54.03%,西部地區 50.06%,東北地區僅 9.81%。從總量上看,2017 年東部 GDP 為 449,680.79 億元,高出其他地區總和的 10.81%,表明東部率先發展成效顯著。這一數據與 2000 年東部地區超出中西部 GDP 總和的 36.46% 相比,可知區域間的差距已經明顯縮小,區域經濟發展收斂趨勢有所顯現。這也與中部地區全力落實崛起跨越戰略、西部地區著力深入大開發戰略和東北地區奮力推進振興戰略

有較大關聯（圖7-3）。

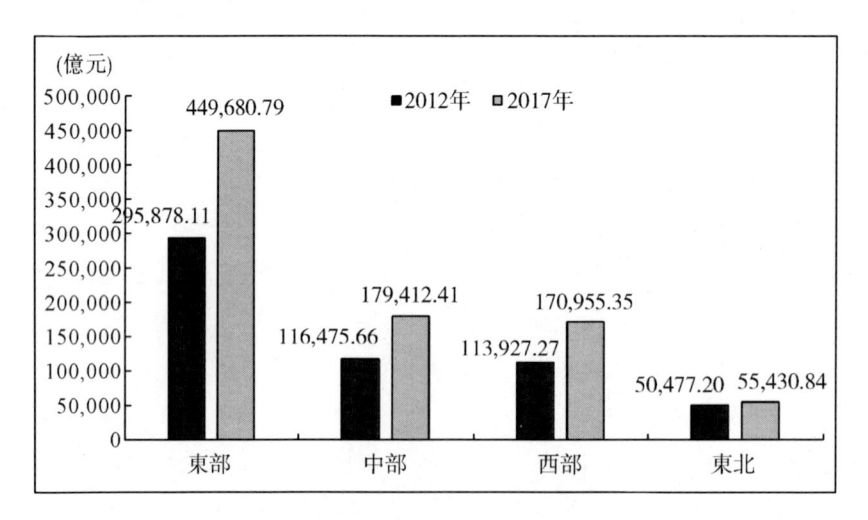

图7-3 東、中、西、東北地區GDP對比圖

註：基礎數據根據多個統計年鑑並經整理和計算而得。

「一帶一路」、京津冀和長江經濟帶三大戰略的實施初見成效，拓展了區域經濟發展空間，促進了區域經濟發展協調可持續。2013年以來，中國與「一帶一路」沿線國家貨物貿易額累計超過5萬億美元，對外直接投資超過800億美元，中歐班列累計開行數量達到萬列，截至2019年7月13日，亞洲基礎設施投資銀行（以下簡稱「亞投行」）成員達到100個。亞投行在13個成員方開展了28個基礎設施建設項目，貸款總額超過53億美元，絲路基金已簽約19個項目，承諾投資金額70億美元。「一帶一路」建設從無到有、由點擴面，為中國建立全方位對外開放新格局，實現戰略對接、優勢互補，統籌國內國際兩個市場開闢了新的天地。京津冀區域總體經濟實力不斷增強。2017年京津冀地區生產總值達到82,560億元，近5年間年均增長7.5%；一般公共預算收入達到10,974億元，近5年間年均增長8.9%；城鎮化率達到65.0%，比2012年提高了6.0個百分點；京津冀第三產業比重為58.6%，比第二產業高21.9個百分點，比2012年提高7.8個百分點。經濟增長保持中高速，經濟總量穩步提升。長江經濟帶地區以占全國約1/5的土地面積，貢獻

了全國 2/5 以上的經濟總量，成為中國經濟發展全局中的重要支撐帶。2012—2017 年，長江經濟帶地區生產總值由 238,581 億元增加到 373,806 億元，年均增長 8.6%。在經濟總量穩步增加的同時，地方財政實力明顯增強，城鎮化水準持續提高，產業結構不斷優化，經濟增長質量明顯提升。[1]

此外，由於中國的貧困人口主要集中於老少邊窮的中西部地區，由扶貧脫貧攻堅戰也可看出區域經濟發展差距改善的表徵。在脫貧攻堅方面，黨的十八大以來，中國前四年已經累計減少貧困人口 5,564 萬人，年均 1,391 萬人，2013—2017 年，中央財政專項扶貧資金投入 2,787 億元，年均增加 22.7%，省級財政扶貧脫貧資金投入 1,825 億元，年均增加 26.9%。[2] 這為中國區域的全面協調可持續發展以及實現全面小康目標做出了重要貢獻。

注重公平均衡化發展的區域經濟政策使得中國各個地區能更好地發揮自己的比較優勢，進一步解放和發展生產力，除按勞分配外的多種分配方式也不斷得到發展和完善，之前長期形成的收入分配差距也在不斷縮小。雖然中國地區間差距仍然明顯，部分缺乏比較優勢的地區尤其是老少邊窮地區的生產力和人民收入仍然有待進一步改善，但是在新的理論指導下、新的政策引領下以及新的空間結構框架下，中國區域經濟發展逐漸顯現出收斂趨勢，意味著中國向共同富裕的目標又邁進了一步。

---

[1] 國家統計局. 區域發展戰略成效顯著 [EB/OL]. (2018-09-14) [2018-12-23]. http://www.gov.cn/xinwen/2018-09/14/content_5321859.htm.

[2] 中華人民共和國國務院新聞辦公室. 國新辦舉行十八大以來脫貧攻堅成就發布會 [EB/OL]. (2017-11-11) [2018-12-23]. http://www.scio.gov.cn/xwfbh/xwbfbh/wqfbh/35861/37191/index.htm.

本章小結

本章從時序與空間雙重角度分析了新中國成立以來區域經濟制度歷經的初步形成、優化調整與創新探索三大階段變遷,每一階段都有突出的理論基礎導向、發展戰略特色、空間經濟特徵。生產關係與生產力、上層建築與經濟基礎只有相互協調才能促進經濟的健康持續發展。立足空間維度所做的分析和驗證說明,上述馬克思主義的基本原理及其規律依然適用。中國區域經濟制度經歷的三次調整充分體現了中共中央對這一基本原理及其規律的深刻理解和靈活運用。

1949—1978 年,中國的區域經濟制度屬於摸索形成階段。這一時期的區域經濟制度雖以馬克思和恩格斯關於生產力平均佈局的基本思想為指導,但是在實踐中一定程度上卻存在著機械和教條式運用的問題。區域經濟發展戰略的制定深受國內外政治波動的影響,在行政計劃主導資源配置機制的基礎上逐步形成沿海與內陸的生產力均分格局,經濟發展戰略呈現出全國一盤棋的趕超發展特色,經濟績效上表現為區域經濟發展的均等化。這一時期,中國的區域經濟相對新中國成立以前有了大幅度提升,在計劃經濟的指導下各區域經濟發展大體呈現平均化趨勢。

1978—2012 年,中國的區域經濟制度處於調整優化階段。這一時期的區域經濟制度增加了社會主義市場經濟理論的指導,經濟發展思路體現了以效率優先的差異化發展導向,發展戰略的特色體現為重點推進的競相化發展,經濟地理上的梯度推移是這一時期的空間結構特徵,經濟績效的表現則為區域經濟發展顯著異化。在這一時期中國經濟發展水準得到較大幅度的提升,尤其是東部沿海地區得到了飛速發展,與此同時,中國區域間的差距越拉越大。

2012 年後,中國的區域經濟制度處於創新探索階段。經過改革開放三十多年的發展,中國基本國情已發生了巨大變化,中國經濟建設的路線也隨之從原來效率優先的差異化發展轉變為注重公平與效率並重的均衡協調發展。這一時期中國區域經濟制度的理論基礎導向是注重公平與效率並重的均衡協調發展,發展戰略特色體現為全面協調的可持續,空間結構呈現出多點多極與內外聯動的特點,區域經濟發展績效表現則趨於收斂。在這一時期中國在整體經濟水準得到新一步提升的同時,區域間差距也在不斷縮小,區域協調發展成為新的主題。

下篇
宏觀經濟發展及其調控制度變遷

從 1949 年新中國成立，到黨的十九大召開，中國經濟制度的變遷在宏觀維度構成了一幅波瀾壯闊的改革圖景。計劃與市場始終是貫穿在改革主旋律中的基本元素，隨著時間的推移，計劃由強到弱，市場由弱到強。在改革的洗禮中，政府與市場逐漸實現了有效定位，儘管政府與市場的關係還將隨著中國特色社會主義市場經濟的發展而不斷演進，但是它們在各自的優勢領域發揮積極作用的基本格局已經形成。

　　特別在過去的 40 年，勞動就業、收入分配、經濟開放以及宏觀調控等宏觀領域都經歷了從計劃到市場的重大制度變革，它們從最初的與計劃經濟體制相匹配轉型為更加與市場經濟體制相適應，而推動變革的動力，則來自政府為了發展社會生產力的積極制度供給和市場要求生產關係適應生產力的制度需求，這兩方面的合力，必將繼續推動探索更加成熟的中國特色社會主義宏觀經濟管理及調控制度。

第八章
宏觀經濟制度的形成及其演變

　　相對微觀、中觀層面的經濟活動而言，宏觀經濟制度主要是在微觀與中觀的經濟活動基礎之上推動經濟總體運行的一系列制度結構及相互關係的總稱，其特點在於從全局或長遠的角度約束、引導經濟活動的性質特徵及運動方向，宏觀經濟制度是動態演進的。

　　宏觀經濟制度的基礎是經濟管理體制，後者屬於經濟體制的核心，它規定了國家、地方、部門、企業和個人的權責利關係，以確保國民經濟的運轉方向、效率及其質量。除經濟管理體制之外，經濟運行機制也屬於經濟體制的範疇，是經濟體內各要素之間相互作用的動態運行方式。[1]

　　現代經濟管理體制中，計劃管理體制是與計劃配置資源方式相匹配的、中央集權的管理體制，計劃當局用直接計劃和間接計劃的手段對經濟實施管理，通過政府計劃部門縱向收集、整理和傳遞信息，依靠行政動員、精神激勵及道義力量來實現，具有行政干預的強制性、隨意性和主觀性的特徵，但也具有在短期內動員和集中資源、把握全局和長遠發展方向的優勢；市場管

---

[1] 劉詩白. 政治經濟學 [M]. 成都：西南財經大學出版社，2014：222.

理體制則是與市場配置資源方式匹配的、基於自由市場機制的管理體制，通過競爭機制、供求機制和價格機制，在充分尊重企業和消費者的自主決策前提下對經濟實施管理，通過價格信號快速、橫向地傳遞、收集、整理信息，依靠貨幣價值利益及競爭驅動，具有間接管理的特徵，有利於發揮微觀市場主體的主動性，提高效率，但也存在難以克服市場固有的短期性、盲目性、滯後性等弊端。①

目前存在的兩種經濟管理方式中，行政計劃管理方式是政府採用直接行政干預的方式組織和管理經濟，行政管理的具體手段主要包括：國家以立法的形式體現並實現管理意圖和目標，政府制定並實施國民經濟長期發展計劃、產業政策及收入分配政策，指定分配規則，下達以行政命令為特徵的指令性計劃和以經濟槓桿為特徵的指導性計劃等。市場管理方式則是經濟管理部門通過改變宏觀經濟變量間接介入市場以實現經濟管理的方式，市場管理的具體手段有貨幣政策、財政政策，主要從需求側切入管理，貨幣政策通過調節貨幣供應量，影響市場利率，從而對投資需求產生影響，而財政政策則通過政府支出和稅收的變動影響總需求。

宏觀經濟管理的目的在於從總體上把握總量平衡和結構平衡，確保國民經濟健康、可持續發展，一般被概括為實現經濟增長、充分就業、物價穩定以及國際收支平衡等。

中國的宏觀經濟制度，是在社會主義初級階段基本經濟制度基礎之上形成的組織管理國民經濟的指導方針、政策之總和，既包括協調宏觀經濟結構及中、長期發展的基本戰略方針，也包括調控宏觀經濟短期運行的具體政策措施。

中國宏觀經濟制度變遷與演進既是社會主義經濟體制形成、改革與發展的重要組成部分，又影響著社會主義社會基本經濟制度的演變與發展。縱觀新中國成立70年來的經濟體制演進、改革與轉型的歷程，其間中國的宏觀經濟制度變革經過了三大階段：第一階段，與傳統計劃經濟體制相適應的宏觀經濟制度的建立和運行（1949—1978年）；第二階段，與社會主義市場經濟體制的探索、建立和對外開放進程相適應的宏觀經濟制度改革及發展（1978—2012年）；第三階段，與新時代中國特色社會主義市場經濟發展相適應的宏觀經濟制度創新與完善（2012年—）。

---

① 本書編寫組.中國特色社會主義政治經濟學十五講［M］.北京：中國人民大學出版社，2016：35.

第一節　改革開放前計劃經濟管理體制下單一行政管理方式的確立（1949—1978年）

一、國民經濟恢復時期對國民經濟實行行政管理（1949—1952年）

1949年9月，第一屆中國人民政治協商會議通過了《中國人民政治協商會議共同綱領》（以下簡稱《共同綱領》），國家據此進行了以促進國民經濟迅速恢復為目的的新民主主義經濟體制建設。

《共同綱領》以臨時憲法的形式，首次把中國共產黨和中華人民共和國的基本經濟政策法律化，實施對國民經濟的行政計劃管理：確立國民經濟恢復時期經濟建設的總方針是「公私兼顧、勞資兩利、城鄉互助、內外交流」；在產業政策上，《共同綱領》把「發展新民主主義的人民經濟，穩步地變農業國為工業國」作為中國經濟發展的總目標；在財政政策上，《共同綱領》中規定「建立國家預算決算制度，劃分中央和地方的財政範圍，厲行精簡節約，逐步平衡財政收支，累積國家生產資金。國家的稅收政策，應以保障革命戰爭的供給，照顧生產的恢復和發展及國家建設的需要為原則，簡化稅制，實行合理負擔」等。

總之，《共同綱領》體現著黨對新民主主義社會主要矛盾的認識，使新中國的經濟建設活動有了法律依據。

新民主主義時期政府和市場的關係是以政府的計劃管理和市場的自發調節相結合，政府的指令性計劃和指導性計劃相結合、以市場為基礎進行計劃管理。

二、過渡時期總路線標誌著對國民經濟全局實行計劃統籌管理（1953—1956 年）

1952 年年底，國民經濟基本恢復，新民主主義經濟體制完全確立，國家經濟工作開始轉向大規模的經濟建設。中央在 1953 年提出黨在過渡時期的總路線，黨的指導思想和政策基礎開始從以《共同綱領》為標誌的新民主主義轉向蘇聯模式的社會主義。

過渡時期總路線明確指出：「從中華人民共和國成立，到社會主義改造基本完成，這是一個過渡時期。黨在這個過渡時期的總路線和總任務，是要在一個相當長的時期內基本實現國家工業化和對農業、手工業和資本主義工商業的社會主義改造。」①

從確立新民主主義經濟體制開始，國家統籌安排使國民經濟有計劃按比例發展就成了最主要的經濟調控方式。1955 年 7 月 30 日，第一屆全國人民代表大會第二次會議審議通過的《中華人民共和國發展國民經濟的第一個五年計劃》，實質上成為過渡時期總路線下的經濟發展計劃和指導方針。

政府通過政策宣傳、精神鼓舞、行政命令的方式調動全國人民的生產積極性，貫徹按勞分配的原則，減少管理層次，加強國民經濟管理，增強了中央政府對國民經濟的直接控制，逐步形成了高度集中的計劃管理體制。在地方層面，加強中央對地方的集中統一領導；在中央層面，成立國家計劃委員會，直接領導各經濟部門，逐步加強了計劃管理的力度，縮小了市場調節的範圍。

新民主主義經濟管理體制逐漸過渡為計劃經濟管理體制，政府和市場的關係轉變為以政府的指令性計劃為主，指導性計劃為輔，二者相互配合，基本替代了市場調節機制。

---

① 毛澤東. 毛澤東選集：第 5 卷 [M]. 北京：人民出版社，1977：89.

三、傳統計劃經濟體制時期計劃經濟管理制度的曲折探索（1957—1978年）

這一時期，計劃經濟體制下對國民經濟的行政管理大致經歷了四個階段。

1.「大躍進」時期（1957—1960年）

「大躍進」時期建立了單一公有制和行政性的計劃管理模式，推行了以盲目追求高產量的工業政策和完全脫離實際的農業政策為主的、有悖於經濟規律的產業政策和以大規模的財政權力下放為特徵的、混亂的財政政策。

2. 國民經濟調整恢復時期（1961—1965年）

「大躍進」運動之後，國民經濟陷入全局失衡、空前混亂的境地，嚴峻的經濟形勢要求對錯誤的經濟政策進行調整。因此，在1961—1965年間，黨和政府的主要經濟工作是進行經濟調整，既涉及對不適宜的經濟體制的調整，也涉及對錯誤的經濟政策的調整。

在經濟體制的調整上，中央實行集中統一，收緊計劃管理權限，對調整初期「從緊」「集中」的管理體制進行微調，再次下放一部分權力到地方，給經濟建設創造寬鬆的制度環境。對人民公社體制的調整，使得單一公有制對農業生產的束縛有所放鬆，在糾正「大躍進」的錯誤和調動農民積極性上起到了一定的作用，但沒有從根本上改變以行政命令為主要經營管理方式、以集體勞動為主要生產方式、以「大鍋飯」為主要分配方式的農業生產制度。

經濟政策的調整，主要圍繞糾正「大躍進」時期盲目追求高產量的產業政策展開，實施全面降低工業生產指標、壓縮工業生產規模的工業政策和減輕農民負擔、恢復農業生產的農業政策。

3.「文化大革命」時期（1966—1975年）

「文化大革命」（以下簡稱「文革」）爆發後，對國民經濟管理的改革主要以中央放權為主，包括三個方面的內容：一是下放企業管理權，精簡管理結構；二是下放財政收支權、物資分配權和基建投資權；三是簡化稅收、信貸、

勞動工資體制。

雖然其間經過了兩次調整，但是，總體而言，「文革」時期國務院的權力被嚴重削弱，國民經濟管理失效，經濟生活中無政府主義思潮泛濫，既一如既往地排斥商品貨幣關係和市場機制，又實質上否定中央政府全面計劃管理的計劃經濟體制，僵化散亂，給國民經濟帶來了深重的災難。

4.「文革」結束之後的兩年（1976—1977年）

國家對被「文革」搞亂的重點領域、重點部門進行了專項整頓。經過兩年的整頓，1977年和1978年的經濟形勢有了明顯好轉。① 然而，在經濟領域，一些「文革」時期「左」傾的、不符合生產力發展要求的方針政策依然在實施，主要表現在繼續推行「農業學大寨」運動②，在農村搞「一大二公」的單一公有制和違背當時的國情、國力制定不切實際的高目標和經濟躍進計劃。③ 農民的生產積極性得不到發揮；同時這一時期「工業學大慶」運動中也存在著把大慶經驗絕對化、缺乏利益關注的進一步改革，影響了企業職工的勞動積極性。僵化的經濟體制和錯誤的經濟政策嚴重束縛了生產力，受到了廣泛的質疑和衝擊。經濟發展的客觀現實要求人們解放思想，探索出新的、符合生產力發展要求的、促進國民經濟平穩健康發展的制度安排。

---

① 1977年工業總產值比1976年增加14.3%。1977年糧食產量下降1.3%，1978年糧食產量比1976年增長6.4%。（國家統計局. 中國統計年鑒1983 [J]. 北京：中國統計出版社，1983：149-159.）
② 1977年12月，中央發出通知，同意《普及大寨縣工作座談會向中央政治局的匯報提綱》，要求加速發展農業，指出根本途徑是認真學大寨。
③ 1977年11月，全國計劃會議向中央政治局提出《關於經濟計劃的匯報要點》，指出從1978年到2000年，23年內分三個階段使各項經濟技術指標和工業產品產量接近、趕上和超過最發達的資本主義國家。1978年3月，全國人大五屆一次會議通過《1976年到1985年發展國民經濟的十年規劃綱要》，提出了一系列如三年實現農業機械化等完全脫離實際的經濟目標。

第二節 改革開放後與市場化改革相適應的宏觀經濟制度演變（1978—2012年）

一、改革開放進程中計劃與市場相結合的管理體制的形成（1978—1992年）

1978—1991年，是中國市場化改革走向社會主義市場經濟的探索時期，是以改革開放為基本特徵、開創有中國特色的社會主義道路、實現經濟快速增長的時期，經濟指導思想、經濟體制和經濟政策都發生了巨大轉變。以1984年為分界點。1984年以前，改革的重點是農村，主要糾正「大躍進」和「文革」的錯誤，重新探索社會主義農村集體經濟建設的實現形式及其道路；1984年以後，改革的重點是城市，主要明確以國有企業「擴權讓利—利改稅—企業承包責任制」改革為主的方向、性質、基本方針和任務，一場深刻的經濟體制變革全面鋪開。經歷了這個階段之後，經濟快速發展的制度性條件基本具備，從1992年開始，中國經濟進入持續高速增長時期。與之相適應，中國宏觀經濟管理制度變革也進入了新的歷史階段。

1. 從單一行政計劃管理方式向計劃管理與市場調節方式並舉轉變

1982年中共十二大進一步明確了改革開放的道路、戰略步驟和方針政策。將經濟建設的戰略目標從「本世紀末實現四個現代化」修正為「從1981年到本世紀末的20年，在不斷提高經濟效益的前提下，力爭使工農業年總產值翻兩番」[①]。實現戰略目標要分兩步走：前十年，即1981—1990年，主要是打好基礎、積蓄力量、創造條件；後十年，即1991—2000年，要進入一個新的經濟振興時期。實現戰略目標的方針政策是集中資金進行重點建設，在堅持國營經濟主導地位的基礎上，發展多種經濟形式，計劃管理和市場調節並舉，

---

① 即從1980年的7,100億元增加至2000年的28,000億元。

保證國民經濟協調發展。

  黨的十二大提出「計劃經濟為主、市場調節為輔」，強調計劃經濟是基本的、主要的，市場調節是從屬的、次要的。①

  1984年，中國共產黨十二屆三中全會頒布了《中共中央關於經濟體制改革的決定》，這是中國改革開放之後第一個進行全面經濟體制改革的綱領，標誌著以縮小指令性計劃為主，以價格、工資為中心，以城市為重點的全面改革正式開始。《中共中央關於經濟體制改革的決定》突破了長期以來計劃經濟體制的束縛，提出要搞「有計劃的商品經濟」。

  此後，中國所進行的全部經濟改革，都是緊緊圍繞資源配置方式轉變這一中心而展開的，即從完全依靠國家計劃管理配置資源轉向逐漸由市場配置資源，《中共中央關於經濟體制改革的決定》的頒布也標誌著中國宏觀經濟管理制度產生了相應的變革。

  2. 行政管理手段和經濟管理手段有機結合

  伴隨「計劃經濟為主、市場調節為輔」的經濟體制的確立而進行的宏觀經濟管理制度改革，就是改變政府行使職能的模式，從單一的行政管理方式向依據市場、價值規律的行政手段、經濟手段、法律手段等各種管理方式並存的宏觀經濟管理模式過渡。改革的方向是縮小指令性計劃的範圍，擴大指導性計劃的範圍。

  黨的十二屆三中全會後，國家主要從三個方面進行改革：第一，各級政府不再直接經營管理企業，實現政企職責分開。第二，政府盡量減少使用行政手段干預經濟，學會使用價格、稅收、信貸等經濟槓桿進行宏觀調控。第三，加強經濟立法，將改革中形成的新的經濟關係和經濟活動準則以法律法規的形式確立下來。

  1987年，黨的十三大提出要建立「國家調節市場，市場引導企業」的運行機制，即在社會主義制度下建立計劃與市場內在統一的體制，這種體制不

---

① 張宇. 中國特色社會主義政治經濟學 [M]. 北京：中國人民大學出版社，2017：168.

是計劃調節和市場調節各管不同領域的板塊結合，而是把企業行為、市場機制和政府管理三個環節的改革有機地構造為一體，同時運用經濟手段、法律手段和行政手段調節市場供求關係。

綜上所述，經過這一階段的改革，中國宏觀經濟制度已經從單一計劃經濟管理體制轉化為計劃管理與市場調節相結合的經濟管理體制。該體制在之後的幾十年間，沿著「計劃成分少一點、市場成分多一點」的方向不斷演進。這也就意味著，隨著中國市場化改革的推進，市場管理方式及其相應的市場管理手段在宏觀經濟管理中發揮著越來越重要的作用。

二、社會主義市場經濟體制初步建立時期的宏觀經濟制度改革（1992—2002年）

20世紀的最後十年，是社會主義市場經濟體制和社會主義初級階段基本經濟制度初步建立的時期，中國開始從溫飽向小康過渡，改革新的路線、方針、政策基本確定。以建立和完善社會主義市場經濟體制為目標，全面推進改革開放，抓住機遇實現快速發展，處理好改革、發展、穩定之間的關係，是這一時期中國發展的主旋律。

1. 發揮市場配置資源基礎性作用的宏觀經濟管理體制的建立

1992年10月，中共十四大明確提出以建立社會主義市場經濟體制為改革的目標，強調「要使市場在社會主義國家宏觀調控下對資源配置起基礎性作用」。

1993年，中共十四屆三中全會後，國家以適應市場經濟為目標，以計劃委員會為重點，改革宏觀管理體制。第一，逐步清理由計劃委員會直接管理的農業、工業、物資、商業、外貿出口等指標，盡可能少地直接管理微觀經濟活動，減少指令性計劃，增加指導性計劃。第二，將管理宏觀經濟的重心放在引導和調控全社會的經濟活動上，重視生產、分配、交換、消費的全過程，通過經濟、法律等多種調控手段維持總供求平衡、產業結構平衡、居民

收入消費平衡、固定資產投資使用平衡、勞動力供求平衡和物價平衡。第三，研究發展戰略和重大方針政策，制定中長期經濟發展規劃。

經過這一輪宏觀管理體制改革，各級計劃委員會職能更明確、目標更全面、手段更多樣、調控更有效，逐步從一個計劃經濟時期的計劃管理部門向市場經濟時期的宏觀調控部門過渡。

1997年9月，中共十五大提出要進一步發揮市場在資源配置中的基礎性作用，健全國家的宏觀調控體系，明確指出宏觀調控的任務是保持經濟總量平衡，抑制通貨膨脹，促進重大經濟結構優化和實現經濟穩定增長，要求進一步實施科教興國戰略和可持續發展戰略，依靠科學技術，加快產業升級，到21世紀的前十年，實現現代化建設第二步戰略目標、向第三步戰略目標邁進，建立比較完善的社會主義市場經濟體制，保持國民經濟持續快速健康發展。

1998年，國家計劃委員會改組為國家計劃發展委員會，2003年，又改組為國家發展和改革委員會，標誌著中國適應市場經濟體制的、綜合研究擬訂經濟社會發展政策、維持總量平衡、指導總體經濟體制改革的宏觀調控部門正式形成。

除了改革計劃委員會，國務院還在煤炭、機械、冶金、化工等行業管理部門推動機構改革[①]，使其職能從指導、規劃本行業生產任務轉向市場管理、結構調整和維護公平競爭，進一步實現政企分開，理清市場和政府的關係，提高政府運行效率，從管制型政府向服務型政府過渡。

此外，國家還加快經濟立法，推動經濟法治化進程，堅持改革開放與法制建設相統一，改革決策、發展決策和立法決策相結合，用法律引導、規範和保障社會主義市場經濟健康發展。

---

① 1998年，全國人大通過了國務院的機構改革方案，國務院向企業和仲介組織、地方政府轉交職能200多項，調整轉移職能100多項，司局級機構減少200多個，人員減少50%。（武力. 中華人民共和國經濟史 [M]. 北京：中國經濟出版社，1999：1178.）

第八章　宏觀經濟制度的形成及其演變

2. 圍繞政府職能轉變建立健全社會主義市場經濟下的宏觀調控體系

建立現代宏觀調控體系，關鍵在於明確政府職能範圍，轉變政府管理方式，疏散政府的市場功能，將該由市場做的事交還給市場，減少政府對國民經濟直接的、行政性的干預，更多地運用經濟手段、法律手段調控和管理國民經濟。

20世紀90年代，中國的政府職能轉變，主要從國家財稅體制、金融管理體制、投融資體制等三個方面，圍繞宏觀經濟管理體制改革展開。

（1）財稅體制改革。中國自20世紀80年代初以來，財政體制和稅收體制與市場經濟的要求不相適應造成了財政困難，主要表現為：稅制混亂，財政收入流失嚴重；企業經營承包制限制了財政收入的增長；地方財政包干制也減少了中央財政收入的比例，弱化了中央政府通過財政手段進行宏觀調控的能力。為革除這些弊病，國家進行了財稅體制改革，主要包括以分稅制為核心的財政體制改革和以增值稅制為核心的稅收體制改革。

在改革初期，為了破除計劃經濟時期中央在財政收支上「管得太死」的桎梏，國家實行了地方政府財政包干制度，一定程度上激發了地方政府增加財政收入的積極性。然而，到了90年代初期，國家以建立社會主義市場經濟為改革目標，政府職能要適應市場經濟運行機制，要求改革不能僅僅局限於中央政府和地方政府之間的權力轉移，而是要明確中央和地方各自的事權範圍。因此，1994年國家進行了一次規模較大的分稅制改革，主要是將稅收分為三種：維護國家權益和實施宏觀調控所必需的稅種，稱為中央稅，歸中央財政收入；有利於同時調動中央和地方積極性的稅種，如增值稅、資源稅和證券交易稅等，稱為中央地方共享稅，由中央政府和地方政府共同享有，按一定比例分成；有利於調動地方政府積極性的稅種，如個人所得稅、城鎮土地使用稅和城市維護建設稅等，稱為地方稅，由地方政府徵收，歸地方財政固定預算收入。同時，為保證分稅制的順利實施，國家相應地建立了一套以國家稅務局為代表的中央稅收體系和以地方稅務局為代表的地方稅收體系。

分稅制改革理順了中央政府和地方政府的分配關係，既強化了中央政府

283

的財政分配主導地位，增強了中央政府宏觀調控的能力，又調動地方政府增加財政收入的積極性，對國家財政收入增長有很大的促進作用①，是改革開放後中國財政管理體制的重大變革。

在稅制改革上，國家推出以增值稅為主體的流轉稅制度，遵循普遍、中性、簡化和多環節多次徵的原則，對所有生產經營活動開徵增值稅。對少數商品徵收消費稅，對大部分非商品經營徵收營業稅，建立與增值稅相配套的消費稅、營業稅、資源稅體系。恢復徵收國有企業所得稅，實行稅利分流，從內資企業到外資企業，逐步統一企業所得稅稅率，促進企業公平競爭，統一開徵個人所得稅。1994年的稅制改革，按照「統一稅法、公平稅負、簡化稅制、合理分權」的原則進行，將改革開放前的單一流轉稅制逐步改革為複合稅制，從以貨物稅為主體改革為以增值稅為主體，強調了稅收中性，增強了稅收作為一項重要的經濟槓桿的調控作用。

（2）金融管理體制改革。20世紀90年代初的中國金融體制存在這樣幾個問題：第一，中國人民銀行的宏觀調控職能不集中，部分調控職能由四大專業銀行承擔，而且地區調控政策受地方政府影響較重；第二，調控手段具有濃重的計劃經濟色彩，未能廣泛使用現代貨幣政策工具實現專業調控和間接調控；第三，商業銀行政企不分，政策性業務與商業性業務交織，銀行行為扭曲；第四，金融監管法規不健全，金融秩序混亂。

針對這些問題，國家在十四屆三中全會之後，進行了深徹的金融體制改革。第一，明確中國人民銀行只受國務院領導，作為國家中央銀行，負責領導、監管金融部門，制定、實施貨幣政策，保證金融安全和貨幣穩定，以貨幣供應量、信用總量、同業拆借利率和銀行備付率作為主要的貨幣政策操作目標，以存款準備金率、中央銀行貸款利率（再貼現率）和公開市場業務為

---

① 1995年以前，財政收入占GDP的比重連年下跌，從1990年的15.8%逐年下降至1995年的10.7%，此後從1996年開始逐年上升，2000年達到15%。（中華人民共和國財政部. 中國財政年鑒2003 [M]. 北京：中國財政雜誌社，2003.）

第八章 宏觀經濟制度的形成及其演變

主要的貨幣政策工具。第二，將政策性業務從專業銀行中剝離①，把專業銀行辦成真正的國有商業銀行，構建現代商業銀行體系，單獨建立國家開發銀行、中國農業發展銀行、中國進出口銀行三大政策性銀行，負責國家政策性金融業務，保證對國家重點建設項目和相關產業政策的支持。第三，改革外匯管理體制，逐步推動匯率市場化改革，實行以銀行間外匯市場供求為基礎的、單一的、有管理的浮動匯率制，提高金融開放程度，促進中國進一步對外開放和吸引國外投資。第四，發展信託、證券、融資租賃等非銀行金融業務。

至此，央行領導、政策性金融與商業金融分離、國有商業銀行為主體、多種金融機構分工協作的現代金融組織體系初步形成。以保持人民幣幣值穩定為目標，以存款準備金、再貼現、利率、公開市場操作、再貸款為貨幣政策工具，實施間接調控的金融宏觀調控體系逐步建立。以金融法規、制度為依據的金融監管體系開始形成。

1997年亞洲金融危機爆發後，黨和國家更加深刻地認識到深化金融改革、整頓金融秩序、提高金融管理水準的重要性。1997年11月，中央召開全國金融工作會議，決定在1998—2000年間，完善中國金融市場體系和調控、監管體系，增強防範和抵禦金融風險的能力。第一，全面撤銷央行省級分行，將全國設置為9個經濟區，每個經濟區設分行，加強總行垂直領導，避免分行受地方政府影響，強化央行獨立執行貨幣政策、進行金融監管的職能。第二，取消央行對商業銀行設置存貸款業務限額的監管辦法，採取現代銀行業風險管理技術，通過監控存貸比、資本充足率、備付金比例等指標監控商業銀行業務，增強銀行的內部控制和風險管理。第三，改革國有商業銀行的經營體制，使其成為自主經營、自負盈虧、自擔風險的現代化、市場化銀行類企業。第四，加強對證券、期貨等金融投機嚴重領域的監管，頒布《中華人民共和國證券法》和《證券投資基金管理暫行辦法》等法律法規，逐步建立健全金

---

① 1993年中國有四家國有專業銀行：中國工商銀行、中國農業銀行、中國銀行和中國人民建設銀行。

融市場秩序，規範金融市場主體的投資行為，遏制金融投機，防範金融風險。

（3）投融資體制改革。改革開放以來，中國投資規模、投資結構不合理，投資效益低等問題長期存在，嚴重阻礙經濟發展。20世紀90年代初期，國家著力改革投融資體制，營造適宜的投融資環境。第一，明確投資主體的分工和投資責任，將投資項目分成公益性投資項目、基礎性投資項目和競爭性投資項目，公益性投資項目由政府通過國家財政統一投資建設，基礎性投資項目由地方政府和國有企業組織建設，通過政策性投融資渠道募集資金，競爭性投資項目則完全由企業自主投資、自擔風險、自負盈虧，由企業通過市場籌資自行建設和經營。第二，建立項目法人責任制，實行「先有法人、後定項目」的原則，由項目法人對項目的策劃、籌資、建設、生產經營、還本付息、資產保值增值負全責。第三，建立投資項目資本金制度，即為避免項目建設中過分依靠財政撥款或銀行貸款，要求項目法人在進行項目融資時，自有資金需達到一定比例。① 投融資體制改革，不僅使投資主體和融資渠道更加多元，匯集多種資金參與現代化建設，更重要的是明確劃分了政府和企業的投資責任，是理清政府與市場關係方面的重大改革。公共產品的投資由政府負責，競爭性產品的投資交給市場，項目法人責任制和資本金制度則進一步完善了企業作為市場主體開展投資活動的權責，推動和鼓勵企業真正參與市場競爭，使政府行為和企業行為脫離計劃經濟的窠臼，逐漸符合市場經濟的規則。

致力於劃分政府與市場邊界、建設服務型政府的宏觀經濟管理體制改革，與財稅體制、投融資體制和金融管理體制等改革措施相互配合、形成合力，最終完成了使中國政府的經濟職能由計劃屬性轉變為市場屬性的重大歷史任務，即政府在經濟中的作用定位於遵循市場規律，發揮市場效率。宏觀經濟管理體制改革是前提，而三大改革的具體內容，實質上是建立現代市場經濟的宏觀調控體系，也意味著市場運行的動能系統初步形成。因此，這一階段

---

① 武力．中華人民共和國經濟史［M］．北京：中國經濟出版社，1999：1051.

的改革，不僅是中國宏觀經濟制度改革的重大進展，也標誌著中國社會主義市場經濟體制的建立。

三、制度性開放條件下的宏觀經濟制度改革（2002—2012 年）

2001 年 12 月 11 日，中國正式加入世界貿易組織（WTO），這意味著中國進入了更深層次、更寬領域的對外開放時期。但是，加入世界貿易組織對中國的影響絕不限於對外開放領域，成為世界貿易組織成員之後，中國的對外開放必須在世界貿易組織制度框架的約束下進行，中國的法律法規要按照 WTO 的相關條款加以修改和制定；中國逐步大幅度降低關稅總水準，繼續擴大對外開放的範圍，並改善投資環境與國際接軌以吸引外資；中國企業「走出去」的步伐加大。這是一個敞開胸懷主動迎接「外部衝擊」的過程，而進一步改革宏觀經濟管理制度成為適應外部環境進行自我調整的必然舉措或步驟。

1. 約束政府行為，強化依法行政

2002 年 11 月，黨的十六大提出「完善政府的經濟調節、市場監督、社會管理和公共服務職能，減少和規範行政審批」，2003 年 8 月，第十屆全國人大常委會第四次會議審議通過《中華人民共和國行政許可法》，2004 年 3 月 22 日，國務院印發《全面推進依法行政實施綱要》。總之，從行政審批制度改革到行政許可法的實施，行政執法行為逐漸規範化，政府自身建設水準上升到一個新臺階，中國各級政府在強化社會管理和公共服務職能的同時，向著法制型轉化。

2. 完善國家計劃和財政政策、貨幣政策等相互配合的宏觀調控體系，改革金融制度，防範化解金融風險

黨的十六大報告中明確提出要「健全現代市場體系，加強和完善宏觀調控，在更大程度上發揮市場在資源配置中的基礎性作用，健全統一、開放、競爭、有序的現代市場體系」，並且強調「完善國家計劃和財政政策、貨幣政

策等相互配合的宏觀調控體系，發揮經濟槓桿的調節作用」。

黨的十六大還提出要「加強金融監管，防範和化解金融風險」。由此，中國金融改革邁出重要的一步，金融領域對外開放穩步擴大，金融監管和法制建設也逐步加強。

（1）2003年4月，中國銀行業監督管理委員會成立，對銀行、金融資產管理公司及信託投資公司等金融機構實施統一監管，而中國人民銀行則專注於中央銀行的職能，制定並實施貨幣政策，更好地發揮宏觀調控及防範系統性金融風險的作用。

（2）2003年黨的十六屆三中全會提出穩步推進利率市場化，建立健全利率的市場供求形成機制，並通過貨幣政策工具引導利率。

（3）隨著中國股票、債券等資本市場的發育、發展，相應的金融監管政策措施也在加強和完善。《國務院關於推進資本市場改革開放和穩定發展的若干意見》提出：「制定和完善公司債券發行、交易、信息披露、信息評級等規章制度，建立健全資產抵押、信用擔保等償債保障機制。逐步建立集中監管、統一互聯的債券市場。」

上述措施，注重宏觀調控政策的相互搭配及其整體調控效率的提升，以適應不斷發展的現代市場經濟的需要，是對市場化宏觀調控體系的進一步完善；另外，在開放的環境下，面臨世界市場波動的衝擊，金融內在的不穩定性日益凸顯，強化對金融風險的監管，確保國家金融安全，也是中國作為新興市場經濟國家，面對全球化時代的新課題所做出的制度探索。

3. 宏觀經濟政策目標側重於民生調控

隨著改革開放的深化和經濟的快速增長，城鄉差距日益凸顯，這主要體現為城鄉收入差距、教育差距、衛生差距以及居民社會保障水準差距不斷拉大。針對這一問題，中國的宏觀經濟政策目標開始轉向調節社會分配。

（1）減輕農民負擔，取消農業稅。為了解決「三農」問題，提高農民收入，中國早在2000年就開始實行農村稅費改革試點。2002年，調整農業產業結構、深化農村改革的任務更加緊迫，當務之急就是減輕農民負擔。因此，

第八章　宏觀經濟制度的形成及其演變

國家將農村稅費改革試點擴大到以農業大省和糧食主產省為主的20個省、自治區和直轄市，並在隨後兩年中取得階段性成果。2005年，對國家扶貧開發重點縣免徵農業稅，全面取消牧業稅。2006年1月1日起，中國全面取消農業稅，順應了中國經濟發展的需要，標誌著中國農村稅費改革進入新階段。

財政方面，支持「三農」資金快速增長，並對農民直接發放農業「四項補貼」，使糧食、良種、農機具購置及農資綜合補貼成為農民增收的重要來源，同時擴大公共財政覆蓋範圍，將農村義務教育、衛生、文化等社會事業發展納入公共財政支出範圍，有力地回應了2005年10月中共十六屆五中全會提出的「建設社會主義新農村」的號召。

（2）調控收入分配差距，提高社會保障水準。黨的十六大以來，黨和政府更加關注民生，通過實施積極的就業政策，不僅保持了就業總量的持續穩定增長，而且就業結構也不斷優化，並通過再就業工作，有效控制了失業率，使得就業形勢基本穩定；黨的十七大報告中指出「初次分配和再分配都要處理好效率和公平的關係，再分配更加注重公平」。

2005年11月，國務院在《關於進一步加強就業再就業工作的通知》中規定：給予商貿企業、服務業企業、勞動就業服務企業中的加工型企業和街道社區具有加工性質的小型企業實體中，當年新招用的持有再就業優惠證的人員減免四種稅；取消農村勞動力進城及跨區就業限制，完善農村勞動者進城務工和跨區就業合法權益保障的政策措施。加強職業培訓，建立政府扶助、社會參與的培訓機制，提高求職者的就業技能。利用財稅、信貸等優惠措施促進就業，消除阻礙就業的體制障礙，進一步加強勞動力市場建設，規範市場秩序，維護勞動者的合法權益。

將公共支出和基本公共服務逐步轉向處於收入低端的農村和農民，加強在教育、社會保障、公共衛生等方面的財政保障，加大社會保障資金的投入力度，逐步提高社會保障支出比例。另外，還通過減持國有上市公司的國有

股比例和擴大彩票發行等充實社會保障基金。①

（3）為了解決住房商品化所產生的城市低收入者的住房保障問題，2003年中國住房調控政策開始以改善低收入家庭住房條件為主要目標，關注保障房建設，政府推出廉租房、經濟適用房，後來又推出「兩限房」② 解決低收入家庭住房問題。

中國的基本經濟制度是以社會主義公有制為主體的，不僅要完成解放生產力、發展生產力的任務，還要實現共同富裕。改革開放，就是根據各個時期國民經濟發展中的矛盾及其運動，從上層建築或者生產關係的角度進行適度調整，解除對生產力發展的制度束縛，促進社會主義經濟的發展。正是在馬克思主義科學方法論的指導下，中國的生產力水準在過去三十多年市場化、國際化進程中實現了迅速發展，這也為實現共同富裕奠定了堅實的物質基礎。但是，市場機制有利於提高經濟效率，卻會造成收入分配的不平衡，因此，發揮中國社會主義制度的優越性，行使政府職能，在收入分配領域及時地進行適當干預和調節，不僅有利於實現公平，也是克服市場經濟缺陷，維持社會主義市場經濟健康有序發展的必要舉措。加入世界貿易組織之後，中國在宏觀經濟制度的改革上向民生調控傾斜，正是在新的歷史階段進一步調整生產關係以利於生產力發展的必要舉措。

---

① 武力. 中華人民共和國經濟史：下卷［M］. 北京：中國時代經濟出版社，2010：1085.
② 「兩限房」即「限套型、限房價」的商品房——為降低房價，解決城市居民自住需求，保證中低價位、中小套型普通商品住房土地供應，經城市人民政府批准，在限套比例、限銷售價格的基礎上，以競地價、競房價的方式，招標確定住宅項目開發建設單位，由中標單位按照約定標準建設，按照約定價位面向符合條件的居民銷售的中低價位、中小套型普通商品住房。兩限房用地的套型面積全部為90平方米以下。

第八章　宏觀經濟制度的形成及其演變

第三節　新時代中國特色社會主義宏觀經濟制度創新與發展（2012 年—）

一、經濟「新常態」下圍繞供給側結構性改革的宏觀經濟制度創新

中國出口導向型的經濟受到 2008 年國際金融危機的顯著衝擊，市場經濟的結構性矛盾逐漸凸顯，2012 年左右，中國進入了「三期疊加」的經濟「新常態」；2013 年 12 月，習總書記在中央經濟工作會議上首次提出「新常態」，這也標誌著中國的宏觀經濟制度從傳統的側重需求管理向供給側結構性調整的方向轉變，2015 年 11 月供給側結構性改革正式在中央經濟工作會議上提出。具體而言，供給側結構性改革目標統領的宏觀經濟制度主要從三個方面進行了創新。

1. 完善以財政政策、貨幣政策為主的多種政策協調配合的宏觀經濟政策體系

黨的十八大報告指出：「經濟體制改革的核心問題是處理好政府和市場的關係，必須更加尊重市場規律，更好發揮政府作用。」

在宏觀經濟制度方面，黨的十八大報告明確提出了「健全現代市場體系，加強宏觀調控目標和政策手段機制化建設」。具體而言，一是從財稅體制改革的角度，「健全中央和地方財力與事權相匹配的體制，完善促進基本公共服務均等化和主體功能區建設的公共財政體系，構建地方稅體系，形成有利於結構優化、社會公平的稅收制度，建立公共資源出讓收益合理共享機制」。二是從金融體制改革的角度，「健全促進宏觀經濟穩定、支持實體經濟發展的現代金融體系，加快發展多層次資本市場，穩步推進利率和匯率市場化改革，逐步實現人民幣資本項目可兌換。加快發展民營金融機構。完善金融監管，推進金融創新，提高銀行、證券、保險等行業競爭力，維護金融穩定」。

2013 年黨的十八屆三中全會提出「使市場在資源配置中起決定性作用和

更好發揮政府作用」的理論觀點，並指出「決定性作用」和「基礎性作用」是前後銜接、繼承發展的。①

具體到宏觀經濟制度方面，黨的十八屆三中全會強調健全「以財政政策和貨幣政策為主要手段的宏觀調控體系」。2016 年 3 月，十二屆全國人大四次會議通過的「十三五」規劃綱要也要求「完善以財政政策、貨幣政策為主，產業政策、區域政策、投資政策、消費政策、價格政策協調配合的政策體系」。

2. 適應「新常態」的宏觀經濟政策框架

黨的十八大以來，以習近平同志為核心的黨中央，準確把握全球經濟發展大勢和中國經濟發展變化，不斷創新宏觀調控方式，形成了以經濟進入新常態為認識、以新發展理念為指導、以供給側結構性改革為主線、以穩中求進為工作方法論的宏觀經濟政策框架。②

(1) 供給側結構性改革創新。2012 年前後，中國經濟步入增長速度換擋、結構調整陣痛、前期刺激政策消化的「三期疊加」時期，為了激發新的經濟增長點，2015 年 11 月中央經濟工作會議提出供給側結構性改革，作為引領經濟「新常態」的重大政策創新，在適度擴大總需求的同時，注重從總供給結構上適應需求結構的調整與升級，通過去產能、去庫存、去槓桿、降成本、補短板來提高供給結構的適應性和靈活性。2016 年年底召開的中央經濟工作會議提出，要深化供給側結構性改革，並將著力振興實體經濟作為與推進「三去一降一補」相提並論的深化供給側結構性改革的重要工作內容。

2015 年 10 月黨的十八屆五中全會提出了創新、協調、綠色、開放、共享的新發展理念，圍繞踐行新發展理念，進一步確立了推進供給側結構性改革這條主線，提高供給體系質量和效率、增強經濟持續增長的動力。將供給側管理和需求側管理作為調控宏觀經濟的兩個基本手段，相互配合、協調推進。

(2) 致力於惠民生、補短板的財政政策和貨幣政策。在經濟下行壓力下，

---

① 張宇. 中國特色社會主義政治經濟學 [M]. 北京：中國人民大學出版社，2017：168.
② 李偉. 宏觀經濟政策新框架成功駕馭新常態 [J]. 瞭望，2017 (33).

第八章　宏觀經濟制度的形成及其演變

適當提高財政赤字率，擴支減稅，規避經濟失速風險。採取結構性減稅和普遍性降費，大力推進「營改增」，進行定向調控，拓寬小微企業稅收優惠範圍，對服務「三農」的金融機構和高技術企業等實施減稅，切實減輕企業負擔；加大對淘汰落後產能的財政支持力度；調整優化支出結構，推動戰略性新興產業健康發展。2014—2016 年，分別啓動實施了國家科技成果轉化引導基金和新興產業創業投資引導基金，以及總規模達 195 億元人民幣的四只國家中小企業發展基金。①

2014 年 5 月 30 日，國務院常務會議研究部署了促進金融更好服務實體經濟發展的政策措施，提出深化金融改革，用調結構的辦法，適時適度預調微調，疏通金融服務實體經濟的「血脈」。2016 年「十三五」規劃綱要明確提出「健全現代金融體系，提高金融服務實體經濟效率和支持經濟轉型的能力」。

根據上述政策定位，貨幣政策轉向定向調控作用的有效發揮：央行積極運用定向降準、定向再貸款、非對稱降息等貨幣政策工具，激活力、補短板、強實體，多次採取定向降準和定向再貸款等操作，力圖為小微企業和「三農」提供必要的資金支持。② 在信貸政策上，嚴控產能過剩行業貸款，引導金融支持「雙創」和技術型企業等，通過結構性政策引導信貸資源流向重點領域和薄弱環節，支持中國經濟轉型升級。

同時，為了提升金融服務水準，進一步推進利率市場化改革。從放寬存款利率浮動區間，再到基本放開利率管制，中國利率市場化改革邁出了重要一步。金融機構的自主定價能力得到提升，金融服務水準不斷增強。

（3）探索防控金融風險的貨幣政策和宏觀審慎政策雙支柱調控框架。多年來，黨中央和國務院高度重視金融安全，早在 2002 年 11 月就成立了中央金融安全領導小組，確立了牢牢把握金融服務實體經濟的本質要求這一金融工作的重要方針，構成維護金融安全、防範化解金融風險的重要基礎保障，

---

① 工信部. 國家中小企業發展基金全部投入營運［EB/OL］.（2017-10-12）［2019-05-23］. http://mini.eastday.com/a/171012120739800.html.
② 劉偉，陳彥斌. 十八大以來宏觀調控的六大新思路［N］. 人民日報，2017-10-10.

這也是中國多次成功地應對國際金融動盪衝擊的原因。

2008年之後，國際國內金融形勢更加複雜，中央高度重視金融風險防範，貨幣政策和宏觀審慎政策雙支柱調控框架正是在這樣的背景下提出的，這個政策創新以有效兼顧貨幣政策的傳統功能及金融風險的防控功能為使命。

黨的十八大報告明確提出要「深化金融體制改革，健全促進宏觀經濟穩定、支持實體經濟發展的現代金融體系」「牢牢把握發展實體經濟這一堅實基礎」。2013年9月5日，習近平主席在二十國集團領導人峰會上強調要繼續加強國際金融市場監管，使金融體系真正依靠、服務、促進實體經濟發展。2017年7月14日至15日，第五次全國金融工作會議圍繞服務實體經濟、防控金融風險、深化金融改革「三位一體」的金融工作主題做出了重大部署。

在上述政策框架支持下，黨的十八大以來，以供給側結構性改革為中心的宏觀經濟調控顯示出以下特徵：一是宏觀調控的前瞻性、針對性、協同性顯著增強，不搞量化寬鬆和「大水漫灌」式的強刺激，在區間調控基礎上加強定向調控，注重實施微刺激相機政策，加強預期引導、供給管理與需求管理相結合；二是投資在調結構、補短板中發揮關鍵作用，投資結構持續優化，補短板領域投資持續快速增長；三是把防風險擺在突出位置，努力守住不發生系統性區域性風險底線。①

3. 配合供給側結構性改革的財稅體制改革

為了進一步適應供給側結構性改革的需要，財稅體制也在進行相應的改革。2014年6月30日，中央政治局會議審議通過《深化財稅體制改革總體方案》，部署了「改進預算管理制度、完善稅收制度、建立事權和支出責任相適應的制度」三大改革任務。

2015年1月1日新修訂的《中華人民共和國預算法》正式實施，初步建立預算公開制度，「三公」經費公開常態化，一般性轉移支付力度加大，占比不斷上升，初步建立規範的地方債務管理機制，做到有法可依、有據可行，

---

① 李心萍. 國家發改委主任詳解十八大以來中國經濟「風景這邊獨好」[EB/OL]. （2017-10-12）[2019-05-23]. http://news.youth.cn/sz/201708/t20170819_10545327.html.

實施地方存量債務轉換，盤活閒置財政資金。

在財稅政策上，加大統籌財政資金和盤活存量資金力度，「營改增」試點自2016年5月1日起全面推開。對服務業與製造業統一徵收增值稅，有利於公平行業間稅負水準，有利於為企業減稅降負，消費稅、資源稅以及環保費改稅改革也穩步推進。

中央政府與地方政府的財政關係改革也以財政事權劃分為起點展開。2016年8月24日，國務院發布《關於推進中央與地方財政事權和支出責任劃分改革的指導意見》，指出：「執行層面，部分事權上收中央，環保執法部門垂直改革已經完成。收入劃分方面，增值稅改革試點全面推行之後，制定實施了中央與地方增值稅收入劃分過渡方案，中央分享增值稅的50%，地方按稅收繳納地分享增值稅的50%，確保地方既有財力不變，維持現有中央和地方財力大致『五五』格局。資源稅從價計徵全面推開之後納入的礦產資源稅收入全部為地方財政收入，水資源稅按中央與地方1：9的分成比例不變。」①

2016年12月，全國人大常委會審議通過了《中華人民共和國環境保護稅法》，邁出了落實環保稅收法定原則的堅實一步。

總之，黨的十八大以來，中國宏觀經濟制度的改革遵循的是馬克思歷史唯物主義和辯證唯物主義方法論的指導，它基於中國改革開放四十年國民經濟發展及其矛盾演變之實踐，創新地將宏觀管理切入重心從傳統的需求側轉向了供給側；相應地，針對供給側凸顯的結構性矛盾，配合完善了宏觀管理的政策工具箱，即貨幣和財政這兩大市場化的政策工具，確保在市場的決定性作用基礎上，發揮好社會主義市場經濟中政府的協調作用，以產業政策、區域政策、投資政策、消費政策、價格政策等工具輔助，由此構成了服務於供給側結構性改革目標的宏觀調控政策體系；在具體政策實施過程中，則因為過去三十幾年的實踐累積，已經具備了較為成熟的把控、運用各個政策工具的能力，在這個前提之上，從「新常態」出發，進一步發掘、發揮各個政

---

① 十八大以來中國財政政策發展回顧［EB/OL］. (2017-10-12)［2019-05-23］. http://market.chinabaogao.com/gonggongfuwu/0K2W4112017.html.

策之間的協同效應，確保政策工具互為照應，逐漸探索形成宏觀經濟政策框架。由此可見，中國的宏觀經濟制度在改革中不斷創新和完善，越來越向著與中國特色社會主義市場經濟相適應的方向發展。

二、新時代中國宏觀經濟制度的改革方向定位

黨的十九大報告指出：「中國經濟已由高速增長階段轉向高質量發展階段，正處在轉變發展方式、優化經濟結構、轉換增長動力的攻關期，建設現代化經濟體系是跨越關口的迫切要求和中國發展的戰略目標。必須堅持質量第一、效益優先，以供給側結構性改革為主線，推動經濟發展質量變革、效率變革、動力變革，提高全要素生產率，著力加快建設實體經濟、科技創新、現代金融、人力資源協同發展的產業體系，著力構建市場機制有效、微觀主體有活力、宏觀調控有度的經濟體制，不斷增強中國經濟創新力和競爭力。」

在宏觀經濟制度方面，黨的十九大明確指出要「創新和完善宏觀調控，發揮國家發展規劃的戰略導向作用，健全財政、貨幣、產業、區域等經濟政策協調機制」。

具體從四個方面提出了改革目標：一是投融資體制改革，應該發揮投資對優化供給結構的關鍵性作用，加快建立現代財政制度，理順中央和地方之間的財政關係，實現權責清晰、財力協調、區域均衡；二是「建立全面規範透明、標準科學、約束有力的預算制度，全面實施績效管理」；三是稅收制度改革，強調健全地方稅務體系；四是金融體制改革，指出要「深化金融體制改革，增強金融服務實體經濟能力，提高直接融資比重，促進多層次資本市場健康發展。構建貨幣政策和宏觀審慎政策雙支柱調控框架，深化利率和匯率市場化改革。健全金融監管體系，守住不發生系統性金融風險的底線」。

正如習近平總書記多次強調的，經濟體制改革是全面深化改革的重點，核心問題是處理好政府和市場的關係，使市場在資源配置中起決定性作用和更好發揮政府作用。宏觀經濟制度的改革，必然會圍繞「既要有效的市場，也要有為的政府」而不斷向前推進。

第八章　宏觀經濟制度的形成及其演變

本章小結

　　宏觀經濟制度的變遷在新中國成立之後 70 年的經濟運行軌跡中勾畫了濃墨重彩的一筆。從上述三個歷史階段來看，中國宏觀經濟制度的演進並不是各個方面齊頭並進的，而是在不同的歷史時期各有側重、分別推進。整個改革的歷史進程以中國經濟體制從計劃向市場的轉軌為前提條件及制度基礎，始終貫穿著政府與市場之間關係的變化這條主線。在國民經濟管理或宏觀經濟管理的不同時期，或體現為經濟管理體制的變革，或體現為經濟管理目標的變化，或體現為經濟調控體系和調控政策框架的變革，或體現為宏觀調控手段的變化等，總體過程呈現漸進的特點。

　　第一階段是建立計劃經濟體制時期。1978 年之前中國國民經濟制度變革的主要內容是隨著計劃經濟體制的建立，在全社會確立並完善計劃管理體制。

　　第二階段是改革開放時期。隨著中國社會主義市場經濟體制的逐步建立和完善，宏觀經濟制度的變革體現為在宏觀經濟領域確立並完善市場管理體制的過程。這一階段經歷了三個歷史時期：首先是 1992 年之前的市場經濟探索時期，伴隨著「計劃經濟為主、市場調節為輔」的計劃與市場相統一的經濟體制代替過去的計劃經濟體制，中國宏觀經濟制度的變革突出表現在經濟管理體制的轉變上，即由改革開放之前的計劃管理體制轉向混合經濟管理體制，具體表現為單一行政管理方式向行政管理與市場管理方式並舉、行政管理手段和經濟管理手段有機結合。其次是 1992—2002 年市場經濟初步建立時期，伴隨著「使市場在社會主義國家宏觀調控下對資源配置起基礎性作用」的社會主義市場經濟體制的建立，宏觀經濟制度改革以發揮市場配置資源的基礎性作用為目標，圍繞政府職能轉變而展開，主要內容是建立健全市場經濟下的宏觀調控體系，具體包括財稅體制、金融管理體制和投融資體制改革等。最後是 2002—2012 年，以加入世界貿易組織為標誌的制度性開放時期，伴隨著更深層次、更寬領域的對外開放和社會主義市場經濟進一步發展的需

要，宏觀經濟制度的改革突出體現在三個方面———一是加強政府管理職能的法制化建設；二是完善宏觀調控體系，強調國家計劃和財政政策、貨幣政策相互配合；三是宏觀經濟政策目標上更加側重於調控民生，並且強調防範和化解金融風險。

第三階段是新時代中國特色社會主義市場經濟創新發展時期。2012 年黨的十八大召開之後，中國的改革開放徵程進入新的歷史階段，既面臨中國市場經濟創新發展的新機遇，又受到前所未有的國內外不確定因素的挑戰。在「使市場在資源配置中起決定性作用和更好發揮政府作用」的改革定位中，宏觀經濟制度的變革主要體現為經濟「新常態」下配合供給側結構性改革的宏觀經濟制度創新，包括完善以財政政策、貨幣政策為主的多種政策協調配合的宏觀經濟政策體系，建立適應「新常態」的宏觀經濟政策框架，以及配合供給側改革的財稅體制改革等具體內容。

2017 年黨的十九大明確指出要「創新和完善宏觀調控，發揮國家發展規劃的戰略導向作用，健全財政、貨幣、產業、區域等經濟政策協調機制」，並結合當前國際國內的新挑戰，具體從投融資體制、預算制度、稅收制度和金融體制四個方面明確了改革目標。中國宏觀經濟制度改革將圍繞「有效市場，有為政府」這一核心不斷向前推進。

第九章
勞動就業制度變遷

　　新中國成立以來，中國勞動就業制度經歷了從統包統分、就業雙軌制到勞動力市場建立和完善等發展階段。中國勞動就業制度的變革是與企業制度變遷特別是國有企業改革緊密相連的，從用工制度、勞動報酬的決定、招工和職工辭退、戶籍制度及社會保障制度等方面不斷改革和完善，以滿足企業有效運行的需要。勞動力市場的發育、完善及其相應的管理制度改革體現了中國漸進式改革的特點。與此同時，不同時期就業政策的調整從總體上服務於當時宏觀調控目標的需要。

第一節　改革開放前計劃經濟時期的勞動就業制度（1949—1978年）

一、新中國成立初期的勞動就業制度

新中國成立初期，國民經濟進入恢復時期，經濟事業百廢待興。面對複雜而嚴峻的國內外經濟環境，政府需要採取多種措施迅速恢復生產以穩定經濟秩序。為解決舊中國遺留下來的400多萬失業人員的生活安置和就業問題，以及城鎮新成長起來的勞動力就業問題，國家根據不同情況採取不同的就業政策加以解決：一是對於國民黨政府遺留下來的軍政公職人員和官僚資本主義企業的職工，只要他們放下武器、擁護新中國，政府統統採取「包下來」的辦法進行就業安置。二是對個體工商業者則實行介紹就業與自行就業相結合的政策。

1956年社會主義改造開始之後，政府對城市工商業者採取合併等方法，部分從業人員逐步轉入全民所有制企業和城鎮集體企業。與此同時，對部分暫時找不到合適工作的其他人員，採取生產自救和以工代賑等辦法，使其在求職期間能有基本的生活費來源。

用工制度是勞動就業制度的主要內容，計劃就業制度的形成首先是從企業的用工制度開始的。隨著國民經濟的逐步恢復，政府開始加強對勞動力資源的控制。1952年政務院提出要逐步實施統一調配勞動力資源，但在具體的招工用人過程中，仍允許各單位自主選擇錄用。在此期間，政府開始在一部分企業推行固定用工的就業形式，企業有權自行決定使用臨時工。從此，單位職工的就業身分被區分為固定工和合同工等不同的形式。由於臨時工、合同工所佔比重較大，政府又沒有完全禁止企業辭退職工，各企事業單位的用人基本上仍保持能進能出的勞動力運行機制。但政府對全社會勞動力採取「包下來」的就業政策，卻為後來計劃就業制度的形成和最終定型奠定了基礎。

二、統包統配就業制度的建立和演變

1955 年之後，中國的就業制度發生了較大變化。企事業單位的用人自主權被逐步削弱，取而代之的是逐漸建立起由各級政府的勞動部門統一調配的勞動就業制度。1955 年勞動部頒布的相關文件指出，依據對勞動力調配實行統一管理和分工負責的原則，各企業招工必須由勞動部門統一進行。與此同時，企事業單位中固定工數量增多，政府又頒布了禁止辭退職工的規定，導致各單位用人制度形成了只能進不能出的格局。到 1957 年，由於上年新增職工大大超過國家計劃，國務院發出通知，規定使用臨時工的指標也需經中央主管部門或省、自治區和直轄市人民政府批准。這樣，用人招工權被進一步集中到政府的勞動部門。這一時期，政府負責安排的人員範圍不斷擴大，從大中專畢業生和部分復員轉業軍人開始，漸漸擴大到城鎮中需要就業的全部人員，最終形成了以政府統包統配和固定工制度為主要特徵的勞動就業制度。歷史地看，這種就業制度對於穩定社會秩序、促進經濟建設，也曾起過一定的積極作用。[1]

「一五」期間，中國較好地解決了城鎮新增勞動力和失業者的就業問題，為下一階段的勞動就業奠定了現實基礎。但是，隨後「大躍進」造成的嚴重失誤，使勞動就業形勢驟然逆轉。1958—1960 年，全國淨增城鎮勞動職工 2,868 萬人，其中 2,000 萬人來自農村，他們中的 75% 在工業部門就業，其中 64% 集中於重工業部門。1961 年開始的 3 年經濟調整時期，不得不精簡職工 2,000 多萬人，其中大部分被動員回鄉從事農業生產。[2]

經濟建設收縮和企業精簡職工，影響了工礦企業對勞動力的吸納能力。到 1963 年年底，全國城鎮尚有 200 萬人未能安置，其中 85% 以上為青壯年勞動力。面對這種情況，政府對城鎮求職者在實施統包統配政策的同時，採取比較靈活的安置辦法。一方面，勞動部門通過開闢城鎮生產和服務新途徑，

---

[1] 張明龍. 中國就業政策的六十年變遷 [J]. 經濟理論與經濟管理，2009，V（10）：21-26.
[2] 張明龍. 新中國 50 年勞動就業制度變遷縱覽 [J]. 天府新論，2000（1）：11-16.

組建各種手工業、商業和服務業等集體企業，增加就業崗位，繼續執行統一配置勞動力的政策；另一方面，有計劃地動員部分城鎮青年「上山下鄉」，提倡從事家庭副業和自謀職業，對未升學的青年進行文化補習或職業培訓等，盡力減緩就業壓力，從而使城鎮閒散勞動人口和新增勞動力基本上得到了妥善安置。

1966年開始的「文化大革命」，將國民經濟推向崩潰邊緣，打亂了正常的就業制度。特別是頭三年，由於工礦企業停止招工，大專院校停止招生，400萬初高中畢業生滯留在社會等待安排。當時的解決辦法是，動員大量城鎮知識青年「上山下鄉」。到1979年，由於調整了城鎮知識青年「上山下鄉」政策，城鎮新增勞動力不再推向農村，同時歷年下鄉的知識青年要返城，以及按政策留城而尚未就業者、自行回城者和其他待業者，等待政府安置的勞動力達1,500萬人，政府面臨著新中國成立以來前所未有的嚴峻形勢。繼續推行統包統配的計劃就業政策困難重重，就業制度的改革勢在必行。

三、統包統配就業制度的運行特點

新中國成立不久，面對舊中國遺留下來的近乎崩潰的經濟、大量的失業工人、混亂的社會，為了盡快解決工人的失業問題，政府採取了多種措施，廣開門路，將計劃安排就業與個人自謀職業相結合。在新中國經濟的迅速恢復與發展推動下，失業似乎已經從中國大地上消失。然而，由於人口政策的失誤，勞動力的增長遠遠超過需求，政府為了實現社會主義消滅失業的目標，只能承擔起解決城鎮勞動就業的全部負擔，與此相應的計劃經濟時期的就業制度逐步形成。在國民經濟恢復時期和第一個五年計劃時期，是中國計劃就業制度初步形成的起始階段，其主要表現為全國統一的勞動力招收和調配制度的建立。[①]

中國勞動力的統一招收和調配制度是從建築業開始建立的。建築業在工

---

① 袁志剛. 中國就業制度的變遷 [M]. 太原：山西經濟出版社，1998：9-13.

第九章　勞動就業制度變遷

業化發展過程中所承擔的基礎角色和建築業勞動力管理方式之間的矛盾使政府首先實行了對建築工人的統一調配制度，用以確保進行基本建設所必需的勞動力。1955年以後，勞動力的統一招收和調配制度從建築業擴大到礦業企業和交通運輸等各個部門。這是因為隨著經濟建設的迅速發展，各個部門都需要大量補充勞動力。1955年5月，中央人民政府勞動部召開了第二次全國勞動局長會議，會議明確規定了勞動力統一招收和調配的基本原則、方法和勞動部門的管理權限。基本原則是「統一管理，分工負責」，即在勞動部門統一管理之下，由企業主管部門分別負責進行。具體辦法是：第一，在招工方面，企業招用工人需要統一經過勞動部門進行，機關和事業單位招用人員應報當地勞動部門備案；第二，在調配方面，企業之間勞動力的餘缺調劑主要由主管的產業部門在本系統內進行，但為避免同一技術工種之間相向調動和遠距離調動所造成的浪費，需要由地方勞動部門進行地區平衡調劑；第三，各部門、各地區之間勞動力餘缺調劑以及抽調技術工人支援內地重點建設，由勞動部門進行；第四，在勞動力平衡計劃方面，各部門和各地區根據國家批准的勞動計劃，編製本部門本地區的年度勞動力平衡計劃，由勞動部門進行部門間、地區間的勞動力配置。

　　從此，勞動力的統一招收和調配制度，就在國民經濟各個部門建立和發展起來。勞動力的統一招收和調配制度的建立，在當時條件下，制止了勞動力的私招亂雇行為，保證了勞動力的穩定和職工的職業安定，有助於解決部門之間、地區之間、企業之間勞動力餘缺的矛盾，減少了窩工浪費，支援了重點建設地區，對國民經濟的恢復和第一個五年計劃的完成所需要的勞動力起到了保證作用。

　　但是，這一制度將社會豐富的就業門路全部包攬到國家身上，勞動力只有流向國有和集體企業一種方式，企業承擔了極大的就業負擔，勞動生產效率低下，內耗增加，企業用人遠遠超過了實際需求。而且，這一制度剝奪了勞動者選擇就業的權利，勞動者所享受的收入包括了工資、住房、醫療、養老四個方面，而後三個方面同企業單位緊密掛勾，導致勞動者無法流動。

四、計劃就業制度的缺陷

在計劃經濟條件下，國有企業不僅具有組織生產、發展經濟的經濟功能，同時作為政府行政機構的附屬物，還承擔著一部分政府職能和大量的社會功能。「企業辦社會」就是這種現象的典型表現，其中就包括統包統配的勞動就業制度。統包統配的計劃就業制度內生於「企業辦社會」這種落後的企業制度。

「企業辦社會」是指國有企業在支付職工的貨幣工資報酬外，還直接向企業職工提供各種生活服務，擔負企業職工乃至家庭成員的管理、教育和就業及社會保障方面的職能。企業不僅需要建立廠房和其他生產經營設施，還需要配套建設職工醫院、子弟學校（大的單位的子弟學校是一個系統，從幼兒園、小學一直到高中）、副食品商店，甚至包括理髮店，幾乎無所不包。也就是說，國有企業承擔了應該由市場和政府提供的社會服務，使企業實際上成為一個「麻雀雖小，五臟俱全」的小社會，從而造成國有企業除生產經營所需要的成本之外，其他具有社會保障性質的各種福利費用急遽膨脹。[1]

這種就業體制還造成了單位多餘人員越來越多，既很難調劑，又無法辭退，嚴重制約了勞動生產率的提高。長期實行固定工的用工制度，使職工端上了所謂「鐵飯碗」，既造成勞動紀律鬆弛，又難於管理。針對這些情況，1958年勞動部提出，今後企業招收新工人時，應分別採用長期合同工和短期合同工。除了部分掌握複雜技術的生產骨幹外，盡力少用固定工。然而，這種改革設想剛剛提出不久，便由於「大躍進」而被迫中斷。

計劃就業制度最突出的缺陷是社會保障與就業聯繫在一起，必須保證接近100%的全面就業。因為勞動者一旦失業，就失去所有的福利保障，連基本生存都無法保障。但這種全面就業並不是一種真實意義上的充分就業，而只是一種低效率就業。一是造成企業大量冗員；二是由於企業配發的各種福利

---

[1] 陳少暉. 從計劃就業到市場就業——國有企業勞動就業制度的變遷與重建[M]. 北京：中國財政經濟出版社，2003：72.

第九章　勞動就業制度變遷

本身具有社會保障的性質，分配方式上必然實行平均配給，加之當時流行實物化的形式，造成勞動報酬分配上事實上的平均主義和「大鍋飯」。[1]

統包統配的就業制度從 20 世紀 50 年代中期開始形成，到 60 年代中後期基本定型。在此期間，就業政策雖然也經歷過一些調整，但就業制度的基本框架沒有根本的變化。與此相反，這種就業制度的弊端隨著時間的推移暴露得越來越明顯，主要表現為勞動調控機制呆板，指令性的用工指標因脫離勞動力的供求變化而嚴重失實，政府統得過死，包得過多，能進不能出，一次分配定終身，嚴重影響了企業和勞動者的積極性，束縛了生產力的發展。[2]

歷史地看，勞動力統一調配是為保證優先發展重工業的工業化政策能夠順利推行而採取的一種制度安排，同時也是在勞動力城鄉分割、限制勞動力流動的背景下推行的一種就業制度。1978 年開始的經濟改革使得統包統配這種就業制度依賴存在的制度基礎開始鬆動，揭開了計劃就業制度改革的序幕。

---

[1] 陳少暉. 從計劃就業到市場就業——國有企業勞動就業制度的變遷與重建 [M]. 北京：中國財政經濟出版社，2003：122-128.
[2] 張明龍. 中國就業政策的六十年變遷 [J]. 經濟理論與經濟管理，2009（10）：21-26.

第二節　改革開放後勞動就業制度的變遷（1978—2012 年）

　　勞動就業制度的改革與深化是與國有企業改革的進程緊密聯繫在一起的，也可以說就業制度改革本身就是國有企業改革的一部分。1978 年實行經濟改革以後，轉換企業經營機制成為改革的重點，企業的行政化管理方式被逐步摒棄，企業經營要求更多地體現出以追求利潤為目標的市場原則。過去對企業實行按產量指標管理的辦法也被經濟效益指標所替代，國有企業逐步開始以經濟主體的地位參與市場競爭。為適應企業生產經營活動的逐步市場化，在勞動就業領域首先要求給予企業更多的自主招工權和更加靈活的工資制度，逐步形成了計劃用工與市場化用工相結合的就業雙軌制。

一、國有企業的漸進式改革與就業雙軌制

　　就業雙軌制是隨著中國企業改革的逐步深化而產生的一種具有中國特色的、帶有過渡性的制度安排。這種就業制度既保持了原有計劃就業制度的基本框架，同時積極引入勞動力市場調節的因素和功能，使得勞動力市場首先能夠在體制內逐步得到發育。

　　1.「三結合」的就業方針與就業雙軌制的形成

　　中國國有企業改革遵循的是漸進式改革的策略，而不是所謂「休克療法」和一步到位。從 1979 年開始，國企改革大體上沿著下列順序漸次展開：1979—1980 年為放權讓利階段；1981—1982 年開始推行工業生產經濟責任制，一系列配套性的措施也逐步出抬；到 20 世紀 80 年代中期企業改革的重點則是推行「利改稅」，在實行經濟責任制和兩次「利改稅」的基礎上，從 1986 年開始試行「承包責任制」，到 1988 年全面推開。在具體的改革實踐中，這幾個階段分步驟地交叉相接，同步配套進行，體現了層層深入的遞進關係。

　　隨著企業制度的改革，過去實行的統包統配的就業用工制度已經不能適

第九章　勞動就業制度變遷

應企業發展的需要，其弊端更加凸顯。為此，國家提出了「三結合」的就業方針，即在國家統籌規劃的指導下，勞動部門介紹就業、自願組織起來就業和個人自謀職業相結合。具體而言，勞動部門介紹就業就是國營和大集體企業、事業單位按國家計劃指標招工；自願組織就業就是指由群眾自願組織的各種集體經濟單位組織就業；自謀職業是指個體勞動者從事個體商業和服務業。「三結合」的新就業政策無疑將傳統的統包統配的計劃就業制度打開了一個缺口，由過去單一的國家統一計劃就業轉變為國家、集體、個人共同開拓就業門路。從此以後，中國勞動力的配置實際上被分為兩個部分：一部分仍然由國家進行統一調配、統包統分；另一部分則可以自由流動，自謀職業，受市場調節，逐步形成了勞動力資源配置的雙軌運行機制。[①] 這種制度安排無疑體現了中國市場經濟改革的漸進特徵。

2. 推行勞動合同制的試點改革

中國國有企業的改革是從推行放權讓利和經濟責任制開始的，其主要內容包括企業的生產決策權、收益分享權和企業內部分配權三個方面。[②] 經過1979 年的「利改稅」之後，開始實行承包經營責任制，國有企業改革向市場經濟體制方向邁出了更大的步伐，重點是實行所有權與經營權的分離，進一步完善企業經營機制。因此，原有的統包統配的計劃就業制度成為國有企業深化改革的主要障礙，必須從根本上加以突破才能適應國有企業改善經營機制的需要。

「包下來」的就業安置政策和採取固定工的用人制度是計劃就業體制的核心，只有率先打破「鐵飯碗」的用工制度，才能從根本上動搖統包統配就業制度的制度基礎，向市場化就業制度邁出實質性的一步。勞動合同制的試行就是在這一背景下進行的。1983 年 2 月，勞動部發布《關於積極試行勞動合同制的通知》，明確提出在企業中逐步實行勞動合同制，以改革長期以來存在的固定工制度。1986 年 7 月國務院發布《國營企業實行勞動合同制暫行規

[①] 張小建. 中國就業的改革發展 [M]. 北京：中國勞動社會保障出版社，2008：40-44.
[②] 胡鞍鋼，程永宏. 中國就業制度演變 [J]. 經濟研究參考，2003 (51).

定》，正式提出要在企業用工制度方面實行「雙軌制」，即在企業新招收的工人中實行勞動合同制，在原招收的工人中仍保留固定工的就業方式。至此，具有中國特色的就業雙軌制正式形成。

作為就業雙軌制改革的主要內容，勞動合同制本身也經歷了從試行到全面推行的發展過程。隨著國有企業承包經營責任制的全面推行，要求在企業的勞動用工制度方面進一步深化改革。從 1987 年開始，在總結勞動合同制試點經驗的基礎上，進行了以搞活固定工制度和試行全員勞動合同制的改革。搞活固定用工制度的主要目的是解決就業雙軌制帶來的矛盾，進一步激發勞動者的積極性和提高勞動要素的配置效率，促進企業經營機制的轉換。具體形式主要包括擇優和競爭上崗、優化勞動組合以及合同化管理等。1992 年以後，國有企業改革進入以轉換企業經營機制為主要內容的新的改革階段，勞動就業制度迎來新的改革機遇。從搞活固定用工制度發展到試行全員勞動合同制，即對新招聘的工人和原有的固定工實行統一的勞動合同制。之後隨著失業與下崗的並軌和失業保險制度的建立，所有就業者進入勞動力市場實行統一的市場化就業制度，就業雙軌制逐漸被單一的市場化就業制度取代。

3. 雙軌制的改革意義

首先，勞動合同制的推行促進了勞動力市場的發育。在就業雙軌制的條件下，儘管在國有企業內部企業並不能自由地依據勞動合同解雇職工，尤其是對於 1986 年之前招用的老職工而言更是如此，但企業已經擁有自由招聘新職工的權力。統分統配的傳統用工制度逐漸被更加靈活的、具有契約性質的勞動合同制所代替。此外，除國有企業之外的其他經濟類型的企業則完全擁有自由招聘、解雇職工的權力，勞動力市場已在這部分企業之間發揮調節作用，工人可以在這些企業之間自由流動，重新選擇就業。

其次，積極推行工資與效益掛鈎的制度，使勞動報酬與企業效益、生產率增長之間有了更加密切的聯繫，極大地刺激了勞動積極性的提高。傳統的根據工資等級、依照工齡統一升級的工資制度基本上不再發生作用，工資重新恢復了其應有的激勵功能。但是，由於國有企業的改革並沒有真正到位，雖然政府把制定工資和獎金的權力下放給企業，但是企業的工資行為往往並

不理性。與此相對應，其他經濟類型的企業已經開始形成比較理性的工資調節機制，工資的支付根據與勞動的邊際生產率相一致的原則進行，勞動力市場上的工資就像普通的商品市場的價格一樣，起著調節自由勞動力市場的供給與需求的作用。這樣，計劃工資的殘存與市場供求調節的工資的出現構成了工資制度上的雙軌並存局面。

最後，為了減輕國有企業的負擔，開始試行社會保障基金的統籌計劃，養老保險、待（失）業保險、醫療保險和住房制度的改革已經提上議事日程，但它們的進展速度不一。

4. 就業雙軌制的局限性

歷史地看，就業雙軌制特別是勞動合同制的推行是中國勞動就業制度上的一次重大改革，目的在於逐步取代計劃經濟體制下的長期存在的固定用工制度。這項制度改革對於促進企業經營機制的改善、提高勞動效率、增加企業的生產積極性具有重要意義。但是由於勞動合同制仍處於試行的初期階段，被納入勞動合同制管理的員工只占全部企業職工中很少的部分，大部分職工還是保留固定工的身分和地位，因此無法從根本上改變統包統配的計劃就業體制。到1986年年底，全民所有制單位合同制職工只占5.6%，合同制員工總數大約為524萬。即使加上城鎮集體所有制單位的合同制職工，也不會超過624萬。[①]

就業雙軌制是與當時實行的有計劃的商品經濟的經濟體制相適應的，因而不是一次徹底的改革，而只是計劃就業制度一次局部性的調整，並沒有觸及傳統就業體制的核心內容。但勞動合同制的推行是向市場化就業制度改革的一次意義深遠的有益嘗試，使得市場調節因素在勞動就業領域開始發育。特別是鄉鎮企業的興起和外商投資企業的出現，帶來了市場化程度更高的一些新的用工形式，如工人合同制、幹部聘任制、浮動工資制等，又從體制外對傳統的勞動就業制度形成新的衝擊，對後來國有企業勞動就業制度的深化改革提供了有益的借鑑。

---

① 胡鞍鋼，程永宏. 中國就業制度演變［J］. 經濟研究參考，2003（51）.

除了對企業用工制度的改革不徹底之外，就業雙軌制帶來的另一個問題就是勞動力流動緩慢，企業不能根據對勞動力的需求變化辭退工人。也就是說，勞動合同制部分解決了「如何進人」的問題，但沒有同時解決「出」的問題，不能真正做到企業職工的「有進有出」。20世紀50年代中期以後，隨著中國高度集中的行政計劃體制的建立，占絕對主導地位的始終是在勞動就業計劃安排下的勞動力並不是採取市場化的流動方式，而只是一種行政性的流動，即勞動力的進出需要政府勞動部門來協調，導致勞動力的流動性非常低。根據北京市政府勞動就業課題組1992年的調查統計，合同工流動率在5%左右，而固定工的年流動率則不足1%；全民職工流動中屬於國有企業內部調動的比例占流動總量的84.5%，不同所有制企業之間流動的只占15.5%。①

從當時的實際情況來看，勞動力流動率低的一個重要根源在於勞動報酬制度並沒有完全市場化，而是依附於就業單位所提供的各種福利，如住房、醫療、退休保障及其他社會福利，這些不同形式的單位福利形成了除工資之外的其他貨幣性或實物性收益。這種工資之外的隱性收益在改革後逐年增加，與工資相比所占份額越來越大，由此導致了勞動者預期的流動收益始終低於其勞動成本。因為職工一旦流向體制外，這部分收益就將隨之喪失，而這種損失是大部分職工所不願承受的。此外，僵化的戶籍制度和人事檔案關係等非經濟壁壘的存在，使得勞動力流出和流入的難度加大，勞動力流動的直接成本上升。②

從企業對勞動力的需求角度看，用人單位需建立勞動力自由流動、自主招聘與解聘的市場化的用工機制。而要形成這種機制必須以企業經濟行為的獨立性作為前提，但國有企業僵化的經營機制和企業管理的行政化特徵則限制了勞動力的充分流動。在雙軌制就業體制下，作為體制外的非國有企業之

---

① 陳少暉. 從計劃就業到市場就業——國有企業勞動就業制度的變遷與重建 [M]. 北京：中國財政經濟出版社, 2003：188.

② 陳少暉. 從計劃就業到市場就業——國有企業勞動就業制度的變遷與重建 [M]. 北京：中國財政經濟出版社, 2003：185-194.

第九章　勞動就業制度變遷

所以能自由招收和解雇勞動力，勞動者可以自由選擇勞動供給對象，其原因就在於非國有企業及其員工都是獨立的經濟主體，都有權自由支配自己的交換行為，都以實現利益最大化為各自的交換動機和原則。而依靠行政計劃調節的國有企業，雖然在改革後也強調以經濟效益作為企業行為的出發點和歸宿，也希望根據市場信號和供求關係的變化建立起正常的勞動力自由吞吐機制，但在雙軌經濟的體制轉換時期，國有企業還沒有成為完全獨立的市場主體。在缺乏自我約束和激勵機制的情況下，企業雖然有追求效率目標的功能，要求節約人工成本，弱化人力需求的擴張，但作為行政主管部門的下屬單位，又必須完成政府的就業穩定目標，企業希望加強勞動力流動的動機無法轉化為現實。[1]

5. 低效率就業與進一步改革的迫切性

統包統配的勞動就業制度及隨後加以局部改良的就業雙軌制，雖然形式上實行了充分就業的宏觀經濟目標，但這種形式下的充分就業與市場經濟條件下的充分就業是有著本質區別的。由於就業職工不能根據市場的供求變化被企業辭退，加之企業改革力度加大形成的下崗職工仍然需要由政府出面進行重新安置就業，因此形成了大量的企業冗員，也就是說企業內部沉澱了事實上的過剩勞動力，但這些過剩勞動力又不能推向市場而必須由企業內部消化。因此形成了一種低效率的充分就業，有文獻將其稱為「就業陷阱」。[2]

低效率就業的存在從根本上反應了企業的經營機制仍然受到計劃經濟體制的嚴重束縛，企業的勞動用工制度和勞動報酬體系需要進一步向市場化程度更高的發展方向邁進。低效率就業首先與勞動力流動的相關政策有關。國有企業對職工向體制外流動採取鼓勵態度，但對流入國有企業則加以限制。因此，企業要想得到勞動力補充，只能以計劃外用工的形式實現，這就必然造成勞動力需求總量上的擴張。其次，就業雙軌制雖然開始採取勞動合同制

---

[1] 陳少暉. 從計劃就業到市場就業——國有企業勞動就業制度的變遷與重建 [M]. 北京：中國財政經濟出版社，2003：185-194.

[2] 陳少暉. 從計劃就業到市場就業——國有企業勞動就業制度的變遷與重建 [M]. 北京：中國財政經濟出版社，2003：194-202.

的形式來招收新的員工，但勞動報酬仍然需要根據職工的身分、學歷、工齡等因素並按統一的標準來確定，而與勞動者的績效或工作業績關係甚微，形成了企業內部收入分配的均等化傾向，直接影響了職工的勞動積極性，降低了勞動力資源的配置效率。

低效率就業實際上是一種隱性失業，反應了企業勞動力資源配置的剛性特徵。國有企業改革不徹底導致的固定工與合同制職工同時並存的二元用工機制，則強化了勞動力配置的剛性特徵。在雙軌經濟的體制下，企業一方面要面對來自城鎮勞動力冗員的壓力，另一方面又要承擔進城務工農民的新增就業任務。此外，由於社會保障制度的缺乏，政府將就業保障的責任轉嫁給企業，使保障、福利與就業合為一體，實現就業便同時獲得了福利和保障，失業就意味著失去福利和保障。[1] 因此，低效率就業成為因缺乏社會保障制度而採取的一種旨在緩解就業壓力和社會矛盾、實現社會穩定的替代性制度安排。

從宏觀經濟的層面看，低效率就業只有在城鄉分割的就業體制下才能有效運行。在二元經濟條件下，城鎮和農村實行的是兩套完全不同的就業制度，二者之間不能相互交融。勞動者一旦被全民所有制和城鎮集體所有制單位安置就業，雖然很難有機會改變就業單位，但同時也幾乎不會被解雇和失業。然而，到20世紀90年代中後期，由於宏觀經濟衰退和東南亞金融危機的不利影響，國有企業處於大範圍的虧損狀態，被迫進行以減員增效為核心的就業制度改革，產生了數量龐大的下崗職工和失業人員。加上農村剩餘勞動力的大量轉移形成的「民工潮」，低效率的充分就業賴以存在的外部條件已經消失，勞動就業制度加快轉向市場導向的就業制度。

二、市場化就業制度的初步探索

1992年黨的十四大確立了建設社會主義市場經濟的改革目標，這一目標

---

[1] 陳少暉．從計劃就業到市場就業——國有企業勞動就業制度的變遷與重建 [M]．北京：中國財政經濟出版社，2003：194-202．

第九章　勞動就業制度變遷

確立後，中國就業制度發生了本質性的變化，政府管理就業與失業問題的行為模式有了實質性改變，勞動力市場機制構建和完善的腳步加快，整個中國的就業與失業管理體制開始朝著中國特色的市場化體制邁進。

1. 建立現代企業制度與勞動就業體制改革目標的確立

經過1989—1992年三年的治理整頓，中國經濟體制改革進入了一個嶄新的歷史時期。1993年11月，黨的十四屆三中全會通過了《中共中央關於建立社會主義市場經濟體制若干問題的決定》（以下簡稱《決定》），明確提出建立社會主義市場經濟體制的改革目標，要求建立與社會化大生產相適應的產權關係明晰、權責明確、自負盈虧、管理科學的現代企業制度，合理調節所有者、經營者和職工之間的關係，最終形成與市場經濟發展要求相適應的激勵和約束相結合的經營機制。對於勞動就業制度，《決定》正式提出了「改革勞動制度，逐步形成勞動力市場」的改革目標。將勞動力市場的培育和發展作為整個市場經濟改革的重要組成部分，因為要素市場的發育是推進市場經濟深化改革的關鍵環節。建立勞動力市場的改革目標為勞動就業制度的深化改革指明了方向，從此勞動力市場在中國經濟中逐步得到恢復和發展。

首先，國有企業經營機制的進一步轉換和現代企業制度的建立，要求徹底打破國有企業勞動力計劃配置體制，使中國市場與計劃雙軌並存的二元就業機制向一元化的市場就業機制轉化，最終實現全社會勞動力的市場配置，這已成為國有企業就業體制改革的必然選擇。

其次，勞動力與生產資料不同所有制的存在，也要求對勞動力進行市場配置。由於社會現階段生產力發展水準比較低、不平衡、多層次，決定了社會主義生產資料所有制的多元結構。國有企業、集體企業、個體企業、私營企業、三資企業等都是獨立的和相對獨立的財產所有者，從而是獨立的和相對獨立的商品生產者和經營者。勞動力要素實際上歸勞動者個人所有，勞動者個人也是一個獨立的經濟利益主體。勞動力與生產資料實際上不同的所有制關係的存在，必然要求勞動力實行市場化配置。

再次，對勞動力實行市場化配置是解決微觀層次勞動力供求矛盾、提高企業資源配置效率的基本手段。就業競爭機制是勞動力市場配置的核心機制。

就業競爭以勞動力供需雙方平等、自願和互相選擇為基礎，首先對勞動力供給方形成一種激勵作用，迫使勞動者不斷提高自身素質，以擴大自己被選擇的機會。由就業競爭來解決微觀層次的勞動力供求矛盾，相對於主觀色彩濃厚的行政性分配勞動力方式，具有目的性明確、交易成本較低、配置效率較高的特點。尤其在目前國有企業就業流動的種種制度壁壘尚未受到根本觸動的條件下，引入市場就業機制更顯得極為必要。隨著經濟體制改革的日益深入，勞動力市場配置的地位和作用將更加突出。①

2. 全面推行全員勞動合同制

在總結 20 世紀 90 年代初期全員勞動合同制試點改革經驗的基礎上，為適應加快建設現代企業制度的要求，國家決定全面推行全員勞動合同制，以規範和促進勞動力市場的培育和壯大。1993 年 12 月勞動部正式印發《關於建立社會主義市場經濟時期勞動體制改革總體設想》，對推行全員勞動合同制的任務進行具體的部署，並明確了「時間表」，要求「八五」期間全國三分之二以上地區的各類企業全面推行全員勞動合同制，有條件的非國有企業要實行集體談判制度。「九五」期間全國所有企業的全體職工中實行勞動合同制。到 1994 年年底，全國已有 300 多個縣市的各類企業全面實行了勞動合同制。實行勞動合同制的職工範圍也逐步擴大，轉業軍人、大中專畢業生等也被納入勞動合同制，實行多年的就業雙軌制逐步被勞動合同制取代。② 這一改革措施為勞動力市場的最終建立奠定了基礎，邁出了關鍵的一步。

3. 對勞動就業關係實行法制化管理

現代市場經濟是法制化經濟。隨著全員勞動合同制的推行，企業的勞動關係日趨複雜化，各種勞動爭議不斷增多，迫切需要通過勞動立法進行規範和協調。1994 年《中華人民共和國勞動法》正式頒布施行，對企業的勞動用工、工資報酬、社會保險及監督檢查等方面做出了規定，進一步從法律上明確了勞動合同制的地位和作用。勞動法不僅明確了企業招工的權利，也放寬

---

① 陳少暉. 從計劃就業到市場就業——國有企業勞動就業制度的變遷與重建 [M]. 北京：中國財政經濟出版社，2003：215-218.
② 胡鞍鋼，程永宏. 中國就業制度演變 [J]. 經濟研究參考，2003 (51).

了企業辭退職工的權利，有助於增強企業的用工靈活性。同時也破除了職工身分的差別，解決了計劃經濟時期職工能進不能出的難題，大力促進了勞動力的有序流動。勞動法的頒布和實施，對於加快培育規範的勞動力市場、鞏固勞動就業制度的改革成果具有重要意義。

4. 分流下崗職工、實施再就業工程

20 世紀 90 年代初，隨著國有企業改革的不斷深入和勞動就業制度改革力度的加大，特別是廣泛推行「優化勞動組合」等改革措施，導致國有企業多餘人員增多和職工下崗等問題越來越突出，因此需要政府出面進行分流和重新安置。再就業工程正是在這一背景下實施的，其目的在於減輕企業的人員負擔、提高企業的經濟效益。據勞動部統計，到 1994 年年底，國有企業已從原有工作崗位分離出來的多餘職工約有 1,200 萬人，占國有企業職工總數的 12%；到 1996 年年底，全國下崗職工有 814 萬人，1997 年年底為 1,151 萬人，1998 年新增下崗職工 350 萬人。為此，國務院於 1993 年發布《國有企業多餘職工安置規定》，就多餘職工安排的原則、目的、途徑等相關政策做出規定，提出企業自行安置和社會幫助安置相結合的原則，通過發展多種經營、組織勞務市場、發展第三產業等多種途徑進行安置。

經過多個城市的試點後，1995 年國務院轉發勞動部的《關於實施再就業工程的報告》，再就業工程開始在全國範圍內推廣。隨著以國有企業戰略性調整和重組為主線的新一輪國企改革的加快推行，企業職工下崗問題越來越嚴重。特別是隨著「抓大放小」改革思路的確立，國企改革被置於更加突出的位置，明確提出對國有企業實行減員增效、下崗分流的改革政策。另一方面，從 1993 年開始，為抑制經濟過熱，政府在宏觀政策上採取適度從緊的財政貨幣政策，雖然成功實現了經濟「軟著陸」，但經濟增速出現持續的慣性下滑。1992 年中國 GDP 增長的速度為 14.2%，到 1997 年則降低到 8.8%。加之亞洲金融危機的影響，宏觀經濟對勞動力的需求急遽萎縮，經濟增長的就業彈性下降，就業壓力顯著上升。因此，需要進一步加大再就業工程的執行力度。

為促進經濟結構的優化調整和企業經營機制的轉變，國有企業進行了兼併破產的改革，從而加劇了多餘職工的下崗分流。為此，1997 年 3 月國務院

發布《關於在若干城市試行國有企業兼併和職工再就業問題的補充通知》，提出兼併、破產和減人減息三條應對措施，進一步強化再就業工程的重要地位。1997年李鵬在《政府工作報告》中提出在減員增效的前提下建立再就業基金，同年9月江澤民在黨的十五大報告中提出鼓勵兼併、減員增效、下崗分流、規範破產和實施再就業工程。隨後各省（區、市）紛紛成立再就業工程領導小組。再就業工程從最初單純解決下崗職工再就業轉變為推動經濟改革和發展的一項根本措施。[1]

5. 建立以市場為導向的勞動就業機制：下崗與失業並軌

毫無疑問，再就業工程的實施在安置企業多餘職工、保障國企改革順利推進方面發揮了關鍵作用。但由政府出面來分流和安置下崗職工的解決方法與培育勞動力市場、建立以市場為導向的就業機制的改革目標並不完全一致。因此，再就業工程只是一種權宜之計，勞動就業制度的改革必然向市場化方向進一步深化發展。職工下崗與失業並軌，建立規範的失業制度，為勞動力市場制度的最終確立邁出了實質性的一步。

再就業工程的主要載體是各地設立的再就業服務中心。自1998年以來，各地按照中央的要求普遍建立了「再就業服務中心」，國有企業職工下崗後，進入再就業中心，在沒有實現再就業之前由中心給予基本的生活保障。按照當時的政策規定，下崗職工在「中心」的期限最長不超過三年或兩年。屆滿之後，再就業中心便完成其過渡性的使命。這意味著，滯留在再就業服務中心的下崗職工必須離開中心，進入失業者隊伍，同時國有企業新產生的下崗職工不再進入再就業服務中心，而是直接進入勞動力市場尋求再就業。再就業服務中心的職能逐漸轉變為職業介紹機構，市場導向的就業機制由此全面啟動，實現了下崗與失業的並軌。為解決下崗職工在失業期間的基本生活問題，政府逐步推行失業保險制度，實行就業保障體制的轉換。

為加快建設市場導向的就業機制，勞動保障部於1999年6月在貴陽召開全國勞動力市場建設座談會，提出國有企業下崗失業人員通過三個階段來實

---

[1] 胡鞍鋼，程永宏. 中國就業制度演變 [J]. 經濟研究參考，2003（51）.

現市場就業機制的轉換,即「三步走」戰略。第一階段為「雙軌」階段,其特徵是大量下崗職工進入再就業服務中心,也有少部分失業人員進入勞動力市場,領取失業保險金,兩種方式同時並存。第二階段為「轉軌」階段。即在計劃經濟體制下遺留下來的國有企業多餘人員問題基本解決之後,在社會保障體系基本形成、有穩定的資金來源渠道和較強的基金支撐能力的基礎上,企業新的減員就不再採取下崗職工進入再就業服務中心的方式,而是直接採取依法解除、終止勞動合同,通過失業保險獲得就業保障,直接走向勞動力市場的方式解決就業問題。第三階段為「並軌」階段,在下崗職工全部退出中心後,作為過渡性措施的企業再就業服務中心完成其歷史使命。企業裁員從下崗、失業兩種形態變為失業一種形態,市場導向的就業機制真正形成,企業也就真正能夠做到人員能進能出。①

三、市場化就業制度的深化改革

1993年11月黨的十四屆三中全會首次提出了建立現代企業制度的目標,企業必須根據自身的經濟利益,擁有根據市場需求的變化決定企業職工去留和勞動報酬的權利,建立靈活高效的勞動力市場和完善的社會保障體系成為深化國有企業改革的重要目標。此外,隨著農村改革的推進,農村隱性失業的顯性化表現為愈演愈烈的「民工潮」,如何將農村剩餘勞動力納入城市統一的勞動就業市場、建立健全覆蓋全社會所有成員的保障體系,成為市場導向就業制度改革、最終建立起成熟的勞動力市場制度的重要任務。

1. 全面推進勞動力市場建設

勞動力市場是現代市場經濟體系的重要組成部分。但長期以來,中國勞動力市場發育程度不高,就業市場化程度仍然偏低。勞動力市場在勞動配置中的基礎地位尚未鞏固,全國統一的勞動力市場尚待形成,地區之間、部門之間、城鄉之間、所有制之間仍存在不同程度的分割和壁壘,勞動力的合理

---

① 張小建. 中國就業的改革發展 [M]. 北京:中國勞動社會保障出版社,2008:99-103.

流動受到限制。另一方面，勞動力市場就業服務體系不健全，全國已建立的職業介紹機構普遍存在規模小、覆蓋面窄、手段落後、功能差和運轉效率低下等問題。因此，加快勞動力市場建設，為實現就業市場化創造條件，就成為這一時期勞動就業制度改革深化的重要任務。

為推進勞動力市場的培育和發展，政府逐步引入職業介紹制度。據統計，1997年中國勞動部門設立的職業介紹機構共有3萬多個，當年求職登記人數達到1,800萬人次。同時，建立健全調節勞動力市場運行的法規體系，促進勞動力市場機制與規則的形成。不斷強化職業介紹機構的服務功能，增強勞動力市場在資源配置中的地位和作用。

2. 逐步建立失業養老保險制度

長期以來，中國社會保險實際上僅限於國有企業和部分集體企業，基本上將外商投資企業和非公有制企業排除在社會保險體系之外。1999年1月，國務院發布了《社會保險費徵繳暫行條例》和《失業保險條例》，對養老、失業、醫療三項基本社會保險的覆蓋範圍做出了明確的規定：基本養老保險的覆蓋範圍包括所有城鎮企業、實行企業化管理的事業單位；失業保險的覆蓋範圍除城鎮企業外，還擴大到所有事業單位；基本醫療保險覆蓋到所有城鎮企業、機關、事業單位。上述兩個條例的發布對於完善中國的社會保障制度起到了積極作用。[1]

3. 建立健全治理失業的政策體系

為規範對失業人員的管理和落實社會保障待遇，也為失業治理創造條件，培育和發展完善的勞動力市場，政府先後頒布了有關失業登記等相關管理辦法。1995年9月，勞動部發布《就業登記條例》，要求勞動者失業、求職就業及城鎮用人單位在招聘時必須進行登記，不按規定進行登記的失業人員不得享受失業保險待遇。同年勞動部還頒布了《就業與失業統計管理暫行辦法》，規定由勞動就業服務機構具體負責組織實施就業和失業的統計工作。

---

[1] 陳少暉. 從計劃就業到市場就業——國有企業勞動就業制度的變遷與重建 [M]. 北京：中國財政經濟出版社，2003：253-264.

第九章　勞動就業制度變遷

在失業治理的政策體系方面，首先是控制和引導勞動力供給，提高勞動力的供給質量。比如完善提前退休的相關政策，即通過制定相應的法律法規，降低退休年齡，以便騰出就業崗位用於安置新的就業人員。加強職業培訓，提高勞動者的素質。其次是調節勞動力的需求結構，使之適應宏觀經濟調控和產業結構變化的要求。比如地方政府為了減少長期失業人口，鼓勵企業增加就業人員可以享受一定的稅收優惠等。

四、非正規就業與勞動力市場的進一步發育

非正規就業是許多國家就業市場的重要組成部分，雖然非正規就業對於就業者存在很大的風險，同時也會給就業管理帶來一定的問題，但對於增加就業總量、緩解就業壓力都將起到積極的作用。尤其是對那些受教育程度較低、生活困難的家庭而言，非正規就業也是謀生的重要途徑。中國的非正規就業，是指那些沒有進行工商登記、不參加社會保險、勞動關係不規範的就業形式。一般來說，非正規就業具有進入成本低、市場化程度高和就業形式靈活等特點，特別適於二元經濟轉換過程中創造更多的就業。[①]

1. 非正規就業促進了就業總量的增長

雖然中國的就業形勢一直十分嚴峻，城鎮職工大量失業和下崗，農村勞動力剩餘嚴重，每年還有數百萬到上千萬新增經濟活動人口進入勞動力市場，但中國城鎮的就業保持了持續增長的態勢，不僅表現為新興部門就業比重的提高，也包括非正規就業渠道的不斷拓寬，最終體現為就業總量的持續增長。

近年來出現的失業人數增加、失業率上升、失業人員和下崗職工再就業率降低等情況，給許多人留下這樣一種印象：似乎中國自 20 世紀 90 年代以來，就業人數沒有增長，甚至絕對減少。從傳統的城鎮就業渠道——國有經濟和集體經濟來看，中國的就業規模的確呈現出逐年減少的趨勢：集體單位

[①] 蔡昉，FREEMAN R，WOOD A. 中國就業政策的國際視角 [J]. 勞動經濟研究，2014，2（5）：3-33.

就業從1992年開始每年都在絕對減少，國有單位就業從1996年開始每年絕對減少。但是，由於中國經濟成分的多元化，就業結構也發生了巨大的變化。僅僅從國有經濟和城鎮集體經濟單位就業人數的變化，已經不能準確衡量就業總量的變化。

中國城鎮單位的就業人數自1978年以來在逐漸下降，但單位外的從業人員數在增長，即非正規部門的就業規模在增長。僅僅在1996—2001年期間，非正規就業與單位就業的從業人員數量之比就從大約1∶4提高到超過1∶2的水準。可見，從一般的統計數字看中國的就業規模，往往會導致大幅度地低估中國實際就業的增長幅度。事實上中國就業規模的總體趨勢是持續增長的，減少的只是城鎮的正規就業（蔡昉，2004）。

2. 非正規就業的風險

所謂非正規就業，即指在非正規部門的就業。國際上通常把非正規部門視為這樣一類生產單位：主要形式為自我雇傭、家族企業和微型企業，它們從事的生產或服務活動，沒有獨立於家庭或家庭成員的單獨的法律權利，也沒有完整獨立的帳戶，無法與家庭其他活動清楚地區別開來。[①] 一方面，非正規就業反應了隨著經濟活動多樣化、複雜化後，政府的勞動統計不能及時涵蓋全部實際就業人員；另一方面也反應了隨著就業壓力擴大、失業問題嚴峻化以及勞動力市場發育程度的提高，單位核算範圍外就業的部分傾向於擴大，形成所謂非正規就業。

非正規部門的單位通常在低組織水準上運作，作為生產要素的勞動力和資本較少分離或不分離，生產規模小。勞動關係大部分建立在臨時性就業、家屬或個人和社會關係上，而不是基於有正式保障的合同安排。這種非正規就業的普遍化，會在很大程度上降低社會保障的覆蓋率。對於那些沒有城市戶口的流動勞動力來說，在這些部門就業所掙得的收入雖然高於轉移之前，但就業的穩定性低，勞動條件和勞動保護條件有時十分惡劣。特別是他們從

---

① 蔡昉, FREEMAN R, WOOD A. 中國就業政策的國際視角 [J]. 勞動經濟研究, 2014, 2（5）: 3-33.

事的往往是危險、骯髒和要求苛刻的工種和工作，在一些情況下，健康和安全得不到保證。他們本來就很低的工資，還常常被雇主拖欠，由此可能造成大量事故，也會引發許多勞動糾紛。這種就業的非正規性質，導致勞動法和其他有關勞動保護規制不能很好地得到貫徹。

3. 非正規就業促進了勞動力市場的進一步發育

城市部門的非正規就業雖然沒有簽訂正式的勞動合同、存在偷稅漏稅等問題，對勞動者也缺乏基本的勞動保障，但這些勞動力越來越多地通過新的方式進行配置，實際上也必然是較多地通過勞動力市場進行的。雖然非正規就業者迫於生活壓力接受沒有合同、沒有社會保險、有健康風險或者工資低於法定最低工資的工作，但如果他們不接受這類工作，這些勞動者面臨的可能是更差的工作或者根本沒有工作。勞動者可能發現，非正規部門給予他們更大的機會創業，或者比在正規部門掙得更多（通過逃稅）。中國的非正規就業有助於實現從計劃向市場導向型的勞動力配置的轉變。中國目前出現的非正規就業形式，往往具有市場化程度高的優點，實際上成為城市勞動力市場發育的主要方面。一個國家在特定的發展階段上，市場發育水準必然是不同的。勞動力市場的發育也是如此，即總是要經歷一個從無到有、從比較低級的形態到比較高級的形態的發育過程。[①]

五、探索建立城鄉一體化的就業制度

1. 城鄉分割就業體制的改革

為適應中國優先發展重工業總體戰略的需要，也為了能夠保障計劃經濟體制的有效運行，長期以來中國採取的是城鄉分割的就業體制。政府的勞動部門只負責管理城市部門的就業，農村勞動力則通過嚴格的戶籍制度被限制在農村。1958年國家頒布限制城鄉人口自由流動的法令《中華人民共和國戶口登記條例》，條例規定農民沒有特殊情況並經政府相關部門批准，不得將農

[①] 蔡昉，王美豔. 非正規就業與勞動力市場發育——解讀中國城鎮就業增長［J］. 經濟學動態，2004（2）：24-28.

業戶口轉為非農業戶口。廣大農民被限制在農村,從而正式確立了城鄉分割的就業制度。此後,這種城鄉分割的就業制度幾乎沒有什麼變化,直到1984年開始進行城市經濟體制改革才有所鬆動。從實行計劃經濟體制開始一直到改革開放前,農村勞動力向城市的流動幾乎處於完全消失的狀態。全社會勞動力中農業勞動力占比在1978年基本上穩定在80%左右。[①]

城鄉分割的就業制度是計劃就業體制有效運行的基礎。首先,由於農村和城市實行兩套完全不同的就業制度,城市部門排他性的全面就業得以實現。城市居民由政府的勞動人事部門根據經濟發展計劃統一安排就業,主要就業渠道是國有經濟單位和城市集體經濟部門。其次,對城市就業者實行低工資的勞動報酬制度,並實行全國統一的工資標準,其主要目的是為重工業的發展累積資金。但人為地壓低工資水準扭曲了勞動力要素的價格,不利於勞動力資源的有效配置。最後,為適應城市就業者低工資的現狀,在戶籍制度之外,對城市居民的基本消費品供應實行票證制度,進一步有效地限制了勞動力這一生產要素在城鄉之間以及不同所有制經濟之間的流動。這種制度安排雖然能夠保證計劃經濟制度的有效運行,但極大地降低了資源配置的效率,也擴大了城鄉之間的收入差距。[②]

中國的經濟改革始於20世紀70年代末,農村開始實行家庭聯產承包責任制。隨著農業勞動生產率的迅速提高,產生了大量的剩餘勞動力。這些剩餘勞動力亟須向城市部門轉移,對全國的就業形勢形成巨大的壓力。但是由於戶籍制度和城市用工制度的限制,那個時期農村剩餘勞動力還不可能大規模地流入城市部門。另一方面,城市部門國有企業改革開始打破過去長期存在的「鐵飯碗」,企業多餘人員和下崗職工也呈迅速增長的趨勢,需要重新就業。此外,非公有制經濟的發展需要更加靈活的就業制度。因此,必須盡快從就業制度上消除阻礙城鄉勞動力流動的各種制度性障礙,加快勞動力配置的市場化改革勢在必行。

2. 多渠道消化和轉移農村剩餘勞動力

中共十一屆三中全會後,隨著農村廣泛推行多種形式的聯產承包責任制,

---

① 胡鞍鋼,程永宏. 中國就業制度演變 [J]. 經濟研究參考,2003 (51): 2-19.
② 蔡昉. 中國勞動力市場發育與就業變化 [J]. 經濟研究,2007 (7): 4-14.

農業勞動生產率大幅度提高，農村開始出現大量的剩餘勞動力，也逐步改變了農民對土地的依賴。這些農村剩餘勞動力需要尋找新的就業門路，多種渠道消化和轉移農村剩餘勞動力成為政府在較長時期需要著力解決的現實問題。

首先是大力發展鄉鎮企業。由於戶籍制度和用工制度的限制，改革開放初期還不可能將剩餘勞動力的主要部分轉移到城市部門，發展鄉鎮企業成為吸納剩餘勞動力的主要途徑。這種轉移方式在當時被稱為「離土不離鄉」。到2000年，鄉鎮企業就業人數達到將近1.3億人。①

1984年，隨著戶籍制度的改革，農村剩餘勞動力開始大規模向城市特別是沿海地區的大城市及周邊地區轉移。這些地區基礎設施完善、發展程度高、聚集的產業門類比較齊全，因而成為吸納剩餘勞動力的主要聚集地。但由於短期內流入城市部門的剩餘勞動力規模過大，對城市就業形成壓力。城市勞動力市場的相關服務能力也一時間難以滿足所有勞動力的就業需求，給政府的就業市場管理帶來了新的挑戰。面對數量巨大的「民工潮」，政府需要出台相關政策對城鄉勞動力流動進行必要的規範。

1993年1月，原勞動部對如何實現「農村勞動力跨地區流動有序化」進行了部署，推出「城鄉協調就業計劃」第一期工程。這項工程計劃在全國形成勞動力流動的基本制度、市場信息系統和服務網路。1994年，勞動部頒發了《農村勞動力跨省流動管理暫行規定》，進一步規範勞動力跨地區流動。

3. 改革戶籍制度，促進城鄉統一勞動力市場的形成

戶籍制度是阻礙農村勞動力向城市企業轉移的主要障礙，改革戶籍制度以及逐步取消與戶籍制度相聯繫的城市居民福利制度、票證供應制度等，就成為建立城鄉統一勞動力市場的關鍵措施。

戶籍制度改革是從放鬆農村集鎮戶籍管理開始的。1984年國務院發布《關於農民進入集鎮落戶的通知》，規定凡在集鎮務工、經商、辦服務業的農民和家屬，在集鎮有固定住所，有經營能力，或在鄉鎮企事業單位長期務工，可以取得常住戶口，口糧自理。這一戶籍管理制度方面的初步變革使得農村勞動力跨地區流動成為可能。

---

① 胡鞍鋼，程永宏. 中國就業制度演變[J]. 經濟研究參考，2003（51）：2-19.

1997年6月，國務院批轉公安部《關於小城鎮戶籍管理制度改革的試點方案》。根據此方案，已在小城鎮就業、居住並符合一定條件的農村人口，可以在小城鎮辦理城鎮常住戶口。

　　1998年8月，國務院批轉公安部《關於當前戶籍管理中幾個突出問題的意見》，該意見規定：實行嬰兒落戶隨父隨母志願的政策；放寬解決夫妻分居問題的戶口政策；投靠子女的老人可以在城市落戶；在城市投資、興辦實業、購買商品房的公民及其共同居住的直系親屬，符合一定條件的可以落戶。

　　2001年3月30日國務院批轉公安部《關於推進小城鎮戶籍管理制度改革的意見》（以下簡稱《意見》），這是中國戶籍制度改革的重大舉措。《意見》要求：對辦理小城鎮常住戶口的人員，不再實行計劃指標管理；經批准在小城鎮落戶的人員，在入學、參軍、就業等方面與當地原有城鎮居民享有同等權利，履行同等義務，不得對其實行歧視性政策。《意見》強調，小城鎮戶籍管理制度改革既要有利於加快農村多餘勞動力的轉移，帶動農村經濟和社會全面進步，又要充分考慮小城鎮經濟和社會發展的實際需要和承受能力。

　　為適應城市就業體制改革的發展對農村勞動力流動提出的新要求，勞動部門就開展城鄉統籌就業工作進行部署。城鄉統籌就業是就業制度的重大改革。中國的勞動部門曾一度只負責管理城市部門的就業，20世紀90年代開始把農村就業考慮進來。把城鄉統籌作為一個明確的目標提出來，就是要真正做到城鄉勞動者面向一個市場，取消身分界限，實行平等就業。①

　　城鄉統籌就業是符合中國國情的長期就業政策。從就業的角度看，中國的基本國情主要表現為兩個方面：一是人口總體規模數量龐大，二是巨大的農村人口數量及大量的剩餘勞動力。在農業產出和農業就業增長潛力有限的前提下，提高農村居民收入的出路就在於解決農村剩餘勞動力的轉移問題。這樣，就必然要求實行城鄉統籌就業，把農村勞動力的就業問題納入國家總體的就業制度和就業政策中加以統籌安排，形成城鄉一體的勞動就業市場。

---

① 蔡昉. 中國勞動力市場發育與就業變化 [J]. 經濟研究，2007 (7)：4-14.

第三節　新時代下勞動就業制度的變遷（2012年—）

黨的十八大提出了全面建成小康社會的奮鬥目標，同時將促進農業轉移人口市民化、推動城鄉發展一體化納入政府工作的一項主要任務。經濟改革的一個重要目標是加快完善城鄉發展一體化體制機制，形成以工促農、以城帶鄉、工農互惠、城鄉一體的新型工農、城鄉關係。為適應經濟發展新格局的需要，過去提出的就業優先戰略從內涵、外延、舉措等方面都得到了豐富和拓展，在經濟社會發展中取得了新定位。實施就業優先戰略，有力地促進了勞動力市場的發育和完善，推動了農村勞動力轉移就業，提高了城鄉居民的勞動參與率，是扶貧、減貧、增收和縮小收入差距最有效的手段。

一、新時期就業優先戰略的重要意義

就業是民生之本，也是最大的民生。就業涉及千家萬戶的生計和發展，對於世界上人口最多的發展中國家來說，妥善解決就業問題尤為重要。從「十二五」時期國家就開始確立就業優先戰略，「十三五」規劃綱要進一步明確提出實施就業優先戰略，實施更加積極的就業政策，創造更多的就業崗位，著力解決結構性就業矛盾，鼓勵以產業發展帶動就業增長，實現比較充分和高質量的就業。黨的十九大報告進一步指出政府要提供全方位公共就業服務，促進高校畢業生等青年群體、農民工多渠道就業創業。

在新形勢下，就業優先戰略是扶貧脫貧的重要手段。黨的十九大提出要提高就業質量和人民收入水準。要堅持就業優先戰略和積極就業政策，實現更高質量和更充分就業。中國作為一個發展中的人口大國，還面臨著縮小地區差距和城鄉差距的問題，面臨著大量貧困人口脫貧的問題。隨著農業生產力提升、農村土地流轉和規模化經營，農民從自我禁錮的土地上解放出來，如果不能順利實現農村剩餘勞動力的順利就業，就必然造成農村勞動力資源

的浪費進而制約農村經濟的蓬勃發展和全面建成小康社會的步伐。把勞動力從農業中轉移出來，是縮小城鎮和農村地區差異的重要手段。因此，有效引導農村多餘勞動力轉移就業，建立有效、高效、長效的就業精準扶貧機制，實現農民精準脫貧顯得極其重要和緊迫。

就業優先戰略也是推進供給側結構性改革的重要保障。從總體上看，中國目前市場就業的吸納能力很強，就業形態很多。從當前的產業結構來看，第三產業所提供的就業渠道更多，各種新業態的發展也拉動了就業。新模式、新業態容納的就業總量持續增加。在新興產業，曾經很多從業者都是兼職，表現出就業不充分，新業態有很大的容量，可以幫助挖掘這些勞動力的潛力。而供給側改革將創造更多有效的供給來滿足消費需要，改善和擴大就業，促進經濟實現更高質量的增長，從而實現就業質量優化。

二、供給側結構性改革與就業結構的調整

1. 就業結構調整的深層原因

就業結構的調整不僅源於經濟結構和產業結構的變化，中國人口結構的變遷及其導致的人口紅利消失也是其中非常重要的原因。到 2015 年前後，中國人口老齡化的進程加快，人口撫養比停止下降並轉而上升。[1] 人口紅利的消失將影響經濟增長的速度，進而影響就業的增長。

過去兩位數以上的高速經濟增長產生了對勞動力的強勁需求，不僅較好地解決了城鎮新增勞動力的就業問題，也為農村剩餘勞動力向城市部門的大規模轉移創造了條件。近年來，農村剩餘勞動力及其轉移的規模已經開始下降，中國原有的二元經濟結構開始消失，「劉易斯轉折點」可能已經到來。這將深刻地影響勞動力供求關係的變化。最顯著的變化之一，就是普通勞動力的工資水準大幅度上升，極大地提高了企業的用工成本，也意味著勞動力短缺的格局開始出現。事實上，早在 2004 年中國就開始出現「民工荒」，並且

---

[1] 蔡昉. 中國勞動力市場發育與就業變化 [J]. 經濟研究，2007 (7)：4–14.

這種勞動力短缺的現象已經蔓延到過去屬於勞動力輸出省份的中西部地區。①

人口紅利消失意味著中國過去長期依賴傳統製造業擴張、發展初級第三產業的增長模式已經走到了盡頭，傳統經濟增長模式對就業的拉動作用顯著下降。黨的十八大提出了創新驅動的發展戰略，新興產業、創新經濟成為主要的經濟增長源泉。人口紅利消失後，物質資本和勞動投入等傳統生產要素的增加並不能帶來經濟的持續增長，全要素生產率成為推動經濟增長更持續的因素，也是創造就業的內生因素。

2. 供給側改革成為擴大就業的內生動力

就國內經濟部分而言，由於中國的經濟增長長期以來主要依靠投資的增加來拉動，在需求增長不足的情況下很容易形成產能過剩、庫存擠壓等問題，同時資金週轉速度下降也會帶來企業支付困難、債務率或槓桿率上升等諸多問題，宏觀經濟的結構性矛盾開始暴露，宏觀經濟新一輪的結構性調整勢在必行。供給側結構性改革正是為了解決這些問題而提出的一項綜合性的而且延續至今的重大改革措施。

在2015年11月召開的中央財經領導小組第十一次會議上，習近平總書記強調要在適度擴大總需求的同時，著力加強供給側結構性改革，著力提高供給體系質量和效率，增強經濟持續增長動力，推動中國社會生產力水準實現整體躍升。次年1月中央財經領導小組第十二次會議召開，習近平總書記強調，供給側結構性改革的根本目的是提高社會生產力水準，落實好以人民為中心的發展思想。

就業方面，當時國內就業的形勢也面臨一些新的問題，就業政策需要做出一些調整。儘管總體就業形勢比較穩定，但就業中的結構性矛盾比較突出。2015年1~10月，全國城鎮新增就業1,171萬人，提前完成全年指標。在當時宏觀經濟下行的大局勢下，還能實現這樣的就業增長應該說是比較難得的。但不可否認的是，就業面臨的總量壓力和結構性矛盾已經開始變得比較突出了。其主要表現有：

---

① 蔡昉. 中國勞動力市場發育與就業變化 [J]. 經濟研究，2007 (7)：4-14.

一是就業總量壓力大。雖然這些年中國勞動人口總量在減少，但進入勞動力市場的總量並沒有減少，總量壓力仍然比較大。其中近兩年高校畢業生人數超過了 700 萬人，大學畢業生的就業形勢較為嚴峻。

二是就業的結構性矛盾突出。在化解產能過剩與產業結構優化升級的過程中，中國出現結構性一部分失業問題，勞動力供給需求匹配失衡。在經濟下行壓力加大的情況之下，結構性矛盾更加突出。一方面，由於產能壓縮企業用人需求降低，部分職工面臨著下崗再就業，其中缺乏技能的勞動者面臨著再就業難的窘境；另一方面，企業提質增效需要更多的創新性人才，對高技能人才和專業技術人員的需求比以往更加強烈。

三是隱性失業的逐步顯性化加劇了總體上的就業壓力。化解產能過剩的過程中不可避免地伴隨著失業，特別是大批「僵屍企業」大量退出市場將使得原來的隱性失業完全顯性化。從長遠看，雖然從供給側對宏觀經濟進行結構性的變革與完善能夠有效化解產能過剩、優化配置資源，通過加快企業的結構性調整對長期的經濟發展與擴大就業是有利的，但短期內卻加大了整個社會的就業壓力。

3. 就業政策的調整

為適應經濟結構調整的需要，政府對相關就業政策進行了一些調整和改革。

首先，採取措施減少化解過剩產能對就業形成的震盪和衝擊，以保證社會的穩定。一是幫助員工在沒有失業的情況下實現再就業，盡可能縮短失業時間。二是避免了出現企業的集中減員，同時做好職工的分流安置，在職工失業之前制訂比較穩妥的關於職工分流的預案。三是管好用好各級政府為解決職工安置問題而下撥的專項資金，建立對職工安置專項資金使用的監督機制。四是對轉崗職工進行技能培訓有助於他們實現再就業，繼續推進和完善職工技能培訓體系。

但這項政策在實施中也出現了一些問題。如有些地方給予企業過多的補貼，導致一些「僵屍企業」可能由於規模較大，最後出現「大而不倒」的情況，拖慢了結構性改革的步伐。同時如何防止新的產能過剩也成為需要解決的重要問題，如果過多的資金和補貼流向這些產能落後的企業，將導致國內

經濟結構更加不合理。

其次，從長期看，中國長期實行就業優先戰略，形成了一套比較成熟的穩定就業的政策體系。隨著經濟社會發展、新技術的發展和應用，尤其是互聯網的發展，新業態、新模式由此產生，這些新業態和新模式提供了比較廣闊的就業空間。第三產業所占的比重將會越來越高。到 2014 年，中國的第三產業占 GDP 的比重已達 48%。從總體上看，中國應向多種就業形態發展，以增強市場就業的吸納能力。一些新模式、新業態容納的就業總量很大，同時也能更加充分地利用現有的勞動力資源。對於新興產業，在過去很多從業者都是兼職，這些產業表現出就業不足，而新業態的就業容量很大，可以幫助挖掘這些產業增加就業的潛力。

三、通過發展新經濟促進自主擇業、創新創業

1. 提升就業目標在政府宏觀調控中的重要性

長期以來，控制並降低失業率是保證社會穩定的重要因素，擴大就業是政府進行宏觀調控的重要目標之一。隨著經濟結構快速轉換和勞動力流動加快，保持就業的持續和穩定增長成為各級政府一致強調的宏觀調控目標之一，重視並做好改善民生、擴大就業、控制失業率已上升為穩定社會大局的政治要素。李克強總理在 2015 年十二屆全國人大三次會議中的《政府工作報告》中提出了「大眾創業、萬眾創新」。報告指出，高校畢業生是推進中國經濟社會不斷向前發展的有生力量，但是每年數百萬高校畢業生卻面臨著就業難的問題，這也成為重大民生問題之一。「大眾創業、萬眾創新」理念的提出，體現了中國政府實施更為積極的就業政策的決心，鼓勵創業帶動就業，營造良好的就業氛圍。

應該看到，「大眾創業、萬眾創新」是根據中國勞動力構成和經濟結構的變化，政府對經濟發展和關於就業的基本方針做出的重新部署。一方面，隨著城市新增勞動力的不斷擴大，特別是高校擴招以後大學畢業生的就業形勢日趨嚴重，而傳統的就業渠道因為傳統產業產能過剩、技術進步緩慢等難以全部容納這些新增的勞動力。另一方面，以互聯網為載體和核心要素的新經

濟的發展，又催生出許多新興的就業崗位和就業渠道，使得就業市場的構成發生了很大變化。在這一背景下，「大眾創業、萬眾創新」的提出和推進，不僅為就業、創業提供了更多空間，同時提高了居民收入，更好地體現了社會的公平正義，有力地促進了經濟社會的和諧發展。

2. 創業創新是擴大就業的重要途徑

「大眾創業、萬眾創新」在 2015 年是被作為國家戰略提出來的。「雙創」是培育新動能的重要措施，是促進經濟增長的新引擎。一方面，通過創業帶動就業，可以創造新的經濟增長點和就業增長點；另一方面，創新是企業發展的基礎，可以推動產業結構轉型升級。李克強總理曾指出：「新動能是新增就業最大的容納器。」

近年來，中國深入實施創新驅動發展戰略，廣泛開展大眾創業、萬眾創新，大力培植社會創業創新的沃土，取得的成效超出預期。習近平指出：「創新是社會進步的靈魂，創業是推動經濟社會發展、改善民生的重要途徑。」中國的創業創新是由社會成員廣泛參與的，不僅包括科研單位、企業推動的「雙創」，而且有越來越多的普通人參加進來。[1] 政府著力打造開放共享的「雙創」平臺，各類創新主體攜手合作，線上線下良性互動，聚眾智、匯眾力，使創業創新的成本更低、速度更快、效率更高。創業創新不僅讓幾乎所有的人都有可能、有條件去創造就業的崗位，去發揮自身的能動性，而且它讓人民普遍受益。

政府對新產業、新業態、新模式，比如像電子商務、移動支付、共享單車等，採取了包容審慎的監管方式，促進了其健康發展。這不僅創造了難以想像的就業崗位，而且讓群眾生活更加便利。2016 年城鎮新增的就業中，新動能的貢獻率占 70% 左右。[2] 以新興產業和新業態為代表的新經濟成為最近幾年來中國經濟中實現就業增長最快的領域。根據人社部發布的數據，2017 年全國城鎮新增就業 1,351 萬人，年末失業率降至 3.9%，是 2002 年以來的最低水準。經濟下行而就業不降反升，就業成為中國經濟運行中「突出的亮點」。

---

[1] 劉衛兵.「大眾創業、萬眾創新」視角下的就業問題淺析 [J]. 中國商論，2017（12）：139-140.
[2] 陳雲，鄭東亮. 2016 年就業形勢分析及發展趨勢 [J]. 中國勞動，2017（2）：4-12.

四、創新驅動與提高就業質量

供給側結構性改革表明，通過產能擴張和增加投資的方法來推動經濟增長和增加就業的發展模式已經走到盡頭。黨的十八大提出了實施創新驅動的經濟發展戰略，要把科技創新擺在國家發展全局的核心位置。要堅持走中國特色自主創新道路，以全球視野謀劃和推動創新，提高原始創新、集成創新和引進消化吸收再創新能力，更加注重協同創新。黨的十九大報告提出，要繼續堅持和深化供給側結構性改革，通過改革和發展來提高就業質量和人民收入水準。

中國新經濟的迅速發展以及與之相伴的就業增長，與新零售的蓬勃興起不無關係。比如 2017 年，淘寶、天貓等電商平臺直接產生了 1,405 萬個交易型就業機會，而由其帶動的上游研發設計、生產製造，下游的快遞物流、售後服務等零售相關領域，產生的帶動型就業機會則有 2,276 萬個。這些新增就業對沖了化解過剩產能形勢下的就業壓力，新業態為新增就業提供了新的渠道。中國就業促進會的一項調查顯示，1 個淘寶網店的就業系數約為 1.6 人/店，1 個天貓網店的就業系數約為 6.9 人/店。[①] 因此，新零售不僅展現了新經濟的活力，更切切實實地解決了存量就業難題。

新經濟在增加就業的同時，也在無形中提高了就業者的人力資本水準。無論是新零售，還是新材料、智能製造等領域，都需要足夠的新技能人才與之相匹配。也只有提升這些新產業行業的人力資本密度，才能吸引大批具備互聯網素養的人才進入並推動新業態的發展。通過新零售發展帶動就業增長被譽為一場就業領域的「供給側改革」。

首先，電商本身就能吸納大量的就業。國家發改委高技術產業司的數據顯示，2015 年中國電子商務就業人數已達 2,690 萬人。近幾年，電子商務就業指數始終位居招聘網站的前列。而新零售的「線上線下融合」，與網路信息技術也是雙向助推的關係，這也會促進那些技術驅動型產業集群升級，而這些產業集群的人才需求也少不了。

---

① 陳雲，鄭東亮. 2016 年就業形勢分析及發展趨勢 [J]. 中國勞動，2017 (2)：4-12.

其次，新零售能帶動產業上下游相關領域的發展，刺激很多個性化的消費需求，也帶來市場半徑的擴大、分工細化。其「零售端先有訂單，後端再因需生產」的拉動式供應鏈和數據支撐的備貨管理，也能最大化地消滅庫存。這幫助很多製造企業、手工生產者改善了經營，也間接拓寬了就業空間。

最後，新零售催生出服務業新的就業形態。比如經營網店，就需要大量的技術、設計、營運、管理、服務人員，這就能為求職者創造許多營運類、職能類工作崗位。同時，網店也需要既定風格以方便特定用戶，就需要專業的美工進行店鋪裝修設計；店中商品需要精美地展示，這就需要專業攝影師進行網拍服務；等等。新零售充分體現了技術創新對就業的雙向影響，技術進步在「摧毀」大量工作崗位的同時，也創造出了許多新的工作機會。

五、建立更加積極和完善的就業保障體系

隨著供給側結構性改革的深入推進，就業市場的震盪加劇，就業不穩定成為一個突出的問題。化解過剩產能和經濟的結構性調整必然影響到部分群體就業和收入的穩定性，但這又是改革向前深入必須經歷的社會陣痛過程。因此政府提出了五大政策支柱，其中包括社會政策要托底、兜底，發揮社會政策穩定器的作用，守住民生底線。

1. 實施更加積極的就業政策

首先，更加重視財政政策對於促進就業增長的保障功能，發揮公共財政的職能作用，包括資金投放要向小微企業和勞動密集型產業傾斜，增加財政支出逐步向民生傾斜的力度，加大對困難群體的扶持力度。其次，實行關於促進就業的稅收優惠政策，減輕企業稅收負擔，充分發揮稅收政策工具在增加城鄉勞動力就業中的作用。最後，通過優惠政策和就業服務，扶持勞動者自謀職業、自主就業。通過更加積極的財政政策促進就業增長，在某種意義上這也是過去曾經實現的「就業倍增計劃」的延續。

2. 重點解決大學畢業生等群體的就業問題

隨著高校擴招，大學畢業生人數快速增加。為解決大學生就業難的問題，最近幾年各級政府逐漸把高校畢業生就業放在就業工作的首位。通過採取鼓

勵創業、稅收優惠等多種措施支持和鼓勵高校畢業生通過多種形式靈活就業。此外，農村剩餘勞動力始終是就業問題的重點和難點，政府主要通過加快推進新型城鎮化的發展為農村勞動力創造更多的就業機會，一定程度上避免了剩餘勞動力過度流入大城市帶來的各種問題。另一方面，隨著沿海地區勞動密集型產業向內地轉移，剩餘勞動力在當地就業、就近就業的條件更加具備，農村剩餘勞動力的流向已出現局部的改變，積極支持農民工返鄉創業成為政府就業政策新的選擇。當然，阻礙勞動力自由流動的制度壁壘仍然需要通過深化改革來徹底消除，同時需要進一步完善職業培訓、就業服務、勞動維權「三位一體」的工作機制。

3. 加強職業培訓和勞動力市場相關制度的建設

市場經濟條件下的就業是充分流動的，一方面不斷有就業者離開原有的工作崗位重新尋找新的工作，產生所謂摩擦性失業，另一方面失業者又可能很快重新走上工作崗位。勞動力的重新配置過程加快，勞動者需要不斷重新學習技術和其他技能，才能適應市場化就業的需要。因此，加強職業培訓成為政府就業服務的一項經常性工作。政府的勞動就業部門需要建立長期持續的職業技能培訓制度，加快構建勞動者終身職業培訓體系，健全完善社會化職業培訓網路。同時要有效處置勞動保障違法行為引發的群體性事件，確保就業市場的穩定。

4. 加快社會保障制度向全社會覆蓋

目前，隨著勞動力流動的加快，社會保障制度面臨的一個主要問題是如何盡快實行向全社會所有成員覆蓋，實現人人有保障的普惠制度。對外出務工的農民工而言，需要盡快提高社會保險繳費和獲取的可攜帶性，使社會保障不會因為勞動力的轉移和流動而被中斷。這也是促進正規就業的重要措施。如果勞動者認為在不同地區之間流動將會使其失去社會保險，他們可能不會願意從事需要繳納社會保險的正規工作。近幾年，中國政府不斷完善社會保障體系，包括提高養老金、加快醫療改革、擴大工傷保險範圍等。但過去很長一段時期內，城鎮社會保險覆蓋面小，尤其是失業、工傷保險的參保率相對較低，靈活就業人群、非就業人員等尚未被納入社會保障體系的覆蓋範圍。社會保障制度的健全與完善又有助於形成全國統一的勞動力市場，打破在城鄉、區域、行業之間的壁壘，使社會保障成為勞動力合理流動的助推器。

本章小結

　　勞動就業制度是支撐現代企業制度有效運行的重要基礎，其變遷發展的歷史進程充分體現了中國漸進式市場化改革的特徵。為維持經濟社會的基本穩定和體現社會主義經濟制度的優越性，改革開放前的計劃經濟時期政府將充分就業作為主要的政策目標，產生了以統包統配為主要形式、通過指令性計劃來安排勞動力就業的計劃就業制度，企業則按指令性計劃進行生產。計劃就業制度雖然能夠實現形式上的充分就業、完全就業，但卻降低了勞動力資源的配置效率，阻礙了社會經濟的健康發展。計劃就業制度也是中國粗放型經濟增長模式能夠持久運行的重要制度基礎。

　　改革開放以來，為適應企業經營機制的改革和提高經濟效率，中國對原有的勞動就業制度逐步分階段進行改革，最終形成了與現代市場經濟發展要求相適應的市場化就業制度。在改革中我們確定了通過促進經濟增長來創造就業的新發展理念，並通過完善的市場機制來實現勞動力資源的有效配置。而政府的主要職能則從直接安置勞動力就業轉向勞動力市場的建設，為就業者提供再就業培訓、招工信息等各類就業服務。另一方面，著力推進有關勞動就業管理規範的建立和完善，以促進勞動力市場的有序發展。同時加快建設全覆蓋的社會保障制度，為就業者提供就業安全的基本保障。

　　未來中國勞動就業制度的完善，需要在進一步分清政府與市場的職能分工的基礎上，通過勞動力市場的建設和完善來解決失業問題。一是牢固樹立通過經濟增長促進就業創造的發展理念，把發展創新型經濟作為增加就業的主要手段，通過產業結構和經濟結構的調整優化來實現就業結構的轉換，增強解決就業問題的內生動力。二是強化勞動力市場基礎制度的建設，如維護市場秩序、制定相關的交易規則、促進公平競爭等，提高就業市場的透明度，促進勞動力市場的健康發展。三是建立失業治理的政策體系，包括進一步完善城鎮失業調查統計制度，及時發布相關的就業信息，提高就業市場的運行效率。四是加強對勞動者就業權利的保護，進一步完善失業保險制度，實現勞動者的就業權、發展權和健康權的有機統一，切實體現以人民為中心的發展理念。

第十章
收入分配制度變遷

　　收入分配制度作為中國社會主義發展和改革的基礎性制度，有著很強的時代特徵和歷史邏輯聯繫。因此，按照歷史時序檢視社會主義實踐在不同體制和階段下收入分配制度的變遷，對當前和未來中國收入分配制度的進一步改革創新與完善有著重大的理論意義和實踐價值。

　　新中國成立後迄今近70年間，社會主義收入分配制度的實踐探索和歷史邏輯，呈現出一條「試錯—改革—優化」的鮮明主線：建立基於總體低下生產力水準及其生產關係、上層建築的動態適應性發展之上的「社會主義特殊形態」的「混合型」收入分配制度，在社會主義制度的形成、改革及其完善的反覆摸索、波瀾起伏過程中，表現為過渡時期的「混雜型」收入分配制度、改革開放初期的「混入型」收入分配制度和社會主義市場經濟體制下「混生型」收入分配制度。實踐反覆證明，當「社會主義特殊形態」的「混合型」收入分配制度的具體選擇和形成基本適合現實社會生產力、生產關係及其上層建築實際時，就會在一定程度上促進社會生產力和經濟的增長與發展，從而因改善民生、增進民生福利、提升民生水準而進一步優化和完善社會主義制度；相反，當出現違背現實生產力、生產關係客觀要求及其上層建築制約的超前或滯後的收入分配制度如計劃經濟體制下單一型按勞分配制度時，則必然抑阻社會生產力和經濟的增長與發展，民生因此得不到應有的改善和提高，從而偏離社會主義制度探索的正確方向而使社會主義制度建設遭受挫折。

第一節　改革開放前收入分配制度變遷（1949—1978年）

1949年新中國成立後至1978年實行改革開放，與中國傳統計劃經濟體制的建立和發展相應，中國收入分配制度的演變大體經歷了過渡時期「混雜型」收入分配制度的歷史演變（1949—1956年）、計劃經濟時期「單一型」收入分配制度的確立和演變（1957—1978年）前後兩個階段。

一、過渡時期「混雜型」收入分配制度的歷史演變（1949—1956年）

「混雜型」收入分配制度出現在新中國成立後至社會主義改造完成前的過渡時期，包含了按勞分配、按生產要素分配、供給制等多種分配方式的混合摻雜。在這一社會主義改造期和國民經濟調整恢復期，國營經濟、個體經濟、合作社經濟、資本主義經濟共同存在，提供了「混雜型」多種分配方式並存的所有制基礎。與此同時，在有限的生產力基礎上，快速推進工業化的基本發展目標，也要求決策者調動一切可使用的資源，最有效地推動生產力快速發展，同時保證不同行業、不同所有制部門勞動者的基本生存所需。「混雜型」收入分配制度的靈活性特徵，起到了提升生產者積極性、保證分配與消費環節基本穩定的重要作用。

自鴉片戰爭至新中國成立，跨越百年的歷史戰火紛飛，對生產力基礎造成了嚴重的破壞。1949年新中國成立時，人均國民收入只有66.1元；1952年中國人均收入僅為世界平均水準的四分之一。工農業基礎非常薄弱，生產技術尚以手工生產為主。據許滌新、吳承明測算，1949年新式產業和傳統產業在工農業總產值中的比重分別為17%和83%。農業總產值在工農業總產值中的占比為84.5%，輕工業的占比為11%，重工業的占比為4.5%。工業企業

第十章 收入分配制度變遷

職工僅占全國總人口數的5.6%。[①] 主要工業品和工業原料生產極為不足，基礎設施嚴重落後。面對這樣一個生產力基礎，毛澤東同志曾在中共中央政治局會議上的講話中指出：「黨在過渡時期的總路線和總任務，是要在十年到十五年或者更多一些時間內，基本上完成國家工業化和對農業、手工業、資本主義工商業的社會主義改造。」[②]

社會主義改造的較長期性意味著多種經濟成分將在這一歷史時期相對穩定存在，「混雜型」收入分配制度的四重內涵也呈現出相應特徵。

首先，多種所有制經濟的存在意味著按勞分配和按生產要素分配等不同的分配基礎並存；與此同時，在不同的經濟成分中，分配形式也呈現出多樣化、靈活化、臨時性的特徵。在城鎮公有制企業中，「按勞分配」已經率先建立起來。中央在1950—1951年期間發布的關於工業生產和企業管理的重要文件中，制訂了城市企業中的按勞分配實施方案，以「工資分」為工資計算單位，按勞動熟練程度劃分八級工資制，並在有條件的企業實行計件工資制。在國家機關和事業單位中則保留新民主主義的供給制，直至1955年城市企、事業單位全面實施以職務等級為基礎的貨幣工資制和一定的獎勵工資制度，供給制才暫時退出。[③] 在城市私營部門，則採取了工資決定的勞資間協商制度，爭議部分由政府仲裁的決策。在農村中，1950年土改明確了建立「農民土地所有制」，農民獲得土地後，以土地入股建立互助組或初級合作社，獲得土地分紅，與此同時，還根據按勞付酬原則，依據勞動強弱和技術高低，以「死分活評」的方法計算「勞動日」以獲得勞動報酬。[④]

其次，從分配原則來看，由於社會主義改造還在進行當中，與社會主義生產資料公有制相適應的「按勞分配」「公平分配」「人人平等」尚未成為公

---

① 蕭國亮，隋福民. 中華人民共和國經濟史（1949—2010）[M]. 北京：北京大學出版社，2011：30-34.
② 毛澤東. 毛澤東選集：第5卷 [M]. 北京：人民出版社，1977：81.
③ 高志仁. 新中國個人收入分配制度變遷研究 [D]. 長沙：湖南師範大學，2008：40-50.
④ 魏眾，王瓊. 按勞分配原則中國化的探索歷程——經濟思想史視角的分析 [J]. 經濟研究，2016，51（11）：4-12，69.

理性原則①引導這一時期分配制度的設計，但是對於分配的公平性強調已經開始突顯。特別是新中國成立後，要在全國範圍內形成對社會主義意識形態的強有力認同，打破資本主義、封建主義和殖民主義思想的殘留，就要求分配原則強化勞動者之間在分配方式和消費資源佔有上的平等性。特別是大量小生產者尚處在自給自足的自然經濟模式中，對社會主義分配模式的暢想，亦傾向於高度平均化的社會。這一客觀條件，使得全民對「公平」分配原則的認同愈加強烈。

再次，從分配機制來看，這一時期計劃機制與市場機制並存，公有制經濟成分已經開始與計劃經濟體制對接，直接目標是要保持高額資本累積率，這就使得按勞分配能落實在個體身上的消費金額極為有限，一些主要消費品分配不得不採取定量供給的方案，幾乎不存在對「超額」勞動進入附加物質激勵的空間。在公有制部門建立起的按勞分配總體上是對分配方案預設的勞動投入進行補償，對於實際勞動投入的監督和激勵存在不足。而在私有經濟部門中，還是由市場機制引導生產者決策，影響其在消費、累積間的分配比例。隨著社會主義改造的深入，私有經濟成分與市場機制作用占比逐漸減少。

社會主義改造時期的「混雜型」收入分配制度，是在基本符合生產資料所有制結構基礎上建立與逐步調整的。隨著社會主義改造的推進，公有經濟比例逐步增加，按勞分配政策的適用範圍也在不斷擴大。在以國營經濟和集體經濟為主、其他經濟成分混合的所有制形態下，適應於基本所有制結構和現實生產力條件的分配方案，也在當時起到了激發勞動者積極性、改善人民生活水準、保證社會主義工業生產的重要作用。伴隨第一個五年計劃的完成

---

① 分配原則是收入分配制度秉持的基本原理和準則，是分配制度的核心安排。借鑑法學中關於法律原則的分類方法，我們嘗試將分配制度的分配原則也劃分為公理性分配原則和政策性分配原則。公理性分配原則是從社會關係的本質中產生出來的，得到廣泛承認並被奉為分配的公理，如社會主義生產資料公有制本質關係中產生的人們之間公平分配、人人平等、按勞分配等原則。政策性分配原則是國家關於不同時期適應社會經濟發展需要的具體分配決策和政策安排，政策性分配原則的核心是效率與公平的權衡，比如效率優先、兼顧公平原則，或者是公平優先、兼顧效率原則等。

第十章 收入分配制度變遷

以及社會主義改造事業的成功,生產力水準和人民的基本物質生活條件都比新中國成立初有了明顯的提升和改善。1952—1956年間,人均國內生產總值年均實際增長速度為8%,1956年工業總產值實際值是1949年的四倍,是1952年的兩倍。表10-1顯示,1952—1956年伴隨社會主義改造的進行,公有制部門的職工人數不斷上升,職工收入和居民消費也有了明顯增長。[1]

表10-1 社會主義改造時期的就業、工資與消費狀況

年份	國有單位職工數（萬人）	城鎮集體單位職工數（萬人）	國有單位職工工資（元）	城鎮集體單位職工工資（元）	居民消費增長（1952年為100）農村	居民消費增長（1952年為100）城市
1952	1,580	23	446	348	100.0	100.0
1953	1,826	30	496	415	102.8	115.1
1954	1,881	121	519	464	104.0	115.9
1955	1,908	254	534	453	113.1	120.2
1956	2,423	554	610	547	114.6	128.6

數據來源:國家統計局國民經濟綜合統計司. 新中國60年統計資料匯編[M]. 北京:中國統計出版社,2010.

歷史地看,新中國成立後,通過生產資料所有制改革的逐步推進、工業化趕超戰略的實施,以及獨立工業生產體系的建立與人民生活水準的提升,穩固了新生的社會主義政權。社會主義改造的完成、全面公有制經濟制度的確立,標誌著「混雜型」收入分配作為過渡階段與多種經濟成分相對應的分配方案,退出了歷史舞臺。

---

[1] 國家統計局國民經濟綜合統計司. 新中國60年統計資料匯編[M]. 北京:中國統計出版社,2010.

二、計劃經濟時期「單一型」收入分配制度的確立和演變（1957—1978 年）

1956 年社會主義改造的完成意味著社會主義經濟制度的基本確立，自此直到 1978 年實行改革開放前，全面的生產資料公有制取締了私人資本等其他要素獲得要素報酬的基礎，勞動者只能憑借勞動貢獻參與收入分配，勞動者個人不具備非勞動要素，也就不可能憑借非勞動要素參與分配。因此，基於全面公有制的所有制結構和要素產權制度的分配基礎，決定了這一階段傳統計劃經濟體制下「單一型」按勞分配成為國家制度安排和政策設定唯一可行的個人收入分配制度。

1. 分配基礎：全面公有制下的按勞分配

相比馬克思、恩格斯對資本主義經濟運行規律的系統闡釋，他們對社會主義生產組織方式與收入分配目標的論述散見於《哥達綱領批判》《資本論》等多篇著作之中。但是，建立在生產資料公有制基礎上的按勞分配原則是明確的。在《哥達綱領批判》中，馬克思指出「勞動的解放要求把勞動資料提高為社會的公共財產，要求集體調節總勞動並公平分配勞動所得」[1]，從而確定了生產資料公有制下的基本分配制度。列寧在《無產階級在中國革命中的任務》一文中也指出「人類從資本主義只能直接過渡到社會主義，即過渡到生產資料公有和按勞分配」[2]。因而，新中國成立以後，盡快確立起生產資料公有的基本經濟制度和按勞分配的基本分配制度，是中國共產黨面臨的邏輯上具有完全的一致性的重要任務。

1956 年社會主義改造完成後，中國的所有制結構已從過渡時期的多種經濟成分並存轉變為幾乎單一的公有制經濟，社會上幾乎不存在生產資料私有制，居民除了自身的勞動力以外，幾乎沒有任何非勞動要素的私人產權，因此居民也沒有可能憑借非勞動要素的私人產權取得收益。由於當時只存在全

---

[1] 馬克思，恩格斯. 馬克思恩格斯選集：第 3 卷 [M]. 北京：人民出版社，1995：301.
[2] 列寧. 列寧選集：第 3 卷 [M]. 北京：人民出版社，1995：62.

民所有制和集體所有制兩種經濟形式，全國也就只存在兩種基本分配形式：在全民所有制企業、機關和事業單位和城鎮集體企業實行工資制，在農村集體經濟實行工分制。

在所有制經歷的「多元——一元」的變化過程中，公有製作為社會主義國家和社會唯一的經濟基礎或分配基礎，對實踐中的分配機制、分配原則及其分配形式產生了直接影響。

2. 分配原則：勞動貢獻分配與「平均主義」的奉行

新中國成立初，以毛澤東同志為主要代表的中國共產黨第一代領導集體從兼顧國家、集體、個人利益的角度出發，認為社會主義建設應在按勞分配原則下保證分配的公平，促進生產力發展，同時避免兩極分化。[1] 伴隨社會主義改造的進行與完成，與生產資料公有制關係相適應的按勞分配、人人平等成為與社會主義基本經濟制度相適應的公理性原則：依照勞動貢獻，即唯一地按勞動者提供的勞動數量和質量進行分配。這樣的分配原則可以保證所有人僅憑個人貢獻獲取收入，避免憑借對資本的私人所有權獲取收益、佔有他人剩餘的空間。

與強調按勞分配、人人平等的公理性分配原則相伴隨的是，在毛澤東、劉少奇等國家領導人對按勞分配制度的具體探討中，政策性分配原則也體現出一定意義上公平與效率結合的取向，避免絕對的平均主義，即只要能依照勞動者的實際貢獻給予報酬，也可以對勞動投入進行必要的激勵。例如：毛澤東曾明確反對過「絕對平均主義」的分配思想，他在起草鄭州會議紀要時，提出糾正公社化失誤的14條原則，其中之一是「按勞分配，承認差別」[2]；劉少奇也曾提及「如果按勞取酬貫徹得比較好，分配得公平合理，大家滿意，就會促進生產力的發展」[3]。

為此，中國也曾吸取蘇聯模式的經驗。在蘇聯模式中，如何在按勞分配

---

[1] 陳慧女.中國共產黨領導社會主義經濟建設過程中收入分配改革領域的實踐與基本經驗[J].理論月刊，2012（9）：129-132，147.
[2] 谷紅欣.中國當代收入分配思想演變研究[D].上海：復旦大學，2006：40.
[3] 谷紅欣.中國當代收入分配思想演變研究[D].上海：復旦大學，2006：44.

原則下通過工資形式的設計，促進勞動者個人利益與社會利益的組合曾經是工作的重點。例如，M. 亞姆波爾斯基在 1931 年明確提出按勞分配要以勞動數量和質量為依據的觀點。他在一篇文章中寫道：「按勞付酬要整個社會主義的物質財富、生產力的增長決定，並決定於每個工人勞動的數量和質量。」①這一觀點發展了按勞分配理論中按「勞動量」分配產品的原則，明確了按勞分配的依據不僅包含勞動的數量，還包含勞動的質量。此外，蘇聯的經濟學家們也曾強調，按勞分配的標準只能是勞動，而不是簡單平均分配。但是，總體而言，在國家工業化和國防安全的總目標約束下，蘇聯按勞分配的基本目標是實現社會公正與和平，如何刺激勞動者的積極性僅僅處於相對次要的位置。②

然而，在中國計劃經濟體制的實際運行中，由於微觀部門缺乏生產與分配決策的自主權，生產過程中，難以準確測度勞動的真實貢獻，加上計劃分配所面臨的信息約束，計劃當局很難真正做到按照勞動貢獻分配。這一階段的按勞分配更多採取的是一種職務等級工資和工分制，依照計劃當局的意圖進行統一的「計劃分配」。例如，企業職工的工資同本企業經營狀況無直接關係，無論盈虧，工人都拿同樣的級別工資，從而使得政策性分配原則被異化為簡單的平均主義。計劃分配制度的效率損失表現在既不能給予勞動者有效的激勵（調動勞動者的勞動積極性）以促進生產力發展，也不能給勞動者以普遍的公平感（即真正做到按勞動者的實際勞動貢獻進行分配），結果是計劃分配體制既不能提高經濟效率，也難以保證普遍的社會公平。在平均主義分配原則的背後，事實上的不公平現象大量存在。例如，為了降低城鎮部門職工的勞動力再生產成本，加速工業資本累積，抑制農業收入價格的做法，使農民獲得了與勞動不相符的報酬。政府提供的福利補貼僅面向城市人口，強化了城鄉居民間事實上的不平等。當然，在消費基金極為有限且分配方案完

---

① 轉引自：範林榜. 馬克思按勞分配釋讀與中小企業薪酬管理實踐 [J]. 改革與戰略，2010, 26 (1): 162-164.
② 魏眾，王瓊. 按勞分配原則中國化的探索歷程——經濟思想史視角的分析 [J]. 經濟研究，2016, 51 (11): 4-12, 69.

第十章 收入分配制度變遷

全集中的情況下，相對平均主義的分配方案也是穩定生產者情緒、保證基本效率不得已的一個選擇。圖 10-1 顯示，在 1952—1957 年以及 1963—1978 年兩個時段中，相比農村居民消費增長在 20 世紀 70 年代後基本停滯，城鎮居民的消費水準還是有了相對穩定的長期提高。

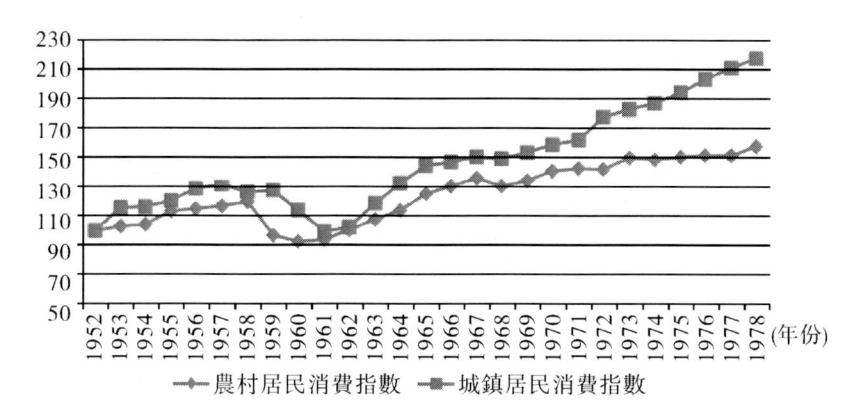

圖 10-1　傳統社會主義計劃經濟體制時期城鄉居民的消費指數（1952 年為 100）

數據來源：國家統計局國民經濟綜合統計司. 新中國 60 年統計資料匯編［M］. 北京：中國統計出版社，2010.

面對社會主義改造和國民經濟建設取得的突出成就，黨的領導人對社會主義向共產主義的躍進過度樂觀。隨著經濟建設的大躍進和農村集體化程度的提高，極左思想的盛行讓「按勞分配」制度本身成為資產階級法權的表現和被批判的對象。20 世紀 50 年代末，理論界對按勞分配是否是一種資產階級法權、是否有必要堅持展開了集中討論，並且從 1958 年起在人民公社中實行供給制與工資制的結合。[1] 收入分配的政策性原則開始背離「按勞分配」這個公理性原則，愈加走向「平均主義」。這樣的分配方式嚴重脫離了現實的經濟基礎，「平均主義」政策性分配原則的普遍化，致使勞動效率損失明顯，社會主義的生產力發展遭遇重大障礙。

---

[1] 魏眾，王瓊. 按勞分配原則中國化的探索歷程——經濟思想史視角的分析［J］. 經濟研究，2016，51（11）：4-12，69.

3. 分配機制：實行中央集權的計劃經濟體制

伴隨社會主義改造的完成和社會主義基本經濟制度的建立，按勞分配制度的具體機制設計與計劃經濟體制對資源的行政強制配置直接關聯。究其原因，不僅在於計劃經濟體制自身的性質，也在於工業化趕超戰略要求分配方案服務於國家的這一重大經濟目標。

新中國成立後，要建立起自己獨立的工業體系，必須對有限資源實現強有力的調配，優先發展最重要的戰略性行業，突出表現為關係到國家安全與獨立的重工業行業。然而，重工業作為資本密集型產業的基本特徵，與中國當時的經濟條件並不符合，重工業優先增長無法借助市場機制來實現。解決這一困難的辦法是做出適當的制度安排——實行中央集權的計劃經濟體制，人為降低重工業發展的成本，即降低資本、外匯、能源、原材料、農產品和勞動力的價格，從而降低重工業資本形成的門檻，形成有利於重工業發展的宏觀環境。同時，在微觀層面抑制企業和農戶的自主經營決策權，限制個人可獲得的消費品數量與範圍，最大程度保證資源向重工業部門集中。

在傳統社會主義計劃經濟體制中，中央部門集宏觀經濟和微觀經濟的決策權於一身，通過部門管理直接支配企業的人力、財力、物力和產、供、銷。同時，在經濟運行機制上，實行排斥價值規律的指令性計劃經濟，主要的計劃指標由國家自上而下地集中制定，它囊括了經濟生活的各個領域、各個部門，一旦制定出來，就成為具有高度強制效力的文件。在高度集中統一的計劃經濟體制中，指令性計劃和強有力的行政任務下達是管理經濟的主要手段。國家的各個地區、各個行業、各個部門這些微觀經濟主體間分割清晰，缺乏市場經濟中聯動的經濟關係，某一方要跨入另一方時存在重重壁壘，這樣的生產方式必然要求勞動上實行統包統配、財政上實行統收統支、物質資源上實行統購統銷、分配上實行工資制和供給制相結合的計劃配置。

因而，計劃經濟制度下的按勞分配制度本身就是計劃經濟體制的重要部分，完全服從並服務於計劃經濟體制。這就使得分配機制具有很強的計劃化、行政化的色彩。從「計劃化的按勞分配制度」的分配機制層面來看，計劃當

第十章 收入分配制度變遷

局決定分配規則、分配形式、累積和消費的比例、可供分配的消費基金總量、分配等級等等，通過行政強制貫徹實施，一切分配事項都必須遵循計劃原則而不允許任何生產主體各自的分配決策行為。這是因為在計劃經濟體制中，可被分配的物質基礎已經被限定，而「生產—分配—交換—消費」鏈條上各個環節也是在給定的運行程序中，變通的空間極為有限，減小了微觀生產組織利用額外資源激勵勞動投入的可能性。在這種分配機制中，參與收入分配的主體包含中央政府（中央計劃當局）、地方政府、部（委）、企業、人民公社、勞動者等。其中，中央政府掌握了絕大部分的分配決策權，並通過行政強制來推行。地方政府、部（委）、企業、人民公社的自行決策空間有限，而勞動者（工人或農民）個人只是分配規則的接受者。在1957—1978年的20多年中，國家只統一進行了4次工資調級，平均每個勞動者工資增長不足1級，平均增長數為7~8元，而同期物價上漲指數為14%（參見圖10-2）。[1]

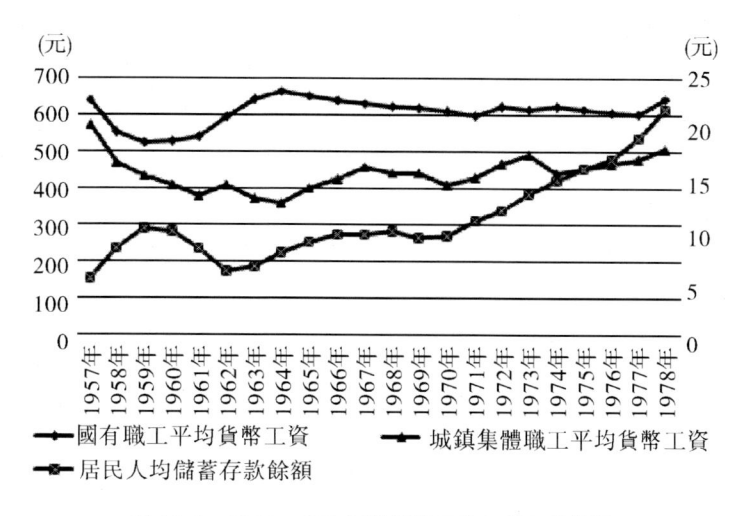

圖 10-2　1957—1978 年城鎮職工收入與存款狀況

數據來源：國家統計局國民經濟綜合統計司. 新中國60年統計資料匯編［M］. 北京：中國統計出版社，2010.（其中，居民人均儲蓄存款餘額為右坐標軸。）

---

[1] 李楠. 馬克思按勞分配理論及其在當代中國的發展［M］. 北京：高等教育出版社，2003：84.

总之，计划经济体制下的「单一型」按劳分配是为适应工业化赶超战略需要而实行的分配制度，完全基于政府在给定累积与消费比例下人为划定的「劳动力价格」① 确定劳动报酬，在工业化赶超战略背景下，个人收入分配的主要目的是维持劳动力的基本再生产，从而配合重工业部门的资本累积。由于宏观层面必须抑制劳动力要素成本，这就使得个人可以获得的分配数额相对有限；同时，微观层面个别企业生产、分配的自主决策空间有限，减小了分配方案调整带动劳动激励的可能性。

4. 分配形式：定级工资、工分与供给制的结合

在「单一型」按劳分配制度中，居民获取收入的形式比较简单。城市居民主要以工资，同时还以一些社会福利和保障等隐性形式取得收入。农村居民主要是获得粮食等实物性分配，同时从集体经济组织中获得很少的现金收入。

在城市企业中，1956年的全国工资改革形成了干部的职务等级制、企业职工的八级工资制。国家以各产业在国民经济的重要性、技术复杂程度和劳动条件的优劣为依据，安排产业顺序，重工业企业工人的工资高于轻工业企业工人的工资。同时，国家根据各地区物价和生活水准的差异，把全国划分为若干个工资区，由国家统一制定工资标准、等级；工资等级和工资标准只在不同部门、不同行业和不同地区之间稍有差别，同一部门、同一行业的基本上一样。② 在这样一种工资制度下，企业职工的工资收入，同所在企业经济效益基本无关联，职务晋升与工资增长主要取决于工龄增长。僵化的分配形式导致了企业中劳动激励不足的长期存在。

农村居民则获得按人头平均分配的口粮，以及在合作社劳动中获得工分。工分的确定标准，是根据一个最强的劳动力一天劳动可以完成的劳动量设定

---

① 传统社会主义计划经济体制排斥商品和市场机制，否认劳动力市场及其劳动力的价值和价格的存在。因此，这里以政府规定的工资标准和层级指代按劳分配具有的工资「劳动力价格」外壳的属性。

② 胡奕平．马克思主义分配理论及其在当代中国的发展［D］．武汉：武汉大学，2010：71．

第十章　收入分配制度變遷

基準分，同時依據年齡、性別來調整，難以觀測實際勞動支出；與此同時，工分值的確定取決於本生產隊的純收入，而生產隊的收入是由當年國家所規定的農副產品價格決定的。因而，工分值和農民的現金收入都間接地取決於國家計劃調節。[1]

　　值得注意的是，20世紀50年代末對「按勞分配」之「資產階級法權」性質的探討，也使得城市單位的分配形式進一步單一化，農村中「供給制」大行其道。1958年9月20日，《解放日報》發表了題為《社會主義的光芒》的社論，對取消計件工資予以大力支持，1958年11月，勞動部起草了《關於企業實行部分供給部分工資制的初步意見（草案）》，在全國一些地方試行了半供給制半工資制。國營企業和機關開始推行供給制與工資制的結合分配，並對計件工資和獎勵制度加速圍剿。[2] 1958年10月底，全國參加人民公社的農戶總數占總農戶數的99.1%，全國農村基本實現了人民公社化。[3] 在「人民公社」裡普遍實行的供給制，被人們認為已經包含了共產主義因素。實際上，供給制在具體實施過程中，就是對糧食等基本生活資料實行免費供應和平均分配，這一制度的確立對當時仍在溫飽線掙扎的中國廣大農民來說，無疑具有極大的誘惑力和感召力，使得以供給制為主要形式的分配制度在全國農村得以普遍推廣。

---

[1] 林霞. 中國特色社會主義個人收入分配制度研究 [D]. 南京：南京師範大學，2012：31.
[2] 高志仁. 新中國個人收入分配制度變遷研究 [D]. 長沙：湖南師範大學，2008：65.
[3] 王友成. 1958—1959年黨的領導集體對所有制問題的認識軌跡 [J]. 河南師範大學學報（哲學社會科學版），2010，37（4）：93-96.

第二節　改革開放後收入分配制度變遷（1978—2012年）

20世紀70年代末80年代初的經濟體制改革，成為中國走出發展困境的重大轉折點。其中，構成經濟體制改革不可分割的重要組成部分的收入分配制度嬗變，源自體制缺陷、思想解放、實踐創新形成的動力匯聚成一股巨大的時代洪流，推動著中國收入分配制度的適時改革。

一、收入分配制度的改革與啟動（1978—1992年）

20世紀70年代末，肇始於農村聯產承包責任制改革及其後的城市國有企業改革，都是以「放權讓利」經營和分配體制改革、利益調整打開缺口、拉開改革的大幕，以此為切入口啟動了改革開放這一重大制度變遷。其間，伴之以流通體制改革，再深入進行所有制、產權制度改革的方方面面，走出了一條漸進式為主、先易後難、由「體制外」改革向「體制內」改革、市場力量逐漸嵌入和滲透資源配置及其經濟體運行的推進路徑。此外，個體經濟、私營經濟和外資經濟等非公有制經濟相應的非按勞分配的出現，又促動了體制內的按勞分配也發生著與市場取向相適應的改革探索。生產關係、分配關係的適時改革客觀上要求上層建築也應做出適時調整，黨的十三大提出按勞分配為主，其他分配形式為補充，並明確資本等非勞動要素參與收益分配的合法性，由此開始並深入推進了中國的「混入型」收入分配制度變革，體制外非按勞分配改革與體制內按勞分配變革及其相互影響和碰撞，內在地生成了一個不同於改革前單一型按勞分配制度的「混入型」收入分配制度。[1]

---

[1] 我們把這種因改革的市場作用而產生的資本性收入、經營性收入、技術性收入等要素性收入的多種收入分配方式，向公有制經濟及其分配的滲入影響從而混入進整體國民經濟和國民收入分配中形成的分配制度及其政策，視為「混入型」收入分配制度。

1. 分配基礎的演變：要素產權從單一化到多元化

按照前述的「馬克思分配定理」，作為在生產關係中起決定作用的生產資料所有制的形式決定和影響產品分配的形式。回看20世紀80年代的改革開放，中國的所有制結構從過去公有制「一統天下」逐漸演變為多種所有制經濟並存的格局，與此相應的是居民擁有的要素產權也從過去的單一化逐漸演變為多元化的格局，依次經歷了突出國營經濟主導地位和個體經濟是公有制經濟必要補充的「主導—補充」的實踐探索，與公有制為主體、個體經濟、私營經濟等非公有制經濟都是補充的「主體—補充」的實踐探索。具體而言，計劃經濟時代勞動者直接佔有的是自身的勞動力產權（雖然還更多是名義上的勞動力產權，並不通過市場交易的形式實現其產權的收益），勞動者只能通過勞動力產權獲取收入，公有制經濟消除了任何私人憑藉非勞動要素（如資本、土地）獲得收入的可能性。隨著體制改革的深入和非公有制經濟的迅速發展，一部分居民逐漸累積了私人資本，並開始憑藉資本要素獲得收入，私人佔有資本要素逐漸獲得了合法的地位。另外，技術、信息、房產、企業家才能也逐漸進入市場進行交易，社會居民所擁有的要素產權日益多元化。

2. 分配原則的演變：公理性原則的恢復和政策性原則的優化

公理性分配原則是從社會關係的本質中產生出來的，如社會主義生產資料公有制本質關係中產生的人們之間公平分配、按勞分配等原則。在體制轉軌的過渡期，中國逐漸引入了按要素分配原則，但是並沒有改變中國的社會主義生產資料公有制本質，故而中國這一時期的公理性收入分配原則依舊為按勞分配原則，更多地表現為按勞分配原則的恢復與重新確立。此外，探索和確立新的公理性分配原則，是一個在實踐中總結的過程，也是一個通過試錯摸索社會主義生產關係改革與演變規律，在尋找與改革中所有制結構、勞動與勞資關係等的社會經濟關係新變化的本質中產生出來並逐漸上升到法律層面的過程。因而，新的公理性分配原則的探尋過程在實踐中又表現出其與政策性分配原則的交織互動的關係。在計劃經濟年代，我們實行按勞分配原則，個人只能憑藉勞動貢獻獲取收入，任何個人不能憑藉資本、土地等非勞動要素獲取收入。而在改革開放後的20世紀80年代，中國收入分配制度開

始從單一的按勞分配轉向按勞分配基礎上生發出新的按生產要素貢獻的分配，逐漸明確了資本等非勞動要素參與收益分配的合法性。資本、土地等非勞動要素以及技術、管理等新型生產要素參與分配是一個漸進發展的過程。這一時期，鄉鎮企業通過「集資」「入股」等形式，探索了股份合作制等企業財產組織形式，使資本這一重要的生產要素開始參與企業的收入分配。到 90 年代初期，國有企業的公司化改革允許資本、土地等非勞動要素參與分配。再者，改革開放以來不斷得到發展的私營經濟和外資經濟中，勞動、資本、土地、管理、技術等生產要素一開始就按照市場化原則，按照要素對企業產出所做的貢獻參與分配。

政策性分配原則是國家關於不同時期適應社會經濟發展需要的具體分配決策和政策安排，政策性分配原則的核心是效率與公平的權衡。在收入分配體制轉換期，效率開始逐漸受到重視。這一時期由改革開放前「唯平等論」依次向「克服平均主義傾向，以提高經濟效益為中心」和「平等與效率並重」轉變，打破平均主義的分配體制，實行按勞分配，兼顧公平與效率。具體來看，這一時期公平與效率原則的演變有如下兩個階段：第一階段由 1978 年黨的十一屆三中全會到 1984 年的十二屆三中全會提倡「克服平均主義傾向，以提高經濟效益為中心」；第二階段由 1984 年《中共中央關於經濟體制改革的決定》的出抬、1987 年黨的十三大至 1992 年黨的十四大的召開，其分配原則可概括為「效率第一、公平第二」。[①]

3. 分配機制的演變：從政府單一分配機制到引入市場機制

改革開放前實行計劃化的按勞分配制度，分配活動通過計劃機制和行政強制來實施。改革開放後，隨著各類要素市場的不斷發育，勞動力、資本、土地、技術、管理等生產要素通過市場配置的比重不斷提高。相應地，在居民收入的初次分配領域，市場機制逐步引入、發育和成長，並開始對社會收入分配發揮越來越大的調節作用。同一時期，政府對再分配的調節方式也在不斷地調整和完善。稅收方面，個人所得稅、個人收入調節稅和城鄉個體工

[①] 劉承禮. 改革開放以來中國收入分配制度改革的路徑與成效——以公平與效率的雙重標準為視角 [J]. 北京行政學院學報，2009 (1)：69-74.

商業戶所得稅得以出現;社會保障方面,改革逐漸由「企業保險」向「社會保險」突破。從第三次分配機制來看,這一時期,伴隨中國受抑制生產力的釋放和經濟的快速發展,對於社會慈善事業,政府由取締、抵觸到支持的態度逐步轉變。但是,由於第三次分配此時在國內才剛剛起步,發展較為緩慢,民間慈善組織還非常少見,且是政府而不是社會力量成為第三次分配的主體。

4. 分配形式的演變:從簡單化到多樣化

在體制轉軌時期,中國居民獲取的收入形式越來越多樣化。在農村,農民除農業生產中的實物性收入、銷售農產品的貨幣性收入等形式以外,還有從鄉鎮企業和城市務工活動中獲得的工資性收入,部分參與企業集資入股的農民還可以獲得利息、分紅等分配形式的收入。在城市,居民除工資性收入外,利息、股息、紅利、房租等資本和財產性收入形式逐漸出現。隨著技術、信息和經理市場的發育,技術、信息、管理等生產要素所有者也獲得了多樣化的收入,如技術轉讓費、專利費、信息費、經營者年薪、風險收入等。總之,市場化改革使分配形式從過去比較單一的勞動收入、工資性收入形式,逐漸向多樣化的收入分配形式演變。

在「混入型」收入分配制度取代傳統單一型按勞分配制度的改革和推進時期,有力地消除了過去平均主義分配方式帶來的逆向調節影響,同時,國家以「一部分人先富帶動共富」為抓手的政策創新在提高城鄉勞動者和企業等市場主體積極性等方面取得了顯著的成效,有力地促進了中國生產力的大發展和經濟的快速增長。但是這一時期,改革的「雙軌制」非均衡分配也帶來了收入差距過大、社會分配不公等負面影響及其衍生出的新的社會問題。

二、收入分配制度的改革創新(1992—2012年)

1992年黨的第十四大確立了社會主義市場經濟體制的改革目標。此後,伴隨社會主義市場經濟體制的建設、完善與深入發展,生產要素對經濟發展的貢獻愈來愈大,資本、土地等非勞動要素以及技術、管理等新型生產要素的投入極大地改變了中國經濟增長和發展的質態水準,也深刻地影響和改變

著收入分配的方式、結構、功能和特徵,「混入型」收入分配制度逐步轉變為「混生型」收入分配制度。此處使用「混生型」收入分配制度,原因在於強調按勞分配與按生產要素分配兩種形式由改革開放初期的勞動分配占絕對地位、新的生產要素分配有所滲入,轉入了社會主義市場經濟體制下的按勞分配為主體,多種分配方式彼此滲透、互相影響、融合生長、共同作用的基本收入分配制度。這是中國收入分配制度對新階段下生產力水準、生產關係及其上層建築改革變化的又一次適應性調整和自創新,是生產要素轉向以市場配置為基礎,多種所有制和經濟形式由體制外的「邊際增量」改革轉入打破體制外與體制內涇渭分明界限,向相互滲透融合、謀求合作共生的同一社會主義市場經濟體制轉變的歷史邏輯的必然,是政府與市場體制機制及其政策調整改革的上層建築與社會主義公有制為主體、多種經濟形式並存共生的所有制結構的經濟基礎相互作用的充分表現。

1. 分配基礎的演變:基本經濟制度的確立和優化

1992—2001 年為分配基礎的初步確立階段。這一階段,所有制結構得到進一步優化,形成了公有制為主體、多種所有制共同發展的基本經濟制度。具體表現為:一是促進非公有制經濟快速發展,所有制結構形成並確立為公有制為主、多種所有制並存的格局。二是國有經濟成分在國民經濟產值中的比重已經很大,但有所下降。三是儘管國有經濟成分相對下降,但國有經濟的控制力與影響力依然較強(見圖 10-3 和圖 10-4)。

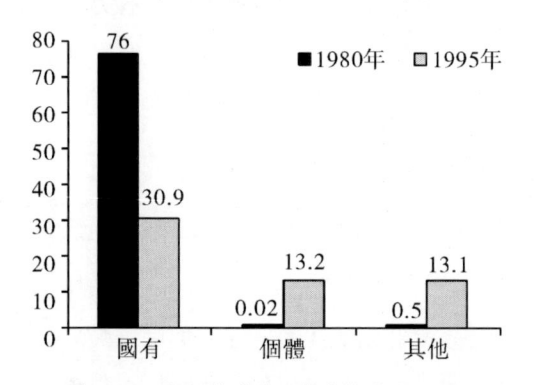

圖 10-3　各經濟成分工業產值比重(%)

數據來源:1981 年和 1996 年《中國統計年鑒》。

第十章 收入分配制度變遷

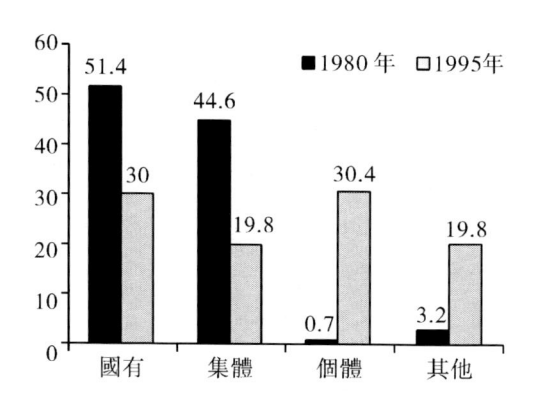

图 10-4 各經濟成分商品零售額比重（%）

類別	1980年	1995年
國有	51.4	30
集體	44.6	19.8
個體	0.7	30.4
其他	3.2	19.8

數據來源：1981年和1996年《中國統計年鑒》。

2002—2012年為分配基礎的新突破，即側重建立現代產權制度的結構變革階段。秉承解放和發展生產力的要求，在黨的第十五大界定公有制經濟與非公有制經濟的基礎上，這一時期依然堅持與完善「公有制為主體、多種所有制共同發展」的所有制結構。但對所有制結構的認識更深刻，對所有制結構的完善逐步深入到產權等制度層面。2002年，黨的十六大提出的「兩個毫不動搖」無疑從理論高度上確認了這一制度安排的準確性與合理性。2003年，黨的十六屆三中全會在社會主義所有制理論上實現了根本性突破。會上通過的《關於完善社會主義市場經濟體制問題的決定》首次提出要「使股份制成為公有制的主要實現形式」，要放寬市場准入，提高非公有制企業的待遇。更突出的是，第一次明確了產權的重要性，指出要「建立健全現代產權制度」。這期間，與國有企業完成公司制股份制改革、政策上對非公有制經濟發展不斷鬆綁、使其已成為中國社會主義市場經濟重要組成部分改革的同時，農村拉開了繼改革開放以後的第二次土改，之前20世紀80年代初期家庭聯產承包責任制「兩權分離」的第一次土改，嚴格地說只是一場農村經營制度的改革而不是產權制度的變革。而第二次土改，即在穩定農村土地承包權的基礎上進一步落實農民對承包經營土地的財產產權，通過法律形式的「確權—頒證」，把土地使用權真正交給農民，賦予農民獲得土地經營市場主體的地位，

促進土地使用權的流轉和適度規模經營，保障農民土地財產權及其收益，促進農業土地、勞動等要素生產率的提高，促進農業生產力的進一步發展。

　　2. 分配原則的演變：公理性原則和政策性原則的競爭與協調

　　1992—2001 年，分配原則初步確立，即按勞分配與按生產要素分配相結合。1993 年，黨的十四屆三中全會首次在《建立社會主義市場經濟體制若干問題的決定》中提出了「效率優先、兼顧公平」的原則，之後進一步被寫入 1997 年召開的中共十五大報告中，並首次提出「按勞分配和按生產要素分配相結合」的原則。由此，中國逐步實施了按勞分配為主、多種分配方式並存的「混生型」收入分配制度，收入分配原則同時實現了由單一的按勞分配向按勞分配和生產要素參與分配相結合的原則的轉變，即公理性分配原則的創新和堅持效率優先、兼顧公平的政策性分配原則創新。

　　2002—2012 年，分配原則的新突破表現為按貢獻標準的界定與效率公平並重。上一階段的分配原則為「按勞分配和按生產要素分配相結合，堅持效率優先、兼顧公平」。理論上有所進步，但是尚未確定按生產要素分配的標準，而且對效率的側重也導致收入差距日益擴大。① 為此，該階段的收入分配原則沿著界定按生產要素分配標準與處理效率與公平的關係兩條主線優化。在繼續堅持和完善社會主義市場經濟體制下的「混生型」分配制度基礎上，黨的十六大報告明確指出要「確立勞動、資本、技術和管理等生產要素按貢獻參與分配的原則」。相較之前的分配原則，此次會議規定了生產要素參與分配的標準為「按貢獻」，即哪一種生產要素對經濟發展的貢獻大，該種要素的所有者便可以憑藉所有權獲得較高的報酬。更進一步，黨的十七大將這一原則上升到制度層面——「健全勞動、資本、技術、管理等生產要素按貢獻參

---

① 伴隨著分配制度的變革和收入分配機制的市場化，中國居民收入差距迅速擴大，總體居民收入差距的基尼系數從 20 世紀 80 年代初的 0.3 左右迅速上升到 20 世紀 90 年代後期的 0.4 以上，是同期全球收入差距增幅最大的國家（ATINC. Sharing rising incomes: Disparities in China [M] // World Bank. Sharing Rising Incomes: China 2020 Series. Washington D. C.: World Bank Press, 1997: 257-260.）。2001 年，中國的基尼系數達到了 0.447，在世界銀行考察的 120 個國家與地區由低到高的排序中，居於第 85 位（World Bank. World Development Report 2005: A Better Investment Climate for Everyone [M]. New York: World Bank and Oxford University Press, 2004: 258-259.）。

與分配的制度。」從而,勞動、資本、技術與管理等生產要素均可在創造財富的過程中按照貢獻大小獲取等量報酬成為中國市場經濟條件下初次分配領域的基本原則。國家在對待效率與公平的關係上也出現變化,開始向公平端傾斜,由堅持「效率優先、兼顧公平」轉變為「效率與公平並重」。

3. 分配機制的演變:從政府與市場的雙重機制到引入社會的三重機制

1992—2001年,分配機制的初步確立表現為市場調節和政府調控複合作用的機制。黨的十四大確立了建設社會主義市場經濟的目標以後,收入分配制度進入與經濟體制這一重大改革相適應的新階段。在此階段,受資源配置方式與機制變化的影響,市場機制在收入分配方面的作用愈發重要,市場機制成為收入分配機制不可或缺的部分,收入分配機制由單一的計劃型分配機制逐步轉向市場調節與政府調控複合作用的分配機制。市場經濟體制改革的同時,計劃機制逐步退出初次分配領域,而於再分配領域中以政府宏觀調控方式調節居民收入分配。此調節功能由政府依託相應的法律法規,通過稅收與社會保障兩大政策工具加以實現。因此,計劃機制轉為了政府著重於再分配領域的宏觀調控機制。

2002—2012年,分配機制的新突破表現為市場、政府和社會三重機制的形成。這一時期,中國逐步形成了初次分配領域市場占主導、再分配領域政府占主導和第三次分配領域社會占主導的三重分配機制。初次分配領域發揮市場機制調節分配的主導作用是社會主義市場經濟發展的必然。黨的十六大報告強調:「在更大程度上發揮市場在資源配置中的基礎性作用……發展產權、土地、勞動力和技術等市場。」這說明各類生產要素的供求都應由市場機制發揮作用配置。再分配領域政府宏觀調控分配的作用機制不斷強化,表現為稅收調節收入的作用有所提高和社會保障的作用惠及更多居民。第三次分配領域中逐步形成了社會主導的機制。為更加體現社會文化、道德水準和文明程度等軟約束在調節收入分配中的功能,黨的十六和十七大報告分別指出,「發展城鄉社會救濟和社會福利事業」「以慈善事業、商業保險為補充,加快完善社會保障體系」。此外,相關政策的創新推動了中國慈善事業的迅速發展。

4. 分配形式的演變：居民收入的多樣化程度不斷提高

1992—2001 年，分配形式的初步確立表現為居民勞動收入與其他要素收入共存。與社會主義市場經濟體制建設相配套的所有制結構與「混生型」收入分配制度的演變，使得勞動者擁有的產權不再是唯一，城鄉居民可憑藉要素所有權獲取更多其他收入。這樣，城鄉居民收入獲取方式由按勞分配制度下的工資收入或實物收入的簡單化趨於多樣化。

2002—2012 年，分配形式的新突破表現為居民收入多樣化的趨勢越來越顯著。國家進一步「確立勞動、資本、技術和管理等生產要素按貢獻參與分配的原則」，並將其上升到制度層面，且將「公民的合法的私有財產不受侵犯」寫入憲法，這為城鄉居民收入多樣化提供了堅實的制度基礎和法理依據。為鼓勵更多居民獲得多元化的收入，黨的十七大報告首次強調要「創造條件讓更多群眾擁有財產性收入」。具體表現為，城鄉居民收入來源的日益豐富。

進一步從社會主義市場經濟與收入分配體制改革創新的整個區間出發，我們可以發現：1990—2012 年，中國城鎮居民人均可支配收入多樣化的構成中呈現「一降、三增」的特徵。1990 年，中國城鎮居民人均可支配收入為 1,510 元。其中，工資性收入占 76.3%，經營淨收入占 1.5%，財產性收入占 1.1%，轉移性收入占 21.1%。經過 21 年的快速發展，城鎮居民人均可支配收入迅速增加，各種類型的收入均出現不同程度的增長，但除工資性收入在人均可支配收入中的比重出現下降以外，其他類型收入的比重均有所提高。2012 年，城鎮居民人均可支配收入為 26,958.99 元。其中，工資性收入占 64.30%，經營淨收入占 9.45%，財產性收入占 2.63%，轉移性收入占 23.62%。同期，中國農村居民人均純收入構成的多樣化特徵一樣顯著，也出現了「一降、三增」的現象。1990 年，中國農村居民年人均純收入為 686 元。其中，工資性收入占 20.3%，家庭經營淨收入占 75.7%，財產性收入為 0，轉移性收入占 4%。隨著市場化經濟體制改革的推進，農村經濟活力進一步釋放，農民獲得收入的方式日益多元，尤其是勞動力流動的放開與集體經濟的發展，農村居民工資性收入的比重迅速提高。2012 年，農村居民年人均純收入上升到了 7,916.58 元，工資性收入占比為 43.55%，較 1990 年提高 23.25 個百分點；

家庭經營淨收入則下降到44.63%，比1990年低31.07個百分點；財產性收入和轉移性收入占比分別上升至3.15%和8.67%。具體數據參見表10-2。

表10-2　1990—2012年城鎮居民、農村居民家庭人均收入情況

類別	城鎮居民家庭 1990年 絕對數（元）	比重（%）	2012年 絕對數（元）	比重（%）	類別	農村居民家庭 1990年 絕對數（元）	比重（%）	2012年 絕對數（元）	比重（%）
可支配收入	1,510.0	100	26,958.99	100	純收入	686.0	100	7,916.58	100
工資性收入	1,152.1	76.3	17,335.62	64.30	工資性收入	139.3	20.3	3,447.46	43.55
經營淨收入	22.7	1.5	2,548.29	9.45	經營淨收入	519.3	75.7	3,533.37	44.63
財產性收入	16.6	1.1	706.96	2.63	財產性收入	0.0	0	249.05	3.15
轉移性收入	318.6	21.1	6,368.12	23.62	轉移性收入	27.4	4.0	686.70	8.67

數據來源：1991年和2013年《中國統計年鑒》。

要而論之，社會主義市場經濟體制下的「混生型」收入分配制度中，按勞分配重視公平，按生產要素分配促進效率提升，二者相輔相成，形成混生優勢，以在促進生產力新的發展過程中實現公平與效率的有機融合。因此，這一階段「混生型」收入分配制度的深入優化本質上是加快縮小居民收入差距，最終邁向共同富裕。分配基礎上加速推進混合所有制經濟，完善產權保護制度；分配原則上以共享發展理念為指導，更加側重公平；分配機制上堅持三重機制協調的同時，強化政府與社會機制的調節作用；分配形式上多渠道豐富群眾收入來源，進一步推動居民收入的多樣化。由此可見，這一階段的「混生型分配制度」並非是對新中國之初過渡期「混雜型分配制度」的簡單迴歸，而是在改革開放新的歷史背景及社會主義市場經濟體制下收入分配制度的適應性調整和創新性發展，是社會主義收入分配制度自我完善、實現共同富裕的「中國實踐」。

第三節　新時代收入分配制度變遷（2012 年—）

本章第一、二節的分析研究，從時間維度刻畫了自 1992 年確定建立社會主義市場經濟體制目標至今中國社會主義市場經濟體制下「混生型」收入分配制度的演進軌跡，改革實踐中「混生型」收入分配制度的演進事實上走過了初步確立、新突破和深度優化三個階段。本節重點研究「混生型」收入分配制度深度優化改革的基本情況及其路徑。

一、收入分配制度的改革深化（2012 年—）

1. 分配基礎的深度優化：混合所有制與產權保護的推進

經過多年的實踐，公有制為主體、多種所有制共同發展的制度安排是合理的已形成共識，但也存在優化空間。基於過去的所有制結構，當前時期，主要圍繞基本經濟制度的混合所有制實現形式，提升公有制經濟的競爭力與效率，完善產權保護制度，深入優化社會主義市場經濟條件下的所有制結構。國家主要以國有企業混合所有制改革的推進為抓手，提高公有制經濟的競爭力和效率。同時，農村改革再度迎來土地「兩權分離」轉向「三權分置」的重大制度創新，即堅持農村土地集體所有的前提下，促使承包權和經營權的再分離，形成所有權、承包權、經營權的三權分置和經營權流轉的格局，真正賦予農民更多選擇自由和空間，切實保障農民的財產權及其收益，促進農民財產性增收。黨的十八大報告強調要「保證各種所有制經濟依法平等使用生產要素、公平參與市場競爭、同等受到法律保護」。總之，「公有制為主體、多種所有制共同發展」的所有制結構在建立現代產權制度體系的過程中被不斷完善、優化與強化。黨的十九大報告進一步指出，「必須堅持和完善中國社會主義基本經濟制度和分配制度，毫不動搖鞏固和發展公有制經濟，毫不動搖鼓勵、支持、引導非公有制經濟發展」，還要「深化國有企業改革，發展混

合所有制經濟」。這也為社會主義市場經濟條件下「按勞分配為主、多種分配方式並存」的「混生型」收入分配制度提供了合理的產權依據與所有制基礎。

2. 分配原則的深度優化：共享發展理念下公平端的側重

日益擴大的居民收入差距引起了社會各界對公平的關注，全面建成小康社會與共同富裕的實現也對過去的收入分配制度提出了挑戰，分配原則的變革勢在必行。結合「全面建成小康社會、兩個翻一番和共同富裕」目標，收入分配原則的調整方向或指導方針是比較明確的。正如黨的十八大報告所指出的：「要堅持社會主義基本經濟制度和分配制度，調整國民收入分配格局，加大再分配調節力度，著力解決收入分配差距較大問題，使發展成果更多更公平惠及全體人民，朝著共同富裕方向穩步前進。」

中國共產黨第十八次全國人民代表大會明確強調：「實現發展成果由人民共享，初次分配和再次分配都要兼顧效率和公平，再次分配更加注重公平。」這說明在城鄉居民收入分配方面，國家再次偏向公平端，且更加側重公平。「蛋糕」不斷做大，還要把「蛋糕」分好，以促進公平正義。[1] 中國共產黨第十八屆五次會議進一步提出了「共享發展理念」，認為共享發展是注重解決社會公平正義問題。至此，社會主義市場經濟體制深入發展過程中，中國在解決縮小收入差距、維繫社會公平正義問題方面的重視程度達到了前所未有的高度。

與共享發展理念指導下側重公平的分配原則相適應，國家在具體的收入分配措施上更是加大了國民收入分配格局的調整力度。超過 7,000 萬規模的農村貧困人口被認為是全面建成小康社會的短板之一，也是造成收入差距和阻礙共同富裕的重要原因，從而脫貧攻堅成為十三五時期的工作重點之一；十八大以來實施的「八項規定」和以零容忍態度懲治腐敗將打擊非法非正常收入、規範收入分配秩序落到實處，促進了社會公平正義。[2]

3. 分配機制的深度優化：政府與社會機制作用的再加強

在市場、政府與社會三重分配機制協同的基礎上，國家認可了市場機制調節初次分配的主導性作用，進一步加強了再分配和第三次分配領域政府和

---

[1] 習近平. 切實把思想統一到黨的十八屆三中全會精神上來 [J]. 求是, 2014 (1)：3-6.
[2] 魏眾, 王瓊. 按勞分配原則中國化的探索歷程——經濟思想史視角的分析 [J]. 經濟研究, 2016, 51 (11)：4-12, 69.

社會兩大機制在收入分配中的調節作用，以縮小收入差距。初次分配領域，中國共產黨第十八次代表大會強調「完善勞動、資本、技術、管理等要素按貢獻參與分配的初次分配機制」，以更好地「兼顧效率與公平」。

會議首次指出：「加快健全以稅收、社會保障、轉移支付為主要手段的再分配調節機制。」這是對政府再分配調節機制認識上的提高與創新，並試圖借助政府作用的加強調節收入分配。稅收方面，進一步降低企業稅負，調動各方積極性，從2012年1月1日於上海開展的交通運輸業和部分現代服務業營業稅改增值稅試點到2016年5月1日全國推行營業稅改增值稅的稅收體制變革進一步提高了企業所有者收益。社會保障方面，中國共產黨第十八次代表大會指出：「要堅持全覆蓋、保基本、多層次、可持續方針，以增強公平性、適應流動性、保證可持續性為重點，全面建成覆蓋城鄉居民的社會保障體系。」2014年，《國務院關於建立統一的城鄉居民基本養老保險制度的意見》（國發〔2014〕8號）明確了基本養老保險的參保範圍、參保標準、繳費形式等，推動了覆蓋城鄉居民社會保障體系的建立。2016年，《國務院關於整合城鄉居民基本醫療保險制度的意見》（國發〔2016〕3號）的出抬意味著長期分割的城鄉醫療保險制度將走向終點，對促進城鄉融合、體現城鄉公平具有重要意義。而且，充分考慮廣大人民的利益，「建立社會保險基金投資營運制度，確保基金安全和保值增值」也為國家所允許。

在農村，圍繞農業供給側結構性改革，理順市場、政府和社會的關係。通過進一步深化糧食等重要農產品價格形成機制和收儲制度改革、完善農業補貼制度，充分發揮市場機制在農業農村資源配置中的基礎性甚至決定性作用；完善改革財政支農投入機制，對準公益性農業農村發展，探索政府轉變傳統單一輸入式支農方式與市場的對接，更好發揮政府分配機制在政策引導、宏觀調控、支持保護、公共服務等方面的作用；強化培育新型農業經營主體和多元化的服務主體，構建以公共服務機構為依託、合作經濟組織為基礎、龍頭企業為骨幹、其他社會力量為補充，公益性服務和經營性服務相結合、專項服務和綜合服務相協調的新型社會化服務體系，加強農業社會化服務機制服務農業現代化的作用，提高農業生產效率和農民收入。

國家也更加重視社會機制在第三次分配領域中的補充作用。中國共產黨

第十八次代表大會再次強調要「完善社會救助體系，健全社會福利制度，支持發展慈善事業，做好優撫安置工作」。為更好地發揮社會分配機制的調價功能，國家從規範慈善事業發展入手，中華人民共和國第十二屆全國人民代表大會通過了《中華人民共和國慈善法》，該法於 2016 年 9 月正式施行。這是社會福利領域的第一部法律，標誌著社會分配機制將進入制度規範發展階段，在調節收入分配方面將發揮常態化的作用，助力縮小居民收入差距。

4. 分配形式的深度優化：居民收入多樣化的進一步推動

社會主義市場經濟體制下分配形式表現為居民收入多樣化，這是分配基礎、分配原則與分配機制在市場經濟運行中發揮作用的具體表現。經過多年的努力，中國居民人均可支配收入已顯現多樣化的趨勢，社會主義市場經濟體制下的「混合型」收入分配制度優化將進一步推動居民收入來源的多樣化。

中國共產黨第十八次全國人民代表大會指出，應在堅持按勞分配，「推行企業工資集體協商制度，保護勞動所得」，提高工資性收入的基礎上，「多渠道增加居民財產性收入」。這是繼中國共產黨第十七次全國人民代表大會首次確定「創造條件讓更多群眾擁有財產性收入」政策，認可居民私人財產及憑借私有產權獲取收入之後的又一創新。在操作層面上，國家不斷制定相應細則與辦法以確保將「多渠道增加居民財產性收入」落到實處。比如，2013 年出抬的《中共中央關於全面深化改革若干重大問題的決定》關於「允許混合所有制經濟實行企業員工持股，形成資本所有者和勞動者利益共同體」的政策，是鼓勵工人在賺取勞動報酬的同時獲得分紅或股息，也是按勞分配與按資分配相結合的實現形式之一；2015 年，《國務院辦公廳轉發人力資源社會保障部、財政部關於調整機關事業單位工作人員基本工資標準和增加機關事業單位離退休人員離退休費三個實施方案的通知》（國辦發〔2015〕3 號）上調機關事業單位離退休人員離退休費的規定，是增加轉移性支付收入的具體體現；2016 年，交通運輸部、工信部等 7 部委聯合發布並施行的《網路預約出租汽車經營服務管理暫行辦法》是促進居民依託私有財產進行經營獲取財產性收入的承認、規範與保護。

受收入分配領域相關政策出抬與相繼落實的影響，城鄉居民收入來源多元特徵日益顯現，居民收入多樣化的趨勢進一步加強（見表 10-3）。

表 10-3　2012 年和 2017 年全國、城鎮和農村居民人均收入情況比較

類別	全國 2012 絕對數（元）	全國 2012 比重（%）	全國 2017 絕對數（元）	全國 2017 比重（%）	城鎮居民 2012 絕對數（元）	城鎮居民 2012 比重（%）	城鎮居民 2017 絕對數（元）	城鎮居民 2017 比重（%）	農村居民家庭 2012 絕對數（元）	農村居民家庭 2012 比重（%）	農村居民家庭 2017 絕對數（元）	農村居民家庭 2017 比重（%）
可支配收入	26,958.99	100	25,973.5	100	26,958.99	100	36,396.1	100	7,916.58	100	13,432.7	100
工資性收入	17,335.62	64.3	14,620	56.3	17,335.62	64.3	22,200.9	61	3,447.46	43.55	5,498.4	40.9
經營淨收入	2,548.29	9.45	4,501.8	17.3	2,548.29	9.45	4,064.7	11.2	3,533.37	44.63	5,027.8	37.4
財產性收入	706.96	2.63	2,107.4	8.1	706.96	2.63	3,606.9	9.9	249.05	3.15	303.3	2.3
轉移性收入	6,368.12	23.62	4,744.3	18.3	6,368.12	23.62	6,523.6	17.9	686.7	8.67	2,603.2	19.4

數據來源：2013 年和 2018 年《中國統計年鑒》。

一言以蔽之，始於黨的十八大和十八屆三中全會的召開，中國的相關改革得到了全面深化。體現在收入分配制度上面，就是收入分配的基礎得到了深度優化，表現為混合所有制與產權保護的推進；收入分配原則的深度優化，表現為共享發展理念下公平端的側重和以人民為中心發展思想的踐行；收入分配機制的深度優化，表現為在堅持市場資源配置決定性作用的基礎上，政府與社會機制作用得到了再加強；收入分配形式的深度優化，表現為居民收入多樣化的進一步推動。

二、新時期深化收入分配制度改革的路徑：走共享發展的中國道路

習近平指出：「要堅持以人民為中心的發展思想，這是馬克思主義政治經濟學的根本立場。」以人民為中心的發展，其關鍵是實現共享發展，體現逐步實現共同富裕的要求。

1. 以公平正義為核心價值構建實現共同富裕的體制機制

進入21世紀，在收入分配領域，我們推出了一系列深化改革的措施，規範收入分配秩序，加大政府調節力度，以切實解決分配不公和收入分配差距過大的問題。

中國特色社會主義的建立是一個不斷追求公平正義、實現共同富裕的過程，在實踐中需要與之相適應的體制機制。按照馬克思歷史唯物主義觀點，人類社會不存在普遍的正義，正義是歷史的產物。一個公平正義的制度，其作用是要形成一個讓社會絕大多數成員都感到滿意，從而能激勵他們的創造性勞動的制度環境，最終促進經濟效率的提高。任何一個制度作為生產關係的法定表現是由生產力決定的，在收入分配和財產權構建上，我們要選擇的是這種制度與現階段生產力發展、增進經濟效率的內洽性。在社會主義市場經濟條件下，公平正義原則首先應體現為法律承認和保護財產獲得的正當性和正當財產權利的排他性，即產權保護原則。

與社會主義市場經濟相適應的產權制度承認和保護包括勞動在內的各種要素主體對經濟的貢獻以及獲得收入和財產，這是一種貢獻與收益相對應的

公平原則，在它是社會財富的第一次分配的意義上，又被稱為「原始公正」。從不區分市場主體的個性特徵而具有普遍適用性來說，這種公平原則體現了一種形式理性和機會平等的公平，它卻不能體現社會成員之間無個體差別的共享與佔有。問題在於，在物質財富還沒有極大豐富、勞動還是個人的謀生手段的社會主義市場經濟中，不同的市場主體在個人稟賦、經營條件、機遇等方面的千差萬別，注定了各市場主體之間在發生實際經營結果上存在差別（在分配上體現為個人財產和收入的差別），如果我們的產權制度不保護這種結果而強調全體成員共同佔有和平等分享，事實上會造成一部分人佔有他人勞動成果的情況，這又違背了產權正義的原則，同時還會損失效率。

2. 堅持以人民為中心和人的全面發展

馬克思、恩格斯從人的解放和全面發展出發，從歷史演變的角度揭示了三大社會形態中人的發展狀態，指出人的全面發展的歷程和人類社會歷史發展一樣是一個自然歷史過程。在《1857—1858年經濟學手稿》中，馬克思按照人的個體發展的程度把人類社會分為依次遞進的三種社會形態。其中，「建立在個人全面發展和他們共同的社會生產能力成為他們的社會財富這一基礎上的自由個性，是第三階段」①，它相當於馬克思所講的社會主義和共產主義社會。在這個階段，人類由「必然王國」進入「自由王國」，以自由人聯合體為基礎，消滅了私有制和剝削。在這一社會形態中，在高度發展的生產力的基礎上實現了對異化勞動的揚棄，個人從權力和資本的奴役下解放出來，實現了全面發展和自由發展。馬克思強調：「第二個階段為第三個階段準備條件。」馬克思所講的條件既包括生產力發展所提供的物質條件，也包括人與人的社會關係方面的條件，如社會公平正義、按需分配、個人自由選擇和對社會公共事務的充分參與等等。在這裡，共享發展和共同富裕不僅是社會價值、理念，更是現實的社會實踐。就物質資料生產、所有制與人的發展關係看，從歷史唯物主義出發，馬克思認為財產權和所有制不僅是一種與物質生產力發展有關的生產關係，它本質上包含著人的發展的基礎條件，即能否突破舊

---

① 馬克思，恩格斯. 馬克思恩格斯全集：第46卷 [M]. 中共中央編譯局，譯. 北京：人民出版社，1979：108.

第十章　收入分配制度變遷

的社會分工和機器大工業對人的束縛，消滅並剝奪任何人利用財產的佔有權力去奴役他人勞動的權力，重建「勞動者個人所有制」和自由人聯合體，最終實現每個人的自由全面發展。馬克思追求的是人的全面發展，物質資料的生產和發展只不過是人的全面發展的基礎。

生產力的發展和經濟增長的目的是什麼？經濟社會的發展怎樣做到可持續？各個國家都必須回答這些問題。美國學者加爾布雷思認為經濟發展應當回到重視公共目標、重視人的發展軌道。他曾經批評資本主義國家把經濟增長作為主要目標，對物的關注勝過於對人的關注，認為應當改變這種現象，應當對人本身給予充分關注，確立和追求公共利益或最大限度地滿足公眾需求的公共目標。1998年諾貝爾經濟學獎得主阿馬蒂亞·森在其頗具影響的《以自由看待發展》一書中，同樣批評了將發展等同於國民生產總值的增長，或個人收入的提高，或工業化與技術進步，或社會現代化等的觀點，認為這些都是狹隘的發展觀，最多屬於工具性範疇，是為人的發展服務的。進入2000年，世界各國領導人在聯合國千年首腦會議上商定了一套時限為15年的目標和價值指標，強調自由、平等、共濟、寬容、尊重大自然和共同承擔責任，最終是為了人的發展。[1]

中國立足於改革開放以後的經濟增長與發展實踐，在豐富的實踐經驗基礎上，形成了以人民為中心的發展思想。習近平指出：「要堅持以人民為中心的發展思想，這是馬克思主義政治經濟學的根本立場。要堅持把增進人民福祉、促進人的發展、朝著共同富裕方向穩步前進作為經濟發展的出發點和落腳點，部署經濟工作、制定經濟政策、推動經濟發展都牢牢堅持這個根本立場。」[2] 以人民為中心的發展，其關鍵是實現共享發展，體現逐步實現共同富裕的要求。

3. 以共享發展來解決分配領域中的矛盾

經濟增長與發展理論認為，一國人均收入的高低取決於該國的長期經濟

---

[1] 李義平. 馬克思的經濟發展理論：一個分析現實經濟問題的理論框架 [J]. 中國工業經濟, 2016 (11)：13-21.
[2] 習近平. 立足於中國國情和中國發展實踐，發展當代中國馬克思主義政治經濟學 [N]. 人民日報, 2015-11-25.

增長。同樣，增長理論與各國發展的歷史經驗表明長期經濟增長其關鍵是實現經濟的轉型，即實現從傳統「馬爾薩斯陷阱」向現代持續經濟增長的轉變。長期經濟增長的進程必然經歷經濟成果的分配過程，該過程是收入分配理論研究的主要內容。不同的收入分配必然造成收入的不同分佈，並進而影響一國的經濟福利。根據各個發展中國家的經驗，經濟轉型和實現長期經濟增長並非能自行解決收入的不平等問題。另一方面，社會制度結構也會影響一國的經濟增長，如果經濟增長的成果不能為全體社會成員共享而是被少數人或社會利益集團獨占，經濟增長將失去普遍的激勵功能。

　　經濟增長的成果如何讓人民共享特別是讓窮人受益？20世紀以來發展經濟學根據一些發展中國家的增長經驗概括出「包容性增長」和「益貧式增長」的模式。「包容性增長」這一概念最早由亞洲開發銀行在2007年提出。它的原始意義在於「有效的包容性增長戰略需集中於能創造出生產性就業崗位的高增長、能確保機遇平等的社會包容性以及能減少風險，並能給最弱勢群體帶來緩衝的社會安全網」。包容性增長最基本的含義是公平合理地分享經濟增長，其中最重要的表現就是縮小收入分配差距，它涉及平等與公平的問題，最終目的是把經濟發展成果最大限度地讓普通民眾受益。與此相關的是「益貧式增長」，它關注經濟增長、不平等和貧困三者之間的關係。發展中國家的增長實踐表明，單純的經濟增長並不能自動惠及窮人，窮人的生活水準有可能隨著經濟增長而下降，因此「涓滴效應」並沒有出現。在這個背景下，人們重新審視經濟增長、貧困和不平等之間的關係並達成共識：高速的經濟增長和對窮人有利的收入分配相結合能夠導致絕對貧困下降的最大化，達到所謂「益貧式增長」。[1] 從各個發展中國家的發展經驗看，在實現經濟增長和現代化的過程中必然會產生大量剩餘勞動力和失業現象，同時，需要依靠社會救助的貧困人口也可能隨之增加。「益貧式增長」模式強調增長機會平等，對貧困人口給予更多關注，實現充分就業並使勞動收入增長率高於資本報酬增長速度。「益貧式增長」強調一國要實現較高且可持續的經濟增長率就要增加貧困人口參與經濟增長過程的機會，提高貧困人口參與經濟增長的能力使

---

[1] 張慶紅. 對益貧式增長內涵的理解：一個文獻綜述 [J]. 湖北經濟學院學報，2013，11（4）：16-20.

第十章 收入分配制度變遷

其成為經濟增長的推動者,而不是單純依靠社會保障和救濟來幫助窮人。對處在經濟社會轉型期的中國而言,發展勞動密集型產業,盡可能多地創造就業機會,減少失業;實施鄉村振興戰略,富農增收,是貧困減除和實現「益貧式增長」的主要途徑。

共享發展作為中國道路實踐經驗的概括和總結,包含著包容性增長和益貧式增長的意義,同時彰顯了中國增長和發展道路的鮮明特色。實踐證明,中國現代化必然要走也正在走一條有自己特色的獨特道路,在這條道路的特殊性內涵中,共享發展無疑是其中的核心價值之一。

4. 貧困人口脫貧致富,全面實現小康

貧困人口脫貧致富是全面建成小康社會、實現共同富裕的一個標誌性指標。貧困不只是一種物質和精神生活能力低於基本生活水準,更在於是一種人的機會的喪失,體現為社會的不公正、不道義。當今世界各國都把貧困作為最大的難題。改革開放以來,中國在全面推進現代化國家進程取得巨大成果的同時,扶貧開發事業也取得了舉世矚目的偉大成就。中國在30多年的扶貧過程中也形成了自己的扶貧經驗和有中國特色的道路,受到國際社會的高度關注和讚譽。[1] 作為一個「二元結構」特徵顯著、城鄉和區域發展差距較大的發展中國家,快速推進工業化、城鎮化的人口大國,如何平衡公平和效率的關係、提高發展的包容性,特別是如何幫助農村貧困人口走出貧困陷阱,是我們在新時代面臨的重大課題。

在習近平總書記治國理政新理念、新思想、新戰略中,提出要促進包容性發展、使發展成果更多更公平惠及全體人民,盡快使全國扶貧對象實現脫貧、讓貧困地區群眾生活不斷好起來。他多次強調:「中國大部分群眾生活水準有了很大提高,出現了中等收入群體,也出現了高收入群體,但還存在大

---

[1] 聯合國《2015年千年發展目標報告》顯示,中國極端貧困人口比例從1990年的61%下降到2002年的30%以下,率先實現比例減半,2014年又下降到4.2%,中國對全球減貧的貢獻率超過70%。根據國家統計局發布的數據,截至2017年年末,全國農村貧困人口從2012年年末的9,899萬人減少至3,046萬人,累計減少6,853萬人;貧困發生率從2012年年末的10.2%下降至3.1%,累計下降7.1個百分點。(中華人民共和國國務院新聞辦公室. 中國的減貧行動與人權進步 [EB/OL]. (2016-10-17) [2018-12-12]. http://www.scio.gov.cn/zfbps/32832/Document/1494402/1494402.htm;新華社. 2017年末全國農村貧困人口減至3,046萬人 [EB/OL]. (2018-02-02) [2018-12-12]. http://society.people.com.cn/n1/2018/0202/c1008-29802293.html.)

量低收入群眾。真正要幫助的，還是低收入群眾。」

國家在「十三五」經濟社會發展規劃制定的經濟保持中高速增長的目標中，強調平衡性，首次提到包容性，這都與縮小收入差距、實現共同富裕密切相關。平衡性包含了縮小城鄉之間、地區之間的發展差距，也包含了縮小收入差距問題，而包容性則意味著經濟發展的成果要更多地讓全體人民特別是低收入人群來分享；在具體政策措施方面，「十三五」規劃中提到的人口城鎮化率提高、增加就業機會、穩步提高基本公共服務均等化、解決貧困人口脫貧問題等，都有利於縮小收入差距，而扶貧減貧是共享發展和實現共同富裕要守住的民生底線。新時期還要新思路，改革創新扶貧開發體制機制，進一步豐富和完善扶貧的經驗和模式，構建起政府、市場、社會協同推進的大扶貧格局。在政府層面，還要發揮社會主義制度可以集中力量辦大事的政治優勢，建立起國家戰略及保障實施的機制[①]；在市場層面，要充分發揮市場機制的作用使扶貧工作從「輸血式扶貧」走向「造血式扶貧」，提供扶貧受益人的市場能力，切斷貧困的代際傳遞；在社會層面，要動員和凝聚全社會力量廣泛參與扶貧，重點是民營企業、社會組織和公民個人的力量以多種形式參與扶貧開發。

5. 建立資本與勞動的協調、共贏機制

建立資本與勞動的協調、共贏機制是社會主義市場經濟中解決初次分配勞資矛盾的根本途徑，這一機制的基礎是社會主義初級階段的生產關係。在市場經濟條件下，初次分配關係是通過市場機制形成的，資本和勞動價格的高低決定了資本所有者和勞動及其他要素所有者的收入水準，並同時調節資源的配置過程，政府對市場機制的調節不做過多的干預。中國在構建社會主義市場經濟體制的基本框架時，為保證體制的效率也提出了在初次分配領域實行效率優先、兼顧公平的原則。實踐證明，初次分配完全由市場決定既不能實現市場經濟的高效率也難以實現公平。初次分配的基本格局是由資本與勞動的利益關係即生產關係決定的。

生產決定分配，不同的所有制關係決定不同的分配制度，這是馬克思主

[①] 「十三五」規劃特別提出「精準扶貧，精準脫貧」的戰略，並推出「產業扶貧、生態保護脫貧、易地搬遷扶貧、教育脫貧、低保政策兜底」的「五位一體」式綜合扶貧機制安排。

義政治經濟學的一個基本原理。資本主義市場經濟中生產資料的私人佔有是收入分配的兩極分化和貧富差距的根本原因，據此，馬克思提出了生產資料由全社會成員共同佔有的設想，並把生產資料的公有製作為促進社會生產力發展、實現社會成員共同富裕的基本條件。因此，協調資本與勞動的合理關係必須堅持社會主義初級階段基本經濟制度，充分發揮公有制的作用。

在社會主義市場經濟中，公有制經濟在關係國家及民生的重要經濟部門充分發揮主體和主導作用，是國民財富增長和財產利益在社會成員間合理分配、平等受益的重要保證。同樣是財產權主體的多元化和收入分配方式的多樣化，其合理結構與協調關係的所有制基礎是否以公有制為主體，這是社會主義市場經濟條件下解決初次分配領域各利益主體收入分配矛盾（最主要的矛盾是資本與勞動）與資本主義市場經濟的根本區別。

6. 有效發揮政府調節分配和收入的功能

從西方發達國家收入分配實踐經驗來看，往往通過社會再分配政策如稅收、轉移支付、提供公共產品等來縮小收入差距，但是在初次分配中還缺乏調節財富差距和收入差距的有效手段。吸取西方國家的經驗教訓，需要充分發揮政府在糾正社會財富佔有進而收入分配的過分不平等狀態的功能，在初次分配和再分配領域構建起一整套財產分佈穩定機制和行之有效的財產再分配的經濟調節機制，以之抑制和扭轉整個社會財富的過度集中和財產分佈過度不均等的趨勢。[1]具體來看，可以從如下四個方面著力：一是健全工資決定和正常增長機制，完善最低工資和工資支付保障制度。二是完善稅收調節機制，健全有利於調節財產與收入差距的稅制結構。三是完善社會救助體系，完善社會救助內容體系，完善社會救助的法律體系，大力發展第三方社會救助組織。

共享發展作為中國道路實踐經驗的概括和總結，包含著包容性增長和益貧式增長的意義，同時彰顯了中國增長和發展道路的鮮明特色。實踐證明，中國現代化必然要走也正在走一條有自己特色的獨特道路，在這條道路的特殊性內涵中，共享發展無疑是其中的核心價值之一。

---

[1] 根據世界銀行經濟學家米蘭諾維奇的研究，OECD 國家初次分配收入（市場決定收入）的基尼系數為 0.468，但是經過政府的收入再分配政策調節後，可支配收入的基尼系數大幅降低為 0.318。在再分配政策中，79% 是由政府對居民的轉移性支出政策貢獻的，另外 21% 是由個人所得稅貢獻的。（李實．《21 世紀資本論》到底發現了什麼 [M]．北京：中國財政經濟出版社，2015：136.）

本章小結

　　本章以新中國成立為研究的時間起點，以改革開放為研究的分界點，分別研究新中國成立後至改革開放前的國民經濟恢復期和過渡期多種分配方式雜存的「混雜型分配制度」，以及1958年宣布社會主義經濟制度基本建立後公有制一統天下、實施「單一型按勞分配制度」；到改革開放後強調發展話語語境下市場化的滲透過程中，伴隨著公有制為主體、非公有經濟出現而產生的資本性收入、經營性收入、技術性收入等要素性收入，向公有制經濟及其分配乃至整個國民收入分配的滲入混合形成的「混入型分配制度」；再到公有制為主體、多種經濟形式並存的按勞分配為主體與按生產要素分配相結合的「混生型分配制度」的漸進式演變歷程。旨在揭示和刻畫中國收入分配制度變遷中的「否定之否定」的規律性特徵和演變軌跡：單一型按勞分配制度是對多種分配雜存的「混雜型分配制度」的第一次否定，而按勞分配為主體、「混入型分配制度」及其後的「混生型分配制度」，則是對單一型按勞分配制度的第二次否定。其中，尤為重要的是，「混生型分配制度」並非是對新中國之初過渡期「混雜型分配制度」的簡單迴歸，而是在改革開放新的歷史背景下，在嵌入生產力—生產關係—上層建築關聯繫統中收入分配制度適應性調整和互動性促進中的創新發展，是社會主義收入分配制度的自我完善，並形成社會主義市場經濟體制下收入分配制度創新探索的「中國實踐」。

第十一章
經濟開放制度變遷

　　經濟開放制度的變遷，是新中國成立以來近70年經濟制度變遷歷史的一個重要組成部分。在經歷了新中國成立初期到黨的十一屆三中全會前獨立自主但有限的開放政策基礎上，中國改革開放40年，走出了一條中國特色的對外經濟開放理論與制度變遷的新路徑，主要表現為「漸進性」與「全方位」兩個特點；經歷了主動探索、高速發展和全面提升，以及新時代中國創新型對外經濟開放等幾個不同的時期，並取得了舉世矚目的成就。

第一節 改革開放前獨立自主但有限的開放（1949—1978年）

從1949年新中國成立後實行「一邊倒」①的對外政策，到1953年中國開始從不發達的市場經濟向計劃經濟過渡、1956年中國全面建立計劃經濟體制，再到1978年全面改革開放逐步擴大市場機制，直至1992年確立社會主義市場經濟體制的改革目標。中國對外開放的理論與制度雖然不斷完善，但是道路卻十分曲折。20世紀50年代到60年代，雖然中國的經濟總量有了較大的發展，但改革開放前中國仍是一個低收入國家，未能實現經濟的現代化發展，在這一時期中國對外開放的程度非常有限。儘管如此，這一時期的對外政策卻為中國的改革開放奠定了理論基礎。

一、獨立自主對外經濟開放思想的確立及其淵源

新中國成立初期，中國政府快速扭轉了舊中國存在的巨額的財政赤字局面，結束了惡性的通貨膨脹。此時的國際政治環境和國際經濟形勢也發生了一系列變化，面臨著資本主義國家在政治上的遏制和孤立、在經濟和技術上的封鎖和禁運，當時黨和國家的主要領導人堅持認為，應該採取獨立自主的對外開放政策。但是由於內部和外部環境的不穩定，這時期的對外開放並不是完全充分的。

「一邊倒」是中國20世紀50年代在世界政治經濟格局中的立場和基本方針。毛澤東同志早在1949年6月的《論人民民主專政》中就指出：「一邊倒是孫中山的四十年經驗和共產黨的二十八年經驗教給我們的，深知欲達到勝利和鞏固勝利，必須一邊倒。」② 這與當時的政治環境及中國實力是密切相

---

① 「一邊倒」主要是指新中國成立之初，中國與蘇聯、東歐社會主義陣營的國家和地區保持較為密切的經濟貿易聯繫。
② 毛澤東. 毛澤東選集：第4卷 [M]. 北京：人民出版社，1991：1410.

第十一章 經濟開放制度變遷

關的：首先，美、蘇兩大陣營不允許中國走「第三條道路」；其次，新中國剛剛成立，需要外界的援助；再次，蘇聯走的是社會主義計劃經濟的道路，與馬列對社會主義的設想和中國的實踐相符。向蘇聯、東歐社會主義陣營的「一邊倒」，在當時幫助中國獲得了一定的軍事、技術、資本等援助，促進了中國經濟的恢復和發展，這樣的政策是符合當時實際情況的。

新中國成立初期的對外開放思想與毛澤東早期利用外資的思想是分不開的。1936年7月，毛澤東同志接見美國在華記者埃德加‧斯諾，與斯諾進行過六次問題的討論。7月15日在回答斯諾關於對外政策的提問時，毛澤東第一次闡述了利用外資的對外開放的思想，指出「蘇維埃政府歡迎外國資本的投資」[1]。表達了其一方面歡迎外國資本的積極投資，一方面反對影響中國獨立的外國投資，是其對外開放思想的初步表述。

抗日戰爭期間，毛澤東再次闡述了利用外資發展經濟的思想，這集中體現在毛澤東同志與美國觀察員謝偉思的多次談話中。他已經認識到利用外國資本和引進科學技術對發展本國經濟的必要性。1945年3月，毛澤東同志指出：「美中兩國在經濟上可以互相取長補短，雙方將不會發生競爭。」他認為必須以積極主動的態度爭取外國資本到中國投資，走獨立自主的對外開放政策。1949年3月毛澤東同志提出「取消一切帝國主義在中國開辦的宣傳機關，立即統制對外貿易，改革海關制度」[2]。在1956年《論十大關係》中，毛澤東同志不僅闡述了對外開放的思想，還闡述了獨立自主、「處理關係」「向外國學習」等與改革開放相關的思想。「學習內容是外國先進的科學、技術等，但不包括陳舊落後腐朽內容」[3]。認為一方面要獨立自主、自力更生，另一方面就是要向外國學習，合理運用外資，把別人先進的東西學過來，加以改造，不能照抄照搬，要為己所用。「自力更生為主，爭取外援為輔」不僅是中國社會主義現代化建設的基本方針，也是發展對外經貿關係的重要基本原則。《論十大關係》為我們黨十一屆三中全會確立社會主義改革開放思想和路線提供

---

[1] 毛澤東. 毛澤東自述 [M]. 北京：人民出版社，1993：129.
[2] 毛澤東. 毛澤東選集：第4卷 [M]. 北京：人民出版社，1991：1434.
[3] 中共中央文獻研究室. 毛澤東文集：第7卷 [M]. 北京：人民出版社，1999：1233.

了重要而直接的思想啓迪和理論依據①。

二、新中國國民經濟恢復和過渡時期的對外經濟開放（1949—1956 年）

從新中國成立到 1956 年，中國的社會經濟體制已基本確立，建立了以生產資料社會主義公有制為基礎的計劃經濟體制。與此相適應，這一時期的對外經濟開放及其特點主要包括以下幾個方面：

（一）新型貿易體制的確立與演進

新中國成立前，中國的對外貿易完全依附於帝國主義，一直沿用著半殖民地半封建的外貿體制，海關管理權長期被外國霸占。新中國成立伊始，由於帝國主義的全面封鎖以及中國外貿管理體制建立的滯後，一度出現了外貿的混亂局面。面對封鎖禁運、內需外銷矛盾等重重困難，中國必須建立新型的外貿管理體制，確立獨立自主、互惠合作的貿易政策。早在 1949 年 2 月，中共中央確立了優先發展與蘇聯、東歐各社會主義國家的貿易的外貿方針。1949 年 5 月，陳雲同志把對外貿易納入工作日程，並努力擴展與亞非國家、日本、歐洲甚至美國的貿易。在生產力發展水準落後、物質財富短缺的情況下，為了保證出口創匯，提出了先外銷後內銷的方針。1949 年 10 月，中國政府設立了貿易部，對外貿進行統一管理。1951 年，又相繼成立 8 個對外貿易管理局。

在三年國民經濟恢復發展的過渡期，中國經歷了一系列的體制重建。1949 年 12 月，政務院頒布《中央人民政府海關總署試行組織條例》。1950 年 3 月，中蘇簽訂《關於在中國新疆創辦中蘇石油股份公司的協定》《關於在新疆創辦中蘇有色金屬股份公司的協定》《關於創辦中蘇民用航空股份公司的協定》，分別建立中蘇石油股份公司、中蘇有色及稀有金屬股份公司、中蘇民用

---

① 賀全勝.〈論十大關係〉與十一屆三中全會改革開放思想［J］.湖南第一師範學院學報，2012（6）.

第十一章　經濟開放制度變遷

航空公司，這標誌著中蘇創辦合資企業的開端，中國開始引進蘇聯資本。在此期間，中國實行易貨貿易，試圖越過資本主義國家封鎖，積極發展與世界各國的貿易。1958 年 6 月，毛澤東同志在《1958—1962 年發展國民經濟發展計劃》的批示中指出希望有外援，但又不主要依賴外援，以自力更生為主、爭取外援為輔，強調獨立自主地干農業干工業干技術革命。① 1951 年 1 月，政務院頒布《關於關稅政策和海關工作的決定》。1951 年 12 月頒布《關於設立海關的原則和調整全國海關機構的指示》，標誌著新中國海關體系的基本確立。1954 年 12 月周恩來同志提出和平共處五項原則，中國願與世界各國友好相處進行經濟貿易往來。

（二）積極主動的外資交流體制初步確立

新中國成立之初，中國科學技術落後，資本欠缺，國內長期動蕩而引起的經濟貧瘠必須由引進資本加以解決。中央政府根據當時的環境，採取「一邊倒」政策，積極向蘇聯與東歐靠攏，以得到更多的援助。受當時歷史條件的制約，中國引進外資是非常有限的，被局限在一個比較狹窄的範圍，主要通過資金、技術、直接投資三種方式從蘇聯、東歐社會主義國家引進。

1949 年 1 月 19 日，中共中央頒布《關於外交工作的指示》，廢除帝國主義經濟上的特權和控制權。為了使在華外資企業得到有效的管理，保障其正常營運，1949 年 9 月根據《中華人民共和國中央人民政府組織法》條例，對外資進行集中管理、統一部署、公平對待。1951 年中國的經濟形勢出現好轉，物價穩定，消滅了財政赤字，國內組織華僑回國投資的條件日趨成熟，中共中央開始支持華僑回國投資。但由於 1950—1952 年間，中國對英美等國在華投資的企業採取管制、徵用、代管和徵購等措施，1952 年年底，外資在華企業已由新中國成立時的 1,192 個縮減至 563 個，外資開始撤除。1953—1956 年間外資撤除完畢，儘管這意味著帝國主義在華勢力被清除，卻使中國國際直接投資的形式和來源更加單一，引進利用外資受較大局限。

---

① 董仲其. 推動中國特色社會主義理論體系形成的一大法寶 [J]. 毛澤東思想研究，2009，26（6）：46-52.

幾乎與此同時，1950 年 2 月中國和蘇聯共同簽訂《中蘇關於貸款給中華人民共和國的協定》，蘇聯給予中國 3 億美元貸款，貸款的年息為 1%；新中國與蘇聯、東歐國家在平等互利的基礎上組建合資公司，主要用來發展新中國經濟社會需要的戰略支柱產業。中蘇政治上相互支持，經濟上相互幫助，中國經濟的建設在蘇聯的幫助下快速發展，在這期間，蘇聯幫助中國設計的 156 個重點項目，形成了中國工業發展的基礎。1953 年 5 月 15 日，中蘇進一步簽訂了《蘇聯援助中國發展國民經濟的協定》。「一五」期間，德意志民主共和國、捷克斯洛伐克、波蘭、匈牙利、羅馬尼亞、保加利亞等社會主義國家也曾幫助中國建設了 68 個工程項目。

　　另一方面，新中國積極促進國際貿易多邊關係的發展，開始擴展對外援助計劃。1950 年，中國對外援助的主要對象國為朝鮮、蒙古、越南等；1955 年萬隆會議以後，對外援助的範圍從亞洲逐步擴大到非洲、東歐、拉丁美洲，援助項目也變得非常廣泛，涉及工業、農業、文教、交通、衛生以及社會公共設施。

　　1950—1952 年，由於人民幣沒有規定含金量，匯率以「物價對比法」為基礎計算。1952 年 10 月，中央將貿易部分為商業部和對外貿易部，在具體政策上實行進出口許可證制度，加強對外匯的經營管理。1953 年中國實行計劃經濟體制，開始實行外匯集中管理的制度，外匯業務開始由中國銀行統一經營，逐步形成高度集中、計劃管控的外匯管理體制，逐漸穩定的外匯政策也促進了國際外資交流。1953 年在國內物價水準趨於穩定的情況下，中國進行新中國成立以來的首次幣制改革。1955 年 3 月 1 日，開始發行新人民幣，新舊人民幣折合比率為 1：10,000。

　　但這一時期，資本交流缺乏制度保障，造成了引進資本與外援資本的混亂局面，新中國出現大量債務。1954—1958 年，中國連續對內發行國家經濟建設公債，共 30.3 億元。

(三) 獨立自主的技術引進體制的確立

　　新中國成立初期，開始逐步進行工業化建設，並大力引進國外先進技術，確立了從蘇聯、東歐國家引進技術援助的政策。20 世紀 50 年代，新中國技術引進主要來自蘇聯和東歐。

第十一章 經濟開放制度變遷

1952年8月，周恩來同志率中國政府代表團同斯大林會談，斯大林同意為中國五年計劃提供技術設備、貸款等援助，並派專家到中國，在工業勘探、工業設備、技術、留學等方面給予指導和幫助。1953年5月，中蘇兩國簽訂《關於蘇維埃社會主義共和國聯盟政府援助中華人民共和國中央人民政府發展中國國民經濟的協定》。1950—1957年，蘇聯基本按照中蘇兩國協定的內容承擔了義務，為中國技術引進提供幫助。新中國成立初期156項重點工程以及大量技術專家均從蘇聯和東歐國家引進，這些工程幾乎都是建設中國工業化基礎所必需的重工業項目，這些項目形成了中國20世紀50年代工業核心。[1]到1959年，中國從蘇聯和東歐國家引進的技術達4,000多項。此期間中國向蘇聯、東歐國家以及資本主義國家訂購成套設備共415項，個別項目和設備共158項，約人民幣191.97億元。但引進的這些設備均為成套設備，在提高中國總體技術水準和實現技術獨立方面的作用不夠顯著。

新中國成立後過渡時期的對外開放，無論是思想上還是實際行動上，例如外資利用、技術引進，從一開始就強調與獨立自主相結合。其中積極引進外資和技術的「一五」計劃為中國奠定了良好的工業基礎，第一個五年計劃期間，我們的對外貿易工作取得了很大的成績，促進了國內工農業生產的發展，得到了兄弟國家的很大支持，我們也支持了兄弟國家，配合了中國的和平外交活動。[2]但是由於中國在這個階段實行的是聯蘇反美的「一邊倒」的政策，西方以美國為主的資本主義勢力對中國實行封鎖。雖然在蘇聯的幫助下促進了中國工業、技術的發展，「一邊倒」的完全效仿也出現了一些弊端，割裂了中國與其他國家的聯繫。參照蘇聯的經驗以指令性為主要特徵的計劃經濟，雖然可以幫助國家的工業和基礎設施建設，但隨著經濟發展，這種體制的弊端開始逐漸顯露。所以說毛澤東同志提出的獨立自主、開放的思想，在當時國內外環境下，實際上造成了完全效仿蘇聯建立高度集中的計劃經濟體制，並使中國對外開放受到很大的制約。

---

[1] 孫國梁，孫玉霞.「一五」期間蘇聯援建「156項工程」探析［J］. 石家莊學院學報，2005（5）：52-56.

[2] 朱德. 對外貿易必須有計劃地大大發展（一九五七年十二月六日）［J］. 黨的文獻，2006（6）：6-7.

三、新中國計劃經濟時期的對外經濟開放（1957—1978 年）

（一）對外貿易體制的曲折推進

1957—1978 年中國的外貿體制經歷了一個不斷變革的歷程。1957 年中國的國民經濟開始轉入單一的計劃經濟體制軌道，外貿體制也形成了由政府職能部門領導的國營外貿公司集中經營模式，國家對外貿公司實行指令性計劃管理和統負盈虧。

第一個五年計劃後，中國雖然在對外貿易方面有所進步，但是進出口規模都較小。1960 年中蘇關係惡化，中國的 257 個科學技術合作項目因此被廢除，成套設備和各種設備中關鍵部件的供應減少，導致中蘇貿易額銳減。但這一時期，國際上也開始出現對中國有利的外部因素，在 1957 年 5 月，英國開始逐步放寬對中國的貿易管制，同時大部分西方國家看到中國巨大的市場潛力，紛紛放寬對中國的貿易管制。1958 年 9 月，美國宣布放寬部分對華戰略物資出口限制。資本主義國家成為中國對外貿易的重點，中國與西方國家貿易占比從 18% 上升到 1965 年的 53%。到了 20 世紀六七十年代，隨著世界政治、經濟形勢發生變化，原有社會主義和資本主義兩大陣營國家間、發達國家和發展中國家間的經濟和交往日趨密切，開展平等互利的經濟、技術合作和貿易往來成為經濟發展的客觀要求。隨著美國為了改變與蘇聯爭霸中的不利態勢，中美關係走向緩和。1971 年中國恢復聯合國席位，與日本、加拿大等國家建交，與歐共體建立了聯繫，對外關係出現了從未有過的新局面。周恩來敏銳地抓住了這一歷史機遇，明確提出要學習外國特別是資本主義國家的長處，積極開展對外經貿交流和合作。

應當看到，這一期間受「左」的思想和「文化大革命」的影響，中國對外技術交流和經貿往來的發展是非常曲折的。「大躍進」錯誤思想指導下提出的「大進大出」方略，進口政策的盲目調整，以及後來的「文化大革命」，使得中國的債務水準上升，貨物出口大面積違約，外匯儲備減少。在動盪時期，中國貿易一度停滯，到處充斥著批判「洋奴哲學」「爬行主義」，對外引進工作承受著巨大的壓力。同時，「文化大革命」嚴重阻礙了中國科技和文化

第十一章　經濟開放制度變遷

的發展，甚至出現了科學倒退現象，科學技術水準與世界拉開了更大的差距。1974—1976 年，「四人幫」的破壞一度使中國經濟陷於崩潰邊緣。1977 年，中國內地對外貿易總額僅有 148 億美元，甚至低於香港地區進出口總額的 196 億美元。[①]

在種種困難下，1957 年外貿部才開始實行「以進養出」戰略，進口原材料加工半成品或者成品出口。1961 年，進一步加大「以進養出」力度，朱德曾指出：「在外貿工作上面，應該特別注意的是『以進養出』和『以出帶進』這兩條。」[②] 1961 年對外貿易政策開始全面調整後，中國的對外貿易和經濟開始逐漸恢復。之後周恩來總理研究制定了對外貿易的方針，提出對外貿易要以國內市場為主，實現生產、使用和科研的有機結合，明確提出要積極向西方國家學習，「抓外貿首先要抓出口，抓出口首先要抓生產」[③]。1972 年開始，中國陸續恢復和新建一大批出口商品生產綜合基地。1977 年 7 月，國家計委提交了《關於引進技術和進口成套設備規劃的請示報告》，提出加快實現四個現代化進程，1977 年 11 月確定了 150 億元的引進計劃。至此，貿易制度才開始在曲折中不斷完善和發展。

從總體來看，計劃經濟體制時期中國的對外經濟有了較大的發展。1952—1978 年，中國社會總產值年均增長率達到 7.9%，1953—1978 年 GDP 年均增長率達到 6.1%；1953—1978 年，平均資本投入累積率達到 29.5%；1973 年對外貿易總額達到 109.76 億美元，1975 年達到 147.51 億美元，其中出口額分別達 58.2 億美元和 72.64 美元。

（二）引進利用外資和引進技術的曲折推進

從 20 世紀 50 年代中期開始，中國的僑務政策發生了轉變，既歡迎華僑回國投資，又鼓勵華僑在僑居國長期生存下去。之後，對蘇聯「一邊倒」的態度，使在華的外資企業失去了存活的空間，到 1956 年年底幾乎所有在華外資銀行都退出了中國。這雖然促進了民族企業的發展，但使得外資引入受到

[①] 曹普. 當代中國改革開放史：上卷 [M]. 北京：人民出版社，2016：129-130.
[②] 朱德.「以進養出」和「以出帶進」（一九六一年三月十三日）[J]. 黨的文獻，2006 (6)：7-9.
[③] 中共中央文獻研究室. 周恩來年譜：下卷 [M]. 北京：中央文獻出版社，1998：364.

一定的限制。在「大躍進」以及「文化大革命」時期，引進外資進展非常緩慢，「既無外債，又無內債」成為政府刻意追求的目標，對加快中國社會主義建設進程產生了消極影響。

1960年7月，蘇聯政府召回所有在華專家，廢除了各項經濟合作協議。部分東歐社會主義國家也停止了對中國設備供應，這一時期中國的技術引進和交流受到很大的阻礙。中蘇關係惡化以後，中國總結了「一邊倒」下蘇聯逼債的教訓，錯誤地認為利用外資不符合「獨立自主、自力更生」原則。因此「還完了債以後，我們總結了一條：再也不借外債了」，對利用國外直接投資也不允許了。1972年中國政府明確表示：「中華人民共和國不允許外國人在中國投資，中國也不向外國輸出資本。」顯然這是一種倒退的對外經貿思想。

受中蘇關係惡化的影響，中國技術引進工作開始轉向西方國家，並逐漸注重國防尖端技術、工業技術的發展及國民經濟短線的新技術發展。

1960年3月，中國形成「兩參一改三結合」的制度，調動了職工的積極性和主動性，提高了企業效率和創新力。1962年，開始從資本主義國家引進成套的技術設備，1963—1964年，中國政府陸續與日本、荷蘭、英國、義大利、法國、聯邦德國的廠商簽訂了15項成套設備進口合同，總金額高達13億美元，1963年9月，國家科委提出引進冶金、機械、電子工業設備和新技術等66個項目。① 除此之外，中國進一步加強了對非洲和拉丁美洲等友好國家的經濟技術援助，1964年1月15日，周恩來提出對外經濟技術援助的八項原則，這在一定意義上完善了中國的對外援助制度，促進了民族工業的發展。

1972年2月，周恩來提出了關於引進技術設備的「一學、二用、三改、四創」八字方針。1973年1月，中央批准了《關於增加設備進口，擴大經濟交流的請示報告》，這是新中國成立後中國第二次大規模技術引進。

1978年10月22日，鄧小平對日本展開了具有歷史重大意義的8天出訪，考察參觀了一些大企業和會見企業家，學習和交流技術。同一時期，為了學習西方先進的科學技術和管理方法，中國與美、英、法、日、德等發達國家

---

① 中共中央文獻研究室. 周恩來年譜：下卷 [M]. 北京：中央文獻出版社，1998：511.

簽署了派遣留學生協議，開始向西方發達國家大批派遣留學人員，短短幾年時間，公派留學人員就達到 6,000 多人。除此之外，中國也開始注重國內基礎教育，1949 年中國的文盲率高達 80%，1978 年已經降低到 35%。

（三）中國外匯管理體制的曲折推進

1953 年國內物價趨於全面穩定，對外貿易開始由國營公司統一經營，主要產品的價格也納入國家計劃。自採用新人民幣後，1955—1971 年，人民幣對美元匯率一直是 1 美元折合 2.461,8 元新人民幣。1971 年 12 月 18 日，美元兌黃金官價宣布貶值 7.89%，人民幣匯率相應上調至 1 美元合 2.267,3 元人民幣。

這一時期人民幣匯率政策採取了穩定的方針，在原定的匯率基礎上，參照各國政府公布的匯率制定，逐漸同物價脫離。但這時國內外物價差距擴大，進口與出口的成本懸殊，於是外貿系統採取了進出口統負盈虧、實行以進口盈利彌補出口虧損的辦法，人民幣匯率對進出口的調節作用減弱。

1972 年，中國開始試辦短期外匯貸款業務，並於 1973 年全面推廣。1973 年 10 月，中國人民銀行開展了籌措外匯和利用外資的工作。但 1975 年「四人幫」的反對使中國利用外資受到一次次的阻礙，直到 1977 年，國家紀檢委才肯定了被「四人幫」反對的延期付款、分期付款、補償貿易。[①]

綜上所述，從改革開放前中國對外貿易體制的形成、發展及其演進來看，中國對外貿易體制具有以下三個特徵：一是單一公有制基礎上實行對外貿易統制；二是實行統負盈虧的財務管理；三是實行貿易保護政策。這樣的對外貿易體制有利亦有弊。一方面，有利於集中調度資源，提高產品國際競爭力，擴大出口；有利於統一安排進口，保證國家重點建設需要；有利於集中統一對外，捍衛國家的政治和經濟獨立。另一方面，也造成了獨家經營、產銷脫節、高度集中、統得過死，統包盈虧、缺乏利益激勵機制的情況。雖然改革開放前的開放政策及實踐力度有限，但在特殊的國際國內大環境背景下，仍邁出了獨立自主漸進開放發展經濟的堅實步子。

---

① 黎青平. 對黨和國家利用外資政策的歷史考察 [J]. 中共黨史研究, 1989 (2): 74-79.

第二節　改革開放後中國特色社會主義的對外經濟開放（1978—2012 年）

改革開放以來，中國進行了大規模的「對內改革」和「對外開放」。在「改革」與「開放」合力作用下，探索出了一條中國特色社會主義的對外經濟開放理論與制度變遷的路徑。中國特色社會主義的對外經濟開放主要體現為「漸進性」與「全方位」兩個特點。在改革開放之前的獨立自主的對外政策基礎上，對外經濟開放進一步完善了漸進性的改革路徑與全方位的改革格局。

一、中國特色社會主義經濟對外開放思想的確立及其發展

1978—2012 年是中國經濟對外開放的重大轉折時期。一方面，這一時期匯集了鄧小平、江澤民、胡錦濤三代領導人的經濟對外開放理論以及思想的重大創新；另一方面，該時期匯集了改革開放實踐的重大成果，為新時代下的經濟對外開放奠定了堅實的基礎。

1978 年改革開放之初，在全球經濟一體化的大趨勢下，鄧小平同志基於中國的基本國情，認為中國不僅在經濟對外開放的實踐內容與途徑方面缺乏理論探討，而且作為社會主義國家，在實現跨越發展的過程中對如何去吸收現代市場經濟文明成果缺乏理論研究。黨的十一屆三中全會後，結合上述問題，鄧小平同志就如何完善經濟對外開放的理論及實踐內容和社會主義如何學習並吸收其他先進文明成果的問題，創造性地提出了中國特色社會主義對外經濟開放理論。

首先，鄧小平同志在總結先前經濟對外開放經驗的基礎之上，準確把握當今世界經濟全球化的發展趨勢，闡明了中國作為社會主義國家進行經濟對外開放的歷史必然性。在這方面，鄧小平同志做了具體的闡述：「任何一個國家的發展，孤立起來，閉關自守是不可能的，不加強國際交流，不引進發達

第十一章　經濟開放制度變遷

國家的先進經驗、先進科學技術和資金只能導致落後」①「我們一定要充分利用國內和國外兩種資源，開拓國內和國外兩個市場，學會組織國內建設和發展對外經濟關係兩套本領」②。

其次，鄧小平同志還提出對外開放是中國一項長期的基本國策。鄧小平同志在前人經驗的基礎之上，認為中國實行經濟對外開放，最終目的就是順應世界經濟發展的客觀要求，而不局限於吸收先進文明成果來搞建設，經濟對外開放應是對世界經濟未來發展趨勢的把握，必須將其作為一項長期的基本國策。在這方面，鄧小平同志說道：「對內經濟搞活，對外經濟開放，這不是短期的政策，是個長期的政策，最少五十年到七十年不會變。為什麼呢？因為我們第一步是實現翻兩番，需要二十年，還有第二步，需要三十年到五十年，恐怕是要五十年，接近發達國家水準。兩步加起來正好五十年至七十年。到那時，更不會改變了。即使是變，也只能變得更加開放。否則，我們自己的人民也不會同意。」③

最後，鄧小平同志在堅持毛澤東經濟開放思想的基礎上進一步發展了獨立自主的經濟開放原則。在這方面，鄧小平同志說道：「中國的事情要按照中國的情況來辦，要依靠中國人自己的力量來辦。獨立自主，自力更生，無論過去、現在和將來，都是我們的立足點」④「我們要利用外國的資金和技術，也要大力發展對外貿易，但是必然要以自力更生為主」⑤。對外開放的新原則表現為：①在堅持四項基本原則⑥的基礎上實行對外開放，進行對外貿易，合理利用外資外匯，合理引進技術僅僅是解決中國建設中的不足之處，並非改變中國的社會主義性質；②在堅持獨立自主、自力更生的基礎上實行對外開放，中國的發展必須從中國的實際情況出發，依靠國人自己的力量進行建設，

---

① 中共中央文獻研究室. 鄧小平文選：第3卷 [M]. 北京：人民出版社，1993：90.
② 中共中央文獻研究室. 十二大以來重要文獻選編（中）[M]. 北京：人民出版社，1986：581.
③ 中共中央文獻研究室. 鄧小平文選：第3卷 [M]. 北京：人民出版社，1993：79.
④ 中共中央文獻研究室. 鄧小平文選：第3卷 [M]. 北京：人民出版社，1993：3.
⑤ 中共中央文獻研究室. 鄧小平文選：第2卷 [M]. 北京：人民出版社，1994：257.
⑥ 「四項基本原則」是指：①堅持社會主義道路；②堅持人民民主專政；③堅持中國共產黨的領導；④堅持馬克思列寧主義、毛澤東思想。

必須堅持獨立自主；③ 對外開放既要大膽利用外資、興辦三資企業，又要始終堅持公有制的主體地位，堅持公有制為主體是中國的基本經濟制度，無論在何時、何種情況下，都始終要堅持公有制的主體地位，促進社會主義自身的發展與穩定；④ 對外開放既要堅持平等互利，又要互守信用，並在國際交往中遵循民族利益和國際主義統一原則；⑤ 對外開放要堅持兩手抓，兩手都要硬，在引進外國技術、先進經驗的過程中，要取其精華，去其糟粕，防止資本主義腐朽沒落的文化對我們產生腐化作用，矢志不渝地確保內外經濟沿著正確道路行進。①

1990年以後，江澤民同志在鄧小平同志經濟開放理論基礎上對開放思想做了重大的創新。一方面，在深化改革開放的過程中，江澤民同志進一步加強了對外開放是歷史必然性的認識，並結合現時發展趨勢，創造性提出了中國加入世貿組織的歷史必然性。另一方面，中國加入世貿組織後，江澤民同志提出：「適應經濟全球化和加入世貿組織的新形勢，在更大範圍、更廣領域和更高層次上參與國際經濟技術合作和競爭，充分利用國際國內兩個市場，優化資源配置，拓寬發展空間，以開放促改革和發展。」與此同時，江澤民同志提出了「走出去」的經濟對外開放戰略，提出中國應不失時機「走出去」，為世界經濟的發展做出不可或缺的貢獻。除此之外，對獨立自主的經濟開放原則又提出了新的要求，提出維護國家經濟安全的新發展理念，要求不斷學習和消化國外先進經驗和技術，創造自己的優秀科技成果，逐步擺脫發達國家的科技控制。②

黨的十六大以後，胡錦濤同志提出了「互利」「共贏」「科學發展」「自主創新」等新時期一系列對外開放新思想，進一步完善與發展了獨立自主的對外開放原則。黨的十七大報告中，胡錦濤同志提出把「走出去」與「引進來」相結合，這是中國經濟對外開放思想的偉大創新。在對外開放原則上，堅持獨立自主、自力更生，實現對外開放的自主發展；在對外貿易方式上，

---

① 中共中央文獻研究室. 三中全會以來重要文獻選編（下）[M]. 北京：人民出版社，1982：838.
② 江澤民. 全面建設小康社會 開創中國特色社會主義事業新局面 [M]. 北京：人民出版社，2002：29.

第十一章　經濟開放制度變遷

轉變對外貿易增長方式，增強自主創新能力；在對外開放過程中，維護國家根本利益，保障國家經濟安全。[1] 一系列對外開放思想的確立為中國經濟開放制度的發展提供了思想支撐與理論支撐。

二、改革開放主動探索時期對外經濟開放（1978—1993 年）

（一）對外貿易經濟特區：中國漸進改革開放的起點

1979 年 7 月，黨中央、國務院先後決定在深圳、珠海、汕頭、廈門等地開展經濟特區試點，並在 1980 年 5 月正式命名為「經濟特區」。四個經濟特區參照國外出口加工區、自由貿易區的先進成果與經驗，並且從中國的實際情況出發，通過採取經濟開放政策與靈活措施，成為充分吸收和利用國外資金、技術、管理經驗來發展中國社會主義經濟的全新試驗基地。與此同時，經濟特區作為中國經濟體制改革的試點示範基地，率先實施了一系列改革措施，包括行政體制改革和社會體制改革。在行政體制中，對權責制度進行改革，允許經濟特區具有立法權；在社會體制改革中，加強多元治理體系構建。[2] 四個經濟特區的建立標誌著中國經濟開放逐步改革的起點，為進一步擴大區域開放奠定了堅實的理論基礎和實踐基礎。

1984 年 5 月，黨中央、國務院決定進一步開放 14 個沿海港口城市，建立沿海經濟開放區，促進沿海地區經濟開放和發展。在經濟特區改革的基礎上，進一步深化改革和創新。在體制改革方面，進一步擴大了對外經濟活動的自主權，降低了外商投資生產性企業的稅率，並且以資金形式支持老企業的技術改造。

1985 年 2 月，黨中央、國務院先後決定開放長江三角洲、珠江三角洲和環渤海地區為沿海經濟開放區。1988 年，又明確提出沿海地區發展戰略，大

---

[1] 胡錦濤. 高舉中國特色社會主義偉大旗幟為奪取全面建設小康社會新勝利而奮鬥 [M]. 北京：人民出版社，2007：15.
[2] 李輝勇，陳家喜. 中國經濟特區體制改革報告（2015）[M]. 北京：社會科學文獻出版社，2015：107–109.

力鼓勵沿海地區發展以出口為導向的外向型經濟。1988年4月,黨中央、國務院做出重大決定,創建了中國最大的經濟特區——海南經濟特區,並且在政策上給予了較大傾斜。這一重大舉措不僅是開放區域的擴大,也表明開放的指導思想已經從一般互通有無、擴大經貿合作,昇華到優化生產要素組合,從而實現國內經濟與國際經濟有機結合。

1990年以後,經濟特區建設進入快車道。1990年6月,上海浦東新區正式批准成立。1992年,進一步擴展到了13個沿海開放城市、6個長江沿岸城市和18個內陸省會城市。與此同時,又批准開放34個口岸、32個國家級經濟技術開發區、52個高新技術開發區、13個保稅區,逐步形成了沿海、沿江、沿邊和內陸地區多層次、全方位的開放新格局。[1] 這一開放格局展現了中國改革開放路線圖是一種以經濟特區為起點,空間漸進改革開放的路線圖:從特區開放制度設定方面有了很大的深化與提升,逐步擴大邊境開放城市發展邊境貿易與經濟合作的權限,鼓勵外商投資企業到沿邊開放城市投資,並在稅收、融資、用匯、進出口權等方面給予了極大的優惠。[2]

(二)中國特色外貿體制的確立與演進

對外貿易是對外經濟交流活動的主要渠道,也是其他經濟交流活動的基礎。對外貿易的發展決定了對外開放的深度和廣度。改革開放以來,中國的經濟體制逐步從高度集中的計劃經濟體制向市場經濟體制轉變。對外貿易體制改革不僅促進了傳統計劃經濟體制向以市場為取向的新體制的蛻變,而且極大地促進了對外開放縱深發展。在中國「改革」與「開放」合力的作用下,中國對外貿易體制進行了一系列革新。首先,逐步放寬對外貿易計劃,取而代之的是許可證制度、配額和其他行政控制措施。隨著國內市場化改革的深入,市場扭曲程度逐漸下降,對外貿易的數量控制也有所減弱,外貿體制向制度「中性」發展。因此,中國的對外貿易體制逐步從計劃經濟體制下的貿易保護體制轉變為市場經濟體制下的自由貿易體制。隨著20世紀80年

---

[1] 高尚全. 中國改革開放十五年大事記 [M]. 北京:新華出版社,1994:300-313.
[2] 常健. 中國對外開放的歷史歷程 [J]. 中國現代化研究論壇,2008(4):301-304.

第十一章 經濟開放制度變遷

代改革開放的不斷深入，貿易制度對商品與要素市場的負面影響不斷降低，資源配置效率也得到了很大程度的提升，不斷促進中國的經濟增長。此時，在社會主義基本經濟制度下，建立高效率的對外貿易活動運行機制成為對外貿易體制改革的目標。

在這樣的背景下，中國的外貿體制改革主要經歷了1978—1987年的放權過渡時期與1988—1993年的外貿承包責任制改革時期。[1]

前一個時期主要體現為外貿經營權的下放。首先是調整外貿管理結構。1979年7月，中央政府對外貿管理機構進行了大規模調整，成立了進出口管理委員會和外商投資管理委員會，加強對外貿易管理。與此同時，國務院於1980年成立中國海關總署與中國進出口商品檢驗局。1982年3月，對外貿易部、對外經濟關係部、國家進出口管理局和國家外匯管理局合併組成對外貿易經濟合作部。對外貿易部在日本等幾個國家先後設立了進出口公司代表處以及貿易中心，進一步確立了對外經濟貿易部的主要職責，即對外貿易發展的綜合管理和領導。其次是簡政放權。黨的十三大明確了外貿體制改革的方向：統一政策、自負盈虧、放開經營、平等競爭、工貿結合、推行代理制。1984年，對外貿易部陸續出抬了一系列簡政放權的改革措施：① 增加對外貿易口岸的同時，較大程度下放外貿的經營權，改革了高度集中的貿易體制，通過批准19個中央有關部委建立進出口公司或工貿公司，由其負責接管原來由外貿專業公司經營的部分商品的進出口業務，實現「工貿、技貿結合」，使國內生產企業直接面向國際市場，更廣泛地參與國際競爭。② 改革單一指令計劃，實施強制性計劃、指導計劃和市場監管相結合，取消外貿出口收購轉讓計劃。③ 完善對外貿易宏觀管理，同時削弱計劃手段，恢復進出口許可證和配額管理等行政手段，加強關稅管理。④ 採取鼓勵出口政策措施，運用匯率、外匯留成、出口補貼等方式鼓勵出口貿易的發展，表現在大部分省份有權對外匯收入按比例進行保留，企業自行使用的外匯留成比例為50%。[2]

---

[1] 郝璐.中國對外貿易制度研究 [D].長春：吉林大學，2017：44.
[2] 中國外貿體制改革的進程、效果與國際比較課題組.中國外貿體制改革的進程、效果與國際比較 [M].北京：對外經濟貿易大學出版社，2006：24.

後一個時期主要體現為外貿承包責任制的改革。在保證國家外貿宏觀調控的前提下，對外貿微觀經營體制進行改革。主要內容包括：① 地方政府和國家對外貿易部門負責國家出口和收取外匯，並上繳中央外匯補貼額度。承包基地保持三年不變。② 取消原有使用的外匯管制指標，各地部門和企業按照保留外匯的規定，允許自由使用，並開放外匯調劑市場。③ 在推進貿易計劃體制改革的同時，除了 21 種出口貨物的統一運作和聯合營運外，其他出口商品改為單軌制，即地方政府直接承擔中央政府的計劃，大部分商品均由擁有進出口經營權的企業按照國家有關規定進出口。④ 輕工、工藝、服裝三個行業外貿企業進行自負盈虧的改革試點。⑤ 取消了國家對外貿企業的出口補貼，實行全行業自負盈虧的改革①，按國際通行的做法由外貿企業統籌，自負盈虧，改變按地方實行不同外匯比例留成的做法，實行按不同商品大類統一比例留成制度。總體上看，這一系列外貿體制改革措施，在一定程度上改變了對外貿易的權力集中化，加速了中國對外貿易的發展。

（三）對外資金交流體制的改革與完善

1. 大規模引進外資體制的改革與變遷

1978 年中國共產黨第十一屆三中全會召開，全會批准了《1979 與 1980 兩年經濟計劃的安排》，明確提出：積極引進外國的技術和資金，鼓勵中國企業進入國際市場，從而確立了利用外資以及引進外企為主要內容的對外開放戰略。這是中國大規模引進外資的一個重要起點。此後，中國政府在這一戰略上逐步完善了引進與利用外資的制度安排，並在實踐中進行大膽的嘗試。1978—1993 年的 14 年間，中國在引進外資體制方面經歷了兩次重大的變革。

1979 年 7 月，中國政府頒布《中華人民共和國中外合資經營企業法》②，為外資進入中國提供了法律依據。同年建立深圳蛇口工業區，作為先行試驗區。1980—1981 年，中國先後建立了珠海、廈門和汕頭經濟特區，在引進和利用外資方面邁出了重要的一步。1983 年，又進行了一系列改革，將利用外

---

① 譚祖誼. 中國經濟結構演進中的貿易政策選擇 [M]. 北京：人民出版社，2008：124.
② 吳彥艷. 改革開放以來中國利用外資政策的回顧與展望 [J]. 經濟體制改革，2008 (6)：14-16.

資作為經濟發展的長期政策方針，積極創立中外合資企業。在稅收方面對所有外商直接投資企業均實行所得稅優惠，放寬政策以吸引國際金融低利率中長期貸款用於經濟建設。

在 20 世紀 80 年代中後期，中國政府逐漸意識到引進外資也必須付出一定的代價和成本，並對利用外資制度進行了一系列重大改革。1986 年，國務院頒布了《關於鼓勵外商投資的規定》。對外商投資企業，特別是技術和產品先進的企業，在稅收和利潤分配方面給予特殊優惠待遇，保證企業享有獨立的企業自主權。由於優惠權力的下放，出現了地區盲目的競爭與短視的引資行為。1987—1992 年，改革調整的重點就是明確引進和利用外資的原則、目的和方式。1987 年 3 月第六屆人大五次會議通過的《政府工作報告》指出：引進和利用外資的目的是要彌補資金、技術和管理缺口，但要把利用外資的方式從間接引資為主轉變為外商直接投資為主。與此同時，中央政府還制定、修訂了利用外資的相關法律法規，調整和規範引進利用外資的各種經濟行為。如 1986 年頒布《中華人民共和國外資企業法》、1988 年頒布《中華人民共和國中外合作經營企業法》、1990 年修訂《中華人民共和國中外合資經營企業法》、1991 年頒布《中華人民共和國外商投資企業和外國企業所得稅法》。國家進行外資體制的調整，對引進和利用外資過程中存在的短期政策弊端進行了必要的修正，為後期引資工作奠定了良好的基礎。[①]

除此之外，由於改革開放前中國多年封閉，外國投資者不熟悉中國的投資環境，對中國外國投資政策存有疑慮，許多公司都不敢輕率投資。為了改變這種狀況，這一時期的外資政策以提供「超國民待遇」的優惠政策為主，並且優惠水準比較高。在所得稅方面，對外資企業實行了「免二減三」政策。在工商統一稅和關稅方面，外商投資企業享受的稅收優惠遠遠高於國內企業。進口機械設備和原材料以及出口產品時，他們也享受免稅待遇。同時國家還給予外資企業外貿進出口自營權、報關權等權利，以及比國內企業多得多的經營自主權。但是，外資較為謹慎並沒有進行大規模的直接投資，因此，這

---

① 吳彥豔. 改革開放以來中國利用外資政策的回顧與展望 [J]. 經濟體制改革，2008 (6)：14.

一時期中國利用外資的形式仍以借款為主。①

2. 對外援助體制不斷完善

改革開放後，鄧小平同志具體分析了當時所處的國內外基本政治經濟形勢，並進行了系統而全面的闡釋，逐漸融入理論框架中，形成了鄧小平中國特色的對外援助理論思想。該理論指出了中國積極援助其他發展中國家的必要性，為中國的發展提供了穩定的國際環境和實際利益。在實踐中，在引進援助的同時，量力而行地積極援助其他國家。

大體來說，鄧小平的對外援助思想主要集聚於三個觀點之上：① 對外援助作為中國對外工作的重要組成部分，必須堅持無產階級國際主義和中國對外工作的總方針。中國的對外援助制度必須以國際主義價值原則為基礎，體現中國對全人類的責任。② 對外援助工作必須堅持實事求是、量力而行的原則。中國對外援助面向第三世界，但基礎在於國內經濟發展。中國的對外援助要採取量體裁衣的辦法，具體問題具體分析，因國制宜，要認真搞好調查研究，實事求是地通過修改援外的具體方法，鄧小平提倡的是一種「少花錢、多辦事」的援助方式，一種效率原則。② ③ 對外援助不但是複雜細緻的經濟技術工作，而且是重要的政治任務。加強援外人員的思想政治工作，堅持出國人員選審標準是十分重要的。援外項目，建設在國外，但大量的籌建工作在國內，必須認真精心地抓好各個環節。項目的建設過程，也是同受援國的合作過程，必須始終保持同受援國政府和人民的密切合作，與之建立長期牢固的友誼。③

在制度建設方面，根據鄧小平同志的一系列指導思想，國務院和有關部門在1980年確定了改革開放時期中國對外援助的總制度方針。1980年3月，對外經濟聯絡部召開全國對外經濟工作會議，提出堅持國際主義，堅持援外

---

① 中共中央文獻研究室. 十四大以來重要文獻選編（上）[M]. 北京：人民出版社，1996：539.
② 中共中央文獻研究室. 鄧小平文選：第2卷 [M]. 北京：人民出版社，1993：112.
③ 鄧小平. 鄧小平會見馬里總統特拉奧雷時的講話：中國將來發展了仍屬第三世界 [N]. 人民日報，1986-06-22.

第十一章 經濟開放制度變遷

「八項原則」、廣泛開展國際經濟和技術合作，有出有進、平等互利等主張。[1] 1983 年年初，中共中央提出「平等互利，講求實效，形式多樣，共同發展」四項原則，探索適應不同國情的各種靈活援助方式：一是中國雙邊援助同聯合國機構的多雙邊援助相結合。利用聯合國開發計劃署給受援國的援款，中國再提供一部分資金和物資，受援國承擔部分當地費用，由中國派專家組織實施小型援助項目。二是中國貸款援助與受援國自籌部分資金相結合，由我承擔全部工程的組織實施。三是中國援助與第三國援助相結合，由中國派公司承包實施項目。四是適應經濟富裕和比較富裕的第三世界國家進行大規模經濟建設的需要，發揮中國擁有一些第三世界國家所需要的適用技術、機械設備和充足熟練的勞動力的長處，同有關國家進行承包工程和勞務合作，辦合資企業，幫助開發資源等。[2]

總體來看，在當時既有的條件下，中國的對外援助形式得到了拓展，除了提供優惠貸款，也包括基礎設施投資、人才培養、技術支持、醫療援助等方面。與此同時，中國的對外援助體系得到了進一步的完善和加強，不僅反應了中國作為社會主義和發展中大國的具體國情，也反應了社會主義市場經濟的本質特性。

（四）對外科技交流體制的轉變與發展

在技術引進方面，1978 年 2 月，在第五屆人民代表大會一次會議上，通過了《發展國民經濟十年（1976—1985 年）規劃的綱要》，確立了中國合理引進技術的制度改革方向，對引進技術以及規模設備進行了一些理論引導與支持。改革開放前，中國的開放戰略主要是以引進生產設備為主、引進技術為輔。較少的技術引進工作主要由政府和國有企業來完成。改革開放後，中國技術引進政策經歷了一次重大轉變，以技術為主、引進設備為輔。與此同時，技術引進由以前的直接創辦新企業轉變為對已有企業進行技術升級，技術引進主體轉變為國有企業和外資企業，政府在一定程度上進行了放權。此

---

[1] 石林. 當代中國的對外經濟合作 [M]. 北京：中國社會科學出版社，1989：70.
[2] 程光福. 鄧小平與中國對外援助 [J]. 黑龍江史志，2014（23）：272-273.

後，中國的技術引進進入快車道。除此之外，在配套資金支持方面，此前僅用外匯來引進技術的方式已經轉變為通過向外國政府貸款、國際金融市場借貸及出口信貸的方式來完成，體現了資金來源的多樣性。至此，中國的技術引進工作得到了前所未有的發展。技術引進提升了工業技術水準，進一步提升了公司創新能力，促進了經濟社會發展。[1]

在技術出口方面，它是一國的技術與設備有償轉讓給其他國家的活動，包括了專利的許可、技術的服務與諮詢。1978—1993 年，中國專注於技術引進的方向。高新技術出口僅僅是技術出口的一個起點，這段時期的出口規模很小，在制度的完善方面沒有太多的改變。[2]

在管理方法的引入方面，1978—1993 年，中國經歷了從管理方法的引入到創新的轉變。1978 年改革開放以來，中國學習重心從蘇聯轉向發達國家，積極學習西方發達國家的先進管理經驗。1978 年以來，中國引進了美國、日本等發達國家的全面質量管理模式。1979 年中美政府簽訂了合作協定，中國可以通過美國方面來培訓中國的管理人才。20 世紀 80 年代初，經濟學家馬洪主編了《國外經濟管理名著叢書》。該叢書由 37 個管理經典系列組成，是國內最先系統、專業介紹國外管理思想的叢書，在中國管理學歷史上占據重要地位。1979 年，中國逐漸恢復了大學與學院制度，進一步培養了大批管理學學士及碩士人才。在學習西方的同時，中國管理學開始形成中國特色，特別是在管理實踐創新方面有了較多成果。[3]

在引進科技人才方面，自 1983 年起，中國大規模引進科技人才，包括長期移民引進人才，短期聘任引進人才及實行協同制度引進人才。協同制度的好處是在引進人才的同時也進一步引進了設備、技術和資金。在 1997 年，引進的人才就達到了 7 萬人，涵蓋了支持國民經濟發展及建設的所有領域。

在留學生的交流方面，鄧小平在 1978 年 6 月對留學生工作做出了重要指示。1978 年 7 月 11 日，教育部向黨中央呈送《關於加大選派留學生的數量的

---

[1] 曹令軍. 近代以來中國對外經濟開放史研究 [D]. 長沙：湖南大學，2013：160.
[2] 關於 2009 年國民經濟和社會發展的統計公報 [R]. 北京：國家統計局，2010.
[3] 曹令軍. 近代以來中國對外經濟開放史研究 [D]. 長沙：湖南大學，2013：160.

報告》。從此，中國大規模派遣留學生工作拉開序幕，在鄧小平訪美期間，中美政府就留學問題簽訂了《中美互派留學生的協議》。在政策指導上，強調留學精神是保障留學生質量，突出留學重點。1986年12月，國務院頒布《關於出國留學人員工作的若干暫行規定》，為留學生的服務提供了支持，同時1992年頒布《關於在外留學人員有關問題的通知》，歡迎並支持留學人員回國工作。[1]

（五）經濟轉型下外匯管理體制的變革與發展

自1978年改革開放戰略實施以來，中國外匯管理體制改革逐步從高度集中的外匯管理體制轉向與社會主義市場經濟相適應的外匯管理體制，逐步減少強制性計劃，培育市場機制。

一方面，1979年3月13日中國政府決定成立國家外匯管理局，並將其作為一個專門行使外匯管理職能的行政機構。1980年12月，國務院頒布了一系列外匯管理制度和措施，包括《中華人民共和國外匯管理暫行條例》。1979—1993年期間，外匯管理體制由統收統支的外匯分配制度改為外匯留成制度。

外匯留成制度是基於外匯的集中管理和統一平衡，根據行業實際情況實施一定的貿易和非貿易外匯留成，以滿足地方、部門與企業對外匯的需求，解決地方部門、企業的發展與技術的引進等問題。[2] 當然，在這一時期，外匯留成制度也經歷了一段艱難的過程。在制度確立之初，留成的對象與比例通常由國家來確立，國家往往將較高比例的留成給予一些新創立的企業以及有新業務的企業、經濟特區、自治區等，地區與主體的外匯分配不均間接導致了中國出口商品在國內不合理的流轉。

另一方面，1980年後中國建立和發展外匯調劑市場，將企業多餘的外匯轉到外匯稀缺的企業。截至1993年年底，全國已建立18個外匯調劑中心，在一定程度上促進了外匯資金流動，提高了外匯自由配置的效率和合理性。同時，在此期間，居民個人的外匯管理業務逐步放開，個人可以根據不同情

---

[1] 苗丹國，程希. 1949—2009：中國留學政策的發展、現狀與趨勢 [J]. 徐州師範大學學報，2010（2）：2-4.
[2] 黃漢江. 投資大辭典 [M]. 上海：上海社會科學院出版社，1990.

況保留外匯，允許個人所留外匯參與外匯調劑。但是，外匯留成制度也暴露了一系列問題。其一反應在外匯的雙重用途和安排上，根據此時的規定，企業結匯後的外匯所有權歸屬國家，但是國家、企業同時對留成的外匯均保留支配權。這一制度安排容易導致對外匯的超額分配與外匯失控。其二體現為外匯留成制度不利於調動創匯的積極性。自上而下的外匯分配方式使得企業留成很少的外匯，致使企業創匯的積極性喪失，同時嚴格而繁瑣的審批過程加上外貿管理體制遺留的弊端又進一步使得企業創匯的積極性下降。①

除此之外，在匯率制度改革方面，改革開放前，由於計劃經濟改革的需要，中國匯率由自由浮動制度改為實行高度集中、統一計劃管理的外匯制度，採取釘住一籃子貨幣的匯率制度，滿足了計劃經濟的需要。② 改革開放後，中國市場經濟進一步放開，固定的外匯制度阻礙了改革的進程，因此國家確定了貿易內部結算價和對外公布匯率的「雙重匯率制」③。雙重匯率制的好處是可以增加出口，減少進口，並緩解國家的外匯短缺。此外，當國家對匯率的調整幅度很難把握的時候，暫時性的雙重匯率制可以使國家獲得有效的信息。因此可以將雙重匯率製作為一種有效的過渡性制度。1979—1993年，中國的匯率制度先後經歷了貿易外匯結算價與官方匯價並存的「雙重匯率制」和市場調劑價與官方匯價並存的「多重匯率制」。匯率調整方式也先後經歷了從釘住一籃子貨幣小幅調整到一次性大幅調整最終過渡到有管理的浮動調整。但是匯率雙重制度安排也暴露了一些弊端，在雙重匯率制度下，市場的匯率價格可能會對官方的匯率價格造成較大的衝擊，進而影響中央宏觀調控的力度。與此同時，市場匯價與市場供求等的波動一定程度上影響貿易企業的經營情況，地區間的市場匯率價格也會造成地區間企業的不平等競爭，一定程度上抑制了自負盈虧機制的形成。至此，這一時期的匯率制度有待進一步改革及

---

① 王亦瓊.人民幣外匯管理體制變遷的制度研究 [D].杭州：浙江大學，2004：25.
② 沈曉暉.發展中國家匯率制度選擇——基於國際貨幣體系不對稱性的視角 [M].北京：中國金融出版社，2008：116-117.
③ 呂進中.中國外匯制度變遷 [M].北京：中國金融出版社，2006：78-79.

完善。①

(六) 轉型時期經濟開放制度改革效果的評價

從 1978 年 12 月黨的十一屆三中全會召開到 1992 年中共十四大建立社會主義市場經濟體制這一段時期，是中國對外經濟開放的主動探索期。這個時期的對外經濟開放帶有試驗和摸索的意義，主要表現在以試點為特徵的政策性主導下的開放，用鄧小平的話說，就是摸著石頭過河。在這個時期，對外經濟制度改革也採用漸進式的改革路徑。

在對外貿易體制改革方面，中國對外貿易制度變遷打破了計劃經濟對對外貿易發展的壟斷，全面推行以承包責任制為中心的制度安排，調動了企業開展對外貿易的積極性，激發了對外貿易的發展潛能。這段時間內進口貿易總額與出口貿易總額均實現快速增長，致使對外貿易規模快速擴大。但是，抑制出口的本幣高估這一問題仍未得到解決。與此同時，這一階段中國政府在進口貿易發展中仍然進行了較多的干預，一方面導致對出口形成歧視，造成了資源的消耗；另一方面，對進口的過多干預也容易遭受到其他國家的報復，難以創造出口增長所需的有利的外部環境。②

在引進外資方面，這一時期，一系列外資政策法規相繼出抬，區域性的對外開放格局形成。同時，「超國民待遇」的優惠政策解除了外商對華投資的種種疑慮，並且賦予太多的經營自主權，致使中國引入資金規模迅速擴大。中國外商投資項目累計為 7,819 項，外商投資的實際金額為 65.88 億美元。但是，在此期間，中國對外直接投資的產業流動分佈明顯不均。投資項目重點由服務業轉向了勞動密集型工業和第三產業項目。地區分佈上主要集中在廣東、福建以及其他沿海地區。③

在對外援助方面，改革開放後，中國對外援助取得了重大成果。中國先後對數百個建成項目進行了多種形式的技術合作、管理合作、代管經營、租

---

① 孫萌. 人民幣匯率制度選擇 [D]. 長春: 吉林大學, 2010: 26.
② 張幼文. 政策與經濟發展 [M]. 上海: 立信會計出版社, 1997: 278-199.
③ 於曉媛. 改革開放以來中國利用外資政策分析 [J]. 經濟研究, 2009 (3): 84.

賃經營、合資經營等，同受援國政府、企業共同努力，使項目的經濟效益有了不同程度的改善和提高，一些項目迅速轉虧為盈，恢復生機，許多項目發揮了較好的經濟效益和社會效益。

在外匯管理體制改革方面。1979年起實行外匯留成制度，一定程度上消除高度集中、統收統支的外匯制度弊端，激勵了地方和微觀經濟主體的創匯動機。但是地區與主體的外匯分配不均間接導致了中國出口商品在國內不合理的流轉。與此同時，雙重匯率制促使對外貿易出口額的增長率高於進口額的增長率，一定程度上緩解了國家外匯緊缺的狀況。但是，雙重匯率制度也導致市場匯價和市場供求的波動頻率與幅度增加，一定程度上影響了貿易企業的經營進出口情況。同時，地區間的市場匯價也存在巨大的差異，一定程度上又造成了地區間貿易企業的不平等競爭。[①]

三、改革開放高速發展時期對外經濟開放（1993—2001年）

進入20世紀90年代後，中國對外貿易的發展逐步進入一個新的階段。對外貿易體制也在朝著不斷開放的方向發展。國家減少對外貿活動和外貿企業的干預。獨立經營權不斷擴大，以適應中國社會主義市場經濟體制發展及進一步對外開放發展的要求。

（一）深化改革進程中外貿體制的創新與完善

為了適應社會主義市場經濟體制的發展需要，黨中央繼續深化改革開放，進一步完善對外貿易管理體制改革，建立適合社會主義市場經濟且符合國際貿易標準的新型貿易管理體制，以更好地實現加入WTO（世界貿易組織，簡稱「世貿組織」）的開放發展目標。在1994年到加入世貿組織期間，中國的對外貿易體制改革服從以法律管理手段為基礎、經濟調節手段為主、行政管理手段為輔的原則。

第一，強化經濟手段。自1994年1月1日起，取消匯率雙軌制，建立以

---

① 孫萌. 人民幣匯率制度選擇 [D]. 長春：吉林大學，2010：26.

市場供求為基礎的、單一的、有管理的浮動匯率制度。與此同時，取消各類外匯留成、出口企業外匯上繳和額度管理制度，實行國家銀行統一結售匯。在稅收方面，自1994年以來，國家財稅體制改革開始實施，從承包制到分稅制，國有外貿企業實行了統一所得稅33%的稅制。同時，降低進口關稅水準，取消部分進口減免稅。到1997年，中國關稅水準平均調低到17%。出口退稅制度也得到改善，1994年以後，出口退稅全部由中央政府承擔。此外，實行鼓勵出口的信貸政策。

第二，加強立法手段。1993年國務院陸續出抬了《國務院關於進一步改革外匯管理體制的通知》《中國人民銀行關於進一步改革外匯管理體制的公告》等一系列公告措施。1994年5月又相繼出抬了《中華人民共和國對外貿易法》《關於設立中外合資對外貿易公司試點暫行辦法》和《中華人民共和國反傾銷和反補貼條例》等一系列法律法規。相關法律法規的出抬，使中國逐步建立了以法律管理手段為基礎、經濟調節手段為主、行政管理手段為輔的外貿管理體制。[①]

第三，改革外貿行政管理手段。行政管理手段始終按照國際化的標準進行改革和完善，在出口貿易配額許可證、分配方法及經營辦法方面得到了極大的改進，使得貿易行政管理手段向國際化方向邁進。國家逐步放寬了生產性經營企業進行對外貿易的審核標準，促使經營企業主體逐步實現了多元化的貿易。與此同時，逐步放開了貿易商品的經營範圍，促使經營茶葉、蠶絲等商品的貿易企業數量不斷增加。[②] 下放貿易企業的經營權，進而擴大地方貿易的經營權及地方對引進技術、進出口商品的審核權，對於經濟的盤活及貿易的發展產生了極大的促進作用。

第四，深化外貿經營體制改革。一方面，進行企業制度改革，通過建立現代企業制度，實行企業股份制改革，轉換企業經營機制。另一方面，進行經營制度改革：從單純追求創匯數額轉向重視效益；從商品經營轉向資產經

---

① 郝璐. 中國對外貿易制度研究 [D]. 長春：吉林大學，2017：25.
② 郭鵬輝. 論中國對外貿易體制改革歷程 [J]. 現代商貿工業，2009（17）：4.

營；從單一經營轉向一業為主、多種經營；從分散經營轉向規模經營；從傳統的收購制度轉向服務型的代理制。

除此之外，在健全外貿協調服務體系方面，政府進行了多項工作和改革，在進出口商會的協調方面增加了對信息的指導，對金融、保險的配套措施進行完善等。① 經過一系列貿易體制改革，企業獲得了巨大的外貿自主權，外貿補貼的取消也在一定程度上使得企業在外貿經營主體以及參與競爭的主體方面得到了極大的發展。

（二）對外資金交流體制進一步完善與發展

1. 加強外商直接投資體制的改革

1992 年鄧小平同志南方談話，開啓了中國改革開放發展的新徵程。隨著中國共產黨十四屆三中全會的召開，中國的改革開放進入深化階段。全會指出要「創造條件對外商投資企業實行國民待遇，依法完善對外商投資企業的管理」，拓寬了外商投資的領域。在「九五」計劃中也提出「對外商投資企業逐步實行國民待遇」，加快以國民待遇制度為主要方向的外資制度調整步伐。1994—2001 年這段時期，成為中國引進外資的快車道發展階段。

在這個階段，中國實行了「以市場換技術」的制度安排，從利用優惠吸引外資的制度轉變為互利共贏引進外資的制度。實行出口增長導向戰略和促進加工貿易政策，大力興辦出口加工區，在中國局部地區形成了出口導向加工區和外向型經濟。隨著投資領域的拓寬和開放地區擴大，「三資」企業數量大幅增加，外商直接投資已成為中國利用外資的主要形式。截至 1992 年年底，在中國註冊的「三資」企業數量已達到 84,000 家，比上年末增加 47,000 家。中國已成為世界上外國直接投資的主要目的地。中國實際利用外資額中，外商直接投資達到 110.08 億美元，占 58.2%。此後，外商直接投資額快速增加。到 1999 年年底，達到 403.19 億美元，占中國實際使用外資的 76.5%。②

這一時期，規範化外商直接投資的制度安排無疑成為中國引進外資的改

---

① 朱鐘棣. 新中國對外貿易體制的回顧和展望 [J]. 財經研究, 1999 (10): 3.
② 於曉媛. 改革開放以來中國利用外資政策分析 [J]. 經濟研究, 2009 (3): 84.

第十一章　經濟開放制度變遷

革重點。在稅收政策改革方面，中國於 1994 年完成了新的稅制改革。外商投資企業和內資企業實行統一稅收安排，並逐步與國際標準稅法並軌。自 1995 年年底以來，超國民待遇「外商投資企業制度」已完全取消，外資的絕對優勢以及其他的優惠政策逐步減少。在互利共贏的制度下，中國於 1997 年制定了《外商投資產業指導目錄》，進一步完善制度安排，強化了產業、技術引進和地區導向的優惠政策，並且將外資的利用方式從單純引進資金向技術引進和促進產業結構調整以及產業升級的方向傾斜。1999 年，對外經濟貿易部門進一步完善對外商直接投資相關措施的制度安排，鼓勵外商投資企業開展技術創新，加大對外商投資企業的資金支持力度。同年，「走出去」戰略被提出。與此同時，在國內實施「西部大開發」戰略，進一步拓寬了利用外資的空間。① 這一時期成為中國利用外資的高速發展階段。在地區和行業開放方面，投資範圍從沿海城市逐步擴大到東北和中西部地區，地區優惠政策逐漸延伸到中西部，外資政策提高了外商的投資熱情，使中國利用外國直接投資的數量達到了一個新的規模。②

總體來說，在 20 世紀 90 年代，在處理外資問題上，中國不再只追求數量的絕對增長，而是注重是否有利於提高國民經濟的質量和效率、是否有利於提高綜合國力和國際競爭力。引進和利用外資被視為「充分利用國際國內兩個市場、兩種資源，優化資源配置。積極參與國際競爭與國際經濟合作，發揮中國經濟的比較優勢，發展開放型經濟，使國內經濟與國際經濟實現互接互補」的重要途徑。

2. 中國對外投資體制確立

隨著改革開放的深入，中國的對外資本交流逐步擴大。從 1978 年到 20 世紀 90 年代初，中國的對外戰略主要集中在引進外資進行國內經濟建設，很少關注對外投資。中國在海外設立從事進出口業務的專業外貿公司和具有對外經濟合作經驗的大型企業的分支機構。隨著改革開放的深入，這些機構的

---

① 吳彥豔. 改革開放以來中國利用外資政策的回顧與展望 [J]. 經濟體制改革, 2008 (6): 14.
② 李敬. 中國對外直接投資的制度變遷及其特徵 [J]. 亞太經濟, 2006 (3): 82.

非貿易業務的對外投資逐漸增多。但是，中國對外投資嚴格的風險管理控制和缺乏海外投資管理機構顯然不利於對外投資的發展。因此，國務院以中國化工進出口總公司為試點，通過試點項目累積了對外直接投資的管理經驗。

　　早在 1985 年，原對外貿易經濟合作部就按照國務院的指示，出拾了《關於在境外開辦非貿易企業的審批程序和管理辦法的試行規定》。然而，由於缺乏健全的制度安排，當時的外國投資處於混亂狀態。1991 年，原國家計劃委員會發布了《關於編製、審批境外投資項目的項目建議書和可行性研究報告的規定》的通知。這成為未來十年對中國海外投資影響最大的政策法規。因此，1994—2001 年，中國的對外投資體系雛形得以確立。1992 年年初，鄧小平發表南方談話後，企業在對外經濟中享有更大自主權，中國企業的對外投資進入一個新的發展階段。同年，國務院批准首都鋼鐵總公司（簡稱「首鋼」）擴大海外投資和經營權，當年首鋼抓住第一次「吃螃蟹」的機會，走上了海外併購的道路。它斥資 1.2 億美元收購秘魯鐵礦公司，成為第一家成功收購外國公司的公司。[①] 這一收購雖然不太理想，但使首鋼企業正式走上國際舞臺。

　　1996 年，中國政府提出了一項新的海外投資發展戰略：鼓勵發展可以發揮中國比較優勢的對外投資，更好地利用兩個市場和兩種資源。在積極擴大出口的同時，必須循序漸進地組織和支持一批有實力和優勢的國有企業走出去，中國的對外投資體制基本建立。在實踐和績效方面，隨著改革開放的深入，許多部門、地方和企業將發展企業的對外直接投資提高到戰略高度，進一步促進了經濟發展。然而，由於國內經濟出現通貨膨脹的跡象，內部經濟協調已成為政府的中心任務。加之國際環境的複雜性和變化，投資風險增加，20 世紀 90 年代初期外國直接投資的發展受到阻礙。1991—1995 年間，外國直接投資的發展速度相對較慢，只有 342 家海外企業，中方協議總投資僅增加 2 億美元。1995 年年底，中國的海外投資企業達到 1,883 家，總投資 18.59 億美元。1998 年，所有對外直接投資達到 233.4 億美元。[②] 通過對外貿易和投

---

① 郝中中. 中國對外直接投資的制度變遷及特點分析 [J]. 對外經貿實務，2014（11）：71.
② 陳靜. 中國引進外商直接投資的制度變遷研究 [D]. 西安：西北大學，2007：32.

資促進，中國在相對較短的時間內在技術引進方面取得了顯著成就。但是，由於外國公司的技術保密策略，對外貿易和招商引資的技術經濟處於遞減狀態。為了保持經濟的可持續發展，中國的經濟改革需要走上新的發展道路。因此，中國政府對新時期的對外開放戰略進行重大調整。

(三) 科技引進體制深化與科技輸出體制的確立

在技術引進方面，這一時期依然延續著改革開放初的制度模式，以引進技術為主、引進設備為輔。隨著社會主義市場經濟的全面建設，技術引進體系進一步深化，政府進一步放權，通過市場經濟手段獲得資金支持，極大地提高了技術引進的效率。與此同時，技術引進也在一定程度上推動了中國現代企業制度的改革。技術引進提高了工業技術水準，進一步提高了公司創新能力，促進了經濟社會發展。

在技術出口方面，這一時期初步確立了中國技術出口的工作和制度安排，並建立了技術出口體系。1978—1993年，重點是引進技術，高新技術出口僅僅是一個起點。這一時期的出口規模很小，制度的改善沒有太大的變化。隨著社會主義市場經濟的改革，對外交往不斷擴大。中國不僅要實施「引進來」戰略，還要實施「走出去」戰略。在這一點上，中國的技術出口已經形成一個缺口，迫切需要理論基礎和制度安排來提供一定的指導。在這種情況下，科技進步法、技術合同法、專利法、促進科技成果轉化法等的出抬，使中國迅速提高技術創新水準。同時，中國技術出口的規章制度也有所改善。高新技術產品出口已達到一定規模。[1]

除此之外，在管理方法創新方面，中國高度重視系統的大學教育。1990年，清華大學、復旦大學、中國人民大學、南開大學等9所大學獲准開展MBA教育，培養管理人才。1992年，管理學被批准為一級學科。從那時起，對管理教育的投入有所增加。在學習西方先進的管理方法的同時，已經開始形成中國特色，特別是在管理實踐創新方面。在人才交流方面，自1991年以來，中國政府確立了「友誼獎」，對中國現代化建設做出突出貢獻的外國專家

---

[1] 高潔. 提高中國對外技術交流質量 [J]. 當代經理人，2006 (16).

每年都受到表彰。1993年,黨的十四屆三中全會確定出國留學政策為「支持留學,鼓勵回國,來去自由」。1996年6月,國家留學基金委成立,作為管理留學事務的專門機構。人事部為留學歸國人員設立「百千萬人才工程」,中科院為留學歸國人員設立「百人計劃」,國家自然科學基金委為留學歸國人員設立「國家傑出青年科學基金」[1],等等。這對推動科技人才的國際交流和引進,起到了激勵作用。

(四) 市場經濟下外匯管理體制的轉變與完善

1993年11月11日召開的十四屆三中全會,通過了《中共中央關於建立社會主義市場經濟體制若干問題的決定》(以下簡稱《決定》),明確提出全面建設社會主義市場經濟體制的目標。中國在此期間進入了市場經濟的全面建設階段。《決定》中將對外匯管理體制的要求表述為「改革外匯管理體制,建立以市場供求為基礎的、有管理的浮動匯率制度和統一規範的外匯市場,逐步使人民幣成為可兌換貨幣」[2]。外匯管理體制啓動了新一輪的改革。

第一,實行匯率並軌,實行以市場供求為基礎的、單一的、有管理的浮動匯率制度。從1994年1月1日起,進行人民幣匯率並軌,由先前的「雙重匯率制」「多重匯率制」轉為單一匯率制。根據人民幣兌美元的官方匯率定為1美元兌8.70元。人民幣開始實行基於市場供求的、單一的、有管理的浮動匯率制度。「浮動」主要體現在外匯買賣價格可以在規定的基準匯率上下浮動0.3%,「管理」則主要體現在對外匯的週轉頭寸進行限額,並且央行可以公開市場操作來調節外匯市場的外匯供求以穩定匯率。[3]

第二,實行銀行結售匯制度,取消外匯上繳和留成,取消用匯的指令性計劃和審批。1994年1月1日以後,中國開始取消外匯留成制度,轉而對經常項目下的外匯收支實行銀行結售匯制度。結售匯制度包括結匯與售匯兩個方面,結匯是指定銀行按規定價格收購外匯,包括強制結匯、限額結匯;售

---

[1] 曹令軍.近代以來中國對外經濟開放史研究 [D].長沙:湖南大學,2013:161-163.
[2] 中共中央關於建立社會主義市場經濟體制若干問題的決定 [R/OL].(2001-04-30) [2019-08-25].http://www.people.com.cn/GB/shizheng/252/5089/5106/20010403/456592.html.
[3] 孫萌.人民幣匯率制度選擇 [D].長春:吉林大學,2010:28.

匯是指定銀行按規定價格出售外匯。強制的結匯雖然一定程度上促進了外匯儲備的累積，但卻增加了銀行的風險。為了使銀行能夠通過市場更好地選擇幣種與數量，1994年4月1日，中國外匯交易中心在上海成立。它的建立打破了各地外匯調劑市場相互分割的局面，實現了外匯市場的統一，外匯指定銀行在銀行間外匯市場上進行交易從而形成市場匯率，保障了銀行和企業結售匯的正常運行。

第三，建立統一的、規範化的、有效率的外匯市場。央行在銀行間外匯市場進行交易，並在外匯領域進行間接監管，完成了外匯市場的市場化管理目標。按照價格優先和時間優先的原則撮合成交並且集中清算，央行對外匯交易中心進行一定的指導與維護進而保持了外匯市場與人民幣匯率的穩定。1996年12月1日，中國達到《國際貨幣基金組織協定》第八條的要求，完全取消了經常項目下國際支付和轉移的限制，實現了人民幣經常項目的可自由兌換。在此過程中，中國先後取消了項目中部分交易限制，允許外商投資企業的結售匯，提高居民用匯標準，擴大供匯範圍，取消尚存的經常性用匯的限制，從而實現了經常項目的可自由兌換。與此同時，政府還積極推動貿易、金融、財政和稅收方面的改革。[①] 各部門的改革為人民幣經常項目的開放提供了重要支撐。從1997年到2000年，在外部衝擊下，相機實行「寬進嚴出」政策，採取一些臨時性的購付匯限制措施，並在全國範圍內開展打擊逃套騙匯行動，有效防止了資本外逃，保持了人民幣匯率的穩定。

(五) 改革開放高速發展時期經濟開放制度改革效果的評價

1994—2001年，這是中國對外經濟開放快速發展的時期。1992年，中國共產黨第十四次全國代表大會提出了建立開放性經濟體系的發展戰略，對外經濟開放進入新時期。在此期間，全方位對外經濟開放格局基本形成。

1. 對外貿易體制改革方面

這一時期中國對外貿易制度變遷進入對外貿易自由化階段，進行了以匯率並軌、財稅改革為核心的新一輪改革，有效地促進了對外貿易的發展。在

---

① 呂進中. 1994—2004年中國外匯制度的變遷、影響及展望 [J]. 南方金融, 2005 (5): 32-35.

此期間，由於1997年下半年以來受到亞洲金融危機的影響和衝擊，進出口貿易總額的增長有所回落，波動較為明顯，出口貿易總額的年均增長率高於進口貿易總額的年均增長率，對外貿易實現連續順差。在實現對外貿易穩定增長的同時，我們也需看到，一些不完善的貿易制度的實施在一定程度上也抑制了對外貿易的增長速度。

2. 資金交流體制改革方面

在「以市場換技術」的制度安排下，「三資」企業大量增加。到1992年年末，在中國註冊的「三資」企業已達8.4萬個，比上年末增加4.7萬個，中國已經成為世界領先的外國直接投資目的地，外商直接投資額為110.08億美元，占比達到58.2%。同時，互利共贏的制度安排一定程度上鼓勵了外商投資企業技術開發和創新。1996年，中國政府正式制定了關於發展海外投資的新的戰略方針。1994年和1995年兩年內，境外企業增加了342家，協議投資只增加2億美元，年平均增長率分別為3.5%和2%。1998年，中國對外直接投資金額達到了前所未有的26.34億美元。但是，外資企業與內資企業之間的競爭加劇，產業呈現越來越明顯的擠出效應，迫使一些內資企業退出市場，造成企業職工失業，同時也造成國民收入流失、資源過度消耗及生態環境惡化，影響了中國經濟的可持續發展。[①]

3. 外匯管理體制改革方面

一方面，本時期的外匯管理體制改革產生了一定的積極成果，極大提高了微觀經濟主體在外匯業務上的資格可獲得性，外匯壓抑得到了一定的舒緩，推進了貿易和投資便利化。另一方面，本時期的外匯管理體制改革也產生了一定的弊端，根據「三元悖論」，將中國外匯管理體制改革僅定位在人民幣完全可自由兌換，即資本的自由流動上，忽視了對匯率生成機制的完善。科學、合理的匯率形成機制尚未形成，匯率槓桿對經濟的調節作用不夠靈敏。除此之外，在缺乏緩衝和對沖機制情勢下，外匯儲備的持續增長增加了貨幣政策調控的壓力。總而言之，外匯制度還需進一步改善。

---

① 萬紅燕. 改革開放以來中國利用外資的進程分析 [J]. 江西社會科學, 2008 (11).

四、中國加入 WTO 後全面提升時期對外經濟開放
（2001—2012 年）

（一）海外區域性自由貿易區：中國全面改革開放的深化

中國於 2001 年加入世界貿易組織（WTO），加速融入世界經濟。經濟全球化已成為不可阻擋的歷史潮流，區域經濟一體化促進了區域貿易的發展和繁榮。以自由貿易區協定為主要載體的區域貿易開始登上歷史舞臺。中國自 2003 年以來一直在努力實施自由貿易區協議。目前，中國已與其他國家建立了 16 個自由貿易區協定，涉及 24 個國家和地區。[①]

統計數據顯示，中國與自由貿易夥伴之間的貿易和投資關係的發展比非貿易夥伴發展更快。其中，中國—東盟自由貿易區是最典型的海外區域性自由貿易區之一。它是發展中國家組成的最大的自由貿易區。現在中國與東盟的貿易額已達到初期的 6 倍，凸顯了自由貿易區協定的巨大優勢。協議的各個方面和各國法律調節均適應 WTO 的相關法律法規。[②] 與此同時，中國正在不斷擴大自由貿易區的合作談判，並積極完善海外區域自由貿易區建設的相關法律法規。中國頒布的對外貿易法規定，國家必須維護和支持公平自由的海外貿易秩序，按照平等互利的原則促進和發展與其他盟國的貿易關係，締結與參與關稅同盟的協定、自由貿易區的協定等區域性的對外貿易協定，積極參與區域經濟組織。在關稅方面，《全面經濟合作框架協議》明確規定，截至 2005 年，進口關稅平均降至 10%，並且「簡稅制、寬稅基、低利率、嚴徵管」逐漸成為一項穩步推進稅收改革的基本準則與趨勢。在非關稅方面，中國主動完善反傾銷、反補貼、保障措施和特別保障措施等所謂「兩反兩保」的制度，充分利用 WTO 的規則實施補貼，進一步完善《中華人民共和國對外貿易法》《中華人民共和國反傾銷條例》《中華人民共和國反補貼條例》和

[①] 中國已和 24 個國家或者地區簽署 16 個自由貿易協議［EB/OL］.（2018-03-11）［2019-05-23］. http://finance.sina.com.cn/china/2018-03-11/doc-ifxpwyhw9483970.shtml.

[②] 顧華詳. 中國—東盟自貿區建設若干法律問題研究［J］. 中國社會科學院研究生院學報，2015(5): 84.

《中華人民共和國保障措施條例》等國內法律，以減少貿易摩擦，提高中國經濟政策的穩定性和產業的國際競爭力。[1] 在經濟體制調節方面，外貿經營實體由外貿審批許可制度改為登記制度，進一步完善和擴大了對外貿易經營權的範圍。在海外區域自貿區的建設過程中，雖然矛盾暴露與摩擦時常出現，但經過不斷改革和完善經濟體制後，區域貿易區的建設得到了穩定。建立海外自由貿易區的目的是應對區域經濟一體化和經濟全球化的不斷發展，不斷推動國內經濟發展並且不斷促進國內經濟快速發展，積極推動雙邊以及多邊的對外貿易投資與對外經濟合作。

（二）積極推進外貿管理體制與運行機制優化

為了成功實現加入 WTO 的目標，中國開展了一系列符合國際貿易標準的新的貿易管理體制改革。中國積極履行入世承諾，對經濟貿易體制進行適應性調整，包括修訂法律法規、保持外貿政策透明度與統一性、深化外貿體制改革等。與此同時，中國積極履行開放市場承諾，規範貨物進出口管理辦法，包括修訂關稅與非關稅措施、擴大外資市場准入、積極參與世貿組織事務等。經過一系列深化改革和漫長而艱難的談判，中國於 2001 年 12 月 11 日正式加入世界貿易組織。中國加入世貿組織意味著中國的對外貿易體制改革必須在世貿組織制度框架的約束下進行。因此，外貿的體制改革在延續前期改革方向的同時，必須接受世貿組織制度約束。

第一，強化法律手段。為了使原有的對外貿易法律法規適應 WTO 多邊貿易規則，政府頒布了《中華人民共和國貨物進出口管理條例》和多項部門配套的規章制度。此外，政府先後頒布了一系列法律法規，使其與國際法律體系相適應，更好地促進了中國對外貿易的自由化。在利用外資方面，中國政府進一步修訂並頒布了《指導外商投資方向規定》和《外商投資產業指導目錄》等，並且完善了一系列相關工作，使得市場准入進一步擴大。[2] 一系列條款的頒布進一步完善了對中國對外貿易的法律支持。

---

[1] 顧華詳. 中國—東盟自貿區建設若干法律問題研究 [J]. 中國社會科學院研究生院學報，2015（5）：85.
[2] 郝璐. 中國對外貿易制度研究 [D]. 長春：吉林大學，2017：50.

第十一章　經濟開放制度變遷

第二，強化經濟手段。由於 WTO 規則的約束，在享受 WTO 帶來的貿易自由化的同時，必須履行 WTO 所賦予中國的職責與義務。在大的經濟環境下，中國確立了公平與保護並存的對外貿易制度。一方面，中國履行 WTO 的職責與義務，促進各國貿易的平衡發展；另一方面，中國必須避免國內的幼稚產業被淘汰，必須保護這些產業，促進其發展，增強其在市場上的競爭力。

除此之外，在對外貿易體制改革的過程中，中國在貿易自由化的短期方向上制定了一系列制度性措施，積極引導外貿企業實現自我完善，建立了健全的開放式經營的管理體制，增強了對外貿易企業的活力。在行政管理體制改革中，行政管理機構進行了改革。2003 年 3 月，將對外貿易經濟合作部和國家經濟貿易委員會組建為商務部，其主要職責是研究制定有關對外貿易發展的相關法律法規，科學地控制與管理對外貿易活動。同時，規範貨物進出口管理制度，進一步減少關稅和非關稅業務。在貨物出口方面，出抬了進出口配額許可證政策，極大地促進了中國對外貿易的行政管理績效。

2008 年世界金融危機爆發，全球經濟增長下滑，國際市場不振，致使中國的出口大幅縮減。面對新形勢下的嚴峻挑戰，中國先後採取了一系列措施，不斷進行制度創新，轉變對外貿易發展方式，極大地促進了中國對外貿易的持續穩定增長。世界金融危機爆發後中國面臨的主要貿易問題是外部需求不足，導致出口貿易持續下滑。國務院通過改變對外貿易發展方式，進一步穩定了外需，保持了中國出口產品的國際競爭力。[①] 同時，完善了出口信用保險制度、出口稅收制度、外貿企業融資制度、加工貿易制度等一系列配套制度措施。在調整對外貿易政策方面，出口退稅政策不斷調整。採取退稅政策，促進國內企業參與國際競爭，提高國內貿易企業的國際競爭力。同時，完善貿易摩擦應對機制，有必要針對貿易中出現的法律問題，切實解決貿易摩擦，進一步完善海外投資體制。在國際金融危機帶來外部需求不足的情況下，中國採取積極措施，積極為中國企業實施「走出去」戰略提供各種優惠支持，

---

① 郝璐，年志遠. 比較優勢、交易成本與對外貿易制度創新——兼論中國對外貿易制度改革 [J]. 雲南社會科學，2015（6）：69.

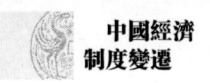

鼓勵國內企業參與國際併購。以海外投資方式，積極拓展國際市場。①

（三）「引進來」與「走出去」結合的國際資本交流拓展

1. 外商投資制度進一步完善

2001年年底，中國成功加入世界貿易組織，不僅標誌著中國已經開始全面融入全球經濟，而且標誌著中國進一步加強對外開放，對外資的吸引力日益增加。

2002—2012年是中國引進外資穩步增長的時期。這一時期，為了遵守WTO的章程和兌現中國的承諾，中國對外商投資的制度安排進行了廣泛的調整，先後修改了《中華人民共和國外資企業法》《中華人民共和國中外合作經營企業法》《中華人民共和國中外合資經營企業法》以及《外商投資電信企業管理規定》，目的是逐步取消對外商投資企業的限制，進一步實施「國民待遇」。這一時期，中國對外資的引進門檻逐漸抬高，進行了相關的制度改革，不再像以前那樣來者不拒。中國開始限定各地區制定的特殊制度，實行統一的國家外資制度。2002年制定了《指導外商投資方向規定》，確定了重點投資領域，鼓勵和引導外商投資現代農業、高新技術產業、基礎設施建設、西部開發和參與國企改革、重組，鼓勵外商特別是跨國公司在中國境內建立研究開發中心、生產製造基地和地區總部，改變原來盲目引進外資的狀況，優化投資結構。2002—2008年多次修改《外商投資產業指導目錄》，進一步加強對外資產業流向的指導，先後制定了《外商投資商業領域管理辦法》《外商投資項目核准暫行管理辦法》《外商投資廣告企業管理規定》等一系列法規，對外商投資的具體領域進行規範和管理。特別是2006年以來，中國對外資的「超國民待遇」制度進行了明顯的調整，2007年通過的《中華人民共和國企業所得稅法》將外資企業和國內企業置於同一平臺，對外資企業實現國民待遇，保證公平競爭。此外，還建立了相應的科技體系，鼓勵外商投資企業在中國開展研發活動。對於擁有完善技術研發體系、領先技術和強大技術轉化能力的外商投資企業來說，這是一個很大的優勢。這對外國投資也具有前所

---

① 郝璐. 中國對外貿易制度研究［D］. 長春：吉林大學，2017：52.

未有的吸引力，技術先進型外商投資顯著增加。

自 21 世紀初以來，中國對利用外資的指導和可操作性進一步加強。對外資的態度已經從盲目引入轉向理性引入。從重視資本引進到工業化和技術引進，外資的運用逐漸成熟。總體來說，2002 年以後，中國在引進和利用外資的問題上更加獨立自信，相關制度更加成熟和完善。運用統籌兼顧、和諧社會建設、和諧世界經濟秩序的理念，將引進和利用外資的制度措施提升到科學發展觀的理論高度。同時，強調提高利用外資質量和水準，有效應對服務業擴大開放後的新問題和新情況，增強參與經濟全球化和維護國家經濟安全的能力。在當前的全球金融和經濟危機中，中國繼續實施各種引進和利用外資的制度。然而，與改革開放初期相比，制度的重點是截然不同的，此時強調外商投資引進與利用協調發展。

2. 中國對外投資制度進一步完善

經過 20 年改革開放，中國在利用國內外市場和資源方面取得了顯著成效。2000 年，中國政府實施「走出去」戰略後，堅持「引進來」和「走出去」並舉，相互促進。2002 年，黨的十六大進一步指出，「走出去」戰略是新時期對外開放的重大舉措。它鼓勵和支持各種所有制企業利用比較優勢，推動商品和服務的出口，形成一批有實力的對外直接投資企業和知名品牌。2002 年 10 月，原對外貿易經濟合作部先後頒布了《境外投資聯合年檢暫行辦法》和《境外投資綜合績效評價辦法（試行）》。2004 年 7 月國家發展和改革委員會頒布了《國務院關於投資體制改革的決定》[1]。一系列法律法規的出抬標誌著中國對外直接投資已進入發展的「快車道」，建立了以市場為導向、以貿易為先導、以效益為中心的中國企業對外直接投資的基本原則。

2008 年金融危機後，中國對外直接投資的發展達到了空前水準。截至 2008 年年底，中國對外直接投資企業達到 120,000 多家，分佈在全球 174 個國家和地區，投資覆蓋率達到 71.9%。[2] 從投資方式來看，併購已成為主要途

---

[1] 郝中中. 中國對外直接投資的制度變遷及特點分析 [J]. 對外經貿實務，2011：71.
[2] 李敬. 中國對外直接投資的制度變遷及其特徵 [J]. 亞太經濟，2006（3）：82.

徑。併購的目的在於獲取海外先進技術、行銷網路，開發資源能源。因此，中國企業的併購領域主要包括製造業、電力生產和供應業、交通運輸業、批發零售業等。2005—2010 年，中國油氣企業完成了 46 筆交易，交易規模達 444 億美元。中國礦業公司在 2009 年完成了 33 筆交易，創造了前所未有的 92 億美元的總價值。與此同時，海外大規模併購潮也在發生。2010 年，浙江吉利控股集團收購了沃爾沃公司全部股權。2012 年，中國企業完成了多項代表性的併購，最典型的有山東重工對義大利法拉帝集團股權收購案、三一重工對德國普茨邁斯特公司股權收購案、國家電網對葡萄牙國家能源網公司股權收購案。[①] 這些是中國企業抓住歐洲債務危機的機會大力併購的結果。

（四）「科技引進」與「科技輸出」制度提升到新的水準

進入 21 世紀以來，隨著經濟全球化的加速，中國對外經濟交流日益頻繁，對外科技交流進入了快車道。在此期間，為了加快中國的科技創新體系的建設和提高中國經濟及科技方面在國際上的競爭力，中國的對外科技交流體系得到了進一步發展與完善。

在技術引進方面，在現有產業佈局下，中國不斷完善技術引進體系建設，促使中國通過引進技術，充分發揮後發優勢，帶來極大的經濟效益。通過促進國內的產業升級，促進了技術的進步。在此期間，中國科技投入不足也導致技術引進效率低下、引進秩序混亂、層次低等一系列問題。通過對現有制度的不斷改進，國家逐漸克服這些存在的問題，進一步促進了行業的升級。

在技術出口方面，在此期間，中國的技術水準通過後發優勢和創新得到了極大的發展。為了迎合「走出去」戰略的需要，中國出口高科技產品。中國的技術出口已達到一定規模。在技術創新方面，中國的創新體系不斷完善和發展。參與創新的主體是多種多樣的。企業、研究機構和教育機構已成為創新的基地。隨著經濟體制的不斷改革，其科研和創新實力得到了極大的提高。與此同時，國家還出抬了一系列法律制度及優惠政策來進一步支持創新，如科技進步法、技術合同法、專利法、促進科技成果轉化法等，為科技進步、

---

① 郝中中. 中國對外直接投資的制度變遷及特點分析 [J]. 對外經貿實務，2011（11）。

第十一章　經濟開放制度變遷

科技與經濟的結合提供了法律保障和政策支持。這一時期，在技術出口和技術引進方面，中國取得了巨大的發展和提高。2005 年，中國高新技術產品進出口總額達到 4,160 億美元，其中出口額 2,183 億美元，進口額 1,977 億美元。2009 年，中國高新技術產品進出口總額共計 6,867 億美元，其中出口額為 3,769 億美元，進口額為 3,098 億美元。[1]

在管理方法和人才交流方面，中國的管理方法和人才交流體系均得到了顯著的完善。2000 年 10 月，張瑞敏應邀出席瑞士洛桑國際管理學院（International Institute for Management Development, IMD）校友大會並做演講，成為第一個登上 IMD 講壇的亞洲企業家。2001 年 4 月，張瑞敏應邀去美國哥倫比亞大學和沃頓商學院講課，關於市場鏈的演講再次引起轟動，海爾關於市場鏈的管理與西方先進管理不相上下。[2] 與此同時，2000 年，國家人事部出抬《關於鼓勵海外高層次留學人才回國工作的意見》，同年建立留學人員創業園區。2005 年，政府頒布《在留學人才引進工作中界定海外高層次留學人才指導意見》，教育部提出公費留學「三個一流」的選派辦法。2007 年，中國設立「國家建設高水準大學公派研究生項目」，進一步加強留學生規範和管理。同年頒布《國家公派出國留學研究生管理規定（試行）》，同時出抬《關於進一步加強引進海外優秀留學人才工作的若干意見》，進一步鼓勵留學人員回國創業。為了進一步吸引留學人員按期回國，國家出抬更多配套政策。2008 年，政府頒布《實施海外高層次人才引進計劃》（「千人計劃」）並積極實施。2010 年 6 月 6 日，中共中央、國務院印發了《國家中長期人才發展規劃綱要（2010—2020 年）》，強調中央政府實施「千人計劃」，為海外高層次人才建設創新創業基地，要用 5～10 年的時間從海外引進 2,000 名左右高層次人才。[3]

---

[1] 中華人民共和國國家統計局關於 2009 年國民經濟和社會發展的統計公報 [R]. 北京：國家統計局，2010.
[2] 曹令軍. 近代以來中國對外經濟開放史研究 [D]. 長沙：湖南大學，2013：162.
[3] 國家中長期人才發展規劃綱要（2010—2020 年）[EB/OL].（2010-06-07）[2019-08-25]. http://cpc.people.com.cn/GB/64093/67507/11797545.html.

(五) 新世紀初期外匯管理體制的新發展

中國加入 WTO 後，2002—2004 年，外匯管理體制演進在新的制度環境框架下進入自我完善和深化時期，外匯管理的方式由直接管理轉向間接管理，逐步注重外匯資金流出入的平衡管理，進一步放鬆人民幣的匯兌限制，外匯管理體制的市場化改革取向得到進一步確定。

在外匯管理體制改革方面，外匯市場運作體系進一步完善，資本項目進一步開放。

第一，進一步擴大人民幣資本項目開放。中國的「QFII」制度已逐步向「QDII」[①] 制度即所謂「合格境內機構投資者制度」轉變。該制度本身是一種機制，允許國內的居民通過合格的境內機構在境外開展證券投資業務。目的是在人民幣資本項目未完全開放情況下在一定程度上提升金融的開放程度。在投資產品上，繼境外固定收益類、債券投資類產品之後，2007 年 5 月 11 日，中國銀行業監督管理委員會宣布允許銀行以 QDII 方式投資股票。

第二，進一步完善銀行結售匯制度。2005 年 8 月 2 日，中國人民銀行發布《關於擴大外匯指定銀行對客戶遠期結售匯業務和有關問題的通知》。該通知規定：擴大辦理遠期結售匯業務的銀行主體，增加銀行的自主經營權；擴大交易範圍，完全放開經常項目交易的同時繼續放開部分資本及金融項目交易；允許銀行辦理人民幣與外幣不涉及利率互換的掉期業務。與此同時，國家外匯管理局發布《關於放寬境內機構保留經常項目外匯收入有關問題的通知》，進一步完善境內機構經常帳戶的外匯可保留現匯比例，簡化服務貿易銷售和支付憑證，調整服務貿易銷售和支付的審計權限。這些措施有力地推動了中國外匯結算和銷售制度的改革。2007 年 8 月，國家外匯管理局發布《關於境內機構自行保留經常項目外匯收入的通知》，經常項目外匯帳戶限額管理被取消，允許境內機構根據自身需要自行保留經常項目外匯收入，從而標誌著 1994 年在中國實施的強制結售匯制度的正式撤銷，並被意願結售匯制度所

---

① 「QDII」即「Qualified Domestic Institutional Investor」的首字母縮寫。

取代。①

在人民幣匯率改革中，21世紀以來，隨著中國經濟的快速增長和人民幣在國際貨幣體系中的地位上升，以及單一匯率的影響，人民幣的升值壓力一度迅速上漲。2001年，中國加入世界貿易組織後，國際上對人民幣升值的呼聲越來越高。2003年以後，美國代表的政治壓力突然增大，強烈要求人民幣升值以緩解美國的貿易逆差，中國被要求實行自由浮動匯率制度。面對來自外方的壓力和中國國際收支的基本情況，中國政府在保持主動性、可控性和漸進性的原則下，於2005年7月21日正式實施新的人民幣匯率制度②，逐步完善以市場供求為基礎，參考一籃子貨幣，有管理的浮動匯率形成機制。自2005年7月21日起，人民幣匯率形成機制改革得到改善。人民幣匯率不再與單一美元掛鉤。根據市場供求情況，參考一籃子貨幣對人民幣匯率指數進行管理和調整。在合理均衡的水準上維持人民幣匯率的基本穩定。根據對匯率合理均衡水準的測算，人民幣對美元即日升值2%，即1美元兌8.11元人民幣。此後，人民幣匯率穩步升值，波動幅度有所擴大。③ 2008年的美國金融危機給全球和中國經濟帶來了較大的不確定性，中國適當收窄了人民幣波動幅度以應對國際金融危機。在國際金融危機最嚴重的時候，許多國家貨幣對美元大幅貶值，而人民幣匯率保持了基本穩定，為全球經濟簡潔明瞭做出了巨大貢獻。2010年6月20日，中國人民銀行宣布再次重啓匯改。人民幣再次脫離釘住美元匯率並重新走上小幅穩升的道路。有管理的浮動匯率制度在一定程度上緩解了人民幣在當時環境下的升值壓力，並進一步推動中國國際收支平衡發展。④ 它在一定程度上也維護了中國貨幣政策的對立性，起到了一舉多得的效果。

（六）全面提升時期經濟開放制度改革效果的評價

2002—2012年是中國對外經濟開放水準全面提升時期。2001年中國正式

---

① 常思.外匯帳戶結售匯實現真正意願化 [J].中國外匯，2007（12）：19-20.
② 姜凌，馬先仙.正確認識人民幣匯率穩定的若干問題 [J].金融研究，2005（8）.
③ 李婧.中國外匯市場與資本項目可兌換的協調發展 [M].北京：首都經濟貿易大學出版社，2007：111-119.
④ 張禮卿.加快推進人民幣匯率制度改革 [J].中國外匯，2008（1）：27.

加入世界貿易組織，標誌著中國對外開放的新歷史階段形成。對外開放由較低層次、較窄領域、較窄地區內的開放，提升為更深層次、更寬領域的、更大範圍的開放；由自我開放向WTO框架下的相互開放轉變。黨的十六大和十七大審時度勢，先後提出實施「走出去」戰略，並提出要提高開放型經濟水準，推進中國對外經濟開放進入一個以多邊規則為基礎、全面提升對外經濟開放水準的嶄新階段。

1. 對外貿易體制改革方面

中國根據WTO的要求進行了大規模的調整和清理，對進出口貨物逐步實現法律化和規範化管理。與此同時，外貿活動逐步立足於市場，逐步消除地方政府的作用，充分融入國際貿易環境。在當前世界經濟低速增長、全球貿易深度下滑的背景下，中國也意識到如果過度追求對外貿易順差，其結果過於片面不利於對外貿易發展，因此，逐漸注重提高貿易質量以及優化貿易結構。[①] 金融危機所帶來的消極影響促使中國在保持對外貿易總體發展戰略不變的前提下，不斷調整和完善對外貿易制度，重視進出口貿易平衡，削弱貿易保護主義的不利影響，提升國際競爭力。

2. 資金交流體制改革方面

21世紀以來，中國從重視資金引進向重視產業導向和技術引進轉變，加快產業結構實現優化升級。機電產品出口占全部出口的比重由2002年的48.2%提高到2006年的56.7%，通信設備、計算機及其他電子設備製造業累計使用外商直接投資達293億美元。[②] 與此同時，在黨的十六大後，中國對外直接投資的發展達到了空前高度。截至2010年年底，中國近13,000家境內投資主體設立對外直接投資企業超過16,000家，分佈在全球179個國家和地區。對外直接投資淨額達688.1億美元，較上年增長21.7%，累計淨額達3,172.1億美元。[③] 同時對外直接投資產業趨於合理。2004年中國對外直接投資流向第一產業的占比為5.25%，第二產業占比為48.79%，第三產業占比為

---

① 裴長洪. 中國對外貿易60年演進軌跡與前瞻 [J]. 改革, 2009 (7)：10-11.
② 萬紅燕. 改革開放以來中國利用外資的進程分析 [J]. 江西社會科學, 2008 (11).
③ 2010年度中國對外直接投資統計公告 [R]. 北京：國家統計局, 2011.

45.96%。而到 2010 年，中國對外直接投資流向第一產業的占比為 0.8%，第二產業占比為 15.1%，第三產業占比為 84.1%。這說明隨著對外直接投資制度的不斷完善，投資者逐漸從投資於第一產業、第二產業向投資第三產業發展。①

3. 外匯管理體制改革方面

自 2005 年起，逐步完善以市場供求為基礎，參考一籃子貨幣，有管理的浮動匯率形成機制。面對 2008 年的國際金融危機給全球和中國經濟帶來的較大的不確定性，中國適當收窄了人民幣波動幅度以應對國際金融危機。在國際金融危機最嚴重的時候，許多國家貨幣對美元大幅貶值，而人民幣匯率保持了基本穩定，為全球經濟簡潔明瞭做出了巨大貢獻。2010 年 6 月 20 日，中國人民銀行宣布再次重啟匯改，人民幣再次脫離盯住美元，重入小幅穩步升值之路，一定程度上保持國際收支基本平衡的需要。但是，這一時期，外匯占款的大量增加，迫使央行採取各種措施衝銷其影響，如發行央票、提高準備金率。同時，盯住美元的人民幣匯率形成機制存在弊端，如 2008 年全球金融危機和 2011 年歐洲債務危機期間人民幣有效匯率兩次隨美元升值大幅升值，使中國大量出口相關企業受到極大的不利衝擊而倒閉，經濟增長方式的有效轉變難以順利推進。

---

① 張明宇. 中國對外直接投資的產業結構調整效應研究 [D]. 濟南：山東師範大學，2013：22.

第三節 新時代中國創新型對外經濟開放（2012年—）

堅定不移地深化改革開放，是習近平總書記反覆強調的一個重大問題，改革只有進行時沒有完成時。以開放促改革、促發展，是中國現代化建設不斷取得成就的重要法寶，也是決定當代中國命運的重要一招。

一、新時代經濟全面深化對外開放思想的確立和發展

黨的十八大以來，中國特色社會主義進入新時代，提出了擴大開放的新要求，發生了從被動接受國際貿易規則到主動參與制定國際貿易規則的巨大轉變。習近平總書記強調，黨的十八大以來，我們深刻把握新時代中國和世界發展大勢，在對外工作上進行一系列重大理論和實踐創新，形成了新時代中國特色社會主義外交思想。黨的十八屆三中全會提出「構建開放型經濟新體制」，初步確定了發展開放型經濟的新目標，掀開了「以開放促改革」的新篇章。這不僅是對全面深化改革的重要部署，也是對開放型經濟探索經驗的繼承與發展。十八屆三中全會通過的《中共中央關於全面深化改革若干重大問題的決定》明確了全面深化改革的指導思想、總目標、路線圖和時間表。目標既強調了對中國特色社會主義基本經濟制度的堅持和完善，揭示了改革的方向，又從國家制度和制度執行能力方面有了很大的創新。

2018年博鰲論壇習近平總書記再一次提出中國將繼續走對外開放的道路，指出當今世界和平合作、開放融通、變革創新的潮流滾滾向前。中國對外開放的總取向不變，推進構建人類命運共同體的努力不變。

習近平總書記主持召開中共中央政治局第十九次集體學習會議時指出，站在新的歷史起點上，要實現「兩個一百年」奮鬥目標和中華民族偉大復興的中國夢，必須推進更高水準的對外開放，加快實施自由貿易區戰略，加快構建開放型經濟新體制，推進絲綢之路經濟帶、海上絲綢之路建設，推動內

陸貿易、投資、技術創新協調發展，以對外開放的主動贏得經濟發展的主動、贏得國際競爭的主動。通過中國上海自由貿易試驗區的試點先試，加快實行自由貿易區戰略，形成面向全球的高標準自由貿易區網路。

改革開放是決定中國當代命運的關鍵，為了實現「兩個一百年」奮鬥目標、實現中華民族的偉大復興，我們應該繼續深化改革、擴大開放。習近平總書記強調改革開放涉及各方面體制的完善，要敢於啃硬骨頭。黨的十八大以後，中國在財稅、金融、價格、投融資、民生保障、社會管理、生態文明、農業農村等領域相繼出抬了一系列改革措施，彰顯了新一屆黨中央全面推進改革開放的決心、智慧和勇氣。

進入新時代，中國的對外開放呈現了新的風貌，具有中國特色、中國風格、中國氣派。在以習近平同志為核心的黨中央堅強領導下，堅持走開放融通、互利共贏之路，推動貿易和投資自由化、便利化，維護多邊貿易體制，發展更高層次的開放型經濟，推動形成全面開放新格局，推動經濟全球化朝著更加開放、包容、普惠、平衡、共贏的方向發展，開創新時代對外開放的新紀元。一個開放、包容、自信、負責任的發展中大國的形象進一步確立，翻開了中國與世界關係的新篇章。

二、「一帶一路」倡議的提出及制度演進

2013 年 9 月，習近平總書記首次提出共同建設「絲綢之路經濟帶」的構想，2015 年 3 月 28 日，中國政府頒布《推動共建絲綢之路經濟帶和 21 世紀海上絲綢之路的願景與行動》，明確提出了「政策溝通、設施聯通、貿易暢通、資金融通、民心相通」，積極落實 G20 的全球經濟治理長效機制，共建「一帶一路」。「一帶一路」起於中國，貫通中亞、東南亞、南亞、西亞以及歐洲部分地區，是新形勢下中國推進對外開放和合作的總體構想。

習近平同志在《推進「一帶一路」建設，努力拓展改革發展新空間》中指出：「『一帶一路』建設是中國在新的歷史條件下實行全方位對外開放的重

大舉措、推行互利共贏的重要平臺。」①提供一個包容性巨大的合作發展平臺，形成利益共同體、責任共同體、命運共同體，不僅為中國改革開放和持續發展提供了新動力，也為世界經濟簡潔明瞭、各國合作發展和全球治理變革提供了中國方案。

2014年中國宣布出資400億美元為「一帶一路」沿線國家的基礎設施建設、資源開發、產業合作、互通互信等提供金融支持。2015年亞洲基礎設施投資銀行成立，成為服務「一帶一路」建設的金融先行者，專門投資具有普惠、綠色、共贏屬性的基礎設施項目，從而促進當地經濟發展。2017年5月，首屆「一帶一路」國際合作高峰論壇在北京成功舉行，29位外國國家元首和政府首腦齊聚北京，140多個國家和80多個國際組織的高級別代表出席會議。習總書記在高峰論壇上發表的重要講話引發強烈共鳴，會議達成270多項合作成果，凝聚起推進「一帶一路」建設的廣泛共識。同年5月，中國財政部與26個國家的財政部共同核准了《「一帶一路」融資指導原則》，與世界銀行、亞投行、亞洲開發銀行、歐洲投資銀行、歐洲復興開發銀行等共同簽署了加強「一帶一路」合作備忘錄。金融資源配置工具的多樣化也將助力普惠金融的拓展，為「一帶一路」的制度改革注入了新的金融制度安排，同時又從另一方面說明了人民幣國際化的道路，實際上就是金融資源配置方向轉變的重要標誌和力量。2017年5月14日「一帶一路」國際合作高峰論壇高級別會議「推進貿易暢通」平行主題會議發布了《推進「一帶一路」貿易暢通合作倡議》，中國願與各方一道，以落實《推進「一帶一路」貿易暢通合作倡議》為契機，共商「一帶一路」經貿合作大計，共建開放平臺，共享發展紅利，以共享促發展、以合作促共贏，攜手推進開放型世界經濟發展。

截至2017年中國已同86個國家和國際組織簽署了101份共建「一帶一路」合作文件，同30多個國家開展機制化的產能合作。2014—2016年，中國同「一帶一路」有關國家貿易總額超過3萬億美元，2017年貿易額達1.1萬

---

① 中共中央文獻研究室. 習近平談治國理政：第2卷 [M]. 北京：外文出版社，2014：500-502.

億美元，增長迅速。2017年「一帶一路」沿線國家對華投資新設立企業3,857家。[①] 2018年是習近平總書記提出「一帶一路」倡議五週年時間。五年來，「一帶一路」建設從理念轉化為行動，從願景轉化為現實，取得了豐碩成果，越來越多的國家和地區從中受益。2013—2017年，中國與「一帶一路」沿線國家貨物進出口總值達33.2萬億元，年均增長4%，高於同期中國貨物進出口年均增速1.4個百分點，成為貨物貿易發展的一個亮點。[②]

「一帶一路」開創了對外開放的新局面，加大了中國西部、內陸和沿邊開放的力度，推動了國際大通道建設，帶動了中國製造和中國服務走出去，拓展了開放合作新空間。這不僅成為重要國際合作平臺和最受歡迎的國際公共產品，也開闢了一條通向人類命運共同體的偉大實踐之路。提倡通過多邊合作和共商、共建、共享，實現互利共贏、共同發展，「一帶一路」貫穿歐亞大陸，東連亞太經濟圈，西接歐洲經濟圈，目前全球已有100多個國家和地區以及國際組織積極支持和回應「一帶一路」倡議。「一帶一路」不僅是中國的對外開放倡議，也是中國走向負責任大國做出的完善全球治理的主動行為和行動，「一帶一路」的本質是推動全球經濟互動和均衡發展，正如習總書記所說「共建『一帶一路』不僅是經濟合作，而且是完善全球發展模式和全球治理、推進經濟全球化健康發展的重要途徑」。

由於作為新事物的「一帶一路」制度創新正處於起步和探索階段，這就需要中國和相關國家在制度規則創新上「共商、共建、共治、共享」，保證「開放合作、市場運作」原則的有效執行。

三、構建開放型經濟新體制

（一）推動貿易自由化制度改革

黨的十七大報告明確提出實施自由貿易區戰略，建立自由貿易區有利於拓

[①] 數據來源：中華人民共和國商務部網站。
[②] 數據來源：國家統計局網站。

展中國對外開放的廣度和深度。2013年，中國提出共建「一帶一路」倡議，推動經濟全球化健康發展，同年建立了首批唯一一個自由貿易試驗區——中國上海自由貿易試驗區，探索中國對外開放的新路徑和新模式，為中國參與高標準自由貿易區網路構建的國際經貿規則談判奠定基礎。截至2018年8月中國已簽署16個自貿協定，涉及24個國家和地區，遍及亞洲、拉丁美洲、大洋洲、歐洲等，已簽署的自貿協定中，零關稅覆蓋的產品範圍超過90%。① 中共十九大報告明確提出「賦予自由貿易試驗區更大改革自主權，探索建設自由貿易港」的目標，為中國自由貿易試驗區下一步的發展指明了方向，促進了加工貿易的轉型升級和梯度轉移。

在2013年自由貿易試驗區的設立之初，政府實行簡政放權，減少甚至取消一些行政審批，將政府的主要職能由事先審批轉向事中和事後管理；在推動貿易自由化和金融自由化方面，向規範自由貿易試驗區的管理體制發展，建立法制化、國際化、市場化的環境；在貿易方面，不僅做到在海關特殊監管區內的商品免稅，還提供了一系列繳納進口關稅的便利，推出平行貿易措施；在金融方面，創新提出允許企業在自由貿易試驗區的經營中開立貿易帳戶，為企業對外融資建立平臺，在人民幣總體上還不能自由兌換的前提下，大膽探索便利貿易和投資的方式和專門通道。2018年7月1日前修訂出抬全國和自由貿易試驗區外商投資准入特別管理措施（負面清單），與國際通行規則對接，全面提升開放水準，以開放促改革、促發展、促創新。

中國還在推進多個自貿協定談判，積極統籌多邊、雙邊、區域開放合作。2012年啟動的《區域全面經濟夥伴關係協定》（RCEP）談判，是目前亞洲正在建設的規模最大的自由貿易區，涵蓋全球一半以上人口，經濟和貿易規模占全球的30%。2017年以來，商務部同埃及、科特迪瓦、毛里塔尼亞、加納、烏干達、乍得、聖多美和普林西比等非洲國家對口部門召開新一屆雙邊經貿聯委會。通過建立和完善雙邊合作機制，中非雙方聚焦落實領導人達成的經貿領域合作共識，具體對接經濟發展規劃，共商重點合作項目和重大事項，

---

① 資料來源：中華人民共和國商務部網站。

第十一章　經濟開放制度變遷

推動在多個合作領域取得一批務實成果。2017年自貿區發展報告指出，中國目前自由貿易區業務涉及31個國家和地區，涵蓋對外貿易總額的30%左右，初步形成立足周邊、輻射「一帶一路」、面向全球的自貿區網路。2017年中國新簽了四個自貿協定，還簽署了優惠貿易安排性質的《亞太貿易協定第二修正案》。2018年中國有10個自貿協定推進談判，還有10個自貿協定推進可行性研究，多項自貿協定（FTA）也正在加速落地。

（二）推動人民幣國際化進程

貨幣國際化不但可以減少國際貿易的成本，而且還可以擁有貿易的話語權，爭取和更多國家進行貿易。2009年7月中國人民銀行發布《跨境貿易人民幣結算試點管理辦法》，跨境貿易人民幣結算試點正式啓動，意味著人民幣國際化邁出了歷史性的一步。2013年以來，政府的政策推動作用逐步加強，人民幣國際化進入快速發展階段。至2014年年底，人民幣國際化在各個領域都取得了明顯的成果，2014年滬港通、2016年深港通、2016年債券通相繼啓動，2014年年底的中央經濟工作會議明確提出「穩步推進人民幣國際化」的要求。[1] 2015年，首個由中國倡議設立的多邊金融機構亞洲基礎設施投資銀行成立。2016年，人民幣納入特別提款權（SDR）貨幣籃子，人民幣國際化邁出重要步伐。2016年年底開始，央行沒有再採取對人民幣經常性的管理，而堅持靈活匯率道路。截至2017年第一季度末，全球央行持有的人民幣資產為826億美元，占官方持有外匯儲備的近1%。中國人民銀行2018年5月11日發布的《2018年第一季度中國貨幣政策執行報告》指出，人民幣國際化取得新進展，支付貨幣功能不斷增強，儲備貨幣功能逐漸顯現，已經有超過60個境外央行或貨幣當局將人民幣納入官方外匯儲備。[2]

為了提高人民幣在國際上的可接受程度，帶動境外人民幣回流境內，給境外人民幣提供使用和投資渠道，人民幣跨境證券投融資試點穩妥有序開展。截至2018年5月RQFII試點地區已擴展至19個。對外開放提升了中國金融機

---

[1] 2014年中央經濟工作會議報告［R］．北京，2014：6.
[2] 中國人民銀行．2018年第一季度中國貨幣政策執行報告［EB/OL］．（2018-05-11）［2019-05-23］．http://www.pbc.gov.cn/goutongjiaoliu/113456/113469/3537621/index.htm.

構的國際競爭力，提高了中國金融市場的國際影響力，鞏固和發展了中國金融大國的地位。

目前人民幣跨境使用的政策框架基本確立，表現為經常項目跨境結算政策基本確立，資本和金融項目人民幣跨境結算政策逐步建立，人民幣跨境清算地域不斷擴大。同時，人民幣國際貨幣職能及境外離岸市場快速發展，人民幣已成為部分發展中國家和發達國家的儲備貨幣。截至 2015 年 12 月底，中國與境外 33 個中央銀行簽訂了雙邊本幣互換協議，總金額超過 3.3 萬億元人民幣。[1] 2015 年 8 月 11 日，中國人民銀行宣布完善人民幣對美元中間匯率報價方式，結束了人民幣中間匯率形成機制的不透明和僵化狀態，人民幣匯率真正開始走向市場化。進入 2017 年，中國人民銀行又引入了「逆週期調節因子」等一系列匯率改革，至此人民幣匯率的市場化得到進一步加強。2017 年，中國人民銀行與讚比亞等國央行建立人民幣清算安排，尼日利亞、南非、毛里求斯等非洲國家將人民幣納入其外匯儲備，人民幣在肯尼亞實現同當地貨幣的自由兌換。2017 年中國銀行約翰內斯堡分行發行非洲首支離岸人民幣債券「彩虹券」，發行金額為 15 億元人民幣，期限為 3 年，受到國際投資者積極回應，認購倍數達 2.13 倍，標誌著離岸人民幣債券市場擴展到非洲，是人民幣國際化的又一里程碑。

(三) 資本交流快速發展

2013 年中國提出的「一帶一路」倡議為「走出去」提供了戰略支撐，為對外直接投資打造一流企業開闢了廣闊的天地。中國繼續擴大對東盟國家的開放，提高中國—東盟的自貿區水準，中國倡議籌建亞洲基礎設施投資銀行，以促進東盟和本地區發展中國家的互通互信，共同建設「海上絲綢之路」。同時通過陸路絲綢之路建設，中國鼓勵和支持更多有實力、有信譽的中國企業「走出去」，為當地改善民生、增加就業、提高基礎設施建設做貢獻。加大對「走出去」企業的引導，讓企業去履行更多的社會責任。2015 年，中共中央

---

[1] 中國人民銀行. 2015 年中國貨幣政策大事記［EB/OL］.（2016-02-23）［2019-05-23］. http://www.pbc.gov.cn/goutongjiaoliu/113456/113469/3020425/index.html.

發布了《中共中央國務院關於構建開放型經濟新體制的若干意見》，指出要提高對外投資質量和效率。黨的十八屆五中全會再一次提出支持企業擴大對外投資，2016 年，國家「十三五」規劃綱要強調，要堅持「走出去」和「引進來」並重。

黨的十八大報告提出要「提高利用外資綜合優勢和總體效益，加快走出去步伐」，2017 年 7 月全國金融工作會議強調積極穩妥推動金融業對外開放，合理安排開放順序，穩步擴大金融業雙向開放；2017 年 7 月中國又提出要穩步擴大資本市場雙向開放，提升開放質量。

黨的十八大以來，利用外資質量進一步提高，外資更多地流向高技術產業。2017 年，中國實際使用外資 1,363 億美元，規模是 1983 年的 60 倍，年均增長 12.8%。截至 2017 年年底，實有註冊的外商投資企業近 54 萬家。2017 年中國是全球第二大外資流入國，自 1993 年起利用外資規模穩居發展中國家首位。2017 年，外商投資企業進出口額達 12.4 萬億元，占中國貨物進出口總額的 44.8%，繳納稅收 2.9 萬億元，占全國稅收收入的 18.7%。2017 年中國成為全球第二大外資流入國和第三大對外投資國。2018 年 5 月，國務院常務會議通過了《關於積極有效利用外資推動經濟高質量發展若干措施的通知》。為此，從中央到地方各種對外開放措施密集推出，營造更加公平透明便利、更有吸引力的投資環境，保持中國全球外商投資主要目的地地位，進一步促進外商投資穩定增長，實現以高水準開放推動經濟高質量發展。

2002—2017 年，中國累計實現對外直接投資 1.11 萬億美元。2017 年，中國對外直接投資額達 1,246 億美元，是 2002 年的 46 倍，年均增長 29.1%，成為全球第三大對外投資國。2017 年年末，中國對外直接投資存量 1.48 萬億美元，境外企業資產總額超過 5 萬億美元。對外投資形式逐步優化，由單一的綠地投資向兼併、收購、參股等多種方式擴展，企業跨國併購日趨活躍。

2018 年中國商務部報告指出為落實外商投資研發中心支持政策，研究調整優化認定標準，鼓勵外商投資企業加大在華研發力度。進一步落實高新技術企業政策，鼓勵外資投向高新技術領域。放寬外資金融機構設立限制，擴大外資金融機構在華業務範圍，拓寬中外金融市場合作領域。修訂完善合格

境外機構投資者（QFII）和人民幣合格境外機構投資者（RQFII）有關規定，建立健全公開透明、操作便利、風險可控的合格境外投資者制度，吸引更多境外長期資金投資境內資本市場。為推動「八大行動」順利實施，2018年9月，中非合作論壇北京峰會開幕，中國以政府援助、金融機構和企業融資等方式向非洲提供600億美元支持。

（四）對外科技交流新形式

中國始終堅持將創新驅動作為對外開放的核心要素，2014年8月中央財經領導小組第七次會議上，習近平同志強調科技創新的重要時代意義。他指出：「改革開放30多年來，中國實現了科技水準整體躍升，已經成為具有重要影響力的科技大國，科技創新對經濟社會發展的支撐和引領作用日益增強。當前，新一輪科技革命和產業變革正在孕育興起，全球科技創新呈現出新的發展態勢和特徵，新技術替代舊技術、智能型技術替代勞動密集型技術趨勢明顯。中國依靠要素成本優勢驅動、大量投入資源和消耗環境的經濟發展方式已經難以為繼。我們必須增強緊迫感，緊緊抓住機遇，及時確立發展戰略，全面增強自主創新能力，掌握新一輪全球科技競爭的戰略主動。」[1] 中國實行人才培養戰略，注重自主研發，不斷提高科研水準和技術水準，開始逐漸擺脫對其他國家的過度依賴狀態。同時，中國也在不斷地為別的國家提供技術援助，例如「一帶一路」沿線國家的基礎設施建設和人才培養戰略，以創新支撐和引領對外貿易發展。

2014年中國舉辦以「共建面對未來的亞太夥伴關係」為主題的亞太經合組織第二十二次領導人非正式會議，批准了《亞太經合組織互通互信藍圖》，各方決心在2025年之前實現硬件、軟件、人才交流互聯互通的遠景目標和具體指標，建立全方位、多層次、複合型的亞太互通網路。中國在非洲設立10個魯班工坊，向非洲青年提供職業技能培訓；支持設立旨在推動青年創新創業合作的中非創新合作中心；實施頭雁計劃，為非洲培訓1,000名精英人才；

---

[1] 新華社. 中央財經領導小組第七次會議［EB/OL］．（2014-08-18）［2019-05-23］. http://www.81.cn/xuexi/2014-08/18/content_7045016.html.

為非洲提供 5 萬個中國政府獎學金名額，為非洲提供 5 萬個研修培訓名額，邀請 2,000 名非洲青年來華交流。

非洲聯盟《2063 年議程》明確提出，支持青年成為非洲復興的動力，要讓 70% 的青年擁有一技之長，到 2025 年前培養數千名非洲青年領袖。長期以來，中國積極幫助非洲國家培養各類人才，加強人力資源開發合作，提供大量政府獎學金和研修培訓名額，為提升非洲國家自主發展能力發揮了積極作用。2017 年年底中國與有關國家累計簽署 40 餘項科技合作協議和 300 多個文化交流執行計劃，設立了 138 所孔子學院、135 個孔子課堂、16 個中醫藥海外中心，建立了 45 個國際聯合實驗室和研究中心。中國還與有關國家廣泛開展衛生、旅遊、減貧、綠色環保、防止沙漠化等領域的合作，力所能及提供對外援助。

2014 年李克強總理在兩會上提出「中國製造 2025 計劃」，2015 年發布《中國製造 2025》，堅持「市場主導、政府引導，立足當前、著眼長遠，整體推進、重點突破，自主發展、開放合作」的基本原則。

2018 年 2 月國務院辦公廳關於積極推進供應鏈創新與應用的指導意見提出要形成覆蓋中國重點產業的智慧供應鏈體系。供應鏈在促進降本增效、供需匹配和產業升級中的作用顯著增強，成為供給側結構性改革的重要支撐。培育 100 家左右的全球供應鏈領先企業，重點產業的供應鏈競爭力進入世界前列，中國成為全球供應鏈創新與應用的重要中心。

2018 年中國商務部指出積極吸引外商投資以及先進技術、管理經驗，支持外商全面參與海南自由貿易港建設，強化自由貿易試驗區在擴大開放吸引外資方面的先行先試作用。推進專利法等相關法律法規修訂工作，大幅提高知識產權侵權法定賠償上限，保護知識產權。

四、中國對外經濟開放的成就及面臨的新挑戰

改革開放 40 年來，中國對外開放各個方面都取得了舉世矚目的成就。對外貿易快速發展、外商投資大量注入、對外投資快速發展、科技水準逐步提

高、外匯政策日趨完善等等。黨的十八大以來，在以習近平同志為核心的黨中央領導下，中國經濟的對外開放更是上升到一個新的歷史階段。供給側和創新驅動推動中國的結構調整和產業升級，積極應對全球化放緩和全球結構調整的挑戰。以上海自貿區為平臺，大幅度提高外資准入權限，擴大服務業開放。成功商簽中澳、中韓自貿區，加快自貿區建設步伐。提出了「一帶一路」建設，以「一帶一路」建設為重點，形成陸海內外聯動、東西雙向互惠開放格局。由全球治理的被動接受者變成了積極建設者和重要影響者，提高了中國的軟實力。

改革開放 40 年，經濟開放體制變遷使得中國開放型經濟發展實現了歷史性跨越。這首先表現在中國的國際貿易地位明顯提升。世界貿易組織發布的《2016 年全球貿易統計報告》顯示：中國連續八年保持全球第一大貨物貿易出口國和第二大進口國地位。據中國海關統計，2017 年中國進出口貿易總額超過 4 萬億美元，比 1978 年增長 194 倍，年遞增約 20%。貿易結構趨於完善。機電產品、傳統勞動密集型產品為出口主力。2017 年，機電產品出口達到 1.3 萬億美元，占中國出口總值的 57.7%；同期，高新技術產品占中國出口的比重提高到 28.8%。傳統勞動密集型產品合計出口 2.88 萬億元，占出口總值的 20.8%。鐵礦石、原油、銅等大宗商品進口量保持增長。1978 年中國國內生產總值（GDP）僅有 3,678.7 億元美元，經濟規模僅占世界經濟總量的 1.8%；2017 年，作為世界第二大經濟體，中國 GDP 跨過 12 萬億美元，世界經濟占比達 14.8%；同期中國占全球貿易的份額，亦由不到 1% 上升到 11.5%。1993—2017 年貿易順差超過 25 萬億元美元。

其次表現在利用外資和對外經濟合作發展效果顯著。中國長期是發展中國家引進利用外資最多的國家。2017 年實際使用外資 1,310.4 億美元，比 1978 年增長 130 多倍。引進利用外資的快速發展，開闊了中國融入全球經濟的視野，促進了中國生產技術和管理水準的提高，提高了在外企工作的勞動者的技術文化素質，增加了勞動者的就業機會。

從對外經濟合作來看，2017 年完成營業額 1,685.9 億美元，同比增長 5.8%；新簽合同額 2,652.8 億美元，同比增長 8.7%，而 1978 年這一數字僅

第十一章 經濟開放制度變遷

為0.51億美元。2018年4月末在外各類勞務人員達98.3萬人（較2014年翻了一番）。

最後還表現在中國的對外直接投資呈現新局面。自2003年中國發布年度數據以來，中國對外直接投資流量持續增長，2002—2016年年均增速高達48.31%。2016年，中國對外直接投資流量創下1,961.5億美元的歷史新高，同比增長34.7%；儘管2017年同比下降32%，僅1,246.3億美元，但2018年1~4月同比增長34.9%，出現連續六個月的增長。迄今中國已成為僅居美國之後（2,990億美元）、蟬聯全球第二的對外投資國。2013年始，中國對歐盟國家的投資首度超過歐盟國家的對華投資；2015年中國對美國的投資首度超過其對華投資。2016年年末，中國對外直接投資累計淨額（存量）達13,573.9億美元，位居世界第六。截至2016年年底，參與海外投資的2.44萬家投資者在全球190個國家和地區設立了3.72萬家對外直接投資企業，創造就業286.5萬，其中134.3萬為外籍員工，累計向投資所在國繳納各種稅金近300億美元。對外投資地遍布世界70%的國家和地區，主要的投資行業是租賃和商務服務業、金融業、採礦業、批發和零售業、製造業、交通運輸業，為發展東道國的經濟、增加東道國的稅收和就業做出了貢獻。

伴隨著對外開放步伐的加大，中國也面臨著新的挑戰。國際基金組織2017年預計，未來5年世界經濟平均增長3.7%，不及國際金融危機前10年的4.2%的平均水準。如何在錯綜複雜的全球經濟形勢下抓住機遇、化解挑戰，是對外開放面臨的重要任務。① 中國開放型經濟不僅面臨著國際層面的挑戰，還面臨著國內挑戰：首先，國際逆全球化和貿易保護思想開始抬頭，國際市場和國際貿易的風險對中國的負傳導也在加劇。其次，2008年後美國金融危機以及對中國經濟發展的衝擊。最後，中國本身發展也存在著一些問題，例如經濟增長減速、產能過剩、小微企業經營面臨著諸多困難等。這些挑戰使中國消費、出口、投資放緩；銀行質量步入下行週期；外商投資減弱；等等。

---

① 汪洋. 全面開放面臨的機遇和挑戰前所未有 [N]. 人民日報，2017-11-10.

面對這些挑戰，中國要不斷調整對外開放政策，適應全球開放格局，用更廣闊的視野深化對外開放，堅持沿海開放和內陸開放更好結合，提高中國綜合競爭力和科技實力，提高高端產業的貿易出口，堅持引進來和走出去更好結合、製造業和服務業更好結合，拓寬國民經濟發展空間。

五、構建人類命運共同體是新時代中國開放型經濟發展的必然結果

習近平同志倡導全球共建一個和諧家園，注重命運共同體理論的實踐，2013年1月至2018年6月這段時間內關於推動構建人類命運共同體的重要文稿多達85篇。[①] 2013年10月7日習近平同志在亞太經合組織工商領導人峰會上做了題為《牢固樹立亞太命運共同體意識》的演講，他指出要牢固樹立亞太命運共同體意識，共同創建引領世界、惠及各方、造福子孫的美好亞太。2014年7月習近平同志在中國—拉丁美洲和加勒比國家領導人會晤上的主旨講話——《努力構建攜手共進的命運共同體》。2015年9月28日習近平同志在美國發表《攜手構建合作共贏新夥伴，同心打造人類命運共同體》主旨演講，指出中國將始終做世界和平的建設者、全球發展的貢獻者、國際秩序的維護者，指出要構建以合作共贏為核心的新型國際關係，打造人類命運共同體。2017年1月18日習近平同志在聯合國日內瓦總部發表題為《共同構建人類命運共同體》的演講，提出了五個堅持並提出中國方案：構建人類命運共同體，實現共贏共享。2017年10月18日習近平同志在中國共產黨第十九次全國代表大會上做了題為《堅持和平發展道路，推動構建人類命運共同體》的報告，進一步提出堅持和平發展道路，推動構建人類命運共同體。大會明確中國特色大國外交要推動構建新型國際關係，推動構建人類命運共同體，並把堅持推動構建人類命運共同體作為新時代堅持和發展中國特色社會主義的14條基本方略之一。2017年12月1日習近平同志在北京舉行的中國共產

---

① 習近平同志《論堅持推動構建人類命運共同體》主要篇目介紹［N］.人民日報，2018-10-15(02).

第十一章 經濟開放制度變遷

黨與世界政黨高層對話會上的主旨講話指出世界各國人民應該秉持「天下一家」理念，努力建設一個遠離恐懼、普遍安全的世界，一個遠離貧困、共同繁榮的世界，一個遠離封閉、開放包容的世界，一個山清水秀、清潔美麗的世界。2018年6月10日習近平同志在上海合作組織成員國元首理事會第十八次會議上發表的《弘揚「上海精神」，構建命運共同體》指出，踐行「上海精神」，堅持共商共建共享的全球治理觀，齊心協力構建上海合作組織命運共同體。2018年3月11日，第十三屆全國人民代表大會第一次會議通過《中華人民共和國憲法修正案》，第三十五條「發展同各國的外交關係和經濟、文化的交流」修改為「發展同各國的外交關係和經濟、文化交流，推動構建人類命運共同體」。這體現了中國將自身發展與世界發展相統一的全球視野、世界胸懷和大國擔當。在推動構建人類命運共同體思想指引下，推動經濟全球化朝著更加開放、包容、普惠、平衡、共贏的方向發展。人類命運共同體的理念同樣在世界引起反響，改善國際治理體系。

中國積極推進全球治理體系的變革，不但是現行國際體系的參與者、建設者、貢獻者，還是國際合作的倡導者和國際多邊主義的積極參與者。2001年加入世界貿易組織後，中國切實履行加入世貿組織承諾，堅定支持多邊貿易體制，積極推進貿易投資自由化、便利化，全力支持發展中國家融入多邊貿易體制，堅定反對單邊主義和保護主義。黨的十八大以來，中國堅定不移奉行互利共贏的開放戰略，加強金磚國家、中非合作論壇、中阿合作論壇建設，維護發展中國家利益。支持聯合國、二十國集團、上海合作組織、亞太經合組織，完善國際治理體系。中國與「一帶一路」沿線國家的合作前景看好，但仍然面臨著一些挑戰，彼此之間的貿易結合度不是很強，高端產業的互補性較弱。中國應該堅持四個統籌兼顧、堅持產業間貿易和產業內貿易並舉，和發達國家共同推進「一帶一路」高端產業貿易，打造人類命運共同體。開放性經濟可以幫助中國通過開放促進自身加快制度建設、法制建設，改善營商環境和創新環境，降低營運成本，提高運行效率，提升國際競爭力。

本章小結

新中國成立初期到改革開放前夕，中國確立了「自力更生為主，爭取外援為輔」的經濟開放基本方針。這一時期中國經歷了國民經濟恢復時期、經濟過渡時期、計劃經濟時期三個重大的經濟對外開放制度變遷階段。在國民經濟恢復時期與經濟過渡時期，中國經過一系列對外經濟制度改革，初步形成了一條中國特色的發展道路，其中以重工業為龍頭，大規模、大手筆引進資本密集型的重工業成套設備，把重工業作為經濟發展引擎，加速了新中國工業化的進程，為中國對外經濟開放開創新紀元奠定了堅實的基礎。進入計劃經濟時期後，雖然對外開放加速了經濟發展的速度，但是由於國內外環境的變化，對外經濟開放經歷了一個曲折過程。隨後，20世紀70年代，中國抓住資本主義國家因為能源和經濟危機急於出口的有利時機，通過擴大經濟技術交流，打破了西方國家對中國的封鎖和包圍，與資本主義國家紛紛建立外交關係，為後來的對外開放奠定堅實的外交基礎。這一時期的經濟開放體制變遷經歷了一個緩慢而艱難的過程。

改革開放後，中國進行了一系列大規模的「對內改革」和「對外開放」。在「改革」與「開放」合力作用下，探索出了一個中國特色的對外經濟開放理論與制度變遷的路徑。中國特色的對外經濟開放主要體現為「漸進性」與「全方位」兩個特點。在改革開放前獨立自主的對外政策基礎上，對外經濟開放進一步完善了漸進性的改革路徑與全方位的改革格局。改革開放四十年來，中國經濟開放制度改革經歷了四個重大時期：主動探索時期、高速發展時期、全面提升時期和新時代全面深化時期。在這四個重大時期中，一方面，中國區域對外開放戰略充分體現了漸進式開放的特點，大體上按照「經濟特區—沿海開放城市—沿海經濟開放區—沿邊沿江經濟區—內地中心城市」的序列推進。同時，在新時代全面深化時期，又開啟以「一帶一路」建設為重點，

第十一章　經濟開放制度變遷

形成陸海內外聯動、東西雙向互濟的開放格局①，賦予了自由貿易試驗區更大改革自主權，探索建設自由貿易港。至此，新時代下中國對外開放形成全方位開放新格局。另一方面，中國各經濟部門對外開放戰略也充分體現了漸進式開放特點，主要以「產品開放—要素開放—知識產權開放—金融開放」為主線，逐步進行相關體制改革，積極制定符合時代特徵的政策安排並付諸實踐。四十年來，中國在對外貿易、對外資本交流、對外技術交流、新時代參與全球治理等重大方面的開放制度框架正在逐步完善。

　　堅定不移地深化改革開放是習近平總書記反覆強調的一個重大問題，改革只有進行時沒有完成時。以開放促改革、促發展，是中國現代化建設不斷取得成就的重要法寶，也是決定當代中國命運的重要一招。四十年來，中國對外開放經濟制度得到了巨大的完善，但改革永遠在路上，只有改革才能實現國家富強、民族復興。謀劃未來的開放經濟制度改革重點，走好經濟全球化趨勢下對外開放之路，成為時代所需。

---

① 習近平. 決勝全面建成小康社會 奪取新時代中國特色社會主義偉大勝利 [M]. 北京：人民出版社，2017：83.

第十二章
宏觀調控制度變遷

本章開篇之初,需要對兩個重要問題進行前置說明:一是國民經濟管理與宏觀調控制度的區別;二是宏觀經濟制度與宏觀調控制度。

關於第一個問題,中國改革開放之前只有「國民經濟管理」;中國改革開放之後才有「微觀」和「宏觀」之分,也才有了「宏觀調控制度」。因此,在 1978 年中國經濟體制改革之前,本書重點介紹「國民經濟管理」;而在 1978 年中國經濟體制改革之後,本書則探討「政府宏觀調控」。

關於第二個問題,「宏觀經濟制度」與「政府宏觀調控制度」的區別,一是「宏觀經濟制度」強調國民經濟體系的整體運行狀況,它不僅包含政府干預行動,還包括經濟體系運行機制,甚至涉及政治、法律、文化等諸多方面;二是「政府宏觀調控制度」集中探討政府調控行為的具體策略及其影響。

第十二章　宏觀調控制度變遷

　　進而言之,「宏觀經濟制度」比「政府宏觀調控制度」的概念範疇更大,主要表現在:一是在計劃經濟體制下,政府直接控制著國民經濟領域的諸多方面,所以「政府宏觀調控制度」與「宏觀經濟制度」的重合程度很大,此時的「政府宏觀調控制度」甚至被視為狹義的「宏觀經濟制度」。二是在社會主義市場經濟體制下,「宏觀經濟制度」與「政府宏觀調控制度」之間的差異變得日益顯著。「政府宏觀調控制度」著重強調政府干預經濟的各種行為;「宏觀經濟制度」則包括政府行為和市場體系的自發運行機制。特別是在政府宏觀調控手段逐漸變得「多元化」和「間接化」的過程中,除政府行為之外的其他因素對國民經濟的影響程度正變得越來越深遠。

　　隨著新中國經濟制度變遷過程的不斷推進,政府對國民經濟的管理或宏觀調控也經歷了改革開放前和改革開放後的兩個不同階段。根據國民經濟管理和宏觀調控政策工具的差異,政府管理國民經濟或宏觀調控主要包括四個方面:一是國民經濟發展計劃或規劃;二是財稅政策;三是貨幣政策;四是產業政策和區域政策。由於本書其他篇章已經詳細探討「產業政策和區域政策」,所以本章重點介紹國民經濟發展計劃或規劃、財稅政策、貨幣政策。

第一節　宏觀調控政策工具之一：國民經濟發展計劃或規劃

1949 年新中國成立之後，自 1953 年實施第一個「國民經濟發展五年計劃」起，至今已經實施十三個「國民經濟和社會發展五年規劃」。無論是「國民經濟發展五年計劃」（以下簡稱「計劃」），還是「國民經濟和社會發展五年規劃」（以下簡稱「規劃」），它們都旨在明確當時國民經濟發展的戰略重心，引導社會資源合理配置和充分利用。在 70 年左右的社會主義建設過程中，「計劃」或「規劃」始終是解讀「中國特色」和「中國模式」的重要途徑，也是實現中國國民經濟持續穩定發展的重要保障。

根據不同時期的中央政府決策模式差異，本書將新中國成立以來的「計劃」或「規劃」分為五個階段：第一，「一五」計劃階段，中央政府決策模式是「內部集體決策」（1953—1957 年）；第二，「二五」計劃到「四五」計劃階段，中央政府決策模式是「領導意志主導決策」（1958—1975 年）；第三，「五五」計劃和「六五」計劃階段，中央政府決策模式是重新迴歸「內部集體決策」（1976—1985 年）；第四，「七五」計劃到「九五」計劃階段，中央政府決策模式是「諮詢決策」（1986—2000 年）；第五，「十五」計劃到「十三五」規劃階段，中央政府決策模式是「集思廣益決策」（2000 年—）。[1]

一、「一五」計劃階段：內部集體決策（1953—1957 年）

1949 年新中國成立初期，黨和國家領導人確立「以蘇為師」、仿效蘇聯社會主義計劃經濟體制及其運行機制的基本思想，其中最重要的一項工作就是編製「國民經濟發展五年計劃」。

---

[1] 王紹光. 中國民主決策模式：以五年規劃制定為例 [M]. 北京：中國人民大學出版社，2016：64.

(一)「一五」計劃的決策過程

1. 中央政府設置政策議程

1951年2月中共中央政治局擴大會議提出「三年準備，十年計劃經濟建設」的基本思想，著手開始編製「一五」計劃，並且準備從1953年開始實施第一個五年計劃。這次會議同時成立「一五」計劃編製領導小組，由時任政務院總理周恩來擔任組長，由此拉開「一五」計劃編製工作的序幕。

2. 國家領導人親自領導編製

根據毛澤東等國家領導人的集體決策，「一五」計劃編製依據是「一化三改造」的過渡時期總路線，即「在大約三個五年計劃期間內使國家基本上工業化，並且要對農業、手工業和資本主義工商業完成社會主義改造，要在大約幾十年內追上或趕過世界上最強大的資本主義國家」。毛澤東特別強調，「一五」計劃要以重工業為中心。

3. 計劃部門反覆起草計劃草案

「一五」計劃前後經歷五次編製，具體過程是：①1951年2月第一次編製。此時朝鮮戰爭尚在進行，蘇聯援助尚未確定。②1952年8月第二次編製。由中央財經委匯總各大區和工業部門的經濟建設指標，並徵求蘇聯方面對計劃草案的意見，爭取蘇方援助。③1953年2月第三次編製。由中央財經委會同國家計委和中央各部委，對計劃草案進行修改充實。④1953年6月第四次編製。根據蘇聯提出的建議，國家計委對計劃草案進行大幅度調整。⑤1954年2月第五次編製。由國家計委牽頭，專門成立由陳雲擔任組長的「八人工作小組」，歷時1年半提出正式的「一五」計劃。

4. 部門和地方參與編製

1954年11月中共中央將《五年計劃綱要草案（初稿）》發送到各地區和各部門，並且組織全國代表大會代表和有關部門負責同志進行討論，廣泛徵求各方意見。

5. 多次徵求蘇聯意見

1952年8月中國政府代表團訪問蘇聯時，特別徵求蘇聯方面對中國「國民經濟發展五年計劃草案」的意見，努力爭取蘇聯援助。1953年4月蘇聯政

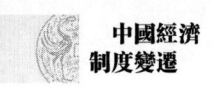

府代表米高揚正式向李富春通報蘇聯方面的基本意見，他在肯定方案基礎的前提下，建議將「一五」計劃期間的工業增長速度調整為 14%～15%。

6. 國家機構集體決議

針對「一五」計劃，國家機構集體決議的具體步驟為：①1953 年 6 月 29 日中共中央政治局召開擴大會議討論「草案」；②1955 年 3 月 14 日中共中央書記處擴大會議討論「修改草案」；③1955 年 3 月 18 日中共中央政治局決定將「草案」提交全國代表會議；④1955 年 3 月 21 日中國共產黨全國代表會議通過《關於發展國民經濟的第一個五年計劃草案的決議》；⑤1955 年 6 月 18 日國務院全體會議第四十二次會議討論通過中共中央提交的「一五」計劃草案；⑥1955 年 7 月 5 日第一屆全國人大二次會議通過《中華人民共和國發展國民經濟的第一個五年計劃》。

(二)「一五」計劃的主要內容：工業化起步和社會主義改造

「一五」計劃的編製背景是三年國民經濟恢復時期之後，中國社會正在廣泛討論社會主義建設何去何從。當時中央領導形成的一個基本共識是：新生中國政權必須建立在工業化發展的堅實基礎之上。因此，「一五」計劃編製的一項重點任務就是大力推動國民經濟的工業化進程。

特別是在「工業化建設」方面，「一五」計劃規定：集中主要力量，依靠蘇聯援助支持，重點建設 156 個重大工程項目和 694 個大中型項目，初步搭建工業化基礎和國民經濟基本體系。

作為「一五」計劃的另一項主要內容，「社會主義改造」的目標是：農村地區積極發展集體所有制的農業生產合作社，建立農業和手工業的社會主義基礎；城市地區積極改造個體工商業者，努力將資本主義工商業納入各種形式的國家資本主義軌道，建立私營工商業的社會主義基礎。

(三)「一五」計劃的完成情況①

如果回顧國民經濟發展計劃的整體執行情況，「一五」計劃是計劃經濟管

---

① 360 百科. 第一個五年計劃 [EB/OL]. (2018-04-14) [2019-01-22]. http://www.360doc.com/content/18/0414/13/50120487_745570704.shtml.

理時期完成情況相對較好的五年計劃，指標完成率高達 84.4%，特別是「一五」計劃時期的國民經濟增長率達到 9.2%。該階段所取得的主要成效為[1]：

1. 工業化戰略順利推進

1957 年全國工業總產值為 783.9 億元，超過原定計劃指標 21%，在 1952 年基礎上增加 128.3%，平均年增長率達到 18%。其中，全國重工業產值占工業總產值的比重由 1952 年的 35.5% 提高到 45%。

2. 農業生產迅速發展

1957 年全國農業總產值為 604 億元，圓滿完成原定計劃，在 1952 年基礎上增長 25%，平均年增長率達到 4.5%。

3. 交通運輸業迅猛發展

截至 1957 年年底，全國公路通車里程為 25 萬多千米，在 1952 年基礎上增加 1 倍。其中，康藏公路、青藏公路、新藏公路相繼通車。

4. 社會主義改造基本完成

在「一五」計劃期間，中國社會基本完成針對生產資料私有制的社會主義改造。其中，1957 年農業生產合作社的參加率達到 97.5%；該年手工業合作化組織的參加率達到 90%；該年社會主義經濟成分比重由 21.3% 提高到 97.2%。

5. 人民生活得到極大改善

1957 年全國居民平均消費水準為 102 元，在 1952 年的 76 元基礎上提高 34%。其中，職工平均消費水準由 148 元提高到 205 元；農民平均消費水準由 62 元提高到 79 元。

---

[1] 馬遠之. 中國有一套：從「一五」計劃到「十三五」規劃 [M]. 廣州：廣東人民出版社，2017：82.

二、「二五」計劃到「四五」計劃階段：領導意志主導決策（1958—1975年）

（一）「二五」計劃到「四五」計劃的決策方式

1.「二五」計劃後期強調最高領導人的個人意志

1957年11月毛澤東參加在莫斯科舉行的「世界各國共產黨代表大會」，受赫魯曉夫影響，毛澤東在訪蘇期間起草社論《必須堅持多快好省的建設方針》。1958年1月和3月，中共中央先後在南寧和成都召開會議，醞釀全面發動「大躍進」。在此歷史階段，毛澤東的個人意見逐漸由中共八大的「綜合平衡發展」思路轉為突出把「快」作為該時期黨的基本總路線之主要任務。

在「二五」計劃後期，中央政府提出的國民經濟建設目標中，鋼產量指標比黨的八大提出的建議指標提高8倍之多。此後，由於缺少必要的權力制衡機制，中央領導集體決策的良好傳統受到影響，使得中國國民經濟發展計劃編製進入非制度化時期。

2.「三五」計劃另立編製

1963年4月國家計委提出《第三個五年計劃（1966—1970）的初步設想（匯報提綱）》，基本思路是「吃穿用」。隨著國際形勢的重大變化，1964年5月毛澤東提出對「三五」計劃進行修正，強調「兩個拳頭（農業和國防工業），一個屁股（基礎工業）」；同時提出考慮全國工業佈局不平衡的問題，主張搞「一、二、三線」的戰略佈局，重點加強「三線建設」。

1965年1月中共中央根據毛澤東的意見，決定成立「小計委」。1965年8月周恩來主持討論第三個五年計劃，基本思想是「備戰、備荒、為人民」。值得說明的是，「三五」計劃的編製相當倉促，一直未形成正式方案，最後提交中央工作會議討論的也只是《匯報提綱》草稿。

3. 名存實亡的「四五」計劃編製

「文革」時期計劃編製機構遭到嚴重破壞,「五年計劃」制度已經名存實亡。事實上,「四五」計劃的制訂極其草率,在1970年國家計委提出《1971年和第四個五年國民經濟計劃綱要(草案)》之後,僅僅在中國共產黨九屆二中全會印發了參考文件,弱化了集體決策。

(二)「二五」計劃的主要內容和完成情況(1958—1962年)①

1.「二五」計劃的主要內容:「大躍進」和大調整

「二五」計劃前期(1955年8月—1958年「大躍進」之前)基本延續「一五」計劃的內部集體決策方式。1956年9月16日周恩來在中國共產黨八大提交報告《關於發展國民經濟的第二個五年計劃的建議的報告》,提出「二五」計劃的基本設想是積極穩妥。但在接踵而來的「大躍進」運動和「人民公社化」運動之後,原先的計劃設想被逐漸拋棄,取而代之的是「鼓足干勁、力爭上游、多快好省地建設社會主義」總路線。

在中國共產黨八大提出的「二五」計劃中,主要指標任務是:①全國工業總產值在1957年基礎上增加1倍;②全國鋼產量在1962年達到1,060萬~1,200萬噸;③農業總產值在1957年基礎上增加35%;④全國基本建設投資總額比「一五」計劃時期增加1倍;⑤全體職工和農民的平均收入在1957年基礎上增加25%~30%。

然而,1958年8月中共中央政治局擴大會議《關於第二個五年計劃的意見》提出,截至1962年,中國國民經濟建立獨立完整的工業化體系,甚至在若干重要產品方面超過英國和趕上美國。同時,這次會議將「二五」計劃的主要目標調整為:①1962年全國糧食總產量達到15,000億斤(1斤=500克,下同),全國棉花總產量達到15,000萬擔(1擔=50千克,下同),全國鋼總產量達到8,000萬噸,全國煤總產量達到9億噸,全國棉紗總產量達到1,600

---

① 中國社會科學網. 第二個五年計劃簡介[EB/OL]. (2017-12-28)[2019-01-22]. http://econ.cssn.cn/mxh/mxh_gsxh/mxh_wxzl/201712/t20171228_3798592.shtml.

萬件；②「二五」計劃期間的全國農業總產值比「一五」計劃期間增加 2.7 倍；③1962 年全國基本建設投資達到 3,850 億元；④「二五」計劃期間的全國重大建設項目達到 1,000 個。

2.「二五」計劃的完成情況

事實上，「二五」計劃的完成情況很不理想，這是新中國歷史上績效最差的五年計劃。截至 1962 年年底，「二五」計劃的指標平均完成程度僅為 21%；近一半指標的完成程度不到 10%。其中完成程度較好的兩個指標分別為：工業總產值占國民總收入比重指標完成 87%；新增職工數指標完成 74%。

在工業領域的政策執行過程中，政府提出「以鋼為綱」口號，不斷縮短鋼鐵生產時間，試圖實現「超英趕美」。雖然 1957 年全國工業總產值達到 704 億元，1960 年達到 1,650 億元，平均年增長率為 32.8%；但在隨後兩年，全國工業總產值就大幅度倒退，1962 年僅為 850 億元。

在農業領域的政策執行過程中，政府提出「以糧為綱」口號，宣揚「人有多大膽，地有多大產」。結果各地方政府紛紛虛報產量，浮誇成風。除 1958 年之外，全國農業總產值都比前一年減少。特別是在「二五」計劃前三年的「大躍進」時期，全國農業總產值減少 23%。

(三)「三五」計劃的主要內容和完成情況（1966—1970 年）[1]

1.「三五」計劃的主要內容：備戰、備荒、「三線」建設

「三五」計劃的前期設想是重點解決「吃穿用」，但隨著 20 世紀 60 年代國際形勢迅速變化，由於中蘇關係惡化、越南戰爭、中印邊境爭端等一系列局部戰爭威脅，中共中央被迫考慮戰備需要。1965 年 9 月國家計委重新草擬《關於第三個五年計劃安排情況的匯報提綱》，明確提出「三五」計劃必須立足於戰爭，積極備戰，要求把國防建設放在首位，重點加快「三線」建設，改變工業佈局。

---

[1] 第三個五年計劃簡介 [EB/OL]. (2017-12-28) [2019-01-22]. http://www.cssn.cn/mxh/mxh_gsxh/mxh_wxzl/201712/t20171228_3798597.shtml.

第十二章　宏觀調控制度變遷

2.「三五」計劃的完成情況

在「三五」計劃實施的第一年,「文化大革命」爆發,隨後國家計委和各地區經濟管理部門陷入癱瘓。雖然政府工作受到嚴重干擾,但「三五」計劃的各項指標都基本完成。其中,全國工業總產值指標完成121%,全國農業總產值完成102%。同時,「三線」建設的成果也相當顯著,內地工業產值比重迅速上升,全國工業佈局按照預定計劃調整。特別需要強調的是,在該時期內,中國進行了第一顆氫彈爆炸試驗,發射了第一顆科學試驗衛星。

(四)「四五」計劃的主要內容和完成情況（1971—1975年）[①]

1.「四五」計劃的主要內容：狠抓備戰,促進國民經濟發展

自1972年尼克松訪華之後,中美關係逐漸改善；但國內還在進行「文化大革命」,政治鬥爭仍然很激烈。雖然在「文化大革命」後期,由周恩來和鄧小平主導的經濟調整緩解了中國國民經濟倒退,但國民經濟建設速度仍然受到極大影響。

「四五」計劃延續了「三五」計劃的備戰思路,基本方針是「以階級鬥爭為綱,狠抓備戰,促進國民經濟新飛躍」。「四五」計劃的主要任務是：狠抓戰備,集中力量建設「大三線」戰略後方,改善國民經濟工業佈局；狠抓鋼鐵、軍工、基礎工業、交通運輸建設；積極發展新技術,努力趕超世界先進水準。

「四五」計劃的主要目標是：「四五」計劃期間的全國工業總產值平均年增長率達到12.5%；1975年全國鋼產量達到3,500萬~4,000萬噸,平均年增長率達到15%~18.1%；1975年全國煤產量達到4億~4.3億噸；1975年全國原油產量達到7,000萬~10,000萬噸；1975年全國財政收入總額達到4,000億元；1975年全國糧食產量達到6,000億~6,500億斤；1975年全國棉花產量達到6,500萬~7,000萬擔；「四五」計劃期間的基本建設投資總額達到1,200億~1,300億元。

[①] 第四個五年計劃（1971—1975）［EB/OL］.（2015-10-09）［2019-01-23］. http://dangshi.people.com.cn/n/2015/1009/c85037-27677930.html.

1973年中共中央又對「四五」計劃指標進行兩次修改，逐步改變「以戰備為中心任務」的國家發展戰略。同時，在強調整體經濟效益的前提下，中央政府逐漸重視沿海地區和「三線」地區的平行發展。

2.「四五」計劃的完成情況

在「四五」計劃實施期間，國內政治運動不斷，國家經濟建設仍然受到一定影響。在1971年「九一三」事件發生後，由周恩來主持中央工作。在批判林彪極左思潮的基礎上，周恩來提出加強國家計劃、整頓企業管理、落實各項政策、反對無政府主義等政策建議。1973年鄧小平復出之後，瀕臨崩潰的中國國民經濟開始逐漸恢復元氣。

儘管受到「文化大革命」的衝擊，「四五」計劃還是取得一定成績。其中，GDP增長率達到5.9%；全國農業總產值完成104.5%，全國工業總產值完成100.6%。同時，中國社會已經建成一大批工業骨幹企業，國民經濟的基礎設施建設方面也有了迅速發展。

三、「五五」計劃和「六五」計劃階段：重新迴歸「內部集體決策」（1976——1985年）

在「五五」計劃至「六五」計劃期間，中國共產黨十一屆三中全會召開，會議重新確立「實事求是」的基本路線，將全黨工作重點轉移到「社會主義現代化建設」，這就使得國民經濟發展計劃的編製過程重新迴歸「內部集體決策」。

（一）「五五」計劃的決策過程、主要內容、完成情況（1976—1980年）①

1.「五五」計劃的決策過程和主要內容：過渡中醞釀改革

（1）1975年1月全國四屆人大一次會議召開之後，鄧小平主持中共中央和國務院的日常工作，中央政府開始著手編製《1976—1985年發展國民經濟

---

① 第三個五年計劃簡介［EB/OL］.（2017-12-28）［2019-01-23］. http://www.cssn.cn/mxh/mxh_gsxh/mxh_wxzl/201712/t20171228_3798603.shtml.

十年規劃綱要（草案）》，其中包含第五個「五年計劃」和第六個「五年計劃」。

（2）1976年「文革」結束之後，由華國鋒主持編製《1976—1985年發展國民經濟十年規劃綱要（修訂草案）》（以下簡稱《十年規劃》），確定「五五」計劃的基本任務是：重點發展農業、燃料、動力、原材料等方面，到1980年基本實現全國範圍的農業機械化。

（3）1978年3月國務院將《十年規劃》的主要目標調整為：1985年全國鋼產量達到6,000萬噸；全國石油產量達到2.5億噸；全國新建和擴建120個大型項目，其中包含10個大型鋼鐵基地、9個有色金屬基地、8個煤炭基地、10個大油氣田。顯然，這是繼「二五」計劃之後的又一個「冒進」計劃。

（4）1978年12月中共十一屆三中全會召開之後，中央政府對「五五」計劃的主要指標進行大幅度調整，提出應當適度壓縮基建投資規模，降低重工業增長速度，努力發展農業和輕工業，積極提高人民生活水準。

2.「五五」計劃的完成情況

（1）「五五」計劃實施過程主要分為兩個階段：①第一階段是1976年粉碎「四人幫」到1978年中國共產黨十一屆三中全會之前，經濟建設處於恢復發展時期；但冒進情緒仍然相當嚴重，中央政府不顧國情國力，強行要求「大干快上」。②第二階段是1978年中國共產黨十一屆三中全會之後，中國國民經濟進行全面調整；其中最重要的是，農村開始實行家庭聯產承包責任制，城市個體私營經濟重新崛起，中國社會正在逐步推進由傳統計劃經濟體制向市場取向改革體制的轉型。

（2）「五五」計劃的主要指標基本完成。主要情況為：1980年全國糧食產量達到6,411億斤，完成計劃指標的99%；全國棉花產量達到5,414萬擔，完成計劃指標的91%；全國鋼產量達到3,712萬噸，完成計劃指標的93%；全國煤產量達到6.2億噸，完成計劃指標的110%。在整個「五五」計劃期間，GDP的平均年增長率為6.5%。

(二)「六五」計劃的決策過程、主要內容、完成情況（1981—1985年）[①]

1.「六五」計劃的決策過程

繼「一五」計劃之後，「六五」計劃是第二個被全國人大通過並正式公布的「五年計劃」。「六五」計劃由國家計委編製，然後由國務院、中央書記處、中央政治局會議討論，再由中央政治局擴大會議批准通過，最後由第五屆全國人大五次會議通過並正式公布。

2.「六五」計劃的主要內容：啟動改革，走向開放

「六五」計劃立足於中國改革開放新形勢，首次提出建設「有中國特色的社會主義道路」，積極推動中國社會經濟體制改革進程。「六五」計劃的主要改革領域包括：①在經濟運行體制上，打破原先計劃體制全面掌控國民經濟的局面，強調商品經濟體制在社會經濟生活中的重要作用，鼓勵多種經濟成分發展；②在農業領域，鼓勵各地繼續擴大「家庭聯產承包責任制」的實施範圍；③積極調整重工業的服務方向和產品結構，努力改造現有企業的技術設備；④增加適應社會需要的各種類型產品供給，爭取保持物價穩定；⑤嚴格控制人口增長，切實加強環境保護；⑥在對外開放方面，通過經濟特區和沿海開放城市，努力構建包括不同層次的對外開放體系。

「六五」計劃的主要任務目標是：截至1985年年底，全國工農業總產值達到8,710億元，在1981年基礎上增加21.7%；全國工業總產值達到6,050億元，全國農業總產值達到2,660億元；全國固定資產投資總額達到3,600億元，其中基建投資2,300億元，更新改造投資1,300億元，重點投資方向是能源和交通建設；全國教育科學文化衛生領域的經費投入967億元，比「五五」計劃增加68%；全國城鄉居民平均消費水準提高22%。

特別需要說明的是，「六五」計劃第一次將「社會發展」概念納入政府規劃考量範圍，從而使得「國民經濟五年計劃」名稱轉變為「國民經濟和社會發展五年計劃」。

[①] 中華人民共和國國民經濟和社會發展第六個五年計劃（1981—1985）[EB/OL].（2009-10-28）[2019-01-23]. https://baike.so.com/doc/804935-851481.html.

3.「六五」計劃的完成情況

根據政策實施效果,「六五」計劃的完成情況相當理想,各項指標完成率都接近原定計劃目標的 3 倍,主要包括:全國社會總產值增長率達 11%,完成計劃指標的 275%;全國工業總產值的年增長率達 10.8%,完成計劃指標的 270%;全國農業總產值的年增長率達 11.7%,完成計劃指標的 293%;全國國民收入的年增長率達 9.7%,完成計劃指標的 243%。

更為重要的是,通過「六五」計劃實施,中國政府越來越重視國民經濟發展的政策手段綜合協調和經濟社會綜合效益。特別是隨著經濟體制改革的全面推進,國民經濟運行方式逐漸轉向「有計劃的商品經濟」。

當然,「六五」計劃仍然存在著一些政策缺陷。例如,在「六五」計劃後期,由於固定資產投資規模過大、貨幣發行量過多、消費基金增長過猛等多重因素,中國社會又開始呈現國民經濟發展「過熱」的趨勢。

四、「七五」計劃到「九五」計劃階段:「諮詢決策」(1986—2000 年)

自「七五」計劃到「九五」計劃階段,隨著中國經濟體制改革的不斷推進,「國民經濟發展計劃」編製越來越制度化和規範化,中央決策模式逐漸轉變為「諮詢決策」。

(一)「七五」計劃到「九五」計劃的決策方式

1. 決策程序的制度化

(1)決策機構逐漸固定化。這個過程表現為:①「七五」計劃的建議稿由中國共產黨全國代表會議通過,但這只是一種臨時性會議;②自「八五」計劃以後,「五年計劃」建議稿都由中國共產黨中央全會通過;③自「九五」計劃之後,「五年計劃」建議稿都由中國共產黨的各屆五中全會通過。

(2)編製程序規範化。通常步驟為:①國家計委或國家發改委編製五年計劃綱要;②中共中央起草小組編製「五年計劃」建議稿;③中國共產黨的各屆五中全會通過中共中央「五年計劃」建議稿;④各屆全國人大四次會議

審議五年計劃綱要，討論批准意見。

（3）編製時間規範化。通常安排是：①前一個五年計劃實施過半時，就開始著手編製下一個五年計劃；②從新計劃頒布前一年的 2 月份開始，正式起草五年計劃建議稿；③從新計劃頒布前一年的 10 月份開始，相關政府機構審議通過「五年計劃」建議稿；④在新計劃實施第一年的 3 月份，相關政府機構審議批准「計劃」。需要說明的是，由於「五年計劃」逢一、六編製，而中共中央委員會和國務院逢二、七換屆，所以「五年計劃」也就成為連接上下兩屆政府機構的重要機制，有助於保持國民經濟管理政策的連續性。

2. 徵求意見範圍逐漸擴大

自「七五」計劃開始，徵求意見範圍逐漸擴大到各級地方政府、民主黨派、全國工商聯負責人、無黨派人士。特別是到「八五」計劃之後，徵求意見範圍進一步擴大，涵蓋省、自治區、直轄市、部委、軍隊單位、人民團體等諸多組織機構。

3. 專家學者和研究機構更多參與決策過程

自「七五」計劃之後，專家學者就開始通過參加座談會、提交政策建議方案等方式，為「五年計劃」編製提供決策諮詢意見。特別是在「八五」計劃和「九五」計劃之後，「五年計劃」編製過程逐漸形成「委託專家進行前期研究」的決策機制。例如，「能源問題」委託給能源研究所，「體制問題」委託給國家體改委。

（二）「七五」計劃的主要內容和完成情況（1986—1990 年）[①]

1.「七五」計劃的主要內容：改革闖關，治理整頓

（1）「七五」計劃的主要任務是：①為中國經濟體制改革創造良好環境，中央政府努力保證社會總需求與社會總供給的基本平衡，逐漸建立「有中國特色的新型社會主義」經濟基礎。②努力保持經濟穩定增長，爭取在控制固定資產投資總額的前提下，加強重點建設項目、技術改造項目、智力開發項目。③切實保證在生產發展和經濟效益提高的基礎上，不斷改善人民生活。

---

① 第七個五年計劃簡介［EB/OL］．（2017-12-28）［2019-01-23］．http://www.cssn.cn/mxh/mxh_gsxh/mxh_wxzl/201712/t20171228_3798621.shtml．

（2）「七五」計劃的主要目標是：①截至1990年，全國糧食總產量達到42,500萬~45,000萬噸，全國棉花總產量達到425萬噸，全國發電總量達到5,500億度，全國鋼產量達到5,500萬~5,800萬噸；②全國固定資產投資總額達到12,960億元，其中全民所有制單位的固定資產投資總額8,960億元；③在全國範圍內培養500萬名高級專門人才，在「六五」計劃基礎上增加1倍；④1990年全國進出口貿易總額在1985年基礎上增加40%；⑤1990年全國城鄉居民實際消費水準在1985年基礎上增加27%。

2.「七五」計劃的完成情況

在「七五」計劃實施時期，國民經濟過熱趨勢已經逐漸顯現，宏觀經濟領域的不穩定因素逐漸增加，因此政府工作重點被迫轉移到「治理整頓」，以便控制物價水準過快上漲。

即使在這種情況下，「七五」計劃時期的預定目標仍然基本實現。具體內容為：①GDP平均年增長率為7.9%；全國工業總產值增加13.2%，完成計劃指標的176%；全國農業總產值增加4.7%，完成計劃指標的118%；全國固定資產投資接近2萬億，完成計劃指標的121%。②中國經濟體制改革進程繼續深化，在全國工業總產值中，城鄉個體企業比重由1.9%上升到5.4%，「三資」企業和合營聯營企業比重由1.2%上升到4.3%。③積極推進沿海經濟發展戰略，擴大對外開放；1990年全國進出口貿易總額達到1,154億美元，大幅度超過原定計劃目標830億美元；中國社會對外貿易依存度由23%提高到30%。④隨著產業結構不斷調整，全國重工業產值占工業總產值的比重由52.6%下降到50.6%。

當然，「七五」計劃期間仍然存在著一些問題，主要表現在：①由於改革步伐過大和「價格闖關」等政策措施，全國範圍開始出現嚴重通貨膨脹，並且一度導致「搶購風」，影響了社會穩定。②全國城鄉消費水準的年增長率為3.3%，僅完成計劃指標的66%；全國職工實際工資增長率為2.8%，僅完成計劃指標的70%；全國農民純收入增長率僅完成計劃指標的39%。這些問題都成為影響中國社會經濟體制改革進程的重要因素。

(三)「八五」計劃的主要內容和完成情況（1991—1995 年）[1]

1.「八五」計劃的主要內容：深化改革，確定社會主義市場經濟目標

1991 年 4 月七屆全國人大四次會議召開，審議通過了《中華人民共和國國民經濟和社會發展十年規劃和第八個五年計劃綱要》。這次會議把「十年遠景規劃」和「八五」計劃結合起來，提出「八五」計劃時期要力爭實現社會主義現代化建設的第二步戰略目標，即「到 20 世紀末國民生產總值比 1990 年翻兩番，人民生活從『溫飽』轉為『小康』」。

2.「八五」計劃的完成情況

（1）1992 年 10 月中國共產黨十四大召開之後，「社會主義市場經濟體制」被確立為中國社會經濟體制改革的重要目標，市場機制被承認是資源配置的基本手段，「計劃經濟體制」逐漸被「市場經濟體制」取代。需要強調的是，以 1992 年鄧小平南方談話和中共十四大為標誌，「八五」計劃時期的中國社會經濟體制改革和現代化建設已經進入新的歷史階段。

（2）「八五」計劃的完成情況較為理想，主要表現在：①各項指標平均完成率都達到 92.6% 以上，27 個主要指標甚至都超額完成預定目標，平均完成率為 267%。②「八五」計劃期間的 GDP 平均年增長率達到 12.3%；1995 年 GDP 在 1980 年基礎上增加 3.3 倍，提前 5 年完成「2000 年實現國民生產總值比 1980 年翻兩番」的戰略目標。③產業結構不斷優化，「八五」計劃期間的全國第一產業產值年平均增長率達到 4.1%，全國第二產業產值年平均增長率達到 17.3%，全國第三產業產值年平均增長率達到 9.5%。④「八五」計劃期間的全國城鎮居民人均生活費用為 1,578 元，年平均增長率為 4.5%。⑤全國人口自然增長率不斷下降，由 1990 年的 14.39‰ 下降到 1995 年的 10.55‰。

（3）「八五」計劃期間的主要問題表現在：①計劃實施的偏離度過高。例如：全國工業總產值的年增長率計劃目標為 6.5%，實際完成情況為

---

[1] 第八個五年計劃（1991—1995）[EB/OL].（20015-10-31）[2019-01-23]. http://www.gov.cn/ztzl/content_87115.htm.

22.6%；全國基建投資總額的計劃目標為 0.84 萬億元，實際完成情況為 2.3 萬億元。這就使得計劃管理手段基本失效，計劃指標之間的平衡關係被破壞。②國民經濟過熱趨勢越來越顯著。由於投資過熱，全國資本形成率由 1990 年的 34.9%上升到 1995 年的 40.3%，「八五」計劃期間的信貸規模平均年增長 21%，居民消費價格指數的平均數值為 12.9%，部分年份甚至達到 24.1%。③地區發展差距擴大，不同社會成員之間的收入差距逐漸加大，貧富懸殊和兩極分化趨勢逐漸顯現。

（四）「九五」計劃的主要內容和完成情況（1996—2000 年）①

1.「九五」計劃的主要內容：推進「兩個根本」轉變，實現經濟軟著陸

「九五」計劃提出兩個具有全局意義的重要轉變：①經濟體制從「傳統的計劃經濟體制」向「社會主義市場經濟體制」轉變；②經濟增長方式從「粗放型」向「集約型」轉變。與此同時，在「九五」計劃指標的編製過程中，中央政府更加注重「五年計劃」的宏觀性、戰略性、指導性。

「九五」計劃的主要目標是：全面完成現代化建設的第二步戰略部署，在 2000 年全國人口在 1980 年基礎上增加 3 億的現實情況下，力爭實現人均國民生產總值比 1980 年指標翻兩番，基本消除社會貧困現象，保證人民生活達到小康。

2.「九五」計劃的完成情況

根據「計劃」實施效果來看，「九五」計劃的絕大部分預定指標都基本完成，主要表現在：①「九五」計劃期間的 GDP 平均年增長率達到 8.4%，完成計劃指標的 105%；全國第一產業增長率達到 3.5%，完成計劃指標的 100%；全國第二產業增長率達到 9.8%，完成計劃指標的 98%；全國第三產業增長率達到 8.2%，完成計劃指標的 91%。②在全國範圍內初步建立「社會主義市場經濟體制」，使社會商品零售總額中的市場調節比重由 1996 年的 88.8%提高到 2000 年的 95.8%，使經濟市場化指數由 1996 年的 47.4%提高到

---

① 第九個五年計劃（1996—2000）[EB/OL].（2010-11-30）[2019-01-23]. http://www.npc.gov.cn/npc/zt/qt/jj125gh/2010-11/30/content_1628227.htm.

2000年的50.3%。③產業結構顯著改善,「九五」計劃期間的國民經濟發展方式逐漸轉變,服務業增加值比重由1996年的32.9%提高到2000年的39.0%。④人民生活水準明顯提高,「九五」計劃期間的全國農民純收入平均年增長率為4.7%,完成計劃指標的118%;「九五」計劃期間全國城鎮居民人均生活水準的平均年增長率為5.7%;2000年全國城鎮社會保障的覆蓋面達到77%,完成計劃指標的96%。

在「九五」計劃期間,主要社會經濟問題表現為「三大差距」,即:①地區差距,省級人均GDP的相對差異係數由1996年的61.8%擴大為2000年的71.8%。②城鄉差距,全國城鄉收入比由1996年的2.3倍擴大為2000年的2.5倍。③群體性收入差距,全國基尼系數由1996年的0.38擴大為2000年的0.42。

五、「十五」計劃到「十三五」規劃階段:「集思廣益」(2001年—)

自「十五」計劃以來,雖然國內外宏觀形勢不斷變化,但中央政府始終堅持將「國民經濟發展計劃」作為宏觀調控的重要政策工具。特別是在國民經濟發展計劃編製過程中,中央政府越來越多地關注社會各階層意見,以便更加充分地體現全體國民意願,從而更好地改善社會公眾生活條件。

(一)「十五」計劃到「十三五」規劃的決策方式

1. 公眾積極建言獻策

從「十五」計劃開始,中央政府向社會公眾廣泛徵求對「五年計劃」編製的各種政策建議,並且根據社會公眾建議,對「五年計劃」進行多次修改。例如,根據社會公眾提出的「西部開發與教育發展的關係」,「十一五」規劃的綱要專門加寫一項內容,即「公共教育資源要向農村中西部地區、貧困地區、民族地區及薄弱學校、困難學生傾斜」。

2. 廣泛徵求普通公眾意見

在「十二五」規劃編製期間,政治局常委、「十二五」規劃建議起草小

組、人大、政協、國務院參事室、國家發改委等政府機構都開展了不同層次的調研活動，從而更廣泛地瞭解中國社會基層人員和普通公眾的各種意見。特別是在中國共產黨十六屆五中全會前，中共中央政治局常委們分赴各地，分別圍繞「十一五」規劃編製進行密集調研。

3. 專業研究機構深度參與

自「十五」計劃開始，中央政府直接委託國際機構進行前期研究。例如，在「十二五」規劃編製時期，相關國際研究機構就已經通過課題研究、研討會、提供政策建議等多種形式進行深度參與。

特別是在2005年10月，國務院實行編製規劃的專家論證制度，正式成立國家規劃專家委員會。例如，在「十一五」規劃編製期間，專家委員會總共召開4次會議，集中討論國家戰略目標、重大任務、主要政策舉措等一系列問題，並草擬「十一五」規劃綱要送審稿。

4. 決策過程日益開放化

自「十五」計劃到「十三五」規劃期間，「五年規劃」編製的信息披露制度日益完善。通過媒體報導、研討會、發表文章、網路留言等多種形式，社會公眾紛紛對「五年規劃」編製涉及的各種公共政策問題進行廣泛討論。

(二)「十五」計劃的主要內容和完成情況 (2001—2005年)[①]

1.「十五」計劃的主要內容：指令計劃退場，市場配置資源

在「十五」計劃期間，主要任務是：①正確處理國民經濟發展過程中的改革、發展、穩定之間的關係；②堅持速度與效益結合的原則，積極推進國民經濟增長方式轉型；③充分發揮市場機制作用，改善社會主義市場經濟體系的運行效率；④堅持可持續發展戰略，兼顧推進經濟增長和社會發展；⑤逐步縮小不同地區間的社會經濟發展差距。

「十五」計劃的主要目標是：①經濟發展方面，GDP年平均增長速度達到7%，2005年GDP達到12.5萬億元，人均GDP達到9,400元。②經濟結構

---

① 第十個五年計劃 (2001—2005) [EB/OL]. (2010-11-30) [2019-01-23]. http://www.npc.gov.cn/npc/zt/qt/jj125gh/2010-11/30/content_1628228.htm.

方面，截至 2005 年，全國第一、二、三產業增加值占 GDP 的比重分別達到 13%、51%、36%；第一、二、三產業的從業人員占全社會從業人員的比重分別為 44%、23%、33%。③科技和教育發展方面，2005 年全國研發費用占 GDP 的比例提高到 1.5% 以上；繼續鞏固九年制義務教育，使初中階段的毛入學率達到 90% 以上，使高中階段的毛入學率達到 60%，使高等教育階段的毛入學率達到 15%。④可持續發展方面，全國人口的自然增長率保持在 9‰ 以下，2005 年全國總人口能夠控制在 13.3 億人以下；全國範圍的森林覆蓋率提高到 18.2%，全國範圍的城市建成區綠化覆蓋率提高到 35%。⑤人民生活水準方面，全國城鎮居民人均可支配收入和全國農村居民人均純收入的年均增長率達到 5%；2005 年全國城鎮居民的人均住宅建築面積增加到 22 平方米，全國有線電視入戶率達到 40%。

2.「十五」計劃的完成情況

(1) 在「十五」計劃的 45 個可計算目標中，基本完成率達到 73.2%，各項指標的平均完成程度為 104%。

(2) 經濟發展方面，在「十五」計劃期間，GDP 由 2000 年的 9.9 萬億元增加到 2005 年的 18.2 萬億元，平均年增長率為 9.5%。

(3) 國際化方面，在「十五」計劃期間，中國國際貿易總額在「九五」計劃基礎上增加 2 倍，2005 年達到 14 萬億美元；2005 年中國與世界各國的貿易順差額擴大為 1,019 億美元，在 2000 年基礎上增加 4 倍。

(4) 人民生活水準方面，這是改革開放以來增長最快的「五年計劃」時期。2005 年全國城鎮居民的人均可支配收入為 10,493 元，在 2000 年基礎上增加 58.3%，平均年增長率為 9.6%；全國農村居民的家庭人均純收入為 3,255 元，在 2000 年基礎上增加 29.2%，平均年增長率為 5.3%。

(5) 信息化方面，電話普及和互聯網發展迅速。電話普及率由 2000 年的 20.1% 增加到 2005 年的 57%，電話用戶規模位居世界首位；互聯網用戶突破 1 億，互聯網普及率達到 8.53%，中國成為世界第二大互聯網使用國。

(6) 城鎮化方面，在「十五」計劃期間，全國城鎮化率由 2000 年的 36.2% 提高到 2005 年的 43%，平均年增長率提高 1.36%。

（7）基礎設施方面，「十五」計劃期間的公共交通基礎設施快速發展，公路網路規模不斷擴大；2005年全國鐵路營運里程為7.5萬千米，居世界第三位。

（8）經濟體制改革方面，在「十五」計劃期間，中國社會經濟體制改革的各方面都逐漸進入攻堅階段；中共第十六屆四中全會通過《中共中央關於完善社會主義市場經濟體制若干問題的決定》，系統地提出中國社會經濟體制改革的總體框架。

當然，「十五」計劃期間仍然存在著一些歷史遺留問題，主要表現在：產業結構不合理、「三農」問題突出、失業影響面大、資源短缺、居民收入差距過大、環境污染等。

（三）「十一五」規劃的主要內容和完成情況（2006—2010年）[①]

1. 「十一五」規劃的主要內容：從計劃轉向規劃，實施科學發展

「十一五」規劃首次將「五年計劃」改為「五年規劃」，這標誌著中央政府編製「五年計劃」的理念、方法、內容、形式重大創新，也標誌著「計劃經濟體制」向「市場經濟體制」的重大轉變。同時要求政府工作重點由「指令性計劃」轉向「戰略性和前瞻性的指導規劃」；由「直接參與經濟發展」轉向「提供公共物品和調控宏觀經濟」。

「十一五」規劃的主要特點是：①目標體系方面，各級地方政府不僅應當重視經濟指標，更應當重視人文、社會、環境指標；國民經濟發展的總體思路是經濟建設、政治建設、文化建設、社會建設的「四位一體」。②發展戰略任務方面，中央政府把建設社會主義新農村放在首位。③產業結構方面，各級地方政府首次把服務業放在突出位置。④區域發展戰略方面，中央政府明確界定四種類型功能區，即優化開發、重點開發、限制開發、禁止開發。

特別需要說明的是，根據政府責任差異，「十一五」規劃將主要發展目標劃分為「約束性指標」和「預期性指標」。其中，8個約束性指標是政府必須

---

① 百度知道. 第十一個五年計劃［EB/OL］.（2014-12-16）［2019-01-23］. https://zhidao.baidu.com/question/189534048437263380.html.

履行的基本責任。例如，單位能耗必須降低 20%，主要污染物數量必須減少 10%。

2.「十一五」規劃的完成情況

（1）主要指標方面，在「十一五」規劃期間，GDP 平均年長率為 11.2%，人均 GDP 在 2000 年基礎上翻一番；2010 年 GDP 達到 39.8 萬億元，位居世界第二位；全國城鎮新增就業和轉移農業勞動力各 4,500 萬人，全國範圍的城鎮登記失業率控制在 5% 以內。

（2）環境保護方面，在「十一五」規劃期間，全國範圍的單位能耗累計下降 19.1%；大氣環境和水環境質量逐步改善；水土流失、沙漠化、草地三化等生態環境惡化趨勢得到遏制。

（3）公共服務和人民生活方面，全國新農村合作醫療的覆蓋率由 2005 年的 23.5%提高到 2009 年的 94.0%；全國城鎮居民人均可支配收入的平均年增長率達到 10.2%；全國農村居民人均純收入的平均年增長率達到 6.66%。

（四）「十二五」規劃的主要內容和完成情況（2011—2015 年）[①]

1.「十二五」規劃的主要內容：落實科學發展，全面建設小康社會

「十二五」規劃的主要目標是：①價格基本穩定，就業持續增加，國際收支基本平衡，經濟增長質量明顯提高。②經濟結構戰略性調整取得重大進展。③城鄉居民收入普遍較快增加。④基本公共服務體系逐步完善，人民權益得到切實保障，社會更加和諧穩定。

2.「十二五」規劃的完成情況

在「十二五」規劃期間，國民經濟體系的潛在生產率呈現下行趨勢，宏觀經濟下行壓力較大；但中央政府積極作為，努力適應經濟發展新常態，不斷創新宏觀調控方式。整體而言，「十二五」規劃的實施效果較好，主要表現在：

（1）經濟發展方面，在「十二五」規劃期間，GDP 平均年增長率為

---

① 百度知道. 關於第十二個五年計劃的內容［EB/OL］.（2017-11-23）［2019-01-23］. https://zhidao.baidu.com/question/202892918.html.

7.8%，國民經濟增長逐漸由「高速增長」轉變為「中高速增長」。2009年中國超過日本成為世界第二大經濟體；2015年中國GDP達到67.7萬億元。

（2）經濟結構方面，截至2015年，服務業成為中國社會經濟的第一大產業；2012年全國第三產業增加值占GDP的比重為45.5%。

（3）經濟質量方面，節能降耗成效顯著，單位能耗顯著下降。在不斷調整能源消費結構的前提條件下，2015年單位能耗在2010年基礎上降低13.4%。

（4）基礎設施方面，截至2014年，全國高速鐵路的營運里程突破1.6萬千米，位居世界第一。

（5）對外開放方面，2014年全國進出口總額達26.4萬億元，居世界第一位；2014年全國範圍的外商直接投資達1,196億美元，首次躍居世界首位。

（6）民生事業方面，截至2014年年底，全國範圍內參加城鎮職工基本養老保險、城鎮職工基本醫療保險、失業保險、工傷保險、生育保險的人數，分別比2010年年底增加8,417萬人、4,561萬人、3,667萬人、4,478萬人、4,703萬人。

（7）科教事業方面，2014年全國小學階段的淨入學率為99.8%，高等教育階段的毛入學率為37.5%；2014年全國研發費用達到1.3萬億元，占GDP的比重為2.09%。

（五）「十三五」規劃的時代背景和主要內容（2016年—）[1]

1.「十三五」規劃的時代背景

對於中國社會的第一個百年奮鬥目標而言，「十三五」規劃是最後一個五年規劃，要求達到「到2020年全面建成小康社會」的百年奮鬥目標。「十三五」規劃的時代背景是：①國際方面，世界多極化、經濟全球化、文化多樣化、社會信息化等多重因素交織，使得世界經濟在深度調整中曲折簡潔明瞭；新一輪科技革命和產業變革蓄勢待發；全球治理體系深刻變革；國際力量對

---

[1] 國民經濟和社會發展第十三個五年規劃綱要（全文）[EB/OL].（2019-03-04）[2019-03-14]. http://www.12371.cn/special/sswgh/wen/.

比呈現出逐步平衡趨勢。②國內方面，中國社會的物質基礎雄厚、人力資源豐富、市場空間廣闊、發展潛力巨大，國民經濟發展方式正在加快轉變，宏觀經濟形勢基本面良好。

需要強調的是，「十三五」規劃時期是中國社會跨越「中等收入陷阱」的關鍵階段，同時也是「三期疊加」時期（經濟增速換擋期、經濟結構調整陣痛期、前期刺激政策消化期），多重困難和各種挑戰相互交織，使得改革轉型任務繁重。

2.「十三五」規劃的主要內容：全面建成小康社會

（1）經濟增長保持中高速。在堅持平衡性、包容性、可持續性基礎上，2020年GDP和全國城鄉居民人均收入都在2010年基礎上翻一番，主要國民經濟指標都保持平衡協調，宏觀經濟發展質量顯著提高。

（2）創新驅動發展成效顯著。全國範圍的社會全要素生產率明顯提高；重點領域和關鍵環節的核心技術都取得重大突破，各種類型企業的自主創新能力都普遍增強，中國社會逐漸進入「創新型國家」和「人才強國」行列。

（3）協調發展特徵明顯增強。通過提高消費活動的經濟增長貢獻率，各級地方政府努力改善投資效率和企業運行效率；通過提高戶籍人口城鎮化率，中國社會逐漸改善城鎮化質量；通過優化發展空間佈局，中國社會的不同地區之間逐漸形成區域協調發展的新格局。

（4）人民生活質量普遍提高。針對就業、教育、文化、體育、社保、醫療、住房等社會公眾廣泛關注的重要問題，逐步完善公共服務體系，穩步提高基本公共服務均等化程度。

（5）不斷改善生態環境質量，基本形成主體功能區佈局和生態安全屏障。

（6）初步構建國家治理體系和治理能力現代化的制度基礎，促進各種治理領域的統籌協調。

第二節　宏觀調控政策工具之二：財　政策

　　自 1949 年新中國成立到 1978 年中國經濟體制改革，最重要的國民經濟管理政策工具首推「國民經濟發展計劃」；相對而言，財稅政策和貨幣政策則處於從屬位置。自 1978 年中國社會經濟體制改革進程啓動之後，國民經濟體系由「產品經濟」逐漸轉向「商品經濟」，中央政府逐漸更多借鑑現代發達市場經濟國家在宏觀調控方面的有益理論成果和實踐經驗。

　　西方發達市場經濟國家的宏觀調控方式主要有三種：一是財稅政策；二是貨幣政策；三是產業政策。隨著中國社會主義市場經濟體制的不斷完善，財稅政策和貨幣政策逐漸成為中國政府宏觀調控的重要手段。

　　本節內容著重探討中國財稅政策體系的制度變遷過程，主要分為三個時期：一是計劃經濟管理時期（1949—1978 年）；二是社會主義市場經濟體制探索、建立和完善時期（1978—2012 年）；三是新時代中國特色社會主義時期（2012 年—）。

一、改革開放前計劃經濟管理時期的財稅政策（1949—1978 年）

1. 計劃經濟管理時期財稅政策的基本特徵：收支平衡

　　在計劃經濟管理時期的國民經濟管理體系中，中央政府財稅政策的核心思想是「收支平衡」。特別是在計劃經濟管理時期的產品經濟條件下，社會資源由國家高度集中管理，中央政府財稅部門實際上充當著連接社會需求與社會供給的「財務記帳機構」的角色。

　　這種「財務記帳機構」角色的具體表現為：

　　一是從產品經濟的社會需求角度來看，城鄉居民的日常消費物品都由政府提供，所以產品價格很低，甚至以福利形式免費供給。雖然財稅部門名義上應當對社會公眾需要的各種產品物資進行「統籌規劃」，但它其實僅僅具有

「統計」職能，因為它無力改變城鄉居民消費的總體水準和結構特徵，更無法體現西方發達國家財稅政策的經濟干預職能。

二是從產品經濟的社會供給角度來看，財稅部門是國有企業的「財務主管」。國有企業的產品收益全部上繳給國家財政部門，企業固定資產投資和生產經營流動資金則完全依靠國家財政部門撥付。國家財政部門的收入項目和支出項目則高度服從於中央政府的「國民經濟計劃」，它實際上只是國民生產體系的一個組成部件。

由此可見，計劃經濟管理時期的國家財稅部門秉承著「收支平衡」的基本思想，它盡量保持社會需求與社會供給的平衡關係，維持國民經濟體系穩定運行。事實上，在新中國國民經濟建設的相當長時期內，中央政府對財稅部門的基本要求也僅僅是實現「收支平衡」。

2. 關於財稅政策調整的爭論

在 1978 年中國經濟體制改革初期，如何轉變政府職能以實現國民經濟的持續穩定發展？這是中國社會各界廣泛關注的重要議題。針對財稅政策調整的基本方向，學界和實業界的爭論頗多，主要體現在以下三方面：

（1）關於財政部門和銀行體系的關係，學界存在著兩種聲音：①一些學者認為，政府財政部門應當完全退出社會再生產領域，使之完全轉變為「吃飯」財政，主張將宏觀調控職能全部交給銀行體系。②另一些學者認為，政府財政部門應當在宏觀調控政策體系中佔據絕對主導地位，主張弱化貨幣政策的調控職能。

顯然，這兩種意見都過於極端。事實上，在中國經濟體制改革初期，如果沒有政府財政部門的生產建設集中投資，許多跨地區、週期長、風險大的重點建設項目是無法得到資金支持的，它們極有可能成為地區經濟增長乃至整體國民經濟增長的「瓶頸」。

毫無疑問，財政部門與貨幣政策體系都在國家宏觀調控過程中具有重要作用，完全放棄或片面強調任何一方面的宏觀調控職能都是不可取的。借鑑西方發達國家的政府宏觀調控經驗，最重要的政府宏觀調控政策工具就是財政政策和貨幣政策的有效搭配使用。

（2）關於財政政策的調控方式，根據中國國民經濟發展模式調整要求，國家財政部門的調控方式應當如何改變？自 1978 年中國經濟體制改革之後，國民經濟發展模式逐漸由「產品經濟模式」轉變為「商品經濟模式」。這兩種國民經濟發展模式具有顯著差異：①在產品經濟模式下，政府指令性計劃貫穿國民經濟的諸多方面，政府宏觀調控的主要方式是直接管理；其主要政策手段是制訂「國民經濟發展計劃」，國家財政部門是「國民經濟發展計劃」的重要執行部門。②在商品經濟模式下，由於計劃手段的強制性與市場行為的靈活性存在著內在衝突，因此國家財政部門的宏觀調控逐漸改變指令性計劃的單一形式，轉而採取「以指導性計劃為主」和「以指令性計劃為輔」的二元形式。

隨著國民經濟發展模式的逐漸調整，國家宏觀調控方式由「直接管理」轉變為「直接管理與間接管理相結合」。在這種歷史場景中，國家財政部門也必然改變調控方式，主要表現在：①在中國經濟體制改革初期，在「有計劃的商品經濟」條件下，政府宏觀調控的短期策略是強調財政政策的直接調控性，特別是引導商品流向和約束生產者行為，盡可能消除商品生產的自發性、盲目性、利益狹隘性。②隨著中國經濟體制改革過程的不斷推進，市場機制作用被不斷增強，政府宏觀調控的長期策略逐漸顯現出來，這就要求不斷增強財政政策調控的間接性；特別是需要國家財政部門合理調節不同經濟主體之間的利益關係，改善生產環境，有效引導基建資金的投資方向。

（3）關於稅收政策的必要性，有些學者認為：中國共產黨的基本政策之一是反對舊政權的苛捐雜稅，所以應當取消企業和社會公眾的所有稅收負擔。顯然，這種理論觀點是站不住腳的。社會主義條件下的稅收政策是「取之於民，用之於民」，它不具有舊政權稅收制度的剝削性。與之相反，通過合理安排的稅收制度，政府能夠有效協調各種經濟主體之間的收入差距；同時結合價格政策，政府就能夠合理調節社會生產和社會消費，實現國民經濟健康有序發展。

還有一些學者認為：在現行稅收政策體系下，徵稅活動面臨著重重困難，徵稅成本很高，因此徵稅活動是不划算的。這種觀點也是不可取的。徵稅活

動困難恰恰說明改革現行稅收制度的必要性，特別是通過稅收體系的結構調整和新稅種設置，可以更好地實現稅收政策體系的宏觀調控功能。

事實上，在 1978 年中國經濟體制改革的關鍵時期，正是通過廣泛討論，學界和實業界才逐漸達成共識：唯有不斷完善財稅政策體系，綜合運用財政政策的直接調控性和間接調控性，充分利用稅收政策體系的再分配功能，才能真正促進國民經濟持續穩定發展。

二、改革開放後社會主義市場經濟體制探索、建立和完善時期的財稅政策（1978—2012 年）

（一）社會主義市場經濟體制探索時期的財稅政策（1978—1992 年）

如果將財政政策與稅收政策分離，該時期的財稅政策體系調整主要體現在：①財政政策方面，國家財政模式逐漸轉變為「公共財政」；②稅收政策方面，稅收制度的重要改革措施是 1983 年和 1984 年的兩步「利改稅」，以及流轉稅制度改革。

1. 國家財政模式轉變：公共財政

正如前文所言，計劃經濟管理時期的政府財政部門實際上是國有企業的財務主管，它體現著政府與國有企業之間的特殊關係。隨著市場取向改革的繼續推進，社會資源的配置方式逐漸發生變化，即由「國家高度控制」初步轉變為「企業、家庭、政府部門的競爭性使用」。與此同時，國家財政部門逐漸放棄競爭性生產經營領域，將財權還給企業，以增強企業活力。根據政企分開的基本原則，國家財政部門主要負責提供「基礎設施建設」和「市場秩序維護」等公共物品，逐漸凸顯其公共財政職能。

值得強調的是，在政企分開的改革過程中，政府財政部門的公共責任不斷加強。這種公共責任集中體現在三方面：一是由於過去國家財政資源主要投放到生產建設領域，因此現階段需要高度重視提供一般性公共物品，特別是義務教育、公共衛生、社區文化、環境保護等問題。二是隨著市場經濟發

展進程的不斷深入，城鄉收入差距和地區間發展差距將會日益顯著，這就需要政府財政部門充分運用「轉移支付」等政策工具，協調城鄉間收入差距和地區間發展差距造成的利益衝突。三是適應市場經濟體制建設要求，不斷健全各種配套制度體系，特別是社會保障體系。唯有如此，我們才能有效化解市場經濟發展過程中的各種社會風險，才能更好地體現中國社會主義的制度優越性。

2. 稅收制度的重要改革：「利改稅」和流轉稅制度改革

（1）通過1983年和1984年的兩步「利改稅」措施，政府財稅部門的主要收入由「國有企業上繳利潤」轉變為「企業稅賦貢獻」。以此為契機，中國社會逐步推進大規模稅收制度改革，逐漸改變原來長期實行的單一稅收體系，形成多稅種配合、多環節徵收、多層次調節的複合稅收體系格局。

「利改稅」的主要措施是：國有大中型企業不再向國家直接上交全部利潤，而由政府稅收部門按照企業利潤的55%徵收企業所得稅，並且對部分利潤很高的國有企業，政府根據其稅後利潤再徵收調節稅。

毫無疑問，與計劃經濟管理時期相比，社會主義市場經濟體系探索時期的「利改稅」措施，更有利於調動大中型國有企業的生產積極性。更重要的是，「利改稅」措施有效保證了中國經濟體制改革時期的政府財政收入，使得政府部門具有強大財政能力和充裕物資條件來集中解決某個方面的「改革難題」，並且為產業結構調整和多種經濟成分發展提供了必要的先決條件。

（2）流轉稅制度改革。自1984年「利改稅」到1992年實施新稅制方案的8年時間中，中國流轉稅的主要稅源結構發生了很大變化。以工業製造環節為例：①在1984年第二步「利改稅」方案實施之前，產品稅和增值稅並存；②在1984年第二步「利改稅」方案實施之後，產品稅的徵收範圍擴大，增值稅只占國家稅賦的很少部分；③在1987—1991年推出新的流轉稅方案後，增值稅逐步取代產品稅的主要地位，逐漸成為流轉稅中最大的稅種。

從稅收理論來看，中國流轉稅主要包括三項稅種：產品稅、增值稅、營業稅。根據徵稅對象標準，產品稅和營業稅都屬於全額稅，而增值稅則只針對流轉過程中的特定部分。顯然，在1984年第二步「利改稅」措施之後，擴

大產品稅和營業稅的增收範圍，有利於增加政府財政收入，從而提高政府財政部門的資源調配能力。

然而，產品稅和營業稅存在著重複徵稅問題，可能會增加全能企業的稅收負擔，不利於市場經濟條件下的企業平等競爭，也不利於培育專業組織。自20世紀50年代開始，許多西方發達國家傾向於用增值稅替代全額稅。中國在80年代初著手進行增值稅制度改革，並在1984年制定《中華人民共和國增值稅條例（草案）》。從1987—1991年推出新稅制方案的效果來看，這套方案基本適應中國社會主義市場經濟體制的改革要求。

(二) 社會主義市場經濟體制建立和完善時期的財稅政策（1992—2012年）

1992年10月中國共產黨第十四次全國代表大會召開，強調「堅持黨的基本路線不動搖」，強調「加快國民經濟發展和現代化建設」，確定改革目標是「建立社會主義市場經濟體制」。以這次會議為起點，中國財稅政策體系進行了大幅度制度調整，以適應社會主義市場經濟體制。其主要內容包括：

1. 斟酌使用的財政政策

根據不同時期的宏觀經濟形勢，中央政府採取「斟酌使用的財政政策」，以解決當前面臨的重大現實問題。其階段性重點主要體現為：

(1) 第一階段：適度從緊的財政政策（1992—1997年）。針對1992年顯現的國民經濟體系通貨膨脹率上升趨勢，中央政府開始採用「適度從緊的財政政策」，重點調控企業投資和居民消費。隨後，1993年下半年中央政府開始控制政府支出規模；1995年中央政府進一步完善財稅體制改革，積極推進國有企業改革；1996年中央政府繼續採取適度從緊的財政政策，努力減少政府財政赤字，積極整頓國家財政秩序。

(2) 第二階段：積極的財政政策（1998—2003年）。由於1998年亞洲金融危機的巨大衝擊，中國社會開始出現國民經濟增長速度下滑和全國物價水準普遍下降的情況，這就形成1978年中國經濟體制改革以來的第一次嚴重通貨緊縮。針對這種局面，中央政府迅速採取「積極的財政政策」。

1998—2003年，中央政府新增發行8,000億元長期建設國債，主要用於基礎設施建設、國家戰略重點項目、企業技術改造。1998年中央政府開始提

高出口退稅率，相應降低關稅稅率。1999 年 8 月中央政府和各級地方政府對房地產企業的營業稅、契稅、土地增值稅給予適當減免。2000 年 1 月中央政府暫停徵收固定資產投資方向調節稅。2001 年 11 月中央政府將證券交易印花稅降低為 2‰。

（3）第三階段：穩健的財政政策（2004—2007 年）。自 2004 年開始，全國消費品零售物價總額的增長速度高達兩位數，國民經濟體系又面臨新一輪經濟過熱，同時全國範圍的城鄉差距逐漸擴大。針對這種情況，中央政府及時採取「穩健的財政政策」。

該階段政策措施的具體內容包括：①在 2003—2006 年，中央政府逐年減少長期建設國債，分別比上一年減少 100 億元、300 億元、300 億元、200 億元。②在繼續減小政府財政支出規模的基礎上，中央政府對各級政府部門的財政支出結構進行大幅度調整，特別是減少建設項目投入；同時增加保障性政府支出，即取消農業稅和增加「三農」支出，以促進城鄉統籌發展。③中央政府積極提供一般性公共物品，包括：逐步推廣企業職工基本養老保險制度改革；積極支持城鎮地區的廉租房建設；繼續增加教育事業方面的財政投入；不斷完善農村義務教育經費分擔機制。④中央政府繼續擴大「高能耗、高污染、資源性」產品取消出口退稅的範圍。

（4）第四階段：積極的財政政策（2008—2012 年）。為應對 2008 年國際金融危機的影響，中央政府將宏觀調控重點由「雙防」轉變為「一保一控」，即從「防止經濟增長由過快轉為過熱、防止價格由結構性上漲演變為明顯通貨膨脹」，轉變為「保持經濟平穩較快發展和控制物價快速上漲」。基於上述基本政策思路，中央政府採取包括財政政策、貨幣政策、產業政策、就業政策等多種政策工具的宏觀調控政策組合，其中「積極的財政政策」起著重要作用。

該階段政策措施的具體內容包括：①中央政府準備在 2 年內增加 4 萬億投資，重點投資方向是「三農」項目、保障性安居工程、交通運輸等基建項目。②積極推行十大產業振興計劃，主要針對輕工、汽車、鋼鐵、紡織、裝備製造、船舶、石化、有色金屬、電子、信息等行業。③積極推動就業政策

實施，努力提高居民消費需求，特別是增強對農村地區和農業發展的扶持力度。

2.「分稅制」改革

早在 1985 年，中央政府就提出「劃分稅種、核定收支、分級包干」的財政體制改革方案，這是「分稅制」的雛形。直到 1992 年 6 月，財政部頒布《關於實行「分稅制」財政體制試點辦法》，並在浙江等 9 個省、自治區、直轄市、計劃單列城市進行分稅制改革①試點。

「分稅制」的基本政策要點是：按照不同稅種標準，劃分中央政府和地方政府的財政稅收來源。這是借鑑西方發達市場經濟國家通常採用的財政管理體制，其政策優點體現在：①妥善處理中央政府與地方政府之間的財政收入分配關係，充分調動中央政府和地方政府的積極性；②通過共享稅源，弱化地方經濟發展的盲目性，削弱地方保護政策的利益動機。當然，中國在「分稅制」的具體實踐過程中，還存在著諸多有待完善之處。

3. 多層次的社會保障體系和企業年金制度

（1）通過政府財稅部門的不懈努力，截至 2000 年年底，中國社會已經基本形成「多層次的社會保障體系」。這是社會主義市場經濟體制不斷完善的重要內容，相關政策措施主要表現在三方面：①1997 年國務院頒布《關於建立統一的企業職工基本養老保險制度的決定》，建立由社會統籌帳戶和個人帳戶結合的基本養老保險制度。②1998 年 12 月國務院頒布《關於建立城鎮職工基本醫療保險制度的決定》，以「低水準、廣覆蓋、雙方負擔、統帳結合」為基本原則，逐步將所有城鎮職工納入基本醫療保險體系。③1999 年國務院頒布《失業保險條例》，初步建立由單位、個人、國家三方共同負擔的失業保險制度，並且結合社會救濟金，構建失業者的基本生活保障體系。

（2）在多層次社會保障體系的基礎上，各級政府部門積極配合財稅部門，陸續推出相應的稅收制度和優惠政策，建立和完善企業年金制度。具體內容包括：

---

① 孫健夫. 財稅制度改革與財稅政策變遷研究 [M]. 北京：科學出版社，2018：19.

①2000年國務院頒發《關於印發完善城鎮社會保障體系試點方案的通知》，規定企業年金基金實行完全累積，採用個人帳戶方式進行管理，其費用由企業和職工共同繳納；企業繳費在工資總額4%以內的部分，可以作為成本項目列支。

②2007年國務院頒布《中華人民共和國企業所得稅法實施條例》，規定企業為職工支付的補充養老保險費、補充醫療保險費，可以在稅務主管部門的約定範圍和標準之內進行成本項目抵扣。

③2009年國家稅務總局頒布《關於補充養老保險費、補充醫療保險費有關企業所得稅政策問題的通知》，明確規定：從2008年1月1日起，企業為職工支付的補充養老保險費和補充醫療保險費，可以分別在不超過職工工資總額的5%的部分，在企業應納所得稅基數中扣除。

④2011年國家稅務總局頒布《國家稅務總局關於企業年金個人所得稅有關問題補充規定的公告》，規定企業年金的企業繳費部分計入職工個人帳戶，當月個人工資薪金所得與計入個人年金帳戶的企業繳費之和，未超過個人所得稅費用扣除標準的部分，不得徵收個人所得稅。

三、新時代中國特色社會主義時期的財稅政策（2012年—）

自2012年中國共產黨第十八次全國人民代表大會召開以來，中國社會經濟體制改革逐步進入新的歷史時期，即「新時代中國特色社會主義時期」。特別是在國民經濟持續增長30多年之後，國家已經累積大量物質財富，如何充分利用這些物質財富來改善社會公眾的生活質量？如何繼續推動中國社會經濟體制改革與發展？這是我們基於「社會主義本質」必須冷靜思考的重大課題。圍繞這些問題，中國財稅政策體系做了進一步的調整。

1. 經濟增長成果分享機制

早在1978年中國社會經濟體制改革初期，社會各界就廣泛討論：如何協調社會主義制度本質與商品經濟發展之間的關係？關於這個問題，鄧小平同志做出了一系列重要論斷。1978年鄧小平同志提出：「讓一部分地區、一部分

企業、一部分工人農民由於辛勤努力成績大而收入先多一些。」1985年鄧小平同志指出：「對一部分先富裕起來的個人，也要有一些限制，例如徵收所得稅。」1987年鄧小平同志強調：「我們提倡一部分地區先富裕起來，是為了使先富起來的地區幫助落後的地區更好地發展起來，提倡人民中有一部分人先富裕起來，也是同樣的道理，要讓一部分先富裕起來的人幫助沒有富裕的人，共同富裕，而不是兩極分化。」① 1993年鄧小平同志再次強調：「社會主義與資本主義不同的特點就是共同富裕，不搞兩極分化。」

通過40年國民經濟高速增長，中國社會的國家財富已經累積到相當程度；在對中國經濟體制改革過程的回顧與思考之中，社會公眾開始重新關注財富分配問題。正是在這種歷史背景下，中共十八大以來的政府財稅制度調整逐漸向低收入群體和落後地區傾斜，其意圖是縮小不同群體之間的收入差距和不同地區之間的經濟發展差距。事實上，唯有通過「經濟增長成果分享機制」，才能讓更多人分享國民經濟增長和國家財富增加的現實利益；唯有通過「經濟增長成果分享機制」，人們才會繼續擁護中國社會經濟體制改革，中國社會才能在堅持社會主義制度的前提下不斷前進。

2017年10月中國共產黨第十九次全國人民代表大會召開，更加明確地提出：「增進民生福祉是發展的根本目的，必須多謀民生之利、多解民生之憂，在發展中補齊民生短板、促進社會公平正義，在幼有所育、學有所教、勞有所得、病有所醫、老有所養、住有所居、弱有所扶上不斷取得新進展，深入開展脫貧攻堅，保證全體人民在共建共享發展中有更多獲得感，不斷促進人的全面發展、全體人民共同富裕。」②

2. 供給側結構性改革

自1949年新中國成立以來，政府財政部門進行國民經濟管理和宏觀調控的主要方式是調整固定資產投資總量。然而，隨著中國社會的國民經濟增長速度不斷加快，固定資產投資效率逐漸下降，這就使得資本要素數量擴張的

---

① 鄧小平. 建設有中國特色的社會主義（增訂本）[M]. 北京：人民出版社，1987：121.
② 習近平在中國共產黨第十九次全國代表大會上的報告 [EB/OL]. (2017-10-29) [2019-03-14]. http://cpc.people.com.cn/n1/2017/1028/c64094-29613660.html.

第十二章 宏觀調控制度變遷

邊際收益逐漸減小；同時隨著中國社會公眾的生活改善，「人口紅利」也逐漸消失，這就使得勞動要素數量擴張的低成本優勢逐漸減弱。

面對這種局面，中央政府及時調整國家經濟發展戰略，積極推動中國國民經濟增長方式由「粗放型」逐漸轉變為「集約型」。特別是在強調「新常態」的基本策略條件下，中央政府積極推進「供給側結構性改革」，以調整社會供給與社會需求之間的匹配程度，提高資源利用效率。毫無疑問，供給側結構性改革是一項宏觀調控的綜合工程，它涉及財稅政策、貨幣政策、產業政策、區域政策等諸多方面。其中財稅政策的主要政策措施包括：

（1）通過推動「高質量發展」，提高實體經濟的供給能力，建設現代化經濟體系。具體途徑是：①不斷增強製造業的生產能力；②推動互聯網、大數據、人工智能與實體經濟的深度融合；③努力培育綠色低碳、共享經濟、現代供應鏈、人力資本服務等領域的新經濟增長點。

（2）積極支持傳統產業優化升級，加快發展現代服務業。特別是努力增強中國產業領域在全球價值鏈高端的發展能力，培育若干世界級先進製造業集群。

（3）堅持「三去一降一補」的政策措施，主要包括：①「去產能」，即以鋼鐵產業和煤炭產業為重點領域，以處置「僵屍企業」為突破口，積極推動企業之間的兼併重組。②「去庫存」，重點是化解房地產庫存數量。③「去槓桿」，即控制全社會總槓桿率，有序推進企業資產重組和債務處置，積極開展市場化債轉股，不斷降低企業槓桿率。④「降成本」，即降低企業營運成本，逐步下調用電價格、部分稅費、五險一金標準、鐵路運費等；努力推進政府「放管服」改革，逐步減少審批事項，減少企業營運的政府性收費。⑤「補短板」，即增加對農村基礎設施建設、水利、扶貧攻堅、生態環保等領域的資金投入；積極推進人力資本投資和社會保障體系建設，加快建立全面覆蓋中國社會的徵信體系和政府信息平臺。

（4）倡導企業家精神，鼓勵更多社會主體投身創新創業。建設知識型、技能型、創新型的勞動者大軍，弘揚工匠精神，營造勞動光榮的社會風尚和精益求精的敬業風氣。

3.「營改增」

早在 1994 年中國稅制改革後，增值稅徵收範圍就逐漸擴大到工商業所有領域。隨後，在 2011 年《中華人民共和國國民經濟和社會發展第十二個五年規劃綱要（2011—2015 年）》中，政府財稅部門明確提出稅收制度改革方向是「擴大增值稅徵收範圍，相應調減營業稅等」。2011 年國家稅務總局頒布《營業稅改徵增值稅試點方案》，宣布從 2012 年 1 月 1 日起，在上海市的交通運輸業和部分現代服務業開始「營改增」試點。接著，北京、廣東等十省市隨之跟進，在 2012 年 8 月宣布推行「營改增」試點。

根據財政部和國家稅務總局的統計，在 2012 年「營改增」試點期間，試點地區直接減少企業稅負 426.3 億元，減稅範圍超過 90%。由此可見，「營改增」的減稅效果相當顯著。2013 年 8 月 1 日之後，全國範圍的鐵路運輸業和郵電通信業也被逐步納入「營改增」範圍，試點經驗逐漸推廣到全國範圍的各行各業。

當然，「營改增」在減少企業稅負的同時，也大幅度減少了地方政府財政收入。特別是原先作為地方主體稅種的營業稅收入，絕大部分被中央政府拿走之後，地方政府財政能力被進一步削弱。如何通過稅收制度進一步調整，保證地方政府的財政能力，調動地方政府對地區經濟增長和社會發展的積極性，這是未來稅收制度改革需要考慮的重點問題之一。

第三節　宏觀調控政策工具之三：貨幣政策

自1949年新中國成立以來，社會主義計劃經濟體制的建立、改革及其向社會主義市場經濟體制的轉型過程就未曾停止，政府國民經濟管理及宏觀調控方式也不斷調整。隨著社會主義市場經濟體系的不斷壯大，在堅持「國民經濟發展計劃」或「國民經濟和社會發展規劃」重要性的前提下，財政政策和貨幣政策的重要性逐漸凸顯。特別是貨幣政策工具方面，它在1978年前的中國宏觀調控政策工具組合中僅僅具有微弱作用；但在1978年之後，隨著中國金融貨幣制度改革的不斷深入，貨幣政策工具已經逐漸成為中國宏觀調控政策工具組合的重要組成部分。

考察貨幣政策工具的演變過程，必須考慮中國經濟體制變遷的過程。根據不同時期的宏觀調控方式特徵，同時參考財政政策工具的演變過程，本書將貨幣政策工具的變遷過程分為三個時期：①計劃經濟管理時期（1949—1978年）；②社會主義市場經濟體制探索、建立和完善時期（1978—2012年）；③新時代中國特色社會主義時期（2012年—）。

一、改革開放前計劃經濟管理時期的貨幣政策（1949—1978年）

1. 計劃經濟管理時期貨幣政策和中央銀行的基本特徵

（1）中央銀行的自主性和獨立性很弱。在計劃經濟管理時期，中央銀行嚴重依賴政府計劃經濟管理部門和財政部門。貨幣政策領域僅僅只有銀行機構作為唯一組織載體；而計劃經濟管理時期的銀行體系完全從屬於計劃管理部門和財政部門，它也僅僅扮演著調劑社會資金的「出納」角色。由此可見，計劃經濟管理時期根本沒有真正意義上的貨幣政策，貨幣政策工具的宏觀經濟調控影響微乎其微。

（2）中央銀行與金融監管部門之間的協調性很差。由於中央銀行職責幾

乎完全從屬於計劃經濟管理部門和財政部門，金融監管部門實際上很難對各種金融機構進行有針對性的監管活動。事實上，雖然中國社會在短暫時期內存在著金融監管機構，但它們普遍存在著缺位和越位現象。

(3) 各種宏觀調控部門之間的職責分工不明確，職責分工交叉，職責分工存在著空白，職責邊界模糊。進而言之，由於政府宏觀經濟調控問題的深層次背景是各種宏觀經濟調控部門對行政資源的佔有和調配，所以中央銀行職責幾乎完全依附於財政部門。

2. 關於貨幣政策和金融產權制度的討論

(1) 金融產權結構調整[①]。在1949年新中國成立初期，中國金融產權結構仍然具有多元化特徵。當時除國家控制的中國人民銀行之外，還有私有性質的中國銀行和交通銀行，公私合營性質的新華信託儲蓄銀行、中國事業銀行、四明商業儲蓄銀行、中國通商銀行，以及幾家保險公司、外資銀行、私人錢莊。

然而，在1953年的「一化三改」之後，這種多元化的金融產權結構被迅速整合，中國社會逐漸形成國家壟斷的單一金融產權形式。例如，1953年中國銀行被指定為國家外匯專業銀行，它與中國人民銀行的「國外業務局」合併；1954年交通銀行被撤銷，其原有業務被納入中國人民建設銀行，而中國人民建設銀行由財政部管轄；1954年之後保險公司基本停辦國內業務。截至1956年年底，私人銀行完全從中國社會舞臺上消失，政府完全控制所有金融機構。

這種國有金融產權安排徹底服務於國有企業，它僅僅是國家為國有企業融資活動而設立的配套制度安排。換言之，在這種國有金融產權安排中，金融機構只能被動地按照行政程序提供金融資源給國有企業，而無法自主控制金融資源的供給數量和供給方式。

隨著中國經濟體制改革的不斷推進，大量社會經濟剩餘由原來的「國家集中控制」逐漸轉變為「民間分散擁有」，這就必然導致金融資源的分散化。

[①] 張杰. 中國金融制度的結構與變遷 [M]. 北京：中國人民大學出版社，2011：27-32.

在這種情況下，如何調整金融產權結構，充分發揮金融機構的資源配置功能，就成為中國經濟發展必須解決的重要問題之一。這是中國金融體制改革的核心內容，同時也是中國貨幣政策調整的重要制度背景。

（2）貨幣政策功能恢復。在計劃經濟管理時期，貨幣政策功能長期處於缺失狀態，中國人民銀行無法有效行使中央銀行職責。在 1953 年國有金融產權結構基本形成後，中國人民銀行的下屬各銀行機構都建立了信貸計劃管理部門；它們每年都會編製和實施綜合信貸計劃，實際上扮演著國有企業體系財務部門的統收統支功能。

在 1969—1978 年，中國人民銀行被全部劃歸財政部管轄，其組織機構、人員、基本業務都被納入國家財政部門；中國人民銀行只保留一塊牌子，實際上成為「空殼」。在這種情況下，貨幣政策幾乎完全淡出人們的視野。

然而，隨著中國社會經濟發展和金融產權結構逐漸變化，中央銀行的宏觀調控職責逐漸凸顯出來，貨幣政策功能日益成為學界和實業界關注的重要問題。特別是在政府宏觀調控政策組合中，貨幣政策應當發揮什麼作用？應當如何發揮作用？這是社會各界廣泛討論的重要議題。

二、改革開放後社會主義市場經濟體制探索、建立和完善時期的貨幣政策（1978—2012 年）

1. 社會主義市場經濟體制探索時期的貨幣政策：治理通貨膨脹（1978—1992 年）

自 1978 年中國經濟體制改革啟動以來，中央銀行職能和貨幣政策功能逐漸恢復，中央政府開始大膽嘗試運用貨幣政策，針對通貨膨脹治理問題進行不斷「試錯」，從而為改善貨幣政策工具運用效果提供了寶貴實踐經驗。

（1）中國經濟體制改革後的第一次物價上漲高峰。1978—1983 年，隨著中國經濟體制改革過程的不斷推進和計劃管理控制力度的逐漸放鬆，「隱性通貨膨脹」趨勢逐漸顯現出來，這就形成中國經濟體制改革以來的第一次物價上漲高峰。面對這種情況，雖然中央政府的主要宏觀調控政策工具仍然是計

劃管理手段，但一些學者開始呼籲貨幣政策的重要性。遺憾的是，此時貨幣政策工具主要存在於學術理論和教科書之中。

（2）中國經濟體制改革後的第二次物價上漲高峰。1984—1986年，中國社會的通貨膨脹率迅速上升。1985年年底的全國零售物價指數（RPI）為8.8%，全國消費者物價指數（CPI）也達到9.3%，這就形成中國經濟體制改革以來的第二次物價上漲高峰。

針對這種情況，貨幣政策工具開始逐漸被納入政府宏觀經濟調控政策組合體系。相關政策措施主要包括：①20世紀80年代初期中國人民銀行建立，通過調整政府機構設置改善貨幣政策工具的配合運用效果。②1984年中國人民銀行頒布《信貸資金管理試行辦法》，明確規定各種經濟主體之間的金融行為邊界。③中央政府開始大膽嘗試使用貨幣政策工具，特別是運用間接調控方式來干預國民經濟運行。

（3）中國經濟體制改革後的第三次物價上漲高峰。雖然1987年年底的全國通貨膨脹情況有所緩解，但隨著1988年「價格闖關」失敗和完全解除價格管制的心理預期，全國範圍的通貨膨脹情況迅速惡化。1988年全國零售物價指數高達18.5%，全國消費者物價指數也達到18.8%，這就形成中國經濟體制改革以來的第三次物價上漲高峰。

針對這種情況，1988年中國共產黨第十三屆中央委員會第三次全體會議提出「治理經濟環境、整頓經濟秩序、全面深化改革」的基本方針。具體內容包括：①縮小中央政府的財政支出範圍，壓縮固定資產投資規模，停建和緩建固定資產投資項目1,800多個。②抑制社會消費需求，將專項控制商品種類由19種增加到32種；限制工資外收入的增長速度；鼓勵積極吸收存款，減少社會購買力。③減少貨幣投放數量；對於1981—1984年發行的國庫券，延期3年償付國庫券本息。

雖然上述政府宏觀調控政策工具仍然具有明顯的計劃管理色彩，但貨幣政策工具的重要性已經日益突出。中國人民銀行開始有意識地運用貨幣政策工具進行宏觀經濟調控，它在法定準備金率、公開市場業務、再貼現率、隔夜市場利率、外匯窗口等方面進行了大量嘗試。例如，自1989年開始，中國

人民銀行為避免計劃管理手段對中國宏觀經濟發展的強烈抑製作用，開始嘗試採用適度寬鬆的貨幣政策，多次調低存貸款利率。

2. 社會主義市場經濟體制建立和完善時期的貨幣政策：相機抉擇的貨幣政策工具（1992—2012 年）

（1）第一階段：緊縮性貨幣政策（1992—1997 年）。自 1992 年鄧小平南方談話後，中國社會公眾對國家經濟發展的未來前景充滿信心，社會各界彌漫著樂觀情緒，國民經濟過熱趨勢日益明顯。針對這種情況，1993 年 6 月中央政府頒布《關於當前經濟情況和加強宏觀調控的意見》，要求：嚴格控制貨幣供給量和信貸規模，嚴禁信貸資源流向金融投機企業；堅決制止金融機構之間的違規拆借；全面清理各種非法集資，整頓證券市場秩序；加強外匯市場管理。

雖然中央政府已經在 1993 年開始採取「緊縮性貨幣政策」，但由於政策時滯影響，1994 年全國商品零售價格仍然同比上漲 21.7%，這是中國經濟體制改革以來通貨膨脹最嚴重的年份。面對這種宏觀經濟形勢，中國人民銀行繼續堅持緊縮性貨幣政策，以期控制通貨膨脹速度。在經過一段時間努力之後，1996 年國民經濟增長速度迅速降低到 10%以內，1997 年的全國消費者物價指數也降低到 2.8%。

（2）第二階段：適度寬鬆的貨幣政策（1998—2003 年）。1997 年 9 月黨的十五大召開，繼續堅持「社會主義初級階段的基本路線」和「社會主義市場經濟的改革方向」。為配合社會主義市場經濟體制改革進程，促進國民經濟快速增長，中國人民銀行開始逐漸轉變宏觀經濟調控方式，有意識地採取「適度寬鬆的貨幣政策」。

1998 年中國人民銀行在 9 個月內連續降息 3 次，1 年期存款利率由 5.76%下降到 3.78%。隨後，中國人民銀行陸續取消對四大國有商業銀行的貸款限額，同時加強資產負債比例管理和風險管理，逐步擴大商業銀行的信貸規模。

1999 年 3 月中國人民銀行頒布《關於農村信貸的指導意見》，允許農村信用社辦理信用貸款業務。1999 年 11 月中國人民銀行再次將農村信用社的存

款準備金率下調2個百分點，增加可貸資金規模2,300多億元。

（3）第三階段：穩健的貨幣政策（2004—2007年）。自2004年開始，全國消費品零售物價總額的增速高達兩位數，國民經濟體系面臨新一輪經濟過熱。與此同時，2005年9月國務院頒布《關於2005年深化農村稅費改革試點工作的通知》，要求全面開展農村稅費制度改革；2005年10月中國共產黨十六屆五中全會提出「建設社會主義新農村」；2006年1月中央政府宣布全面取消農業稅。這標誌著中國社會經濟體制改革和國民經濟發展進入新的歷史階段。

面對逐漸顯現的國民經濟過熱趨勢，中國人民銀行開始實行「穩健的貨幣政策」。特別是啓動公開市場業務，主要政策工具是「正回購業務操作」，針對發行3年期以上的央行票據，進行以特別國債為質押的正回購業務操作。隨後，中國人民銀行連續10次上調基準利率，1年期貸款利率被調整到7.47%，1年期存款利率被調整到4.14%。與此同時，中國人民銀行連續15次上調法定準備金率，法定準備金率被調整為14.5%，累計上調幅度為7.5個百分點。

（4）第四階段：適度寬鬆的貨幣政策（2008—2012年）。在2008年國際金融危機的負面影響下，中國宏觀經濟形勢開始顯露「疲態」。針對這種情況，中央政府積極尋求解決思路，綜合運用包括貨幣政策在內的多種宏觀調控政策組合，以期保持中國經濟增長速度和刺激宏觀經濟發展。該階段貨幣政策操作主要體現為：2008年9月央行連續5次下調基準利率，連續4次下調法定準備金率。

三、新時代中國特色社會主義時期的貨幣政策（2012年—）

在新時代中國特色社會主義時期，中國人民銀行努力探索貨幣政策在中國場景中的功能作用。換言之，中國特色社會主義場景中的貨幣政策與西方資本主義國家市場經濟場景中的貨幣政策具有顯著差異，目前學界的基本觀點是將貨幣政策與宏觀審慎政策結合起來，逐步構建具有中國特色的貨幣政

策調控體系。① 相關實踐內容主要體現在三方面：

1. 信貸市場：差別準備金動態調整機制

早在 2008 年國際金融危機之後，中國人民銀行就著手總結國際金融危機教訓，系統地研究「宏觀審慎」政策框架。為更好地管理資金流動性，引導金融機構合理安排貸款投放數量，中國人民銀行將「差別準備金動態調整機制」逐步納入信貸市場管理體系。

根據中國宏觀經濟形勢變化情況，2012 年年初中國人民銀行不斷調整優化相關政策調控參數，重點支持資本充足率較高、資產質量較好、法人治理結構完善的金融機構，積極扶持符合產業政策的小微企業和「三農」企業，逐步完善貨幣政策體系的微調機制。

2016 年中國人民銀行正式將「差別準備金動態調整機制」提升到「宏觀審慎」評估體系層面。在以「資本充足率」為核心評估指標的基礎上，宏觀審慎評估體系涉及資本槓桿、資產負債、流動性、定價行為、資產質量、跨境融資風險、信貸政策執行情況等諸多方面。通過將「事前引導」轉變為「事中監測和事後評估」，中國社會逐漸建立具有更廣覆蓋面和更大彈性的宏觀審慎政策框架，這有助於引導金融機構加強自我約束和自律管理，有助於引導信貸活動的平穩增加，有效防範系統性金融風險。

2. 外匯市場：外匯風險準備金

在 2015 年年初，中國人民銀行將「外匯流動性」和「跨境流動資金」納入宏觀審慎管理範疇。在 2015 年 8 月之後，隨著人民幣匯率中間價形成機制改革的順利推進，社會公眾進行外匯投機的非理性行動頻繁，這就導致中國外匯市場波動劇烈。為了應對外匯流動性的逆週期調節需求，中國人民銀行決定從 2015 年 9 月對金融機構的代客遠期售匯業務收取 20% 外匯風險準備金，凍結期為 1 年。

事實上，在外匯風險準備金制度的有效保證下，中國「人民幣與外幣一

---

① 徐忠，紀敏，牛慕鴻，等. 中國貨幣政策轉型：轉軌路徑與危機反思 [M]. 北京：經濟管理出版社，2018：63-69.

體化」金融體制改革順利進行。2016年1月中國人民銀行宣布「本外幣一體化」試點啓動，其試點範圍包括27家銀行類金融機構，以及在上海、廣東、天津、福建四個自貿區註冊的各種類型企業。2016年5月「本外幣一體化」的試點範圍進一步擴大，允許全國範圍的所有金融機構和企業辦理相關業務。

隨著外匯市場的波動風險逐漸減小，中國政府開始放鬆對外匯市場的管制。2017年9月8日中國人民銀行宣布取消對境外金融機構的境內存放準備金進行「穿透式管理」；2017年9月11日中國人民銀行又宣布將「遠期售匯風險準備金」徵收比例下調為零。

3. 房地產市場：控制「首付貸」

近年來，房地產市場始終是中國貨幣政策工具的重點調控領域。2016年2月1日中國人民銀行和銀監會聯合發布《關於調整個人住房貸款政策有關問題的通知》，按照「分類指導、因地施策」原則，對房地產市場進行宏觀調控，強化商品房的金融宏觀審慎管理。

2016年7月住建部等七部門聯合發布《關於加強房地產仲介管理，促進行業健康發展的意見》，要求房地產仲介不得提供「首付貸」等違法違規的金融產品；要求在支持合理購房需求的前提下，嚴格限制信貸資金流向投機性購房者。這意味著，在引導個人住房貸款合理增長的前提下，中國貨幣政策對房地產市場發展的影響程度逐漸加深。

2017年9月住建部、中國人民銀行、銀監會聯合發布《關於規範購房融資和加強反洗錢工作的通知》，要求嚴格限制房地產開發企業和房地產仲介機構違規提供購房首付融資，嚴禁互聯網金融從業機構和小額貸款公司違規提供「首付貸」等購房融資產品，嚴禁房地產仲介機構、互聯網金融從業機構、小額貸款公司等違規提供房地產場外配資。

第十二章　宏觀調控制度變遷

本章小結

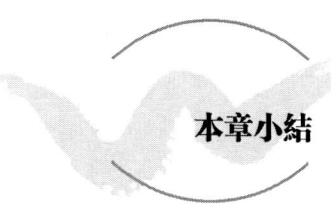

　　本章主要探討國民經濟管理和政府宏觀經濟調控的三種政策工具：一是國民經濟發展計劃或規劃；二是財稅政策；三是貨幣政策。研究重點是這三種政策工具的制度變遷過程。

　　關於國民經濟發展計劃或規劃的變遷過程，本書將之分為五個階段：①「一五」計劃階段，重點內容是「工業化起步」和「社會主義改造」，其中央決策模式是「內部集體決策」（1953—1957年）。②「二五」計劃到「四五」計劃階段，重點內容是「大躍進」、建設「三線」、狠抓備戰，其中央決策模式是「一言堂決策」（1958—1975年）。③「五五」計劃和「六五」計劃階段，重點內容是啟動中國經濟體制改革，其中央決策模式是重新迴歸「內部集體決策」（1976—1985年）。④「七五」計劃到「九五」計劃階段，重點內容是改革闖關、確定社會主義市場經濟目標、推進「兩個根本」轉變，其中央決策模式是「諮詢決策」（1986—2000年）。⑤「十五」計劃到「十三五」規劃階段，重點內容是推動市場配置資源、實施科學發展、建設小康社會，其中央決策模式是「集思廣益決策」（2000年—）。

　　關於財稅政策的變遷過程，本書將之分為三個時期：①計劃經濟管理時期（1949—1978年），重點內容是回顧計劃經濟管理時期財稅政策的基本特徵，即「收支平衡」；介紹關於財稅政策調整的爭論，即財政部門和銀行體系的關係、財政政策的調控方式、稅收政策的必要性。②社會主義市場經濟體制探索、建立和完善時期（1978—2012年），重點內容是國家財政模式轉變、「利改稅」、流轉稅制度改革、「斟酌使用的財政政策」、「分稅制」改革、多層次的社會保障體系等。③新時代中國特色社會主義市場經濟發展時期（2012年—），重點內容是建立「經濟增長成果分享機制」、供給側結構性改革、「營改增」。

　　關於貨幣政策的變遷過程，本書將之分為三個時期：①計劃經濟管理時期（1949—1978年），重點內容是探討當時貨幣管理體制的基本特徵和金融

產權結構調整的可能方向。②社會主義市場經濟體制探索、建立和完善時期（1978—2012年），重點內容是治理通貨膨脹和「相機抉擇的貨幣政策工具」。③新時代中國特色社會主義市場經濟時期（2012年—），重點內容是構建「宏觀審慎」政策框架，即信貸市場的「差別準備金」動態調整機制、外匯市場的「外匯風險準備金」、房地產市場的控制「首付貸」。

尾論
新中國經濟制度變遷：一個方法論的解釋

新中國成立 70 年來，中國社會各領域經歷了深刻的制度變遷，而且這些變遷仍在持續深化演變之中，需要我們以相應的理論和研究方法來分析、解讀這些林林總總的變化。鑒於新中國經濟制度所經歷的不斷探索和發展的過程，既是馬克思主義中國化的具體體現，更是對中國社會主義經濟實踐經驗的理論提煉和總結，本書開篇即基於馬克思生產關係豐富內涵構建了一個分析新中國經濟制度變遷的馬克思關於「生產關係」的制度分析框架，從核心經濟制度、基本經濟制度、具體經濟制度（微觀—中觀—宏觀）三個層面對七十年來中國經濟制度變遷所涉及的多過程、多維度（時間和空間維度）和多層次的具體制度變遷進行了深入的分析研究。倘若關注某一種制度邏輯和過程並在研究中將其「孤立分化」以供解析，而不是從各種制度邏輯和過程之間的關係中理解、認識其作用，對於客觀理性地理解和闡釋新中國經濟制度變遷背後深刻的歷史邏輯以及旨在對制度變遷未來走向及其發展起到有益的指導作用，這是遠遠不夠的。因為制度變遷是一個內生性過程，即多重制度變遷邏輯間的相互作用影響和制約了隨後的發展軌跡，在與其他制度的相互作用中，某一具體制度影響的程度和方向也可能發生很大變化。

為此，作為本書的尾論，本部分將在前文基礎上，從作為政治經濟學研究對象的制度化，即經濟制度入手，進一步分析各種維度、各種層次制度邏輯及其制度變遷過程之間的內在關係，將視角向前、向後延伸，引入生產力及上層建築因素，採用比較分析方法，充分挖掘傳統經濟體制以及轉型期中國漸進式為主的經濟制度在變遷與轉型中的深刻內涵、本質及其獨特性，從中尋找歷史經驗，並在提煉、深化和拓展全書研究的基礎上，以社會基礎—約束條件—目標取向「一體三面」支撐起中國經濟制度變遷實踐和理論展開的內在邏輯及其主線，即在社會主義制度和發展中大國條件下，如何實現共同富裕這個根本目標。

從方法論意義看，迄今國內外關於新中國經濟制度變遷的研究，占支配地位的是運用新古典經濟學、新制度經濟學產權、交易成本、成本—收益分析工具分析經濟制度改革轉型及其對資源配置優化、效率提高的作用。但是無論是在理論基礎上，還是追求簡約（parsimonious）理論模型的傾向，都限

制了研究者的理論視野和想像，效率原則固然能夠在很大程度上評判制度的優劣，不過隨著對經濟發展以及制度績效認識的不斷豐富，單純以效率原則來衡量制度績效，甚至勉力而為，臨時拼湊分析工具和理論觀點來解釋這些正在發生的制度變遷過程，顯然片面且有礙於實現制度績效衡量的多樣化和制度變遷理論分析範式選擇的多樣化。另一方面，正如習近平總書記在紀念馬克思誕辰 200 週年大會上發表重要講話時指出：「學習馬克思，就要學習和實踐馬克思主義關於生產力和生產關係的思想。」「我們要勇於全面深化改革，自覺通過調整生產關係激發社會生產力發展活力，自覺通過完善上層建築適應經濟基礎發展要求，讓中國特色社會主義更加符合規律地向前發展。」調整生產關係以適應變化了的生產力，調整上層建築以適應變化了的經濟基礎，這是國家制定大政方針的基本前提，也關係到如何從學理上對中國社會主義經濟制度的變遷脈絡進行合理的、邏輯自洽的歷史詮釋。因此，本部分基於以唯物史觀為基礎的「制度整體主義」的視角，致力於從一個馬克思主義政治經濟學方法論角度、從新中國經濟制度變遷既受到整體社會經濟制度變遷的制約又深刻影響著社會經濟制度轉型發展、在生產力—生產關係（經濟基礎）—上層建築三大系統相互影響又相互作用的互動中做更深層次的補充和深化研究，也是對經濟制度變遷轉型理論解釋的補充，並對制度變遷研究和實踐起到有益的指導作用。

第十三章
新中國制度變遷的制度整體主義分析：
一個政治經濟學的解釋

任何社會均由生產力與生產關係、經濟基礎與上層建築構成其基本框架。我們在改革和完善社會主義經濟制度的過程中，同樣需要加深對經濟制度這一生產關係的重要組成部分及其在「生產力—生產關係（經濟基礎）—上層建築」相互作用過程中演變的理解。中國特色社會主義經濟制度的實踐探索和歷史邏輯，建立於生產力水準總體低下及生產關係、經濟基礎和上層建築的動態適應性發展基礎之上。在新中國70年的大時代變遷中，「生產力、生產關係（經濟基礎）、上層建築」也分別從縱向上提供了各自歷史演變與制度延續的線索。本章首先分別梳理了中國經濟制度變遷70年歷程在這三條邏輯線上的展開，繼而探討三者之間的動態互動過程，並由此探尋「自覺通過調整生產關係激發社會生產力發展活力，自覺通過完善上層建築適應經濟基礎發展要求，讓中國特色社會主義更加符合規律地向前發展」的制度演進方向。

第十三章　新中國制度變遷的制度整體主義分析：一個政治經濟學的解釋

第一節　新中國經濟制度演變的政治經濟學理論和實踐雙重邏輯

一、新中國生產力發展的歷史嬗變：從量變到質變

（一）生產力的多層次性

解放和發展生產力、實現共同富裕的社會主義本質目標和要求需要我們更深刻地把握生產力—生產關係的相互作用以及生產力「人的尺度」的和諧。

生產關係是通過人對物的關係表現出來的人與人之間的社會關係，生產力就是通過人對人的關係形成的人力與人力、物力與物力和人力與物力的結合。作為一個整體的社會力量來看，生產關係的性質首先取決於生產力的性質，然後取決於所有制、分配制度和交換制度的性質。而生產關係又會反作用於生產力。社會生產力和生產關係的相互作用對推動生產力的變革有著巨大的作用。生產力是最革命、最活躍的因素。當勞動者的積極性和創造性在社會生產力和生產關係所提供的物質條件和社會條件中得到激發和釋放時，生產中的人的要素的生產潛力會極大解放，從而產生強大的連鎖反應，即勞動生產率的提高促進生產工具更新進而引起社會生產力的新發展，又會喚起勞動者生產性能的改變進而推動生產效率提高的循環。因此，人的要素對於推動生產力變革有著重要的作用。尤其掌握先進科技和管理方法的人，對生產力起著核心作用。人的科技勞動具有引領生產力發展的決定性功效，而由自然環境構成的自然力應與勞動力和科技力相協調。

馬克思認為「一切生產力即物質生產力和精神生產力」[①]。這表明，生產力既是生產物質財富的能力，又是生產精神財富的能力。因此，在生產力的發展過程中，不僅需要重視生產力發展的量的因素，也要重視「精神財富生

[①] 馬克思，恩格斯. 馬克思恩格斯全集：第30卷 [M]. 中共中央編譯局，譯. 北京：人民出版社，1995：175-176，496-497.

產」的能力。而馬克思所提倡的和諧生產力中人的尺度的和諧對生產力「精神財富生產」有著重要的意義。20世紀五六十年代，平心將勞動者的精神因素也納入生產力的範疇，進一步將生產力的內部結構劃分為物的要素和人的要素兩部分，認為社會生產力是一切直接為生產使用價值服務的人的體力、精神力量、社會條件和一切被人用來生產使用價值的物質手段、物質條件、自然對象以及一切投入生產中的能量與動量的綜合①，是「物質屬性」和「社會屬性」的結合。勞動者在生產過程中的精神狀態（生產興趣、生產的積極性和創造性等）實質是複雜的社會關係和社會條件的反應和產物。②

生產力的諸要素、諸因子和組成分子，除了一面受到生產關係的結合、形成一定的社會生產體系外，還受到生產力內部的各種形式的聯繫的結合，形成生產力本身的結構和體系。③生產力內部結構的和諧是建立在作為生產力構成因素的物的要素和人的要素同步互動基礎上的，是以人與人的社會聯繫為基礎、以人與物的聯繫為棟梁、以物與物的聯繫為支柱的。它們的交互組織，對生產關係來說，是有一定相對獨立性的結構。作為衡量生產力發展水準的兩個重要維度，物的要素和人的要素在研究和實踐過程中被片面地以生產力的量所取代，如勞動者社會地位、幸福感、滿意度與自我一致性等精神層面質的部分被忽視，對生產力量的關注造成的經濟發展「唯生產力論」和「唯生產力標準論」在很大程度上造成生產力發展的扭曲，與生產力發展的最終意義即人的解放與全面發展的要求不相符。

尤其是在中國社會主義「共同富裕」這一終極背景下，依託於生產力與生產關係相互作用的經濟制度的構建必須取決於特定階段的生產力的發展水準；同時，也必須重視經濟制度中的生產力、生產關係和上層建築之間的相互影響。畢竟，人的因素和物的因素是客觀而共存於生產力、生產關係和上層建築中間的。在構建社會主義經濟制度的過程中，我們需要加深對經濟制

---

① 平心.關於生產力性質問題的討論[J].學術月刊，1960(4)：22.
② 平心.三論生產力性質——關於生產力性質的涵義問題及其他[J].學術月刊，1959(12)：53.
③ 平心.論生產力與生產關係的相互推動和生產力的相對獨立增長：七論生產力性質[J].學術月刊，1960(7)：63.

第十三章　新中國制度變遷的制度整體主義分析：一個政治經濟學的解釋

度這一作為生產關係重要組成部分在「生產力—生產關係/經濟基礎—上層建築」中存在的相互作用的理解。因此，充分考慮共存於三個層次的人的因素對於解決中國經濟問題有著極為重要的作用。

（二）新中國生產力發展的歷史演變

生產力是判斷一個國家經濟社會發展階段的重要指標。馬克思曾經說過：「各種經濟時代的區別，不在於生產什麼，而在於怎樣生產，用什麼勞動資料生產。」[①] 從中國生產力發展的歷史來看，新中國經過 70 年的發展，通過制度的不斷演變奠定了生產力發展的工業化基礎、解放生產力、發展生產力、保護生產力，通過國內分工協作和對外開放不斷拓寬了生產力發展的空間，而生產力的解放和發展促進了中國社會經濟的重大發展，同時逐漸形成了從奠基、解放、發展到保護的系統的中國化馬克思主義生產力理論。從「落後的農業國」（1956）到「生產力發展水準很低」（1979），轉向「落後的社會生產」（1981）再轉向「不平衡不充分的發展」（2017）的概括，是理論與實踐辯證統一的及時研判和回應。

新中國建立在總體非常低下、不平衡的生產力水準基礎之上，經歷了近 30 年的集中整個社會之力「優先發展重工業」、奠定工業體系基礎的艱苦創業時期。與發達資本主義國家相比，中國在很長一段時間內的生產力水準落後是多方面的。譬如：勞動者技能和經驗還不成熟，經濟增長依靠大量自然資源和勞動力投入，生態環境破壞嚴重，農業生產和工業生產的國際競爭力低下，等等。由此，我們黨結合中國實踐，進行了馬克思主義生產力理論與實踐的一系列創新。1963 年 12 月毛澤東在聽取聶榮臻和中央科學小組匯報科技工作十年規劃時，明確指出：「科學技術這一仗，一定要打，而且必須打好。過去我們打的是上層建築的仗，是建立人民政權、人民軍隊。建立這些上層建築幹什麼呢？就是要搞生產。搞上層建築、搞生產關係的目的就是解放生產力。現在生產關係是改變了，就要提高生產力。不搞科學技術，生產

[①] 馬克思. 資本論：第 1 卷 [M]. 中共中央編譯局，譯. 北京：人民出版社，2004：210.

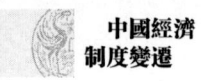

力無法提高。」①

　　1987年黨的十三大正式提出我們將在較長時期內處於「社會主義初級階段」的判斷。這一時期，中國面臨的最大問題是經濟總量不足，社會中的絕大部分矛盾都是因為經濟規模低下產生的，體現效率性的經濟增長是首要任務。1992年鄧小平在南方談話中指出：「社會主義基本制度確立以後，從根本上改變束縛生產力發展的經濟體制，建立起充滿生機與活力的社會主義經濟體制，促進生產力的發展，這是改革，所以改革也是解放生產力。過去，只講在社會主義條件下發展生產力，沒有講還要通過改革解放生產力，不完全。應該把解放和發展生產力兩個講全了。」② 圍繞著解放生產力和發展生產力問題，形成了一系列新的鄧小平生產力理論觀點：改革開放是發展生產力的基本動力；三步走發展戰略；發展生產力和增加人民收入是衡量社會主義經濟政策的壓倒一切的標準；科學技術是第一生產力；等等。

　　黨的十八大以來，中國社會經濟發展進入新時代，隨著生產力的高速發展，中國全面建成小康社會目標即將完成，之後將進入全面建成社會主義現代化強國時期，人民群眾的基本物質和個體基本生存的需要已經得到了滿足，追求多樣化、多方面、多層次的需要成為全新議題，從個體需要轉向家庭需要、集體需要和國家需要，這符合社會主義條件下人的發展訴求，即讓每一個個體都充分實現美好生活的向往，進一步提高物質生產力和精神生產力的生產效率。

　　然而不可否認，進入新時代的新中國仍然處於社會主義初級階段，以習近平同志為核心的黨中央繼續強調解放和發展社會生產力原則。習近平總書記指出：「全面建成小康社會，實現社會主義現代化，實現中華民族偉大復興，最根本最緊迫的任務還是進一步解放和發展社會生產力。」習近平總書記在中共中央政治局第六次集體學習時的講話中又進一步提出，要「牢固樹立

---

① 毛澤東. 不搞科學技術，生產力無法提高（1963年12月16日）[M] // 毛澤東文集：第8卷. 北京：人民出版社，1999：351.
② 鄧小平. 鄧小平文選：第3卷 [M]. 北京：人民出版社，1993：370.

第十三章　新中國制度變遷的制度整體主義分析：一個政治經濟學的解釋

保護生態環境就是保護生產力、改善生態環境就是發展生產力的理念」。

在新的歷史方位下，以科學發展和新發展理念來解決不平衡不充分的問題、滿足人民對美好生活的需要，保護生態環境、保護生產力，表明黨對於中國社會經濟問題更加重視發展質量和效益，並在沒有捨棄發展的速度和規模的條件下兼顧物質生產力和精神生產力的生產效率的提高，這不僅自覺遵循了生產力發展的內在規律，更是充分結合了中國現實國情。

二、生產關係的內在制度變遷邏輯：基於制度層級系統的視角

一般而言，社會生產關係是一個多層次的、具有隸屬關係的、複雜的大系統，其發展變遷過程是多種要素在不同層次的交錯組合。不同的學者常從不同角度將其分為不同層次加以研究，如馬克思生產關係「四環節」結構說以及斯大林的生產關係「三方面」結構說等。當生產關係被當作一個多層次的系統時，生產關係內部各層次及其之間的相互作用，也存在著一定的內部矛盾。生產力發展引起生產關係的調整變化，就是通過生產關係各層次之間的相互作用而實現的。

（一）生產關係的制度層級體系分析框架

經濟制度是社會生產關係的總和，是一定社會現實生產關係或經濟關係的制度化。這些生產關係所指的是社會中的人們在生產過程中所形成的人與人之間的關係，生產關係是歷史地變化的。因而政治經濟學的研究對象是生產關係及其發展規律，本書稱之為經濟制度變遷。

生產關係的運動規律在不同的條件下，總是要表現為與經濟實質相適合的各種不同的具體形式。基於此，本書根據其制度化表現，將生產關係由裡及外分為核心經濟制度、基本經濟制度、具體經濟制度三大層級。

一是反應社會經濟形態本質的人與人之間的經濟關係。這類經濟關係決定了生產的目的，決定了社會的階級結構。每一種社會制度都有它自己固有的、與其他社會制度相區別的社會經濟關係，這種社會經濟關係構成了該社會制度的質的規定性，決定了它的特點和歷史特殊性。生產資料所有制關係

是這類經濟關係的最重要的核心內容,能夠規定生產關係的性質和根本特徵,馬克思恩格斯還認為「所有制問題是運動的基本問題」①。建立在特定所有制基礎上的社會生產關係及其相互關係,體現在制度上,就是社會經濟制度。本書緒論中進一步將其區分為核心基本經濟制度和基本經濟制度,前者主要反應特定社會經濟制度的內在本質屬性,是與其他社會和經濟制度相區別的根本特徵,如社會主義社會的核心經濟制度是生產資料公有制以及按勞分配,這是經濟制度概念的「硬核」部分,在社會主義社會是不變的;後者在特定國家或地區則會隨著該社會不同發展階段所有制實現形式及其結構的變化而有所不同。

二是在具體組織和管理生產、交換、分配、流通過程中發生的人與人之間的經濟關係。這類經濟關係反應在資源配置、經濟運行過程中,它說明的是各種生產要素相互結合的具體形式和特點。這類經濟關係,體現在制度上,就是按一定經濟運行機制運行的具體經濟組織形式或管理方式,即具體經濟體制。

按特定運行機制運行的經濟體制是社會基本經濟制度的具體表現形式或展開形式。沒有經濟體制的依託,基本經濟制度的原則就會懸空化,經濟體制的不完善、不恰當會從根本上影響社會基本制度的實際運行。經濟體制在與基本經濟制度的關係上,是決定與服務的關係。事實上,上述兩個關於生產關係發展的制度化系統層級尤其是經濟體制和經濟運行體制,在實際中是很難截然分開的,所以經常被混合使用。必要時也可以進一步細化分析。

三是體現生產關係的運動規律的社會經濟運行和經濟發展過程。在馬克思主義政治經濟學理論中,經濟運行是內生於對生產關係的分析之中的,或者說生產關係的本質關係要通過經濟運行來體現或實現。對運行層面的分析,有從某具體經濟體制下產品的生產、交換、分配、消費四重過程展開分析的,也有從微觀、中觀和宏觀三個層次加以研究的。本書正篇的結構佈局就接近

---

① 馬克思,恩格斯.馬克思恩格斯選集:第 1 卷 [M].中共中央編譯局,譯.北京:人民出版社,1995:307.

第十三章　新中國制度變遷的制度整體主義分析：一個政治經濟學的解釋

於微觀運行體制、中觀運行體制、宏觀運行體制的三層次分析法，這些運行體制具體由組織和管理方式決定，在計劃經濟體制和市場經濟體制下用來實現運行的具體經濟制度或政策會表現出較為明顯的差異性。如，決定和影響微觀經濟運行實現的具體經濟制度為國有企業和農村集體經濟，同時也是基本經濟制度實現形式；影響中觀經濟運行的主要具體經濟制度為區域政策和城鄉政策；而影響和決定宏觀經濟運行的主要具體經濟制度則是就業、分配和產業等宏觀調控管理制度或政策。

需要說明的是，核心經濟制度是制度前提或是制度預設部分，處於制度「理論硬核」位置，這就意味著其他兩個層次可以隨著特定國家及其歷史發展階段的特點而改革和調整，但都不能從根本上動搖、改變核心經濟制度的基本要求。因此在考察新中國制度變遷過程中我們將把重點放在「基本經濟制度」和「具體經濟制度」兩個層次上。又由於中國習慣將所有具體經濟制度都稱為經濟體制或經濟制度，為了便於刻畫改革開放前 30 年和後 40 年的制度運行及其轉型，在「尾論」中，我們進一步將「具體經濟制度」劃分為「（狹義）經濟體制」和「經濟運行體制（影響經濟運行的具體經濟制度）」兩個層次。狹義的經濟體制特指由兩種資源配置方式決定的經濟體制，即計劃經濟體制和市場經濟體制。特定的基本經濟制度和經濟體制決定了生產關係在社會經濟運行上的微、中、宏觀表現及其採取的制度或相關政策的差異。

由此形成了「尾論」關於新中國經濟制度變遷的生產關係制度層級系統「基本經濟制度—經濟體制（狹義）—經濟運行體制（微觀、中觀、宏觀）」的三層次分析框架（即圖 13-1 虛線框部分）。基本經濟制度是生產關係系統中處於最高層次的制度，能夠在宏觀方面對社會起到整體的影響，對後兩個層次的經濟體制和經濟運行的內容和方向亦具有規定作用，也明確了這一社會的階級利益取向。狹義的經濟體制和經濟運行體制，是以一定的基本經濟制度為基礎，在此之上而建立起來的生產關係與上層建築的「立體」的、具象化的形式。隨著歷史的演進與客觀社會條件的變化，狹義的經濟體制和經濟運行體制也會以基本經濟制度為軸心進行改變與調整，雖然它們可以對社會經濟制度體系的性質起到重要的影響，但並不能決定它。因此，任何一個

國家社會都可以根據自身情況在具體經濟制度建設方面參考。譬如在社會主義公有制性質的社會制度體系之下，為了促進經濟發展，在具體經濟制度方面可以採取承包制、股份制、市場調節等具體制度。

```
                           ┌──── 核心經濟制度
                           │
            ┌─ 社會經濟制度 ┤
            │              │  ┌── 基本經濟制度
            │              └──┤      ↕
            │                 │
  經濟制度 ──┤                 ├── 經濟體制（狹義）    ┌── 微觀
            │                 │   （經濟組織和管理方式）┤
            │                 │      ↕                 ├── 中觀
            │                 │   （特定經濟體制下的）  │
            └─ 具體經濟制度 ───┘   經濟運行體制         └── 宏觀
              （廣義經濟體制）
```

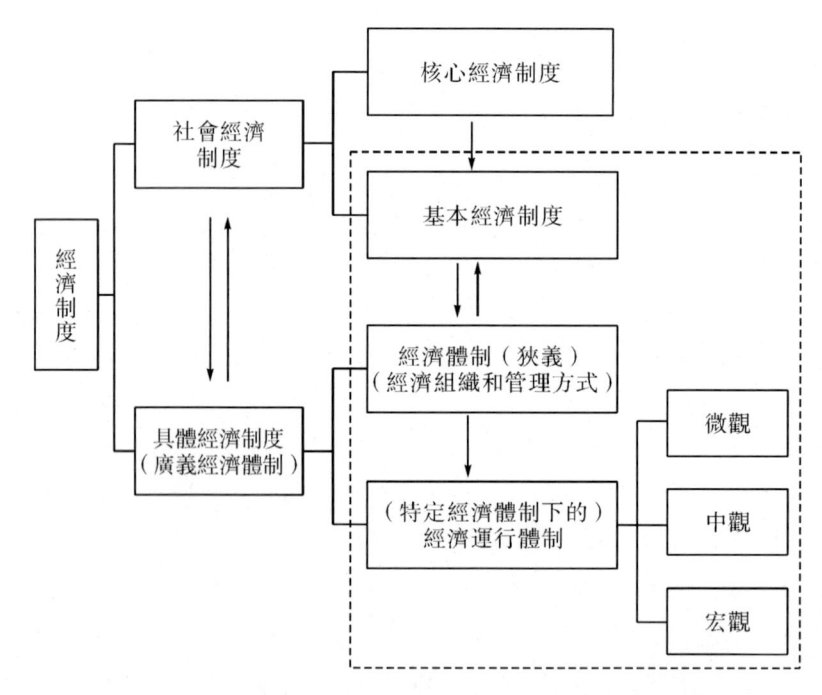

圖 13-1　緒論與尾論中的經濟制度變遷內在邏輯框架關係圖

最後需要說明的是，總體來看，馬克思主義經典作家對生產關係的研究側重於對社會形態方面的基本經濟制度的研究，沒有將經濟體制和經濟運行體製作為重點。但是在社會主義經濟制度由理論變成實踐後，其健全與發展要求我們既要注意基本經濟制度，也要重視對經濟體制和經濟運行體制問題的研究。

（二）新中國生產關係制度層級系統的多層次歷史變遷

1. 對社會主義經濟制度本質規定性認識的演變

中國現實的經濟關係決定了社會主義初級階段在經濟制度上應該有別於共產主義和成熟的社會主義制度，不可能要求純而又純的社會主義生產關係。

第十三章　新中國制度變遷的制度整體主義分析：一個政治經濟學的解釋

但應當堅持以社會主義的生產關係（經濟制度）為主體。

長期以來，中國在對社會主義制度的認識上往往更注重生產關係，從公有制、按勞分配、計劃經濟等方面來界定社會主義及其經濟制度。在1949年新中國成立初期，社會主義陣營對社會主義的普遍認識就是強調公有制程度越高越好，否定社會主義存在市場，強調實行計劃經濟、強調發展重工業、強調階級鬥爭和無產階級專政。中國對於什麼是社會主義的認識，也大多停留在社會主義公有制經濟、計劃經濟、無產階級專政制度等方面。而隨著「左傾」思潮的泛濫及「文革」運動，人們對社會主義本質的認識發生了扭曲，認為社會主義就是全面的公有制，就是平均主義、供給制、按需分配。對於社會主義的本質認識以及在此認識下如何建設社會主義，在毛澤東時代的探索雖然也認為上層建築和生產關係都要服務於解放和發展生產力，但難免仍依附於馬克思主義關於社會主義社會的理解——通過消滅私有制以及階級鬥爭剝奪「剝奪者」、消滅剝削者，以至於發展到「文化大革命」，造成全局指導上的失誤。

而鄧小平對社會主義本質的回答則兼顧了生產力與生產關係兩個方面，並隨著實踐的發展而逐步深化。他指出：「社會主義的本質，是解放生產力，發展生產力，消滅剝削，消除兩極分化，最終實現共同富裕。」[①] 在社會主義本質中，解放生產力、發展生產力是屬於效率提高的方面，而消滅剝削、消除兩極分化、最終實現共同富裕則是屬於維護社會公平的方面。這說明社會主義的本質包括兩個方面，一是解放和發展社會生產力，促進整個社會經濟效率的提高；二是消除兩極分化，消滅社會貧富差距，實現公平正義，建設和諧社會，最終達到共同富裕。因此，社會主義的本質要求收入分配必須實現公平並實現共同富裕。

在某種意義上，上述先後出現的毛澤東和鄧小平領導下尋求「均中求富」抑或「收入差距、共同富裕」兩種主要思想，其實都可以看作「社會主義公

[①] 鄧小平. 在武昌、深圳、珠海、上海等地的談話要點 [M] //鄧小平. 鄧小平文選：第3卷. 北京：人民出版社，1993：373.

491

平」或「共同富裕」這一終極目標的不同階段性特徵，則其在實踐中所帶來的不同結果顯然也具有其歷史合理性。當然，由於中國每個時期關於社會主義本質的認識，是出於對當時經濟社會體制結構等多重因素的考慮以適應經濟發展和社會穩定的需求的產物，因而更多地打上了歷史範疇的烙印並帶有一定的歷史局限性。

2002年11月，黨的十六大報告提出了「全面小康」的概念——全面的小康社會，在一定意義上說，就是大多數老百姓都有產的社會。讓大多數人都能夠分享社會經濟發展好處的制度就是社會主義制度，這種對社會主義本質的認識從「消滅剝削者」轉向了「讓多數人掌握財富」的共同富裕道路。① 對社會主義本質屬性的論斷逐漸把社會主義的本質要求上升到社會層面，是在鄧小平對社會主義本質論斷基礎上的進一步昇華。

「讓老百姓過上好日子，是我們一切工作的出發點和落腳點。」習近平既提出了發展生產力的新理念，又同時提出人民共享的以人民為中心的思路。② 黨的十九大報告進一步闡述了「中國共產黨領導是中國特色社會主義最本質的特徵」。

概言之，隨著對社會主義本質的更深層次的理解，中國經濟制度的演變必須始終遵循社會主義的本質要求，在根本上堅持以人為本，堅守「發展生產力」「共享發展成果」以達到共同富裕這一中國特色社會主義的本質規定和奮鬥目標。

2. 新中國社會主義初級階段所有制結構的歷史變遷

由於生產資料所有制是生產關係的基礎，社會主義基本經濟制度首先體現在生產資料的社會主義公有制上。新中國所有制結構的變革，是一個不斷適應生產力發展的「否定之否定」的過程，大致可分為以下幾個階段：

---

① 2007年10月，黨的十七大報告進一步強調，要促進人的全面發展，做到發展為了人民、發展依靠人民、發展成果由人民共享。2012年11月，黨的十八大報告再次提出，要加大再分配調節力度，著力解決收入分配差距較大問題，使發展成果更多更公平惠及全體人民，朝共同富裕方向穩步前進。

② 習近平. 習近平總書記系列重要講話讀本 [M]. 2016年版. 北京：學習出版社，人民出版社，2016：213.

第十三章　新中國制度變遷的制度整體主義分析：一個政治經濟學的解釋

第一階段：新中國成立後的過渡時期（1949—1956 年），亦公亦私、公私結合的多種經濟形式混存的所有制結構。隨著始於 1948 年的新民主主義革命的三大經濟綱領以及 1953 年的「一化三改」，中央通過沒收和贖買，將資本主義私有制即官僚資本和民族資本改造為全民所有制；通過互助組、初級農業合作社和高級農業合作社，將城鄉小私有制改造成集體所有制。中國經濟成分逐漸趨於單一。

第二階段：從「三大改造」完成到黨的十一屆三中全會之前（1956—1978 年），單一公有制時期。服從於新中國成立之初必須盡快完成「變農業國為工業國」「國家工業化」的趕超戰略及其歷史任務，這個階段中國實行的是計劃經濟體制，生產資料所有制片面追求「一大二公」，認為公有制的實現形式越純越好，整體上「重全民所有、輕集體、排擠個體、消滅私有」。

第三階段：從黨的十一屆三中全會到十四大召開（1978—1992 年），非公有制經濟逐步走上歷史舞臺。實行改革開放後，服從於黨和國家工作中心轉移到經濟建設上來的新的戰略決策，中國提出發展有計劃的商品經濟（其間，強調計劃調節為主，市場調節的地位和作用則經歷了一個從「補充」「為輔」到「有計劃的商品經濟」的發展歷程），強調以公有制經濟為主體，非公有制經濟在國民經濟中的地位和作用則經歷一個從「其他經濟成分補充」到「多種經濟成分」共同發展的演變過程。

第四階段：黨的十四大召開之後（1992 年至今），公有制和多種所有制兩個毫不動搖、共同發展的所有制結構。黨的十四大提出發展社會主義市場經濟，以市場為基礎對資源進行配置，決定了所有制結構的多元性和多樣性，非公有制經濟得到蓬勃發展，成為中國特色社會主義現代化建設的重要力量。

其間，公有制實現形式依次經歷了從資本經營方式（1992 年前）到資本組織形式（1992 年後）的實踐探索，主要的資本經營方式有：國有國營（或集體所有集體經營）和授權（委託）經營、租賃經營、承包經濟（國有民營）等；資本組織形式主要有股份制經營、股份合作制經營、混合所有制、機構法人所有制等等。

概言之，中國生產關係始終以核心經濟制度為基礎——建立在以公有制

為主體的基礎上,如果說第二階段是對過渡時期所有制結構的第一次否定,那麼,第三和第四階段,是對第二階段單一公有制的社會主義經濟制度的第二次否定。其中,公有制經濟代表廣大人民的根本利益,也是我們黨踐行全心全意為人民服務的重要保障。黨的十八大充分遵循中國特色社會主義市場經濟內在規律,進一步提出大力發展所有混合經濟,進而要求將市場經濟的優勢與社會主義制度的要求、原則統一於新時代中國特色社會主義現代化進程之中,這充分調動了非公有制經濟在一般商品生產上的積極性,同時也讓公有制經濟有更多能力確保重要領域和行業的經濟安全,二者的有效結合滿足了中國人民的物質文化需要,有利於鞏固和完善社會主義制度。

為了避免敘事的累贅和重複,關於生產關係第三層次的經濟運行制度方面的相關內容及其與基本經濟制度和經濟體制之間的關係,將在本章第二節中繼續詳細探討。

三、新中國上層建築的制度變遷

在馬克思主義制度經濟思想中,馬克思與恩格斯實際上是將制度看作一個具有兩個層次的系統:處於第一個層次的是居基礎地位的經濟制度,它的性質決定整個社會制度系統的性質;處於第二個層次的則是社會上層建築中維護一定階級關係的國家機器、意識形態以及與之相適應的政治法律制度、組織和設施等,它們的存在將維護經濟制度性質的穩定。

(一)作為制度變遷核心的政治上層建築建設進程

生產關係是人們在物質生產過程中形成的不以人的意志為轉移的經濟關係,為了調和和控制社會利益分配不均導致的社會衝突,必然利用其經濟權力來建立相應的政治制度、法律制度,並推動社會意識形態的變遷,使之與現有的利益分配體系相一致,以鞏固社會利益分配格局,從而開始了由經濟上的「權力結構」向政治法律上的「權力結構」、從單純的經濟權力向複合的社會權力發展和演變的過程,最終建立起與第一層次經濟制度相適應的政治制度、法律制度、意識形態等。

第十三章　新中國制度變遷的制度整體主義分析：一個政治經濟學的解釋

但是，我們也要防止將上述馬克思主義的制度理論簡單地解讀為「經濟決定論」，即強調社會存在決定社會意識、經濟基礎決定上層建築這個主要原則。從長遠視角分析人類社會制度形態變遷，這一論斷當然是科學而正確的，是唯物史觀核心的判斷。然而我們也要注意到，在一個相對靜態的格局中，經濟基礎和上層建築的關係並不是簡單一一對應、反應與被反應的關係，制度系統中經濟、政治、意識形態等系統的作用機制其實是具有系統論認為的複雜性狀態的。「這裡表現出這一切因素間的交互作用，而在這種交互作用中歸根到底是經濟運動作為必然的東西通過無窮無盡的偶然事件向前發展。」①

根據上述分析可見，在上層建築中，政治制度與法律制度直接規定了人們之間的政治關係，並與經濟基礎發生聯繫，借以體現統治階級的利益，是整個上層建築的核心成分。以下圍繞處於中國特色社會主義制度體系中主導環節的中國特色社會主義政治制度以及政治社會化變遷過程中的意識形態建設進行歷史考察和宏觀梳理。

（二）新中國制度變遷中的中國特色社會主義政治上層建築制度系統

作為後發現代化國家，國家建設、黨政因素一直在中國近代以來的制度變遷中居於主導地位。自新中國構建起黨政核心、具有高度動員能力的國家上層建築制度體系以來，這一制度系統一直在整個制度體系的變遷中起著主導性作用。在這一政治上層建築基本制度安排相對穩定的前提下，經濟制度經過了由早期單一公有制到公有為主體、混合共存所有制的前後兩個發展階段。基本政治制度對全局的把控和部署的作用體現得很明顯。

習近平同志指出：「中國特色社會主義制度是當代中國發展進步的根本制度保障，是具有鮮明中國特色、明顯制度優勢、強大自我完善能力的先進制度。」② 新中國70年的實踐證明，中國制度具有黨的領導、以人民為中心、協商民主、集中力量辦大事和有效維護國家獨立自主等顯著優勢。換言之，中

---

① 馬克思，恩格斯．馬克思恩格斯選集：第4卷 [M]．中共中央編譯局，譯．北京：人民出版社，1995：477．
② 習近平．在慶祝中國共產黨成立95週年大會上的講話 [EB/OL]．(2016-07-04) [2019-08-27]．http://www.gapp.gov.cn/ztzzd/rdztl/xddxljh/contents/9835/300264.shtml．

國特色社會主義制度體系的優勢和特點,是通過其基本政治制度的安排集中表現出來的。

首先,中國基本政治制度中民主集中制的組織機制是將民主與政治效率統合起來的核心機制,這一核心機制決定了中國政治制度的特點和優勢。執政黨主導與民眾當家做主相統一的民主原則是保障秩序與公平的基本維度,選舉與選賢相統一的選用制度,保證了決策的質量和效益。不理解中國政治上層建築基本制度的特點與優勢就不能真正把握中國特色社會主義制度體系的特點與優勢。

其次,以國家能力建設為主軸的國家制度體系建設和完善,在根本上都屬於政治制度的完善。從現代國家中心主義觀點看,制度建設的中心任務是提升國家能力。國家的基本制度建設首先是建立完善較為公平合理的社會基本秩序框架。與此同時,需要在中央與地方、國家與社會、政府與市場間構建國家一體化的制度格局,並富有執行力。

再次,中國經濟體制改革的核心問題,即處理好政府與市場的關係,從根本上說是一個政治經濟宏觀問題。深化經濟領域改革的核心機制已經不是單純的經濟問題,而是深層政治社會問題。在基本政治制度秩序穩定的前提下,大力發展民主政治。黨的十八大報告提出「將制度建設擺在更加突出的位置」,這一論點是站在大政治觀基礎上得出的結論。十八屆三中全會通過的《中共中央關於全面深化改革若干重大問題的決定》圍繞國家制度建設的整體部署將這一精神更進一步具體化了。

(三) 新中國政治社會化變遷過程中的社會主義思想上層建築建設進程

新中國成立後,馬克思主義作為執政黨——中國共產黨的指導思想,順理成章地擴展為國家意識形態,成為社會主義建設的指導思想。意識形態建設的首要任務就是通過全國範圍的宣傳普及和各個行業的滲透運用,將革命時期形成的理論意識形態內化於人民群眾的思想意識之中,轉化為與社會主義建設實際密切聯繫的實踐意識形態。在1949—1976年的社會主義建設過程中,在經歷了1949—1956年從「混合多元」到「指導思想一元化」的社會主義意識形態的整合確立期、1957—1966年從「指導思想一元化」到「意識形

第十三章　新中國制度變遷的制度整體主義分析:一個政治經濟學的解釋

態一元化」的意識形態建設的嬗變期以及 1966—1976 年泛意識形態化的意識形態建設異化期三個階段之後,正確處理了「指導思想一元性」與「社會思想多樣性」、意識形態和文化建設的關係,意識形態的正面宣傳灌輸成效顯著。但也留下了慘痛的教訓:意識形態鬥爭方式過於簡單化、形式主義凸顯,意識形態傳播單向、強制,意識形態整合過度依賴批判運動,誇大意識形態建設在社會發展中的作用,忽略現實利益的滿足。

　　黨的十一屆三中全會後,隨著「文革」結束和改革開放開始,中國共產黨在解放思想、實事求是的旗幟下,在經過 1976—1992 年關於一元指導思想與多樣社會思潮初步交鋒中的堅持和揚棄階段以及 1992 年以來包容與開放的社會主義意識形態建設調試與歸位及其意識形態的政治社會化重構之後,提煉出了「必須堅持馬克思主義在意識形態領域的指導地位,用一元指導思想引領多樣化的社會思想」的基本經驗,一元指導思想與多樣化社會思想的萌發相得益彰。由此也完成了由革命黨向執政黨的轉變。改革開放 40 年來,中國社會主義意識形態建設逐步突出民本導向,兼顧堅定的主導性與包容的多樣性,將意識形態工作定位為國家「軟實力」「四個自信」建設的核心內容。但是,伴隨改革開放而來的經濟市場化、政治民主化、社會多元化誘致深刻的社會變遷,以及社會主義意識形態建設滯後於經濟建設的缺憾也使主流意識形態出現了認同危機。由此開啟了黨的十九大以來正在進行的新一輪傳承與超越的意識形態強化和繼續重構過程,迄今為止中國的意識形態建設「還在路上」。

第二節　新中國經濟制度變遷路徑：
「生　力—生　關係/經濟基礎—上層建築」互動耦合

　　基於對中國經濟實踐的歷史考察，本書將宏觀地梳理並構建起一個分析新中國 70 年大規模制度變遷的馬克思主義雙向度制度分析框架：關於「生產關係」制度系統的內在向度邏輯及其延伸了的「生產力—生產關係（經濟基礎）—上層建築」外在向度邏輯分析框架，並對這個分析框架中各層次上所經歷的演化與變遷進行了深入的分析研究。基於本書所堅持的制度變遷內在性觀點，這種多層次、多重制度變遷邏輯線之間是相互作用、相互影響的。為此，本節將在前文基礎上，對上述分析框架內各個邏輯層次的制度及其制度變遷過程之間的內在關係及互動機制，嘗試進行宏觀的、粗線條式的系統梳理。

一、內在向度邏輯分析：社會主義生產關係的制度系統三層級的互動耦合

　　在本章第一節中，我們將生產關係的制度系統研究由裡及表分為基本經濟制度、狹義的經濟體制和經濟運行體制三個層級，進而將影響經濟運行的具體經濟制度分成了微觀運行體制、中觀運行體制及宏觀運行體制三層次。由此構建起的關於新中國經濟制度變遷的生產關係「基本經濟制度—經濟體制—經濟運行體制（微觀、中觀、宏觀）」① 三層次內在結構分析框架。其中，基本經濟制度決定了經濟體制進而具體運行層面的制度的內容和方向。反之，經濟運行中的表層問題，根子在於經濟體制的問題，進而根源於基本經濟制度的缺陷。所以當這些不同層次的各種經濟政策制度在新中國的經濟

---

① 生產關係在經濟運行體制層面的「微觀—中觀—宏觀」的互動關係，實質上也映射出其「基本經濟制度—經濟體制—經濟運行體制」三層級制度間的互動機制及其關係。此外，生產關係運行層面的中觀結構尤其是宏觀結構的整體性質，是由在其中運行並占主導地位、起著領導作用的生產關係的性質決定的。

第十三章　新中國制度變遷的制度整體主義分析：一個政治經濟學的解釋

制度發展變遷過程交錯組合、導致一些矛盾的累積和暴露時，為解決這些問題又出抬了相應的政策制度，在這樣不斷調控、治理的過程中，甚至最終導致了經濟體制和制度層面上的大變遷。

基於此，我們認為新中國成立以來70年的經濟制度變遷史，總是伴隨著一定所有制條件下的勞動關係、階層關係、分配關係等諸多關係，以及政府與市場、中央政府與地方政府關係的變化，體現出經濟制度變遷導致的生產關係利益格局重組。

（一）新中國經濟變遷中的基本經濟制度與經濟體制和運行

1. 改革開放前中國的基本經濟制度與經濟體制和運行

如果我們以生產關係為邏輯起點來分析中國特色社會主義制度的歷史變遷史，那麼，整個分析的起點就是，中國通過民族解放鬥爭建立起了無產階級專政的社會主義國家。無產階級革命事業取得成功，無產階級成為國家的主人，成為共和國的管理者，獲得官僚資本和資產階級的政治、經濟、文化等權利。但是，這裡也存在著一個悖論，即無產階級的革命事業一旦成功，無產階級就獲得了資產階級包括其資產在內的所有權利。這樣，無產階級就不再是革命前的無產階級了。

為此，當時中國的社會主義公有制，在承認了公有制的第一層次——人人都有的同時，卻否定了公有制的第二個層次——重新構建「個人所有制」，甚至在全民所有制上，採取了國有形式。也就是說無產階級僅僅是理論上的資產持有者，卻無法直接管理他們「擁有」的資產，而只能通過代理人間接管理屬於他們的資產。[①] 在此過程中，在國民經濟組織管理體制上有兩個重大變化：一是對生產資料私有制的社會主義改造，塑造了中國政府間縱向關係的主要力量結構，即中國共產黨成為居於領導地位的執政黨，而政黨領導下的各級政府則成為整合社會的唯一力量；二是作為在國內物質條件極為匱乏和蘇聯發展經驗影響下的現實選擇，計劃經濟體制的形成引起了政府間縱向

---

① 這是一次性授權的委託管理模式（所謂代表制），而不是定期授權的委託管理模式（所謂選舉模式）。

體制（中央政府與地方政府財權事權下放的分權體制，實際整體上呈現的是權力收放循環的態勢）的重大變化，初步形成了部門縱向垂直管理+區域橫向管理相結合，或「雙重領導、條塊結合」的層級管理體制。塑造出政府主體壓制市場主體和社會主體的關係格局。而微觀經濟主體國有企業由於政府「預算軟約束」的存在，以致該時期國民經濟的運行和調控一直存在著「一放就脹，一脹就管，一管就死，一死就放」的、需求膨脹易於收縮的特徵。[①] 這種根源於軟約束經濟體制的運行問題，在經濟總量達到一定體量之後，就表現為週期性的供給端膨脹（甚至過剩）和結構失衡問題。

由於公有制的代理人一旦獲得資產管理權，就擁有了資產分配的特權。代理人不是聖人，他們當中的一部分不可避免地發生蛻變。毛澤東敏銳地意識到這種權利的生命力。遺憾的是，毛澤東沒能找到治理的有效方法，也無法跨越歷史而一步踏入共產主義。

2. 改革開放後中國的基本經濟制度與經濟體制和運行

鄧小平清醒地認識到，善用資產及其相關財產權利將會極大地提高生產力發展水準，為無產階級服務。隨著非公有制經濟和商品經濟、市場經濟以及對外開放的逐步發展和壯大，地方政府、市場、社會等主體意識開始覺醒，多元主體格局呈現出更加複雜和動態的變化，同時也為中國經濟發展注入了澎湃的動力和活力，取得了舉世震驚的經濟成績，被稱為中國經濟奇跡。歷史地看，從早期著力於政企分開、對企業進行宏觀和間接式管理開始，到後來以分稅制重塑中央和地方的關係，再到培育社會性力量，乃至從頂層設計上強調「放開那些不該管的、管好那些該管的」，無疑都貫穿著產權制度和資源配置方式改革這一邏輯。

檢視新中國制度變遷史，彰顯了黨的十八大以來「以人民為中心」、人民參與、一切為了人民福祉、「共享發展成果」以實現全體人民共同富裕的社會主義制度完善的重要現實意義。具體內容還將在後續部分深入探討。與此同

[①] 1949—1992 年，即經濟實現擴張階段，一般只需要 2~3 年的時間。與之相反，經濟完成收縮階段則需要較長的時間，甚至長達 6~7 年之久。（張連城，沈少博，邱麗華. 社會主義經濟週期的根源、形成機制與穩定增長的制度安排 [J]. 經濟學動態，2017（5）：35-42.）

第十三章　新中國制度變遷的制度整體主義分析：一個政治經濟學的解釋

時，以中共十八大為起點，發起強有力的反腐倡廉鬥爭、黨風政紀整肅等行動，進行政治、經濟、社會、環境、營商等各領域的「大掃除」，整治綱紀。這是歷史轉折中跨入新時代的第一戰役，自此也開啓了中國特色社會主義的「新時代」。

（二）新中國經濟制度變遷中的基本經濟制度和經濟體制與經濟運行

中國特色的經濟理論創建必須來源於中國經濟發展變遷的實踐。立足歷史制度主義觀察以及對新中國經濟實踐發展變遷歷程的梳理和提煉，我們認為，以黨和國家作為分析的邏輯起點，對中國共產黨領導下的新中國經濟制度變遷史進行研究，是個有價值的嘗試。

從以黨和國家作為分析的邏輯起點來看，由於社會主義所有制結構的關係，整個國家重要的經濟資源主要掌握在國家和政府手中，並通過產業、城鄉、區域制度和政策，進而通過國企投資實現資源配置（後來對外開放經濟也大體如此）。經濟體制上的「計劃+軟約束+政府權力配置的收放」，造成了一種容易出現供給端膨脹、失衡的經濟運行形態。其間，隨著歷次政府機構及其職能改革中政府權力配置的收放和調控（包括就業、分配、再分配和其他調控政策等），中國的國民經濟運行常陷入「一放就亂、一亂就收、一收就死、一死就放」的循環中。由於長期受到計劃經濟體制、傳統管理方式以及體系運行慣性等內生因素的影響，上述運行層面的經濟傳導機制，同時也成為貫穿於整個新中國經濟制度變遷史的總體邏輯主線，尤以 1992 年前為典型。1992 年後機制邏輯雖有所弱化，但也基本以此為基調。當然，隨著從「基礎性作用」到「決定性作用」，市場機制和成分的逐漸滲入和壯大，市場經濟運行和調控的一些特徵也逐漸融入進來。

1. 1992 年前社會主義計劃經濟條件下經濟運行層面的作用機制

作為社會主義計劃經濟體制的主要微觀經濟基礎，國有企業與政府部門是一種縱向行政隸屬關係，政府對國有企業實行「統收統做」——企業所需的一切資源（包括資金、物資、勞動力）由政府部門調撥，產出品由政府部門收購，產品價格由政府部門制定，利潤全部上繳財政部門。集體所有制企業與其上屬行政部門之間也保持著類似的關係。這種利益分配格局直到 1983

年才通過「利改稅」被新的分配模式所替代。而真正傾向於市場化取向改革的「價格雙軌制」則始於1988年，並且還在之後的三年「治理整頓」時期一度中斷。

由於國家職能與政府職能不分[1]，加上嚴重的「政企不分」，國有企業就成為某種意義上的政府所有。於是各級政府對所屬企業就有了具有軟預算約束特徵[2]的「慈父」般的保護。當企業因虧損面臨倒閉或破產的邊緣時，政府會通過軟補貼制度（財政補貼）、軟信貸制度（信貸支持）、軟稅收制度（稅收減免）、軟價格制度（提高企業產品價格）等多種方式讓企業渡過難關。在軟預算約束條件下，企業必然存在強烈的投資驅動和消費驅動。在1949—1992年這段時期，一般只需要在兩三年內就會把總需求推向膨脹狀態；相反，抑制需求膨脹則需要六七年的時間，往往要採用行政手段（如壓縮基本建設投資規模和公共支出的指標）才能把過熱的經濟壓縮下去。同時，由於實行政府定價，價格機制失去了調節供求關係的功能，供給短缺通常不表現為顯性通貨膨脹，因此計劃經濟也就表現為短缺經濟。

2. 1992年後社會主義市場經濟條件下經濟運行層面的作用機制

與計劃經濟條件下企業普遍具有軟預算約束的特徵不同，在社會主義市場經濟中，無論是公有制企業還是非公有制企業，都必須自負盈虧，不再享有政府對它們的「父愛主義」保護。在此條件下，市場驅動下企業追求利潤最大化的行為，一方面會把經濟推至擴張階段，甚至使生產具有無限擴大的趨勢；另一方面，由於政府治理能力決定了政府稅收必須維持在一定水準，從而企業需要把勞動者的工資限制在一個相對較低的水準——這二者導致經濟運行層面形成了一種有效需求不足的供求矛盾格局，當矛盾激化時便會出現過剩運行或有效需求不足。在該時期，每當經濟從膨脹態勢收縮到一定程度時，一般政府就會通過就業、收入分配政策或者政府擴張驅動的投資、對外開放和產業等政策進行充分調整和能量積蓄，此後，經濟運行才會進入下

---

[1] 「國家職能」與「政府職能」直到中共十一屆三中全會之前都是被混為一談的，甚至在20世紀80年代以前國內根本沒有現代意義上的「政府職能」概念。

[2] 雅諾什·科爾內. 短期經濟學：下卷 [J]. 北京：經濟科學出版社，1986：272-280.

第十三章　新中國制度變遷的制度整體主義分析：一個政治經濟學的解釋

一輪擴張階段。對這種以政府驅動維持經濟膨脹和增長的慣性依賴，在某種程度上又使經濟運行與調控回到前一階段的老路上。

此外，社會主義市場經濟體制，就是在社會主義公有制基礎上，使市場在社會主義國家調控條件下對資源配置起決定性作用的經濟體制。① 因此，該階段除上述市場經濟的運行機制和調控特徵外，也具有計劃經濟體制的某些成分。直至今日，政府對國有企業的「特殊關懷」依然會使其預算約束變軟。這主要表現在：當國有企業出現虧損尤其是面臨倒閉和破產的窘境時，無論是出於「維穩」還是其他目的，政府依然會用軟補貼制度、軟稅收制度、軟信貸制度、軟價格制度或者以前未曾使用過的「債轉股」等政策幫助他們擺脫困境。當然，這類能夠享受政府「父愛主義」保護的國有企業，其數量並不占絕對優勢，而且即便能夠享受政府保護，這些國有企業的預算約束也要比計劃經濟條件下的國營企業硬化了許多。

到此為止，我們對黨和國家領導下兩種不同的社會主義經濟體制下新中國宏觀經濟運行的微觀形成機制以及政府宏觀調控過程及其作用進行了梳理和提煉。這反過來也有助於我們更加深刻地理解政府職能轉變②的內在邏輯及其現實困境，並為進一步深化改革、實現突圍提供理論上的可能指導。實踐證明，黨政合一的整合政治的領導，能夠實現對社會、市場的有效吸納，充分調動有限資源集中到重點項目建設，成為推動社會主義建設的重要力量。

---

① 隨著市場資源配置從「基礎性地位」到「決定性作用」，「借助市場而治理」開始讓位於「為市場而治理」的思路。按照這一占據了主流的思路，政府如同一個後勤機構，從界定產權和維護交易公平等方面保障「自我調節的市場」的運行，除了這一保障功能之別無他求。但是，政府實際上又從來沒有成為過這樣的機構，也不可能成為這樣的機構。（歐樹軍. 我們需要什麼樣的政治經濟學［J］. 文化縱橫，2014（4）.）
② 政府職能轉變是行政體制改革的核心內容之一，不僅是一個經濟問題，更是一個涉及上層建築的政治問題［「黨和國家機構職能體系作為上層建築，是中國特色社會主義制度的重要組成部分，需要適應社會生產力進步、經濟基礎變化而不斷完善。」（劉鶴. 深化黨和國家機構改革是一場深刻變革［N］. 人民日報，2018-03-13.）］，也是政治體制改革和經濟體制改革的「結合部」。從邏輯上看，新中國成立以來中國在政府職能轉變領域的諸多努力，無非著眼於兩個目的：其一是提升政府治理能力，直觀表現在借助政府機構改革優化組織流程、提升行政效能上；其二是優化政府治理方式，直觀表現在重塑政府與政府、政府與市場、政府與社會等諸多關係上（呂同舟. 新中國成立以來政府職能的歷史變遷與路徑依賴［M］. 學術界，2017（12）：72.）

但是，伴隨著社會經濟運行和發展中的循環怪圈和制度鎖定，暴露出經濟體制和政府職能方面的體制機制問題。其中，「深化黨和國家機構改革是推進國家治理體系和治理能力現代化的一場深刻變革」。

與以往機構改革主要涉及政府機構和行政體制不同，這次機構改革是全面的改革，包括黨、政府、人大、政協、司法、群團、社會組織、事業單位、跨軍地、中央和地方各層級機構。[①] 要求確保集中統一領導，賦予省級及以下機構更多自主權，構建簡約高效的基層管理體制，規範垂直管理體制和地方分級管理體制等。

這次改革之所以具有革命性，就在於不迴避權力和利益調整，而是對現有的傳統既得利益進行整合，重塑新的利益格局。[②] 因此，黨的十九大報告指出，完善和發展中國特色社會主義制度、推進國家治理體系和治理能力現代化是全面深化改革的總目標。

二、外在向度邏輯分析：「生產力—生產關係/經濟基礎—上層建築」之間的互動關係

中國經濟制度變遷總體上經歷了或正經歷一個適應性互動下「生產力—生產關係/經濟基礎—上層建築」向前向後、螺旋形推進的軌跡。

（一）經濟制度的內部封閉性靜態變遷（1949—1978 年）

新中國關於社會主義制度的實踐是一個新的探索過程，所以新中國成立初期的制度建設帶有明顯的建構理性主義傾向以及實驗性特徵。

首先，從生產力—生產關係（經濟基礎）—上層建築的作用鏈條來看。作為世界上最大的發展中國家，中國在相繼經歷了抗日戰爭和解放戰爭之後，首先面臨著在生產力水準低下、物質條件極大匱乏的條件下重建國民經濟秩序的歷史使命。基於此，作為社會主義國家，中國在中國共產黨領導下快速

---

① 劉鶴. 深化黨和國家機構改革是一場深刻變革 [N]. 人民日報，2018-03-13.
② 劉鶴. 深化黨和國家機構改革是一場深刻變革 [N]. 人民日報，2018-03-13.

第十三章 新中國制度變遷的制度整體主義分析：一個政治經濟學的解釋

推進了對農業、手工業和資本主義工商業的社會主義改造，並實施了以「重工業優先發展」為戰略取向的工業化——重工業是發展生產力而必須建立起來的現代工業體系及其基礎。由於重工業本身具有資本密集使用、就業需求偏低、建設週期長、利潤回流緩慢等特徵，同時，新中國成立初期中國的實際稟賦條件是資本短缺且勞動力充裕，所以重工業優先發展與資源稟賦條件之間的衝突就內生決定了在當時特定的生產力階段國家必須採取計劃經濟體制，以高工資低就業政策、扭曲要素和產品價格為主要內容的宏觀政策環境、高度集中的資源計劃配置制度以及缺少自主權的微觀經濟機制[1]，集中整個社會的經濟資源尤其是資本要素，為重工業的發展提供廉價的勞動力和充足的物資。這進而決定了在上層建築方面，作為黨建國家和實行社會主義制度的發展中國家，必須堅持黨在政治、法律、意識形態等領域的絕對領導，以及廣泛的人民參與；要求個人、集體、國家價值取向高度統一，實行計劃手段的按勞分配的收入分配制度，貫徹公平偏向的分配理念，在全社會形成「均中求富」、服務國家發展需要的意識形態。

其次，從生產力—生產關係—上層建築的反作用來看。一方面，國家對馬克思關於社會主義分配制度認知的有限性以及蘇聯模式的示範效應，出於統治階層穩固政權的需要，在生產關係領域採取單一公有制、按勞分配的經濟制度，並通過黨和政府的領導動員和配置經濟資源，這為計劃經濟體制和重工業優先發展戰略的實施提供了支撐，促進了生產力的發展。就結果而言，中國計劃經濟時期的經濟實踐，在初始條件極端艱難的條件下建立了獨立的、比較完整的工業體系和國民經濟體系，保障了國家安全、恢復了經濟秩序並為後續的持續增長創造了條件。姚洋、鄭東雅指出，重工業優先發展戰略因重工業的技術和金融外部性而具有促進長期發展的積極作用。[2]

但是傳統的收入分配制度在實施過程中，在意識形態領域，超越特定歷史發展階段的「平均主義」「共產風」的意識形態滋生，使得中國的經濟制

---

[1] 林毅夫，蔡昉，李周. 中國的奇蹟：發展戰略與經濟改革（增訂版）[M]. 上海：格致出版社，2012.
[2] 姚洋，鄭東雅. 重工業和經濟發展：計劃經濟時代再考察 [J]. 經濟研究，2008（4）.

度逐漸脫離了其賴以生存的生產力基礎，進一步使「生產力—生產關係—上層建築」向後推進對經濟制度變遷的決定作用大大削弱。在相當長的一段時間內，中國的傳統收入分配制度摒棄了按勞分配，公平偏向、「均中求富」的分配理念在實踐中轉而異化為一種平均主義的分配制度，如「供給制」；另一方面，作為經濟資源的實際配置者，黨和中央政府難以充分掌握並有效處理市場信息，對不同部門或區域的經濟參與者激勵扭曲，且重工業優先發展的資本累積模式也加劇了城鄉間的二元反差。1957—1959 年的「大躍進」與人民公社時期到 1960—1962 年的國民經濟過渡期，再到 1966—1976 年的「文革」期間「四人幫」宣傳「在社會主義歷史時期，生產關係對生產力、上層建築對經濟基礎的反作用是決定性的」①。這種由上層建築領域所影響的經濟制度流弊對生產力來說是一種嚴重的損害，尤以「文革」期間更嚴重。可以說，改革開放前的收入分配制度變遷依循著「生產力—生產關係/經濟基礎—上層建築」向前推進，即上層建築反作用邏輯為主的內部封閉靜態循環。

概言之，中國傳統收入分配制度核心內容的建構呈現出一步到位的特點，上層建築系統作用主導了經濟制度「基礎—體制—運行」的各方面，並逐漸表現為對當時特定階段生產力的脫離，呈現出一定的階段跨越性、理想主義烏托邦精神的特徵。

一方面，國家強制在意識形態領域制定了經濟制度的整體框架。國家作為制度建設的主體，雖然不能決定一個制度如何運行，但是它卻有權力「決定什麼樣的制度將存在」②。國家通過強制力提供法律、秩序及政策作為上層建築領域的內容指導收入分配制度變遷的整體邏輯。

另一方面，由於社會認知的時代束縛，經濟制度安排也具有一定的局限性。20 世紀 50 年代初期，中國同東歐許多國家一樣採用了蘇聯式的中央計劃體制。由於政府發展戰略的偏好和有限理性的存在，占統治地位的社會思想可能並不是「正確」的思想；體現在這種思想中的解決方案，將導致更高的

---

① 馬昀，衛興華. 用唯物史觀科學把握生產力的歷史作用 [J]. 中國社會科學, 2013 (11): 55.
② 林毅夫. 關於制度變遷的經濟學理論：誘致性變遷與強制性變遷 [M] // R. 科斯, A. 阿爾欽, D. 諾斯. 財產權利與制度變遷——產權學派與新制度學派譯文集. 胡莊君, 陳劍波, 等譯. 上海：上海三聯書店, 1994: 4.

第十三章　新中國制度變遷的制度整體主義分析：一個政治經濟學的解釋

收入增長速度和更合乎人們理想的收入分配。因此也會導致制度的效率無法充分地發揮。最終作用到生產力系統，導致生產積極性的破壞、生產力的停滯不前。同時由於存在意識形態剛性的問題，當原有的經濟制度不均衡弊端逐漸顯露，意識形態和現實之間的縫隙增大時，強制推行新制度安排將會挑戰原有的意識形態，損害統治者的權威。因此，政府傾向於維持舊的無效率的制度安排和社會穩定而為純潔意識形態而戰。新的制度安排往往只有在舊的統治思想和制度被替代以後，才有可能建立。最典型的例子是在鄧小平領導下中國農村集體經濟從傳統「一大二公」、高度集中經營的單一經營體制向農村集體經濟實行以家庭承包經營為基礎、統分結合的雙層經營體制的變遷。

這一期間，中國經濟制度的變遷處於一種封閉的靜態循環中，經濟制度的決定處於上層建築與生產關係的內部循環中，並通過這種內部循環向外反作用於生產力的發展，收入分配隨著生產力的發展不斷適應性調整的動態過程並沒有實現。具體的作用機制表現如圖 13-2 所示：

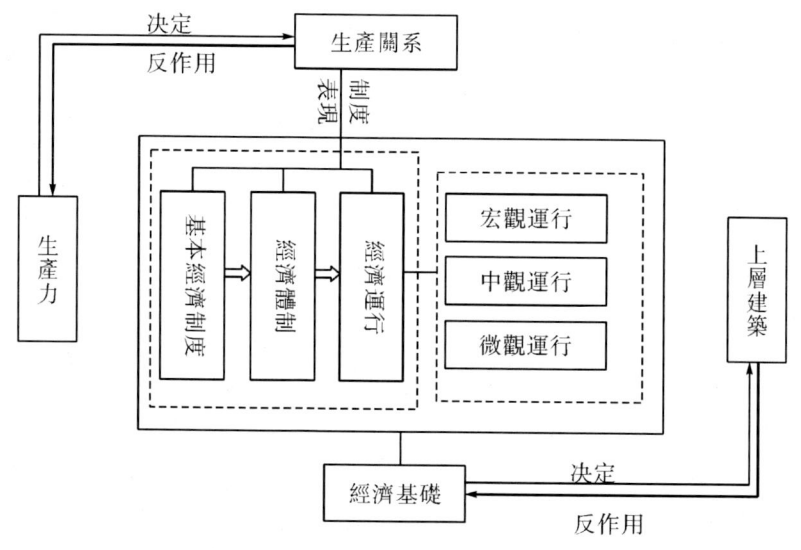

註：1. 線條箭頭指向表明生產力—生產關係/經濟基礎—上層建築的向前推進作用。
　　2. 線條的粗細表明作用力的強弱之分。

圖 13-2　改革開放前「生產力—生產關係—上層建築」向前推進的傳統收入分配制度變遷機制

1949—1978 年，當生產力的決定機制被主觀阻斷之後，經濟制度由上層建築決定，最終這種脫離生產力決定機制的制度變遷走入了困境。

（二）中國經濟制度的開放性動態演進（1978—1991 年和 1992 年至今）

面對中國社會主義經濟制度深陷於階級鬥爭和「文化大革命」而又未能及時找到有效的治理方法困境下的國民經濟效率日益加大的國際差距，中國迫切需要對脫離生產力發展實際的舊的生產關係進行調整和改革，以解放和發展生產力，釋放中國巨大的經濟活力。這一時期中國經濟實踐是在建成獨立工業體系的前提下，通過對內市場化改革和對外全球化融入來集中解決經濟效率問題，以此形成對計劃經濟時期長期低效率的積極回應。

首先，從生產力—生產關係（經濟基礎）—上層建築的向前作用來看。在中國共產黨的領導和推動下，1978 年對真理問題的大討論及改革開放作為意義深遠的思想洗禮，激發了各經濟主體——個體、企業及政府的思想活力。在解放和發展生產力的思潮帶動下，通過經濟體制改革來解放和發展生產力，促進經濟總量增長就成為此階段的核心目標。從經濟體制改革的軌跡來看，中國先後經歷了多種類型的嘗試和多個階段的演變：從計劃經濟體制到「計劃經濟為主、市場經濟為輔」，再到「有計劃的商品經濟」，直至 1992 年確立經濟體制改革的目標是建立「社會主義市場經濟體制」。伴隨著改革目標的持續探索及逐步明晰化，中國在實踐維度開啟了從農村改革到城市改革、從增量引入到存量調整、從有限開放到全面開放、從商品市場改革到要素市場改革、從企業體制改革到金融財稅貿易的系統性經濟改革。相對於計劃經濟時期，改革開放初期的實踐呈現出多維度的轉型特徵：發展導向從重工業優先發展戰略轉向更能耦合稟賦條件的比較優勢戰略；所有制結構從單純的公有制轉向公有制為主體、多種所有制並存的狀態；分配方式從普遍的平均主義轉向更多強調經濟主體貢獻的有差別分配格局；經濟運行方式則從中央政府的強制性指令轉向更多依靠價格配置資源的市場機制。簡單地說，改革開放初期中國實施的是中央政府向農村、企業和地方政府的多方位「分權式改革」，極大地增強了要素流動性和要素配置效率，激發了微觀經濟主體的經濟活力和創造力，從而最終帶來經濟總量的持續增長。1978 年以來中國 GDP 年

第十三章　新中國制度變遷的制度整體主義分析：一個政治經濟學的解釋

均增長率超過 9.7% 就是例證，持續高增長也使中國從低收入國家步入中等收入國家行列。與此同時，由於中國經濟體系中商品市場化與要素市場化不同步、不徹底，全球體系中域外經濟格局對中國經濟發展的影響也不穩定，其結果是中國經濟高速增長的粗放特徵顯著，能源利用和生態維護的壓力增加，經濟增長遭遇外部波動性的影響增強，且增長成果在不同群體間的配置差距也在擴大，整個經濟面臨著不平衡、不協調和不可持續的風險。

其次，從生產力—生產關係（經濟基礎）—上層建築的向後作用來看。中國經濟制度的改革迴歸到遵循生產力決定論上。社會主義初級階段落後、不平衡的生產力決定了在中國生產關係中單一的所有制結構、計劃的經濟體制、平均主義的分配制度等與生產力的發展水準是不相適應的。這就決定了中國必須在所有制結構中引入非國有制經濟成分，形成以公有制經濟為主體，多種所有制經濟成分補充、結合、並存的所有制結構。同時，經濟體制中也引入市場機制來適應生產力的發展要求，進而由此決定了中國的經濟制度的一系列改革。然而，該時段中國經濟體制改革的漸進式特徵導致了社會體系中經濟體制改革與社會政治改革不匹配，從而導致了在政治、法律及意識形態等上層建築領域出現了價值取向多元化和混亂，官員腐敗、政商問題叢生，新食利階層甚至壟斷資本崛起，社會兩極分化嚴重等問題。

當然，該階段，即便在強制性變遷過程中政府在意識形態領域決定了經濟制度的整體框架，誘致性變遷過程中個人、團體在上層建築領域對經濟制度的認同和認識深化也決定了中國經濟制度變遷的主要方面，但是這些都是適應中國生產力發展水準的要求。此外，隨著某一階段經濟制度的變革，當生產力獲得了極大的發展後，生產關係的構成變得已經不能適應生產力的發展需求而必須進行新一輪的制度優化。比如，在所有制結構方面，改革初期形成的以公有制為主體、多種所有制經濟為補充的所有制結構，逐漸變革為以公有制為主體、多種所有制經濟共同發展的所有制結構；除勞動力外的生產要素市場合理性獲得了肯定；市場機制的主體地位得到了認可；收入分配制度中，計劃和市場相結合的分配機制得以確立，並逐漸讓位於市場；按勞分配為主體、多種分配形式為補充的分配制度逐漸轉變為按勞分配與按要素

貢獻分配相結合。

　　在基本經濟制度層面,「單一的公有制」轉變為「公有制為主體、多種所有制經濟共同發展」的社會主義初級階段基本經濟制度,「名義上按勞分配,實際上的平均主義」轉變為「按勞分配為主體、多種分配形式並存,生產要素按貢獻參與收入分配的制度」;其微觀經濟組織,從「國家所有、國家經營,集體所有、集體經營」轉變為「現代企業制度」,從「一大二公的人民公社」轉變為「以家庭承包經營為基礎、統分結合的雙層經營體制」再到現在的農村土地產權「三權分置」。在體制層面,從「高度集中的計劃經濟體制」轉變為社會主義市場經濟體制,具體表現為從「國家定價、集中管理的價格體制」轉變為「市場價格體制」「指導性計劃」,進而建立了統一協調的「國家宏觀調控」;到現在的「讓市場在資源配置中發揮決定性作用,更好發揮政府作用」和「實現國家治理現代化」。在對外經濟關係上,從「封閉僵化」,到實行「全方位對外開放」。

　　縱觀中國改革開放以來生產關係的變革發展,往往是在生產力大發展的推動下進行的,在所有制結構、收入分配制度和經濟體制改革方面得到了進一步深度優化,進而由生產關係進一步作用到上層建築領域,在意識形態、法律法規等方面對收入分配制度有了更加豐富的認識和界定,尤其是對社會主義本質和「共同富裕」理念的認識的逐步完善。而上層建築的變化又反作用於生產關係,從而對所有制結構、收入分配制度、經濟體制,進而對運行層面的其他經濟制度有了更高、更具體的要求,進一步推動經濟制度的變革,促進生產力的發展。這其中,尤其以個人和團體的制度創新活動逐漸被政府接受,轉化為政府主導的制度創新為特色。

　　概言之,改革開放後,中國的經濟制度變遷是在「生產力—生產關係/經濟基礎—上層建築」的相互作用中展開的,但是又必須以「生產力—生產關係/經濟基礎—上層建築」的向後推進,即生產力的決定邏輯為主的開放動態演進為主線。

第十三章　新中國制度變遷的制度整體主義分析：一個政治經濟學的解釋

第三節　新中國的經濟制度變遷方式

總結前文，新中國的經濟制度變遷方式，主要可從時間和空間兩個維度來刻畫。從時間維度看，表現為整個經濟制度變遷具有一種明顯的漸進式變遷為主的特徵，包括 1978 年前的經濟制度變遷，雖然以強制性變遷為主，但仍然表現出了漸進性特質；從空間維度看，中國的經濟制度變遷中貫穿了一條空間變遷的主線，表現為國內城鄉之間、區域之間以及東中西部之間的空間結構變遷邏輯；在與其他國家的國際經濟關係上表現為從封閉到開放（有限開放→開放→深化開放）的空間結構變遷邏輯。在某種意義上，空間結構的經濟制度變遷邏輯，是生產力的解放程度（技術水準），通過反應在經濟結構轉型以及經濟績效提升上進而決定和影響整個制度體系變遷的表現。

一、時間維度的新中國的經濟制度變遷方式：從強制性為主到誘致性為主的漸進性變遷

從 1956 年開始，在中國共產黨歷次全國代表大會決議精神的指導下，中國的經濟制度進行了漸次深入的調整與變革，從宏觀歷史時序來看形成了明顯的漸進性制度演變軌跡，經歷了制度變革背景下傳統社會主義計劃經濟體制的形成與發展（1949—1978 年）、體制改革進程中社會主義有計劃商品經濟的嬗變（1978—1992 年）、社會主義市場經濟體制的完善與發展（1992—2017 年）、新時代中國特色社會主義（2017 年—）四個階段。這種路徑選擇背後的基本思路就是：在國際國內各種利益關係錯綜複雜的環境下，以實現穩定為首要目標的改革必定是以實踐導向、問題導向的經驗主義道路，「學中幹」「幹中學」，盡量地減少受損害的人數及其受損程度。在穩定偏好的影響下，政府行為往往表現出漸進性、反覆性和試錯性特徵，而政府目標的達成也往往以實現社會穩定為基本前提。

本研究依據經濟制度改革進程所處階段的特點，在時間維度上總結了中國

經濟制度演變方式的「兩階段論」，其時間轉折點為 1978 年。即 1978 年之前是傳統計劃經濟體制下自上而下的以強制性、漸進式和被動性為主的經濟制度變遷，1978 年之後則是在市場取向改革及其社會主義市場經濟體制下自上而下與自下而上雙線主導且以誘致性、漸進式和主動性為主的經濟制度變遷。但是，這兩個時期的經濟制度變遷，在時間和空間上都帶有顯著的漸進式演變特徵。

（一）1978 年前強制性為主的漸進式經濟制度變遷（自上而下）

對經濟制度變遷方式的評判只有結合制度變遷的主體、制度變遷的特點進行分析，才能準確把握中國經濟制度變遷方式的整體性質。

從制度變遷主體來看，可以發現中國政府在經濟制度變遷中起著重要的決策者地位。中國社會主義經濟制度的建立，是一個基於實踐不斷調整認識的試錯過程，作為一般意義上制度變遷主體的個人、團體和政府對如何建構分配制度的理解存在認知差異。但是在 1978 年之前生產資料公有制以及個人和集體隸屬於國家的前提下，政府作為制度變遷的決策者決定著中國經濟制度變遷過程，個人及集體則作為制度的接受者貫徹落實政府的制度安排。

制度變遷的程序落實是自上而下的。新中國成立初期的制度建設帶有明顯的建構理性主義傾向，如道格拉斯‧諾斯的「制度創新」理論所認為的那樣，國家的治理者可以刻意地設計、創造和實施任何一種產權形式和分配制度。在面臨國內生產力水準極其落後且物質財富極大匱乏的發展問題以及國際社會主義陣營同資本主義陣營相抗衡的競爭問題這兩大背景下，在黨的第一代領導集體對馬克思關於社會主義所有制與分配理論認知基礎、蘇聯式社會主義經濟體制的示範影響、政府基於落後生產力制定的快速工業化發展戰略以及相對集中的計劃經濟體制這四大因素的影響下，宣布了某種「虛所有制」（國有制）為「實所有制」，並相應建立起在這種產權形式下的以八級工資制和三級工分制為實現方式的中國傳統的收入分配制度。這種制度建構觀，決定了收入分配制度建立的強制性制度變遷特徵。政府決定了中國的經濟發展戰略以及生產、分配、交換、消費在體制內運行的方方面面，譬如本書所涉及的微觀運行體制（國有企業和農村集體經濟）、中觀運行體制（區域政策和城鄉政策）、宏觀運行體制（就業、分配和產業政策等宏觀調控管理）等，難以出現有利的誘變因素。政策的落實通過國家的行政指令層層下放，最終

第十三章　新中國制度變遷的制度整體主義分析：一個政治經濟學的解釋

由具體的生產單位如人民公社、生產組等進一步落實到個人。

社會主義計劃經濟體制條件下的經濟制度變遷表現出一定的激進式特徵。雖然經濟制度安排在一定程度上滿足了國家發展戰略的需要①，但是由於脫離了當時普遍的生產力發展水準，表現為制度本身的變異和失敗，最初「均中求富」的構想逐漸被「大躍進」和人民公社化運動的「共產風」所破壞。不論是政府在國民經濟過渡期採取的供給制還是調整期在農村實行的三級工分制以及對城市供給制和半供給制的取消，對人們生產積極性的損害以及生產力整體水準的停滯都難以發揮有效的作用。尤其是「文化大革命」期間，在全國範圍內徹底否定按勞分配的合理性、提倡平均主義這種具有強烈激進性質的運動，更是對生產力和人民生產激勵機制的極大破壞。這種跨越當時特定的發展階段、非均衡越級發展的激進式想法被證明是不切實際的，嚴重脫離了中國生產力的發展水準。

中國社會主義計劃體制下自上而下的經濟制度表現為單一的生產資料公有制為分配基礎、按勞分配、「均中求富」的分配原則、計劃化的資源分配方式和國民經濟管理方式以及城鄉分割、部門分割、產業結構失衡、軟約束的財政金融體制等等特徵，經濟制度改革始終囿於內在向度的存量改革與計劃體制，並不能夠給予微觀主體一定時間的內生需求誘導，使得制度本身缺乏活力和生命力，強制性的制度缺陷逐漸暴露，自我完善無法進行，最終制度跌入積重難返的供給陷阱。

（二）1978年後誘致性為主的漸進式經濟制度變遷（自上而下與自下而上雙向運動）

科學地把握馬克思、恩格斯的理論應當是將其理論與中國實際相結合，探索適合中國社會主義初級階段國情的社會主義經濟制度，而不是照搬照套，也不是一步進入共產主義。20世紀80年代，在國際以生產效率為首要競爭目標的外在壓力訴求以及制度效率嚴重缺失而引起絕大多數利益群體的不滿甚

---

① 1958年毛澤東提出「鋼產量15年趕上英國」，他在此前一年說過「我們要好好干50年，把工業建起來，要有美國那樣多的鋼鐵」，這就是「趕英趕美」，一直以來被當作自不量力的典範。事實是，15年後的1973年，英國鋼產量為2,665萬噸，中國2,522萬噸，「趕英」目標完成；50年後的2007年，中國鋼產量是美國的5倍。

至威脅到社會穩定的國內壓力下，黨的領導集體敏銳地覺察到改革的潛在利益（不改革現有制度的潛在威脅以及制度變遷帶來的強大的外溢效應、連鎖式的經濟效應以及非經濟效應，包括政權穩定、政府威望提升等），憑借改革膽略和熱情，進行了誘致性變遷先行、隨後政府「跟進」、發起強制性變遷的低成本且適應性效率高的制度改革途徑探索。其間，外在壓力（國際競爭壓力和國內維穩壓力）和主動學習（創新、思想解放）兩大動力一直貫穿社會主義經濟制度變遷過程始終。

隨著制度「建構」觀轉向「演化」觀，中國經濟制度經歷了從1978—1992年體制改革進程中社會主義商品經濟體制嬗變階段到1992年至今的社會主義市場經濟體制的建立和完善階段，經濟制度的每一階段的改革，都是對原有制度的邊際調整、結構性改革和深度優化。在制度變遷主體、程序以及顯著特徵上，中國漸進式為主的自下而上和自上而下的經濟制度雙向運動變遷主要表現在以下三個方面：

（1）改革的主體既有個人、團體，也有政府。譬如以中國收入分配制度的變遷為例來看，一方面，制度的變遷是在政府的主導下進行的，政府在明確的預期收益下主動設計新的制度安排，並且政府不斷通過立法和會議精神的方式推動制度變遷有序進行。僅就分配的政策性原則來看，鄧小平同志在1985年提出了「一部分地區、一部分人可以先富起來，帶動和幫助其他地區、其他人，逐步達到共同富裕」①的初始改革方向，為後續的改革劃定範圍，這

---

① 1978年12月，在中共中央工作會議上，鄧小平在《解放思想，實事求是，團結一致向前看》這篇報告裡提出了一個深刻影響中國的「大政策」。鄧小平指出，在經濟政策上，要允許一部分地區、一部分企業、一部分工人農民，由於辛勤努力成績大而收入先多一些，生活先好起來。一部分人生活先好起來，就必然產生極大的示範力量，影響左鄰右舍，帶動其他地區、其他單位的人們向他們學習。這樣，就會使整個國民經濟不斷地波浪式地向前發展，使全國各族人民都能比較快地富裕起來。這就是後來他反覆闡釋的「先富」與「共同富裕」的理論。（鄧小平. 解放思想，實事求是，團結一致向前看 [M] // 鄧小平. 鄧小平文選：第2卷. 2版. 北京：人民出版社，1994.）1984年10月，鄧小平「允許一部分人先富起來」的思想寫進了《中共中央關於經濟體制改革的決定》（中共中央關於經濟體制改革的決定 [M]. 北京：人民出版社，1984.）。該決定指出，只有允許和鼓勵一部分地區、一部分企業和一部分人依靠勤奮勞動先富起來，才能對大多數人產生強烈的吸引和鼓舞作用，並帶動越來越多的人一浪接一浪走向富裕。1985年9月23日，鄧小平在中國共產黨全國代表會議上的講話中強調，鼓勵一部分地區、一部分人先富裕起來，也正是為了帶動越來越多的人富裕起來，達到共同富裕的目的。

第十三章　新中國制度變遷的制度整體主義分析：一個政治經濟學的解釋

種改革目標和改革大方向也體現在了黨的十四大提出的「兼顧效率與公平」中，黨的十四屆三中全會通過的《中共中央關於建立社會主義市場經濟體制若干問題的決定》繼而提出「效率優先、兼顧公平」；但由於經濟體制存在的缺陷和缺失，該政策性原則按本身的邏輯發展的結果，卻帶來了各領域中收入差距的不斷擴大，並越來越偏離原來的目標。為此黨的十六屆四中全會及時調整和糾偏，從構建社會主義和諧社會的高度，提出要「注重社會公平」以防止積重難返情形的出現，並最終形成了「初次分配和再分配都要兼顧效率與公平，再分配更加注重公平」的政策性原則，使廣大人民共享改革發展的成果。

另一方面，隨著分配主體的多元化發展，個人和企業在制度變遷中發揮著越來越大的主觀能動作用。比如，農村家庭聯產承包責任制建立和私營經濟曲折發展；政府對沿海及非國有企業放寬政策要求，鼓勵個人、企業與地方政府改革實驗，鄉鎮企業、個體企業、私營企業、外資企業等迅猛發展，使得個人及企業團體在開放的環境中充分運用各種經濟成分及手段進行改革創新，培育了新的分配基礎、分配機制和分配形式，推動了中國收入分配制度的變遷發展。這一時期，個人、團體和政府制度創新合力構成了中國收入分配制度變遷的主要內容。

（2）社會主義市場經濟的制度變遷兼具自上而下與自下而上雙向運動的特點。中國的經濟改革是以改變激勵機制和變革收入分配制度為開端的。而收入分配制度的改革，又是先從改變激勵機制開始的。激勵制度的改變在現實中經歷了一個由點及面、從局部到整體，循序漸進的不斷權衡和調整過程。首先，激勵制度的改變是在計劃經濟鏈條中最薄弱的環節——農村實現突破的，以家庭聯產承包責任制為起點，放鬆農村生產要素的分配經營管制來調動廣大農民的生產積極性，並在此基礎上由政府主導、在全國範圍內實施和推廣家庭聯產承包責任制，其間也形成了聯產計酬的按勞分配實現形式。其次，家庭聯產承包責任制激勵機制在國企和其他企業產生示範效應，從而推動產權制度和分配制度進而市場經濟改革自下而上的試點的誘致性制度變遷，隨後由政府「跟進」，以點帶面地實現自上而下的試點推廣推進，以便隨著時

515

間的推移,當各種約束條件都發生變化以後,也許會使其他相關改革阻力變小,減少和化解改革的成本,同時增加過渡過程的可控性。

其間,隨著多種所有制經濟成分在中國的壯大,除勞動力以外的資本、管理、技術等生產要素市場得到了進一步的發展,收入分配的所有制結構基礎改變,市場機制也逐漸被引入到分配機制中,分配形式也變得更加多樣化。最終「堅持按勞分配為主體、多種分配方式並存」於 1999 年被作為公理性原則寫入憲法,成為中國的基本收入分配制度。而體制外改革的成功也進一步倒逼國有企業改革,表現為國有經濟產權制度和治理模式的改革以及股份制經濟改造和重組;在以按勞分配為重要分配原則的同時,注入了如股利和分紅等按要素的貢獻參與分配的分配原則和分配方式。

總之,從家庭聯產承包責任制最初小範圍的村民自發組織到最後政府主導的全國範圍內的推廣,從企業承包制改革到體制外改革和增量改革,進而市場經濟成分的逐步增大、特區經濟的活力釋放,以及多種經濟成分下按知識、資本、技術和管理等要素的貢獻獲取收益等多樣的分配形式的良好示範效應,使得中國所有制結構調整的步伐進一步加快,最終由政府通過細化的政策固化並推廣開來,實現由誘發性變遷向強制變遷的轉變;進而在變遷主體的主觀能動性及其市場活力的驅動下進一步生成新一輪的誘致性變遷,所形成的示範效應及糾錯效應又會以政府主導的方式進一步地調整下去⋯⋯如此循環,便構成中國收入分配制度變遷雙向運動且以誘致性為主的最顯著特徵。

(3) 具有邊際性變革、以增量改革帶動存量改革的特徵。鑒於國有企業改革阻力較大,為此,一方面,對舊有制度的邊際調整,讓新的收入分配制度逐漸建立在舊有制度基礎上,表現為邊際性變革;另一方面,政府開始尋找新的改革增長點,選擇了在基本不觸動國有企業的產權或所有權的前提下通過大力發展非國有企業達到增強企業活力、提高企業效率的增量改革策略。通過在存量外領域培植新制度因素,維持有關制度主體的存量利益以減輕改革阻力,又通過承認有關制度主體的增量利益而增強變革的動力,達到制度的邊際均衡。所以分配基礎的差異,也導致了分配原則、分配機制和分配形

第十三章　新中國制度變遷的制度整體主義分析：一個政治經濟學的解釋

式帶有明顯的「雙軌制」特徵，在國有經濟內部主要延續按勞分配為主，加大了獎金和津貼部分，並對國有企業經營者試行年薪制、股權期權制；在非公有制經濟領域實行市場化的按要素貢獻分配。在存量方面，財稅體制改革和價格改革以及國有企業的改革也在逐步地推進，但其進程要落後於增量改革。

概言之，1978年後中國社會主義市場經濟的制度變遷具有誘致性和強制性的共同特徵，但是以誘致性變遷為主，並且從時間維度來看都具有漸進式的顯著特徵。尤其是在社會主義市場經濟體制建立後，個人及企業成為制度變遷中最具創造活力的主體，增量改革外溢效應逐漸增大，邊際性特徵更加明顯，經濟制度變遷的誘致性特徵更加突出。然而，由於漸進式改革走的是一條利益誘導性很強而結構衝突性較小的道路，所以也出現了在漸進式變遷不徹底、雙軌並存、非均衡發展的時期和領域裡，日趨嚴重的激勵扭曲、尋租、腐敗以及利益格局嚴重失衡等問題。

二、空間維度的新中國的經濟制度變遷方式：從均衡佈局到非均衡發展戰略再到協調發展

「與原始社會組織相似，空間、時間和其他思維類型，在本質上是社會性的。」[1] 作為一種社會關係的空間，「是以自然地理形勢或人為建構的環境為其基本要素或仲介物，但這不是最終的，而是在其上依人的各種活動而又不斷建構的結果。」[2] 中國的經濟空間戰略，無論在國內還是國外，基本秉持的還是一種「空間凱恩斯主義」，國家政策對城鄉、區域、東中西等空間維度的經濟發展具有特別重要的作用。全國經濟空間格局的演變和地域關係的改變，都印有國家和地方政府政策以及國有企業投資的痕跡。

---

[1] 科瑟. 社會學思想名家 [M]. 北京：中國社會科學出版社，1990：158.
[2] 黃應貴. 空間、力與社會 [J]. 廣西民族學院學報，2002 (3).

随著新中國社會主義經濟制度經歷由計劃經濟到市場經濟轉軌再到新時代中國特色社會主義的變遷,中國的經濟空間(城鄉、區域、對外開放)格局也經歷了從均衡佈局到非均衡發展戰略再到協調發展戰略的不同時期,作為輔助工具的各種具體的制度安排(如所有制、財政、金融、價格、貿易、收入分配、人口與就業)在不同的時期也有特定的內容。

(一)改革開放前的經濟制度變遷與經濟空間格局演化(1949—1978年)

新中國社會主義經濟制度形成之初,全國經濟百廢待興,沿海和內地工業空間佈局嚴重不均,地區經濟發展極不平衡。面對這種狀況,國家的發展戰略及區域政策的主要目標是通過投資傾斜和興建國有企業,把國內資本等經濟要素與工業分佈從沿海轉移到內地,並在中西部地區打下基礎設施和工業化的基礎,培植現代工業的生長點,加快內地經濟的發展。受當時形勢的影響,這一時期興建的企業以重工業和軍事工業為主。

隨著計劃經濟體制的形成和發展,國家集中控制和配置大部分經濟資源,並在全國範圍內調動這些資源,按照中央政府的意圖安排生產力的佈局;對關係全局的重大經濟活動進行有效的控制,對重大基建項目給予重點支持。在此時期,主要追求一種分工協作的區域均衡發展,尤其在「三線」建設時期,生產力佈局的中心大規模西移,公平發展的同時忽略了效率的提高。一方面,東部沿海地區老工業基地的充實與改造沒有得到應有的重視,現有基礎與條件沒有得到充分的利用。另一方面,佈局在中西部地區的企業缺少配套協作與綜合發展,盲目建設、選址不周的弊端日益突出,導致經濟效益低下。在城鄉空間結構上,圍繞「重工業優先發展戰略」,以工農業價格剪刀差、戶籍制等制度安排,形成了在二元經濟基礎上的、城鄉分割的、抑制農業支援工業發展和資本累積的經濟空間格局。

(二)改革開放後的制度變遷和經濟空間格局演變(1978年—)

1979年,隨著農村從人民公社到家庭聯產承包制的農民自發需求的誘致性制度變遷和制度創新,突破了計劃經濟模式對農村農業農民的抑制,加上

第十三章　新中國制度變遷的制度整體主義分析：一個政治經濟學的解釋

化肥的廣泛使用，「三農」的勞動生產率大幅提高。[①] 在此之後，由於勞動積極性和微觀效率的提高，農業剩餘勞動力相繼從單純的糧食種植轉移到其他領域，鄉鎮企業迅速壯大。同一時期，開始了以城市為重點的全面經濟體制改革。改革涉及社會政治、經濟生活的各個領域，包括所有制、價格制度、市場體系、國有企業管理、金融體制等一系列由各項制度安排有機組合起來的部分制度結構甚至是制度環境的變遷。其中最關鍵的是國有企業改革。城鄉經濟的空間格局有所變化。當然這種改變在隨後市場經濟體制改革不斷深化的進程中，隨著廣大農村剩餘勞動力就業「孔雀東南飛」式的向率先開放的沿海地區的集中，很多農村經濟出現了「空心化」的現象，城鄉經濟發展差距擴大。

在區域空間格局方面，隨著中國經濟體制逐漸從傳統計劃經濟向社會主義市場經濟的轉變，國家的發展戰略及區域政策也有了新的導向，開始實行全方位的開放政策，相繼出抬了沿江開放、沿邊開放和內陸開放政策，構建了全方位開放格局。而主要集中在以創建全國改革試驗區為目的的沿海傾斜戰略和政策，東部、中部和西部的政策梯度明顯。而市場經濟體制使得生產要素逐步向優勢地區集中，特別是向沿海地區轉移，由此催生了帶動國民經濟整體增長的珠三角、長三角、環渤海灣等經濟核心區域和滬、京、深、穗等經濟增長極，它們也是中國經濟空間結構中的支柱和經濟的重要組成部分。這些加劇了經濟在區域空間結構上的失衡。

基於構築合理的空間經濟格局、縮小地區差距的考慮，中國通過產業政策和佈局政策的結合，實現產業結構調整同經濟地域結構調整的結合。在財政制度方面，1994年在全國範圍內實行分稅制財政制度。分稅制財政制度的變遷通過對收入增量的調整，形成了有利於中央財政收入適度增長的運行機制，實施有效的橫向和縱向經濟調節成為可能。通過財政轉移支付，進行了扶貧、支持西部大開發、振興東北老工業基地、農業扶持等，以調節城鄉、

[①] 根據林毅夫的研究，在 1978—1984 年的農業總產出中，常規趨勢的貢獻為 30%，實行家庭承包制的貢獻為 42%，農產品價格提高的為 15%，另外有 13% 為未被解釋的因素。

區域、產業空間結構。實行區域經濟協調、城鄉經濟一體化發展戰略，構築合理的經濟地域空間格局是中國當時及以後的長期方向。

　　回顧新中國的制度變遷下的經濟空間格局演變，發展戰略的演變是主導。首先，它經歷了分工協作的「均衡增長」，到國際分工承接條件下的「非均衡增長」（「梯度推移」），再到「梯度推移」路徑被打斷後的「地區協調發展」三個階段。在不同的發展戰略及區域政策的指導下，形成了不同的適應當時發展的一系列相關制度體系，具體體現在財政、金融、價格、市場等各個方面。其次，中國制度變遷的方式是漸進性的：先農村後城市；先非國有企業（私營企業、鄉鎮企業）再推進至國有企業；先開放沿海城市再到沿江城市，乃至西部地區；先試點再由點及面，進而擴大其實行範圍。再次，中國的制度變遷以政府主導的強制性制度變遷為主，尤其在計劃經濟時期，中央政府對於區域政策及制度的制定實施具有決定性的作用。

　　此外，在對外開放的空間格局上，中國的對外開放在新中國經濟制度變遷過程中也經歷了一個從封閉到有限開放再到深入開放的過程。「一帶一路」倡議、「人類命運共同體」理念的提出，標誌著中國已經從實務貿易向對外投資合作、外商對華投資合作等領域縱深發展。需要注意的是，這種空間戰略其實是改革開放 40 年國內「空間凱恩斯主義」戰略的一種延伸，與以跨國公司的全球逐利空間擴張為推動力的英美主導的新自由主義全球化不同，中國的 OBOR（One Belt, One Road）是以國家間的合作為基礎、以央企為先鋒的新的全球化手段，頗受地緣政治的影響。

第四節　新中國經濟制度變遷的演變方向：
新時代中國特色社會主義制度的完善

基於前文對中國經濟實踐和理論雙重邏輯的歷史的宏觀梳理，本部分沿著從歷史邏輯到制度邏輯的思路著重探討深化開放背景下的經濟制度完善和經濟發展。

一、新中國經濟制度演變進路：從外在向度的調整到內在向度的協調再到外在向度的協同求變

新中國經濟制度的變遷，除了變遷醞釀、開始階段比較偏重於外在向度邏輯線上的調整外，其他時間多為經濟制度內在向度各層面的漸進改革和協調，在矛盾累積到一定時期後就需要再次回到內外在向度邏輯協同上的頂層設計。

1. 外在向度的協同

作為生產關係在制度上的體現，新中國經濟制度的變遷遵循著「生產力—經濟基礎—上層建築」的向前與向後推進的整體協同作用機制，在推進生產力發展變革中起著重要的作用。由生產力水準決定的中國所有制結構的調整與優化決定了中國經濟制度的變革，從而由所有制及其生產關係構成的經濟基礎決定了上層建築層次的意識形態領域以及國家在法律、政策等方面對社會主義經濟制度的框架界定及具體認知，並通過「生產力—經濟基礎—上層建築」向前推進的反作用機制進一步影響中國所有制結構、收入分配制度以及經濟體制和運行層面各政策制度的完善，推動生產力的發展與變革。

不過總體而言，新中國 70 年的經濟制度變遷，從制度建立一開始就被作為社會主義的規定性，先驗地、外生地、強制性「嵌入」的那些制度和共同體，在後來商品化、市場化漸進改革中，相伴出現了一個競爭「半脫嵌」「脫嵌」的狀況，又在當前面臨著需要被重新審視和規範的局面。

2. 內在向度的協調

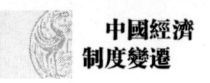

路徑依賴決定了中國的收入分配制度變遷必然是一個漸進的過程。除一開始革命初期建立在外在向度的「生產力—生產關係/經濟基礎—上層建築」反作用邏輯基礎上的強制性社會主義經濟制度建構之外，中國經濟制度每次大變遷——主要是建立社會主義計劃經濟體制、市場經濟體制之後，都經歷了一個囿於制度內在向度的改革，以適應經濟發展和社會穩定的需求。每次經濟領域改革都是在內在向度邏輯上對原有經濟體制和運行機制的邊際調整和結構性改革。原有制度所規定的制度實施範式對制度變遷的方向與速度具有自我強化的慣性和「鎖定」作用：一方面，選擇漸進式的改革路徑，尤其是 1978 年之後伴隨農村家庭聯產承包責任制的實行、國有企業的增量改革和體制外變遷、試驗推廣進行的收入分配制度相應改革，為社會組織提供了適應性效率，從而使帕累托改進成為可能；但另一方面，也可能順著原來的錯誤路徑往下滑，甚至被鎖定在某種無效率的狀態下而導致停滯。譬如，中國在整個經濟體制改革一路「摸石頭」走來的經濟政策試驗中，出抬了很多臨時性和權宜性的經濟政策。① 甚至在 2003 年後，我們的各種「宏觀調控」就替代了實質性的經濟改革。而這些經濟政策，大多僅僅考慮了如何解決眼前的問題，對後果估計不足，也無退出機制，但卻被長期沿用下來。這也讓這些經濟政策所帶來的既得利益及其利益集團（社會階層）固化，而政策的改革也會變得越來越困難。

為此，需要在制度體系與政策措施上進行國家層面的頂層設計，從把經濟制度改革納入「生產力—生產關係/經濟基礎—上層建築」的整體向度中，協同求變，實現經濟發展、社會穩定與合理收入分配關係的良性互動。要實現「國家治理體系現代化」對「市場在資源配置中起決定性作用」的統攝，

---

① 比較典型的例子有目前嚴重依賴向勞動者課稅，而對資產持有和資本利得幾乎沒有任何課稅的國民稅賦結構。中國主要稅源是間接稅，從生產開始就對生產者徵稅，而非從獲得的最終收入收稅；在流通環節中徵稅，實際上是向全體消費者徵稅。與此同時，增量改革過程中還出現了實際工資長期增長停滯的問題，這些與原來的公有制是國民經濟的基礎這一制度安排有關。但令人遺憾的是，隨著市場化改革的深入，儘管各項條件已基本具備，但中國稅制改革依然在修修補補中前行。這也加劇了在經濟新常態下實體經濟發展的困境。

第十三章　新中國制度變遷的制度整體主義分析：一個政治經濟學的解釋

就不能僅考慮經濟制度的生產力意義，還要關注經濟活動的社會與政治後果。

3. 當前中國社會主義經濟制度協同求變過程中的突出問題及解決思路

在中國社會主義市場經濟對外開放漸次深入的背景下，隨著不斷參與國際競爭和主動學習，業已發展形成了「社會主義經濟+市場經濟+全球化+信息技術」的開放經濟系統。中國未來的轉變也不再是單向的和線性的，而必須在「生產力系統（物質和精神）—生產關係制度系統（基本、體制、運行）—上層建築系統（法律、政治、意識形態）」框架下協同求變。①

目前中國所有制結構、收入分配制度、經濟體制及其人與人之間的地位和關係經歷了漸進的發展演變，但仍存在一些不盡如人意的地方。首先，在公有制為主體、多種所有制經濟共同發展的過程中，對所有制關係的改革出現了「私有化」傾向，公有制經濟成分減少，非公有制經濟成分和私有產權增加。「私有化」模式較為單一僵化，不僅會嚴重影響到公有制的主體地位，還拉大了收入差距。其次，在由政府和市場共同決定資源配置的體制下，政府與市場邊界界定不清晰，市場與政府的分配功能錯位。經濟活動中處於壟斷地位的行業、企業可以獲得高額收入，使這些行業、企業中的職工收入偏高。再次，在生產過程中資本、技術等日益成為強勢要素，勞動者主體地位削弱。相對於資本報酬的增長，勞動報酬和實際工資增長緩慢，國民收入分配中勞動收入比重下降。這些最終導致社會收入差距不斷加大，社會不公平加劇，不同階層的利益衝突加劇，人與人關係中不和諧因素增多。同時，和諧社會建設對人的發展以及公平的要求更高。但中國的社會保障體系、所有權體系、稅法體系的改革進展緩慢，收入差距過大導致的階層固化，階層利益衝突加劇成為突出的問題。

中國經濟問題的根源在於基本經濟制度殘缺和結構扭曲，上述問題對中國的經濟制度轉型有著重要的制約作用。基本經濟制度作為生產力、經濟基

---

① 「生產力—經濟基礎—上層建築」的分析法或方法論具有強大的整合功能，在制度整體頂層設計有其獨特的優越性。毛澤東曾就此感嘆過：「如果我們黨有一百個至二百個系統地而不是零碎地、實際地而不是空洞地學會了馬克思列寧主義的同志，就會大大提高我們黨的戰鬥力量。」（毛澤東. 毛澤東選集：第2卷［M］. 北京：人民出版社，1991：533.）

礎與上層建築動態適應的中間環節產物，合理的所有制、收入分配、勞資關係等，既是生產力發展的充分條件，又是實現上層建築穩定的充分條件，在其轉型完善中必須正確處理好三者的關係尤其是經濟基礎和上層建築的改革和完善。正確把握經濟基礎與上層建築的關係，使我們可以從流行的思維限制下解放出來，準確地揭示真正影響各層次經濟制度的社會原因。因此，中國要完善社會主義經濟制度必須努力解決經濟基礎與上層建築的不和諧因素，未來改革的關鍵在於建立和完善有中國特色的社會主義經濟制度，內外協同、上下協同、制度與政策協同、中央與地方協同、政府與市場協同、部門之間協同、行業之間協同、產業之間協同，以協同求變。在面臨種種困境和制約因素之下，中國經濟制度的完善和發展若要取得實質性突破，必須由碎片化向系統化轉變，直面經濟領域一些突出的深層次問題，整體、系統地設計改革方案。

二、深化開放背景下的經濟制度完善和經濟發展
——制度前設、路徑選擇

從歷史的角度入手幫助我們解讀研究新中國經濟制度變遷的來龍去脈，從縱向上提供了制度延續與演變的線索。

1. 深化開放背景下的經濟制度完善和經濟發展的制度前設

從實踐邏輯整體地看，新中國計劃經濟時期的首要任務是恢復和重建經濟秩序，而改革開放初期的主要工作是提高生產效率、增加財富總量。這兩個時段存在著前後依存、承繼、變革和突破的關係，它們均構成了社會主義制度下中國共產黨領導的經濟演進史。計劃經濟時期形成的工業體系是後續持續高速增長的前置條件，但其內生的效率國際差距卻成為市場化轉型的變革對象。在新中國經濟制度變遷這70年間，中國經濟總量的持續高速增長是不爭的事實，但這不必然就表明持續發展和共同富裕目標已經達成。

與此同時，從理論邏輯整體地看，我們認為毛澤東時代關於「馬克思主義中國化」與改革開放後形成的「中國特色社會主義」「新時代中國特色社會主義」是內在統一的，而毛澤東、鄧小平和習近平領導下尋求「經濟趕超」

第十三章　新中國制度變遷的制度整體主義分析：一個政治經濟學的解釋

「均中求富」抑或「解放和發展生產力」「先富帶後富」以及「高質量經濟增長」「滿足人民美好生活需要」「分享經濟發展成果」三種主要思想及其相應制度，其實都可以看作「持續發展生產力」「社會主義公平」即「共同富裕」這一終極目標的不同階段性特徵。社會基礎—約束條件—目標取向「三位一體」支撐起中國經濟實踐和理論展開的內在邏輯，中國經濟實踐及理論演進的主線即在社會主義制度和發展中大國條件下，如何最終實現共同富裕這個根本目標，中國在社會主義制度下還在進行經濟制度的連續變革當中。

2. 深化開放背景下的經濟制度完善和經濟發展的路徑選擇：新時代中國特色社會主義

新中國成立70年來，我們經歷了一個從「站起來、富起來，到強起來」的發展歷程。中國近40年來所依賴的內部發展模式和外部發展條件都在發生顯著變化。中國必須迅速做出調適。在新時代深化開放背景條件下的社會主義，是全社會共同擁有財富、全社會共同創造價值和全社會共同分享成果的社會主義。它是包容了資產階級和資本主義、超越了無產階級專政和資產階級專政，是一種具體的社會主義。

在新的歷史起點上，「改革必須堅持正確方向，既不走封閉僵化的老路，也不走改旗易幟的邪路。我們要把完善和發展中國特色社會主義制度、推進國家治理體系和治理能力現代化作為全面深化改革的總目標，勇於推進理論創新、實踐創新、制度創新以及其他各方面創新，讓制度更加成熟定型，讓發展更有質量，讓治理更有水準，讓人民更有獲得感。」[1] 這一重要論述，深刻指明了堅持和發展中國特色社會主義是當代中國發展進步的根本方向，闡明了新時代堅持和發展中國特色社會主義的根本要求。

---

[1] 習近平. 在慶祝中國共產黨成立95週年大會上的講話［EB/OL］.（2016-07-04）［2019-08-27］. http://www.gapp.gov.cn/ztzzd/rdztl/xddxljh/contents/9835/300264.shtml.

本章小結

本章以「生產力—生產關係（經濟基礎）—上層建築」這一典型的馬克思主義政治經濟學制度分析框架，對新中國70年來的經濟制度變遷進行了一個多重過程、多維度邏輯和多層次制度及其相互作用中的制度變遷史的理論分析。

回顧新中國這70年的制度發展史，其間充滿了複雜曲折而急遽的變遷，但從整體和歷史的大視野來看卻又是緩慢而漸進的；其變遷動力來源中既有「刺激—反應」[①]的影響，又有快速工業化、市場化、全球化、城市化等不同進程的相互碰撞；內容涵蓋所有制結構、企業制度、市場體系、政府職能、宏觀調控體系、收入分配和社會保障制度、城鄉經濟體制、對外經濟體制、產業政策制度、區域發展制度等諸多領域、多線程的複雜機制關係，而我們在經濟體制快速轉型發展的過程中，不僅最大限度地保持了社會有序運行並呈現安穩和諧局面，還形成了社會主義核心經濟制度以及中國特色社會主義基本經濟制度與市場經濟體制的有機融合，形成了新時代中國特色社會主義的現代經濟體系新格局。

中國經濟制度的變遷，似乎在很長一段時期裡缺少適應自身的整體性制度安排，其實踐並沒有效仿和照搬西方發達國家的模式，卻取得了史無前例的成效。迴歸到思想史層面，我們其實可以清晰地看到中國特色社會主義規律的「歷史路標」[②]及其發展的內在邏輯：①在中國社會主義基本經濟制度確立之際，如何走中國自己的社會主義建設道路問題就被提上了治國理政的重要議程。在《論十大關係》中，毛澤東從社會主義社會生產力和生產關係、

[①] 費正清在《中國研究》中提出「刺激—反應」範式來解釋近代中國變化的動力，特別強調了外來刺激對中國社會內在變動的影響。

[②] 顧海良. 歷史路標和時代意蘊——中國特色社會主義政治經濟學形成和發展概略 [N]. 光明日報，2018-12-21（11）.

第十三章　新中國制度變遷的制度整體主義分析：一個政治經濟學的解釋

經濟基礎和上層建築的關係入手，遵循從發展的觀點看經濟建設問題的基本理念，堅持「一定要首先加強經濟建設」的發展方向，並形成了社會主義社會的基本矛盾理論、統籌兼顧、注意綜合平衡理論，以農業為基礎、工業為主導、農輕重協調發展理論。②改革開放的開啓，標誌著中國特色社會主義形成和發展的歷史起點。鄧小平「解放和發展社會生產力」以及「共同富裕」的理論，成為中國特色社會主義的邏輯主線。1992年我們黨從資本主義經濟中「剝離」出市場經濟這個一般範疇，從而實現了堅持社會主義基本制度同發展市場經濟的結合，提出了「社會主義市場經濟」理論，使全社會充滿了改革發展的創造活力。在這40年間，中國的制度變遷反應出時間上漸進性改革為主的縱向推進過程以及空間上共生性改革為主的橫向聯動關係；反應出改革過程中「破與立、上與下、易到難、點與面、時與空」結合互動的改革路徑；圍繞著政府與市場這一核心關係，形成了「誘致性改革與強制性改革、增量改革與存量改革、局部改革與整體推進、體制外改革與體制內改革、自上改革與自身改革、漸進改革與激進改革、『摸著石頭過河』與頂層設計」相結合的改革方式。其中，（地方層面）國家不但是經濟活動的重要制度環境，而且是積極參與經濟發展或主導經濟發展的「經濟主體」，是中國改革開放時期的一大特點。①

在70年的新中國制度變遷的進路和方向上，反應出生產關係制度內在向度「核心經濟制度—基本經濟體制—具體經濟制度（其亞層次為：狹義經濟體制以及經濟運行體制）」以及外在向度「生產力—生產關係（經濟基礎）—上層建築」上向前向後推進，以及從外在向度的調整到內在向度的協調再到外在向度的協同求變的進程。正如習近平總書記在慶祝改革開放40週年大會上的講話中指出：「從形成更加成熟更加定型的制度看，中國社會主義實踐的前半程已經走過了，前半程我們的主要歷史任務是建立社會主義基本制度，並在這個基礎上進行改革，現在已經有了很好的基礎。後半程，我們

---

① 在社會主義計劃經濟時代，地方政府也積極參與地方經濟活動，但在計劃經濟體制的束縛下，各地經濟活力有限。而地方異質性、多樣性的特點，也為改革開放後經濟活動的持續發展、依次遞進提供了可供迂迴和調整的彈性空間。

的主要歷史任務是完善和發展中國特色社會主義制度，為黨和國家事業發展、為人民幸福安康、為社會和諧穩定、為國家長治久安提供一整套更完備、更穩定、更管用的制度體系。這項工程極為宏大，零敲碎打調整不行，碎片化修補也不行，必須是全面的系統的改革和改進，是各領域改革和改進的聯動和集成，在國家治理體系和治理能力現代化上形成總體效應、取得總體效果。」這是對新中國 70 年制度變遷的獨特經驗機制和思想智慧的高度總結和概括，指明了不斷發揮和增強中國制度優勢、完善和發展中國特色社會主義制度的方向。

參考文獻

DEMSETZ, H. Toward a theory of property rights [J]. American economic review, 1967 (2): 347-359.

白永秀, 王澤潤. 非公有制經濟思想演進的基本軌跡、歷史邏輯和理論邏輯 [J]. 經濟學家, 2018 (11).

薄一波. 若干重大決策與事件回顧: 上卷 [M]. 北京: 中共中央黨校出版社, 1991.

財政部. 國企去年的收入超千億 僅65億用於民生 [N]. 中國經濟時報, 2014-06-25.

蔡昉, FREEMAN R, WOOD A. 中國就業政策的國際視角 [J]. 勞動經濟研究, 2014, 2 (5).

蔡昉, 王美豔. 非正規就業與勞動力市場發育——解讀中國城鎮就業增長 [J]. 經濟學動態, 2004 (2).

蔡昉. 中國就業形勢的新特點 [J]. 財會研究, 2011 (9).

蔡昉. 中國改革成功經驗的邏輯 [J]. 中國社會科學, 2018 (1).

蔡昉. 中國勞動力市場發育與就業變化 [J]. 經濟研究, 2007 (7).

蔡昉. 轉軌時期的就業政策選擇: 矯正制度性扭曲 [J]. 中國人口科學, 1999 (2).

曹兼善. 郎咸平旋風始末 [M]. 南京: 江蘇人民出版社, 2005.

曹令軍. 近代以來中國對外經濟開放史研究［D］. 長沙：湖南大學，2013.

曹普. 當代中國改革開放史：上卷［M］. 北京：人民出版社，2016.

常健. 中國對外開放的歷史進程［J］. 中國現代化研究論壇論文集，2008（4）.

常思. 外匯帳戶結售匯實現真正意願化［J］. 中國外匯，2007（12）.

陳丹，唐茂華. 中國農村土地制度變遷60年回眸與前瞻［J］. 城市，2009（10）.

陳棟生，區域經濟學［M］鄭州：河南人民出版社，1993.

陳華，尹苑生. 區域經濟增長理論與經濟非均衡發展［J］. 中外企業家，2006（3）.

陳慧女. 中國共產黨領導社會主義經濟建設過程中收入分配改革領域的實踐與基本經驗［J］. 理論月刊，2012（9）.

陳吉元，陳家驥，楊勛. 中國農村社會經濟變遷：1949—1989［M］. 太原：山西經濟出版社，1993.

陳金濤，劉文君. 農村土地「三權分置」的制度設計與實現路徑探析［J］. 求實，2016（1）.

陳靜. 中國引進外商直接投資的制度變遷研究［D］. 西安：西北大學，2007（8）.

陳清泰. 國企改革：過關［M］. 北京：中國經濟出版社，2003.

陳清泰，吳敬璉，謝伏瞻. 國企改革攻堅15題［M］. 北京：中國經濟出版社，1999.

陳少暉. 從計劃就業到市場就業——國有企業勞動就業制度的變遷與重建［M］. 北京：中國財政經濟出版社，2003.

陳錫文. 實施鄉村振興戰略，推進農業農村現代化［J］. 中國農業大學學報（社會科學版），2018，35（1）.

陳雲，鄭東亮. 2016年就業形勢分析及發展趨勢［J］. 中國勞動，2017（2）.

陳雲. 陳雲文選：第2卷［M］. 北京：人民出版社，1995.

陳宗勝，王曉雲，周雲波. 新時代中國特色社會主義市場經濟體制逐步

建成——中國經濟體制改革四十年回顧與展望［J］. 經濟社會體制比較，2018（4）.

程光福. 鄧小平與中國對外援助［J］. 黑龍江史志，2014（23）.

崔之元. 市場經濟中的公有資產與全民分紅［J］. 商務周刊，2006（17）.

丹尼爾·W. 布羅姆利. 經濟利益與經濟制度——公共政策的理論基礎［M］. 陳鬱，郭宇峰，汪春，譯. 上海：格致出版社，2012.

道格拉斯·C. 諾思. 制度、制度變遷與經濟績效［M］. 杭行，譯. 上海：上海人民出版社，2008.

道格拉斯·諾思. 理解經濟變遷過程［M］. 鐘正生，等譯. 北京：中國人民大學出版社，2013：96.

道格拉斯·C. 諾斯. 制度變遷的經驗研究［M］. 楊培雷，譯. 上海：上海財經大學出版社，2014.

鄧小平. 建設有中國特色的社會主義（增訂本）［M］. 北京：人民出版社，1987.

鄧小平. 鄧小平文選：第2卷［M］. 北京：人民出版社，1994.

鄧小平. 鄧小平文選：第3卷［M］. 北京：人民出版社，1994.

丁任重，孔祥杰. 中國區域經濟合作：發展與組織轉型［J］. 中國經濟問題，2012（5）.

丁任重，李標. 馬克思的勞動地域分工理論與中國的區域經濟格局變遷［J］. 當代經濟研究，2012（11）.

董大海，張克. 深入認識做強做優做大國有企業的重要性［N］. 人民日報，2017-08-21.

董志凱，吳江. 新中國的工業奠基石——156項建設研究（1950—2000）［M］. 廣州：廣東經濟出版社，2004.

董仲其. 推動中國特色社會主義理論體系形成的一大法寶［J］. 毛澤東思想研究，2009（6）.

杜潤生. 杜潤生自述：中國農村體制改革重大決策紀實［M］. 北京：人民出版社，2008.

段娟. 改革開放初期至90年代中期中國區域發展戰略轉變的歷史考察 [J]. 黨史文苑, 2009 (12).

範林榜. 馬克思按勞分配釋讀與中小企業薪酬管理實踐 [J]. 改革與戰略, 2010, 26 (1).

馮國磊. 建國初期中國共產黨外資政策研究 (1949—1956) [D]. 成都: 西南交通大學, 2012.

馮霞, 文月. 三權分置: 農村土地集體所有制的有效實現形式 [J]. 上海農村經濟, 2016 (12).

馮禹丁. 30年國企產權改革路 國企改革從哪裡來, 到哪裡去 [N]. 南方週末, 2015-07-24.

甘超英. 新中國憲法財產制度的歷史回顧 [J]. 中國法學, 2010 (4).

高帆. 「政治經濟學迴歸」與中國經濟學說的選擇邏輯 [J]. 政治經濟學評論, 2016 (5).

高潔. 提高中國對外技術交流質量 [J]. 當代經理人, 2006 (16).

高尚全. 中國改革開放十五年大事記 [M]. 北京: 新華出版社, 1994.

高志仁. 新中國個人收入分配制度變遷研究 [D]. 長沙: 湖南師範大學, 2008.

格羅斯曼, 哈特, 阮睿. 所有權的成本和收益: 縱向一體化和橫向一體化的理論 [J]. 經濟社會體制比較, 2017 (1).

辜勝阻, 韓龍豔. 中國民營經濟發展進入新的歷史階段 [J]. 求是, 2017 (4).

谷紅欣. 中國當代收入分配思想研究 [D]. 上海: 復旦大學, 2006.

郭飛. 深化中國所有制結構改革的若干思考 [J]. 中國社會科學, 2008 (3).

郭鵬輝. 論中國對外貿易體制改革歷程 [J]. 現代商貿工業, 2009 (17).

郭曉燕. 北京市國民經濟恢復時期對私營工商業的政策 [J]. 北京黨史, 2008 (3).

郭勇. 不斷增強國有經濟活力、控制力與影響力 [N]. 湖南日報, 2013-12-04.

韓俊.中國城鄉關係演變60年的回顧與展望［J］.改革，2009（12）.

郝璐，年志遠.比較優勢、交易成本與對外貿易制度創新——兼論中國對外貿易制度改革［J］.雲南社會科學，2015（6）.

郝璐.中國對外貿易制度研究［D］.長春：吉林大學，2017.

賀耀敏，武力.五十年國事紀要［M］.長沙：湖南人民出版社，1999.

胡鞍鋼，程永宏.中國就業制度演變［J］.經濟研究參考，2003（51）.

胡家勇.改革開放40年中國所有制理論的創新和發展［J］.中州學刊，2018（5）.

胡景北.農業土地制度和經濟發展機制：對二十世紀中國經濟史的一種解釋［J］.經濟學季刊，2002（2）.

胡爽平.馬克思主義分配理論及其在當代中國的發展［D］.武漢：武漢大學，2010.

黃漢江.投資大辭典［M］.上海：上海社會科學院出版社，1990.

黃孟復.中國民營經濟史·世紀本末［M］.北京：中華工商聯合出版社，2010.

黃群慧.中國工業化進程及其對全球化的影響［J］.中國工業經濟，2017（6）.

黃英，倪憲章.新中國成立後黨在不同時期對國際環境的判斷與中國外交戰略的演變［J］.北方論叢，2001（6）.

黃祖輝.準確把握中國鄉村振興戰略［J］.中國農村經濟，2018（4）.

姜凌，馬先仙.正確認識人民幣匯率穩定的若干問題［J］.金融研究，2005（8）.

蔣一葦.企業本位論［J］.中國社會科學，1980（1）.

金輝.國企改革關鍵在建立現代企業制度［N］.經濟參考報，2017-07-21.

荊林波，袁平紅.中國（上海）自由貿易試驗區發展評價［J］.國際經濟評論，2015（5）.

景朝陽.新時代中國區域協調發展的內涵和重點［EB/OL］.（2017-12-17）［2018-12-23］.http://www.sohu.com/a/208970931_787066.

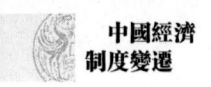

康怡. 國資委：國新公司或將轉生為「中投二號」[N]. 經濟觀察報, 2013-11-29.

科斯. 論生產的制度結構 [M]. 上海：上海三聯書店出版社, 1994.

冷兆松.「國進民退」主要分歧綜述 [J]. 紅旗文稿, 2014（2）.

列寧. 列寧選集：第 2 卷 [M]. 中共中央編譯局, 譯. 北京：人民出版社, 1995.

黎青平. 對黨和國家利用外資政策的歷史考察 [J]. 中共黨史研究, 1989（2）.

李萍. 馬克思制度理論的精髓：從方法論角度的認識 [J]. 理論與改革, 2003（3）.

李恩平, 郭偉軍. 中國就業體制的變遷與展望 [J]. 中國特色社會主義經濟回顧與展望, 2009.

李輝勇, 陳家喜. 中國經濟特區體制改革報告（2015）[M]. 北京：社會科學文獻出版社, 2015.

李金華. 德國「工業 4.0」與「中國製造 2025」的比較及啟示 [J]. 中國地質大學學報（社會科學版）, 2015（5）.

李婧. 中國外匯市場與資本項目可兌換的協調發展 [M]. 北京：首都經濟貿易大學出版社, 2007.

李敬. 中國對外直接投資的制度變遷及其特徵 [J]. 亞太經濟, 2006（3）.

李楠. 馬克思按勞分配理論及其在當代中國的發展 [M]. 北京：高等教育出版社, 2003.

李寧, 張然, 仇童偉. 農地產權變遷中的結構細分與「三權分置」改革 [J]. 經濟學家, 2017（1）.

李萍, 陳志舟, 李華. 統籌城鄉發展中的效率與公平 [J]. 經濟學家, 2006（1）.

李汝賢, 邱敏學. 對新時期勞動就業制度改革的評價 [J]. 當代世界與社會主義, 2005（6）.

李偉. 宏觀經濟政策新框架成功駕馭新常態 [J]. 瞭望, 2017（33）.

李豔秋. 中國特色社會主義所有制結構的演變及啟示 [J]. 中國特色社會主義研究, 2014 (2).

李義平. 馬克思的經濟發展理論: 一個分析現實經濟問題的理論框架 [J]. 中國工業經濟, 2016 (11).

李雲. 習近平就業優先戰略思想述論 [J]. 求實, 2017 (11).

梁吉義. 區域經濟學通論 [M]. 北京: 科學出版社, 2009.

廖桂容. 建國以來國有經濟角色定位: 歷史回溯與改革前瞻 [D]. 福州: 福建師範大學, 2012.

列寧. 列寧選集: 第3卷 [M]. 北京: 人民出版社, 1995.

林霞. 中國特色社會主義個人收入分配制度研究 [D]. 南京: 南京師範大學, 2012.

林毅夫, 蔡昉, 李周. 中國的奇跡: 發展戰略與經濟改革 (增訂版) [M]. 上海: 格致出版社, 2012.

林毅夫. 中國的農村改革與農業增長 [M] // 制度、技術與中國農業發展. 上海: 上海三聯書店, 2005.

林毅夫. 關於制度變遷的經濟學理論: 誘致性變遷與強制性變遷 [M]. 上海: 上海三聯書店, 1994.

劉承禮. 改革開放以來中國收入分配制度改革的路徑與成效——以公平與效率的雙重標準為視角 [J]. 北京行政學院學報, 2009 (1).

劉鶴. 深化黨和國家機構改革是一場深刻變革 [N]. 人民日報, 2018-03-13.

劉俊. 土地的所有權國家獨占研究 [M]. 北京: 法律出版社, 2008.

劉夢琦. 對中國勞動就業問題的思考 [J]. 現代經濟信息, 2017 (2).

劉社建. 就業制度改革三十年的回顧與反思 [J]. 社會科學, 2008 (3).

劉詩白. 政治經濟學 [M]. 成都: 西南財經大學出版社, 2014.

劉守英, 熊雪鋒. 中國鄉村振興戰略的實施與制度供給 [J]. 政治經濟學評論, 2018 (4).

劉偉, 蔡志洲. 中國工業化進程中的產業結構升級與新常態下的經濟增長

[J].北京大學學報（哲學社會科學版），2015（3）.

劉偉，陳彥斌.十八大以來宏觀調控的六大新思路［J］.人民日報，2017-10-10.

劉衛兵.「大眾創業、萬眾創新」視角下的就業問題淺析［J］.中國商論，2017（12）.

劉仲藜.奠基——新中國經濟五十年［M］.北京：中國財政經濟出版社，1999.

盧新海，張旭鵬.農地「三權分置」改革的政治社會學分析［J］.新疆師範大學學報（哲學社會科學版），2017（6）.

盧燕平.中國工業化、農業剩餘和城鄉一體化發展［J］.改革與戰略，2013（5）.

陸文.新中國農村土地制度的改革歷程［J］.黨政幹部學刊，2011（7）.

呂進中.1994—2004年中國外匯制度的變遷、影響及展望［J］.南方金融，2005（5）.

呂進中.中國外匯制度變遷［M］.北京：中國金融出版社，2006.

呂同舟.新中國成立以來政府職能的歷史變遷與路徑依賴［J］學術界，2017（12）.

馬建堂.國有企業改革三部曲：從擴權讓利到戰略性重組［N］.21世紀經濟報導，2008-12-20.

馬克思，恩格斯.馬克思恩格斯全集：第46卷［M］.中央編譯局，譯.北京：人民出版社，1979.

馬克思，恩格斯.馬克思恩格斯選集：第1卷［M］.中中央編譯局，譯.北京：人民出版社，1995.

馬克思，恩格斯.馬克思恩格斯選集：第3卷［M］.中中央編譯局，譯.北京：人民出版社，1995.

馬克思，恩格斯.馬克思恩格斯選集：第4卷［M］.中中央編譯局，譯.北京：人民出版社，1995.

馬克思.資本論：第3卷［M］.中央編譯局，譯.北京：人民出版社，

1975.

馬克思. 資本論: 第 1 卷 [M]. 北京: 人民出版社, 2004.

馬克思, 恩格斯. 馬克思恩格斯全集: 第 46 卷上冊 [M]. 中央編譯局, 譯. 北京: 人民出版社, 1972.

馬泉山. 新中國工業經濟史 (1966—1978) [M]. 北京: 經濟管理出版社, 1998.

馬曉河, 劉振中, 鐘鈺. 農村改革 40 年: 影響中國經濟社會發展的五大事件 [J]. 中國人民大學學報, 2018 (3).

馬羽. 試論中國農業合作化的歷史必然性 [J]. 社會科學研究, 1981 (5).

馬昀, 衛興華. 用唯物史觀科學把握生產力的歷史作用 [J]. 中國社會科學, 2013 (11).

毛澤東. 毛澤東文集: 第 7 卷 [M]. 北京: 人民出版社, 1999.

毛澤東. 毛澤東選集: 第 8 卷 [M]. 北京: 人民出版社, 1991.

毛澤東. 毛澤東選集: 第 5 卷 [M]. 北京: 人民出版社, 1977.

毛澤東. 毛澤東自述 [M]. 北京: 人民出版社, 1993.

孟榮芳. 中國社會基本養老保障制度碎片化 [D]. 南京: 南京大學, 2014.

歐樹軍. 我們需要什麼樣的政治經濟學 [J]. 文化縱橫, 2014 (4).

裴長洪. 中國對外貿易 60 年演進軌跡與前瞻 [J]. 改革, 2009 (7).

彭升. 試論毛澤東對外開放思想的主要原則 [J]. 湖南醫科大學學報 (社會科學版), 2003 (4).

平心. 關於生產力性質問題的討論 [J]. 學術月刊, 1960 (4).

平心. 略論生產力與生產關係的區別: 八論生產力性質 [J]. 學術月刊, 1960 (8).

平心. 三論生產力性質——關於生產力性質的涵義問題及其他 [J]. 學術月刊, 1959 (12).

卿平. 私營經濟與家族式管理 [J]. 農村經濟, 2000 (5).

邱海平. 論中國特色社會主義政治經濟學的研究對象和理論特性 [J]. 教

學與研究, 2017 (3).

權衡. 中國區域經濟發展戰略理論研究述評 [J]. 中國社會科學, 1997 (3).

全國人大財政經濟委員會辦公室, 國家發展和改革委員會發展規劃司. 建國以來國民經濟和社會發展五年計劃重要文件匯編 [M]. 北京: 中國民主法制出版社, 2008.

任榮. 六十年土地改革的演變歷程 [N]. 菸臺日報, 2009-02-16 (09).

桑東華. 新中國成立以來黨的所有制政策的演變與中國所有制結構的變遷 [J]. 中共黨史研究, 2010 (7).

沙健孫. 中國共產黨和資本主義、資產階級 [M]. 濟南: 山東人民出版社, 2005.

沈曉暉. 發展中國家匯率制度選擇——基於國際貨幣體系不對稱性的視角 [M]. 北京: 中國金融出版社, 2008.

石軍偉. 高質量發展更要激發和保護企業家精神 [N]. 湖北日報, 2018-01-14 (07).

石林. 當代中國的對外經濟合作 [M]. 北京: 中國社會科學出版社, 1989.

孫國梁, 孫玉霞.「一五」期間蘇聯援建「156項工程」探析 [J]. 石家莊學院學報, 2005 (5).

孫久文. 中國區域經濟發展報告——中國區域經濟發展趨勢與城鎮化進程中的問題 [M]. 北京: 中國人民大學出版社, 2014.

孫麗麗. 關於構建新型政商關係的思考 [J]. 經濟問題, 2016 (2).

孫萌. 人民幣匯率制度選擇 [D]. 長春: 吉林大學, 2010.

宋麗丹. 國外看「中國道路」取得成就的主要原因 [J]. 紅旗文稿, 2015 (13).

譚祖誼. 中國經濟結構演進中的貿易政策選擇 [M]. 北京: 人民出版社, 2008.

湯靜波. 建國五十年中國勞動就業的制度變遷 [J]. 上海經濟研究,

1999（10）.

田暉. 對中國所有制結構演變及趨勢的思考［J］. 經濟問題，2005（5）.

田書華. 中國區域經濟的發展歷程及發展趨勢［EB/OL］.（2014-04-17）［2018-12-23］. http://blog.sina.com.cn/s/blog_51bfd7ca0101e2l7.html.

萬典武. 當代中國商業簡史［M］. 北京：中國商業出版社，1998.

萬紅燕. 改革開放以來中國利用外資的進程分析［J］. 江西社會科學，2008（11）.

汪海波. 國民經濟恢復時期恢復、發展工業的基本經驗［J］. 中國社會科學院研究生院學報，1995（1）.

王駿.「文革」後期周恩來在對外經濟工作中的貢獻［J］. 黨的文獻，1999（1）.

王天偉. 中國產業發展史綱［M］. 北京：社會科學文獻出版社，2012.

王今朝. 關於市場配置資源決定性與更好發揮政府作用的學術認知［EB/OL］.（2016-12-08）［2019-03-04］. http://ex.cssn.cn/jjx/jjx_gzf/201612/t20161208_3305679.shtml.

王雪苓，李萍，王衛卿. 當代中國收入分配制度的演變邏輯與方法論意義：政治經濟學的解釋［A］// 劉燦，等. 中國特色社會主義收入分配制度研究（第六章）. 北京：經濟科學出版社，2017.

王亞華. 農村土地「三權分置」改革：要點與展望［J］. 人民論壇·學術前沿，2017（6）.

王亦瓊. 人民幣外匯管理體制變遷的制度研究［D］. 杭州：浙江大學，2004.

王友成. 1958—1959年黨的領導集體對所有制問題的認識軌跡［J］. 河南師範大學學報（哲學社會科學版），2010（4）.

維之，牛建立. 中蘇關係破裂後中國第一次面向西方國家引進成套技術設備［J］. 黨史博覽，2017（6）.

衛興華，張福軍. 當前「國進民退」之說不能成立［J］. 紅旗文稿，2014（9）.

衛興華. 把發展生產力與發展社會主義生產關係和上層建築統一起來[J]. 求是, 2016 (8).

魏後凱, 鄔曉霞. 新中國區域政策的演變歷程[J]. 中國老區建設, 2012 (5).

魏後凱. 改革開放30年中國區域經濟的變遷: 從不平衡發展到相對均衡發展[J]. 經濟學動態, 2008 (5).

魏眾, 王瓊. 按勞分配原則中國化的探索歷程——經濟思想史視角的分析[J]. 經濟研究, 2016 (11).

吳承明, 董志凱. 中華人民共和國經濟史 (1949—1952) [M]. 北京: 社會科學出版社, 2010.

吳豐華, 韓文龍. 改革開放四十年的城鄉關係: 歷史脈絡、階段特徵和未來展望[J]. 學術月刊, 2018 (4).

吳秀才. 中國特色社會主義發展觀的歷史嬗變[J]. 理論學習, 2017 (9).

吳彥豔. 改革開放以來中國利用外資政策的回顧與展望[J]. 經濟體制改革, 2008 (6).

伍仁. 人民公社和共產主義[M]. 北京: 工人出版社, 1958.

武力. 城鄉一體化: 中國農村和農民的復興夢[J]. 紅旗, 2014 (1).

武力. 1949—2006年城鄉關係演變的歷史分析[J]. 中國經濟史研究, 2007 (1).

武力. 中華人民共和國經濟史 (1949—1999) [M]. 北京: 中國時代經濟出版社, 2010.

武力. 中華人民共和國經濟史: 下卷[M]. 北京: 中國時代經濟出版社, 2010.

武少文. 當代中國的農業機械化[M]. 北京: 中國社會科學出版社, 1991.

習近平. 決勝全面建成小康社會奪取新時代中國特色社會主義偉大勝利: 在中國共產黨第十九次全國代表大會上的報告[EB/OL]. (2017-10-28) [2019-03-04]. http://cpc.people.com.cn/n1/2017/1028/c64094-29613660-5.

html.

習近平. 決勝全面建成小康社會, 奪取新時代中國特色社會主義偉大勝利 [N]. 人民日報, 2017-10-28.

習近平. 立足於中國國情和中國發展實踐, 發展當代中國馬克思主義政治經濟學 [N]. 人民日報, 2015-11-25.

習近平. 切實把思想統一到黨的十八屆三中全會精神上來 [J]. 求是, 2014 (1).

習近平. 切實把思想統一到黨的十八屆三中全會精神上來 [N]. 人民日報, 2014-01-01.

習近平. 習近平總書記系列重要講話讀本 (2016 年版) [M]. 北京: 學習出版社, 人民出版社, 2016.

習近平. 中國共產黨第十九次全國代表大會報告 [N/OL]. 人民日報, 2017-10-18 (02) [2018-12-13]. http://paper.people.com.cn/rmrb/html/2017-10/19/nw.D110000renmrb_20171019_1-02.htm.

以習近平總書記講話精神為指導促進非公有制經濟健康發展 [N]. 學習時報, 2016-04-18 (01).

習近平. 在紀念毛澤東同志誕辰 120 週年座談會上的講話 [N]. 人民日報, 2013-12-27 (02).

夏力. 基於政治關聯的中國民營企業技術創新研究 [D]. 南京: 南京大學, 2013.

向新, 蘇少之. 1957—1978 年中國計劃經濟體制下的非計劃經濟因素 [J]. 中國經濟史研究, 2002 (4).

肖嚴華. 勞動力市場、社會保障制度的多重分割與中國的人口流動 [J]. 學術月刊, 2016, 48 (11).

蕭國亮, 隋福民. 中華人民共和國經濟史 (1949—2010) [M]. 北京: 北京大學出版社, 2011.

熊德平. 中國所有制改革歷程的制度經濟學探索 [J]. 求是學刊, 2002 (2).

徐伯黎. 堅如磐石, 十九大報告宣示反腐決心 [N]. 檢察日報, 2017-

10-24 (05).

徐濤. 建國初期毛澤東工業發展戰略思想考察 (1949—1956) [J]. 湖南科技大學學報 (社會科學版), 2018 (3).

徐忠, 紀敏, 牛慕鴻, 等. 中國貨幣政策轉型: 轉軌路徑與危機反思 [M]. 北京: 經濟管理出版社, 2018.

薛暮橋. 建立和發展行業民間自治團體 [M]. 北京: 中華工商聯合出版社, 2003.

鄢一龍. 駕馭資本力量, 做大做強社會主義 [J]. 紅旗文稿, 2014 (15).

嚴鵬. 簡明中國工業史 [M]. 北京: 電子工業出版社, 2016.

楊書群, 馮勇進. 建國以來中國對非公有制經濟的認識及政策演變 [J]. 經濟與社會發展, 2009 (10).

楊書群, 等. 建國以來中國對非公有制經濟的認識與政策演變 [J]. 經濟與社會發展, 2009 (7).

姚世謀, 等. 中國城市群新論 [M]. 北京: 科學出版社, 2016.

葉敬忠, 張明皓, 豆書龍. 鄉村振興: 誰在談, 談什麼? [J]. 中國農業大學學報 (社會科學版), 2018 (3).

葉興慶. 現代化後半程的農業變遷與政策調整 [J]. 中國農業大學學報 (社會科學版), 2018 (1).

一帆. 資本市場對外開放正全方位加速 [N]. 證券日報, 2018-06-22 (A02).

易海濤. 論鄧小平對毛澤東對外開放思想的繼承和超越 [J]. 前沿, 2006 (4).

於曉媛. 改革開放以來中國利用外資政策分析 [J]. 經濟研究, 2009 (3).

袁志剛. 中國就業制度的變遷 [M]. 太原: 山西經濟出版社, 1998.

張海豐, 趙培. 中國民營企業發展歷程與前景探析 [J]. 市場論壇, 2006 (8).

張厚義. 中國私營企業發展報告 (1978—1998) [M]. 北京: 社會科學文獻出版社, 1999.

張慧鵬. 城鄉關係：以人為本還是以資為本？［J］馬克思主義與現實，2017（4）.

張杰. 中國金融制度的結構與變遷［M］. 北京：中國人民大學出版社，2011.

張杰. 民營經濟的金融困境與融資次序［J］. 經濟研究，2000（4）.

張禮卿. 加快推進人民幣匯率制度改革［J］. 中國外匯，2008（1）.

張連城，沈少博，郎麗華. 社會主義經濟週期的根源、形成機制與穩定增長的制度安排——一個馬克思主義經濟學制度分析的視角［J］. 經濟學動態，2017（5）.

張明龍. 中國就業政策的六十年變遷［J］. 經濟理論與經濟管理，2009（10）.

張明龍. 新中國50年勞動就業制度變遷縱覽［J］. 天府新論，2000（1）.

張明宇. 中國對外直接投資的產業結構調整效應研究［D］. 濟南：山東師範大學，2013.

張慶紅. 對益貧式增長內涵的理解：一個文獻綜述［J］. 湖北經濟學院學報，2013（4）.

張濤. 市場經濟在當代中國起動之歷史透視［J］. 史學月刊，2000（2）.

張小建. 中國就業的改革發展［M］. 北京：中國勞動社會保障出版社，2008.

張幼文. 外貿政策與經濟發展［M］. 上海：立信會計出版社，1997.

張宇. 中國特色社會主義政治經濟學［M］. 北京：中國人民大學出版社，2017.

折曉葉，艾雲. 城鄉關係演變的制度邏輯和實踐過程［M］. 北京：中國社會科學出版社，2014.

鄭有貴. 中華人民共和國經濟史（1949—2012）［M］. 北京：當代中國出版社，2016.

中共中央文獻研究室. 三中全會以來重要文獻選編（下）［M］. 北京：人民出版社，1982.

中共中央文獻研究室. 十二大以來重要文獻選編（中）［M］. 北京：人民出版社，1986.

中共中央文獻研究室. 十四大以來重要文獻選編（上）［M］. 北京：人民出版社，1996.

中共中央文獻研究室. 建國以來重要文獻選編［M］. 北京：中央文獻出版社，2011.

中共中央文獻研究室. 三中全會以來重要文獻選編［M］. 北京：人民出版社，1982.

中共中央文獻研究室. 三中全會以來重要文獻選編［M］. 北京：人民出版社，2010.

中國社會科學院，中央檔案館. 中華人民共和國經濟檔案資料選編（1953—1957）：農業卷［M］. 北京：中國物價出版社，1998.

中國社會科學院經濟研究所學術委員會. 改革開放四十年理論探索與研究：上卷［M］. 北京：中國社會科學出版社，2018.

中國社科院，中央檔案館. 1949—1952 中華人民共和國經濟檔案資料選編［M］. 北京：中國物資出版社，1996.

《中國特色社會主義政治經濟學十五講》編寫組. 中國特色社會主義政治經濟學十五講［M］. 北京：中國人民大學出版社，2016.

中國外貿體制改革的進程、效果與國際比較課題組. 中國外貿體制改革的進程、效果與國際比較［M］. 北京：對外經濟貿易大學出版社，2006.

中華全國手工業合作社. 中國手工業合作化和城鎮集體工業的發展［M］. 北京：中共黨史出版社，1992.

中央財政領導小組辦公室. 中國經濟發展五十年大事記［M］. 北京：人民出版社，2002.

中央工商行政管理局，中國科學院經濟研究所. 中國資本主義工商業社會主義改造［M］. 北京：人民出版社，1962.

周其仁. 信息成本與制度變遷——讀《杜潤生自述：中國農村體制改革重大決策紀實》［J］. 經濟研究，2005（12）.

周其仁. 中國農村改革國家和所有權關係的變化（上、下）——一個經濟制度變遷史的回顧［J］. 管理世界，1995（3/4）.

周樹立. 論改革開放前的中國經濟發展戰略［J］. 經濟經緯，2003（4）.

周新城. 劃清社會主義公有制為主體、多種所有制經濟共同發展同私有化和單一公有制的界限［J］. 中共石家莊市委黨校學報，2010（1）.

朱德.「以進養出」和「以出帶進」（一九六一年三月十三日）［J］. 黨的文獻，2006（6）.

朱德. 對外貿易必須有計劃地大大發展（一九五七年十二月六日）［J］. 黨的文獻，2006（6）.

朱鐘棣. 新中國對外貿易體制的回顧和展望［J］. 財經研究，1999（10）.

祝遠娟. 試論非公有制經濟領域「兩個健康」工作的辯證關係［J］. 廣西社會主義學院學報，2013（3）.

國家圖書館出版品預行編目（CIP）資料

中國經濟制度變遷 / 李萍 等 編著. -- 第一版.
-- 臺北市：財經錢線文化，2020.05
　　面；　　公分
POD版

ISBN 978-957-680-398-7(平裝)

1.經濟制度 2.經濟發展 3.中國

552.2　　　　　　　　　　109005409

書　　名：中國經濟制度變遷
作　　者：李萍,楊慧玲,吳垠,李標,李怡樂 編著
發 行 人：黃振庭
出 版 者：財經錢線文化事業有限公司
發 行 者：財經錢線文化事業有限公司
E - m a i l：sonbookservice@gmail.com
粉絲頁：　　　　　網址：
地　　址：台北市中正區重慶南路一段六十一號八樓 815 室
8F.-815, No.61, Sec. 1, Chongqing S. Rd., Zhongzheng
Dist., Taipei City 100, Taiwan (R.O.C.)
電　　話：(02)2370-3310　傳　真：(02) 2388-1990
總 經 銷：紅螞蟻圖書有限公司
地　　址：台北市內湖區舊宗路二段 121 巷 19 號
電　　話：02-2795-3656　傳真：02-2795-4100　網址：
印　　刷：京峯彩色印刷有限公司（京峰數位）

　　本書版權為西南財經大學出版社所有授權崧博出版事業股份有限公司獨家發行電子書及繁體書繁體字版。若有其他相關權利及授權需求請與本公司聯繫。

定　　價：780元
發行日期：2020 年 05 月第一版
◎ 本書以 POD 印製發行